/滄海叢刊/

佛教思想的傳承與發展

——印順導師九秩華誕祝壽文集

釋恆清 主編

東大圖書公司

國立中央圖書館出版品預行編目資料

佛教思想的傳承與發展：印順導師九秩華誕祝壽文集／釋恆清主編. --初版. --臺北市：東大發行：三民總經銷，民84
面： 公分. --（滄海叢刊）
ISBN 957-19-1802-4（精裝）
ISBN 957-19-1803-2（平裝）

1.佛教-論文，講詞等

220.7 84002829

© 佛教思想的傳承與發展
——印順導師九秩華誕祝壽文集

著作人 釋恆清
發行人 劉仲文
著作財產權人 東大圖書股份有限公司
臺北市復興北路三八六號
發行所 東大圖書股份有限公司
地 址／臺北市復興北路三八六號
郵 撥／〇一〇七一七五——〇號
印刷所 東大圖書股份有限公司
總經銷 三民書局股份有限公司
門市部 復北店／臺北市復興北路三八六號
重南店／臺北市重慶南路一段六十一號
初 版 中華民國八十四年四月
編 號 E 22036
基本定價 捌元陸角
行政院新聞局登記證局版臺業字第〇一九七號

ISBN 957-19-1803-2（平裝）

印順導師德相

民國四十一年攝於香港

民國四十三年十月善導寺藥師法會，法會圓滿攝影

民國四十五年平光寺授三皈

民國五十四年元月二十二日香港優曇法師來訪

攝於嘉義妙雲蘭若關房

福嚴精舍落成傳戒（在家戒）

民國八十四年近影

序「印順導師九秩華誕文集」

釋聖嚴

印順長老的一生時光，可以說多在病患中度過，就我記憶所及，不論我遇到或聽到的，他的門生弟子，總是說要去探望病中乃至病危的印順導師，我自己也在他病中拜見過多次。結果那些常去探病的僧俗大德，有好多位已離開人間進入了歷史，而仁者多福壽，智者多悲願，印公長老卻在多病之中，勤於著作，勇於化世。明年壽高已屆九十，固非常人所能相比，他的著述範圍之廣，思想之密，考究之精，數量之多，更是中國佛教史上之所罕見，只好用「博大精深，山峙海涵」的兩句話來勉強地形容他了。

印順長老於民國六十年，他六十六歲時，撰著自敘傳《平凡的一生》，即於其文末自述，在他五十八歲時，「因緣已了，還有什麼可寫可說。」可是他的學術性質更高的作品，是在他過了六十歲以後才問世的，就我案邊所備的印老著作，便有如下的六種，是屬於這一時期的作品。

民國五十六年，印老六十二歲，撰成《說一切有部為主的論書與論師之研究》。

民國六十年，印老六十六歲，撰成《中國禪宗史》，由此書而被聖嚴及牛場眞玄先生推薦給日本大正大學，獲得論文博士學位。

民國六十四年，印老七十歲，撰成《中國古代民族神話與文化之研究》。

民國六十九年，印老七十五歲，撰成《初期大乘佛教之起源與開展》。

民國七十三年，印老七十九歲，撰成《空之探究》。

民國七十七年，印老八十三歲，撰成《印度佛教思想史》。

此後雖少有大部頭的鉅構出版，但也並未完全停筆，例如他在八十歲那年，出版《遊心法海六十年》，八十四歲出版《修定——修心與唯心，祕密乘》及《契理契機之人間佛教》。直到本年夏天，還給我們的《中華佛學學報》第八期，提供了一篇萬餘言的論稿〈起信論與扶南大乘〉，使我獲得雙重的驚喜！第一重驚喜是八十九歲高齡的長老，還能賜我論文，而且是字字親筆，筆筆有力清新，應該是不可能的，竟然是事實；第二重驚喜是印公長老雖於民國五十七年曾為《中華佛學學報》的前身《華岡佛學學報》一卷一期，撰寫過一篇論著〈波羅提木叉經集的研究〉，計刊出六十六頁；在那以後，自我接辦該學報，又自創中華佛學研究所以來，就未能求到印老的一文片紙，讓我們的學報刊出，這回印老自動託人把論稿帶來，能不使我們感到是接受了一份厚重的大禮，也是我們最需要的鼓勵。

印順長老不僅是近代中國佛教界的瑰寶，也是中國佛教思想史上的里程碑，他自己是寫歷史的人，也是被後人把他當作歷史來寫的人。有關於他的研究，首由其門生弟子的口頭傳誦，繼有僧俗學者，將其當作論文的主題來撰寫；也有以他的思想作為學術會議的主題。此在近代中國佛教史上，尚未見有第二人能在他們生前，便見到有人把他們的思想當作研究對象來寫學術論文的例子。

印順長老是一位極其重視歷史資料的人，他曾主持《太虛大師全書》的編輯，故有後人為前人編集全書之辛苦經驗，所以他靜住嘉義妙雲蘭若的時代，即指導其弟子們編印了他當時已完成的著述，名為《妙雲集》計二十四冊，因此而讓許多教內外的青年學者們，有了一套提供鑽研印順思想的叢書，印老在佛教界及學術界，也漸漸地形成了現代中國佛教思潮的主流。他的《成佛之道》雖係仿效古代論師造論的方式，於每段的長行（散文）之前，列有頌偈，所以不是研究性的論文型式，但卻成了佛教界普遍採作上課教材的經典之作。

此外，為他自己的學思歷程，提出簡明的介紹，在他八十一歲那年，出版了兩萬數千字的一冊小書《遊心法海六十年》，以免後人誤會了他的佛學思想。同時為了檢討他的思想，數十年來在佛教內外所引起的諍議、讚揚、評論，他便在其門生弟子的助力下，搜集了那些資料文獻，編印了一冊約二十五萬言的《法海微波》。我不是印老的門生，卻是印老思想的受益者，我的思想雖然未走印老的路線，但我對他有極高的敬意，其實是我受他影響很多，所以非常感恩。故在我的許多著述中，提到印老的思想。民國七十五年印老編印的那冊《法海微波》，共分上中下三編，每編都有我的文章，共計四十四篇二十九位作者，我的作品占了五篇，是被收篇數最多的一人。我的名字見於印老文章中的，也有好幾處，有的地方說我是誤解了他的意思，例如《平凡的一生》第十九節；有的地方說我對他的評論「很正確」，例如《契理契機之人間佛教》第一頁；有的地方則提到我也依律制對他所討論的主題有所說明，例如《教制教典與教學》第五篇的第一段。作為一個教界僧界的晚輩，能與印順長老這樣的一代大師之間，有如許多的文字因緣，使我覺得是一分幸運。

印順長老出生於民前六年，到明年，民國八十四年，便晉九十嵩壽，臺灣佛教界將有多項活動，來為印公長老慶祝，中國的佛教學術界，則邀請到包括美國、加拿大、大陸、香港、臺灣的二十餘位代表性的學者，各人就其專精的領域，撰寫一篇論文，彙集成書，用誌紀念。我因近來極其忙碌，健康也欠佳，未能應命供稿，結果卻由其論集的發起人恒清法師及李志夫教授，命我獻序，我為感於諸位學者對印順長老學術地位的表敬，但又不落一般俗套式的歌功頌德，故將我自己所知印老的一點半滴，寫了出來，權充為序，用以虔頌印順長老萬壽無疆。

一九九四年十二月五日　序於紐約東初禪寺

序

傅偉勳

在近現代中國高僧大德與佛學研究專家之中，能夠對於佛法的繼承與發展，進行全盤性學理探討而有驚人的卓越成果，且又留下極其深遠的影響的，首應推舉我們大家共同敬仰的當代佛學泰斗印順法師（以下簡稱大家習稱且較有親切感的「印老」）。

七十年來處於艱難困苦的佛學研究環境，印老卻能默默耕耘，獨立完成了好幾項研究工作，至少包括（從原始佛教到中國禪宗的）佛教發展史研究、（《金剛經》、《中論》、《大乘起信論》等等的）經論詮釋、（有關空性、如來藏等）主要佛教思想或觀念的深層探索、現代人的「人間佛教」理念倡導、乃至中國文化與神話學的研究等等，直令老中青三代佛教學者（不論出家或在家）肅然起敬，嘆為觀止。我們咸認，印老無疑是當代中國佛教界的第一位導師，也是我們佛教學者的最佳典範。

數十年來親自受教於印老，或鑽研印老論著而直接間接受益，且又激發佛教探研的奮勉之心的出家眾或在家學人，實不計其數。就我個人來説，不得不坦承，這些年來我一直強調著的，「依二諦中道理念，勝義諦必須落實成就於世俗諦」等，期待現代佛教進一步開展的思維靈感，可以說是源於研讀印老有關龍樹中觀的論著而有的小小心得。我相信，包括本論文集的二十多位作者在內的許多佛教學者，也有他們研修印老論著的種種各別體驗。我在這裡應本書主編恒清法師的邀請，撰此簡序的同時，遙從美國東海岸向印老祝壽，並衷心期望印老將度百年生日之時，我們這一批論文作者能再參與祝壽論文集的撰著工作，再次共襄盛舉。

1994 年 12 月 8 日　序於美國費城北郊

序

釋恆清

今年農曆三月十二日是印公導師九秩嵩壽，對悠遊法海七十載的印公而言，晚輩門生們的祝壽論文集，相信是能令他感覺欣慰的賀禮。

導師的治學方法和佛學思想，已有許多學者著文詳論，毋庸編者贅言。由於導師在佛學上的傑出成就，教界和學界常有人把他歸類於佛學研究者，而忽略他更是一位佛法實踐者的事實。許多人認為長於義解者，往往疏於修持，這是將佛學與學佛截然二分的錯誤觀念。其實，即使短時間親近過導師的人，都可以體會到導師已將他的佛學融入日常生活的一言一行中。導師戒行精嚴，既不自讚亦不毀他；導師雖不是以念佛人或禪師聞名，然他不為名利、毀譽所動；雖與病魔不斷抗爭，七十年如一日埋首佛法中，這些都是修持戒定慧的表現，導師確實是實踐信解行證的最佳典範。

本書共有二十三篇論文，內容包含佛教哲學、歷史、藝術、文學等，篇篇皆是精心之作。撰稿者分別來自臺灣、中國大陸、加拿大、美國、香港、新加坡、日本的學者，他們基於對導師的敬仰。欣然接受邀稿，編者感激不盡。聖嚴法師和傅偉勳教授在百忙中為本書寫序，杜忠誥教授為本書題字，以及東大圖書公司劉振強董事長應允出版本書，編者謹致最高謝意。

導師九秩嵩壽，眾人歡慶，衷心祝禱導師法體康泰，久住世間，常轉法輪，為世名燈。

佛教思想的傳承與發展

—印順導師九秩華誕祝壽文集

目　次

佛教思想史上的一位劃時代偉人

——遙祝印公九秩壽慶

郭　朋

中國歷史博物館研究員

當年，東晉名士習鑿齒，在向謝安推薦道安法師的時候，說安公「無變化伎術可以惑常人之耳目，無重威大勢可以整群小之參差，而師徒肅肅，自相尊敬，洋洋濟濟，乃是吾由來所未見」。（見梁《僧傳》卷五〈釋道安傳〉）——「無變化伎術可以惑常人之耳目，無重威大勢可以整群小之參差」，這兩句話，用之於印公，亦非常妥切！印公嘗說，他決不「標榜神奇」（按：本文凡引用印公文意，統見於印公有關著作，爲了節省篇幅，均不一一註明出處）！而只是平實地如法如律地忘我寫作，自行化他！印公不僅「無重威大勢可以整群小之參差」，而且還曾一度遭受到擁有「重威大勢」的「群小」之輩們的惡毒誣陷，險遭不測！習氏還說：「其人理懷簡衷，多所博涉，內外群書，略皆徧觀；……佛經妙義，故所游刃。……」這幾句話，用之於印公，也很妥切！「理懷簡衷」，不正是對印公的一種寫照嗎？而「故所游刃」的「佛經妙義」，則印公又遠遠超過於安公，因爲，安公時代的「佛經」，遠遠少於印公時代呵！只是印公門庭，確乎不如當年安公門庭之盛，這，大概也是由於「時節因緣」的不同吧！不過，「師徒肅肅，自相尊敬」，則印公似乎仍不讓於當年的安公！在中國佛教思想史上，安公是一位劃時代的偉人，而印公，同樣也是一位劃時代的偉人！

一

印公曾經說過：「在『修行』、『學問』、『修福』——三類出家人中，我是著重在『學問』，也就是重在『聞思』，從經律論中去探究佛法。」——「從經、律、論中去探究佛法」，這正是印公的過人之處。環顧當今佛界，能夠這樣作的，又有幾人！印公還說：「大概的說：身力弱而心力強，感性弱而智性強，記性弱而悟性強；執行力弱而理解力強——依佛法來說，我是『智增上』的。」而佛教所重的，正是在於「智性」、「悟性」均較強盛的「智增上」！而這，也正是印公的過人之處。

正是由於印公的「智增上」，所以他從事於佛教研究，要「從論入手」。因爲，「論書條理分明」，從研究論書入手，便能知道不同的論師之間以及各個部派之間，存在著不少的不同觀點，從而也就能夠從不同的經、論中，按圖索驥，直探本源！這樣，印公就逐步發現：諸如《成實論》所說的「十論」，《顯宗論》的〈序品〉，以及《大涅槃經》的卷二三、二四，等等，都反映出了當時佛教思想上的不同論點。《發智論》是根本論，經過分別論究，逐步編集而成爲《大毘婆沙論》，成爲公認的「說一切有部」的正統。由於「持經譬喻」師，在《大毘婆沙論》中受到評斥，所以他們放棄「三世有」（一切有）而改取「現在有」說，從而成爲一時勃興的「經部譬喻師」。而世親的《俱舍論》，組織上是繼承《雜心阿毘曇論》的；法義上則贊同經部而批評說一切有部（但有關修證，則還是繼承說一切有部的古義）。同時，印公還發現：玄奘所譯（編入《寶積部》

的）《大菩薩藏經》，除第一卷外，其餘的十九卷，是《陀羅尼自在王經》、《密迹金剛力士經》和《無盡意經》的纂集。《勝天王般若波羅蜜經》，是《寶雲經》、《金剛密迹力士經》和《無上依經》的改寫。《大方廣總持寶光明經》，是以（《華嚴》的）《十住品》、《賢首品》爲主，竄入密咒而編成的。

在佛教思想的發展、演變上，印公發現：「心清淨，客塵所染」，本出於小乘的《增一阿含經》。在部派佛教中，就寫作「心性本淨」，亦即「心本性淨」。大乘經中，多數譯作「自性清淨心」。《金剛經》中所說的「若以色見我，以音聲求我，是人行邪道，不能見如來」，原出於小乘的《雜藏》。《雜藏》經頌說：「若以色量我，以音聲尋我，欲貪所執持，彼不能知我。」而《金剛經》裡的「一切有爲法，如夢幻、泡影」，則是來自《阿含》的「觀色如聚沫」以至「觀識如幻事」。「大空」，出自《雜阿含》的《大空經》；「小空」，出自《中阿含》的《小空經》。就是被中國佛教中的台、賢等宗宣揚爲「圓頓」大乘教義的諸如「佛身無邊」、「佛壽無量」以及「佛以一音演說法」等等，也都不過是小乘大眾系的一些「老僧常談」！（同時，印公也還發現，在現存的《阿含經》裡，沒有說到「緣起性空」—「性空緣起」，也沒有說到「以有空義故，一切法得成」。）凡此種種，如非「尋流探源」，又如何能夠發現、如何能夠揭示出來?! 印公的巨著《原始佛教聖典之集成》、《說一切有部爲主的論書與論師之研究》以及《初期大乘佛教之起源與開展》等等，都是這些方面的不朽之作！在佛教思想史的研究上，能夠達到這樣的理論高度的，又有幾人！

爲了「把握純正的佛法」，印公決心從流傳下來的佛典中去探求本源。諸如：怎樣從「人間成佛」而演進到「天上成佛」？從無我而發展到真常大我？從禁欲的「梵行」而演變到縱欲的男女結合的「雙身法」（亦即世俗所說的「歡喜佛」）？諸如此類，印公都要從佛教的史實中去加以探討、抉擇。印公說：「泛神化（低級宗教『萬物有靈論』的改裝）的佛法，不能蒙蔽我的理智」，他決心要「爲純正的佛法而努力」！而且，「不以傳於中國者爲是，不以盛行中國者爲是」，而只是「著眼於釋尊之特見、景行」。印公還認爲，如果不去博覽群書，「精研廣學」，便「無以辨同異，識源流」；更「無以抉其精微，簡其紕謬」。正因爲如此，所以印公方才能夠擺脫傳統的桎梏，而獨樹一幟，言前人所未言，發前人所未發，振聾發聵，獅吼當代！

二

印公一再申明：「我不屬於宗派徒裔」，「我不想做一宗一派的子孫，不想做一宗一派的大師」。爲什麼要這樣呢？因爲，「專宗之習盛而經論晦」。特別是，如果發展成爲一種「思想體系」，勢必要爲自家的思想理論所局限，自以爲是，貶抑他人，從而引起無謂的爭論。這，在中國佛教思想史上（印度佛教思想史上也差不多），可說是屢見不鮮的。不僅不同的宗派之間，互相非議，互相排斥，例如空有、性相之間，各是其所是，非其所非。就是在同一宗派的內部，也往往是各不相讓，勢同水火！例如天台宗的「山家」、「山外」之爭，禪宗的南北、頓漸之爭。而一旦成了宗派首腦，便擁宗自重，往往出於門戶之見，而不惜排斥（甚至摧殘）異己！羅什門下之於覺賢，玄奘之於那提，便是顯例！賢如羅什、玄奘，尚且擺脫不了這種令人憎惡的惡習，等而下之者，更可想而知！正是有鑒於此，所以印公才決心不做一宗一派的「徒裔」！印公著重於對印度佛教的探究，就是因爲印度佛教是一切佛教的根源，弄清「根源」，方能明瞭其流變。而且，從印度佛教的長期演變中，綜覽全局，把握整體。中國佛教源於印度，所以印公尊重中國佛教，更尊重印度佛教。印公還特別申明：他信的是佛，而不是個別的任何人（包括所謂的「祖師」）。同時，印公還鄭重申明：他信的是「佛法」，「所以，在原則上，我是在追究我所信仰的佛法，我是以佛法爲中心的。……我要以根本的佛法，真實的佛法，作爲我的信仰。」「我的立場是佛法，不是宗派」。不做「一宗一派的子孫」，而以「根本的佛法」作爲自己的信仰，所以印公才能超然於各個宗派之上而洞察佛教的全局，把握佛教的整體。在中國佛教門庭林立、門戶之見甚深的情況之下，印公可算是能夠高瞻遠矚、全局在胸的一位佛學大師了！

三

當年，太虛大師曾經爲了校正佛教中只重視死後、來生而脫離現實的流弊，特提倡「人生佛教」以爲對治。不過，印公認爲，中國佛教，向來是過分迎合民間信仰的，所以神話的色彩相當濃厚，什麼天啦，神啦，對一些神秘的境界也極盡讚美之能事。這樣一來，雖是「人生佛教」，仍然免不了受過去包袱的拖累，而抹上一層出世、消極和迷信的色彩。有鑒於此，印公提出了他的「人間佛教」的主張，並爲此撰寫了一部專著——《佛在人間》（收入《妙雲集》下編之一），以闡明「人間佛教」的重大意義。

印公認爲，傳統的中國佛教，一向講究「了生脫死」。由於重視於死（有人甚至說「學佛就是學死」！），也就重視於「鬼」。中國民俗，以爲人死後就變成了「鬼」。佛教免不了也受到這種影響，所以不少的佛教徒，往往都自覺不自覺地準備在自己死了之後去做

「鬼」。某些佛教學者，甚至主張信佛就要先「信鬼」，簡直把佛教變成了「鬼教」！孔老夫子尚且說：「未知生，焉知死」，而佛教，卻不管活人，只顧死鬼！這樣，佛教又怎能不日趨沒落呢？有鑒於此，印公特提出「人間佛教」以爲對治。印公認爲，真正的佛教，應該是「人間」的，只有「人間佛教」，才能表現出佛教的真正精神！那些又神又鬼、神鬼不分的佛教，只能給佛教帶來無窮的禍害！

本來，釋迦是人，他也是在人間成佛、在人間創立佛教的；這也就是說，佛教本來就應該是「人間」的。可是，在以後的演變中，佛教逐漸蛻化成了光是注重神鬼的鬼神之教，脫離了現實，脫離了人生，終於走上了絕路。所以，印公特別強調：我們必須認定「佛在人間」，從而建立「人間佛教」。在印公看來，只有重建「人間佛教」，才能使佛教重新獲得生機，獲得活力。爲此，印公大聲疾呼：「我們是人，需要的是人的佛教！」

四

本來，佛教是並不「敬神」（天）、「敬鬼」的；而且，在皈依佛寶之後，就不能再去皈依「天魔外道」。天，就是天神；魔，則有神有鬼。佛教把天神概括爲「天龍八部」，它們之中，有天，有神（還有禽獸）。鬼，則是「六道」眾生之一，而且同地獄、旁生（動物）一起，並列爲「三惡道」。天神，原是佛陀的「護法」（侍從、警衛），是給佛陀看門、護院的；鬼，就更等而下之了！有什麼值得去「敬」、去「信」的呢？可是，印度佛教到了中、後期之後，由於社會、歷史的原因，也漸漸地被神化了！許多原來只能充當侍從、警衛的角色（例如「天龍八部」），現在，搖身一變，有的成了「菩薩」，有的成了過去的（或未來的）「佛」，於是，它們也就大搖大擺地走進了佛的殿堂，同佛一起，分享信徒們的禮敬和供養！佛教傳來中國之後，許多民間傳說中的各色「神」等，也紛紛走進了佛教寺院，成了佛教的善男信女們的禮敬對象。於是乎，長時期以來，便一直存在著神佛不分、神佛「混雜」的混亂現象。對於佛教的這種「精神污染」，也就一直在腐蝕著佛教！

對於這種「神化」佛教的混亂現象，印公是深惡痛絕、堅決反對的。印公認為，佛教是宗教，而且是完全不同於「神教」的宗教。那些把佛教「俗化」與「神化」（甚至「鬼化」），是決無助於佛教的昌明的。印公強調：佛教是以人為本的，決不應把它「天化」、「神化」（更不能「鬼化」）！佛教不是「神（天）教」，更不是「鬼教」！印公認為，那些因適應低級趣味而把佛教「神化」、「俗化」（以至「鬼化」）了的，正是導至佛教逐漸走向厄運的一個重要原因。我們完全可以這樣說，印公畢生致力於佛教的弘護事業，其願力之一，就是要「淨化」佛教，就是要恢復佛教的「本來面目」！

五

前面說過，印公曾經明確表示：他決不「標榜神奇」！這是具有重要意義的。本來，佛教也是講究「神通」（例如「六神通」）的，但是，在《律藏》中，釋迦牟尼佛卻又明文禁止佛弟子們輕易地示現「神通」，也就是，不許弟子們動不動就以「神通」來炫耀自己，嚇唬別人。看來，這一禁戒，也算是一種防微杜漸的措施吧。不過，到了後來，這一禁戒，似乎越來越失去了約束力。一些真有「神通」的，自然要拿「神通」來顯示自己的不同一般，就是沒有什麼「神通」的，也要挖空心思、裝神弄鬼來愚弄別人。對於這種情況，印公也是深惡痛絕的。印公對於有些人動不動就說「前生後世」，說「神通」的行徑，很不以爲然，認爲這不是「真正的佛法」。對於那種「寒山式」、「濟公式」、「瘋子喇嘛式」的「怪模怪樣」的舉動，印公也是非常反感的。印公認爲，正派的佛弟子，不應「侈談神通」，因爲外道也有神通，如果以神通來建立佛教，那佛教也就和外道一樣了！這又是一種多麼卓越的見解呵！

與此有關的，還有所謂「修行」的問題。印公對於那種「某人在修行」、「某人開悟了」之類的談論，也是有自己的看法的。印公認爲，不只是佛教講究「修行」，別的宗教，也都講究「修行」，世界上的各種宗教（例如中國的道教、印度的婆羅門教、阿拉伯世界的伊斯蘭教、西方的基督教等等），都有他們各自的「修行」。所以，單是講「修行」，並不一定就是佛教。其實，佛教也好，其他宗教也好，無非是都要教人平實、正常的生活，「修行」，應該也是這樣。要「正常」，而不要裝神弄鬼，怪模怪樣。過去所謂「和尙不作怪，居士不來拜」，那正是暴露出佛教已經走上了末流，所以才有這種弊端。當然，如果是真的「修行」，印公還是肯定的。印公認爲，真的「修行」，身心是會得到一些「特殊經驗」的，對於這一點，信仰宗教的人們是應該相信的，因爲，「修行」的主要目的，就是爲了獲得這種不可以「言傳」而只能「心受」的「特殊經驗」的。印公還說：「真正的修行，應該是無限的奉獻！」要「無限的奉獻」，這又是一種多高尙的精神呵！而印公所不贊成的，則是那種假借「修行」之名而招搖過市（意在「索取」）的荒誕行徑。印公講，他有很多看法，和別人的看法不同，在對待「修行」的問題上，印公的看法，和別人也存在著很大的「不同」。不過，我個人認爲，如何看待「修行」，和如何看待「神通」一樣，印公的看法，恐怕要和佛教的基本教義更加吻合一些的吧！

六

在治學的態度與方法上，印公是這樣說的：「從現實世間的一定時空中，去理解佛法的本源與流變，漸成爲我探求佛法的方針。」印公的這種治學態度，可說是非常正確的。因爲，任何一種學術思想（其中也包括宗教 —— 佛教在內），都是時代的產物，因此，只有從「現實世間的一定時空中」，去探討它的「本源與流變」，方才能夠把握它的特質，洞察它的全貌。印公還說：「從現實世間的一定時空中，去理解佛法的根源與流變，就不能不注意到佛教的史地。」從具體的歷史進程和地理環境中，去考察各個時代的佛教發展狀況，就更加能夠切實地了解佛教的真實情況。印公在對於佛教的見解上之所以能夠遠勝他人（包括古人和今人），同他的這種治學態度是分不開的。

在治學的具體方法上，印公主張作筆記、摘卡片。印公說，他記憶力不強（這自然是印公的謙虛），而三藏的文義又廣，只有多多的依賴筆錄，才能洞悉經、論內容而運用自如。例如，他從《阿含經》和《律藏》中，抄錄了有關四眾弟子們的事跡，法義的問答；又從《大毘婆沙論》中，錄出各個論師們的不同見解和有關異部的史料 ——《說一切有部爲主的論書與論師之研究》中的〈說一切有部的四大論師〉和〈大毘婆沙論的諸大論師〉這兩章，就是憑這些資料寫成的。又如，長達百卷的《大智度論》，論文太長，又是隨經散說，於是，他也用分類的方法，加以集錄。如以「空」爲總題，把《論》中所有說「空」的文字，都集中在一起。實相、法身、淨土、菩薩行位等等，連所引經、論，也一一錄出，將有關的論義，分門別類地集錄出來（四部《阿含》，也都是這樣的分類摘錄）。《初期大乘佛教之起源與開展》中，對於文殊有關的聖典，也曾盡力摘錄，分類、比較，於是，這位菩薩在初期大乘佛教中的風範，便充分的顯現了出來。再如，印公在讀《般若經》時，覺得《般若》「空」義，同龍樹所講的「空」義，似乎有著某種程度的差異，於是便詳細錄出《般若》「空」義，又比較《般若經》的先後譯本，終於發現：《般若經》的「自性空」，起初是「勝義的自性空」，然後逐漸演進到「無自性的自性空」。印公認爲，平時集錄資料，先要分類集錄，然後再加以辨析、整理，這樣，「書到用時」就「不恨少」了！印公還希望人們：要想從無邊的資料中去抉發深隱的問題，就必須多多的思惟以養成敏銳的感覺。這，也可說是治學者們的必備條件吧！

印公還特別提到，從事於佛教研究者，也須要「溫故知新」。「溫故」，就是廣讀經論（以及古代的注解），但這還不夠，還須要「知新」，也就是要從廣讀古代的典籍中，獲得一種新的理解，新的認識，否則，那就要停止了，就永遠也不會再有什麼進步了！印公的這種尊重傳統而又不爲傳統所限制所束縛，而是日新月異、精益求精的精神，又是多麼值得我們學習呵！

在治學態度和治學方法上，印公爲我們樹立了一個堪稱典範的楷模！

七

印公寫了一部《平凡的一生》，表示自己的「一生」是「平凡」的。其實，這不過是印公的自謙。實際上，印公的一生，是很不平凡的——應該說是「不平凡的一生」！環觀當今的佛界，有哪個人能有像印公這樣的經歷（有些經歷，簡直就是「漫天風雨」、驚濤駭浪的）？又有哪些人能在佛教研究上達到像印公這樣的高度、取得像印公這樣的輝煌成就！

印公曾說，在傳統的中國佛教徒當中，要想研究佛教是不容易的，因爲，傳統的佛教徒們，認爲佛是「修行」出來的，而不是「研究」出來的，哪裡還需要什麼「研究」佛教！因此，住在充滿了傳統的氣氛的佛教寺院裡，要想對佛教進行系統、深入的研究，實在是困難得很！是呵，人家整天都在那裡忙於趕經懺，作佛事，接待善男信女以「廣結善緣」，你卻要關起門來搞什麼「研究」，這又怎能不同人家「格格不入」、又怎能不被人家視爲「異己」（甚至是「敵人」——所以每每遭受到人們的「敵視」！）呢?!（正因爲如此，所以多少年來，印公不得不「離群索居」、不住寺院而住精舍。）而印公，就是在這種環境（完全可以說是一種「逆境」）中，幾十年如一日、堅韌不拔地從事於佛教研究的，而且取得了舉世矚目的輝煌成就！

談到佛教研究，印公還有一種看法，這就是，印公認爲，一個佛教研究者，不管他是走「考證的路」，還是作「義理的闡發」，都必須以佛教的立場來研究佛教，切忌作各種的附會。例如把佛教說成同某某大哲學家或某種哲學思想相類似，然後就「沾沾自喜」，以爲這樣，佛教就會「偉大」、「高超」起來。對於這種「攀龍附鳳」的附會，印公是非常不以爲然的。同時，印公還認爲，一個佛教研究者，決不要「表現自己」，要有「但問耕耘、不求收穫」的精神——這其實，也就是只講奉獻而不求名聞的精神！環顧當今的佛界，能夠表裡如一、言行一致地作到這一點的，印公之外，又能有幾人！

印公說：「我只是默默的爲佛法而研究，爲佛法而寫作，盡一分自己所能盡的義務。」爲了弘護佛教，默默地耕耘，默默地奉獻，不求名聞，不計利養，這又是一種多麼高尚的精神呵！而印公的偉大，印公的不平凡，也正在這裡。

寫到這裡，還應該提及印公的學術巨著《中國古代民族神話與文化之研究》這部書。人所共知，印公是一位畢生獻身於佛教研究事業的佛學大師，他的全部事業，都在對於佛教的研究（用印公自己的話來說，就是「專心佛法」）。而這部巨著，卻是關於「中國固有文化」的。印公在大病之後，「在探求古代神話及與神話有關的問題時，接觸到不同民族的文化根源」，於是，便以西周實際存在的「民族爲骨肉」，以各民族的本源「神話爲脈絡」，以不同民族的「文化爲靈魂」，而寫成了這部有關中國古代古文化的巨著（這，正是印公「智增上」的又一種具體表現），從而也就把印公這位佛學大師，引進了中國古代文化研究的領域，成爲一位令人矚目的研究中國古代文化的學者。試問：在當今的佛教學者中，又有誰能有這樣宏偉的學術成就！而這，也正標志著印公一生的不平凡和偉大！

就其胸懷、視野以及所達到的學術水平的高度和所取得的卓越的學術成就來說，在佛教思想史上，印公確乎是一位不世出的劃時代偉人！（平心而論，印公的佛教思想，許多方面，都是前無古人的。）這應該說是當今佛界的驕傲！

八

印公在他的《遊心法海六十年》的〈結語〉中，滿懷傷感地說：「我有點孤獨」（在《平凡的一生》中的〈學友星散〉裡，字裡行間，也流露出了這種「孤獨」、寂寞之感）！之所以如此，就是因爲，對於印公在佛教的研修上，「能知道而同願同行的，非常難得」！曲高和寡，吾道甚孤（而其實，印公德澤廣被，決不孤獨）！在印公看到拙著《印順佛學思想研究》一書之後，於1991 年11 月16

日寫給我的第一封信中，也曾說過這樣的話：「自覺所說的都有經論可據，卻不能爲傳統佛教界所接受，每引起誤會與敵視！」言下之意，也頗爲傷感。我在覆信中，對印公說：「曲高和寡，自古而然。卓立不群，愈益顯示出師座爲人的高潔，正所謂『不容何病，不容然後見君子』！……」在當今佛界，印公堪稱爲名副其實的「僧寶」，而佛界，卻不知道珍惜和愛護。這，不僅使印公深爲感傷，而且，也實在是佛界的一種不應該有的悲哀！當然，印公也還說過這樣的話：「不過，孤獨也不是壞事，佛不是讚歎『獨住』嗎？每日在聖典的閱覽中，正法的思惟中，如與古昔聖賢爲伍。讓我在法喜怡悅中孤獨下去罷！」讀了印公這種充滿傷感而又無可奈何的語句，你能對印公不深表同情而對佛界不甚感惋惜嗎?!

「仁者壽」！衷心祝願印公四大輕安，久住世間，頤養天年，法喜充滿！

附記：今年春天，忽然接到恒清法師（我與恒師，素昧平生）從臺北寄來的函件，內稱：「明年三月，恭逢教界耆宿印順導師九秩壽，教界學人等，發起出版論文集，以資祝嘏。」並約我寫稿。為了感謝恒師的盛情稿約，乃不揣愚陋，撰此短文，以略表我對印公無限的欽仰之情。（拙著《印順佛學思想研究》一書，乃為向印公八五誕辰獻禮之作，為了避免重複，本文乃從另一角度，略為論述。而紙短話長，言不盡意，遠未能表述印公懿德景行於萬一，深覺歉疚！同時，稿約「字數以一萬字至三萬字為宜」，而拙文卻只有幾千字，此又甚有負於恒師的厚望。在此，並向恒師深致歉意！）

1994 年 7 月 15 日於北京

《學佛三要》的啓示

楊郁文

中華佛學研究所教授

《學佛三要》改變了我的生命

回憶民國58年間，小學同窗薛松茂先生送我浙江省嘉屬七縣旅臺同鄉等印順導師《學佛三要》（注1）薄薄一小冊；研讀後，確立學佛成佛爲人生終極目標。於民國59年，和雙親及妻子，在導師允許、證明下，一同歸依三寶，成爲正式的佛弟子；翌日，於嘉義天龍寺求授菩薩戒，成爲正信的學佛行者。

導師於《學佛三要》中說：「佛法決非萬別千差，而是可以三句義來統攝的，統攝而會歸一道的。不但一大乘如此，五乘與三乘也如此。所以今稱之爲『學佛三要』，即學佛的三大心要，或統攝一切學佛法門的三大綱要。」（注2）導師所說的「學佛三要」是依《大般若經》：「一切智智相應作意，大悲爲（上）首，無所得爲方便。」（注3）從經文抉擇出三句義，作爲菩薩所應該遍學一切法門的三大綱要；所以說：「一切（菩薩）依此（三句義）而學；一切修學，也是爲了圓滿成就此（信願、慈悲、智慧）三德。」（注4）筆者依此開示有所覺悟：人性心理功能有三大分化 —— (1)智力、(2)情感、(3)意志；學佛不外陶冶人格，使人性充分開展，成爲真、美、善的完人 —— 如來、佛。此後，留心「三藏（經、律、論）」有關教誡、教授；思惟修習，應用於生活——日常生活乃至宗教行持。生活過程中，無論獨處、共處，對己、待人、處事、接物，身、語、意的行為，在造業（善業、惡業，有漏業、無漏業，濁業、淨業），也在改造每人的個性，改變他的人格。如是，有人造作惡業，長受三惡趣之苦報；有人造作有漏的善業，在人、天之間流轉不已；也有人修習無漏淨業，得以打破無明殼、斷除三渴愛，解脫三界有漏的繫縛。

由導師所著法寶《印度之佛教》、《妙雲集》中篇及下篇、《原始佛教聖典之集成》等啟示，「佛法」的根本在《四阿含》及《五尼柯耶》；用心詳讀早期聖典，並介紹親友認識佛法。逐漸為緣所牽引，走上《阿含》研究之途；在這段過程中，隨時留意《阿含》學佛心要。

隨順因緣，擔負《阿含》教學之職，教、學相長（注 5）之間，些許心得，呈請導師斧政，伏祈導師有所教誨；並以此短文，滿足恆清法師邀稿所託，祝賀導師九秩大慶。

阿含學與阿含道

「阿含 (Āgama)」指傳來的聖教，《阿含》之「學 (sikkhā)」有其特殊意義，指「學厭、離欲、滅盡」。所學、所習不離「正見」自己的身、心惡行，厭惡自己的身、心漏習；「正志（經過正見、正思惟所立志願）」捨離諸欲、惡不善法；「正行（正見、正志付之實踐）」滅盡貪、瞋、癡。「阿含學」即指依傳來的聖教，聞、思、修、證涅槃；「涅槃 (nibbāna)」指「貪欲永盡、瞋恚永盡、愚癡永盡，一切諸煩惱永盡。」（注 6）所謂有「煩惱 (kilesa)」指身、心有「污染的行為」；亦即對知、情、意的人性，朝向真、美、善的人格圓滿的學習過程具有障礙。「有學 (sekkha)」指須陀洹果以上乃至阿羅漢向以下的善士，尙未除盡自己人性的污染成分。「無學 (asekkha)」指得阿羅漢 — 成就「三菩提(sambhodhi 正覺)」的「三佛陀 (sambuddha 正覺者)」，自己淨除人格上的所有垢穢；對自己來說，已滅盡一切貪、瞋、癡，無需再學習如何解脫自己的煩惱。但是，此後乃須擴張自己的生活面，充實指導他人解脫的方法，得使人人解脫他自己的無明與渴愛；此時，即尙須學習佛德 — 成就「阿耨多羅三藐三菩提 (anuttara sammāsambodhi 無上遍正覺)」，成爲「阿耨多羅三藐三佛陀 (anuttara sammāsambuddha 無上遍正覺者)」。

「阿含學」（注 7）有其次第性，由「增上善學」建立善根，繼之以「增上信學」確立信根，再以「增上戒學」→「增上心學」→「增上慧學」，依次充實戒身、定身、慧身，終於「正解脫學」完滿解脫身、解脫知見身；五分法身具足使知、情、意的心性處於真、美、善的境界活動，成爲人格完滿者 —「如來 (Tathāgata)」（注 8）。

《阿含》之「道」（注 9）指「聖八支道 (ariya aṭṭhaṅgika magga)」（注 10）即是成聖、成佛之道，實說「一行道 (ekâyana-magga 〔一入道／唯一趣向之道〕)」；方便說有三道：佛道、辟支佛道、阿羅漢道（注 11）。《雜阿含 393 經》指出三乘賢聖，皆由如實知四聖諦法而成道證（注 12）；「道證」指由知苦、斷集、慕滅而行聖八支道，得證結斷乃至漏盡。雖然同行一道，可是由自覺、他覺、覺行圓滿而有三道之分別；「阿羅漢道」與其他二道之差別，在於聲聞、他覺，由聞道、見道、修道、證道，覺他之行薄弱又非圓滿；「辟支佛道」爲無師自悟，自己見道、修道而證道，然覺他之行薄弱或非圓滿；「佛道（阿耨多羅三藐三佛道）」亦爲無師自悟，自己覓道、見道、修道而證道，又得覺他之行亦圓滿。佛陀的偉大，在於自覺、自修而證無上遍正覺；自作證漏盡，又能導引有緣之聲聞弟子由聞道，而自覺，由見道而自修道乃至自身作證漏盡。如理作意，得聲聞之阿羅漢道證（者）以及無師獨覺之辟支佛道證（者），仍然在「聖八支道」上修習，如佛所行道跡，亦步亦趨，覺、行圓滿時，也是走完佛道——具足健全的（知、情、意的）人性，具備圓滿的（真、美、善的）人格。

整體觀察，略說《阿含》之「學道」，仍依四聖諦、聖八支道，學習「究竟成佛之道」；詳說《阿含》之「成佛之道」如下。

由增上善學佛

凡有良知、良心的人，大家稱呼他是「善人、好人」，中外、古今諒必皆然；但，要給「良知」、「良心」下定義，即每人可能或多或少有所不同。根據《阿含》（注13），能分別善、惡人與善、惡法爲學道的首要；這種對人對事分別善惡、是非的智力就是「良知」。《阿含》之「正見」即是良知，正見有二種層次：「謂正見有二種：⑴有正見是世、俗、有漏、有取、轉向善趣，⑵有正見是聖、出世間、無漏、無取、正盡苦、轉向苦邊。」（注14）「增上善學」所學在於建立善根，就是開發「世、俗、有漏、有取、轉向善趣的正見」，略言：「世俗正見」——指有漏世間的凡夫、俗子所具有的正確見解。

《雜阿含784經》有如是開示：「何等爲正見？謂有施、有說、有齋，有善行、有惡行、有善惡行果報，有此世、有他世，有父、有母、有眾生生，有阿羅漢善到、善向，有此世、他世自知作證具足住——我生已盡，梵行已立，所作已作，自知不受後有。」配合《雜阿含785經》，可以看出世俗正見如是「良知」：如法的布施救濟、合情合理的祝福鼓勵、合乎緣起的祭祠獻供是有作用、有效果的；有善行、惡行之差別，善行必得善果、惡行終得惡報；今有此世，亦有過去、未來的他世；雖無絕對的天父、地母，然有相對的生身父、母，有我胎生人類，也有其他卵生、濕生、化生的眾生；依聖出世間八支聖道修行，有得善向 — 阿羅漢向，有得作證無有後有的善到者 — 阿羅漢果。上述內容為「善根」的成分之一，是由人性理智的力量和合而成。

「良知」之外，尚須有「良心」的配合；由良知而抉擇自、他之善、惡行，能反省自己心存歹念、身具惡行，此時無「慚愧心」— 良心 — 發起，就不會存心改惡遷善。何謂慚愧？《遊行經》說：「知慚，恥於己闕；……知愧，羞為惡行。」（注 15）就是說，對於自己缺少善心、善行時，良心生起慚恥的情操；或者，對己、對他心具惡意，身、語有惡行時，良心生起羞愧的情感。能反省無有自行、教他、讚歎、隨喜十善行，而已有自行、教他、讚歎、隨喜十惡行；則由「正見」觸動「慚愧心」而起良性作用。上述內容為「善根」的成分之二，是由人性理智加上感情的力量和合而成。

徒有慚愧心，而良心不足，則仍然見義不為、見過不改；「理想的良心」需要具備「慚愧心」及「不放逸」於改過遷善的毅力。《雜阿含 882 經》言：「一切善法，一切皆（依）不放逸為根本。」（注 16）《雜阿含 571 經》：「不放逸故，得阿耨多羅三藐三菩提。」（注 17）《十上經》：「云何一成法？謂於諸善法能不放逸。……云何二成法？謂知慚、知愧。」（注 18）如此看來，要徹底諸惡不作、眾善奉行、自淨己意、圓滿佛德，不離「不放逸」一招，然而，不放逸非獨自可有；由「正見」善、惡，感動「慚愧心」，才帶動「不放逸」的意志力完成一切善法。上述內容為「善根」的成分之三，是由人性理智、感情加上意志的力量和合而成。

世俗的正確理智、世俗的適當感情、世俗的妥當意志，三者平衡具備，可謂「具足善根」── 學佛的根柢 ── 也可謂「打好學佛三要的基礎」；因爲究竟的智慧（知）、慈悲（情）、信願（意），是由此三善根生長、開展而成。

由增上信學佛

具有三善根者，自許是好人，遵循道德正義、善良風俗、國家法律生活；尚有苦惱者則尋覓宗教，謀求救濟。釋尊未成道之前已有眾多異學、外道存在，釋尊成佛說法度生之後才有內凡、內聖的佛教信徒；由外凡成爲內凡，由內凡成就賢聖（四沙門果），皆透過「四法 (cattāro dhammā)」。所謂四法，指：「⑴親近善男子、⑵聽正法、⑶內正思惟、⑷法次法向。」**（注 19）**釋尊爲究竟善士，當數數往詣；四雙八輩賢聖也是值得親近的善士。親近善知識，可得聞正法：一、念於如來 ── 具如來、應、等正覺、明行足、善逝、世間解、無上士、調御丈夫、天人師、佛、世尊等德行。二、念於正法 ── 世尊所說法律是能離諸熱惱、非時（＝不待時）、通達（涅槃），即於現法（＝現世）緣自覺悟。三、念於僧法 ── 釋尊賢聖弟子是善向、正向、直向、等向的行者，修隨順行；成就須陀洹、得須陀洹，向斯陀含、得斯陀含，向阿那含、得阿那含，向阿羅漢、得阿羅漢，如是四雙八士。世尊弟子僧戒具足、定具足、慧具足、解脫具足、解脫知見具足，是人人應供養、恭敬、禮拜處，世間無上福田。四、念於戒德 ── 世尊所施設戒是不可缺戒、不可斷戒、純厚戒、不雜戒、非盜取戒、善究竟戒、可讚歎戒、梵行者不憎惡戒（戒能導致三昧）**（注 20）**。

聽聞如上所示善士及正法、正律的功德、功能，自己如理作意、正思惟，乃至依法奉行，即得成就四不壞淨 —— 於佛不壞淨、於法不壞淨、於僧不壞淨、（於戒不壞淨而）聖戒成就（**注21**）。「不壞淨 (aveccappasāda)」即不壞信，指信心清淨、愉悅、安定的狀態；如是，諦觀三寶功德而生忍、生樂、生（善法）欲（**注22**）。依得參預聖道行列的「四入流分」，信根增上，即具足知的「信忍（信認）」、情的「信樂（法喜）」、意的「信求（願成就五分法身）」。如是，信根的具足，不外乎三善根接受法雨滋潤，再生長、再開展而成；然今已開法眼、已見道，能真實地在聖、出世間的聖八支道邁步前進。

由增上戒學佛

成就信根者已超凡夫地，參預聖流的須陀洹三結已斷，無有戒禁取，唯依聖所施設戒生活。「戒 (sīla)」義爲經過思擇的「戒行 (sīlana)」；「戒行」指一再練習的善行，成爲慣行，構成人格，即具有防非止惡、促進爲善的功能。《阿含》的增上戒學，結集在《阿摩晝經》可分爲「四種戒」（**注23**）：⑴波羅提木叉戒（即依戒條受持戒律）—— 見大正新修大藏經第一冊83頁上欄十四行到倒數第四行（大正 < 1 >$83c^{14}\sim{}^{-4}$，⑵活命遍淨戒（即依正命得生活資具）—— 見大正 < 1 >$84a^{-4}\sim c^{13}$，⑶根律儀戒（即守護六根，根境識三合時能正念、正知）—— 見大正 < 1 >$84c^{13}\sim{}^{-10}$，⑷資具依止戒（即受用民生必需品時不犯過失）—— 見大正 < 1 >$84c^{-10}\sim{}^{-2}$。

日常生活上，即依四種戒使戒行精進、戒法身茁壯；其實，在於善根增上、信根增上，帶動知、情、意生長所致。波羅提木叉戒，「依信、依情」使戒清淨；活命遍淨戒，「依正勤、依意志」使戒清淨；資具依止戒，「依般若、依理智」使戒清淨；根律儀戒，「依知、情、意」平衡作用下，起心動念、身語行動皆維持正念、正知。所以賢聖修行，即在日常對己、待人、處事、接物中，使善根增上、信根增上、戒身清淨；佛陀戒法身的建構，於因地，不外乎努力改善人格三要素（知、情、意）而已。

由增上心學佛

「增上心學」爲“adhicitta-sikkhā”的直譯，指特別用心，依止觀、三昧、禪那使心集中注意力並提升觀察力，以便開發慧力斷除煩惱。日常生活中，不能使「道現前(maggapātubhavaṁ)」（注 24）者，則需以意志爲主導（注 25），加上理智與感情的協助，修習禪那，先入定再出定作觀；如是，以特殊的宗教行爲引導般若現前，展露解脫煩惱的實力。依三十七菩提分法來看，這一段過程是屬「四念住」，「四神足（四禪那）」，五根之「定根」，五力之「定力」，「七覺支」之全部，聖八支道之「正念、正定」的範圍；而實際的操作是「依四念住，修習七覺支」。

修習四念住，鍛練正念、正知，包括⑴能得念念分明現前，⑵能隨憶念「業處」（注 26）；如是進行「念覺支」的學習。能分辨善、惡念，能抉擇隨順善念、對治惡念之方法，能應用適當的「業處」，即是進行「擇法覺支」的學習。依業處所規定的方法排除五蓋，顯現禪支，亦即依四正勤進行「精進覺支」的修習。操作上述三覺支順利，心生無悔、歡悅、喜之心行；如是進行「喜覺支」的修行。身、心互動之下，喜行導致身、心的輕安；如是進行「猗（輕安）覺支」的修習。身、心輕安則受樂，（第三禪以下）樂爲定的直接原因，凡有苦受，必定不能入定；今受樂已，心定，如是修習「定覺支」。心定則有所對治，能捨離定及慧的障礙；如初禪捨離諸欲、惡不善法，鎮伏五蓋等；如出定作厭離觀，有得「道現前」而成就捨斷煩惱；如是進行「捨覺支」的修習。上述次第修習「七覺支」（**注 27**），爲開發「菩提 (bodhi 覺)」必備的七成分，初學者必須按部就班學習，才能完成增上心學。

在「知、情、意」平衡下，維持念覺支的正念、正知；擇法覺支及捨覺支捨離煩惱的部分，屬「理智」的作用；喜覺支及猗覺支有「感情」的作用；精進覺支、定覺支及捨覺支捨離五蓋的部分，是「意志」的作用。如是，「增上心學」只是採用宗教上特殊的修心方法，繼續使善根增上、信根增上、戒身清淨之外，更加能得「心淨」——定心清淨；佛陀定法身的建構，於因地，也是在努力改善人格三要素（知、情、意）而已。

由增上慧學佛

由「陰法門」、「處法門」、「界法門」、「根法門」把握有情之身、心，獲得「見淨」。加上「諦法門」、「緣起法門」通達有情身、心之因果，獲得「疑蓋淨」。通過緣起，依次把握「無常法門」、「苦法門」、「無我法門」，得「道非道知見淨」。以無常、苦、無我相應行道，得「道跡知見淨」。依道跡行道，自作證斷除因我見、我愛、我慢所生的貪、瞋、癡等一切煩惱漏，得「道跡斷智淨」（**注 28**）。見淨、疑蓋淨、道非道知見淨、道跡知見淨、道跡斷智淨，是五構成慧身清淨（具足）。

以理智主導的增上慧學由慧根充實所成；云何「慧根」？「慧根者，當知是四聖諦。」（**注 29**）須陀洹果位以上的賢聖皆如實知四聖諦，依次第斷種種結、縛，乃至於四聖諦無間等（＝現觀四聖諦）成就阿耨多羅三藐三佛陀（**注 30**）。由「四聖諦相應的正見」導引，才能次第圓滿聖、出世間的八正道，解脫諸漏，作證漏盡。何謂「四聖諦相應的正見」？如《雜阿含785 經》說：「聖弟子（於）苦（作）苦思惟，（於）集、滅、道（作）道思惟，無漏思惟相應於（「於」擬作：「心」）法 — 選擇、分別、推求、覺知、黠慧、開覺、觀察，是名正見是聖、出世間、無漏、不取、正盡苦、轉向苦邊。』（注31）如何「聖道次第圓滿」？如《雜阿含749經》說：「正見生已，起正志、正語、正業、正命、正方便、正念、正定次第而起；正定起已，聖弟子得正解脫貪欲、瞋恚、愚癡；如是，聖弟子得正解脫已，得正知見 — 我生已盡，梵行已立，所作已作，自知不受後有。」（注32）

單獨的理智並不能充實慧根。何以故？⑴佛弟子一向淨信如來菩提，於如來之教說無有猶豫、疑惑，成爲「有信者(saddha)」— 有信根。⑵有信之佛弟子，信受奉行佛法，成爲「發勤者(āraddha-viriya)」— 有精進根；勇猛、堅毅、努力地捨斷諸惡法、具足眾善法。⑶有信、發勤之佛弟子，捨惡行善之後，成爲「念現前者(upaṭṭhitasatino)」— 有念根；時時維持正念、正知，保持最勝離染之心，憶念過去的經驗、隨念適用的佛法。⑷有信、發勤、念現前之佛弟子，作捨爲所緣（注33），心住一境性，成爲「得定心者(samāhitacitta)」— 有定根；鎮伏五蓋、排除慧障、提升觀力。⑸有信、發勤、念現前、得定心之佛弟子，出定作觀，得知：「無始輪迴，眾生無明所蓋、渴愛繫其首，長道驅馳，流轉、輪迴，不知本際。」（注34）又得知：「因集故苦集，因滅故苦滅；斷諸徑路，滅於相續，相續滅，滅是名苦邊。……所謂一切取滅、愛盡、無欲、寂滅、涅槃。」（注35）有信根、精進根、念根加上定根和合所生如實知、見，如是慧者，乃具足「慧根」（注36）。

如上述，可知五根相須，缺一不可。「信根」以感情爲主導，

「定根」以意志爲主導，「慧根」以理智爲主導；此等三根增強念根及增進根，並由「念根」照顧信、進、慧三根有否平衡發展、有否健全，不平衡、不健全則交付「精進根」維持平衡，導致健全。如是，慧解脫者乃至俱解脫者，當然具足十分真實的理智（般若慧）、美好的感情（慈悲心）、完善的意志（智相應意願）。導師也曾說：「聖者的正覺，稱爲智慧，並非世俗的知識，與意志、感情對立的知識；而是在一味渾融中，知、情、意淨化的統一。渾融得不可說此、不可說彼，而是離去染垢（無漏）的大覺。」（**注 37**）倘若有人說：「慧根圓滿具足者，不具其他信、進、念、定四根。」無有是處！無有我見、我愛、我慢的阿含聖者處於有漏的世間，無愚癡而有明覺，無貪愛而有慈悲，無瞋恚而有忍辱，無垢行而有三妙行，無迷信而有四不壞淨，無懈怠而有正方便，無失念而有正念現前，心無紛亂而有安定，心具足般若而無明盡。唯有捨斷我、我所見，無我執、我慢隨眠者，由慈、悲、喜、捨四無量心之修習，而究竟成就慈、悲、喜、捨四等心 — 不只怨、親平等，乃至自、他平等；換言之，修習聖、出世間八支聖道而信、進、念、定、慧五根平等具足者，才是名副其實的勇求菩提之士 — 菩提薩埵。

由正解脫學佛

無庸置疑，強烈的宗教情操，可使信者得到安心；然無排除煩惱漏的一分般若慧配合，此種信心並非成就信解脫，只能說是暫時的、部分的「彼分解脫 (tad-aṅga vimutta)」— 猶如曠野狂風中以雙手短暫地護持一、二燭火不熄而已（**注 38**）。同樣地，宗教實踐所得強力的意志，可使行者成就定心；然無排除煩惱漏的一分般若慧配合，此種定心並非成就定解脫，也只能說是暫時的「鎮伏解脫 (vikkhambhana vimutta)」——猶如漂流的水甕壓過水草，水草立即伸直（注39）。開法眼的聖者，初得一分般若慧，依此即得永久的「正斷解脫(samucchеda vimutta)」——猶如閃電擊樹，受擊樹木燒焦而永無生機（注40）。如是，由三無漏學、五出世根的熏習力，㈠首先成就須陀洹，得依見道而「斷三結」，只要正念、正知之下，成就初果的聖者必定⑴捨斷二十種身見結——不於五陰生起我、我所見，亦無我在陰中、陰在我中的分別的邪見（注41）。⑵捨斷疑結——於四聖諦無有猶豫、疑惑。⑶捨斷戒取結——唯依聖八支道行道，捨斷種種邪見、邪道。㈡進一步修習聖道者，提升三結斷的能力之外，修得貪、瞋、癡薄的力量。如是聖者由斯多含向、斯多含、一種子道乃至成就阿那含向。㈢更進一步修習聖道者，再加強三結斷的能力之外，由五出世根的熏習力，得以斷除欲界貪愛，斷除一切瞋恚，所謂「五下分結斷」，成就五種阿那含——中般涅槃者、生般涅槃者、無行般涅槃者、有行般涅槃者、上流般涅槃者。㈣修習聖道最進步者，捨斷色界貪愛、無色界貪愛、我慢隨眠、一切無明，所謂「五上分結斷」，現法涅槃者——阿羅漢（注42）。

如上述，唯以聖、出世間八支聖道爲架構的，有機的三無漏學培植五出世根、具足五力（注43），才得「正斷捨斷(samucchedappahāna)」的能力，逐漸捨斷貪、瞋、癡，乃至一切諸漏，真正根絕三界欲有漏、有有漏、無明有漏的生機。釋尊於般涅槃場，明白道出：「若諸法中，無八聖道者，則無第一沙門果，第二、第三、第四沙門果。須跋(Subhadda)！以諸法中，有八聖道故，便有第一沙門果，第二、第三、第四沙門果。須跋！今我（佛）法中有八聖道，有第一沙門果，第二、第三、第四沙門果；外道異眾無沙門果。」（注44）除此聖道修習外，若有所得——得現法涅槃，皆屬虛妄邪見；若有所論

── 現在生泥洹論，皆是末劫末見的邪說（注 45）。《增一阿含 42 品第 3 經》說：「須拔！若我（釋尊自稱）不得無上正真之道，皆由不得賢聖八品道；以其（我）得賢聖八品道故成佛道。』（注 46）聖八支道不只是成就第四沙門果 ── 阿羅漢 ── 而已，釋尊明言，自己是「得賢聖八品道故成佛道」；可以確定《阿含》的「聖、出世間、無漏、無取、正盡苦、轉向苦邊」的解脫道，即是「成佛之道」（注 47）。

感恩祈禱

時常反省自己一生遭遇，前生必有善行，締結善緣，今生方得親近極善知識 ── 導師，得以聽聞正法，得內正思惟，得依法奉行，得以延續慧命，得使法身茁壯，皆是導師護念所致；虔誠感謝！慶幸此生得遇導師，願導師長久住世！願生生世世仍然得於人間親近受教！

1994/9/13 完稿

注解

注 1 印順法師著《學佛三要》，平陽印刷製版廠承印，臺北（民國58年），pp.27–38。

注 2 印順法師著《學佛三要》（《妙雲集》下篇②），印順導師出版社，臺北（民國60年重版），p.66。

注 3 參閱《大般若波羅蜜多經》，大正7, 67a。

注 4 同注2, p. 66。夾注為筆者所附。

注 5 參閱《雜阿含200經》，大正2, p. 51af. 釋尊導引尊者羅睺羅，「教學相長」之經歷。

注 6 見《雜阿含490經》，大正2, p.126b。今「涅槃」與「般涅槃(parinibbāna)」同義，指滅盡一切貪、瞋、癡；釋尊在菩提樹下所證「涅槃」為「般涅槃」，指心無諸惑，身、心無一切惡行，心無諸苦受；釋尊在雙樹林中入滅，亦以「般涅槃」稱呼，乃指身、心無有一切惑、業、苦。

注 7 參閱拙著《阿含要略》，東初出版社，臺北（民國82年），pp.18–21。

注 8 "Tathāata"漢語直譯：「如來」；中村元先生意譯：「修行完成的人、人格完成者」。參閱《佛教語大辭典》，p. 1063c

注 9 「阿含道（次第）」見《阿含要略》，pp. 21–34。

注 10 "ariya aṭṭhaṅgika magga"直譯：「聖八支道」；《中阿含》譯作：「八支聖道」；《增一阿含》譯作：「聖賢八品之徑路」；《雜阿含》略譯作：「八聖道／八正道」。

注 11 「持此（八關）齋法功德，攝取一切眾生之善，以此功德惠施彼人，使成無上正眞之道；持此誓願之福，施成三乘，使不中退；復持此八關齋法，用學⑴佛道、⑵辟支佛道、⑶阿羅漢道。」見《增一阿含43品第2經》，大正2, 757a。

注 12 參閱大正2, 106ab。

注 13 《中阿含52經》、《雜阿含346經》、參閱《阿含要略》，pp.33–34【

聲聞道次第表】。

注 14 見大正 2, 203a；參閱*Mahācattārīsaka-sutta*，M iii.72。

注 15 見大正 1, 11c。

注 16 見大正 2, 221c。

注 17 見大正 2, 151c。

注 18 見大正 1, 53a。

注 19 見 S. 55, 55–58 *Caturo phalā(1)–(4)*S v. 410ff.《雜阿含 843 經》，大正 2, 215b。

注 20 念佛、念法、念僧、念戒，而得認識三寶功德，成就正信；見賢思齊，見法受持（聖戒等）。參閱《雜阿含 550 經》，大正 2, 143bf；*A*6, 26, A iii. 314f.。

注 21 參閱《雜阿含 843 經》，大正 2, 215b。

注 22 參閱《説處經》，大正 1, 565c。

注 23 「四種戒」參閱《清淨道論》，VM pp. 15–35。

注 24 「道現前」指唯有「般若 (paññā)」能使解脫道現前，凡夫之「想」與「識」無此能力。參閱《清淨道論》，VM p. 437。

注 25 「增上心學」劉宋 Guṇabhadra 法師於《雜阿含經》譯作：「增上意學」（見大正 2, 210a），可能看出這段修心過程，是以「意志 」為主導，進行學習。

註 26 「業處 (kammaṭṭhāna)」指修心之對象、目標、方法。有四十種主要的「止的業處」── 修止為主，導致止觀等持的方法；有十種主要的「觀業處」── 修觀為主，導致止觀等持的方法。參閱《雜阿含 741–747 經》，大正 2,197aff.，《清淨道論》，VM pp. 110–117。

注 27 參閱《雜阿含 711 經》，大正 2, 190c。

注 28 由增上戒學得「戒淨」，由增上心學得「心淨」，由增上慧學得「見淨」、「疑蓋淨」、「道非道知見淨」、「道跡知見淨」、「道跡斷智淨」之過程；法法相益、法法相因，次第成就。《中阿含・七車經》欲從舍衛城快捷平安抵達遠處（DhpA. i. 386說：兩城相距七由旬）之娑雞帝城，以七車依次接續替換乘坐，方得至目的地為喻。參閱大正1, 430c^{-2}～431b^{10}；VM p. 443。

注29 見《雜阿含646經》，大正2, 182b。

注30 同注12。

注31 見大正2, 203af.。

注32 見大正2, 198b。

注33 捨為所緣 (vossaggârammaṇa) 指無諸惡、不善法，無五蓋乃至無貪、瞋、癡一切煩惱的狀態為“vossagga”（最捨）；以最捨為所緣境而入定。參閱《無礙解道》Pts i. 119f。

注34 參閱《雜133經》，見大正2, 41c。

注35 參閱《雜293經》，見大正2, 83c。

注36 參閱《相應部S 48, 50》，S v.225–226。

注37 見「解脫者之境界」（《妙雲集》下篇②）p. 204。

注38 參閱《清淨道論》VM p. 410; p. 5; p. 493。

注39 同注38。

注40 同注38。

注41 參閱拙著〈以四部阿含經為主綜論原始佛教之我與無我〉，《中華佛學學報》第二期，pp. 22–23。

注42 參閱《雜阿含820–821經》《相應部S 48, 2–5; 12–17》。

注43 參閱「道性的整體性」拙著《阿含要略》pp. 22–23。

注44 見《遊行經》，大正1, 25af。

註45 參閱《雜阿含171經》，大正2, 45c；《梵動經》，大正1, 93b。

注46 見大正2, 752b；「須拔」為「須跋」音譯之異；「賢聖八品道藐三菩提」之意譯，「得無上正眞之道」即成佛道。

注47 參閱《雜阿含785經》，大正2, 203；《雜阿含287經》，大正2, 80cf。

四聖諦的多層義蘊與深層義理

傅偉勳

美國天普大學教授

日本明治時代的著名佛教學者姊崎正治，曾於1910年出版《根本佛教》，首次使用「根本佛教」一辭，指謂釋迦牟尼佛在世的佛教。大正年間另一著名佛教學者宇井伯壽，開始分辨根本佛教與原始佛教，廣義的原始佛教始於根本佛教，終於部派佛教的形成，狹義的原始佛教則專指根本佛教而言，包括佛陀及其直傳弟子（佛陀滅後三十年爲止）的佛教（注1）。到了昭和年代，駒澤大學教授增永靈鳳承繼宇井伯壽的說法，於1948年出版《根本佛教之研究》，對於根本佛教教義，予以系統化整理。

如果我們將根本佛教只限於釋迦生前金口直說的佛法教義，則依增永氏的考察，包括法身偈、無常偈等最古的偈文，以及三法印、四聖諦、八正道、十二因緣、三十七道品等法數名目（注2）。八正道（即正見、正思惟、正語、正業、正命、正精進、正念與正定）構成三十七道品的主要部分，三十七道品本身則指謂追求智慧而進入涅槃境界的三十七種修行方法。不論是八正道或三十七道品，都可看成屬於四聖諦之中的第四諦，亦即道諦。三法印或三相在南傳佛教的巴利文聖典，指謂諸法無我、諸行無常與一切皆苦，可以看成四聖諦之中的第一諦亦即苦諦所攝；但在大乘佛教的梵文聖典則以涅槃寂靜印取代一切皆苦印，如此三法印的前二者仍屬苦諦，而涅槃寂靜印則爲四聖諦之中的第三諦亦即滅諦所攝。至於十二因緣可以說是構成四聖諦之中的第二諦亦即集諦的教義內容。由是，三法印、八正道、三十七道品以及十二因緣等說，全部可以歸屬苦、集、滅、道的四諦。如此，釋迦牟尼的根本佛教教義可用四聖諦予以概括，可見四聖諦在佛法之中所占的重要地位。

漢譯阿含經典處處載有四聖諦的內容，不必在此一一舉出。巴利文聖典最早的記載之中，中部第二十八象跡喩大經有云：「恰如一切動物即一切生存者的足跡爲象之足跡所涵攝，而象之足跡以其偉大稱爲彼等第一，一切善法皆爲四聖諦所涵攝，即是苦聖諦、苦集聖諦、苦滅聖諦、苦滅道聖諦。」也就是說，四聖諦是（根本）佛教的最勝理法，也是整個大小乘各宗教義的起點或基點。

巴利文聖典所載四聖諦的最早記錄之一，據說是如下簡單內容：「此即是苦聖諦 —— 生是苦，老是苦，病是苦，死是苦，怨憎會是苦，愛別離是苦，所求不得是苦，約言之，五取蘊是苦。此即是苦集聖諦 —— 帶來後有，喜貪所伴，而隨處悅喜之愛欲，指謂欲愛、有愛、無有愛。此即是苦滅聖諦 —— 即謂無有愛欲殘存之滅盡、捨離、解脫、無執著。此即是苦滅道聖諦 —— 即謂八支聖道，乃指正見、正思惟、正語、正業、正命、正精進、正念、正定而言。」依照著名的《良醫經》的解釋，四聖諦的次第有如良醫先知病情（苦諦），尋出病源（集諦），而後對治（滅諦），最後想出對治的具體辦法（道諦）（**注3**）。

然而我們有否充足的文獻去證實，四聖諦構成根本佛教的主要部分，實係釋迦金口直說的呢？戰後以東京大學爲中心的，新一代專研巴利文聖典以及有關最早佛教文獻的學者們，通過極其嚴密的文獻學考察，開始懷疑完整的四聖諦已在釋迦生前出現。譬如中村元教授在他所譯的《尼波多經 (Sutta-nipāta) 》書末解說之中提到，此經所載釋迦的說法，雖常使用「sacca」（真實、真理）一辭，卻與四諦無關。中村氏進一步說，此經代表原始佛教發展以前的最早期極其簡單樸素的佛教，毫不涉及煩瑣或系統化的教義教條。釋迦依其獨特的宗教體驗，很直截單純地講說我們應走的路向。他並未意識到，自己要成爲一個特殊宗教的開山祖師，而他周圍的修行者團體也只坐在樹下或石上，或於洞窟冥想，如此過著簡素的生活。那時大規模的僧院（精舍）生活還未開始（**注4**）。這樣說來，完整的四聖諦是後來結集開始之時，才有系統地整理出來的，情形如同耶教聖經，在耶穌死後兩三百年才逐漸形成定型的經典。如用我那「創造的詮釋學」五大層次予以說明，則可以說，在第一「實謂」層次我們無法斷定，四聖諦鐵定是佛陀的金口直說（**注5**）。據此，不但「大乘非佛說」是無稽之談，以四聖諦爲永恆不變的佛法而不許種種詮釋可能性的小乘佛教獨斷論調，也決經不起佛教文獻學與詮釋學的考驗。

不過，我們即使在「實謂」層次暫且假定，整套完整的四聖諦說確係釋迦金口直說所成，我們還得更上一層，在「意謂」層次探索佛陀金口直說四聖諦的原意 (The intended meaning) 究竟是甚麼。我們知道小乘佛教很「忠實」地執守信奉四聖諦，當做佛陀金口直說的永恆理法，亦即惟一佛法真諦，而不許像後來大乘佛教各宗那樣，採取較自由而有伸縮性的理解詮釋，更不許擅自貶低此一真諦的神聖地位。從小乘佛教觀點來看，大乘佛教自龍樹的空宗以來，視四聖諦爲世俗諦而非真諦（或稱勝義諦），且龍樹之後大乘各宗產生種種根本佛教乃至原始佛教原來沒有的，超越四聖諦的種種新說，有違佛陀金口直說的原先用意，因此大乘實非佛說，不是真實的佛教。

我們如在「意謂」層次也暫且假定，歷史上的佛陀所宣說的四聖諦，有其佛陀自己原原本本意向著的客觀旨意或義理，則此原意或「客觀」義理究竟是甚麼？自認完全忠實於佛陀的金口直說而不提新說的小乘佛教，有否提出合乎佛陀原意而惟一客觀的理解詮釋？

水野弘元教授是原始佛教研究權威學者之一，他曾依據《良醫經》詮釋四聖諦的原義，認爲佛教四諦可用醫生治病四訣比喻，即善知病情、病因、對治（恢復健康狀態）與治療方法，而在下列圖表以治病四訣，說明聯貫到緣起說的四聖諦要義：

四諦	苦諦（病況）—— 苦惱而無有自覺的現實世界（果）	流轉緣起
	集諦（病因）—— 現實世界的原因理由（因）	
	滅諦（健康）—— 具有自覺的理想世界（果）	還滅緣起
	道諦（療法）—— 理想世界的原因理由（因）	

如果我們把小乘佛教的三法印包括在苦諦之中，則可以說，由於世間凡夫未能了透「諸行無常」與「諸法無我」的真諦，因此才會產生「一切皆苦」。這裡所說的「苦」，不但指謂八苦（即生老病死等四苦，另加愛別離苦、怨憎會苦、求不得苦與五陰熾盛苦）乃至十八苦等等傳統大小乘佛教所強調的個人苦，也可以包括我所強調過的人際苦與社會苦（**注6**）。水野氏更進一步說，「苦諦不必限於苦的現實，一般指謂事物缺失理想的無自覺狀態的現實（世界），因此不必限於苦。然從宗教的立場，尤其從佛教的立場去看，世俗世間無有理想的無自覺狀態即是苦。」（**注7**）。集諦則說明「一切皆苦」的原因或理由，苦、集二諦合起來就構成流轉緣起，即以十二因緣（無明→行→識→名色→六處→觸→受→愛→取→有→生→老死及憂悲苦愁惱）。十二因緣之中，「（貪）愛」是當前容易辨認的生死流轉主因，但最根本的原因是在「無明」，又稱「根本無明」，只有佛或界

外菩薩才能洞察出來。

滅諦指謂「涅槃寂靜」，最早的原義很可能是「貪欲的壞滅，瞋恚的壞滅，愚痴的壞滅」，亦即貪瞋痴三毒的消除滅盡 (nirodha)，此一解脫境界亦稱「不死」(amata)、「彼岸」(pāra) 或「無爲」(asaṅkhata)。據增永靈鳳在《根本佛教之研究》所說，「涅槃即不外是滅盡（一切有）漏、自知、自證、體得心解脫與慧解脫於現法。根據傳說，佛陀於成道後，對於活命外道優波迦首次作了自覺的宣言，謂『我是一切勝者，我是一切知者。』一切勝者指謂滅盡愛欲而得心解脫 (cetto-vimutti)，一切知者則指滅卻無明而得慧解脫 (pañña-vimutti)。雙獲心解脫與慧解脫，才能說是真正得到完全解脫吧。不過《轉法輪經》或《律部・大品》有云：『心無取執，自諸漏解脫』，恐怕算是最能表現解脫的心境，也是最早的例示吧。這樣說來，（涅槃）最早（的原義）恐怕是指心解脫，後來才加上慧解脫。《轉法輪經》說明滅諦之時，也只提及渴愛全無的滅盡，且對十二因緣的說明，也在無明緣起之前先說渴愛緣起，可見愛盡的心解脫包括（滅諦原義的）一切。……然而重視智慧的傾向出現之後，則有慧解脫代表，於此禪定三昧構成（心解脫與慧解脫）兩者之間的媒介。」**（注8）**

不論佛陀本人的涅槃是否原來僅指滅盡渴愛的心解脫，或雙指心解脫與滅盡無明的慧解脫，都沒有後來那麼繁多的涵義在內。到了部派佛教，產生有餘（依）涅槃與無餘（依）涅槃之分，而南本《涅槃經》卷三指出涅槃具足「涅槃八味」，即常、恆、安、清淨、不老、不死、無垢、快樂。如以此八味配上「涅槃四德」，則常、恆爲「常」，安、快樂爲「樂」，不老、不死爲「我」，清淨、無垢爲「淨」。大乘唯識宗則更分四種涅槃，即本來自性清淨涅槃（乃指真如）、有餘（依）涅槃、無餘（依）涅槃與無住處涅槃（不滯於涅槃境地而以大悲活動於迷界，救濟眾生）。其他又有地論宗與攝論宗所分的性淨涅槃與方便淨涅槃兩種，天台宗的三種涅槃等等，皆非佛陀生前的涅槃原義，而是涅槃義理的代代推敲所成。無論如何，光從佛陀對於「如來死後有否」的外道問難不答以是或非的「無記」這一點，就可以斷言，滅諦（及與其他三諦所成的四聖諦）並不是所謂「永恆不變的理法」，而不許多元開放的種種可能詮釋。

如說滅諦與道諦構成還滅緣起，則前者所指的涅槃解脫即是佛教的理想境界或目標，後者則指達到此一境界或目標的修行實踐必需手段或進路，即指八正道、三十七道品而言，八正道又可以分別歸類於戒定慧三學，而整個道諦的根本旨趣，亦可以用釋迦成道之前已體現到的不苦不樂的「中道」實踐表現出來。

以上借用《良醫經》的治病四訣與流轉與還滅兩種緣起，探索四聖諦的原義，但這也不過是我們根據結集之後才形成的經典，以及儘求「如實客觀」的理解詮釋而「敲定」的。無論我們如何儘求「如實客觀」而設法找出四聖諦的「意謂」，我們不能自我扮演詮釋學的上帝角色，而很獨斷地說，只有我們上面的「意謂」詮釋，才是獨一無二，絕對客觀。即使釋迦佛生前確實宣示過全套完整的四聖諦，即使有所謂四聖諦的「原義」，釋迦佛早就圓寂而不在人間的今天（即近年來法國哲學家們所強調的所謂「（原來）作者已死」，只憑結集而成的經典以及我們詮釋學的種種猜測，就想探出「原義」，是萬萬不可能的。我們實不得不承認，環繞著四聖諦理解詮釋的「原義」（即「意謂」）與我們的種種猜測（即涉及四聖諦種種可能蘊涵的「蘊謂」）之間，存在著一種詮釋學的距離，我們充其量只能通過各種詮釋的比觀評較設法縮短，卻不可能消除此一距離。這是不可避免的詮釋學命運。

關於四聖諦的理解詮釋，我們至少可以提出兩點，藉以主張從「意謂」層次往上轉至「蘊謂」層次的詮釋學必要性。其一，四諦說始於「一切皆苦」的苦諦，但是涅槃解脫之後的釋迦佛難道仍被「一切皆苦」所纏縛？假定一切眾生皆如佛陀，已獲涅槃而成正覺，我們仍要堅持苦諦是永恆不變的真理嗎？如果苦諦不存，其餘三諦豈非同然？由是可見，四諦究屬世俗諦抑屬勝義諦，關鍵並不在四諦之「諦」（客觀真理），而是在乎我們實存的主體本身採取那一觀點或角度去知見所謂「諸法實相」。

其二，釋迦既已證悟成佛，對他來說無有四諦的必要，他自己實可直截了當地宣說他所洞見的諸法實相，不必提及流轉緣起或還滅緣起。但是，具有大慈悲心的佛陀願以宗教教育家的身份，通過自己證悟成佛之前的生命體驗與修行工夫，提示四諦之說（或其不太完整的原型），做爲應病與藥而有的一種方便善巧，以便教導仍被煩惱、所知二障所纏縛的不覺凡夫，循著佛法點出的光明方向厭離苦海而渡至彼岸。因此，對於不覺凡夫來說，四聖諦有如勝義諦，而小乘佛教便是站在凡夫立場很「忠實」地依文解義，信奉四諦說爲真實不虛而不可改變的佛陀教理。然而四聖諦既不過是應病與藥的一種方便善巧，則有何必要死守此說爲不可改變的永恆理法，而構成一種「法執」呢？

以上兩點即足以提供我們，所以須從四聖諦的「意謂」（依文解義）轉升「蘊謂」（多元開放的依義解文）的充分理據。我們通過「蘊謂」探索，可以發現到四聖諦的多層蘊涵，也可以藉此體會到，佛法的義理多面性與詮釋開放性，代代有其不同的開展與創新，佛法的廣大無邊即在於此。

雖說部派佛教或小乘佛教很「忠實」地奉守四聖諦為天經地義，且以依文解義的方式予以理解詮釋，其實這不過是表面上的說法。在阿毘達磨各種深奧繁瑣的「法」的理論體系，我們所看到的都是小乘部派跳過依文解義的「意謂」層次，各自依義解文而在「蘊謂」層次嘗試義理思辨式的詮釋所形成的結果，與大乘各宗的依義解文無甚兩樣，因此小乘貶斥大乘為非佛所說，而宣稱己說才是佛說，完全無謂無理（**注9**）。

譬如部派佛教嚴格分辨無常的「有為法」與常住的「無為法」，藉以分別配上四聖諦之各諦，便不是釋迦佛原有的說法。依此分辨，滅諦的涅槃（亦即「擇滅」）屬於無為法，一切有部另加「非擇滅」（即緣欠不生）與「虛空」，連同「擇滅」為三種無為法。據《異部宗輪論》所載，大眾部、一說部、說出世部、雞胤部等四部則立九種無為法，即擇滅、非擇滅、虛空、空無邊處、識無邊處、無所有處、非想非非想處、緣起支性與聖道支性。化地部亦立九無為，但此九無為卻與大眾部系稍異，包括了不動、善法真如、不善法真如、無記法真如、道支真如與緣起真如等等。在這裡緣起所以算是無為，乃是因為緣起的「道理」常恆不變之故；與此相反，一切有部以緣起（可包括苦、集二諦）為有為，而不另立緣起的常恆法則。化地部之所以把道支、聖道（皆屬道諦）看成無為，旨在認取佛陀人格實踐的永恆真理性；與此相反，一切有部雖以佛陀的涅槃為無為，卻認為佛陀獲致涅槃所假借的智慧（道諦戒定慧三學之中的「慧」）應屬有為（無常）。兩者於此看法不同，乃關涉到佛身究係常住抑或無常的問題。一切有部認為佛陀在八十歲入涅槃界，因此佛身與佛之智慧即是無常；也就是說，只承認佛的生身，亦即有為。化地部或大眾部系則以佛陀為八十歲生身以上的存在，雖還未提出後來大乘佛教所說的報身佛，卻承認了佛陀人格的永恆常住性，故以「聖道」爲無爲。

總之，一切有部（與上座部）只以滅諦爲無爲，大眾部系則以滅、道二諦爲無爲，又其強調有關迷妄世界說明的苦、集二諦具有緣起的常恆不變法則或真理，而以此法則歸屬無爲法的一點，已蘊涵著「迷悟一如」的大乘佛教思想，即相通於「心雖煩惱所污染、心之本性卻爲自性清淨」的立場。「心性本淨」乃不外是以心之本性爲常住無爲的思想，即以有爲法的本性爲無爲，「緣起無爲」與此「心性本淨」相通。部派佛教各宗雖皆接受有爲法與無爲法的分辨，但對於此二法與四聖諦各諦如何配應，說法殊異，徒增理論上的困擾，有待龍樹空宗帶頭的大乘佛教予以澄清解決。

部派佛教又分「有漏法」（漏即煩惱）與「無漏法」。佛陀或阿羅漢的證悟所憑藉的智慧，因已斷盡煩惱，故爲無漏，而無爲法不與煩惱結合，亦係無漏。據《俱舍論》卷一所云，「說一切法略有二種，謂有漏、無漏。有漏法云何？謂除道諦餘有爲法。」（**注10**）也就是說，苦、集二諦皆屬有漏。有趣的是，一切有部主張，佛陀的色身有成爲煩惱對象的可能，即具「所緣隨增」。譬如傳說有一婆羅門女性對於佛陀肉體（色身）起了愛欲之心，這就是一種所緣隨增；隨增（煩惱污染他法）之法既是有漏，包括佛身的一切色身應屬有漏。與此相反，大眾部主張「一切如來不具有漏法」，因爲看到佛陀美好的肉體，愛欲之火自然熄滅，不會成爲煩惱對象之故。由是，一切色法皆是有漏，抑或色法之中亦含無漏，也是對於部派佛教造成理論困擾的另一難題。無論如何，從部派佛教各宗對於四聖諦各諦的有爲、無爲或有漏、無漏歸屬問題無有共識的一點，不難窺知，部派佛教或小乘佛教對於四聖諦的詮釋，也不過是種種「蘊謂」之中的一種，而不是獨一無二的「意謂」結論，且不說有爲、無爲乃至有漏、無漏之分，缺少大乘二諦中道意義的哲理深度，無法借來理解四聖諦的真正本質。小乘佛教自認對於四聖諦或佛陀金口直說，採取了依文解義的忠實態度，實際上卻產生了依義解文的詮釋結果，於此顯出本身的詮釋學矛盾。這也說明了佛教詮釋學發展史上，大乘佛教所以必須突破小乘佛教局限性的箇中道理。

爲了說明在「蘊謂」層次，四聖諦許有多層義蘊，我們可以借用龍樹所倡二諦中道的大乘哲理。勝義諦（或稱第一義諦，亦稱真諦）與世俗諦（簡稱俗諦）之分，已在小乘佛教經論出現。在《大毘婆沙論》卷七十七，就以此二諦分別說明四聖諦的義理，共有四種說法。第一說是，苦、集二諦是世俗諦（因「男女行住及瓶衣等，世間現見諸世俗事，皆入苦、集二諦中故」）；滅、道二諦則屬勝義諦（因「諸出世間真實功德，皆入滅、道二諦中故」）。第二說是，不但前二諦，連滅諦也是世俗諦，蓋因「佛說滅諦如城如宮或如彼岸，諸如是等世俗施設，滅諦中有」之故；道諦仍屬勝義諦。第三說是，四諦皆是世俗諦攝，因「道諦亦有世俗事，佛以沙門婆羅門名說道諦故」；只有「一切法空無我之理」才是勝義諦。第四說是，四諦都各別相通於勝義與世俗二諦，理由頗爲複雜，我在這裡省去不提（注 11）。以上四說之中，第三說可能接近龍樹《中論》的主張。龍樹說道:「諸佛依二諦，爲眾生說法。一以世俗諦，二第一義諦。若人不能知，分別於二諦，則於深佛法，不知真實義。若不依俗諦，不得第一義。不得第一義，則不得涅槃。……眾因緣生法，我說即是空，亦爲是假名，亦是中道義。未曾有一法，不從因緣生，是故一切法，無不是空者。若一切不空，則無有生滅，如是則無有，四聖諦之法。」（注 12）我們於此著名之語看到「緣起性空」與二諦中道的大乘根本原理，以後大乘各宗的義理開展皆以此爲基點，而有不同的表現。

龍樹雖未直截明言，「一切法無自性即空」或「緣起性空」是勝義諦，四聖諦則是世俗諦，但就義理的推演言，不得不如此說。緣起或一切法皆無自性，即顯空性，而空本身亦無自性，因此空亦復空；然則一般認爲應屬勝義諦的滅諦所攝的「涅槃」亦應無自性，故亦是空。於此，涅槃因其空性才顯勝義，否則「如城如宮如彼岸」等喻所示，容易墮爲世俗諦。無論如何，除非把涅槃從整套四聖諦拔出，一開始就規定爲空無自性，否則很難形成勝義。又，如果自始並沒有「一切皆苦」，則就無所謂緣起緣生，也無所謂涅槃不涅槃，當然更無所謂道諦所攝的三學、八正道、三十七道品等等修行實踐工夫了。

雖然我們無法探得四聖諦或佛陀當初金口直說的真正「原義」，卻可以借用二諦中道之理去了解佛陀說法的原先用意。佛陀在菩提樹下成等正覺或證道成佛之時，內心深處冥冥自證的涅槃境界乃屬不可思議、言亡慮絕的最勝義諦，空宗無以名之，乃以「一切法空」予以形容，後來大乘各宗（尤其華嚴）分別以「圓融無礙」、「諸法實相」、「海印三昧」等喻，去作暗示性或象徵性的表達，也都不過是猜測之辭而已。我們不難想像，如果佛陀只「沈醉」於此一境界，而不現身說法，也就不會有所謂佛法，更不可能有佛教傳統的形成。他所以決意現身說法，當然是由於宗教的大慈悲心使然，乃以良醫或宗教教育家身分，去設法下化眾生，解救在生死流轉的苦海滾來滾去的不覺眾生。如說四聖諦確係佛陀的金口直說，則此四聖諦也祇能算是世俗諦之事，而與佛陀本人所體認到的最勝義諦有本質上的殊異，只因四聖諦基本上是，佛陀根據離宮出家之前的生老病死等「一切皆苦」的深刻生命感受、六年之久的苦行與超越苦行的不苦不樂中道實踐、菩提樹下證悟解脫的自受用境界體驗、以及證悟解脫直前直後有關緣起緣生順逆二觀的自我內省等等親身經歷，所構成出來的緣故。

已臻最勝義涅槃境界的佛陀，已經超越而毋需次第井然的苦、集、滅、道四諦，但此四聖諦對於不覺眾生卻有啓迪作用。佛陀雖以「一音」宣說四諦，對於機根不同的聽眾來說，卻成方便善巧，故許聽眾（以及代代佛教徒）依各種不同的角度、不同的精神需要、不同的時代要求等等，去作種種詮釋嘗試或義理探索。大乘之優越於小乘，即在於此，一方面展現出尋探四聖諦多層義蘊的詮釋學功力，一方面又能踰越「蘊謂」層次，掘發四聖諦的深層義理，如此創造地發展佛法與佛教，綿延不絕，無有止境。在大乘各宗之中，對於四聖諦多層義蘊與深層義理的詮釋學探索最有代表性的，應該首推天台大師智顗在《法華玄義》卷三推演出來的四種四諦，即生滅四諦、無生滅四諦、無量四諦與無作四諦（**注13**）。

智顗的四種四諦說法本於《大般涅槃經》聖行品，但又依據分別藏、通、別、圓等化法四教的天台教判，而重新安立天台宗本身獨特的四種四諦。第一是小乘藏教的生滅四諦，認定因緣生滅爲實有，即以色心的無常逼迫爲苦諦；以煩惱業的流動而招生死輪迴爲集諦；以滅盡因果歸於空寂爲滅諦；以斷惑業、起正智俾能獲致涅槃爲道諦。從大乘觀點去看，生滅四諦應屬世俗諦。

第二是大乘通教亦即空宗所提出的無生滅四諦，認爲因緣諸法即空，既無生亦無滅（因緣諸法本無自性故）。空宗依緣起性空之理，觀察一切生死皆空（無自性）而無逼迫苦惱之相爲苦諦；一切惑業皆空，無有和合招苦果之相爲集諦；既一切皆空，故無有苦滅可言爲滅諦；一切道行皆空，無有能治之道爲道諦。智顗說道：「（無生滅四諦也者，）苦無逼迫相，集無和合相，道不二相，滅無生相」，並引《大般涅槃經》之語：「諸菩薩等解苦無苦，是故無苦而有真諦。

（其他）三（諦）亦如是。」（注 14）

如與生滅四諦比較，無生滅四諦當然屬於勝義諦。前者從佛陀還未成等正覺的生命體驗與修道歷程觀點去看「諸法實相」，爲了教導不覺眾生捨惡行善，脫離苦海而欣求所謂「涅槃」，硬性分別生死（輪迴）與涅槃（解脫）、煩惱與菩提、眾生與諸佛等等二元對立，仍從世俗人間的角度，而不是從諸佛解脫境界的角度，想去「如實知見」，結果本來應屬勝義諦的「涅槃寂靜」，也墮爲相對於我們「此岸」的所謂「彼岸」而已。與此相反，代表大乘通教初門的空宗，破除一切二元對立，從勝義諦觀點宣稱從世間煩惱到涅槃寂靜的一切法爲無自性即空，無有生滅可言。但在這裡有一極其弔詭的問題：龍樹本人雖倡二諦中道，但事實上生滅四諦與無生滅四諦、世俗諦與勝義諦、事與理等的分別仍然存在，如何能以中道貫通二者？一切法空的「空」既亦無自性，而空亦復空，則如何才能顯出中道實相？代表中國大乘佛學立場的天台宗，可以說是以無生滅四諦或一切法空爲起點，以真空（即）妙有的即事而真中道觀點，重新探索四聖諦的多層義蘊與深層義理的。

第三是無量四諦，配置於大乘別教之所說，認爲界內界外皆有恆沙無量的差別相，即「苦有無量相，十法界果不同故；集有無量相，五住煩惱不同故；道有無量相，恆沙佛法不同故；滅有無量相，諸波羅蜜不同故。」（注 15）苦諦的無量相，屬於中智的聲聞緣覺無法知見，唯具有上智的菩薩始能通曉。上求菩提、下化眾生的菩薩知見積聚惑業的苦果（及其苦因）無量無邊，必依方便的實修始能滅盡，而所證涅槃與修行實踐亦顯無量差別。智顗判此無量四諦爲大乘別教，無論就義理、行法或觀心，皆比天台圓教低劣。我並不同意此一評價，當在後面討論。

第四是天台圓教所宣說的無作四諦。「無作」者，迷悟當體即中道實相而性本自然故無造作之謂。智顗說道：「以迷理故，菩提是煩惱名集諦；涅槃是生死名苦諦；以能解故，煩惱即菩提名道諦；生死即涅槃名滅諦。即事而中，無思無念，無誰造作，故名無作。」（**注 16**）也就是說，天台圓教觀想生死一如，故無苦相造作可言爲苦諦；又觀惑業本來清淨，故無集相造作亦無斷集可言爲集諦；更觀生死即涅槃，故無滅相造作亦無有體證涅槃可言爲滅諦；且觀邊邪即中道，故無道相造作亦無有修道可言爲道諦。無作四諦是界內界外菩薩以上的唯佛與佛所知見的中道實相，故屬最勝義諦，生滅四諦、無生滅四諦與無量四諦等三種四諦終必合會，而歸入無作四諦。《摩訶止觀》卷一的下列「圓頓章」一段，可以說是無作四諦的另一說明：「圓頓者，初緣實相，造境即中，無不真實。繫緣法界，一念法界。一色一香，無非中道。己界及佛界眾生界亦然。陰入皆如，無苦可捨。無明塵勞，即是菩提，無集可斷。邊邪皆中正，無道可修。生死即涅槃，無滅可證。無苦無集，故無世間。無道無滅，故無出世間。純一實相，實相外更無別法。法性寂然，名止；寂而常照，名觀。雖言初後，無二無別，是名圓頓止觀。」（**注 17**）

以上四種四諦的說法，是智顗探討四聖諦的多層義蘊所獲致的詮釋學結論。於此天台圓教說法，智顗很顯然地跳過「蘊謂」層次，而在「當謂」層次（批判的繼承）與「創謂」層次（創造的發展），依其教相判釋，以本宗所主張的無作四諦當做最圓融且最殊勝的四聖諦深層義理：之所以最圓融，乃是由於它能包容攝取其他三種四諦之故；之所以最殊勝，亦是由於它比其他三種四諦更具哲理的深度與廣度之故。譬如大乘別教的無量四諦能夠跳過生滅四諦（世俗諦）與無生滅四諦（勝義諦）的對立，洞察界內（欲界色界無色界等三界，即不覺眾生生死往來之世界）與界外（三界之外諸佛菩薩之淨土）各別的無量相，極有助於大乘菩薩道「上求菩提，下化眾生」的修行實踐，因此顯較後二者優越。然而智顗指出，無量四諦所明法門行相，仍隔歷次第，專爲菩薩說恆沙俗諦之理，用道種智斷塵沙及界外之三惑（見惑、思惑與無明惑），修諸波羅蜜自行化他之行等等，只利益菩薩，而不利益聲聞緣覺二乘；且此別教雖明中道實相，其「但中」之理卻不圓融相即，仍達不到《法華經》所云唯佛與佛所知見究盡的諸法實相境界（**注18**）。

問題是在：天台圓教所說的無作四諦、圓頓止觀或所依《法華經》的唯佛與佛不可思議最勝義境界等等，不論如何圓融，不論如何深廣，畢竟仍非不覺眾生所能體證，如此陳義過高的理論，若與別教的無量四諦相比，有何大乘菩薩道的真正實踐力量？中國天台思想後來豈非變成一小撮（善於思辨的）出家人所服膺的高妙哲理而已嗎？豈非逐漸失去足以影響廣大佛教徒眾的草根性基礎，而無法與禪宗、淨土宗等相抗衡的嗎？日本天台宗豈不是也從本身陳義過高的高妙之論，演發了一套天台本覺論，誤導一小撮天台信徒等同本覺與始覺，而導致「本覺不待修行即已成佛」這修行實踐無用論的嗎？從早期日本天台到日蓮宗的發展，尤其到二次大戰後創價學會、立正佼成會等新興宗教的大眾化趨勢，豈不提示我們，哲理太過深廣且又繁瑣的大乘佛教理論，很容易從原先大乘菩薩道的利他行實踐活動脫軌的嗎？

釋迦佛如果今天仍在人間，他對天台大師所提出的四種四諦（多層義蘊）與無作四諦圓教理論（深層義理），應當如何回應？他的「當謂」將是甚麼？爲了回答這個問題，我們還是應該回到佛陀時代，了解他開創佛法與佛教傳統的真正用意。站在創造的詮釋學立場，這當然不等於說，一成不改地唯唯奉行原原本本的四聖諦，而是要通過我們對於佛陀所負宗教使命的現代理解，承繼佛陀的「當謂」，且予以時代的超越，而爲下一世紀試予創新佛法，開展新世紀的「創謂」。

釋迦佛既已不在人間，我們根本無法知道，已經歷過兩千五百年大小乘思想發展之後的今天，他「當謂」甚麼，亦即應當如何澄清，以偉大的佛教傳統開創者的他本人所理解的佛教的眞正本質，尤其是四聖諦的現代（甚至後現代）意義。不過，創造的佛教詮釋學者仍可以設法爲他說出，他今天應當說出的話。我認爲，解決佛陀「當謂」如何的詮釋學問題的關鍵是在：現代佛教徒應當如何重新理解，貫穿佛陀一生以身作則的宗教精神與弘法活動？

我們如把佛陀一生的主要經歷（包括離宮出家、六年苦行、證悟成道、弘法活動）與四聖諦聯貫起來，則可以說，促使佛陀離宮出家的生老病死等等生命體驗，是觸發他構想四聖諦之中的第一苦諦的主體性因素；六年苦行的負面經驗使他在證悟成道之前改變修行方式，採取禪定爲主的不苦不樂中道實路，乃爲第四道諦的主要因素；證悟成道當然指謂第三滅諦，同時佛陀根據自己從離宮出家到菩提樹下證悟成道的整個修證歷程，內省到「一切皆苦」的因緣，如此構想出包括順觀（流轉緣起）與逆觀（還滅緣起）的緣起說（即使還未形成定型的十二因緣說），這就是第二集諦；證悟成道之後直至八十歲圓寂爲止的弘法活動，當然涉及四聖諦各諦的細節推敲。至於佛陀生前有否形成結集以後的一套定型四聖諦說，則無法斷定。

根據上面的理解，我們可以獲致兩點重要的「當謂」結論。其一，苦集二諦與證道以前的釋迦有關，描敘生死流轉的因果；滅道二諦與證道體驗及其以後的弘法活動有關，定立涅槃寂滅爲佛教修行實踐的終極目標，同時逐漸開展並充實戒定慧三學，當做修道指南，以便人人都像釋迦一樣，終能脫離苦海，獲致涅槃。釋迦佛今天應當對於大小乘各宗說，小乘（以及權大乘的唯識法相宗）有見於生死流轉的因果，但從不覺凡夫的世俗諦觀點去看涅槃解脫境界的結果，分別生死與涅槃，煩惱與菩提，故無見於唯佛與佛所知見的諸法實相；大乘（淨土宗除外）則有見於生死與涅槃、煩惱與菩提乃至眾生與佛原本無二，能從佛陀（以及其他諸佛）證道以後的不可思議涅槃境界觀點去看世界與人生，而有「緣起性空」、「圓融三諦」、「一念三千」、「無作四諦」、「法界緣起」（即性起）乃至密教說法，以涅槃解脫境界壓蓋生死苦海的事相，固然彰顯了佛法的勝義，卻容易拋落世俗人間一大半不覺凡夫的無量事相，實有空談妙論、眼高手低之嫌。因此釋迦佛如果活在現代社會，應當要說，必須採取大乘與小乘之間的中道。

其二，採取兩者之間的中道，並不等於漠視大乘在思想的深廣度優越於小乘的道理。我們站在大乘立場不得不說，證道以後所看的世界（亦即法界）當然要比證道以前所看的世界真實，我們即使還未證道，也必須培養無分別智，去理解真實的法界應是如何。至少有一點不得不肯定的是，超越我們各別的主體性去看原原本本的萬法或法界，我們就會了解到不可能有所謂生死與涅槃、煩惱與菩提、眾生與佛等種種二元對立，此類對立原是產生於我們的分別智的。佛陀今天應當會說，他證悟成道的那一天徹底體認到，證道以前的他以一介凡夫的有限眼光（即分別智）去看世界與人生，因此才會分辨苦集二諦與滅諦（以及道諦），其實本來無所謂四諦不四諦，四諦說法的成立，乃是預先假定不覺凡夫的存在才有的。由是可以推斷，整個世界與人生究屬生死苦海抑屬涅槃解脫，完全是在我們主體性的一心之轉，無此一心之轉，世界與人生只是法爾自然，原本如如而已，沒有甚麼好說，大小乘佛教統統可以不要，也無所謂佛法，遑論所謂永恆的理法。

然而佛法所以產生，佛教傳統所以建立，正是由於我們的一心之轉。從原始佛教開始，代代豈非強調「心淨一切淨，心染一切染」的嗎？明代憨山大師豈不也說過，「從上古人出家本爲生死大事，即佛祖出世，亦特爲開示此事而已，非於生死外別有佛法，非於佛法外別有生死。所謂迷之則生死始，悟之則輪迴息。……所以達摩西來，不立文字，只在了悟自心。以此心爲一切聖凡十界依正之根本也。全悟此心，則爲至聖大乘；少悟即爲二乘；不悟即爲凡夫」？憨山此語實有「洩漏天機」般的千鈞力量，不但總結了中國大乘佛學（尤其以明心見性爲唯一法門的禪宗）的根本義諦，更可以說爲釋迦佛說出了，不同於其他世界宗教的佛教的本質，重點擺在超越大小乘各宗對立的心性體認本位之上。

釋迦佛今天應當要說，世界與人生是否「一切皆苦」，還是「涅槃寂靜」，並不在乎客體，而是在乎我們每一實存主體的一心之轉，如此而已，四聖諦的本義也應當以此一心之轉去重新解釋才是。釋迦佛在菩提樹下證悟成道的那一超時間、超歷史的「永恆的現在」（亦即道元禪師所云「有時之而今」），豈非完全體認到，整個世界與人生在他證道以前、證道時刻或證道以後原原本本並未改變，改變的只是他的「一心」而已嗎？據此，有否因果報應、有否死後世界，甚至有否不同於生死的涅槃世界，都變成第二義（可有可無，存而不論）；佛教的第一義諦正是在乎如何轉迷開悟，體證迷悟原是一心之轉。難怪佛陀對於涅槃如何、如來死後存在與否的種種問難，始終保持「無記」。據此，小乘佛教的三世兩重因果等等一心之轉外在化的說法，也不過是所硬加的繁瑣思辨而已，並未彰顯第一義諦出來。而屬於大乘系統的淨土宗，到了後來豈不逐漸揚棄客體性意味的淨土觀念，在中國產生「淨土禪」，又在日本演進到親鸞的淨土眞宗，強調此時此刻接受阿彌陀佛解救恩典的信心即是淨土的顯現，不必等到臨終之時才有阿彌陀佛及其隨伴來迎，接到西方淨土或極樂世界的嗎?

以上二諦中道與一心之轉的兩點，是假定釋迦佛今天仍在世間，我們可以期望他說出關於四聖諦現代意義的「當謂」結論。然而釋迦早已不在世間，我們只有試從「當謂」層次進升「創謂」層次，帶著我們現代佛教徒的（當代德國詮釋學家高達美所云）「成見」，重新提出佛教產生的問題意識，重新創造地詮釋四聖諦對於我們現代人的切身意義。在這裡，創造的詮釋即不外是對於傳統大小乘佛教的「批判的繼承」，以及開展現代佛法的「創造的發展」。

依我的理解，我們現代的中國佛教徒幾有共識的「成見」是，印根順法師所率先倡導的「人生佛教」或「人間佛教」；我們在「創謂」層次有充足的理由說，如果釋迦佛今日仍生活在臺灣社會（或更廣大的華人社會），他也不得不提倡「人生（或人間）佛教」，依此重新展現四聖諦的（後）現代義諦與功能。我認爲，人生佛教必須依據二諦中道理念，以勝義諦落實於我們人生人間的世俗諦爲現代佛教徒的共同目標，建立人間淨土，探索涅槃意義於「一切皆苦」之中，如此苦、集、滅、道四諦相即不二，即於「一切皆苦」之中，理會緣起緣生，體認涅槃解脫，講求修（道）證（悟）一如，工夫即本體，生死即涅槃，煩惱即菩提，佛與眾生無二。就此深層義理言，天台圓教似已摸到其中奧妙，但其太過靜態化（如「無作」等義）的探索理路未免眼高手低，在我們的（後）現代社會難於適用。我倒認爲，天台大師所提別教的無量四諦，反有個體日常踐行與群體共命實踐的意義與功能。

在今天日益民主自由化、多元開放化的（後）現代社會，我們必須承認，已不可能有所謂永恆不變的佛教理法，即使有此永恆佛法，具有獨立思考能力的佛教徒必須依照我們現代人的精神需要，去實存地 (existentially) 重新探索開展佛法的新時代意義。同時，誠如無量四諦所暗示，我們的世俗人間永遠會存在著無量的苦相（如近年來的愛滋病等種種病症，或各地小規模戰爭所帶來的種種禍害）、無量的集相（如種種日常複雜的人際關係所造成的外在條件，與現代精神分析所發現的種種心理問題所形成的內在條件等等，共同構成的因緣湊合）、無量的滅相（如身心條件不同的各別實存主體所了解或體認的涅槃解脫境界或意義）以及無量的道相（如包括漸修頓悟、本證妙修等等在內的種種修行實踐方式）。問題是在：如何依據二諦中道的佛法理念與一心之轉的佛教理解，既不迴避世俗人間無量無數的苦相集相，同時又不刻意隔開滅、道二諦於苦、集二諦之外，一方面日日磨鍊我們自己成爲具有大乘菩薩道精神的新時代佛教徒，另一方面通過具有新時代共命慧的宗教教育，旁助其他佛教徒把握上述佛法理念與佛教理解，共同勉勵，建立我們的人間淨土？以下是我依多年來的自我探索，在「創謂」層次所獲得的小小結論。

根據二諦中道的佛法理念，在不可思議、不可言詮的最勝義諦層次，一切如如，無有各別實存主體的生死問題、解脫問題存在（因我實存主體之存在與否毫不影響一切如如的諸法實相之故，正如天台大師的無作四諦或圓頓止觀所示）。然而正因（包括釋迦牟尼在內的）無數實存主體自古存在，而有其宗教探索之故，不得不（暫且）設定勝義諦與世俗諦之分，依此理解世俗人間無量的苦相集相，也依此探索脫離苦相集相而求涅槃解脫之道（「滅」盡之「道」）。然從最勝義諦去看，所謂生死與涅槃、煩惱與菩提、眾生與諸佛等，乃是原本一如，只因我們一心之轉（原爲無分別智，轉爲分別智）才有生死與涅槃等等之分。了解乎此，我們只有即於苦集二諦印證滅道二諦，化四諦爲一諦，於無量義的人間苦集之中體認無量義的滅盡之道。

我更認爲，在多元開放的（後）現代社會裡，我們一方面許有（各別獨特的實存主體之究竟平等意義的）無量四諦，另一方面又依四諦原即一諦的中道理念，以及人生佛教或人間佛教的新時代信念，應該肯認世俗諦層次的生活實踐即是勝義諦的涅槃解脫，除菩薩道的修行之外不必刻意另求成佛之道，修行實踐的時時刻刻即不外是涅槃境界的真實顯現，亦即「永恆的現在」（或即道元禪師所云「有時之而今」）。也就是說，一切皆苦即是緣起緣生，即是涅槃解脫，即是中道修行，我們應在修證一如的日常生活實踐之中體現人生佛教或人間佛教的真諦深意出來。於此，一切皆苦的「苦」已不僅僅是傳統佛教所強調的個人苦，卻是社會共苦，而涅槃也不僅僅是各別實存主體的個人解脫，卻是眾生共命的涅槃，亦即社會性乃至宇宙性的涅槃。因此，我們各別的修行實踐不是爲了我們自已的終極目標，而是爲了整個社會的涅槃化、淨土化，除此之外別無佛法佛教可言。自始至終以「無我」(anātman) 著稱，而以此有別於其他宗教的佛教真諦，即在於此（**注 19**）。

（一九九四年十一月二十三日於加州聖地亞哥市自家，專為印順導師九十高壽祝壽論文集撰寫。）

注解

注 1 宇井伯壽《印度哲學研究》(東京・岩波書店印行),第二卷,頁116至117。宇井的主張,亦散見於《印度哲學史》等論著。

注 2 《根本佛教之研究》(東京・風間書房印行),頁32至33。

注 3 大正大藏經第二冊,頁105上中。

注 4 中村元譯《佛陀的話語——尼波多經》(1984年東京・岩波書店印行)頁434至439。

注 5 關於「創造的詮釋學」及其五大層次(即「實謂」、「意謂」、「蘊謂」、「當謂」與「創謂」),參照拙著《從創造的詮釋學到大乘佛學》(1990年臺北・東大圖書公司印行)的首篇〈創造的詮釋學及其應用〉,以及收在本書的〈關於緣起思想形成與發展的詮釋學考察〉(原載《中華佛學學報》第四期)。

注 6 參看拙著《從創造的詮釋學到大乘佛學》,頁197。

注 7 水野弘元《原始佛教》(1956年京都・平樂寺書店印行),頁185。

注 8 《根本佛教之研究》,頁225至226。

注 9 我曾主張過,小乘偏重「意謂」,強調「依文解義」,而大乘雖承接「意謂」,但又通過「蘊謂」探索,自由自在地「依義解文」,且更上進「當謂」與「創謂」,故能遠遠超過小乘,有其哲理的深度與宗教的廣度。(見《從創造的詮釋學到大乘佛學》,頁130。)我今天應該修正「小乘依文解義」的看法。從大乘觀點去看,小乘的七十五法等等繁瑣理論,其實也是對於四諦說的依義解文。也就是說,四聖諦的依文解義實際上是不可能的,從「意謂」上進「蘊謂」,乃是不可避免的詮釋學進路,小乘亦非例外。

注 10 大正大藏經第29冊,頁1下。

注 11 大正大藏經第27冊,頁399下至400上。

注 12 大正大藏經第30冊,頁32下至33中。「我說即是無」之「無」改為「空」字較順。

注13 天台大師的四種四諦說法，除《法華玄義》卷三之外，也散見在《摩訶止觀》等書。又，淨影寺慧遠所著《大乘義章》亦列有四種四諦，乃依《勝鬘經》法身章之說而立。其中，有作、有量四諦為小乘之四諦，無作、無量四諦為大乘之四諦。於此，小乘之四諦與大乘之四諦可以分別看成世俗諦與勝義諦。不過慧遠的四種四諦說法，與天台大師的並不相同。

注14 大正大藏經第33冊，頁701上。

注15 大正大藏經第33冊，頁701上中。

注16 大正大藏經第33冊，頁701中。

注17 大正大藏經第46冊，頁1至2。

注18 該經〈方便品〉有云：「佛所成就第一希有難解之法，唯佛與佛乃究盡諸法實相；所謂諸法如是相，如是性，如是體，如是力，如是作，如是因，如是緣，如是果，如是報，如是本末究竟等。」（大正大藏經第9冊，頁5。）

注19 南傳佛教發展到今天，也產生了一些有關四聖諦的新詮釋、新看法，大大突破了傳統小乘的局限性。譬如已故泰國著名高僧佛使 (Buddhadāsa) 就有獨特的四聖諦人間化、自然化的現代解釋，極其接近大乘佛法的基本立場。根據他的深邃宗教體驗與文化理解，他把四聖諦講成：⑴苦諦即指一切自然，一切苦相或變化之相即是無自性，即是空；⑵集諦即指自然律，亦即我們對於一切事物有所執著，因此而有種種煩惱痛苦的感受經驗；⑶道諦即指我們面對此類執著、惱苦而有的人生任務，亦即從事於免除此類問題的社會實踐；⑷滅諦即指通過我們人間的社會實踐，我們終能免於我執與惱苦。佛使的激進論調甚至主張，包括佛教在內的一切宗教究竟平等，宗教終必自動解消。佛使的言論收在斯威勒（Donald K. Swearer）教授所編集的*Toward the Truth*（The Westminster Press, 1972）等書。我讀此書之後，頗有「英雄所見略同」之感，因為他的說法蘊涵著，四諦化為一諦（一切原

本自然，只因一心之轉而有我執之生與我執之滅）、社會性自然性的涅槃意義、無分別的最勝義諦無有「宗教」可言等等論點之故。

龍樹的破因果關係：《中論》第一品的邏輯解析

吳汝鈞

香港浸信學院講師

龍樹《中論》(*Mūlamadhyamaka-kārikā*) 的第一品題爲「觀因緣」(pratyaya parīkṣā)，表面的意思是對因緣問題的考察，實際的意思是要破除因果關係。不過，這裡所要破除的因果關係，並不是世間知解的因果關係，或使世間法得以成立的因果關係，卻是以自性 (svabhāva) 的立場來看的因果關係。在這樣的因果關係中，因有自性，果也有自性，而由因生果的生，也有自性。破除了以自性建立起來的因果關係，即顯出無自性的、緣起的因果關係。

在破除自性觀的因果關係中，龍樹展開他的多面的論證。在這些論證中，他生動地運用了兩難 (dilemma) 與四句 (catuṣkoṭi) 否定的邏輯形式。對於邏輯形式的運用，是龍樹哲學的特色；《中論》便很富於這種色彩。現代中觀學學者魯濱遜 (R. H. Robinson) 甚至認爲，《中論》偈頌的思考，都可以套在邏輯論式中。

本文的用意，是要對《中論》觀因緣品作邏輯解析，看看龍樹如何運用多姿多采的論證，破除以自性見爲基調的因果關係，以建立無自性或緣起的因果關係的正見。

一、觀因緣品第一

不生亦不滅，不常亦不斷，

不一亦不異，不來亦不出。

（大正藏 30.1b，大正藏以下省作大）

《中論》（*Mūlamadhyamaka-kārikā*）開首的兩首偈頌不能視爲正文，而只能作爲整部《中論》的「歸敬偈」。所謂「歸敬偈」，即將作者自身的意願迴向佛祖釋迦牟尼（Śākyamuni，約前 565–486），從中表示出對佛祖的敬意。同時，也可以省略地標舉出整部《中論》的主旨，這即表現在不生（anutpāda）、不滅（anirodha）、不常（aśāśvata）、不斷（anuccheda）、不一（anekārtha）、不異（anānārtha）、不來（anāgama）、不出（anirgama）等所謂「八不」的列舉之中。「八不」即八種否定（eight negations），從否定中顯出中道，因此這首偈頌也被稱爲「八不中道」。

「八不」指對八個思想上的概念同時予以否定。「中道」（madhyamā pratipad）是中觀學的重要觀念，但在《中論》裡，卻只出現一次，這即表現在第二十四品的三諦偈「眾因緣生法，我說即是無，亦謂是假名，亦是中道義」（大 30.35b）中。它雖然只出現一次，但在整個中觀學裡，實在是一個頂重要的概念。中道的梵語是 madhyamā pratipad，madhyamā 是中間的意思，可指人身體上的腰部，因爲腰部介乎人身體的中央，從而表示出中間的意思，而 pratipad 則指道路，兩者合起來便稱爲「中道」。但要注意的是，中道並不是一般所常說的中庸的意思。我們慣常運用的中庸一辭的意思，可圖解如下：

a —— c —— b

中庸

這裡把 a 和 b 兩點連成一直線，而在兩者的中間置一 c 點，這 c 點就是介乎 a 和 b 兩個極端的中間，這便是一個中庸的位置。

但中道的情況，卻有所不同。這也可以用圖表示如下:

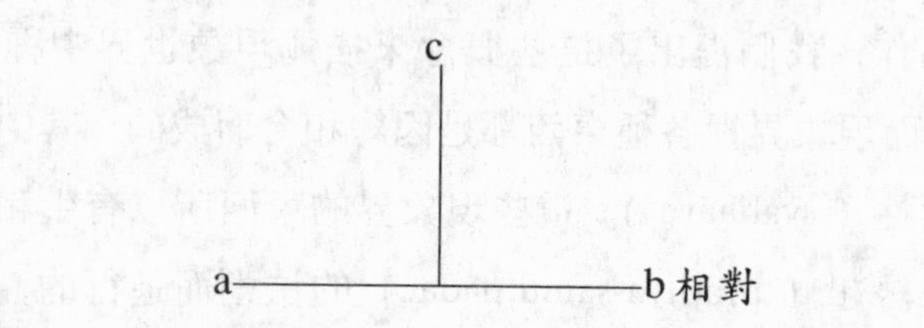

在相同的情況下，把 a 與 b 點連成一條直線，並在兩者的中央立一垂直線，再於垂直線的頂端放置 c 點，這條垂直線表示 c 點超越於 a 和 b 兩點所構成的領域之上，從而成就中道。a 和 b 線是相對性的層面，而把 c 點置於這層面之上，即表示出中道是要超越相對的層面。既不執取 a，也不執取 b，更不會執取整條 a b 線所表示的相對層面裡的任何東西。即是說，中道超越於整個相對的層面，而構成一絕對的層面或境界。

生 (utpāda)、滅 (nirodha)、常 (śāśvata)、斷 (uccheda)、一 (ekārtha)、異 (anārtha)、來 (āgama)、去（出，nirgama）等都是爲了描述世間現象的情況而設定的概念，它們只是思維上的構作。整個現象世界只表現出相對的性格，上述所列舉的各種不同的概念也只是用來描述現象世界裡的種種相對情況。如生對於滅、常對於斷、一對於異，來對於去，它們都是用來描述現象界裡的生成、變化和滅去等等相對性質的活動。我們要從這種種相對性的東西所構成的相對領域之中超越上來，透顯出一種絕對的境界，這便是中道的涵意。所以，將相對的兩邊概念同時超越，而顯出一絕對的中道的境界，就是「不」；不即否定兩邊相對概念的意思。「八不」指同時超越四對八個相對的概念，然後中道的絕對境界便得以彰顯，這就是「八不中道」的整全的意思。

現在進一步解釋「八不」的意思。「八不」包括了對生滅、常斷、一異、來去等四對八個概念的否定，這些概念都是我們主觀思維裡的構作，我們提出了這些概念來描述現象世界中種種東西的變化狀況，而現象界裡各種東西都是因緣和合而成的，其中並沒有常住不變的自性（svabhāva）。這些現象界的東西所以有生和滅等變化，全是依據緣起（pratītya-samutpāda）的法則而進行的，即是說，現象世界是由各種緣起的東西所組合而成的。這些東西先會表現出生（生起）的情況，接著有住（在世間停留一段時間而不發生顯著的變化）、異（逐漸出現明顯的變化）和滅（最後歸於消滅）等幾個變化的歷程。在這裡，我們便運用了生、住、異、滅等概念來描述現象界的東西所經歷的變化狀況。我們雖然採用了生、住、異、滅等概念來指陳現象世界，但卻不可以執取這些概念，以爲它們都有其自性，即不可以視自性爲藏於現象界各種東西的生、住、異、滅等變化歷程之中。如以爲生有自性，住有自性，以至異和滅皆有其自性，這只會構成自性見。自性見是一種邪見，我們必須加以否定，從而有所謂「八不」，即不生不滅、不常不斷、不一不異、不來不去等八種否定。我們否定了這些邪見或邊見（邊見與正見是相對反的）之後，便會顯出正見，這正見就是中道的見解。即是說，中道是不偏執於生滅、常斷、一異、來去以至生、住、異、滅等相對的概念，不視它們任何一者爲具有自性，從而展示出一種絕待或絕對的境界。所謂絕待的境界，就是要從相對的層面超越上來，而顯現出沒有對待關係的境界，這絕待的境界就是中道。所以，中道是要透過「八不」來否定種種邊見或邪見而顯示出來。這便是「八不中道」的涵意。同時也包含了空的意味，兩者在意義上有重疊，但並非完全一樣，而各有偏重，這點留待討論三諦偈的時候再作說明。

故此，在《中論》的「歸敬偈」中，即明顯地標示出整部書的主旨，這就是中道的奧義，中道在相當程度上等同於空，而有所謂「中道空」。這「中道空」是一表示中道可等同於空的複合概念（compound concept）。這中道或空的境界是透過否定種種邪見包括自性見來顯示，這就構成了「八不」。

其實，這首偈頌運用八一數量是沒有什麼必然性的，八只是用來配襯整個偈頌的表述才擬設的，即運用四對八個概念來構成一首文句工整的偈頌，以之來發揮否定邪見或邊見的作用。也可以這樣說，在這首偈頌中並不一定要採用八這個數量，若果偈頌的長度有所不同，也可以伸縮性地運用適當數量的相對概念，使它成爲六個相對概念；或是增加另一對概念，將它增至十個，甚至十二個相對概念。事實上，《中論》是由梵文本翻譯過來的。梵文原偈每首只能而且必須有三十二音節。這三十二音節剛好能容納四對亦即是八個概念的否定。總而言之，只要令到整首偈頌得到流暢的表達，而又符合梵文規則的話，則不論是八，還是六、十、十二，甚至再增多一點的相對概念的數量，也會被容許的。

能說是因緣，善滅諸戲論，

我稽首禮佛，諸說中第一。

這首偈頌說，若能顯示由「八不」這「因緣」所顯出來的真理，就可以滅除各種不同的戲論（prapañca）。「戲論」一辭，在佛教典籍中極爲流行。這是指將整個世界的真相加以概念化（conceptualization）的行爲，以爲透過不同的分別概念便能掌握到整體世界的真相，而不能就世界的本來情狀來了解它。所謂世界的本來情狀，即是指世界裡所有東西都是緣起無自性的，也就是空的，這才是世界的本來的狀況。但戲論卻將世界的性格加以概念化，用不同的概念來將世界的性質實在化，如視世界中有生的自性、滅的自性，以至常、斷等自性，這全是戲論的表現。

進一步說，戲論可以指在語言（language）、概念（concepts）或文字（words）上作出不斷的追尋，以爲透過這些東西就足以展示出真理的自身。凡持守戲論的人，皆以爲語言、概念等可以代表真理，而加以執取、追逐。但實際上，所有語言、概念，還有文字，只不過是人類透過約定俗成（convention）的形式擬設出來的，正由於它們是約定俗成的，所以它們只具備相對的性格。就如「檯」、「椅」、「紙」或「簿」等概念，全都是具有相對的性格，它們這些稱呼是經由我們約定俗成的，我們全都同意稱某東西爲「檯」，而稱另外一類東西爲「椅」，甚至爲「紙」、爲「簿」等，它們的稱謂並沒有必然性。如桌這類東西不一定要稱爲「檯」，簿也不一定要喚作「簿」，它們這些稱謂全是爲了我們溝通和了解上的方便而設定的。舉凡約定俗成的東西，都只有相對的性格，而所有語言、概念、文字等都是約定俗成而得以建立的，所以全是相對的，我們並不能透過相對性格的東西來表達具有絕對性格的真理。但若我們錯認這些相對性的語言、概念等足以表達絕對的真理，而妄加執取，則這些語言、概念便會形成戲論。戲論會對人接近真理構成障礙，令人墜入對語言、概念的迷執之中，而不能了達真理。也有人將戲論翻譯爲「觀念遊戲」（intellectual play），這指耽迷於觀念的尋索之中，失去了洞察真理的方向。

在接下來的下半頌中，作者對佛祖表示出虔誠的敬意，「稽首」是對佛祖行禮，並讚歎他提出的「八不中道」的說法，而譬之爲種種不同的說法中最優勝的一種說法。

1.1

諸法不自生，亦不從他生，

不共不無因，是故知無生。

（大 30.2b）

這是〈觀因緣品〉正文的開始。其實，「觀因緣」也可稱爲「破因緣」，意思是破除對因緣（因果）關係（causality）的不正確的理解。所謂不正確的理解，是以爲因緣各有自性（svabhāva），但龍樹指出，這是一種不正確的見解，因此他在這品裡便要盡力加以破斥。但要注意的是，龍樹並非要破除一般的因果關係。這一般的因果關係指規範著現象世界裡所有東西的生成變化等情況的律則，這是世界的真實狀況，是不能破除的。可是，若執取因果規律，以爲因有其自性，果也有其自性，即以自性的立場來看待因果關係，這便會形成邪見。當執取著因果關係而構成邪見，便須加以破斥。

本品由這首偈頌開始，以及後述的若干偈頌，基本上都在表達這個相同的主題，即破除對因緣所產生的自性見或邪見。現在這偈頌更是全部〈破因緣品〉的樞紐，是極爲重要的一首偈頌。所以，我們在這裡必須加以仔細的探討。也由於本偈頌較其餘各偈頌爲複雜，我們也要花上不少的篇幅才能弄清楚它的義蘊。

在這首偈頌的四句裡，第一句表示自生的否定，第二句是他生的否定，第三句是共生（自生加上他生）以及無因生的否定，最後則明確地提出無生的主張。可見這首偈頌是透過一種獨特的邏輯思考模式來表達其意思的，這便是哲學上的「四句否定」。若要深刻地理解這首偈頌的涵意，我們得先要了解在邏輯上四句否定的性格和作用。

所謂四句（catuṣkoṭi），是以正負的模式來窮盡我們對事物的思考方式。對於某一事物，我們在思考上可對其表現出四種態度。現把這四種態度列舉於下：

1. p —— 肯定的命題

2. $\sim p$ —— 否定的命題

3. $p \cdot \sim P$ —— 綜合（共）的命題

4. $\sim (p \cdot \sim p) \rightarrow \sim p \cdot \sim\sim p$ —— 超越的命題

即是說，我們對事物的思考可能有四種態度，第一種是肯定的態度；第二種是否定的態度；第三種是同時肯定和同時否定的綜合的態度，這就是「共」，即兼有肯定和否定的意思；第四種是對「同時肯定和同時否定」再作一次同時否定，而成爲一種超越的態度。

現在以生作爲主題，配合著四句的邏輯形式展示出來。按諸法的生起，不外乎有四種可能，這分別是：

1.自生：以自己作爲原因而生起；

2.他生：以其他東西作爲原因而生起；

3.自生、他生：以自己加上他者爲共同原因而生起；

4.無生：既不是以自己作爲原因而生起，也不是以他者作爲原因而生起，由於自己和他者已概括了所有原因，現在既不是自生，也不是他生，便是沒有原因的生起。

把諸法的四種生起擬配四句，便可得出以下的表述情況：

1.自生→肯定，正面肯定事物由自己生起；

2.他生→否定，對於自生的否定；

3.自生、他生→綜合，同時肯定自生和他生兩者；

4.無因生→超越，同時否定自生和他生兩者，從而超越了有原因生起的形式。

可以說，這偈頌基本上是依據四否定的模式來成立的。首先，我們可將諸法的生起分爲有緣因的生起和無緣因的生起兩大類；接著，再把有緣因的生起總括爲三類，分別是自生、他生和共生。有緣因生共有以上三種情況，而無緣因生則只得一種情況。而本偈頌所作的論證，是指出若果就自性的角度來看，不論是有緣因的生起還是無緣因的生起，諸法的生起都不能夠成立，從而破斥了世間裡種種偏頗的因果法則。但必須要注意的一個重點是，這裡所說的破斥因果法，並非指一般世間的因果法則。由於世間的因果法則是成就整個世間裡所有事物的規則，是不可以破斥的，龍樹所要破斥的是以自性的立場來看世間因果活動的錯誤見解而已。即是說，若以自性的立場來看生起，龍樹便會指出，這種具有自性的生起是根本不能成立的。在因生果的活動中，作爲原因的因沒有自性，作爲結果的果沒有自性，而因生果的生的活動也沒有自性。實際上，龍樹並非要破斥世間的因果法則，而只是要破斥以自性的眼光來看世間因果生起的做法。因爲這種具有自性的生起是不可能的，不論它是自生，還是他生，以至於共生或是無因生，在現實上都不可能有具備自性的生起。

我們先把龍樹的基本論證陳示出來。就生起的問題來說，可分爲有因生和無因生兩大類，而在有因生方面，又可再細分爲自生、他生和共生三種。如下圖所示：

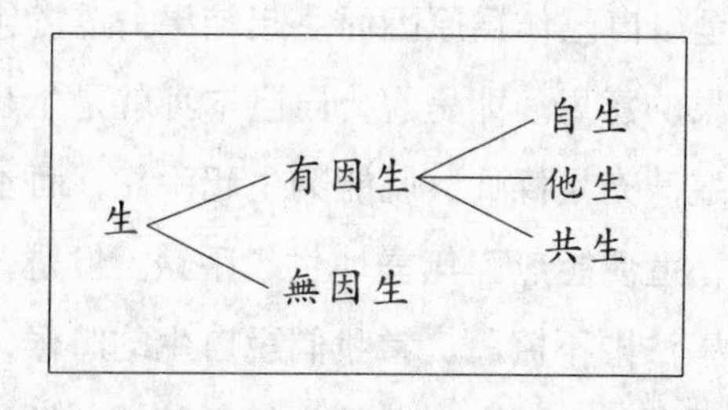

即是說，以自生、他生和共生三種有因生，配合著無因生，便窮盡了生的一切可能性。除了這種有因或無因的生起之外，再也沒有另一類

的生起了。現在，龍樹論證出有因生與無因生均不可能成立，由此便顯示出生起是不可能的。我們必須要留意一點，就是龍樹在這裡論證生起一問題是從自性的立場出發的，將之否定掉，推導出自性的生起是不可能的結論。

現在先討論自生。自生是指事物由自己所生起；但龍樹立刻指出，事物是不可能由自己生起的。其中的一個重要原因，是當我們說生的時候，便已預設了因與果、能生與所生兩者的對比，而由前者生起後者；但是，若事物是自生的話，即是以自己作爲原因來生起結果，而因與果是完全一樣的，於此便失卻了能生與所生的因果關係，跟世間所理解的因果情況相違背。世間一般都承認因果關係的存在，即有能生及所生，而由能生生出所生。所以，不能以自身作爲原因而生起結果，否則便破壞了世間所認許的包含著能生和所生的因果關係的意義。這便是自生不可能的一個理由。

另外，自生不可能的第二點理由是，假若自生可以成立，則事物便應不斷地由自己生起。例如，假設某一手錶具有自生的性質，它能自己生起自己，那麼它便應該不斷地生起，因爲手錶若可以自生的話，它便應不斷地、沒有窮盡地生起無數的手錶。由於自生是不需要依待任何其他的外在條件而生起，所以，能自生的手錶應可以不斷地生起手錶。自生是以自己作爲原因而生起結果，這實包含了只需要自己便足夠生起結果的意思。即是說，自己本身就是生起的充足條件，只要具備了自己這一充足條件，就能夠生起手錶，而不用依待任何外在的東西爲條件，這便能無窮無盡地生起手錶。但是，這一點跟日常我們所理解的因果法則不協調。當我們說自生的時候，我們是從自性的立場來看這個問題的，即在由手錶生起手錶這一活動中，能生的手錶是具有自性的，所以，它是自足的，並不需要倚待其他因素的作用才生起，它自身即能生起手錶，更能夠不停地生起手錶。但這顯然跟我們的日常知解相衝突，所以自生是不可能的。

若自生是不可能的，則他生也不可能。因爲他生對於他者來說，也就是自生，他與自只是一種角度上的轉換而已。他生指某一東西由他物作爲原因而生起，但對於他物的自身來說，他也就是自，所以，他生其實只是自生的一種變換了的表現方式，這是不可能的。

另外，若他可生起自，也會出現問題。以手錶爲例，若手錶是由他生而成的，手錶爲自，生起手錶的原因是他（或他者），由於是他生的緣故，他與自應是兩種截然不同的東西。倘若兩者皆以自性的立場來看，即作爲手錶的自固有自性，而作爲原因的他也一樣具有自性，由於自和他兩者都具備了自性，所以他們必定是完全不同的兩樣東西。現在我們先提出另一個問題，就是在生起的過程中，自和他兩者有些部分相同，有些部分不相同。若果這種情況可以成立，則不需要預設自與他是兩個完全不同的東西。但現在是以自性的立場來看，則這種預設是不可能成立的，因自和他兩者都各具有自性，這只能構成兩種關係。由於兩者都是從絕對的自性的立場來看，所以其中一種關係是全然地絕對相同，這就是自生。另一種關係是自和他完全不同，即兩者全然是絕對不同的兩種東西，其間沒有一絲相同，這則成了他生。

爲何自和他兩者只可能有這兩種絕對相同或絕對不同的關係，而不能有第三種自他有相同亦有不同的情況呢？這個問題的關鍵就在自性一立場上。當我們以自性的立場來看東西的時候，正是就一絕對的眼光來說的，因爲自性的定義就包含了絕對性、整全性（不能分成部分）和不滅性（不變化）的意思。現以下列圖例來說明這一點。這兒共有三個圖例，分別表示著 A 和 B 有不同的關係:

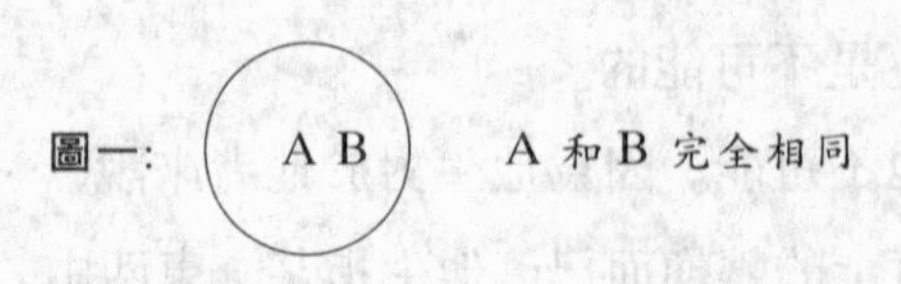

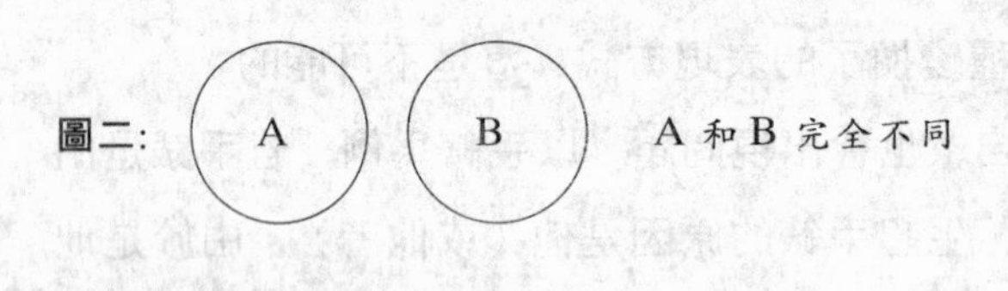

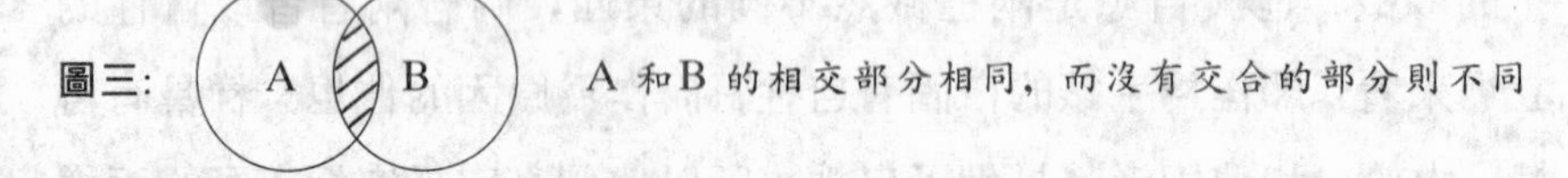

若以自性的立場來看，則A和B只能有圖一（完全相同）和圖二（完全不同）的兩種關係，而圖三中A與B有同有異的關係是不可能出現的，因爲若要A和B有同有異，則先要假定A、B兩者可被分割，才能形成兩者有相同和不相同的部分，但自性具有整全而不能被分割的性格，故此，A和B不可能有圖三所表示的那種關係。

龍樹在論證之中，往往是先站於自性的立場進行推論的。明白到這一點，才算是了解中觀學的樞紐，這不單就我們對因果關係的理解爲然，而在其他問題上，這也是關鍵性的一點。我們通常所說的世間現象，如因果、運動、作用者與被作用者的關係等等，都是龍樹所要破斥的，但他所破斥的種種，都就自性的立場來說，即他要破斥的是以自性的角度來看世間現象的觀點。

假若某一物可以自生，即是由一個具有自性的東西生起自己，但我們日常所說的生起，卻包含有能生與所生兩個方面，而由能生生出所生。順此而言，即能生與所生不會有完全相同的性質。具備自性的生起跟我們日常所理解的生起是相違反的。舉例來說，若我們認爲手錶能夠自生，而這是從自性的立場來看手錶的。則由於手錶具有自性，它本身即能作爲生起自己的充足條件，永遠不斷地生起自己。但這跟我們日常理解的因果法則有極大的差異，因此自生不可得。

再說他生。若以自性的立場來看，他生指某一物由跟自己完全不同的東西生起，自、他各具自性。即是，他生含有某一具自性的東西由另一完全不同且具自性的東西生起的意思。要是這樣的他生可以成立，便會引生出一個困難。這困難就是，某一物可由跟它全不相干的另外一個東西生起，這便違背了世間的知解。舉例來說，假定有一手錶，若可以由另一與這手錶完全不同的東西生起，則我們可以說，由水、泥土、麵包、雪糕等與手錶完全不同的東西也可以生起手錶了。這明顯地跟我們的日常知解不相協調。就我們世間的一般知解來說，手錶是由不同的手錶零件再加上設計而產生的，不可以由水、泥土、麵包、雪糕等東西生起。

這個問題的關鍵是在自性一點上，可以說，如從自性的立場來看他生，而他生又能夠成立的話，則某一物將可以由另一全然不同的東西生起，如手錶會由其零件和設計生起，也可以由水、泥等東西生起。由自性的立場來看，手錶的零件和設計與手錶各有自性，二者全然不同。同樣，水泥與手錶也各有其自性，二者也全然不同。兩種「不同」是一樣的。乍看之下，龍樹的這種說法似是詭辯，但它其實不是詭辯，至少其目的跟詭辯有所不同。它不是爲辯論而辯論，而是要掃除我們對日常事物的自性的執取，不以之爲具有自性。他指出，若我們以自性的眼光來看日常的東西，則日常東西賴以生起的因果法則便不能夠成立了。

接著說共生。共生是指一物的生起由自生和他生共同組成。但就自性的立場來看，具備了自性的東西是不能分割成部分而由自他兩者共同生成的，所以，共生與自性的立場根本相背反而不能成立。

我們分別審察了自生、他生和共生三者在自性的立場上，都不可以成立。因此，可以說，從自性的立場來說的有因生是不能夠成立的。

最後，我們要討論無因生。龍樹對此不作任何論證，理由是無因生根本違背了世間知解的因生果的自然法則。故此，無因生根本不會被我們所理解和接受，由於它全然違反了一般的世間知解。可是，若從自性的角度來看，無因生卻可以成立，因爲若某一物具有自性，它便是獨立的，所以，它便不需要任何原因也能生起，這正是無因生。故此，從有自性的立場看，無因生可以成立。但這始終跟我們的日常知解有距離，因爲在我們的知解裡，事物是透過不同的因素或條件的逐漸變化而生起，就如雞生蛋的情況，蛋先不存在，而在雞這母體中醞釀了一段時間，發生了變化，才產生了蛋，即是說，蛋是有因生的。若說事物是無因生，這根本違反了世間的知解。

因此，就生起一問題來說，若要由自性的角度來看，則生起根本上無法建立，若生起無法建立，則因果法則也無從建立，這豈不破壞了因緣結集而生果的緣起法則？但這並非龍樹的本意，他不是要破除我們世間所理解的因緣法或因果關係，他只是要破除以自性的立場來看生起、能生與所生的態度。即是說，在因果關係之中，我們不能從自性的角度來看這三者。不論是生的現象、能生的東西，或是所生的東西，都是不能具有自性的，這就是本偈頌所要展示的道理。可以說，本偈頌要我們剔除從自性的立場來看緣生的錯誤見解。換句話說，我們應以無自性的立場來看緣生。

其實，這首偈頌表現了一種較爲曲折的論辯過程。龍樹不先主張我們從無自性的立場來看緣生，他是先假定若以自性的立場來看緣生，則會產生種種困難，從而推論出自生、他生和共生的有因生以及無因生皆不可能。可見以自性的立場來建立緣生是行不通的。而在邏輯上，這即是表示我們應該以無自性的立場來看待緣生這回事。龍樹在本偈頌中，實繞了一個圈子來推證出無自性地生起這個道理。最後歸結到我們應以無自性的立場來看緣生法的結論。對於其他問題，如運動、變化、事物的作用等等，龍樹也採用了相似的論證手法，指出我們不應以自性的立場來看事物的運動、變化，以及相互作用的關係。我們應從無自性的角度來看事物。而無自性也就是空。這樣，龍樹便提出了空的根本立場。我們在這首偈頌中，透過它所表現的四句否定的論證方式，可以見到龍樹論證方法的特色所在，以及其最終要證立的東西。這可說是整部《中論》的論證方法的典型表現。這是極具代表性的一首偈頌。

因此，後來天台宗的智者大師在《摩訶止觀》一書裡，當評論到《中論》的時候，便指出它「品品別意，而俱會無生」。即是說，《中論》各品有不同的主題，如第一品談因緣的問題，第二品說去來的問題，以後每一品也各有其主題。雖然各品的論題有所不同，但最後也可以會通於「無生」一共同的旨趣之中。於此可見「無生」的宗旨在整部《中論》裡的重要性。

最後要特別強調的是，「無生」並非表示世間裡生起的現象不能成立，它不是要破除世間的因果法則，只是要破除從自性的立場來看生起的觀點，有自性的生起根本不可能成立，由此而說「無生」。可以說，「無生」的目的是破斥有自性的謬見，讓我們不由自性的角度來看待生起的現象，並從此建立一種正確的觀法 —— 以無自性的立場來看世間種種現象，當然包括生的現象。

1.2

如諸法自性，不在於緣中，

以無自性故，他性亦復無。

（大 30.2b）

上一偈頌提及若以自性的立場來看諸法，則不能建立世間的因果關係。現在這首偈頌是補充上一偈頌的意思，把不自生和不他生的意思再演述一遍。在本偈頌裡，不自生和不他生同是著眼於自性的立場上的。即是，有自性的自生和有自性的他生同樣是不可能的，「以無自性故，他性亦復無」便指出了若諸法的自性不能成立，他性也一樣不能夠成立。自性生不可能，即假定具有自性的生起在實際上是不可能成立的。按照中觀學的看法，一切事物都是眾緣和合而生，其中並沒有自性，自性其實只是我們意識裡的假構物。自性不能成立，則他性也不能夠成立，因為他性對於他者來說，就是自性。

「如諸法自性，不在於緣中」是說，若果諸法具有自性，便跟由因緣和合而生起東西的現象相抵觸，所以，在緣中不能尋找到自性。更且「以無自性故，他性亦復無」，不單在自的方面不能建立自性，在他的方面也一樣不可以建立他性。故此，自性和他性均不得成立，即以自性來看的生起現象不能夠成立，以他性來看的生起現象也不能夠成立。

本偈頌基本上是覆述了上一偈頌的意思，運用自性和他性兩個概念表明自生與他生所產生的問題，從而透露出具有自性的生起是不可能成立的道理。

1.3

因緣次第緣，緣緣增上緣，

四緣生諸法，更無第五緣。

（大 30.2b–c）

這首偈頌討論四緣的問題。在佛教裡，事物的生起是靠不同的條件來成就的，這不同的條件可被區分爲四種，即所謂「四緣」，分別是因緣（hetu–pratyaya）、等無間緣（anantara-pratyaya）、所緣緣（ālambana-pratyaya）和增上緣（adhipateya-pratyaya）。四緣在唯識學派裡有詳盡的描述，但其運用則不限於唯識學派，而是普遍地爲佛教各個宗派所採用。

本偈頌是將四緣逐個破斥，先破因緣，再破等無間緣，接著是所緣緣，最後是增上緣。雖然本偈頌破除了四緣，但並不是要廢除佛教裡四緣的說法，而只是要破除以自性的立場來看四緣的觀點。四緣都不具有自性，但若視之爲各具自性，便構成了一種錯誤的見解，其結果反會令到四緣不能成立，而世間的因果關係也會受到破壞。所以，若不從自性的角度來看四緣，就可避免破毀了世間的因果關係。故此，本偈頌與 1.1 偈頌有極爲密切的關係。因果關係指涉事物發生之間的一種互相交錯的現象，我們不可以自性的角度來加以處理。1.1 偈頌只是一般地說及因緣，本偈頌則具體地列出了四緣的名目，並加以描述。

現在要簡介四緣的涵義。因緣指在事件發生中的主導因素，在唯識學裡，這則指種子（bīja）。次第緣（又稱等無間緣）是指一種機緣，但並不是實指某種因素。若就識（vijñāna）來說，某一識的作用過後，下一識將要生起，則這前識的消失或過去便給予了後識一個生起的機會，在這意味下，便是所謂次第緣或等無間緣。如就某一事件來說，這事件正在生起的時候，下一事件便不具備必需要的間隙來填補它，只有待第一事件消失之後，才能留有一間隙或機會以供第二事件發生。在此，第一事件即以等無間緣的身分來作爲一種緣，讓下一事件可以發生。換句話說，它爲下一個將要發生的事件提供了一種間隙或機會，這也算作一種緣。緣緣（或稱所緣緣）是一種與主導因素直接作用的因素，通常可稱之爲作用的對象。「所緣」指對象，「所緣緣」則指作爲對象的條件；後一緣字指條件而言。最後是增上緣，這是指除開了以上三緣之外的其他一切因素，這些因素與發生的事情有較疏遠的關係，可以是一些並無直接關係的因素。所以，增上緣的因緣意味頗爲廣泛，且與發生的事情的關係也較輕，通常會被忽略掉。

本偈頌即指出，除了以上所列舉的四緣之外，並沒有第五種緣來構成諸法的生起。

1.4

果為從緣生？為從非緣生？

是緣為有果？是緣為無果？

（大 30.2c ）

這首偈頌充滿思辨的意味。在 1.1 偈頌裡，龍樹破除了以自性的立場來看的因果關係，現在這偈頌卻就緣生果一點來進行分析，最終也是要破除果從緣生的說法。即是說，龍樹要破除由自性立場來看果從緣生或緣生果的觀點。

「果爲從緣生，爲從非緣生」表示果的生起不外乎兩種可能，第一種可能是從緣生，第二種可能是從非緣生。其實，從非緣生是勉強擬設出來的，在實際上是說不通的，因爲非緣根本就無法生出果。所以，現在我們主要還是就從緣生一點來加以審察。

在從緣生一點上，又有兩種可能性。第一種可能性是緣裡先有果，然後再把果生出來，如雞先孕有蛋，後來才將蛋生出，這可稱爲「緣先有果然後生果」。第二種可能性是緣裡先沒有果，然後才把果

生出來，這可喚作「緣先無果然後生果」。以上各點，可以下圖表示出來:

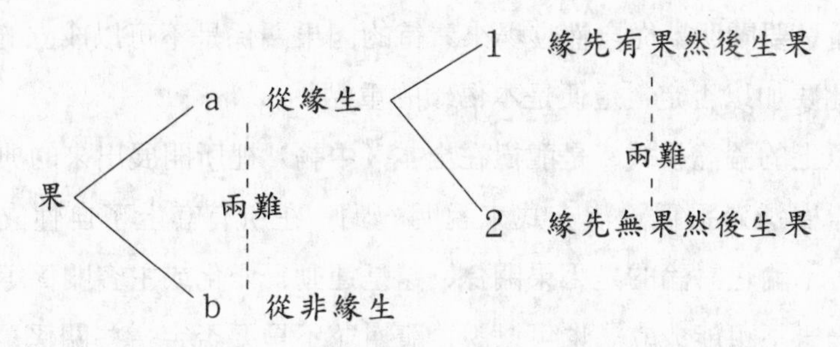

龍樹在這首偈頌中所要設置的論證模式，是要推證出1和2兩種情況都有困難，都不能夠成立，由此而產生出一種兩難（dliemma）的困局；然後再顯示出a和b也不可能，同樣是一個兩難的局面。結果，他便論證出具有自性的從緣生果的情況是不可能的。

現在再檢閱龍樹在本偈頌中所表現的論證方式。龍樹指出，果從緣生不外乎兩種情況，一是從緣生，二是從非緣生。龍樹現在便要論證出從緣生不可能，而從非緣生也不可能。從非緣生不可能的情況不需加以特別的討論，因為它本身是非緣，含有與果無關係的一切東西的意思。要是這從非緣生可以成立，則果便可由任何東西來生起，但這顯然跟我們的日常知解不相協調，所以是不可能的。

就從緣生的方面來說，有自性的果從緣生是否可以成立呢？龍樹在考慮這個問題的時候，首先指明，從緣生果不外乎兩種情況。第一種情況是緣裡先有了果，然後將果生出來；第二種情況是緣先沒有果，後來才生出果來。龍樹接著指出，這兩種情況都不可能，即是說，從緣生果這方面是不能夠成立的。

結果，無論從緣生果，還是從非緣生果，均不可以成立。換句話說，從緣生果這種情況根本不可能成立。但龍樹在作出這樣的論證的時候，首先預設了自性的立場，從而論證出有自性的緣生果是不可能的。他並非要從我們的日常知解中去否定緣生果的可能性或是因果關係。而是要闡明，從自性立場來看待的因果關係是不可以成立的，我們對此要加以否定，這便是本偈頌的重點。

以上的論證模式，是龍樹在全本《中論》裡所開展出來的典型方法。龍樹透過這種論辯方式來說明一點，在所有套上了自性立場的情況，不論它討論的是因果關係，還是運動、變化或主客關係等等問題，一概不可能成立。也可以說，龍樹並不是要否定這些關係，而只是要指出，在自性的角度下，它們是不可能成立的。龍樹要破除自性的意向是十分明顯的，雖然他並沒有在文字上直接表達出來。

龍樹論證的目的，是要我們不在自性的立場上建立因果等關係。爲了讓因果等關係得以成立，我們必須放棄自性的立場，否定事物具有自性的見解，從而成就出空的義理。龍樹的整個哲學體系的重心是確立空的義理，他先擬設出有自性的困難，然後推論出無自性的可成立，也就是空理的可成立。我們如能把握到龍樹這種論證的模式，則以下多首偈頌的含意也自然清楚了。

在本偈頌之中，龍樹只提出了有自性的果從緣生一論題的綱目，並未有詳盡的解析，這要在1.6偈頌中才作出詳細的討論。

1.5

因是法生果，是法名為緣，

若是果未生，何不名非緣。

（大30.2c）

本偈頌明顯跟上下文的討論次序不協調，仿如硬砌出來似的，其意思並不在討論的脈絡之中，它所說的東西根本不是順著上一偈頌來展開討論的。

在這首偈頌中，龍樹主要指出在果未產生之前，緣不得稱爲緣，但這點與上一偈頌的論題並不協調。上一偈頌討論緣先有果然後生果及緣先無果然後生果的情況，而本偈頌卻談果未生則緣不稱緣，兩者在論題上有一定的差距，可見兩首偈頌在討論的理路上並沒有直接的關連。雖然，本偈頌所說的論題也自有其意思。它指出了當果尚未生出來的時候，緣就不可以被我們喚作緣的道理。可惜這論點並非直承自 1.4 偈頌。所以，我們在此略過不談。

1.6

果先於緣中，有無俱不可，

先無為誰緣？先有何用緣？

（大 30.2c）

現在這首偈頌才是直承 1.4 偈頌來展開討論。在第 1.4 偈頌裡，龍樹探討了果從緣生一問題的可能性，並且提出兩種可能性，第一種是緣先有果然後生果，第二種是緣先無果然後生果，但兩者的可能性卻同被否定。即是說，不論是果先有於緣中，還是果先無於緣中，皆不可能，都有困難。這就是本偈頌的前半部分「果先於緣中，有無俱不可」所表達的意思。因此，具備自性的果從緣生起是不可以成立的。

至於下半首偈頌「先無爲誰緣，先有何用緣」，便是對上半首偈頌提出的問題的答覆。「先無爲誰緣」指出假若緣本身先沒有果，那它應該對什麼東西（即果）而稱作緣呢？換句話說，如果緣本身並沒有結果，那緣就失去了被稱爲緣的條件。故此，「緣先無果然後生果」這種果從緣生的方式是行不通的。若緣先沒有果，則緣的身分也不可能成立。由於緣與果兩者都處於對待的位置，彼此必須同時存在，才能成就彼此的身分，也只有在互相依待的情況下，彼此才會被視作緣和果。但是，現在卻說緣先無果，則緣便喪失了可被稱爲緣的條件。

而第二種情況「先有何用緣」，指出若緣先有了果，那麼緣也不用再稱爲緣，因爲緣預先有了果，緣便不能再相對於果而被我們喚做緣了。在此，龍樹強調緣與果必須處於一種同時呈現的狀態之中，才能出現因果關係。若緣預先並沒有果，則緣便不可能被稱作果的緣因。由於果不存在，根本談不上因果關係。另外，若緣預先有了果，則緣也不能被視爲緣，因爲果已出現，已用不著緣來作爲生果的原因了。

對於我們日常所理解的因果關係，可以下圖表達出來：

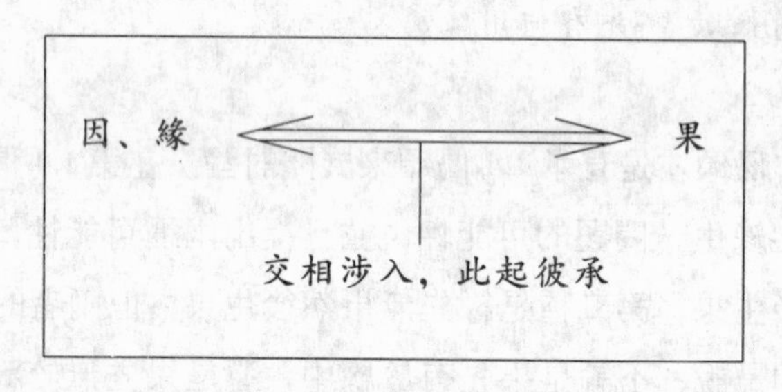

在這裡，因或緣置於一方，果置於另一方，兩者有一種交相涉入、此起彼承的關係。正由於這種關係，兩者才能稱爲因、緣與果。但現在這首偈頌所說的因果關係，卻跟我們日常理解的大有不同。它或說緣先沒有結果然後生果，或說緣先有了結果然後生果，但兩者都沒有緣與果應有的交相涉入、此起彼承的關係。所以，果從緣生的現象不可能建立。當然，這是就緣與果俱有自性的角度來立論，才會得著這個結果。

舉例來說，把鹽加於水中，再把兩者加以攪拌，令它們混合，便產生了鹽液。在此，鹽加上水屬於因、緣而鹽液則是果。關於這點，可用下圖來表示：

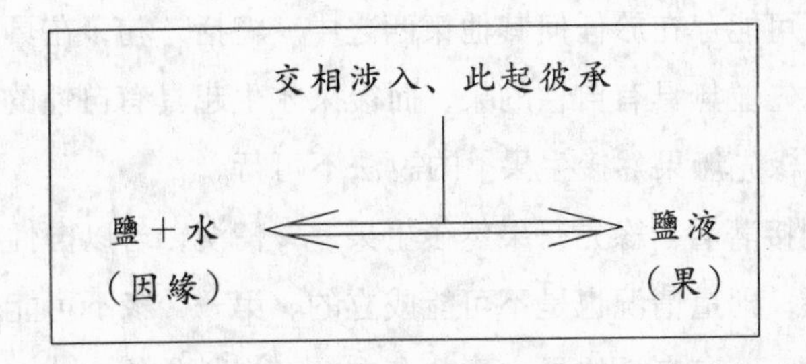

由因、緣（鹽加水）的混合，而產生出果（鹽液）。在把鹽加水而演變成鹽液的過程之中，兩者（因、緣及果）之間是互相作用的，即鹽加水和鹽液有一種交相涉入、此起彼承的關係，這其實就是我們日常所理解的因果關係。

但龍樹在這首偈頌之中，卻指出「緣先有果然後生果」和「緣先無果然後生果」兩種在自性的觀點下的緣生果的情況，都是在日常的因果關係之外的。就日常的因果關係來說，我們並不預取自性，不從自性的立場來看鹽、水或鹽液任何一者。可是，「緣先有果然後生果」以及「緣先無果然後生果」兩種情況皆擬設了自性的立場來看待緣和果，所以兩種情況均不可行。在「緣先無果然後生果」一情況裡，若就自性的角度來看，則會出現這樣的情形，在具有自性的緣之中，原先並無具有自性的果，而後來才生起具有自性的果，但這實在是不可能發生的。因爲若結果是具備了自性的話，它便應獨立自足，不需要依待其餘的東西爲緣才能生起。所以，有自性的緣不能生起有自性的果，有自性的東西不會由任何其他東西來生起，它本身是獨立自足的，自己可以令到自己存在，而不待外物爲生起的原因。況且，「緣先有或沒有果」的說法，便已觸犯了具有自性的涵意，因爲具有自性的東西，根本不可能存在於其他有自性的東西之中，這實在有違自性有獨立自足的意思。也可以這樣說，有自性的東西是獨立自足的，它不可能存在於任何其他東西之中。總括一句，在具有自性的緣之中，原先並無具有自性的果，而後來才生起具有自性的果，是不成的。故「緣先無果然後生果」的說法不可行。

我們接著看「緣先有果然後生果」一情況，若以自性的眼光來看待緣及果，則這情況也是不可能成立的。第一，緣不可能先有具備了自性的果，而有自性的果也不會存在於有自性的緣之中。第二，假若緣先有了結果，後來再生結果，按照自性的立場來說，這後來產生的結果，也應具備了自性，若具有自性，它便不會由緣所生起。

因此，若就自性的眼光來看，則無論是「緣先有果然後生果」，還是「緣先無果然後生果」，兩種從緣生果的模式也無法成立，兩者並不符合我們日常理解的因果法則。我們一般所理解的因果關係，預設了事物皆具備了緣起的性格，就先前所舉的鹽液一例來看，我們都會視鹽、水、鹽液爲緣起的東西，因與果於此有著此起彼承的關係，由此令到因果關係得以成立。反過來說，若把鹽、水、鹽液都視作具有自性，這樣便不可能出現由鹽加水爲原因演變出鹽液的結果。因爲鹽、水或鹽液等，均是獨立自足的，鹽和水既是獨立自足，它們便不能混合在一起，也不會產生出有自性的鹽液。其實，「有自性的鹽液」自身便是一個矛盾的複合概念 (compound concept)，因爲若說鹽液是有自性的東西，但其中卻包含了有自性的鹽和有自性的水兩種成分，這便違反了自性的原意。自性是整一的，它不能被分割成部分，故此，在有自性的鹽液之中，不可能有一部分是有自性的鹽，而另一部分是有自性的水。所以，在鹽加水成爲鹽液的情況下，它一定是由緣起或無自性的立場出發而生起的。也只有這種事物無自性的生起方式，才能構成真正的因果關係。

在第一品之中，除了 1.1 偈是一個極爲重要的偈頌之外，現在這首偈頌也是頗爲要緊的。

1.7

若果非有生，亦復非無生，

亦非有無生，何得言有緣。

（大 30.3a ）

在本偈頌中，龍樹再次採用了四句否定的論證方式。偈頌的模式雖屬四句否定，實際上在偈頌之中只表現了三句，分別是有生（果先有於緣中而後生）、無生（果先無於緣中而後生）和有無生（有生與無生兩者的結合）。有生是第一句，無生是第二句，有無生是第三句，而第四句爲非有無生，但龍樹略去。雖然略去了第四句，仍不破壞這首偈頌採取四句否定一論證模式的效用。

龍樹在三句之前，都加上了「非」一否定語，而成爲非有生、非無生和非有無生，即把三者同時予以否定。龍樹要指出的是，有生（果先有於緣中而生）不可能（非有生），而無生（果先無於緣中而生）又不可能（非無生），再者，有無生（有生與無生的結合）也不可能（非有無生），以論證出果從緣生不可以成立。當然，這論證是站在有自性的立場上說的。現以下圖將這種論證的關係展示出來:

既然果從緣生不可以成立，那我們便不可以說果是從緣生起的，所以龍樹說「何得言有緣」。其實，龍樹在這首偈頌中所作出的論證，是以破除因果關係爲目的，要斥破以自性來看因果關係一類謬見，而不是針對我們一般世間知解所談及的因果關係。

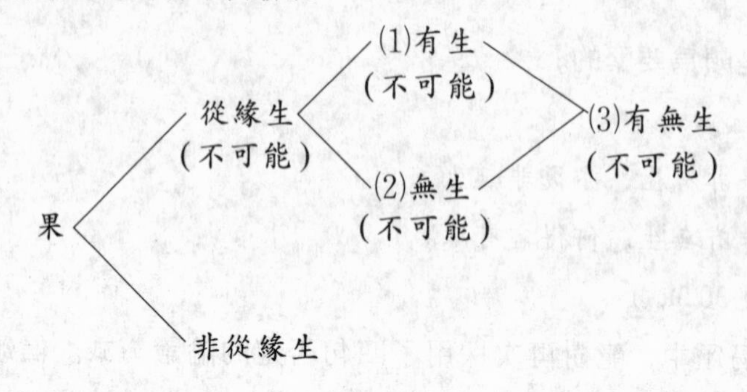

1.8

果若未生時，則不應有滅，

滅法何能緣？故無次第緣。

（大 30.3a ）

上一偈頌破因緣，而現在這一偈頌則是破等無間緣。「果若未生時，則不應有滅」是說當結果尚未生起的時候，我們實在不能說它滅去。因為等無間緣意指識的作用或事情的發生不斷地進行，直至它消失後，作用才終止，讓下一瞬間將要表現的識作用或事情可以生起，等無間緣於此便為事物的發生提供了一度間隙。可是，龍樹現在卻指出，作為等無間緣的結果尚未能生起，所以不能說它會消失，一件事情既然沒有所謂生起，自然也沒有所謂消失。

接著，龍樹又說「滅法何能緣？故無次第緣」。滅法是指在等無間緣中的前一個事情或心識的消滅，若將這滅法視作緣，它也只可被視為虛緣，即不能夠產生出正面作用的緣，而只能提供一度機緣或間隙，讓後來的心識或事情生起。所以，滅法不能算作緣，因而並沒有所謂次第緣的存在。龍樹於此又破除了次第緣。

1.9

如諸佛所說，眞實微妙法，

於此無緣法，云何有緣緣？

（大 30.3b ）

這偈頌要破的是所緣緣。所緣緣通常被理解爲「所作用於其上的緣（條件）」；所緣緣的兩個緣字含意各有不同，前一「緣」字指認識或作用，後一「緣」字指條件。簡單地說，所緣緣即是與主導因素產生直接關係的對象的那個條件。

「如諸佛所說，真實微妙法」的這半首偈頌，並沒有表示什麼重大的義蘊，它只表現了一種宗教的情操，讚美諸佛的說法。「於此無緣法，云何有緣緣」這後半首偈頌是說並沒有以法爲緣的事情，這裡的法和緣均是就自性的立場來說，因此並非真實的東西，即是說，根本就沒有具備了自性的法來建立具備了自性的緣。所以，我們不能說有實在的所緣緣。

1.10

諸法無自性，故無有有相，
說有是事故，是事有不然。

（大 30.3b ）

這首偈頌是一般地提舉出諸法皆緣起無自性的涵意。由於諸法都是因緣和合而生，其中並沒有自性，因此也沒有「有相」。有相即指決定性質的相狀，這明顯是從自性的立場來說的，即以自性作爲基礎而成立的有決定性的相狀。「故無有有相」的意思就是指緣起的諸法並不具有決定的相狀。「說有是事故，是事有不然」指出，若認爲諸法具有自性的決定相，便是一種不正確的見解，而與諸法的真實狀態並不相符。

本偈頌只是一般地討論諸法緣起無決定相的道理，並沒有特別精微的涵意。

1.11

略廣因緣中，求果不可得，

因緣中若無，云何從緣出？

（大 30.3b）

這是總括地說的一首偈頌。前半偈「略廣因緣中，求果不可得」中，「略廣」指粗略地和廣泛地討論。這其實在說，我們不論是從粗略或是廣泛的討論層面來看，都不能在因緣中尋著具有自性的結果。這結果自然是以自性說的。至於後半偈「因緣中若無，云何從緣出」則表示出，既然因緣中並沒有具備了自性的結果，我們就不能認爲結果是從因緣中生起。也可以這樣說，假若因緣中不具有自性的結果，我們怎能說結果是從因緣中生出來呢？但在此必須要留意一點，在後半偈頌中，龍樹指出在因緣裡若沒有自性的果，則不能說具有自性的果從因緣中生起，這實際上是否定了從緣生果的說法。當然，這種被否定的從緣生果的見解，並非我們一般世俗的理解，而是那種從自性角度來指陳的緣生果的關係。

這首偈頌給我們總括地指出四緣不生果，這自然是指以自性立場來看的四緣（泛稱因緣 ）不可能生出結果的意思。

1.12

若謂緣無果，而從緣中出，

是果何不從，非緣中而出？

（大 30.3b）

龍樹在這首偈頌中提出了反問，從而證立出緣中無果的道理。在「若謂緣無果，而從緣中出」的主張裡，龍樹指出了如果我們肯定緣裡並沒有結果，但又要說結果是由緣中生出來的話，他便反問「是果何不從，非緣中而出？ 」意思是我們何不說這結果可由跟它完全不同的東西（非緣）中生出來呢？若緣裡沒有結果，但我們又要強說緣生出結果，這就相等於認為結果可由跟它絕對不相干的非緣生起了。現舉例加以說明。假設有一棵蘋果樹，其中並沒有蘋果，即蘋果樹與蘋果完全隔絕起來，兩者並無任何關連；這當然是由自性的立場來看待蘋果樹和蘋果兩者。可是，我們又要說這個蘋果是從這棵蘋果樹生出來的。要是這種說法可以成立的話，我們同時也可以認為這個蘋果是由一些跟它完全不相干的東西（非緣）生出來的，如石頭、手錶等等。現把這個例子圖示如下：

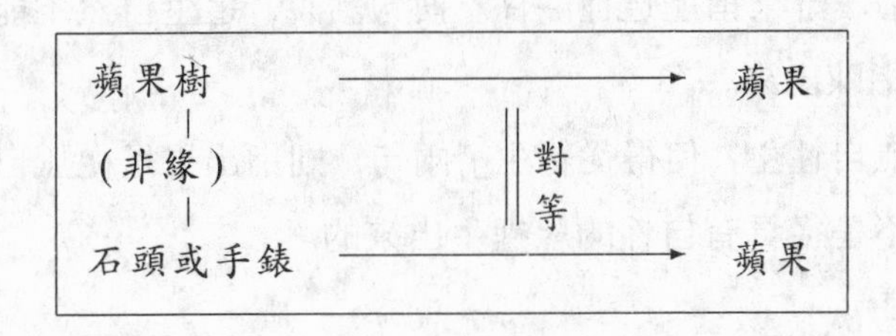

若我們說蘋果樹中沒有蘋果，但又認為蘋果是由這棵蘋果樹生出來，那麼，我們一樣可以認為石頭生出了蘋果，因為就同屬非緣的性格來說，蘋果樹與石頭是沒有差別的，兩者跟蘋果都沒有直接的關係。即是說，蘋果既然可以由非緣的蘋果樹生出，那它也一定能夠由任何非緣的東西生起，如石頭。

由於以自性立場來看的因果關係不能夠成立，但我們又從常識的角度來看而認為因果關係可以建立，則會出現困難。這困難就是，一些非緣的東西也能夠生起結果。但若這情況可以成立，則我們可以更進一步地說，果可從任何一切東西生起。但是，這種情況卻跟我們的常識有很大的距離。

1.13

若果從緣生，是緣無自性，

從無自性生，何得從緣生？

（大 30.3b ）

本偈頌和以下一偈頌都是〈觀因緣品〉的總結。「若果從緣生，是緣無自性」兩句首先指出，若有結果是從緣所生出來，則這緣便是沒有自性的，因爲緣若有自性，則不能生出結果，故此，能生出結果的緣必定是無自性的緣。因此，當我們提及生起的現象，這其實是指沒有自性的生起。作爲一種生的現象，它本身並沒有具備了自性的生起的性格。生只不過是由緣到果之間的一種此起彼承的關係，我們就運用「生」一辭來指述這種關係。換句話說，這生自然不能夠採用自性的立場指陳出來。

「從無自性生，何得從緣生」兩句，則指出果是從無自性的東西生起，而不是從具有自性的緣裡生出來的。

1.14

果不從緣生，不從非緣生，

以果無有故，緣非緣亦無。

（大 30.3b ）

這是〈觀因緣品〉的最後一偈頌，總結無自性的道理。這偈頌完全以自性的立場出發。「果不從緣生」即果不會由有自性的緣生起；「不從非緣生」說果又不會從有自性的非緣生出來；「以果無有故」則指出果本身是無自性可得；「緣非緣亦無」是說緣和非緣俱沒有自性。

前半首偈頌從自性立場來看因果關係，顯示出果不從緣和非緣而生。後半首偈頌則從我們世間立場出發，說明果與緣不能以自性來說。也就是說，果、緣和非緣均不能夠具備自性，才可以令到生起的現象得以成立。

對於這首偈頌，我們亦可直截了當地作這樣解釋：就自性的立場來說，果不能從緣生出來，也不能從非緣生出來。具有自性的果是沒有的。沒有這種果可言，則亦沒有作爲它的生者的緣或非緣可言。這樣地否定了以自性說的緣與果的存在，則空的無自性的涵義便透露出來了。

《大智度論》中的般若波羅蜜

釋厚觀

東京大學印度學研究所博士班研究生

一、前言

菩薩發菩提心，修菩薩行，廣修無量法門，度化無邊眾生，以成就無上菩提佛果爲目的。而菩薩所應修學的眾多法門中，以六度爲主，在六度中，無疑地又以般若波羅蜜爲最重要。然而，「般若波羅蜜」究竟是什麼，在《般若經》與《大智度論》中有許許多多不同的描述，有時說「般若波羅蜜」是「諸法實相」，有時又說它是「觀慧」，有時又以它來表示《般若波羅蜜經》。《般若經》也常常提到：「菩薩雖行五度，不爲般若波羅蜜方便力所守護故，於中道退墮聲聞、辟支佛地」（注1），可見般若波羅蜜方便力是菩薩不退墮二乘的重要德目。但是，在《般若經》的原始部分（「原始般若」）（注2）中所看到的，卻是佛命須菩提爲菩薩說般若波羅蜜。菩薩行中最重要的般若波羅蜜，身爲阿羅漢的須菩提，有能力爲菩薩來解說嗎？到底二乘人具不具有般若？二乘的般若與大乘的般若有何不同？本文將以《大智度論》爲主，一方面參考大小品等《般若經》，針對這些問題加以探討。

二、「般若波羅蜜」之語意

「般若波羅蜜」是梵語 prajñāpāramitā 的音譯。「般若」是智慧;「波羅蜜」則隨著對語源不同的看法，而有「最高、完成 (parama→pārami+tā)」及「到彼岸 (pāram+i+tā)」等兩種不同的解釋（**注 3**）。依前者而言，般若波羅蜜是「最高的智慧」，或是「智慧的完成」;依後者而言，則是「到達智慧的彼岸」或「用智慧到彼岸」。如《大智度論》卷四十三（大正 25,370b21–24）云:

> 何以故名般若波羅蜜者，般若者（秦言智慧），一切諸智慧中最為第一、無上、無比、無等，更無勝者，窮盡到邊。如一切眾生中，佛為第一。

又《大智度論》卷十八（大正 25,191a4–7）云:

> 般若言慧，波羅蜜言到彼岸，以其能到智慧大海彼岸。到諸一切智慧邊，窮盡其極故，名到彼岸。

有些學者根據古典文法學的解釋，認爲「波羅蜜」譯爲「到彼岸」是錯誤的，應譯爲「完成、最高、第一」才對。但是我們從《般若經》本身的解釋，卻發現「波羅蜜」一詞同時包含了 parama （第一，究竟）與 pāram （彼岸）二義。如《大品般若》卷二十一（大正 8,376a25–29）云:

> 般若波羅蜜，以何義故名般若波羅蜜？佛言：得第一度 (parama-pāramitā)，一切法到彼岸，以是義故，名般若波羅蜜。復次，須菩提，諸佛、菩薩、辟支佛、阿羅漢，用是般若波羅蜜得度彼岸 (pāraṃ-gata)，以是義故，名般若波羅蜜。

不只鳩摩羅什的翻譯如此，梵本《二萬五千頌般若》（**注 4**）與玄奘譯的《大般若經》（**注 5**）亦然。

《般若經》著重於菩薩行的闡揚，不是重在佛果功德之說明；所以《大品般若》的釋論——《大智度論》卷十八（大正 25,190 a20–24）如是說：

佛所得智慧是實波羅蜜，因是波羅蜜故，菩薩所行亦名波羅蜜，因中說果故 。是般若波羅蜜在佛心中變名為一切種智。菩薩行智慧求度彼岸故名波羅蜜，佛已度彼岸故，名一切種智。

佛陀智慧已經圓滿，已到智慧邊（窮盡極致），真正能夠稱爲般若波羅蜜（智慧的完成，已到智慧邊）的，那非佛陀莫屬了。但《大智度論》重於菩薩修行的過程，因中說果故，特別把菩薩求度彼岸的智慧稱爲「般若波羅蜜」，而將已到彼岸的佛智慧稱爲「一切種智」或「阿耨多羅三藐三菩提」了（**注6**）。

三、何謂般若波羅蜜

以上是「般若波羅蜜」語意的說明，然而《般若經》中所說的「般若波羅蜜」究竟是什麼呢？依經論所說，其內容略可分爲三種，今仿古德的用語，稱之爲「實相般若」、「觀照般若」、「文字般若」（**注7**）。

㈠實相般若

《大智度論》卷四十三（大正 25,370a20–24）云：

今明般若波羅蜜體，何等是般若波羅蜜？

般若波羅蜜者，是一切諸法實相，不可破、不可壞；若有佛、若無佛，常住諸法相、法位，非佛、非辟支佛、非菩薩、非天人所作，何況其餘小眾生！

《大智度論》卷十八（大正 25,190a25–b18）亦云：

> 諸法實相即是般若波羅蜜。……捨一切觀，滅一切言語，離諸心行，從本已來，不生不滅如涅槃相；一切諸法相亦如是，是名諸法實相。

簡言之，「般若波羅蜜」即是「諸法實相」，有關這樣的敍述，《大智度論》中到處可見（**注8**）。所謂諸法實相即是諸法的如實相，這是心行處滅、言語道斷，是能所雙亡、超越戲論而唯證相應的。如《中論》卷三〈觀法品十八〉（大正 30,24a3–4）云：

> 諸法實相者　心行言語斷
> 無生亦無滅　寂滅如涅槃

青目釋（大正 30,25a1–13）云：

> 諸法實相即是涅槃。……
>
> 問曰：經中說「諸法先來寂滅相即是涅槃」，何以言「如涅槃」？
>
> 答曰：著法者，分別法有二種：是世間、是涅槃，說「涅槃是寂滅」，不說「世間是寂滅」。
>
> 此論中說「一切法性空寂滅相」，為著法者不解故，以涅槃為喻。如汝說涅槃相：空、無相、寂滅，無戲論，一切世間法亦如是。

有些人認爲世間法生滅有爲非寂滅，捨此世間法，另有一不生不滅的涅槃才是寂滅的。但是大乘中觀者能即俗顯真，能即一切法而洞見其真相，體悟緣起生滅的當體，本來即是不生不滅的，不但涅槃是寂滅，連一切世間法也是寂滅的，以人著法不解故，說諸法實相「如」涅槃，其實諸法實相「即」是涅槃（**注9**）。如《大智度論》卷四十一（大正 25,363c6–7）云：

> 般若波羅蜜中說諸法實相，即是無餘涅槃。

《大智度論》卷八十三（大正25,643c24–26）亦云:

> 涅槃無相、無量、不可思議，滅諸戲論。此涅槃相即是般若波羅蜜，是故不應有心、心數法。

由此可知，般若波羅蜜即是諸法實相，也就是三乘共證的涅槃。如印公上人於《初期大乘佛教之起源與開展》一書中就已經說到:「般若表示自證的內容，是稱爲法相、如、實際的，而這就是涅槃。」（**注10**）《大智度論》卷十八（大正25,190b26–27）〈讚般若波羅蜜偈〉也說:

> 若如法觀佛　般若及涅槃
> 是三則一相　其實無有異

有人以爲「佛」（如來）是能觀的人，般若是能觀的智，涅槃或諸法實相是所證的理；其實這都是方便安立的，在現證的般若波羅蜜中，三者是平等無差別的。

印公上人於《金剛般若波羅蜜經講記》（頁5–6）云:

> 有人說：實相是客觀眞理，非佛作亦非餘人作，是般若所證的。
>
> 有人說：實相為超越能所的——絕對的主觀眞心，即心自性。依《智論》說：「觀是一邊，緣是一邊，離此二邊說中道」。離此客觀的眞理與絕待的眞心，才能與實相相應。實相，在論理的說明上，是般若所證的，所以每被想像為「所」邊。同時，在定慧的修持上，即心離執而契入，所以每被倒執為「能」邊。其實，不落能所，更有什麼「所證」與「眞心」可說！

書中所引《智論》一文，與卷四十三（大正25,370c4–6）相似:

> 是菩薩入不二法門，是時能直行此般若波羅蜜，不分別是因是

果、是緣 是知（智）、是內是外、是此是彼等，所謂一相無相。

因此，如果還有「能觀的智、所緣的理」等分別執著的話，那是不能體達中道實相的。

這樣的般若波羅蜜、涅槃、實相無相，都是超越能所的，本來都是心行處滅、言語道斷的。但怎麼樣才能讓眾生了解呢？如《中論》卷四〈觀四諦品二十四〉（大正 30,32c16–33a3）云:

諸佛依二諦，為眾生說法，一以世俗諦，二第一義諦。若人不能知，分別於二諦，則於深佛法，不知眞實義。若不依俗諦，不得第一義，不得第一義，則不得涅槃。

佛爲了使眾生體證超越的涅槃，不得不依二諦方便說法。正因爲如此，本來無法言詮的涅槃、諸法實相等都有了不少的名言來形容它。

A. 涅槃之異名:

1.《雜阿含》卷三十一，890 經（大正 2,224b7–10）列出了無爲、不死、無漏、清涼，……無所有、涅槃等二十種名稱。

2.《相應部》〈無爲相應〉（SN43,1–44, PTS 版，SN. IV, p.359–373）列舉了無爲、無漏、真實、無戲論 (nippapañca)、寂靜 (santa)、甘露(amata)、涅槃、清淨、解脫、……到彼岸 (parāyana) 等二十三種異名。

3.《大品般若》卷十七〈深奧品（燈炷品）五十七〉（大正 8,344a3–6）云:

深奧處者，空是其義，無相、無作、無起、無生、無染、寂滅、離、如、法性、實際、涅槃，……如是等法是為深奧義。（注.11）

4.真諦譯的《四諦論》卷三（大正 32,390 c8–391 a26）更列舉了涅槃的別名六十六種，並各加以簡短的解釋。

B. 諸法實相之異名:

1.《大品般若》卷十七〈深奧品（燈炷品）五十七〉（大正 8,345c5–10）云:

是法義無別義，……所謂不可盡 (akṣaya)、無數 (asaṃkheya)、無量 (aprameya)、無邊 (aparimāṇa)、無著、空 (śūnya)、無相 (animitta)、無作 (apraṇihita)、無起 (anabhisaṃskāra)、無生 (an-utpāda)、無滅 (anirodha)、無染 (virāga)、涅槃 (nirvāṇa)，佛種種因緣，以方便力說。須菩提白佛言:`希有！世尊！諸法實相 (dharmāṇāṃ dharmatā) 不可說，而佛以方便力故說。（注 12）

2.《大智度論》卷七十九（大正 25,618b28–c1）云:

諸法實相有種種名字，或說空，或說畢竟空，或說般若波羅蜜，或名阿耨多羅三藐三菩提。

同樣地，本來無相的般若波羅蜜，也有一些名言來形容它了。如《大品般若》卷十四〈問相品四十九〉（大正 8,325b17–22）云:

何等是深般若波羅蜜相? ……

空相 (śūnyatā-lakṣaṇa) 是深般若波羅蜜相，無相 (animitta)、無作 (apraṇihita)、無起 (anabhisaṃskāra)、無生 (anutpāda)、無滅 (anirodha)、無垢 (asaṃkleśa)、無淨 (avyavadāna)、無所有法 (abhāva)、無相 (asvabhāva) 、無所依止 (aniśrita)、虛空 (ākāśa) 相，是深般若波羅蜜相。……佛為眾生用世間法故說，非第一義。（注 13）

由這些形容「般若波羅蜜」的語詞（如空、無相、無作、不生、不滅等），與上列「涅槃」、「諸法實相」的異名相對照的話，更可看出此三者的共通性。因此，雖然《般若經》中很少看到「般若波羅蜜即是涅槃」的明文，但從內容看來，我們可以明確地說：般若波羅蜜（實相般若）即是諸法實相，也即是佛說的甚深涅槃（**注 14**）。依《大智度論》（卷十二，大正 25,146a7；卷八十二，大正 25,632a1–3）所說：菩薩於七地得無生法忍，得諸法實相；不過，菩薩是以成佛為目標，在未圓滿佛功德之前，不以涅槃為究竟，不證入實際也。

㈡觀照般若

上面說到實相般若是能所不二的現證，這是無漏、無為的。依此「現證」的般若，加行位的「聞、思、修所成慧」等有漏慧也隨之得名為「般若波羅蜜」了。如《大毘婆沙論 》卷一（大正 27,3b5–16）云：

> 阿毘達磨勝義自性唯無漏慧根。即由此故發起世間修所成慧……亦得名為阿毘達磨。又由此故發起殊勝思所成慧……亦得名為阿毘達磨。又由此故發起殊勝聞所成慧……亦得名為阿毘達磨。又由此故發起殊勝生處得慧，以於三藏十二分教能受、能持、思量、觀察、不謬轉故，亦得名為阿毘達磨。

由此可知，真正的「阿毘達磨（abhidharma，對法，無比法）」是無漏慧根；之前的生得慧、聞所成慧、思所成慧、修所成慧也隨之稱為「阿毘達磨」；而敍述這些教理的論書，也不妨稱之為「阿毘達磨論」了。同樣地，真正的般若波羅蜜是無漏的「實相般若」，所謂的「觀照般若」、「文字般若」都是隨此而立名的。《般若經》與《大智度論》中也可看到「世間般若、出世間般若」（**注 15**），「相似般若波羅蜜 (prajñāpāramitā-prativarṇikā)、真實般若波羅蜜」（**注 16**），「有為般若、無為般若」（**注 17**）等名稱，大體而言，後者較爲殊勝，前者只不過是相對安立的假名！

《大智度論》卷十八（大正25,190a16–18）云：

> 諸菩薩從初發心，求一切種智，於其中間，知諸法實相慧，是般若波羅蜜。

依此定義來說，菩薩從初發菩提心，一直到證得佛的一切種智，這中間還在修學階段的一切智慧（道慧、道種慧），皆稱爲般若波羅蜜。而菩薩的修學階段，大體可分爲「得無生法忍之前」與「得無生法忍之後」兩個階段。得無生法忍之前的「知諸法實相慧」，是指「欲觀知諸法實相的智慧」，但還不是諸法實相的現證慧。這是「觀照般若」，並不是「實相般若」。平常說：「般若智慧能觀能緣諸法實相」，但這只是在如幻的世俗心境上說能緣所緣，其實諸法實相並沒有所緣的實體，所以印公上人於《金剛般若波羅蜜經講記》（頁9）云：

> 般若是實相；觀慧與文字，是約某種意義而說為般若的。如觀慧，因依之深入而能現覺實相 —— 般若，所以也稱為般若。觀慧是因，實相是 —— 非果之果，即是因得果名。又實相不是所觀的，但觀慧卻緣相而間接的觀察他；為境而引生觀慧，所以也可假說為從境 —— 實相般若而名為般若。

正如「涅槃」一樣，沒有相對的因（六因四緣）可加以說明，本來不應名爲因或果，但從斷煩惱而得擇滅之立場而言，可勉強賦予因果的假名，說它是「離繫果」（**注18**）。「實相」亦然，它是超越能所，本來是觀不到的，所以也不可說它是果；但是修行者卻以如、法性、實際等爲理境間接地觀察它，由此而引生觀慧，故勉強說觀慧是因，實相是果，但其實這樣的果是「非果之果」；由此假名的果中說因，也不妨稱此觀慧爲「觀照般若」了。

㈢文字般若

《大品般若》卷八〈三歎品（顧視品）三十〉（大正 8,280a8–12）云:

若菩薩摩訶薩……〔於〕是般若波羅蜜，若聽、受持、親近、讀誦、為他說、正憶念，不離薩婆若心；……是人，魔、若魔民不能得其便。

《大智度論》卷五十六（大正 25,458b2–6）釋曰:

此中所說般若波羅蜜者，是十方諸佛所說語言文字，書寫經卷，宣傳顯示實相智慧。何以故？般若波羅蜜無諸觀語言相、而因語言經卷，能得此般若波羅蜜。是故以名字經卷，名為般若波羅蜜。

釋論中說得很明白，般若波羅蜜本來是「無諸觀語言相」，換言之，真正的般若是心行處滅、言語道斷的「實相般若」，而不是「觀照般若」，更不是「文字般若」；但因藉著語言文字，可以宣傳顯示實相般若，也可藉此語言文字起觀，進而得證實相般若，所以這樣的文字經卷也就依此而得名「般若波羅蜜」（文字般若）了。

又《大品般若》卷二十〈累教品（囑累品六十六）〉（大正 8,362c22–25）云:

阿難！我以般若波羅蜜囑累汝。……阿難，汝受持深般若波羅蜜，若失一句，其過甚大。

《大智度論》卷七十九（大正 25,619b21–23）釋云:

是般若波羅蜜，因語言文字章句可得其義，是故佛以般若經卷慇懃囑累阿難。

由此可知，佛付囑阿難的是語言文字的般若，希望他廣爲傳達，使眾生能依文引義，更進而現證實相得解脫。

《般若經》部類繁多，《大智度論》提到的有:

1.卷六十七（大正25,529b22–23）:「是般若波羅蜜部黨經卷，有多有少，有上中下，光讚、放光、道行。」

2.卷七十九（大正25,620a12–13）:「如小品、放光、光讚等般若波羅蜜經卷章句有限有量；般若波羅蜜義無量。」

3.卷百（大正25,756a28–29）:「如此中般若波羅蜜品有二萬二千偈，大般若品有十萬偈。」

在此值得一提的是，這裡明白的說到《大智度論》所注釋的《大品般若》是「二萬二千偈」，不是近代學者所說的「二萬五千頌」。由於《大智度論》百卷是經與釋論會編而成，而且第二品以下是略譯；加上「光讚、放光」等語不是由《大智度論》原文所譯過來的，使得有些學者對《大智度論》原本的卷數以及論書的作者、翻譯等問題，產生了不少疑慮。對此，印公上人於《大智度論之作者及其翻譯》（注19）中有很詳細的解說，值得參閱!

綜上所述，三種般若之中，以「實相般若」爲主體，其他的「觀照般若」、「文字般若」都隨之得名。又印公上人於《成佛之道》（注20）中，將此三種般若配合聞、思、修、證，說道:

現證慧是實相般若，是勝義般若。

修、思慧是觀照般若。

思、聞慧是文字般若。（思慧是依文的，也可不依文的。）

如依此定義的話，「文字般若」是聞所成慧、思所成慧，並不是般若經論。因爲般若經論是聞、思的對象，但語言文字本身還不是「慧」，不足以稱爲聞所成慧、思所成慧。

那麼這裡爲什麼稱「聞、思慧是文字般若」呢?《俱舍論》卷二十二〈賢聖品六〉（大正29,116c10–14）云:

聞所成慧，唯緣名境，未能捨文而觀義故。

思所成慧，緣名義境，有時由文引義，有時由義引文，未全捨文而觀義故。

修所成慧，唯緣義境，已能捨文唯觀義故。（注21）

聞所成慧以「名」爲緣，於一切時皆有文字相；思所成慧以「名、義」爲緣，有時可依文引義，有時也可不依文；修所成慧則是三昧相應，唯以「義」爲緣，能於一切時不依文而了義也。由於聞所成慧與思所成慧的一分以「名」爲緣，還未脫落文字相，必須依「文」才能觀「義」；約此意義說：「聞、思慧是文字般若」。

四、緣起、空、假名、中道

印公上人於《空之探究》一書（頁256）中說：

中道的緣起，是《阿含經》說；《般若經》的特色，是但有假名、本性空與自性空。自性空，約勝義空性說；到《中本般若》末後階段，才以「從緣和合生無自性」，解說自性空。自性空有了無自性故空的意義，於是龍樹起來一以貫之，而說出：「眾因緣生法，我說即是空，亦為是假名，亦是中道義。」——大乘佛法中最著名的一偈。

龍樹菩薩所處的初期大乘時代，部派之間互相評破，《阿含經》與《般若經》等大乘經典之間，存有許多不同的說法。就連《般若經》本身，在思想史上也有一些不同的演變，「空」在早期時多重在顯示如實甚深法相，漸漸地，以「空」來形容虛妄不實的教說也越來越多了（注22）。自性空，在早期時，是說此自性空，非知作、非見作、非餘人作的自性空，是本性自爾的勝義自性空（注23）。漸漸地，《般若經》也說到了「諸法和合生故無自性」（注24），沒有自性所以是空，成了緣起的無自性空；勝義的自性空，漸演化爲世俗的無自性空了。龍樹面對《阿含》、部派、大乘經等種種異說，本著大乘深悟的立場，不採勝義自性說（注 25），而是透過「緣起無自性空」，將《阿含》的緣起中道，與《般若經》的空性假名統一起來，而成立了「緣起即空、亦是假名、亦是中道」的名句，成爲《中論》的中心思想，也爲《大智度論》所引用，如卷三（大正 25,107a11–12）云：

因緣生法，是名空相，亦名假名，亦名中道。

有關緣起、空、假名、中道等問題，值得討論的地方相當多，擬今後另作專題來探討 ，今僅就般若波羅蜜與緣起、空、假名、中道之關係略加說明。

㈠緣起

《般若經》中提到「緣起」之文句不多，可舉出的有《小品般若》卷七〈深功德品十七〉（大正 8,567a–b）、《大品般若》卷十七〈深奧品（燈炷品）五十七〉（大正 8,346a–b）等。今舉《大品般若》的經文如下：

菩薩摩訶薩從初發意行般若波羅蜜，具足十地，得阿耨多羅三藐三菩提。……是因緣法甚深，所謂非初心、非離初心、非後心、非離後心得阿耨多羅三藐三菩提，而得阿耨多羅三藐三菩提。（大正 8, 346b1–15）

文中所說的「因緣法甚深」，比對玄奘譯的《大般若經》（注 26）及梵本的《二萬五千頌般若》（注 27），可知即是「緣起 (pratītyasamutpāda) 甚深」。

「緣起甚深」在《雜阿含》卷十二、293 經（大正 2,83c）中即已說到，但《阿含經 》中所說的緣起，主要是就眾生的流轉還滅來說，是無明、行等十二支的緣起。《般若經》此處所說的緣起，是菩薩發菩提心，修菩薩行，得阿耨多羅三藐三菩提果的緣起，可說是聖道的緣起。得菩提果，並不是初發心得，也不能離初心；不是後心得，也不能離後心得果。果不即是因，也不異於因，如是因果如幻，不一不異、不即不離而有發菩提心、修般若行、得菩提果。

此外，比較晚出的〈曇無竭品〉中也提到了不來不去的「緣起」，如《小品般若》卷十（大正 8,584c12–20）云：

> 諸如來身亦復如是，屬眾因緣，無量福德之所成就，不從一因緣一福德而生，亦不無因無緣而有，以眾緣合則有，而無所從來；眾緣散則滅，而去無所至。……汝若如是觀諸如來及一切法無來無去、無生無滅，必至阿耨多羅三藐三菩提，亦得了達般若波羅蜜方便。

文中所說「以眾緣合則有」，梵本《八千頌般若》作「bahuhetupratyayasāmagriyām samutpannā」（眾多因緣和合而生起）（**注 28**），雖與 pratītyasamutpāda 在字面上稍有不同，但在意義上並沒有什麼差別。

如敲樂器出聲，必待人、樂器等眾緣和合而有聲音，此聲音出時無來處，滅時亦無去處。佛身亦然，以發心、修無量智慧福德乃成，不由一因一緣，也非無緣而有。如是佛身從眾緣和合有，生不從十方來；緣散則滅，亦不去至十方。諸法亦如是，能體會到這緣起不來不去、無生無滅的話，便可說了達般若波羅蜜與方便了。

另外，《小品般若》卷九〈見阿閦佛品二十五〉（大正 8,578c–579a）、《大品般若》卷二十〈無盡品六十七〉（大正 8,364b–c）等處也說到了「十二因緣空不可盡故，菩薩摩訶薩般若波羅蜜應生」。《大智度論》於卷八十（大正 25,622a10–26）中解釋道：

若人但觀畢竟空，多墮斷滅邊；若觀有，多墮常邊。離是二邊故，說十二因緣空。何以故？若法從因緣和合生，是法無有定性；若法無定性，即是畢竟空寂滅相；離二邊故，假名為中道。是故說十二因緣如虛空無法故不盡。癡亦從因緣和合生，故無自相，無自相故，畢竟空如虛空。……若〔不〕得是無明定相，即是智慧，不名為癡。是故癡相、智慧相無異，癡實相即是智慧，取著智慧相即是癡。是故癡實相畢竟清淨，如虛空無生無滅。是故說得是觀故，迴向阿耨多羅三藐三菩提，即名般若波羅蜜。

菩薩觀無明是從眾緣和合而生，不在內，不在外，不在中間（**注29**），沒有無明的自性。如果無明體性實有的話，那誰能斷這實有的體性呢（**注30**）？而且「若無有染者，云何當有染」（**注31**），沒有眾生的話，那裡會起無明呢？所以，無明煩惱是由六根對六塵生六觸，執妄而有，不從內起，也不從外來，更不在中間。能如是知無明沒有定相，煩惱不起，便是智慧不名爲癡。反之，若取著智慧相，以有所執著故，便是無明，不名爲智慧了（**注32**）。同樣地，菩薩能觀行、識乃至老死，每一支也都是因緣和合所生，無自性故畢竟空。因爲是因緣所生，故不墮入斷滅邊；因爲知畢竟空，故不墮常邊，如是離斷、常二邊故，假名爲中道。能如此觀十二因緣空，迴向阿耨多羅三藐三菩提，即可名爲菩薩法的般若波羅蜜了。

爲了突顯菩薩的十二因緣觀，《大智度論》卷八十（大正25,622a27–c10）提出了三種十二因緣。

說十二因緣有三種：一者、凡夫：肉眼所見，顛倒著我心，起諸煩惱業，往來生死中。二者、賢聖：以法眼分別諸法，老病死心厭，欲出世間。求老死因緣由生故，是生由諸煩惱業因緣。……煩惱因緣是無明，……是中無有知者、見者、作者。……但滅苦故入於涅槃，不究盡求諸苦相。三者、諸菩薩摩訶薩：大智人利根故，但求究盡十二因緣根本相，不以憂怖自沒，求時不得定相，老法畢竟空，但從虛誑假名有。……菩薩觀諸法實相畢竟空無所有，無所得，亦不著是事故，於眾生中而生大悲。……初十二因緣，但是凡夫人故，於是中不求是非；第二十二因緣，二乘人及未得無生忍法菩薩所觀；第三十二因緣，從得無生忍法，乃至坐道場菩薩所觀。

1.凡夫 — 佛說：「如無所有如是有，如是諸法無所有，〔凡夫不知〕故名無明」（**注 33**）。凡夫不知諸法是因緣和合生，無自性空，卻妄執我法實有，產生了種種錯誤的認識，這即是無明，也就是生死流轉的根源。由此無明，造作了身口意等行業，感得生、老死苦果，這可說是流轉生死的因緣。

2.二乘人 — 聲聞辟支佛厭離生死，推知老死由生，生由有，有由取，……最後得知生死的根源在於無明；要了生死，必須得無我智慧勘破無明，無明滅則行滅，乃至生滅則老死滅。二乘人能知生死的流轉，也能知涅槃的還滅，而這流轉與還滅，都建立在業果緣起 —「此有故彼有，此生故彼生；此無故彼無，此滅故彼滅」之基礎上。但二乘人所悟的十二因緣，重在得無我慧，厭離生死，得解脫入涅槃。菩薩未得無生法忍，仍有退轉的可能，故列在此處說明。

3.得無生法忍以上的菩薩 — 大菩薩雖知無明乃至老死皆是因緣所生，無自性故畢竟空，不起我法二執；但因爲眾生不解，仍沈淪生死故，起大悲心，欲令眾生也能了知此因緣實相，同得解脫，這可說是悲智雙運的十二因緣。

㈡空

《原始般若》中說到「離、無所有、不可得、無生」等，沒有說到「空」，但與空義相合。《下品般若》中說到「以空法住般若波羅蜜」（注 34），「諸法以空爲相」（注 35），但還沒有將種種空組合起來。《中品般若》的「前分」（序品第一～舌相品第六）則說到了「七空」；「後分」（無盡品第六七～囑累品第九〇）提到了「十四空」；「中分」（三假品第七～累教品第六六）則有「十六空」、「十八空 」等。當確立了「十六空」、「十八空」之後，於集成《中品般若》時，到處都插入「十六空」或「十八空」了。到了《上品般若》（《大般若經》的「初分」）更可看到「二十空」（注 36）。

在《阿含經》中，「空」是無我、無我所；依著空可入涅槃，因此後來「空」與無相、無作被稱爲三解脫門（注 37）了。《般若經》中，更將「空」等與無生、無滅、無染、寂滅、如、法性、實際等結合起來，用以表示涅槃的甚深義（注 38）。其中的「如、法性」在《阿含經》中也看得到，但是它不是用來說明「涅槃」，而是被用來說明「緣起法」的。如《雜阿含》卷十二，296 經（大正 2,84b–c）云：

> 若佛出世、若未出世，此法常住，法住、法界，彼如來自所覺知，成等正覺，為人演說、開示、顯發，謂緣無明有行，乃至緣生有老死。……此等諸法，法住、法定（注 39）、法如、法爾，法不離如，法不異如，審諦眞實，不顛倒。（注 40）

此經也曾被《大智度論》所引用（注 41）。但在《阿含經》中，如、法界等，是佛的自證，是形容「緣起法」的，有佛無佛，法爾常住，有真實、不顛倒的意義。而在《般若經》中，如、法界等被視爲「涅槃」的異名，具有真實、不變異的意義（注 42）。同樣是「如、法界」，在《阿含經》中被用作「緣起」的解說，在《般若經》中被作爲「涅槃」的說明。有些人將緣起看作有爲法，而將它與涅槃無爲法對立起來；但是龍樹卻透過緣起無自性故空，將「緣起」與「涅槃」巧妙的貫通起來（注 43）。如《大智度論》卷二十二（大正 25,223b8–10）云：

> 有為法無常，念念生滅故，皆屬因緣無有自在；無有自在故無我；無常、無我、無相故心不著，無相不著故，即是寂滅涅槃。

又同卷二十二（大正 25,222c1–6）云：

> 觀無常即是觀空因緣，如觀色念念無常，即知為空。……無色相即是空，空即是無生無滅。無生無滅及生滅，其實是一，說有廣略。

色等諸法因緣合則有，因緣散則滅，在世俗事相上看起來是無常生滅，但若要深究「生滅」的本質，卻不可得。如《中論》〈觀三相品第七〉中說：「若生是有爲，則應有三相，若生是無爲，何名有爲相」，「生住滅不成，故無有有爲，有爲法無故，何得有無爲」，「如幻亦如夢，如乾闥婆城，所說生住滅，其相亦如是」（注 44），因此，有爲生滅，是從世俗如幻假名來說，其實生滅的本性是空的，沒有生滅的自性，故說不生不滅。不過這裡說的「不生不滅」，不是與「生滅」對立的「不生不滅」，只是否定生滅的自性而已，不是另外去肯定一個常住的「不生不滅」。所以深觀生滅的本性，其實是不生不滅的。透過「緣起無自性空」，巧妙地貫通了三法印即是一實相印，也由此明緣起即空，消解了緣起與涅槃的對立！

由於「空」具有雙關意義，可用來顯示「如實相」，也可用來顯示「虛妄性」（注 45）；自性也有「勝義自性」與「世俗自性」（注 46），所以在《般若經》中，「空」的內涵相當複雜，不但提到勝義的自性空，也提到了世俗的無自性空；不過《中論》與《大智度論》是著重在「無自性空」的。

此外，《般若經》還提到了「眾生空、法空」、十八空……等，《大智度論》也說到了「聲聞的眾生空與法空」（注47）、「分破空、觀空、十八空」（注48）等多種，今無暇一一說明，擬另作專題探討，現先將般若波羅蜜與空的關係略加說明。

有關般若波羅蜜與空之關係，《般若經》與《大智度論》中談的不少。如《大品般若 》卷一〈習應品三〉（大正8,222c28–223a2）云：

> 菩薩摩訶薩行般若波羅蜜，習應七空，所謂性空、自相空、諸法空、無所得空、無法空、有法空、無法有法空，是名與般若波羅蜜相應。

又《大品般若》卷一〈習應品三〉（大正8,224c18–225a17）云：

> 是空相應，名為第一相應。……空行菩薩摩訶薩不墮聲聞辟支佛地，能淨佛土，成就眾生，疾得阿耨多羅三藐三菩提。……諸相應中，般若波羅蜜相應為最第一，……何以故？是菩薩摩訶薩行般若波羅蜜相應，所謂空、無相、無作。……菩薩摩訶薩如是習空，能生大慈大悲。菩薩摩訶薩習是相應，不生慳心，不生犯戒心，不生瞋心，不生懈怠心，不生亂心，不生無智心。

種種相應中，以般若波羅蜜相應 (prajñāpāramitā-yoga) 爲最殊勝，而菩薩行般若波羅蜜相應，也就是空相應 (śūnyatā-yoga)、無相相應 (animitta-yoga)、無作相應 (apraṇihita-yoga)（注49）。依《大智度論》的解說，「空則是無相，若無相則是無作，如是爲一，名字爲別」（注50）。空相應行的菩薩能不墮二乘地，能嚴土熟生，能速得無上正等正覺，能生大慈大悲，障礙六度的慳貪心、犯戒心、瞋恨心、懈怠心、散亂心、愚癡心都能不起，所以說空是第一相應。

《大智度論》卷六十七（大正 25,528a28–29）云：

> 若觀諸法空，眾生空、法空，如是則具足修般若波羅蜜。

《大智度論》卷三十四（大正 25,314b7–10）云：

> 菩薩行般若波羅蜜時，普觀諸法皆空，空亦復空，滅諸觀，得無礙般若波羅蜜，以大悲方便力，還起諸功德業。

菩薩不起我執、法執，能體悟眾生空、法空，連空也不執著，才算是具足修般若波羅蜜，才是無礙的般若波羅蜜。

《大智度論》卷三十一（大正 25,285c4–17）則提到般若波羅蜜與十八空的異同：

> 問曰：般若波羅蜜、十八空，為異？為一？若異者，離十八空，何以為般若空。又如佛說：何等是般若波羅蜜？所謂色空，受、想、行、識空，乃至一切種智空。若不異者，云何言欲住十八空，當學般若波羅蜜？
>
> 答曰：有因緣故言異，有因緣故言一。異者，般若波羅蜜，名諸法實相，滅一切觀法；十八空則十八種觀，令諸法空。菩薩學是諸法實相，能生十八種空，是名異。
>
> 一者，十八空是空無所有相，般若波羅蜜亦空無所有相；十八空是捨離相，般若波羅蜜一切法中亦捨離相；是十八空不著相，般若波羅蜜亦不著相。以是故，學般若波羅蜜，則是學十八空，不異故。

般若波羅蜜與十八空，可說相同，也可說相異。因爲十八空與般若波羅蜜同樣是無所有相、捨離相、不著相，就此觀點來說，二者可說是相同的。所以說五蘊空乃至一切種智空即是般若波羅蜜，離了空，如何名爲般若波羅蜜呢?

但是，如前所說，實相般若是心行處滅、絕諸戲論的諸法實相，無能觀、所觀之別；而十八空則是空觀，還在觀照的階段，就此意義而言，般若波羅蜜與十八空是相異的。如《大智度論》卷三十五（大正25,319a11–12）云:

般若波羅蜜分為二分：成就者名為菩提，未成就者名為空。

又《大智度論》卷三十一（大正25,285c17–21）云:

般若波羅蜜有二分：有小、有大。欲得大者，先當學小方便門；欲得大智慧，當學十八空。住是小智慧方便門，能得十八空。何等是方便門？所謂般若波羅蜜經，讀誦、正憶念、思惟、如説修行。

諸法實相（實相般若）是大的般若；十八空（空觀）是小的般若，是尚未成就的般若 。要得大的般若（實相般若），應當先學小的般若（十八空）**（注51）**。而要得小的般若（十八空），有方便門，也就是要於《般若經》中讀誦、正憶念、正思惟 、如說修行。能藉此聞思修等方便門入十八空，更進一步滅諸觀，以證得諸法實相（般若波羅蜜），如果成就的話，就可名爲菩提了。由這段文字的敍述，隱約可看出文字般若、觀照般若、實相般若的次第。

㈢假名

《大品般若》卷二〈三假品七〉（大正8,231a16–21）云:

譬如夢、響、影、幻、燄、佛所化，皆是和合故有，但以名字說，是法及名字，不生不滅，非內非外，非中間住；般若波羅蜜、菩薩、菩薩字亦如是。……菩薩摩訶薩行般若波羅蜜，名假施設、受假施設、法假施設，如是應當學。

般若波羅蜜、菩薩、菩薩字都是因緣和合而有，只是方便施設爲法（般若）、方便施設爲人（菩薩）、方便安立名字（菩薩字）而已，其實是如夢幻等一樣，沒有實法可得的 。但是，雖然夢無實體，夢境卻宛然可見，能這樣如實通達而不驚不怖、不沒不退的話，正是菩薩所應修學的般若波羅蜜。

經文中所說的三假，《大智度論》卷四十一（大正 25,358b22–26）解釋如下：

> 五眾等法，是名法波羅聶提。五眾因緣和合故名為眾生，諸骨和合故名為頭骨；如根、莖、枝、葉和合故名為樹；是名受波羅聶提。用是名字，取二法相，說是二種，是為名字波羅聶提。

所謂「法假施設（法波羅聶提，dharma–prajñapti）」，是蘊、處、界等一一的法。「受假施設（受波羅聶提）」，如五蘊和合爲眾生，根莖枝葉等和合爲樹，這種眾緣和合而成的眾生或樹等，名爲受假施設。「名假施設（名字波羅聶提，nāmasaṅketa-prajñapti）」，是稱呼「蘊」或「眾生」的名字。如《雜阿含經》卷四十五，1202 經（大正 2,327a-b）中說，魔波旬向尸羅比丘尼問難道：「眾生云何生，誰爲其作者，眾生何處起，去復至何所」，尸羅比丘尼答曰：

> 汝謂有眾生　此則惡魔見
> 唯有空陰聚　無是眾生者
> 如和合眾材　世名之為車
> 諸陰因緣合　假名為眾生（注 52）

組合成眾生的「色等五蘊」或組合成車的「材料」，就是「法施設」；而眾生或車等複合物即是「受施設」；對於眾生或車等給與安立個名字（如稱之爲 sattva, ratha），這即是「名施設」。

有關「名假施設、受假施設、法假施設」（鳩摩羅什譯《大品般若》，大正 8,231a20–21）等三假之名稱與內容，在現存的大品系般若經典中，略有出入。

1.《放光般若》：字法、合法、權法。（大正 8,11c9）

2.《光讚般若》：因緣和合而假虛號、所號善權、所號法。（大正 8,163a11）

3.《大般若經》「二分」：名假、方便假、法假。（大正 7,30a16）

4.《大般若經》「三分」：名假、法假（僅列出二假）。（大正 7,448a5）

5.《大般若經》「初分」：名假、教授假、法假。（大正 5,58b8）

6.梵本《二萬五千頌般若》：nāmasaṅketa-prajñapti, avavāda-prajñapti, dharma-prajñapti (Dutt ed., p.102,l.3)

7.梵本《十萬頌般若》：

nāmasaṅketaprajñaptyābādharmaprajñaptyā（中間的bā 似乎不完全）。(Ghoṣa ed., p.335,l.4)

其中的「名假施設、名假」等與 nāmasaṅketa-prajñapti 相符；「法假施設、法假」等與 dharma-prajñapti 相符，但「受假施設」、「方便假」、「教授假」卻不太一致。梵本《二萬五千頌般若》的 avavāda-prajñapti 與「教授假」相符，但與《大智度論》所解釋的「受假施設」不一致。印公上人於《空之探究》（注 53）中，推斷「受假施設」的原語可能是 upādāna-prajñapti，於《大智度論之作者及其翻譯》（注 54）一書中則說，可能是 upādāya-prajñapti；由於沒有其他的梵本可資比對，究竟是 upādāna-prajñapti 或是 upādāya-prajñapti 很難斷定。但是筆者發現到南傳的《人施設論注》(Puggala-paññatti-aṭṭhakathā, JPTS, 1914, p.171–p.175) 中有類似「受假」的說法。

論注中說，蘊、處、界、根、諦是存在施設，人（puggala，補特伽羅）是非存在施設。依止實法而有的假法稱爲「upādā-paññatti」，例如依止五蘊而有人（眾生），由各部分材料組合而有車等。巴利文的 upādā，是 upādiyati（upa-ā-dā）的不變化分詞（gerund），等於是 upādāya（**注 55**）；梵文 upādadāti（upa-ā-dā）的不變化分詞，也同樣是 upādāya。由此可看來，印公上人的推斷無誤，「受假施設」的原語，應該就是 upādāya-prajñapti（梵文）、或 upādā-paññatti（巴利文）吧！但由於抄寫經典時，有可能將 upādāya 寫成 upāya，這就成爲「方便」、或稱爲「善權」了。

菩薩行般若波羅蜜時，如何修學這三假呢？《大智度論》卷四十一（大正 25,358 c5–8）云：

> 行者先壞名字波羅聶提，到受波羅聶提；次破受波羅聶提，到法波羅聶提；破法波羅聶提，到諸法實相中。諸法實相，即是諸法及名字空般若波羅蜜。

依論所說，行者先破名施設，次破受施設，最後破法施設得諸法實相；諸法實相即是名字空、〔受空、〕法空的般若波羅蜜。換言之，菩薩依次破了三種施設即得諸法實相，也就是得般若波羅蜜了。

「名字施設」如何破除呢？《大品般若》卷一〈奉鉢品二〉（大正 8,221c7–10）中說：

> 名字是因緣和合作法，但分別憶想假名說。是故菩薩摩訶薩行般若波羅蜜時，不見一切名字，不見故不著。（**注 56**）

依《般若經》所說，菩薩、五蘊、六波羅蜜、十八空、三十七道品乃至一切種智，一切都是但有名字（nāma-mātra）（**注 57**），「名字（nāma,nāmadheya）」是約人或約法而假名安立，若離開了人，如何安立「菩薩」這個名字呢？所以「名字」也是因緣相待而有，只是隨宜假施設，其實是沒有名字自性的。菩薩能如是通達，便能知名字空，不會被「名字施設」所縛了。

其次，如何破除「受假施設」及「法假施設」呢？《大智度論》卷五十二（大正 25, 434b9–19）云：

> 諸法和合生，無有自性。……是菩薩從作法、眾法和合生故，非一法所成，以是故言假名。是眾法亦從和合邊生，……以是故，見法畢竟空，如幻、如夢。一切諸法亦如是。

又《大智度論》卷五十二（大正 25,433b27–c1）云：

> 六波羅蜜乃至一切種智，行是法故名為菩薩，是法亦假名字，菩薩亦假名字，空無所有，是諸法等強為作名，因緣和合故有，亦無其實。

依五蘊和合而有人，菩薩（人）也是由五蘊假合，又修學六度等菩薩行才名爲菩薩，其實並沒有菩薩自性，只是假施設而已；能如實了知，就不會執著「受施設」（複合體的菩薩、人）了。

又假合成菩薩的色等五蘊與菩薩所修行的般若波羅蜜等法，仍是眾緣和合，無自性、畢竟空；能如是通達，就不會執著「法施設」（五蘊、般若等法）了。

綜上所述，《般若經》初說菩薩「但有名字」(nāma-mātra; nāmadheya-mātra)」，般若波羅蜜亦「但有名字」（**注 58**）；〈十無品二十五〉（**注 59**）則說「五蘊乃至一切種智等，一切都是但有名字」。〈三假品七〉則說到「名假、受假、法假　」（**注 60**），雖說一切都是但有名字，但「名假施設」是不離「受假施設」（人，菩薩等）及「法假施設」（般若等諸法）的。《大品般若》「三假品」只說菩薩應當學三假，未談到次第；而《大智度論》的解釋，卻有次第悟入的意味。

㈣中道

《阿含經》中提到中道 (madhyamā pratipad) 的經典不少，如《雜阿含經》卷十二， 297 經（大正 2,84c14–23）云:

> 云何為大空法經? 所謂此有故彼有，此起故彼起。……若有問言: 彼誰老死，老死屬誰? 彼則答言: 我即老死，今老死屬我，老死是我。……若見言命即是身，彼梵行者無所有，若復見言命異身異，梵行者無所有，於此二邊，心所不隨，正向中道。

這一《大空法經》有梵文刊本出版（注 61），稱之爲「大空性法門 (mahāśūnyatā–dharmaparyāya)」。《相應部》12,35–36 與此經相當，同樣談到緣起與中道，但沒有《大空法經》之語詞。此經中的「老死屬誰」與「老死是什麼」，被《大智度論 》作爲眾生空與法空的說明，且多次被引用（注 62）。

此外，《雜阿含經》中還提到離有離無的中道（注 63），離常見離斷見的中道（注 64），離自作、離他作、離共作、離無因作的中道（注 65）。這些經典所說的中道，是就緣起來說的中道。此外《中阿含經》 169,204 經等還提到離欲樂離苦行的中道（注 66），此中道則是以八正道來說明。

但是，在《般若經》中，「中道 (madhyamā pratipad) 」一詞卻相當少見，今舉數例如下:

1.玄奘譯《大般若經》: 「般若波羅蜜多能示中道，令失路者離二邊故。」（「初分」，卷 172，大正 5,924c; 「二分」，卷434，大正 7,182b; 「三分」，卷 505，大正 7,576b）。與此文相對應的《大品般若》卷十一〈照明品四十〉（大正 8,302a）則說: 「般若波羅蜜能示導墮邪道眾生離二邊故」，雖意思相同，但沒有使用「中道」一詞。

2.《大般若經》:「爲著我者, 說無我道; 爲著法者, 說法空道; 著二邊者, 爲說中道。」(「六分」, 卷568, 大正7,933a)

在《般若經》中,「中道」的用語與「空」比起來, 顯然是少得多了。但是解釋《大品般若》的《大智度論》, 卻處處提到「中道」, 今舉數例如下:

1.卷六(大正25,105a3–10)

諸法從因緣生, 無自性, 如鏡中像。如偈說: 若法因緣生, 是法性實空, 若此法不空, 不從因緣有。譬如鏡中像, 非鏡亦非面, 亦非持鏡人, 非自非無因。非有亦非無, 亦復非有無, 此語亦不受, 如是名中道。

例如鏡中像, 必須有鏡子, 有持鏡人, 有光線, 還要照到顏面才能看到鏡中的臉像; 諸法亦如是, 由眾因緣和合而有, 非自生、非他生, 非自他共生, 亦非無因生; 也不能說因中先有果, 先無果, 亦有亦無果, 非有非無果, 此語亦不著, 如是方名爲中道。這裡所說的偈頌, 雖與《中論》不完全相同, 但內容是相當一致的(**注67**)。

2.卷六(大正25,107a11–12)

因緣生法, 是名空相, 亦名假名, 亦名中道。

此偈頌與《中論》〈觀四諦品二十四〉之18頌(大正30, 33b)相符。

3.卷二十六(大正25,253c17–23)

問曰: ……如迦葉問中, 佛說:「我是一邊, 無我是一邊, 離此二邊名為中道。」今云何言無我是實, 有我為方便說。

答曰: 說無我有二種: 一者、取無我相, 著無我。二者、破我, 不取無我, 亦不著無我, 自然捨離。如先說無我則是邊, 後說無我是中道。

這裡所引用的「迦葉問經」，Lamotte 教授認爲是《相應部》12.15 經 (SN, II, p.16–17) 或 22.90 經 (SN, III, p.135)。(注 68) 此二經典與《雜阿含》301 經（大正 2,85c）、262 經（大正 2,66c–67a）相似，但對告眾不是迦葉，而是迦旃延，而且也沒有明白地說到「有我、無我」，僅大略地提到有、無二邊而已。筆者覺得「迦葉問」的內容應該是引自《大寶積經》卷一一二〈普明菩薩會四十三〉，如經云:

> 迦葉！……我是一邊，無我是一邊，我、無我，是中無色、無形、無明、無知，是名中道諸法實觀。（大正 11,633c7–13）

有人問: 既然佛說有我、無我都是邊見，爲何還處處說無常、苦、無我呢？《大智度論》答曰: 若取著無我相的話，因爲仍有執著，這樣修的無我仍是邊見；如能破我執，不再另外執著無我的話，這才是真正的無我，也是中道。

4.卷七十（大正 25,551a9–11）

> 般若波羅蜜，離二邊說中道: 雖空而不著空，故為說罪福；雖說罪福，不生常邪見，亦於空無礙。

菩薩修般若波羅蜜，不只是要絕諸戲論，也要嚴土熟生，不只是自己通達空而已，也要方便涉俗度眾，使眾生也能了達空義。菩薩以道種慧遍觀眾生心，得以大乘法度者，則以大乘法度之；不堪任入大乘法者，則以二乘法度之；不堪任入涅槃道者，則爲說罪福，令遮惡道、開善道，種得度因緣（注 69）。雖說有罪福，但不墮宿命常見；雖說諸法空無自性，但罪福因果宛然有；如是不著兩邊，方得名爲中道。

5.卷四十三（大正 25,370a21–b9）

> 般若波羅蜜是一切諸法實相，……常是一邊，斷滅是一邊，離

是二邊行中道，是為般若波羅蜜。又復常、無常，苦、樂，空、實，我、無我等亦如是。……般若波羅蜜是一邊，此非般若波羅蜜是一邊，離是二邊行中道，是名般若波羅蜜。

般若波羅蜜是諸法實相，實相無相，離四句、絕百非，「譬如火焰，四邊不可觸」（**注70**），這樣的實相般若，當然是不著兩邊。所以在般若行中，不著常、無常，空、不空，有我、無我等，也不起「此是般若，彼非般若」之妄想分別。如前所說，若取著無我相者，是邊見，非真正的無我；破我執而不著無我者，是中道，這才是真正的無我。同樣地，若行般若而著般若相的話，是邊見；行般若而不執般若相，是中道，這才是真正的般若波羅蜜。

五、如何得般若

《大智度論》卷十八（大正25,190c19–191a9）云：

諸佛及菩薩　　聲聞辟支佛

解脫涅槃道　　皆從般若得……

是四大人，皆從般若波羅蜜中生。

由此文可知，共二乘的解脫道與大乘的菩提道，皆是由般若波羅蜜而得的；那麼應該如何修學才能證得般若呢？

由於眾生的根機利鈍不同；根基互異，有的從信願門入，有的從智慧精進門入，有的從悲門入；因此如何才能證得般若波羅蜜，經論有許多不同的描述，在此無暇一一列舉，僅能舉幾個例子略作說明。

上述的緣起、空、假名、中道觀可得般若波羅蜜以外，《大智度論》卷十八（大正25, 196a10–b1）說：

問曰：已知般若體相是無相、無得法，行者云何能得是法？

答曰：佛以方便說法，行者如所說行則得。……初發心菩薩，若從佛聞、若從弟子聞、若從經中聞，一切法畢竟空，無有決定性可取可著，第一實法滅諸戲論。涅槃相是最安隱，我欲度脫一切眾生，云何獨取涅槃？我今福德、智慧、神通力未具足故，不能引導眾生，當具足是諸因緣，行布施等五波羅蜜。財施……法施……持戒……忍辱……精進……禪定……；禪是般若波羅蜜依止處，依是禪，般若波羅蜜自然而生。

初發心菩薩欲學般若，應先從佛、佛弟子、經典中聞法；其次應發菩提心，發願度脫眾生，不應獨自取證涅槃；欲度眾生，應具福德、智慧、神通力等資糧，故菩薩當行五度，最後以禪定爲依而生般若波羅蜜。

這裡提到聞法、發心、如佛所說修行五度而得般若，似乎有次第的意味。但《大智度論》卷十八（大正 25,196b20–c29）又說：

問曰：要行五波羅蜜，然後行般若波羅蜜；亦有行一二得般若波羅蜜耶？

答曰：諸波羅蜜有二種：一者、一波羅蜜中相應隨行具諸波羅蜜；二者、隨時別行波羅蜜。……

相應隨行者，一波羅蜜中具五波羅蜜，是不離五波羅蜜，得般若波羅蜜。

隨時得名者，或因一因二，得般若波羅蜜。若人發阿耨多羅三藐三菩提心布施，是時求布施相不一不異，非常非無常，非有非無等，……因布施實相，解一切法亦如是，是名因布施得般若波羅蜜。……行尸羅波羅蜜，得般若波羅蜜。……法忍相應慧，是般若波羅蜜。……精進能生般若波羅蜜。……以是智慧，依禪定一心，觀諸法實相，是名禪定中生般若波羅蜜。

依釋論解說，波羅蜜有「相應隨行」及「隨時別行」二種。依「相應隨行」義，般若波羅蜜中具足布施等五度，是不離五波羅蜜而得般若波羅蜜。

如依「隨時別行」義的話，則是六度差別行，修布施乃至修禪定之任何一度，只要能通達諸法實相，不執著施者、受者、所施物；不分別持戒者、犯戒者，不起愛憎，……皆可得般若波羅蜜。

又《大智度論》卷十八（大正 25, 196c29–197a4）中云:

> 或有離五波羅蜜，但聞、讀誦、思惟、籌量通達諸法實相，是方便智中生般若波羅蜜。
>
> 或從二、或三、四波羅蜜生般若波羅蜜。如聞說一諦而成道果，或聞二、三、四諦而得道果。

由此文可知，不一定是修一波羅蜜而得般若波羅蜜的；也有修二、三、四波羅蜜而得般若波羅蜜的；更有不修五波羅蜜，而是直接聽聞、讀誦、如理思惟而通達諸法實相的，《大智度論》稱此爲「方便智」中生般若波羅蜜。

《大智度論》卷十八（大正 25, 197a12–b2）又云:

> 復次，菩薩不行一切法，不得一切法故，得般若波羅蜜。……得諸法實相，以無所得為得。……從本已來常自無所得，是故不應問行幾波羅蜜得般若波羅蜜 。諸佛憐愍眾生，隨俗故說行，非第一義。

般若實相無相，本來無智亦無得；所謂「得」般若波羅蜜，依第一義諦來說，是「不行一切法，不得一切法；以無所得爲得般若波羅蜜」。而佛憐愍眾生，隨世俗諦而說有「相應隨行」（六度相攝行）的般若波羅蜜，有「隨時別行」（六度差別行）得般若波羅蜜；其實第一義中是無所謂「得」與「不得」的。

六、菩薩的般若與二乘的般若

㈠菩薩的般若

《大品般若》卷五〈問乘品（摩訶衍品）十八〉（大正 8,250a27–b2）云：

> 菩薩摩訶薩以應薩婆若心，不著一切法，觀一切法性，以無所得故，亦教他不著一切法，亦觀一切法性，以無所得故，是名菩薩摩訶薩般若波羅蜜。

菩薩的般若波羅蜜，必須是與一切智智相應作意、大悲爲上首，無所得爲方便，自已學一切法不著，亦教他不著一切法，如此才算是菩薩的般若波羅蜜。

又《大品般若》卷十六〈大如品五十四〉（大正 8,336a27–b14）云：

> 舍利弗説是如相時，……六十（注 71）菩薩諸法不受故，漏盡心得解脱，成阿羅漢。……
>
> 菩薩摩訶薩雖有道，若空、若無相、若無作法，遠離般若波羅蜜，無方便力故，便於實際作證，取涅槃乘。

由此可知，般若波羅蜜是大乘菩薩超越二乘地、得不退轉位所必須具備的條件。有的菩薩雖得三解脱門，行五度，因不具備般若波羅蜜與方便（注 72）故，竟於實際作證取涅槃而退轉成二乘。

又《大智度論》卷四十三（大正 25,370c22–371a7）中説：

> 是誰般若波羅蜜者，第一義中無知者、見者、得者，一切法無我我所相，諸法但空，因緣和合相續生；若爾，般若波羅蜜當屬誰？

> 佛法有二種：一者世諦，二者第一義諦。為世諦故般若波羅蜜屬菩薩。凡夫人法，種種過罪，不清淨故，則不屬凡夫。……聲聞、辟支佛雖欲樂般若波羅蜜，無深慈悲故，大厭世間，一心向涅槃，是故不能具足得般若波羅蜜。是般若波羅蜜，菩薩成佛時，轉名一切種智。以是故，般若不屬佛，不屬聲聞、辟支佛，不屬凡夫，但屬菩薩。

般若波羅蜜是屬誰的呢？如依第一義諦來說，實相般若是言亡慮絕，能所不二的；既無「能得的我」，也無「所得的般若」可言，又有「誰」得「般若波羅蜜」呢？但是，就世俗諦來說，般若波羅蜜但屬菩薩，不屬凡夫、二乘，也不屬於佛。凡夫人罪過不淨，不樂般若；二乘人無大悲心，一心向涅槃故，不能具足得般若波羅蜜。佛，悲智圓滿，照理說應具足般若波羅蜜才對，為何說般若波羅蜜不屬於佛呢？如前所說，《般若經》重在菩薩修行的過程，而不是重在佛果的說明。為了闡明菩薩如何修學般若以自度度他而達究竟彼岸，特別說「般若波羅蜜但屬菩薩」；而將已到究竟彼岸的佛智慧，別名為「一切種智」了！

㈡共二乘的般若

《般若經》中說到：佛命須菩提為菩薩說般若波羅蜜，眾人皆心生疑念，身為阿羅漢的須菩提怎麼有能力為菩薩說般若呢？須菩提知眾人心，說道：「諸佛弟子所說法、所教授皆是佛力。」（注 73）《大智度論》卷四十一（大正 25,357c13–26）釋曰：

> 般若波羅蜜有二種：一者共聲聞菩薩合說，二者但與諸法身菩薩說。為雜說故，命須菩提為首，及彌勒、舍利弗、釋提桓因。……
>
> 須菩提知眾人心，告舍利弗等言：一切聲聞所說所知，皆是佛

力。我等當承佛威神為眾人說，譬如傳語人。所以者何？佛所說法，法相不相違背，是弟子等學是法作證，敢有所說，皆是佛力。我等所說即是佛說，所以者何？……我等雖有智慧眼，不值佛法則無所見。……佛亦如是，若不以智慧燈照我等者，則無所見。

依此所說，般若波羅蜜有二種：一是爲三乘人共說的般若，二是但爲法身菩薩說的般若（**注74**）。這裡是爲聲聞、菩薩合說般若故，而命須菩提說。

依須菩提所言，佛弟子們如能具智慧眼，又能有幸值佛聽聞正法，如理內正思惟，依教奉行的話，是能證得「法相」的，而此證得的法相，與佛所證的是不相違背的。如《大智度論》卷三十五（大正25,320c29–321a9）所說：「佛及弟子智慧，體性法中無有差別者，以諸賢聖智慧皆是諸法實相慧；……皆是出三界、入三脫門，成三乘果慧，以是故說無有差別。……皆同事、同緣、同行、同果報，以是故言無相違背。所以者何？不生性空故。」

這裡說到的三乘等諸賢聖智慧皆是諸法實相慧，與《中論》青目釋之三種實相相似。如卷三（大正30,25b23–29）云：

佛說實相有三種：若得諸法實相，滅諸煩惱，名為聲聞法。若生大悲，發無上心，名為大乘。若佛不出世，無有佛法時，辟支佛因遠離生智；若佛度眾生已，入無餘涅槃，遺法滅盡，先世若有應得道者，少觀厭離因緣，獨入山林遠離憒鬧得道，名辟支佛。

由此可知，如果不考慮有無發菩提心、智慧利鈍、悲心有無等因素，純就解脫生死的實相般若而言的話，二乘人也是可以證得的，這樣的般若通於三乘，可說是共二乘的般若。

又《大品般若》卷三〈勸學品八〉（大正 8,234a15–20）中云：

> 欲學聲聞地，亦當應聞般若波羅蜜，持、誦、讀，正憶念，如說行；欲學辟支佛地，……；欲學菩薩地，亦當應聞般若波羅蜜，持、誦、讀、正憶念，如說行。

《大智度論》卷四十一（大正 25,363c4–7）釋曰：

> 問曰：般若波羅蜜是菩薩事，何以言欲得三乘者皆當習學？
>
> 答曰：般若波羅蜜中說諸法實相即是無餘涅槃，三乘人皆為無餘涅槃故精進習行。

《般若經》中處處說「諸法實相」，如上所說，諸法實相雖有聲聞乘、辟支佛乘、大乘三種；但就解脫生死而言，三乘同入無餘涅槃（**注 75**）。只不過菩薩在未得無上正等覺之前，不以涅槃爲究竟，不證入實際也。由此可知，般若波羅蜜成了三乘共學的法門，但隨著發心、智慧、慈悲等不同，雖共學般若，而各得成就。

㈢菩薩般若與二乘般若之比較

《大品般若》卷一〈習應品三〉中，舍利弗問到：「二乘智慧與佛智慧無有差別，不相違背無生性空，爲何說菩薩行般若波羅蜜一日智慧，勝過二乘呢？」佛陀承認二乘智慧與佛智慧在無生性空上並沒有差異，但是佛陀以反詰的方式問舍利弗：1.菩薩行般若波羅蜜時，心念：當以道慧利益一切眾生，當以一切種智知一切法，度一切眾生。而二乘人有如是事嗎？2.二乘人立志要得阿耨多羅三藐三菩提，度一切眾生令入無餘涅槃嗎？3.諸二乘人廣學六波羅蜜乃至佛十力、十八不共法嗎？立志度無量阿僧祇眾生、淨佛世界嗎？舍利弗皆答：不。因此佛作比喻：二乘人的智慧如螢火蟲，而菩薩智慧如日光。雖同樣能照物，但能照的範圍大小不同（**注 76**）。《大智度論》也比喻說：如毛孔空欲和虛空相比一樣（**注 77**）。又《大智度論》卷七十九

（大正 25,618c3–17）云:

> 除佛，諸菩薩空行勝於二乘。何以故？智慧分別利鈍，入有深淺故，皆名得諸法實相，但利根者得之了了。……復次，聲聞、辟支佛無慈悲心，無度眾生心，……非但以空行故與菩薩等。復次，二乘得空，有分有量，……又如毛孔之空，欲比十方空，無有是理！

由此可知，二乘所悟的空與佛菩薩所悟的空，在「質」上並沒有不同，但在「量」上，則大小有異。或許有人認爲二乘人僅得眾生空，無法證得法空。但是，《大智度論》是承認二乘人也能證得法空的（**注78**）。

又《大品般若》卷十五〈成辦品（大事起品）五十〉（大正 8,328b22–24）云:

> 信行、法行人、八人、須陀洹、……阿羅漢、辟支佛，若智、若斷，即是菩薩摩訶薩無生法忍。

《大智度論》卷七十一（大正 25,555a20–24）設問答解說如下:

> 問曰：聲聞、辟支佛法是小乘，菩薩是大乘，云何言二乘智斷即是菩薩無生忍？
>
> 答曰：所緣同，如、法性、實際亦同，利鈍智慧為異，又有無量功德及大悲心守護故勝。

二乘人證的如、法性、實際，與無生法忍所證得的實相並沒有什麼差別，所以說二乘若智若斷皆是得無生法忍的少分。《大智度論》卷三十五中也舉出六種理由說到二乘的智慧與佛的智慧，在體性上沒有差別：1.諸賢聖智慧，皆是諸法實相慧；2.皆是四諦及三十七道品慧；3.皆是出三界、入三解脫門成三乘果慧；4.如須陀洹以無漏智滅結得果，乃至佛亦如是；5.如須陀洹用有爲解脫與無爲解脫果，乃至諸佛亦如是； 6.如佛入涅槃，須陀洹極遲不過七世，皆是同事、同緣、同行、同果報故，其智慧體性皆是無生性空故（大正 25, 320c29–321a10）。若說菩薩與二乘有差別的話，那是在智慧利鈍上有異，以及有無廣學無量法門、廣修無量功德，有無大悲心度無量眾生上有差別而已。

《大智度論》卷三十五中，舉出六項理由，來說明菩薩智慧勝過二乘。其中的第一項說：

> 有二因緣故，菩薩智慧勝聲聞、辟支佛。一者、以空知一切法空，亦不見是空；空以不空等一不異。二者、以此智慧，為欲度脫一切眾生，令得涅槃。聲聞、辟支佛智慧，但觀諸法空，不能觀世間、涅槃為一。（大正 25,320a2–6）

在卷五十四（大正 25,444a23–b3）中，也說到菩薩與二乘在智慧上利鈍有異，入有深淺的不同：

> 聲聞人智力薄故，初始不能觀五眾若遠離、若寂滅等，但能觀無常等，入第三諦，乃能觀寂滅。
>
> 菩薩利根故，初觀五眾，便得寂滅相。
>
> 用無所得者，常用無所得空慧觀諸法相。……
>
> 般若相者，不離五眾有涅槃，不離涅槃有五眾，五眾實相即是涅槃。是故初發心鈍根者，先用無常等觀，然後觀五眾寂滅等；十二因緣亦如是。

部派中有「漸現觀」與「頓現觀」之不同，《大智度論》在此主要是取說一切有部的漸現觀與菩薩之直觀涅槃加以比對。聲聞人根鈍智淺，先觀五蘊無常、苦等，由苦諦入手，至滅諦時才能觀五蘊寂滅。但是菩薩利根，可直觀五蘊寂滅，能知五蘊實相即是涅槃。釋論中說到的「不離五眾有涅槃，不離涅槃有五眾」，與《般若經》常說的「色不異空，空不異色，色即是空，空即是色；受想行識亦復如是」相同（注79）。如《大智度論》卷十九（大正25,197c29–198a9）云：

> 聲聞辟支佛法中，不說世間即是涅槃。……
>
> 菩薩法中說世間即是涅槃，智慧深入諸法故。如佛告須菩提：色即是空，空即是色……。空即是涅槃，涅槃即是空。《中論》中亦說：涅槃不異世間，世間不異涅槃，涅槃際世間際，一際無有異故。
>
> 菩薩摩訶薩得是實相故，不厭世間，不樂涅槃。

《大智度論》明白的說到：「空即是涅槃」，而引《中論》〈觀涅槃品二十五〉（注80）的偈頌來說明「色即是空」與「世間即涅槃」。一般人以爲離色別有空，離世間別有涅槃；其實色是本性空的，「空」也不是離色以外另有一個空，而是即色明空，體會到世間之究竟實相（實際）與涅槃之究竟實相都是如幻性空，無礙無別的。

《大智度論》卷八十六（大正25,662b24–c13）亦云：

> 聲聞人以四諦得道，菩薩以一諦入道。佛說四諦皆是一諦，分別故有四。……聲聞、辟支佛智慧，觀色等五眾生滅，心厭、離欲，得解脫。菩薩以大福德智慧觀生滅時，心不怖畏，……菩薩捨生滅觀、入不生不滅中。

聲聞人作四諦差別觀，未能觀世間即涅槃，故於五蘊等觀無常、苦等，而厭離世間、欣向涅槃。但菩薩能通達四諦皆是緣起、空、無自性，不離有爲說無爲，能作四諦平等觀（注81）。因苦諦（世間無常生滅）與滅諦（涅槃不生不滅）不作差別觀故，知生滅實相即是不生不滅，得無生法忍入菩薩位。雖觀生滅而不起怖畏故，不需要厭離世間，也不必去欣求另外的涅槃了！

綜上所述，雖然說三乘共學般若，但是二乘的般若重在證空慧、了生死，無大悲心、厭離世間，不觀世間即涅槃。大乘的般若，則是以三心（菩提心、大悲心、無所得）相應，廣學三乘善法，能觀世間即涅槃，不厭離生死，而能在世間久度眾生。菩薩雖學三乘一切善法，而這三乘善法皆統攝於般若波羅蜜中，皆以般若波羅蜜爲主導，從發心到成佛，皆不離此般若波羅蜜。如《般若經》說：「五波羅蜜離般若波羅蜜，亦如盲人無導，不能修道至薩婆若」（**注 82**），又說「行般若波羅蜜時，則具足諸波羅蜜」（**注 83**），這樣攝導萬行的般若波羅蜜，即是菩薩的般若；如成佛的話，就變名爲阿耨多羅三藐三菩提了。簡言之：「證真實以脫生死，是三乘所共的般若；導萬行以入智海，是菩薩不共二乘的般若。」（**注 84**）

《般若經》雖然通說三乘之教，但是重點還是在爲菩薩說般若波羅蜜。但是，我們在《般若經》中，卻發現宣說般若法義的，除了佛、彌勒菩薩等外，須菩提、舍利弗等阿羅漢，甚至釋提桓因也參與了般若波羅蜜的問答。在《大智度論》中就說到：有人見釋提桓因雖得初果而三毒未盡，云何能問難般若深義，且其所說是否合乎佛意而心生疑惑。《大智度論》卷七十九（大正 25,618b8–14）解釋云：

> 釋提桓因雖非一切智人，常從佛聞，誦讀力強，是故所說有理，佛便印可。佛說有三種慧：聞慧、思慧、修慧。有人聞慧、思慧明了故，能與修慧人問難。……如阿難雖未離欲，未得甚深禪定，而能與佛、漏盡阿羅漢等論議，隨法無違。

修慧是與定相應的慧，阿難僅得初果，未得甚深禪定，但在《雜阿含》556–559 等經中，我們卻可看到阿難爲人說「無相心三昧」；在其他經中，也到處可看到阿難與佛或其他阿羅漢的問答。同樣地，釋提桓因雖未漏盡而能參與般若議論，而且所言不差，是佛陀印可的。而且，須菩提是阿羅漢，卻也為菩薩說了不共二乘的「諸法無受三昧」（注85）。《般若經》的流傳，佛不是付囑給菩薩，而是付囑阿難。總之，二乘人在《般若經》中扮演著很微妙的角色，值得再進一步詳細探討。

七、結論

1.波羅蜜(pāramitā) 含有「究竟，完成」與「到彼岸」兩種意思。《般若經》重在菩薩行的闡揚，而不重在佛果的說明，所以《大智度論》主張般若波羅蜜但屬於菩薩，而將已到彼岸、已達究竟的佛智慧別名為一切種智或阿耨多羅三藐三菩提。

2.真正的般若波羅蜜是諸法實相（實相般若）；現證實相之前的聞、思、修所成慧等加行與般若經典（觀照般若、文字般若），都是隨實相而得名的。

3.《般若經》多說空性、假名，卻很少提到緣起、中道。龍樹透過「緣起無自性空」，巧妙地將《阿含經》的緣起、中道，與《般若經》的空性、假名一以貫之，成了《中論》所說的名句——「眾因緣生法，我說即是空，亦為是假名，亦是中道義」。《般若經》以法性為量，特別是「原始般若」，不觀生滅，而直觀不生不滅；《大智度論》是《大品般若》的釋論，卻不像一般人把生滅與不生不滅看成是絕然對立的東西，而是透過緣起無自性空，巧妙地貫通了世間即涅槃，三法印即是一實相印。

4.《大智度論》所注釋的《大品般若經》，梵文原本是《二萬二千頌般若》，提到的「受假」（梵語很可能是 upādāya-prajñapti）與其他《般若經》所說的「教授假」(avavāda-prajñapti) 或「方便假」(upāya-prajñapti) 不同。而且《大品般若》僅說到三假，未明說悟入次第；但《大智度論》卻說「先破名假到受假，次破受假到法假，最後破法假到諸法實相」，有次第悟入的意義，與《中論》之假名說不盡相同。

5.《般若經》中參與般若法義問答的，除了佛、菩薩外，也有須菩提、舍利弗等漏盡阿羅漢，還有初果的阿難、釋提桓因等，雖然是「通教三乘」，可是主要的是「但爲菩薩」。三乘雖共學般若，但二乘人重在證空慧、了生死、這種二乘人所證的般若（實相般若），其實就是涅槃。而菩薩則不以涅槃爲究竟，他必須與三心（菩提心、大悲心、無所得）相應，遍學一切法門，亦令眾生不著一切法，方得名爲菩薩的般若波羅蜜。所以菩薩所學的般若波羅蜜，不是單純的智慧一法門而已，而是攝導一切善行的般若波羅蜜。

※後記：一九八三年間，恩師上印下順上人駕臨慧日講堂，曾對筆者開示云：「修菩薩行只有深觀是不夠的，還要有廣大行。從發菩提心、修六度萬行，自度度他，到成佛，《大智度論》提供了很好的指引，很重要！很重要！值得好好地研究。」然而《大智度論》卷數龐大，引用甚多毘曇、中論、大乘經，思想博雜，加上筆者不敏，欲通盤掌握，誠非易事。幸蒙 恩師慈悲不斷地教誨，轉瞬間已過十年有餘，乃能略知一二，法乳深恩難以為報，今逢 恩師九秩大壽，謹奉獻此文，恭頌 恩師法輪常轉、萬壽無疆！

參考資料及使用略語

一、經論類:

《雜阿含》: 大正藏（以下略稱: 「大正」）2。

《別譯雜阿含》: 大正 2。

《中阿含》: 大正 1。

《道行般若經》: 大正 8。

《小品般若》=《小品般若波羅蜜經》（十卷）: 大正 8,（鳩摩羅什譯）。

《大品般若》=《摩訶般若波羅蜜經》（二十七卷）: 大正 8,（鳩摩羅什譯）。

《大般若經》=《大般若波羅蜜多經》（六百卷）: 大正 5.6.7.（玄奘譯）。

《大智度論》: 大正 25。

《大毘婆沙論》=《阿毘達磨大毘婆沙論》: 大正 27。

《俱舍論》=《阿毘達磨俱舍論》: 大正 29。

《中論》: 大正 30。

《大乘義章》（淨影慧遠撰）: 大正 44。

SN= Saṃyutta-Nikāya（「相應部」）: PTS 版, London.

Nidānasaṃyukta=（因緣相應）, Fünfundzwanzig sūtras des Nidānasaṃyukta, C. Tripāṭhī ed., Berlin, 1962.

AP = Aṣṭasāhasrikā Prajñāpāramitā（八千頌般若）, P.L. Vaidya ed., Buddhist Sanskrit Texts No. 4, Darbhanga, 1960.

PvP = Pañcaviṃśatisāhasrikā Prajñāpāramitā（二萬五千頌般若）,[I] N. Dutt ed., Calcutta Oriental Series No. 28, London, 1934; [II,III],

Kimura Takayasu（木村高尉）ed., Tokyo, 1986; [IV], 木村高尉, Tokyo, 1990; [V], 木村高尉, Tokyo, 1992.

ŚP=Śatasāhasrikā Prajñāpāramitā（十萬頌般若）, P. Ghoṣa ed., Bibliotheca Indica, work 153, Calcutta 1902–1914.

二、現代著作:

印順法師: [1981a]《中觀今論》, 正聞出版社。

印順法師: [1981b]《般若經講記》, 正聞出版社。

印順法師: [1981c]《初期大乘佛教之起源與開展》, 正聞出版社。

印順法師: [1981d]《中觀論頌講記》, 正聞出版社。

印順法師: [1983]《雜阿含經論會》, 上、中、下, 正聞出版社。

印順法師: [1985]《空之探究》, 正聞出版社。

印順法師: [1988]《印度佛教思想史》, 正聞出版社。

印順法師: [1993a]《大智度論之作者及其翻譯》（增訂本）, 東宗出版社, （[1992]初版）。

印順法師: [1993b]《成佛之道》（增注版）, 正聞出版社, （[1960]初版）。

釋厚觀: [1992a]〈大智度論之般若波羅蜜與方便〉, 《法光》第36期, 民國81年9月10日。

釋厚觀: [1992b]〈大毘婆沙論における三三昧、三解脫門〉, 《印度學佛教學研究》41卷1號, 452–454。

釋厚觀: [1993]〈大智度論における三三昧、三解脫門〉, 《印度學佛教學研究》42卷1號, 487–489。

赤松明彥: [1989]《大乘佛典, 中國、日本篇, 1, 大智度論》, 東京: 中央公論社。

梶芳光運: [1980]《大乘佛教の成立史的研究》, 東京: 山喜房佛書林。

三枝充悳: [1981]「概說 — ボサツ、ハラミツ」,《講座・大乘佛教, 1 — 大乘仏教とは何か》, 東京: 春秋社, 89–152。

三枝充悳: [1983]《龍樹、親鸞ノート》, 京都: 法藏館。

藤田宏達: [1982]〈原始佛教における空〉,《佛教思想7, 空, 下》京都: 平樂寺書店, 415–465。

山田龍城: [1959]《梵語佛典の諸文獻》附錄,〈般若經五會諸本內容比較表〉, 京都: 平樂寺書店。

Conze, Edward: [1978]*The Prajñāpāramitā Literature* (2nd. Edition), Tokyo: The Reiyukai.

Lamotte, Étienne: [1944] [1949] [1970] [1976] [1980] Le Traité de la Grande Verte de Sagesse de Nāgārjuna (Mahāprajñāpāramitāśāstra), Tome I ~ V, Louvain: Institut Orientaliste Louvain-la-Neuve.

Ramanan, K. Venkata: [1966] Nāgārjuna's Philosophy, as presented in the Mahāprajñāpāramitāśāstra, Charles E. Tuttle Company of Rutland, Vermont-Tokyo.

Saigusa, Mitsuyoshi（三枝充悳）: [1969] Studien zum Mahāprajñāpāramitā(upadeśa)śāstra, Tokyo: Hokuseido.

注解

注 1 《大品般若》卷十五〈譬喻品五十一〉（大正 8, 330b）。

注 2 《般若經》部類繁多，其集成之先後次第，大體是：先有「原始般若」（相當於《小品般若經》之「初品」部分），經「下品般若」（《小品般若》等經），而後有「中品般若」（《大品般若》等經），再增廣為「上品般若」（《大般若經》「初分 」）。有關般若經類的集成次第，請參閱梶芳光運[1980]；印順法師 [1981c],591–704。

注 3 參閱 Saigusa Mitsuyoshi（三枝充悳）[1969] 60–88; [1981] 140–152。

注 4 PvP.[V]，木村高尉[1992],127,l.12–18。

注 5 《大般若經》「二分」卷四六三（大正 7,338b）。

注 6 《大智度論》卷十一（大正 25, 139c7–10）；卷十八 (190a21–22)；卷四十三 (371a4–5)；卷五十八 (471b6–9)；卷七十二 (563c9–11)。

注 7 參閱淨影慧遠《大乘義章》卷十〈三種般若義〉（大正 44,669a–670a）；吉藏《大品遊意》（大正33,64b）。但本文僅借用其名稱，解說內容不盡相同。

注 8 《大智度論》卷十六（大正 25,195c16）；卷三十一 (285c9–10)；卷四十一 (358c7–8)；卷四十三 (370b25–26)；卷五十二 (434c)；卷五十三 (442b)；卷五十九 (481b)；卷六十(485c)；卷六十五 (516c)；卷九十九 (747a)。

注 9 參閱印順法師[1981d]333-337。

注 10 參閱印順法師[1981c]718; 656; [1985] 142–147; 148; [1988] 157。

注 11 參閱《小品般若》卷七（大正 8,566a）；《大品般若》「二分」，卷四四九（大正 7,269a–c）; PvP[IV]，木村高尉，[1990]164,l.10–14。

注 12 Cf. PvP[IV]，木村高尉，[1990]172,l.21–28。

注 13 Cf. PvP[IV]，木村高尉，[1990]67,l.28–68,l.8。

注 14 參閱注 10。

注 15 《大智度論》卷六十五（大正25,516b15–21）；卷八十六 (664b8)。

注 16 《小品般若》卷三〈佐助品六〉（大正 8,546c1–9）；《大品般若》卷十〈法施品〉（十善品）三十八」（大正 8,295b12–296a25）;PvP[II], 木村高尉, [1986]110,l.21–115,l.12;《大智度論》卷十一（大正 25,139b2–6;139c24–29）；卷六十 (484b13–17)。

注 17 《大智度論》卷六十五（大正 25,521a22–29）；卷八十四 (651b 15–17)。

注 18 《大毘婆沙論》卷二十一（大正 27,108c5–6）：「解脫果是道所證，非因所得」；《俱舍論》卷六（大正 27, 33c）。

注 19 印順法師[1993a]21–33。

注 20 印順法師[1993b]337。

注 21 參閱《大毘婆沙論》卷四十二（大正 27, 217b29–c6）。

注 22 印順法師[1985]174–179。

注 23 《大品般若》卷五〈問乘品十八〉（大正 8,251a3–5）； PvP[I], Dutt, [1934]198, l.3–5；漢譯的「自法空」即是 svabhāva-śūnyatā（自性空）。《大智度論》卷四十六（大正 25,369b6–13）；印順法師[1985],185.

注 24 《大品般若》卷七〈十無品二十五〉（大正 8,269a24）。

注 25 印順法師[1988] 252。

注 26 《大般若經》「二分」卷四五〇（大正 7,273b5–6）。

注 27 PvP [IV], 木村高尉[1986] 176,l.13。

注 28 AP, Vaidya [1960] 255,l.1。

注 29 《大智度論》卷六（大正 25,101c22–102a27）；卷九十 (697c5–13) 中引《德女經》解說無明沒有自性。所引《德女經》之內容與西晉竺法護譯之《佛說梵志女首意經》（大正 14,939c–940a）相符。

注 30 《中論》卷四「觀顛倒品二十三」23 偈（大正 30,32b2–3）：「若煩惱性實，而有所屬者，云何當可斷，誰能斷其性」。

注 31 《中論》卷一「觀染染者品六」（大正30,8a25）。

注 32 參閱印順法師[1988] 142–143。

注 33 《小品般若》卷一〈初品〉（大正 8,538b15–16）；AP, Vaidya [1960] 8,l.7–8;《大品般若》卷三〈相行品十〉（大正 8, 238c24–25）；PvP [I], Dutt [1934] 147,l.6–7;《大智度論》卷四十三（大正 25,375a11–15）。

注 34 《小品般若》卷一〈釋提桓因品二〉（大正 8,540b1）。

注 35 《小品般若》卷五〈相無相品十三〉（大正 8,558c29）。

注 36 有關「空之發展與類集」，參閱印順法師[1981c] 686–688; 715–727; [1985] 155–167; [1988] 97–99。

注 37 有關「三解脫門」，請參閱拙作釋厚觀[1992b]452–454;[1993] 487–489。

注 38 參閱注 11；印順法師[1985] 142–147。

注 39 大正藏原本作「法空」，今依《瑜伽師地論》卷九三（大正30,833a23）改作「法定」。參閱印順法師[1983]（中），34–36。

注 40 與《雜阿含》296 經對應的經典有：巴利文《相應部》「因緣相應」12.20(SN,II,25–27)； 梵文 Nidānasaṃyukta, Tripāṭhī [1962],147–152 (sūtra 14)。參閱 Lamotte [1944], Tome 1, 157,n.1; 赤松明彥[1989] 341 注 11。

注 41 《大智度論》卷三十二（大正25,298a,c）。

注 42 《大般若經》「二分」卷四〇二（大正7,8c）中說到眞如有十二異名，其中列有：不虛妄性，不變異性等。

注 43 印順法師[1985] 247; [1981a] 25–39。

注 44 《中論》卷二〈觀三相品〉1,34,35偈（大正 30, 9a12–13; 12a13–14; 12a23–24）。

注 45 印順法師[1985] 174–179。

注 46 《大智度論》提到「勝義自性」的有：卷三十二（大正 25,298b28–c5）；卷四十七 (396b7–9)。參閱印順法師[1985] 180–188。

注 47 《大智度論》卷十八（大正 25,192c–193c）；卷三十一(295b–c)；卷四十二 (368a–369b)。

注 48 《大智度論》卷十二（大正 25,147c–148a）。

注 49 PvP [I], Dutt [1934] 58,l.22–59,l.2。

注 50 《大智度論》卷三十七（大正25,335b11–12）。

注 51 Lamotte 教授認為「小般若」是指《般若經》(Lamotte [1976], Tome IV, 2047,n.1)，但筆者認為「小般若」是指「十八空」，如《大智度論》卷三十五（大正 25,319a11–12）云:「般若波羅蜜有二分: 成就者名為菩提，未成就者名為空 」;「般若經」應該是入「空」之方便門。

注 52 Cf. SN 5.10 (SN. I, 134–135); 《別譯雜阿含》卷二十一，218 經（大正 2,454c–455a），但此二經中沒有「假名」之語。

注 53 印順法師[1985] 235。

注 54 印順法師[1993a] 62。

注 55 Cf. The Pali Text Society's Pali-English Dictionary, T.W. Rhys Davids ed., London, 1979, p.149「upādā」,「upādāya」.

注 56 Cf. PvP [I], Dutt [1934] 38,l.16–19。

注 57 《大品般若》卷七「十無品二十五」（大正 8,268c19–269a8）;PvP [I], Dutt [1934] 250,l.17–251,l.18; 《大智度論》卷五十二（大正 25,433b22–c1）。

注 58 《大品般若》卷一〈習應品三〉（大正8,221c12–14）。

注 59 見注 57。

注 60 《大品般若》卷二〈三假品七〉（大正8,231a21–23）。

注 61 Nidānasaṃyukta, Tripāṭhī [1962] 152–157 (Sūtra15)。參閱 Lamotte [1976],Tome IV,2067,n.l; 藤田宏達[1982] 425–427，藤田教授認為《雜阿含》297 經暗示了「空與緣起」的關連性。

注 62 《大智度論》卷十八（大正 25,192c26–193a6）; 卷三十一 (288a12–14,295b 27–28)。

注 63 《雜阿含》卷十，262 經（大正 2,66b–67a）; 卷十二，301 經（大正 2,85c–86a）。

注 64 《雜阿含》卷十二，300 經（大正 2, 85c）。

注 65 《雜阿含》卷十二，302 經（大正 2,86a–b）

注 66 《中阿含》卷四十三(169)〈拘樓瘦無諍經〉（大正 1,701c）；卷五十六(204)「羅摩經」（大正 1,777c26–778a2）。

注 67 《中論》卷一〈觀因緣品一〉（大正 30,2b–3c）；卷四〈觀顛倒品二十四〉（大正 30,31b19）：「猶如幻化人，亦如鏡中像」。

注 68 Lamotte [1970],Tome 3,1684,n.4–5.

注 69 《大智度論》卷三十五（大正 25,321c11–23）；卷八十六 (662c25–663b2)。

注 70 《大智度論》卷十一（大正 25,139c19）。

注 71 大正 8,336b2 作「六十」，336d 注 3：元明宮本，作「六千」。《大智度論》本（大正 25,565a17）作「六千」；PvP [IV]，木村高尉[1986] 125,l.11 作「ṣaṣṭi」（六十）。

注 72 有關「般若波羅蜜與方便」之關係與類別，請參閱拙作〈大智度論之般若波羅蜜與方便〉《法光》第 36 期，民國 81 年 9 月 10 日）。

注 73 《小品般若》卷一（大正 8,537a–b）；《大品般若》卷二「三假品七」（大正 8,230b–c）；參閱印順法師[1981c] 635–636。

注 74 又見於《大智度論》卷三十四（大正 25,310c）；卷七十二 (564a)；卷百 (754b)。

注 75 「三乘共入無餘涅槃」，又見於《大品般若》卷九〈勸持品三十四〉（大正 8,286 b21–26）；卷二十二〈道樹品七十一〉（大正 8,377a24–27;377c1–2）。

注 76 《大品般若》卷一〈習應品三〉（大正 8,222a10–b13）。

注 77 《大智度論》卷三十五（大正 25,322a10–11）；卷七十九 (618c14–18)。

注 78 《大智度論》卷十八（大正 25,192c-193c）；卷三十一 (295b–c)；卷四十二 (368b17–18)。

注 79 《大品般若》卷一〈習應品三〉（大正 8,223a13–14）；卷三〈集散品九〉（大正 8,235a11–14）。

注 80 《中論》卷四〈觀涅槃品二十五〉（大正 30,36a4–11）：「涅槃與世間，無有少分別，世間與涅槃，亦無少分別。涅槃之實際，及與世間際，如是二際者，無毫釐差別。」

注 81 《大品般若》卷二十六〈差別品（四諦品）八十四〉（大正 8,412a）：「是四諦平等故，我說即是涅槃」；《大智度論》卷九十四（大正 25, 720c 15–721 b2）：「……知是四諦藥病相對，亦不著是四諦，但觀諸法如實相，不作四種分別觀。」

注 82 《小品般若》卷三〈泥犁品八〉（大正 8,550a20–21）。

注 83 《小品般若》卷九〈見阿閦佛品二十五〉（大正 8,579a21–22）。

注 84 印順法師[1981b] 10–11。

注 85 《小品般若》卷一〈初品第一〉（大正 8,537c,538a）；《大品般若》卷三〈集散品九〉（大正 8,236a）；卷三〈相行品十〉（大正 8,237c）。

六道與五道

郭忠生

悲廣文教基金會董事

一、前言

關於《大智度論》之作者，自從比利時學者 Lamotte，以及瑞士學者 Demiéville 對於漢傳資料表示不同意見之後，在學界引起廣泛的討論。印順法師也口述出《大智度論之翻譯及作者》，給予回應。而「《大智度論》主張有六趣，但《中觀論頌》之龍樹主張僅有五道」，「曾經」是 Lamotte 對「龍樹是《大智度論》之作者」此一傳統說法，表示存疑的一項理由（Lamotte 1944, p.614; Robinson 1965, p.35），再加上六道與五道此一問題又能顯示出初期大乘佛法對於業報及世間觀、有情觀的一些重要理念，所以筆者認爲以此爲題，來讚頌印順法師的大壽，應該是適當的。

二、經論之說法

有情究竟有六道還是五道，各種經論說法也是莫衷一是，Lamotte 對此曾加整理（Lamotte 1976, pp.1956–1957），資料相當豐富，謹予介紹如下:

㈠主張五道之聲聞部派

1.上座部（Theravāda）: Bareau 1955, p.223; Kathāvatthu, p.211。

不論是巴利文尼柯耶或是梵文阿含經之聲聞經典，這些「上座」所編集與持受之經典僅主張五道:

Dīgha, III, 234; Majjhima, I, p.73; Samyutta, V, pp.474–477; Anguttara, IV, p.459;《長阿含》（大一，頁86中28）;《中阿含》（大一，頁599下1–3; 頁683下15–16）;《雜阿含》（大二，頁108下14; 頁112中25; 頁243中8）;《增一阿含》（大二，頁549中14; 頁563中14; 頁631上25; 頁637下22; 頁701上29; 頁723中22; 頁756中26; 頁811中1–9）。

2.說一切有部:《大智度論》說五道之說是說一切有部本身所獨創（大廿五，頁135下），無論如何，迦旃延尼子（Kātyāyanīputra）的諸弟子確僅立五道:

《集異門足論》（大廿六，頁415下17）、《法蘊足論》（大廿六，頁461上13）、《識身足論》（大廿六，頁537中5–6）、《品類足論》（大廿六，頁712中27）、《發智論》（大廿六，頁1017上27; 頁1030 中17）。

《大毘婆沙論》主張五趣（大廿七，頁358中3; 頁943中10），且否認第六趣（大廿七，頁730上4; 頁868中2–3; 頁992上9–11）。

《俱舍論》（大廿九，頁42上－中）。

3.法藏部: 見Bareau 1955, p.196;《四分律》（大廿三，頁951中22）。

㈡主張六道之聲聞部派

1.大眾部: 這可從該派之著作中得到證明，見《僧祇律》（大廿三，頁 260下25）; Mahāvastu, I, pp.42–337; Ⅱ, p.368。

2.案達羅派（Andhaka）: Bareau 1955, p.94; Kathāvatthu, p. 211。

3.北道派（Uttarapāthka）: Bareau 1955, p. 248; Kathāvatthu, p. 211。

4.犢子部（Vātsīputrīya）: Bareau 1955, p.120; 並可從《大毘婆沙論》（大廿七，頁8中24）及《大智度論》（大廿五，頁135下）得到證明。又參《三彌底部論》（大卅二，頁470上12）。

㈢大乘經論

Saddharmapuṇḍrīka（《法華經》）固然大部分說有六道（pp. 6, 9, 135, 244, 346, 372），但偶而也說到五道（p. 131）。所以《大智度論》不能引大乘經來證成六道說。

1.大乘經時而說六道時而說五道，似乎是認爲此問題並不是很重要。最值得注意的是《大品經》，它固然說有六道（大八，頁271中8; 頁348下8; 頁584中23），但並不是沒有說到五道之處（頁390中29; 頁405上29; 頁409中7; 頁422上2），而《大智度論》的作者對此一事實理應知之甚詳，因爲其著作方式是隨文疏解，亦即在經文段落之後編入其解說，但他並沒有把上述四個「五道說」之經文給予修改（參看大廿五，頁675下18; 頁 700下1; 頁710上9; 頁745上19）。

其他的大乘經同樣也可看到這種前後不一的情況。因爲此處只在於證示其原則，所以僅舉出少數經典:

A.《八十華嚴》: 五道: 大十，頁92 中17; 頁288 上13; 頁370 中27; 頁396 上3; 頁417 上14; 頁422 中25; 頁424 下10; 頁426 上15。六道: 大十，頁94 上9; 頁119 中13; 頁170 中1; 頁182 上1; 頁198 下16; 頁204 中8; 頁256 下12; 頁318 中6。

B.《大寶積經》: 五道: 大十一, 頁42中27; 頁46中22; 頁217中28; 頁237 中13; 頁288 下9; 頁441 上25; 頁460 下19; 頁491中29; 頁530 上20; 頁536 中9; 頁658 中27; 頁668 中21。六道: 大十一, 頁361 上4; 頁370 中26; 頁371 中18; 頁378 下26; 頁379上1; 頁382 中23; 頁475 下5; 頁530 下2; 頁 615 下27。

C.《大方等大集經》: 五道: 大十三, 頁102 上10; 頁181 上26–27; 頁202 上24; 頁226 上29; 頁232 上13; 頁288 下5; 頁302 下10; 頁304 上16; 頁397 下28; 頁405 上28。六道: 大十三, 頁43 上16; 頁252 中6。

2.再者, 大乘的兩大學派, 即中觀學派（Mādhyamika）與瑜伽行派（Yogācāra）, 也是主張五道:

A.《百論》, 卷一, 大卅, 頁170 上23; 頁171 上8。

B.《般若燈論》, 卷十, 大卅, 頁99下16。

C.月稱（Candrakīrti）《淨明句論》（Prasannapadā）, p. 218, l.2–3; p. 269, l. 9; p. 304, l. 4。

D.寂天（Śāntideva）《學處集要》（Śikṣāsamuccaya）說到「五道生死輪迴」）（pañcagatika saṃsāra, p. 91, l. 9–10）或「五道輪轉」（pañcagatika cakra, p. 176, l. 6）。

E.Yogācārabhūmi, Part 1, p. 44, l. 16–17。

F.無著（Asaṅga）《大乘阿毘達摩集論》（Abhidharmasamuccaya）, p. 28, l. 25 及漢譯安慧之注解, 卷四, 大卅一, 頁713 中22。

G.《成唯識論》, 卷三, 大卅一, 頁16中3。

以上是 Lamotte 所搜集五道與六道異說的經文出處, 不過在資料方面, 有幾點應加以說明。

首先，在聲聞經典方面，Lamotte也提及在Dīgha，Ⅲ，p. 264; Petavatthu, p. 66以及《雜阿含》（大二，頁44 上8）均說到六道，但Lamotte認爲這不能作爲六道說的經證，因爲前二者在巴利文三藏是相當後出的，至於後者則是因爲沒有相對應的巴利經文可資參照。筆者認爲這樣的理由恐難成立。

其次，Lamotte所引的漢譯《大寶積經》及《大集經》分別是四十九部與十七部經典的匯編，各該經典顯然性質各異，五道或六道既已成爲一項爭點，則我們應該注意的是各該經典是否有自身前後不一致的地方，而不是整部漢譯《大寶積經》或《大集經》前後的歧異。

另外，漢譯《中論》及《順中論》有多處提到六道（分見大卅，頁18 上；頁20下；頁36中；頁37中；頁43中），而《中論》是四世紀的作品，可算是中觀學派現存的早期注解書，《順中論》爲瑜伽行派大師無著所撰，另外傳爲龍樹所撰的《十住毘婆沙論》也立六道（大廿六，頁20 上；頁102下），所以Lamotte說兩大大乘學派都主張五道，有待斟酌。

從佛典所載的資料，有幾點值得注意。

1.《異部宗輪論》沒有五道、六道之爭，顯見在世友的時代（約西元前100年，印順1968，pp. 274–275），五道、六道還沒有成爲重大之爭議。而《成實論》（約西元三世紀中葉）將當時部派重要爭點（「諸異論」）整理爲十項（大卅二，頁253下），同樣也沒有這項爭議。由此可見五道或六道並不是重要的問題，實際上，說一切有部的論書，除《大毘婆沙論》以外，其他諸論書都是在解說法數時，提及「何爲五道（趣）」，而上座部系的《舍利弗阿毘曇》也只是說：何謂五道，地獄、畜生、餓鬼、人、天，是名五道（大廿八，頁652 上3）。所以首先把六道說當成異說加以批評應是迦濕彌羅的說一切有部,《大智度論》雖給予回應,但並沒有得到定論,這可從嗣後的論書(甚或經典)仍然汎說五道或六道得到證明。

2.《大智度論》說犢子部主張六道,參諸《大毘婆沙論》之記載,應無不合(大廿七,頁8中),但傳爲犢子部論書之《三法度論》似僅主張五道(大廿五,頁26中29),印順法師因而認爲:「但本論說三界,五趣,沒有說六趣。其實與犢子部有關係的『正法念處經』,『立世阿毘曇論』,對於阿修羅趣的別立,也是不太分明的」(印順1968, p. 460)。另外Lamotte引據《僧祇律》及梵本《大事》(Mahāvastu),而將大眾部列入六道說的部派,但漢譯《增一阿含》應爲大眾部之誦本(印順1978, pp. 94–95; 呂澂1982, p. 84),而從Lamotte 所引之《增一阿含》經文,卻又顯示大眾部並未排斥五道說。再者,漢譯《長阿含》傳爲法藏部誦本(印順1978, p. 96),而它的《世記經》另立阿修羅道(大一,頁135下29;同見《起世經》,大一,頁348中;《起世因本經》,大一,頁403中),所以聲聞之經典並不是全然主張五道。

3.《大品經》也可看到五道的經文,這一點《大智度論》的作者應該很清楚,而《大智度論》雖然強力主張應有六道,但就全論之內容看來,該論也是隨處散說五道,日本學者所編之《大正藏索引》之「釋經論中觀部」(第十三冊),其編者說明即提到因爲「五趣」乙詞過於頻出,所以不立此詞條。如此看來,阿修羅是否別立爲一趣,爭議性應該不大。那何以《大智度論》要兩次花相當的篇幅來論證此一問題,其意義何在?這要從阿修羅在佛教之地位談起。

三、阿修羅之地位

不管是五道說還是六道說,都承認有阿修羅此一類的有情存在,並不是說主張五道者即否認此類有情。事實上，阿修羅在印度一般信仰中，起源甚早，甚至可上溯至印度伊朗時期。依學者之說法，早在拜火教，即有此名，在印度 — 伊朗時期，它是最高的神祇，代表善的一面，與代表惡的 Ahrimann 相對立，而它常與天(deva) 一起被提到，二者互爭主導權。而在伊朗，阿修羅是占上風的，daeva 被看作是惡鬼，有若干印度的民族仍然採信此種傳說。在印度的吠陀（Veda）時期，阿修羅起先還是善神，有許多主要之神，都被稱爲阿修羅。到了吠陀後期，阿修羅已有轉爲惡神之傾向。夜柔吠陀（Yajus）與阿達婆吠陀（Atharva）即經常提及阿修羅與諸天相爭，而且大部分是阿修羅失敗；在婆羅門教，也是被看作與天相爭之惡魔（Renou 1985, pp. 331- 525; Hobogirin, p.41；高觀廬 1975, pp.98–99）。在佛教中，聲聞佛典所見之阿修羅的地位，大致上是沿襲印度吠陀後期以來的看法，大體上是負面的居多，例如說阿修羅惡心鬥爭，與諸天相爭失敗；其次，Rahu 阿修羅以手遮月，造成月蝕（大二，頁 155 上；Saṃyutta, I, p.50，不過南北所傳之說法不盡一致，參 Lamotte 1944, p. 610 之比較），阿修羅捉日是惡象（大廿二，頁 911 中），律典又以日月被煙雲塵所遮蔽來比喻比丘的捉持金銀等行爲（大廿二，頁 192 下；頁 619 中；頁 969 中）；還有所謂「持五戒者少，則天眾減少，阿修羅眾增多」（參大一，頁 134 下 –135 上；頁 298 中；頁 347 上 – 中；頁 402 上 – 中；大廿五，頁 160 上 – 中；並見 Lamotte 1949, pp. 832–834 所引），阿修羅子不能出家受具（大廿二，頁 117 下；頁 814 中）等等。

諸天與阿修羅爭戰之事，佛典記載很多，但一般說來，似乎並沒有說明他們究竟爲何而戰。例如《世記經》戰鬥品二次說到諸天與阿修羅爭戰的經過，但沒有必然的關係。其第一段並沒說到原因，而且最後還有「本事」的意味；第二段則是因爲阿修羅自認它也有大威德神力，但是諸天卻常在空中遊行自在，心理不滿，所以要拿取天上的日月來作耳璫，於是發動戰爭（大一，頁141上–144上；併參頁300上–302上；頁349下–353中等）。吠陀已說到惡魔Rahu遮日月之事（Renou 1985, p. 401），這是古代解釋日月蝕常見的模式，佛典也加以引用，《世記經》的說法仍可見其斧痕，不過佛教的意味很深，因爲這表示出阿修羅「惡心鬥爭」的心性，應該不是二者相爭的原始傳說。另外，《長阿含・釋提桓因問經》也說到釋提桓因請問佛陀，諸天、世人、乾沓和、阿修羅及其他有情，「盡與何結相應，乃至怨讎刀杖相向？」佛陀說是因爲有情的貪嫉，才會造成此一現象，接著則爲一連串的法義問答（大一，頁64上）。本經的異譯《中阿含・釋問經》只是單純的說眾生有幾結（大一，頁635上）；另一異譯《帝釋問經》也是直接說有情「以何爲煩惱」（大一，頁248中），三種譯本的表達方式雖不一樣，但其意趣大致相同，無非在表示帝釋接受佛陀的教化，以及佛陀針對他所作的開示。不過，帝釋所問「怨讎刀杖相向」，倒也點出諸天與阿修羅的爭戰，早已有其傳說。

Lamotte曾引述Georges Dumezil之研究，說明他們發生爭執的過程（Lamotte 1987, p. 430–31）。雖然Dumezil之書是在研究印度關於「甘露」（Amṛta）之傳說，以及其與其他民族同類傳說之關係，不過在此值得介紹，以供參酌。Dumezil認爲印度民族之傳說可歸納爲:

「諸天因爲恐懼死亡，極力想要作出不死之食，亦即『甘露』，在Viṣṇu建議之下，諸天即在他們的『大船』攪拌海洋，諸天並與阿修羅聯合進行此事。諸天還前去請求水神把海洋借給他們，以進行此一工作。在攪拌之後，甘露果然出現，並且還出現其他的鬼靈

（有Lakṣmī等等）。但是阿修羅偷走甘露，又主張Lakṣmī爲其所有（因Lakṣmī也是由攪拌而出生，後來成爲Viṣṇu之妻）。嗣後Viṣṇu-Nārāyaṇa變形爲Lakṣmī，而Nara也變爲一女，一起前往阿修羅處。阿修羅因迷愛而把甘露給她，她取得後即交還給諸天。諸天集會共享甘露，但Asura Rahu偷偷的加入其中。Viṣṇu舉發此事，並將Rahu斬首。Rahu掉下之後，毀損了大地。其後，諸天與阿修羅展開全面衝突，而阿修羅主要是被Viṣṇu打敗，阿修羅戰敗後被丟到水中或地下。諸天即保有甘露作爲其食物。」

按Dumezil之書名爲《不死之饗宴》（*Le Festin d'Immortalité*, Paris. 1924），筆者無緣得見此書，從Lamotte的介紹，可知Dumezil雖在研究甘露，但前述之過程有若干要素在佛典中，卻也相當熟悉。甘露在佛教是涅槃之異名，不過佛教所賦予此概念之意義，顯與上述之傳說，迥然相異。不過，追求永恆不死是人類常有的願望，而且是一種根本性的動機，婆羅門教甚至以amara（不死）爲天（deva）之異名（Renou 1985, p. 486），這應該比佛典大部分的解說更有說服力。事實上，前面說到的《中阿含・釋問經》，在結束對答之前，突然插入帝釋回憶他以過去與阿修羅的爭戰，在得勝之後，享受「天食」，不過當時所得到的感受，比不上聽聞佛法的法喜（大一，頁637下；南傳Dīgha Nikāya, No. 21, Sakka-Pañha Sutta也是如此，參《南傳》日譯七，頁327），帝釋的回憶，正是印度神話中的遺痕。

另一方面，在印度神話中，諸天與阿修羅之爭執是屬於其主要傳說中的一個環節。Viṣṇu在吠陀後期享有甚高的地位（高觀廬1975, p. 74），而且在印度諸神中，以Viṣṇu被認爲最能滿足人類之願望，祂爲了要幫助遭受災難的世間，保護或建立正法，所以會定期的出現在地上（人間），這就是Viṣṇu的「顯現」（avatāra）的說法，不過

avatāra乙詞基本上只有「下降」之意，所以在文獻上，有稱此現象爲prādurbhāva或vibhava。而傳說中Viṣṇu有十次「顯現」，雖然十次說是在很晚才成立的說法，但實際上在古老文獻已經有各該顯現的記載，後人把有關的傳說集合起來而成爲十次，例如佛教的佛陀即被列爲Viṣṇu的第九次「顯現」。而前面所說攪拌大海求取甘露的事緣，就是發生在Viṣṇu第二次「顯現」，亦即化身爲Kūrma（Renou 1985, pp. 500–512, esp. 503, 505, 513）。事實上，Renou在討論時，也引述到Dumezil的作品。

再者，Renou又提到，根據Ruben的研究，阿修羅(Asura)與鐵器時代中印度的一支原住民Asūr有關。從另一角度來觀察，這是指Asūr之先民與雅利安人入主印度時所生的爭戰，被轉爲神話的傳說，成爲阿修羅與諸天相爭（Renou 1985, p.525）。這種見解並不是憑空懸揣，Alain Danielou也說:「雅利安人（Aryas）移動至北印度時，與當地民族及原始部落發生衝突，其有關的故事被編入阿修羅（asuras）與羅剎（rākṣasas）的神話。關於阿修羅與修羅（sura，即天）之間慘烈戰爭的隱喻，在往世書（Purāṇas）與史詩中，隨處可見，這似乎收入許多雅利安部落與印度早期住民爭戰的事件。……阿修羅經常與不同的印度部落並列，如Kaliṅga, Magadha, Nāgas等等。時至今日，阿薩姆地區（Assam）仍有Nāga部落，而Asur則爲鐵器時代中印度的原住民」（Marasinghe 1974, p. 72 所引）。「歷史事件神話化的歷程」（process of mythologisation of the historical），在印度持續不斷的發生（Marasinghe 1974, p. 70），佛教身處其中，自也不能例外。

從以上的說明，可知佛典的記載可說是其來有自。佛典大體上說阿修羅的住處在大海底（大一，頁129中；頁287中；頁336上；頁

391下；大廿二，頁984下；大十七，頁107上），南傳佛典也是如此 (Misra 1971, p. 44所引； Lamotte 1944, p. 609 所引)（不過也有說住於陸地的），不知是否爲戰敗後之阿修羅在海底發展？

雖然阿修羅被諸天打敗可見諸許多佛典，但是在印度神話中並不是一成不變的（Renou 1985, p. 334），《大智度論》就對此有所解釋：

「阿修羅力與三十三天等，何以故？或爲諸天所破，或時能破諸天。如經中說：『釋提桓因（Śakra devendra）爲阿修羅所破，四種兵眾（caturaṅginī senā）入藕根（bisamūla）孔以自藏翳』」（大廿五，頁280上）。

《大智度論》所引阿修羅戰勝之事，在南傳經典也有記載（南北所傳的差異，姑且不論），Lamotte 即引 Saṃyutta, I, p. 224; Aṅguttara, IV， p.432 來說明（Lamotte 1976, p.1954, n.2），所以阿修羅也受到佛教的肯定，這一點從《中阿含・阿修羅經》更可得到證明。Pahārāda 阿修羅前來參禮佛陀，並自述他所住的大海有「八未曾有法」；於是佛陀也演述佛法中的「八未曾有法」，最後，Pahārāda阿修羅請求佛陀准他爲優婆塞，盡形壽皈依（大一，頁475下－477中； Aṅguttara, IV, p. 197 sq.）。經末這一點相當重要，因爲Pahārāda阿修羅只請求爲優婆塞，此與律典不准阿修羅出家受具符合，並未誇大阿修羅參與佛法的角色，而這部經典又被編入各部派的律典，成爲「遮布薩」的一段重要情節（Frauwallner 1956, pp. 146–148），由此可見聲聞佛典也接納阿修羅，而以其住處的殊勝來彰顯佛法的殊勝，更可看出佛典對他們的重視。

近人呂澂曾說：「《正法念處經》說阿修羅住於海中，凡有四層。犢子部有一部分是在印度的西部，那裡近海，商業繁榮，但對海洋現象無知，產生了神秘心理，以致製造四層海之說，還把阿修羅放進去了，可見他們對海的重視」（呂澂 1982, p. 77）。犢子部是後出的部派，佛典很早就把阿修羅安立在海底，而「八未曾有法」又是諸部律典所共傳，所以應該不是犢子部把阿修羅放到海底。

阿修羅在佛典中所看到的複雜角色，正反應出佛教對印度當時一般大眾信仰的神鬼所採取的態度。在佛世以前，印度的就已經有極其複雜的神話系統，神靈眾多，不但有由自然現象神格化的，還有小自動植物山川河流諸鬼神，大至哲學的抽象神（高觀廬 1975, pp. 92–93）。佛教在這種環境中生長，自然要面對這些問題，「釋尊對印度鬼、神的基本態度，是溫和的改革者。在出家僧團內部，隔離這些神教的信行，以純正、理性的信心，而對固有神教，起著『潛移默化』的作用。這一態度對當時的佛法來說，可以減少異教徒抗拒的困擾，而順利的流行於當時」（印順 1993B, p. 86）。

不過聲聞經典中所傳下來的，釋尊與天、夜叉、梵天、魔的對話，並不能看出佛教與神鬼交涉的全貌。《長阿含・大會經》說：「世間凡人智，百中不見一，何由乃能見，鬼神七萬眾？若見十萬眾，猶不見一邊，何況諸鬼神，周遍於天下」（大一，頁 79 下）。《大會經》是說有十方諸天妙神，以及地神、雪山神將、夜叉等等許多鬼神群集，聽聞佛法，而佛陀告訴在場之諸比丘這一段話，足見在聲聞經典並不避談鬼神等有情。或許經典的傳說神話色彩太濃，不過律典中所記載的許多事緣多與神鬼有關，而從其只是以零散、片斷的出現，沒有給予系統的整理（Misra 1971, pp. 43–49），更能透顯出教團成員接觸神鬼的態樣，以及豐富的印度社會民間信仰。佛教化區的不斷擴大，教團成員愈來愈多，不是每件事情都能請示釋尊，這在離釋尊愈遠的地方，更是明顯。教團成員來自印度民間，對其所生長背景中原有的信仰，是無法完全割捨，從其內心的深處完全消除，而教團成員人間遊化，經常與民眾接觸，印度社會的神話傳說，於釋尊滅度後，一直不斷的流變、成長。在南傳佛典中，依Marasinghe的研究與統計，「諸部尼科耶（Nikāyas）記載許多不同層級的 gods前來拜見佛陀或其弟子。非常值得注意的是，除了極少數之外，大部分的gods均未見諸婆羅門教或當時恆河地區宗教傳統。譬如說，諸部尼科耶載有173次不同的gods拜見佛陀，其中有91次並沒有明說god的名稱。其餘的，大梵天（Brahma Sahampati）拜見佛陀11次，釋提桓因（Sakka）9次，常童子梵天（Sanankumāra）1次，毘沙門（Vessanaṇa）1次，魔羅（Māra）24次。而拜見佛弟子的共有43例，其中有17例並沒有明說god的名稱，其餘的，大梵天（Brahma Sahampati）只有1次，釋提桓因（Sakka）1次，毘沙門（Vessanaṇa）2次，魔羅（Māra）16次。所以，除了名稱不詳的之外，拜見佛陀的有36例，弟子的有6例，這些來訪的gods，只見諸於佛教的傳說」（Marasinghe 1974, p. 68）。世俗神鬼因素在佛法中滋長，或許只是一種「世界中實」，是佛法世間流布的現實面，不一定就要評價爲佛法的異化。

四、《大智度論》的六道說

一般說到佛教世界觀，都是分爲器世間及有情世間。在器世間方面，聲聞經典不外是採集當時印度一般神話的說法，而有所取捨。而在有情世間方面，因多少採取「敬而遠之」的態度，顯得比較鬆散，而且因爲印度一般的神話中神鬼雜多，在安立有情世間時就比較有選擇性。無論如何，佛教初期的世界觀還看不出自有的特色，而且也不是佛法的關心所在。到了部派初興，才開始建立佛教特有的世界觀。基本上，佛教並不關心世界宇宙的起源，只是從現實的觀察給予解說，「於無始生死，無明所蓋，愛結所繫，長夜輪迴，不知苦之本際」（大二，頁69中），現實的世間就是輪迴，生死是無始的，它的原因就是無明與愛結，而「無明覆，愛結繫，得此識，身內有此識，身外有名色，此二因緣生觸，此六觸入所觸，愚癡無聞凡夫苦樂受覺，因起種種」（大二，頁83下），這說明了由業所生的輪迴，《俱舍論》說:「世別皆由業生，業由隨眠（煩惱）方得生長」（大廿九，頁98中），很簡要的揭櫫佛教世界觀的基本思想。

業是成立世間的動力，而業的思想本身就含有濃厚的倫理價值判斷的意味，所以由善惡業而生出善、惡世間，是必然的結果。另一方面，佛法除了觀察、價值判斷世間之外，其基本的目的是在於求取解脫，世界觀因而又與佛法的修道論有所關連。部派佛教從不同的角度來安立世界，其中三界、九地、廿五有等，不外乎是從修道者的境界來設想其所依存的世界。依一般的看法，在以三界（欲、色、無色界）為分類的世界觀中，欲界及色界初禪天等的有情，多少與印度婆羅門教所看到的，有所關連，但二禪天以上的有情，印度其他的典籍就很少看到（演培1957，p. 248）。又，在釋尊時代，有一些沙門集團是拿初禪到四禪來衡量是否已得解脫的標準，佛教把這些容攝進來，成為其世界的一環，更可看出修道論與世界觀的結合。

這種由業力、修道與世間所結合起來的關係，在大乘佛法中，必須有不同的思考。

大乘佛法是以菩薩道為中心，而菩薩的志業在於求菩提化眾生，所以「一切智智相應作意，大悲為上首，無所得為方便」，成為菩薩的最佳寫照。既然菩薩要度化一切眾生，則菩薩能度化三界所有的眾生麼？比較極端的問題就是，菩薩能否拔地獄眾生之苦？如何度化？

從另一方面來說，大乘佛法基本上肯認一切眾生成佛的可能性，那麼惡道的眾生能否成佛？如何成佛？這是大乘佛法在理論上必須加以說明的。而從現實的層面來說，印度不斷滋生或變化的神話，以及大乘佛法中的若干因素，如佛菩薩的威神力，如果僅強調這一些，對大多數的信眾來說，佛菩薩與其他諸神的區分會變的模糊，鬼神在佛法中的地位自然增加，這些鬼神如何得到佛法意味的解脫呢？

在形式上來看，《大智度論》是一部「有意的隨興之作」。說它「有意」，主要是指它以菩薩道為思想主軸，把握菩薩道的基本信念，又對一些實際的問題提出其看法；說它「隨興」，是指它對一些論題，隨處散說，並沒有在一個明顯的架構底下，把相關問題作整合的說明，而就現存漢譯本看來，甚至有些缺文。這可能與它是就《大品經》隨文注疏有關；另外，著作時間的長短與其所設定的讀者之根器,也要考慮進去。所以在解讀《大智度論》的文句時，要注意其文脈，從思想的架構中去理解。

在主張五道說的經論，雖然不承認阿修羅可別立一道，但是對於阿修羅這一類有情究竟應屬於那一道，卻也不能不予討論。大致上共有鬼道、鬼畜二道以及天鬼畜三道等不同的說法（佐伯旭雅 1978, pp. 356–357; Hôbôgirin, pp. 41B–42A），顯然他們也把阿修羅看成是相當特殊的一類有情，而見解不一，又顯示出歸類上的困難。

《大智度論》有二個段落特別對其六道說提出解說，第一次出現的文脈是討論有那一些有情預聞佛陀的般若大法，因為《大品經》說到揵闥婆、阿修羅也前來參加盛會，於是《大智度論》設問說，為什麼不說地獄畜生惡鬼有情也來參預，聽聞佛法？第二次則是在注解，菩薩想要使恆河沙數的眾生立於六度的經文而設問：「菩薩志願令十方一切眾生住六波羅蜜，何故但說如恆河沙世界眾生？」《大智度論》於是說明眾生的分類（也就是有情世間的分類），這都與那一些眾生能蒙受大乘法門有關。因爲《大智度論》的文義相當清楚，此處僅引用其文，不過其標點依印順法師標點本；分段以及梵文語詞之還原，是採用 Lamotte 的解讀（Lamotte 1944, pp. 612–616; Lamotte 1976, pp. 1953–1959）。

第一段（大廿五，頁 135 中－下）：

1.問曰：何以不說地獄（naraka）、畜生（tiryagyoni）、餓鬼（Preta）？

答曰：地獄（naraka）大苦，心亂（vikṣipta）不能受法；畜生愚癡（mūḍha）覆心（āvṛtacitta），不能受化；餓鬼爲飢（kṣudha）渴（pipāsā）火燒身故，不得受法。

復次，畜生、餓鬼中，少多有來聽法者，生福德心而已，不堪受道，是故不說。

2.問曰：若爾者，揵闥婆、阿修羅亦不應說，何以故？鬼神道（Preta）中已攝（saṃgṛhīta）故。

答曰：佛不說攝，今何以言攝！此是迦旃延子（Kātyāyanīputra）等說。如阿修羅（Asura）力與天等，或時戰鬥勝天。揵闥婆（Gandharva）是諸天伎，與天同受福樂，有智慧（prajñā）能別好醜，何以故不得受道法？如《雜阿含》（Saṃyuktāgama）天品（devasaṃyukta）中說：富那婆藪（Punarvasu）鬼神母，佛遊行宿其處。爾時，世尊說上妙法甘露（amṛta），女男二人啼泣，母爲說偈止之：

汝欝怛羅（Uttarikā）勿作聲，富那婆藪（Punarvasu）亦莫啼！

我今聞法得道證，汝亦當得必得我。

以是事故，知鬼神中有得道者。

復次，摩訶衍中密跡金剛（Guhyaka Vajrapāṇi）力士（vīra），於諸菩薩中勝，何況餘人！

如屯崙摩（Druma）甄陀羅王，揵闥婆王，至佛所彈琴讚佛，三千世界皆爲震動，乃至摩訶迦葉（Mahākāśyapa）不安其坐。如此人等，云何不能得道？

如諸阿修羅王（Asurarāja）、龍王（Nāgarāja），皆到佛所，問佛深法（gambhīradharma），佛隨其問而答深義（gambhīrārtha），何以言不能得道？

3.問曰：於五道（pañcagati）眾生中，佛是天人師（śāstā devamanuṣyāṇām），不說三惡道（durgati），以其無福（puṇya），無受道分故。是諸龍、鬼，皆墮惡道中。

答曰：佛亦不分明說五道，說五道者，是一切有部（Sarvāstivādin）僧所說。婆蹉弗妒路部（Vātsīputrīya）僧說有六道。

復次，應有六道，何以故？三惡道（durgati）一向（ekāntena）是罪處（pāpasthāna），若福（puṇya）多罪（āpatti）少，是名阿修羅（Asura）、揵闥婆（Gandharva）等，生處（upapattisthāna）應別。以是故，應言六道。

復次，三惡道亦有受道福，少故言無。

第二段（大廿五，頁280上－中）：

有人言：欲界眾生，應有十一種；先說五道（gati），今益阿修羅（Asura）道。

1.問曰：阿修羅即爲五道所攝，是阿修羅非天（deva）、非人（manuṣya），地獄（naraka）苦多，畜生（tiryañc）形（saṃsthāna）異；如是應鬼道（Preta）所攝？

答曰：不然！阿修羅力與三十三天等，何以故？或爲諸天所破，或時能破諸天。如經中說:「釋提桓因(Śakra devendra)爲阿修羅所破,四種兵眾(caturaṅginī senā)入藕根(bisamūla)孔以自藏翳」。

受五欲樂(pañcakāmg auṇa),與天相似,爲佛弟子。如是威力(prabhāva),何得餓鬼所攝!以是故,應有六道。

復次,如阿修羅、甄陀羅(Kiṃnara)、乾沓婆(Gandharva)、鳩槃茶(Kumbhāṇḍa)、夜叉(Yakṣa)、羅刹(Rākṣasa)、浮陀(Bhūta)等大神,是天;阿修羅民眾,受樂小減諸天,威德(anubhāva)變化(nirmāṇa)隨意(yatheccham)所作。

是故人疑言:「是修羅(Sura)?非修羅?」。修羅(Sura)〔秦言:天也〕說者言:是阿修羅非「修羅」(Sura),阿修羅道初得名(指阿修羅是此道之首),餘者(指甄陀羅等)皆同一道。

2.問曰:經說有五道(pañcagati),云何言六道?

答曰:佛去久遠,經法流傳五百年後,多有別異(viśeṣa),部(nikāya)部不同:或言五道,或言六道。若說五者,於佛經迴文說五;若說六者,於佛經迴文說六。又摩訶衍中,《法華經》(Saddharmapuṇḍarīkasūtra)說有六趣眾生。觀諸義意(abhiprāya),應有六道。

復次,分別善惡故,有六道:善有上(agra)、中(madhya)、下(avara)故,有三善道:天、人、阿修羅;惡有上、中、下故,地獄、畜生、餓鬼道。若不爾者,惡有三果報(vipākaphala),而善有二果,是事相違。若有六道,於義無違。

3.問曰:善法亦有三果(phala):下者爲人,中者爲天,上者涅槃。

答曰:是中不應說涅槃,但應分別眾生果報(vipākaphala)住處(avasthā),涅槃非報故。

善法（kuśaladharma）有二種：一者、三十七品能至涅槃，二者、能生後世（punarbhava）樂。今但說受身善法（ātmabhāva-apratilambha），不說至涅槃善法。

世間善（laukikakuśala）有三品：上分因緣故，天道果報；中分因緣故，人道果報；下分因緣故，阿修羅道果報。

4.問曰：汝自說修羅與天等力，受樂與天不異，云何今說善下分爲阿修羅果報？

答曰：人（manuṣya）中可得出家受戒（śīla），以至於道（Bodhi）。阿修羅道結使（saṃyojana）覆心，得道甚難。諸天雖隨結使，心直信道；阿修羅眾，心多邪曲，不時近道。以是故，阿修羅雖與天相似，以其近道難故，故在人下。

如龍王（nāgaraja）、金翅鳥（garuḍa），力勢（anubhāva）雖大，亦能變化故，在畜生道中；阿修羅道亦如是。

5.問曰：若龍王、金翅鳥，力勢雖大，猶爲畜生道攝，阿修羅亦應餓鬼道攝，以何更作六道？

答曰：是龍王、金翅鳥，雖復受樂，傍行形（saṃsthāna）同畜生故，畜生道攝。地獄（naraka）、餓鬼形雖似人，以其大苦故，不入人道。阿修羅力勢既大，形似人、天故，別立六道。是爲略說欲界眾生。

首先要說明一個翻譯上的問題。第一段第2問的「鬼神道」及第二段第1問的「鬼道」，Lamotte都還原作Preta，而Preta一般都意譯爲鬼或餓鬼，是一種惡道，亦即死後的惡報。不過在吠陀時期，Preta只是單純的指人死後的亡靈，可說是某種形式的靈魂（高觀廬1975，p. 121），佛教的用法顯然具有濃厚的倫理意味。至於「鬼神道」則原語不明，《大智度論》曾例示此道的有情包括：夜叉、密跡金剛及鬼子母（大廿五，頁344上），所以此處「鬼神道」乙詞恐怕是什公漢譯時所生的問題：第一段第1問既已說明餓鬼（及地獄、畜生）有情爲什麼不能參與，則比較合理的推論應是異論者接著反問：「那麼阿修羅也不能來，因它屬於餓鬼道」；而第二段第1問更明說阿修羅屬（餓）鬼道。從《大智度論》看來，「鬼神」與「（餓）鬼」應是不同的，這是鬼神有情在佛法中日漸受到重視的現象。不過Lamotte此處還原爲Preta，在義理上是正確的。

《大智度論》主張六道的理由可歸納爲五點：

1.權證上，佛陀並沒有明說五道。

2.數量上，惡道既然有三種，善道也應有三種，才能平衡。

3.罪福上，三惡道盡是罪處，如福多罪少，這樣的有情應另立一處。

4.比較上，阿修羅「力與天等，或時戰鬥勝天」，且其外形像人；餓鬼雖外形像人，但要受大苦；龍王、金翅鳥雖然受樂且力勢甚大，但因傍行又形似畜生，所以阿修羅與餓鬼等，並不相同。

5.入道上，阿修羅結使很重或心多邪曲，較不容易得道，所以其順序在天、人之後。

就權證來說，本文第二節引述的資料應該可以說明《大智度論》所言大致不差。至於從數量上來說，「惡有三果報，而善有二果，是事相違。若有六道，於義無違」，純從數量來論，過於牽強，但從善惡業報來觀察，卻也透顯出業報在佛法安立有情上的基本思想，而《大智度論》在能否聽聞佛法及菩薩所化有情的文脈中說到這問題，更可看出業報及能否入道是六道說的重點。

《大智度論》從業報來談六道，其實是順著《大品經》的說法。在《大品經・淨願品》中，舍利弗問須菩提，如果一切法無有分別，爲何會有六道分別，須菩提的回答是:「眾生顛倒因緣故，造作身、口、意業，隨欲本業報，受六道身：地獄、餓鬼、畜生、人、天、阿修羅身」（大八，頁360上；大廿五，頁609中）。一切法無有分別，是從緣起性空的立場而論，這重述了聲聞經典「有業報而無作者」、「有因有緣集世間，有因有緣世間集」思想（大二，頁92下；頁12下）。

人天行在佛法被認爲是世間正行（雖然在解脫道的立場認爲是不究竟的），而地獄等三惡道被定位是負面的，是造惡業的結果，不過這是就單一有情的業報給予整體性的評價。在業報上說，單一之作爲或不作爲，其善惡之果報或許非常清楚，但眾生在其一期生命中之作爲，可能有善、不善、無記，而其整體的評價，依佛教之看法，並不是委諸另一超越之第三者，而是在業力之下的自然而然的運作，其實際的情況應該是相當複雜，佛陀固然知其因緣（但佛陀亦無法給予干涉，加以改變）。業報之整體既如此的複雜，如果再把無始以來有情的整體作爲或不作爲考慮進去，恐怕善道惡道的區分只能就某一方面來考察，換句話說，這只是相對性的安立。

《大智度論》固然是以阿修羅爲來證成六道說，但是《大智度論》本身說到「鬼神」或「鬼神道」的地方也不少，不過從整體旨趣看來，《大智度論》應該是以鬼神道爲第六道，如說：

1.三惡道中罪苦多故，不得行深般若；欲界天著淨妙五欲，心則狂惑不能行；色界天深著禪定味，故不能行；無色界無形，故不能行；鬼神道眼等根利，諸煩惱覆心故，不能專行深般若；人道中苦差三惡道，樂不如諸天，眼等諸根濁重，身多地種故，能制苦樂意而行般若（大廿五，頁619上）。

2.十不善道，有上、中、下：上者地獄，中者畜生，下者餓鬼。

十善道亦有上、中、下: 上者天, 中者人, 下者鬼神(大廿五, 頁663上)。

3.惡業有上、中、下: 上者地獄, 中者畜生, 下者餓鬼。善業亦有上、中、下: 上者天, 中者人, 下者阿修羅等(大廿五, 頁730上)。

那麼「鬼神」究竟指那一些有情?《大品經》本身出現的文句, 被鳩摩羅什譯爲鬼神的地方, 不算少數(大廿五, 頁389下; 頁473下; 頁587中; 頁617中; 頁693中), 它大部分是以「天龍鬼神揵闥婆阿修羅迦樓羅緊那羅摩睺羅伽」的套語出現, 如果用天龍八部來說, 這裡的鬼神是指夜叉(yakṣa)。但從《大智度論》的解說來看, 卻較爲複雜且並不一致: 揵闥婆屬於鬼神道(大廿五, 頁135 上); 鳩槃荼(Kumbhāṇḍa)也是鬼神(大廿五, 頁52下); 阿羅婆迦(Āṭavaka)應是夜叉,《大智度論》說是鬼神(大廿五, 頁242下; Lamotte 1944, pp. 562–565; Lamotte 1976, p. 1578);《大智度論》又例示「鬼神道」的有情包括: 夜叉、密跡金剛及鬼子母(大廿五, 頁344 上)。如此看來, 「鬼神道」應該是指天、人以外的善趣有情, 具有大神力, 能變化諸物、會惱害他人、會治病、知吉凶、與人間之下雨有關(分見大廿五, 頁105 上; 113 上; 133下; 160上; 183 上; 300 上; 478下等)。大概因爲鬼神有如此的能力,《大智度論》才會說: 「如阿修羅、甄陀羅、乾沓婆、鳩槃荼、夜叉、羅刹、浮陀等大神, 是天; 阿修羅民眾, 受樂小減諸天, 威德變化隨意所作」(大廿五, 頁280上), 這與它本身的論述, 不甚一致。《大智度論》爲什麼以阿修羅來證成六道說? 因爲鬼神有大能力, 有人不免會懷疑鬼神是否即是諸天, 「是故人疑言:『是修羅 (Sura)? 非修羅?』修羅(Sura)〔秦言: 天也〕, 說者言: 是阿修羅非『修羅』

（Sura），阿修羅道初得名（指阿修羅是此道之首），餘者（指甄陀羅等）皆同一道」（大廿五，頁280上）。首先，「秦言：天也」在《大正大藏經》作「秦言：大也」，「大」應作「天」（Lamotte 1976, p. 1955, n.1），修羅（Sura）是天；阿修羅（Asura）「非天」，這是俗說字源的解說（高觀廬 1975, p. 99）。而阿修羅是此一類有情的開頭第一個，所以「非天」（即鬼神道）以阿修羅爲代表。其實在南傳佛典中，阿修羅即常與夜叉（yakkhas）、乾沓婆（gandhabbas）並列，而且被認爲與地獄、餓鬼、畜生是四種「惡生」（apāyā，惡趣），這已經有將阿修羅別立一趣的意味，更重要的是，南傳經典並沒有說阿修羅受苦（Marasinghe 1974, p. 56），這與地獄、餓鬼、畜生之受苦報，顯不相同。

《大品經》本身說到諸天自念言：「我等當給侍供養菩薩，減損阿修羅種，增益諸天眾」（大廿五，頁315中），以及勸人要受持般若波羅蜜，這可以「減損阿修羅種，增益諸天眾」（大廿五，頁468 上），而且如果阿修羅生惡心要與諸天共鬥，只要誦念般若波羅蜜，阿修羅的惡心即滅去（大廿五，頁468中）。這與聲聞佛典所傳「持五戒者少，則天眾減少，阿修羅眾增多」（參大一，頁134下–135 上；頁298中； 347 上–中；頁402 上–中；大廿五，頁160上–中；並見 Lamotte 1949, pp. 832–834 所引），同其旨趣。而《大智度論》更說：「若佛出世，增益諸天眾，減損阿修羅種；若佛不在世，阿修羅種多，諸天減少」（大廿五，頁314下），這樣的看法應與釋尊的態度，前後呼應，而且也隱含著對大乘鬼神化（印順 1981, pp. 261–270; pp. 525–530；印順 1993B, pp. 73–91; pp. 101–108）的反省！

菩薩的志業是從發菩提心，而度化有情，求證菩提。就度化有情來說，《大智度論》經常從兩方面來敘述：其一是菩薩本身應如何修習，如何作爲，其二是被度化之有情是否可能因而被度，換句話說，「度化有情」的成就應從能度與所度整體來觀察。《大智度論》曾提出這樣的問題：四無量心是菩薩應修習的法門，但是其中之慈悲喜三心，「但言是三心，憶想心生，無有實事？」（大廿五，頁210中），因爲四無量心是假想觀，僅是菩薩本身的觀想，固然有這樣的問題。但是就具體的物質來說，《大品經》說「欲滿一切眾生所願：衣服、飲食、臥具、塗香、車乘、房舍、床榻、燈燭等，當學般若波羅蜜！」不過《大智度論》卻設問：「問曰：菩薩實能滿一切眾生願不？若悉滿眾生願，餘佛菩薩何所利益？若不悉滿，是中何故說欲滿一切眾生願，當學般若波羅蜜？」（大廿五，頁277中）以及「問曰：若能滿一切眾生願者，則眾生有邊，無有受飢寒苦者。何以故？一切眾生皆滿所願，願離苦得樂故。」（大廿五，頁278中），《大智度論》對此自有一番解說，不過從業報的立場，這是「有薄福眾生，罪甚此者，佛不能救。」所以此問題的結論是說：「又，知眾生不可得故，深達法性故，諸佛無有憶想分別，是可度是不可度；心常寂滅，意無增減。以是故，菩薩欲滿一切眾生願，彼以罪故而不能得，菩薩無咎！」（大廿五，頁278下），還在修習位階的菩薩如此，那麼福慧具足的佛陀呢？《大智度論》是說（大廿五，頁77上）：

> 如日光等照，華熟則時開，若華未應敷，則亦不強開。
>
> 佛亦復如是，等心而說法，善根熟則敷，未熟則不開。

又說（大廿五，頁93下）：

> 問曰：若現在十方多有諸佛菩薩，今一切眾生罪惡苦惱，何以不來度之？
>
> 答曰：眾生無量阿僧祇劫罪垢深厚，雖有種種餘福，無見佛功德故不見佛。如偈說：

好福報未近，衰罪未除卻，現前不能見，大德有力人。

大德諸聖人，心亦無分別，慈悲一切人，一時欲令度。

眾生福德熟，智慧根亦利，若為現度緣，即時得解脫。

譬如大龍王，隨願雨眾雨，罪福隨本行，各各如所受。

所以佛菩薩之大悲心能否對眾生有所實利，不是單方面所能決定的。那一些有情才能受菩薩之法恩呢？上引第一段第3問是說:「問曰: 於五道眾生中，佛是天人師，不說三惡道，以其無福，無受道分故。是諸龍、鬼，皆墮惡道中。」天人師是佛陀的名號，這在聲聞佛典已經有相當完整的發展（Lamotte 1944, p. 115, n.1; p. 135, n. 2）。不過《大智度論》在解說十號時有一相關，但內容有些許歧異的設問:「佛能度龍鬼神等墮餘道中生者，何何以獨言天人師？」（大廿五，頁72下），同樣的問題在漢譯的南傳《善見律毘婆沙》也曾出現（大廿四，頁 697中），前一個設問是說三惡道根本上「無福，無受道分」，所以佛是天人師; 可是後一設問基本上已經肯定「佛能度龍鬼神等墮餘道中生者」。不過《大智度論》在前一設問回答的最後一句:「復次，三惡道亦有受道福，少故言無。」（大廿五，頁135下），卻可看出其思想實質上是一致的。而這個問題不但與佛教世界觀有關，也牽涉到大乘的修持理念。菩薩既要「度一切有情」，何獨捨惡道眾生？惡道眾生是否全無善根？《大品經・往生品》是在說明其「前分」（指第一～七品）中，菩薩習行般若後，所得之菩薩特勝，此品共說到四十四種「往生菩薩」（印順 1981, p. 682，但有異說）及三種「來生菩薩」。來生菩薩有他方佛國、兜率天及人道中來（大八，頁225 上; 大廿五，頁336中），對此，《大智度論》有如下的解說（大廿五，頁336下–337 上）:

問曰: 世間有六道，何以故於天中分別，説兜率天來; 人道中不分別處所？他方佛國來者，亦不分別天道、人道？

答曰：六趣中三是惡道；惡道中來，受苦因緣心鈍故，不任得道，是故不說。

問曰：三惡道中來，亦有得道者，如舍利弗大弟子牛足比丘，五百世牛中生，末後得人身，足猶似牛，而得阿羅漢道。復有摩偷婆尸他比丘，五百世生獮猴中，末後得人身，得三明、六神通阿羅漢，猶好跳躑，以有餘習故。如是等皆得道，何以言不任？

答曰：雖有得者，少不足言。又此人先世深種涅槃善根，小有謬錯，故墮惡道中；償罪既畢，涅槃善根熟故，得成道果。此中不說聲聞道，但為得阿耨多羅三藐三菩提前身後身次第。譬如從垢心起，不得次第入無漏，中間必有善有漏心。以無漏心貴，故言於三惡道出，不任得道，次第得阿耨多羅三藐三菩提心。

此處說「先世深種涅槃善根，小有謬錯，故墮惡道中；償罪既畢，涅槃善根熟故，得成道果」，如此，惡道之中亦不乏已種涅槃善根的有情；相反的，縱使已種善根，如有作惡，一樣墮入惡道，這正是所謂的「業雖經百劫，而終無失壞；遇眾緣合時，要當酬彼果」（大卅一，頁783 上；另參大廿四，頁260下）。《大智度論》基本上對於聲聞戒是相當看重的，在論述「出家修戒行道爲易」時，爲強調受戒之功德，提到了六神通阿羅漢優鉢羅華比丘尼爲勸他人受戒，而說出其先世受戒後雖破戒；另外，佛陀命阿難替酒醉婆羅門圓頂授戒。這些竟成爲他們以後的得道因緣（大廿五，頁161上－中）。依《四分律》的規定，比丘不能爲酒醉的人授戒（大廿二，頁814上），雖然有的律典沒有提到這一點，在理論上，至少在酒醉時確不宜受戒；而信眾既已表明因爲個人的因素，縱使受戒，也無法持戒，優缽羅華比丘尼竟說「但出家，破戒便破」！《大智度論》所引述的這二段事緣，出典不明（Lamotte 1949, pp. 844–846），它顯然特別強調受戒此一行爲本身的功德，至於受戒的程式是否依律而行，或是能否持戒，在所不論。換句話說，單只受戒，竟成爲往後得道因緣（當然，《大智度論》並沒有說是在什麼時候得道），這應是一種教化上的方便。雖然這種以某一種因緣善根而得道之說法，日後在其他的學派有很極致的發揮，不過《大智度論》這種以三世業報的根本思想來看待這問題，值得注意。

就有情的立場來說，善惡福罪的多寡固然決定其能否受法入道；可是就菩薩的立場而論，卻別有意趣。《大品經・往生品》的往生菩薩中，有一種菩薩要變身爲三惡道的眾生說法，《大智度論》的看法是（大廿五，頁344上）：

> 問曰：若地獄中火燒，常有苦痛，心常散亂，不得受法，云何可化？
>
> 答曰：是菩薩以不可思議神通力，破鑊滅火，禁制獄卒；放光照之，眾生心樂，乃為說法，聞則受持。
>
> 問曰：若爾者，地獄眾生，有得道者不？
>
> 答曰：雖不得道，種得道善根因緣。所以者何？以重罪故，不應得道。畜生道中當分別：或得者，或不得者。如阿那婆達多龍王、娑竭龍王等，得菩薩道。鬼神道中，如夜叉、密跡金剛、鬼子母等，有得見道，是大菩薩。

另外，《大品經・勝出品》說摩訶衍勝出一切世間天人阿修羅，《大智度論》又說（大廿五，頁424中）：

> 問曰：一切世間者，十方六道眾生，何以獨說勝出諸天人、阿

修羅?

答曰: 六道中, 三是善道, 三是惡道。摩訶衍尚能破三善道勝出, 何況惡道!

問曰: 龍王經中説龍得菩薩道, 何以説是惡道?

答曰: 眾生無量無邊, 龍得道者少。

復次, 有人言: 大菩薩變化身教化故, 作龍王身。

從《大智度論》的說明看來, 在五道說的立論上, 往往是認爲天人二善道唯是善處; 三惡道盡是罪處。這是在一特定的時段中, 判斷某一有情當下的果報狀態, 作迥然劃分的認定。《大智度論》的六道說則從三世果報, 作整體的觀察, 肯定畜生道、鬼神道亦能得道的理由; 鬼神雖然力勢甚大, 但其果報畢竟在天人之下。另又對菩薩「欲度一切眾生」的熱烈情懷, 給予冷靜的思考, 強調被度化者的善根因緣。這樣的立論, 從聲聞佛典所再三強調「此故彼」的緣起理則來看, 是相當有意義的。

五、結　論

龍樹（Nāgārjuna）的《中觀論頌》（*Mūlamādhyamikākārikā*）是否爲大乘論？前一陣子在歐美學界曾有一小漣漪, 不過一般均採肯定說, 而被定位是抉擇深觀的論書; 至於《大智度論》則是說明菩薩廣大行果, 那麼這兩部論書是否有內在的關連性?《大智度論》廣泛的引用《中觀論頌》（Robinson 1965, pp. 37–38; Lamotte 1970, p. XXXIX）, 但僅憑這一點並無法判斷此二書的作者是否同一人, 特別是《中觀論頌》是偈頌體的作品, 文字極其簡短, 而從引證上之典籍入手, 雖可作爲旁證, 恐也無法得到確證, 因爲《中觀論頌》檢討當時諸部派之論義, 以抉擇深觀; 而《大智度論》則廣引當時之聲聞及大乘典籍，來證成菩薩的深廣大行，因此所引之權證相互重疊，即有可能。所以如果要論定「《大智度論》是龍樹所作」的傳統說法不能採信，恐怕要從義理的層面去探討。

從第二節所引述的資料看來，五道說與六道說的爭議，在漢譯資料已經有詳細的記載。至於在西方佛學界，則從 Kathāvatthu 的英譯本 *Points of Controversy* 在 1915 年出版後，也爲人所熟知，特別是比利時學者 Vallée Poussin 的《俱舍論》法文譯本在 1923–1931 年出版，更使西方學界對此問題有全盤之認識，因爲 Vallée Poussin 翻譯時，除了參考當時所能看到的梵文、藏文、巴利文資料外，其所根據的底本則是日本學者佐伯旭雅於 1869 年（Vallée Poussin 恰在此年出生）出版的《冠導本俱舍論》，因爲佐伯旭雅搜集的相關漢文資料，相當豐富，相關問題、學說都標明出處及典據，而且將資料列在每一頁之上方（所以稱爲「冠導」）。另外，漢文的普光《俱舍論記》以及法寶《俱舍論疏》都是 Vallée Poussin 的主要參考資料。Lamotte 曾受教於 Vallée Poussin，對此部作品自然得心應手（Vallée Poussin 譯本 1971 重印，即由 Lamotte 作序），不過從本文第二節所介紹 Lamotte 列出之資料，可以看出 Lamotte 對五道說與六道說的爭議，相當用心。

本文在序言中說到，此一問題:「曾經」是 Lamotte 對「龍樹是《大智度論》之作者」此一傳統說法，表示存疑的一項理由（Lamotte 1944, p. 614; Robinson 1965, p. 35）。這是因爲 Lamotte 1944, p. 614 注解說:「有人可能會問到:《大智度論》的龍樹在此處是贊同六道說，而《中觀論頌》的龍樹是主張五道說（參考 Madh. vṛtti, p. 269, line 9; p. 304, line 4），此二者會是同一人麼？相反的《親友書翰》（Suhṛllekha）的龍樹是主張六道說（參看《勸發諸王要偈》，大卅二，頁 750 下 1），Poussin 在 *Kośa*, III, p. 11 所說的 Suhṛllekha 主張五道說，有待斟酌。」

Robinson特別把這一段話列出，作爲其討論《大智度論》作者問題的資料（Robinson 1965, p.35），不過Lamotte後來雖然更進一步的搜集更多的資料（Lamotte 1976, pp. 1956–1957），對於此問題是否與《大智度論》作者之問題有密切關係，態度則較爲保留，而且不再明顯的把此二問題，相互牽連。事實上，Lamotte 所引之Madh. vṛtti, p.269, line 9; p.304, line 4，並不是龍樹自己的說法，而是月稱（Candrakīrti，七世紀人）在《中觀論頌》注解書《淨明句論》（*Prasannapadā*）表示的意見。所以Lamotte 1944, p.614 提出的疑問，尚嫌速斷。本文主要目的在於說明五道說與六道說爭議，以及《大智度論》六道說的理由，所透顯出來的意義。傳統上被列爲龍樹作品中，對於此問題之看法的全盤情況，有待日後研究。不過，Lamotte 1976, p. 1957 的注解中提到一項資料的情況，值得參考：

「或許有人會反對（即Lamotte所說：大乘的兩大學派，即中觀學派與瑜伽行派，也是主張五道），因爲漢譯青目（Piṅgala?）《中論》明明是說：眾生癡所覆，爲後起三行；以起是行故，隨行墮六趣。以諸行因緣，識受六道身（大卅，頁 36中20–22）。

不過，目前我們所能看到的梵文原本*Madhyamakakārikā*, XXVI, 1–2ab卻是：

> Punarbhavāya saṃskārān avidyānivṛtas tridhā |
> abhisaṃskurute yāṃs tair gatiṃ gacchati karmabhiḥ ||
> vijñānaṃ saṃniviśate saṃskārapratyayaṃ gatau |
> （就轉生而論，有情因為受無明的覆蓋，而生起三種行（saṃskāra），由這些行使有情到他的受生之道。因為行而生的識，入於他的受生之道）。

梵文原本只泛說受生之道，並沒有指明道的數目。在此種情況之下，是《中論》的翻譯者鳩摩羅什說有六道。這位西域的大師有時會擅自更動典籍文本。」

正如Lamotte所說的，上面的頌文，除什公的譯文外，現存另兩個漢譯本也跟現存梵本一樣，並沒有說六道（但是現存《中觀論頌》的梵本頌文也沒有明說五道），這是否出於什公擅自更動？《中論》還有多處提到六道（分見大卅，頁18 上；頁20下；頁37中），因爲沒有《中論》的原本（梵文或西域的文字？），無法確定。如果考慮到這種可能因爲譯者的理解所產生典籍異文，那麼只從單純的五或六的數目字，要去判斷作者的真意，恐怕是入海數沙（如《大智度論》雖主張六道，卻也隨處散說五道），遑論把它與《大智度論》之作者的複雜問題連結在一起。五道與六道的爭議，應從佛法的業報罪福、有情觀以及大乘的修道論去理解。

參考書目

本文所引用之漢文佛典，均採《大正藏》本，並表明其冊數・頁碼・欄位（或再加上其行數）。如大一，頁86中28，指《大正藏》第一冊，頁86中欄28行。

Bareau, A., *Les sects bouddhiques du Petit Véhicule*, Paris: ÉCOLE FRANÇAISE D'EXTRÊME-ORIENT, 1955.

Demiéville, P., In *Journal Asiatique*, 1950,pp.375-395.

Frauwallner, E., *The Earliest Vinaya and the Beginnings of Buddhist Literature*, Rome: Is. M. E. O., 1956.

Hôbôgirin,《法寶義林》s. v. Asura, (Tome 1, pp. 41–43).

Kathāvatthu《論事》, translated by Shwe Zan Aung & Mrs. Rhys Davids, *Points of Controversy*, reprint London: Pāli Text Society, 1979.

Lamotte, É., *L'Enseignement de Vimalakìrti,* Louvain: Institut Orientaliste, Université de Louvain, reproduction 1987.

Lamotte,É., *Le Traité de la Grande Vertu de Sagesse*, Louvain: Institut Orientaliste, Université de Louvain, Tome 1 (1944), Tome 2 (1949), Tome 3 (1970), Tome 4 (1976), Tome 5 (1980).

Marasinghe, M. M. J., *Gods in Early Buddhism*, Kelaniya: Vidyalankara Campus Press, 1974.

Misra, G. S. P., *The Age of Vinaya*, New Delhi: Munshiram Manoharlal, 1971.

Renou, Louis, in Louis Renou & Jean Filliozat, *L'Inde Classique*, Tome premier, Paris: Librairie d'Amérique et d'Orient, 1985.

Robinson, R. H., *Early Mādhyamika in India and China*, Madison: University of Wisconsin Press, 1965.

Vallée Poussin, Louis de La, *L 'ABHIDHARMAKOŚA de Vasubandhu*, Bruxelles: Institut Belge des Hautes Études Chinoises, reproduction 1971, Tome Ⅰ–Ⅵ.

呂澂，《印度佛教思想概論》，臺北：天華，1982。

佐伯旭雅（編），《冠導阿毘達磨俱舍論》，東京：法藏館，1978重印。

印順法師，《說一切有部為主的之論書與論師之研究》，臺北：正聞，1968。

印順法師，《原始佛教聖典之集成》，臺北：正聞，1978再版。

印順法師，《初期大乘佛教之起源與開展》，臺北：正聞，1981。

印順法師，《大智度論之翻譯及作者》，臺北：東宗，1993A。

印順法師，《方便之道》《華雨集》第二），臺北：正聞，1993B。

演培法師（譯），木村泰賢著，《小乘佛教思想論》，臺北：（譯者自行出版），1957。

高觀盧（譯），高楠順次郎、木村泰賢合著，《印度哲學宗教史》，臺北：商務，1975臺二版（人人文庫）。

《寶性論》的研究

釋恆清

臺灣大學哲學系教授

自西元前一世紀以後，印度佛教界開始陸續傳出大乘經典。經過了三、四百年，由於大乘經典的大量流傳，以及印度論師們加以融會貫通和系統化，遂形成印度大乘佛教三大思想體系：中觀、瑜伽和真常。真常系闡揚的是如來藏（佛性）思想。其代表性的主流典籍即所謂的三經一論：《如來藏經》*(Tathāgatagarbha Sūtra)*，《不增不減經》*(Anūnatvāpurṇatva-nirdeśaparivarta)*，《勝鬘夫人經》*(Śrīmālā Sūtra)*，和《寶性論》*(Ratnagotravibhāga)*。

《寶性論》的中文全名是《究竟一乘寶性論》。它有梵文本和藏文譯本。梵文本全稱爲*Ratnagotravibhāga Mahāyānottaratantra śāstra*，意思是「寶性分別大乘最上秘義論」（**注1**）。有趣的是中譯本取其前字*(Ratnagotravibhāga)* 而名爲《寶性論》，而藏文譯本則取其後字*(Mahāyānottaratantra)* 而稱此論爲《大乘最上秘義論》（簡稱Uttaratantra），由此可略見此二傳統著重點的不同（**注2**）。

依中國佛教的傳統說法，《寶性論》全論是堅慧 (Sāramati) 所造，但依藏傳，「論本偈」是彌勒菩薩 (Maitreya) 造的，而「釋論」則是由無著 (Asaṅga) 菩薩所造（**注3**）。梵文本亦稱「論本偈」是彌勒造的（注4），但未提及無著釋論，西藏佛教傳統上一直認爲彌勒菩薩著有五論：《大乘莊嚴經論》*(Mahāyāna-Sūtrālaṃkāra)*，《中邊分別論》*(Madhyānta-vibhāga)*，《法法性論》*(Dharma-dharmatā-vibhāga)*，《現觀莊嚴論》*(Abhiṣamayālaṃkāra)* 和《大乘最上秘義論》。但彌勒是否爲一歷史人物，學者之間的看法不一。宇井伯壽認爲彌勒是無著的師父，爲一歷史人物，但 Jam-yan-zad-pa 的 Siddānta (Grub-mthaḥ) 有如下記載：「龍樹因文殊師利菩薩之啓示，依《虛空藏經》*(Akṣayamati-nirdeśasūtra)* 而建立中觀學派。同樣地，無著則因彌勒菩薩的啓示，依《解深密經》*(Saṃdhinirmocana)* 而建立瑜伽學派。」（注5）由此可見，此二學派均將自己的學說直接溯源於天上的菩薩，以顯其神聖和權威性。Obermiller 博士因此認爲其實五論（包括《寶性論》）均爲無著造的。然而，《寶性論》的如來藏說，與無著所代表的瑜伽系大相逕庭，因此 Obermiller 的看法很難自圓其說（注6）。西藏格魯派 (Gelupa) 大師宗喀巴 (Tson-kha-pa) 也不認爲《寶性論》屬於瑜伽系，而應是中觀具緣派 (Mādhyamika-prāsaṅgika) 的作品。

由於從歷史或教義的觀點，均缺乏有力證據證明彌勒造論、無著釋論，故有些學者還是認爲中國所傳堅慧造的傳說較爲可靠（注7）。中國史料記載中，最早提到堅慧造《寶性論》的是深信如來藏思想的華嚴宗三祖法藏法師。他在注疏《大乘法界無差別論》*(Mahāyānadharmadhātvaviśeṣa-śāstra)* 時曾言堅慧乃「地上菩薩，於佛滅後七百年時，出天竺大剎利種。聰叡逸群……以己所遊平等法界，傳示眾生，方爲究竟廣大饒益，是故造究竟一乘寶性論，及法界無差別論等」（注8）。法藏是由提雲般若 (Devaprajñā) 獲知此事。提雲般若出生于闐 (khotan)，是《大乘法界無差別論》的譯者，因之，至少在七世紀前的中亞，堅慧就已經被認爲是《寶性論》的作者。不過，有一疑點，即現藏經所存的《寶性論》只有譯者，而未註明作者何人，而且古代各經錄中亦未有記載（注9）。吾人對堅慧的年代和師承所知很少。然而，依目前所知的有限資料研判，二種傳說中，堅慧造《寶性論》還是較爲可信。

《寶性論》譯者爲元魏勒那摩提 (Ratnamati)。但是《開元釋教錄》(730 A.D.) 在記載《妙法蓮華經》、《寶性論》和《寶積經論》的翻譯經過時，說明如下:

> 菩提留支傳本，勒那、扇多參助。其後三德乃徇流言，各傳師習，不相訪問。帝以弘法之盛略敘曲煩，敕三處各翻訖乃參校。其間隱沒互有不同，致有文旨時間異綴，後人合之共成通部，見寶唱等錄。所以法華、寶積、寶性等論各有兩本耳。（注10）

根據《開元釋教錄》的這段記載，最初參與翻譯《寶性論》等三部經論的有勒那摩提、菩提流支 (Bodhiruci) 和佛陀扇多三人，但因三人意見相左，宣武帝遂敕令三人各譯後再參校。故當時三部典籍各有二譯本，後人再合而爲一，故未見有二譯本傳世。《開元釋教錄》自稱上述資料是引自《寶唱錄》(518 A.D.)，但是如果參照其他經錄，則頗有疑問（注11）。例如：《歷代三寶記》(597 A.D.) 則說：「《十地經論》十二卷，《寶積經論》四卷。已上二論菩提流支並譯，且二德爭名不相詢訪。其間隱沒互有不同，致綴文言亦有異處，後人始合。」（注12）《大唐內典錄》亦說勒那摩提譯有「《十地經論》，《究竟一乘寶性論》四卷。《寶積經論》四卷與《十地》二論菩提流支並譯」（注13）。《開元錄》的成立年代晚於《歷代三寶記》和《內典錄》。它的資料是根據《歷代三寶記》、《內典錄》，而非直接引自《寶唱錄》。但是爲何《歷代三寶記》和《內典錄》說勒那摩提和菩提流支合譯的是《寶積經論》和《十地經論》，而非《開元錄》的《寶性論》？高崎直道認爲這可能是《開元錄》的作者費長房誤續二錄所致（注14）。從三經錄的記載研判，高崎直道的推測很有可能。勒那摩提和菩提流支因教理之爭而不和的事相傳已久，不過這是在合譯《十地經論》時發生的，與《寶性論》的翻譯無關（注15）。因此，吾人可以推論《寶性論》是由勒那摩提單獨譯出，自古並未有另一譯本存在。

一、《寶性論》的內容架構

《寶性論》內容分四卷十一品。基本上包括二大部分：「論本偈」和「釋論」。「論本偈」即是五言四句的偈頌，總共三百偈，乃是以偈頌方式揭示本論的中心思想，即使沒有「釋論」，亦可構成一部獨立的偈頌式論典。「釋論」則含有重覆前面的「論本偈」、「註釋偈」和長行的「釋疏」。「註釋偈」是以偈頌方式解釋「論本偈」的意義，「釋疏」則是以長行註解「論本偈」或「註釋偈」。

與梵藏相對照，漢譯的「釋論」部分相當於梵文的全論，與西藏譯本無著造的「釋論」*(Mahāyānottaratantra-vyākhyā)* 也一致，但是梵漢本沒有相當於藏譯彌勒造的「本論」*(Mahāyānottaratantra-śāstra)*。它有四百十一偈，包括「論本偈」和「註釋偈」，但是沒有「釋疏」。總之，中文的「釋論」與梵文本及藏譯 Vyakhya 一致，梵藏本則沒有相當於漢譯別列的三百「論本偈」（注16）。

中譯
- 全論
  - 論本偈
  - 釋論
    - 論本偈
    - 註釋偈
    - 釋　疏

梵文本
- 全論
  - 論本偈
  - 註釋偈
  - 釋　疏

藏譯
- (1)本論 (Śāstra)
  - 論本偈
  - 註釋偈
- (2)釋論 (Vyākhyā)
  - 論本偈
  - 註釋偈
  - 釋　疏

參照上列的梵藏本內容，吾人也許可以推測當時勒那摩提可能也有「本論」和「釋論」分開的二個單行本。勒那摩提本人或者是後人才把它們合成一本，成爲三種語言版本中最完整的綜合本。

漢譯的十一品分別爲：一、教化品，二、佛寶品，三、法寶品，四、僧寶品，五、一切眾生有如來藏品，六、無量煩惱所纏品，七、爲何義說品，八、身轉清淨成菩提品，九、如來功德品，十、自然不休息佛業品，十一、校量信功德品。梵文和藏譯本只有五品：一、如來藏品：包括漢譯的第二至第七的六品，二、成菩提品，三、如來功德品，四、佛業品，五、校量信功德品。漢譯第一品「教化品」的十八偈，梵藏均缺，可能是後人增加的。「釋論」一開始僅以一句「教化品如向偈中已說」帶過，這可能是原來「論本偈」就沒有這一品，所以當然不會有註釋。其他品的偈頌，則三譯大同小異（**注 17**）。

《寶性論》的主題在於四法：佛性、佛菩提、佛法、佛業，也就是眾生依本具的「佛性」*(dhātu)*，經過實踐的歷程，證得「佛菩提」(bodhi)，具足一切「佛法」(dharma) 功德，並且從事濟度眾生的「佛業」(karma)。「釋論」強調三寶性，故將全論分成「七種金剛句」：佛寶、法寶、僧寶、性、菩提、功德、業。因此整部《寶性論》是建立於四法，分成十一品，以「七金剛句」*(vajrapāda)* 加以廣解。「金剛」象徵難可沮壞，比喻所證義亦復如是。證義雖然「以聞思智難可證得」，但還是得借名字章「句」來詮釋其理，所以「釋論」說金剛句能做隨順正道、智證的根本。

爲了證明七金剛句的符合經說，「釋論」作者引《陀羅尼自在王經》(*Dhāraṇīśvararāja-sūtra*) 做爲經證。此經的序分中說明七句的前（佛、法、僧）三句，後四句則在「菩薩如來法門差別分」中廣說。「釋論」以偈頌說七金剛句的次序如下（注18）：

從佛次有法，次法復有僧。

僧次無礙性，從性次有智。

十力等功德，為一切眾生，

而作利益業，有如是次第。

至於七金剛的個別意義，「釋論」則廣引不同的經典加以解釋：

佛義：「所言如來者，非可見法，是故眼識不能得見故。」

法義：「所言法者，非可說事，以是故非耳識所聞故。」

僧義：「所言僧者，名為無為，是故不可身心供養禮拜讚歎故。」（注19）

以上三義漢譯未明引自何經。梵文本說是引自《堅固意品》*Dṛḍhādhyāśayaparivarta*（注20）。它對三寶的定義側重否定式含有般若味道的表達，「釋論」所以引用它，可能取其「難證義」。

眾生義：「言眾生者，乃是諸佛如來境界……即是第一義諦。第一義諦者，即是眾生界。眾生界即是如來藏。如來藏者即是法身。」（注21）

這段經文是引自《不增不減經》（注22）。「釋論」的開頭偈七金剛句的第四項是（佛）性(*dhātu*)。在長行註釋中，卻說是「眾生」。可見作者將佛性與眾生等同視之，其引用《不增不減經》正是很恰當的經證。

菩提義：「阿耨多羅三藐三菩提者，名涅槃界。涅槃界者，即是法身。」（注23）

功德義：「如來所說法身義者，過於恆沙不離不脫不思議佛法

如來智慧功德。」（注 24）

此處的功德義在於強調出纏的法身，和在纏的如來藏都本具「不離不脫」如來智慧功德。至於有那些功德，「釋論」引自《大集經》的〈寶女品〉(*Ratnadārikā-parivarta*)說有六十四種功德（注 25）。

業義：「如來不分別，不分別無分別，而自然無分別，如所作業自然行故。」（注 26）

「釋論」依《陀羅尼自在王經》說佛業有三十二種（注 27）。以上就是整部《寶性論 》的七個主題的組織、內容和含義。作者先在第一卷以長行引經據典地給予略解，在其後的各品再予廣說。全論雖然分七金剛句、十一品，然而幾乎全論四分之三的篇幅用於註解前四句（佛、法、僧、佛性），尤其是佛性 (dhātu) 這項。可見《寶性論》的宗旨著重在闡揚佛性（如來藏）與眾生的關係，重要的是眾生須先體悟本具的清淨三寶因性，隨之而來的當然就是「自然無分別」的菩提、功德、和業用了。

二、《寶性論》所依的經論

《寶性論》是印度如來藏思想最主要的論典（注 28），它成立之前已有許多提倡（或蘊涵）真常思想的經典出現。《寶性論》根據這些經典，以佛「性」(dhātu) 爲主軸，串連了生佛不二的因位（眾生在纏）和果位（眾生出纏）。其所引用的經典有二十餘部之多（注 29），而所引用的經文幾乎占了「釋論」的三分之一。如此大量的引經據典，雖然可稱之爲言之有據，但也不免有人要認爲它只不過是經文的匯集（注 30）。不過，綜觀全論，它還是能做到貫通許多大乘經典，藉以有系統地闡明它的重點 — 如來藏說。

《寶性論》的主題所依據的重要經論如下：

1.《陀羅尼自在王經》：七金剛句。

2.《大集經》的〈寶女品〉：六十四種佛功德。

3.《如來藏經》*(Tathāgatagarbha-sūtra)*：如來藏的九喻。

4.《如來莊嚴智慧光明入一切佛境界經》*(Sarva-buddhaviṣayāvatāra-jñānalokalaṃkarasūtra)*：佛業九喻。

5.《大乘莊嚴經論》*(Mahāyānasūtralaṃkāra)*：佛菩提八義。

6.《不增不減經》：如來藏的「無差別」義。

7.《勝鬘夫人經》：空如來藏和不空如來藏。

除了上述的經論，《寶性論》的主要依據還包括：《大般涅槃經》*(Mahāyāna-parinirvāṇa)*，《華嚴經・如來出現品》*(Tathāgatotpattisaṃbhava)*，《大集經》中的〈寶髻品〉*(Ratnacūḍa-sūtra)*、〈海慧菩薩品〉*(Sāgaramatiparipṛcchā)*、《無盡意菩薩經》*(Akṣayamati-nirdeśa)*、《大乘阿毗達磨論》*(Mahāyāna-abhidharma sūtra)* 等。《法華經》*(Sadharmapuṇḍarīka)* 雖沒有直接的引文出現，可是它的一乘思想也是《寶性論》的如來藏依據。般若系統的經典中，被引用的有《金剛經》*(Vajracchedikā)* 和《八千頌般若經》*(Aṣṭasāhasrikā)*。另外的經典尚有《六根聚經》*(Ṣaḍā-yatana-sūtra)*，《佛華嚴入如來智德不思議境界經》*(Tathāgatagunajñāna-cintyaviṣayāvatāra-nirdeśa)* 等等。

《大乘阿毗達磨論》和《大乘莊嚴經論》是《寶性論》引用的二部論。值得注意是此二論皆是屬於瑜伽學派的論典，《寶性論》中的三身、二障（煩惱障、所知障）、有垢真如、無垢真如等觀念，與瑜伽學是可以相通。然而《寶性論》並沒有引用它們的主要教義，如「阿賴耶識」、「三自性」、「八識」、「三無性」、「四智」等。《寶性論》是高唱「一性皆成」的論典，當然更不會引用瑜伽學系「五性各別」的種子說了（**注 31**）。

上舉的經論是《寶性論》思想的來源，其中最重要、且是引用最多的有《如來藏經》、《不增不減經》和《勝鬘經》。以下略述其中教義。

㈠《如來藏經》

《如來藏經》是部簡短但是主題很明確的典籍，法炬於晉惠帝(290–306 A.D.) 時譯出。梵本已佚失。現存二個中譯本：一爲東晉佛陀跋陀羅 (Buddhabhadra) 的《大方等如來藏經》，二爲唐不空(Amoghavajra) 的《大方廣如來藏經》。從最早譯出的時間推算，《如來藏經》應成於西元250年以前（**注 32**）。在它之前已有一些意含如來藏思想的大乘經典出現（**注 33**），但它是第一部很明確地宣揚如來藏法門的經典，可見其重要性。

「一切眾生皆有如來藏」是此經要宣示的主題。它以象徵性的九種譬喻來表顯：1.萎華中諸佛，2.群蜂中美蜜，3.皮殼中堅實，4.糞穢中真金，5.地中珍寶藏，6.果內種子，7 弊衣裹真金，8.賤女懷輪王，9.泥模中寶像。經文一開始，佛現神變，出無量數的千葉蓮華，大如車輪，花內皆有化佛。這些蓮花同時綻開，放出無量光，燦爛無比。在須臾之間，佛以神力使蓮花變萎，而花內化佛則結跏趺坐，放出無數百千光明（**注 34**）。「萎華」比喻眾生諸煩惱，「化佛」比喻眾生之如來藏。此爲根本喻，其他八喻意義相似，只是用不同事物爲喻而已，無非爲表達眾生心中皆有如來藏的信念。

《如來藏經》解釋眾生中有如來藏的意義說：

1.「一切眾生，貪欲恚癡諸煩惱中，有如來智、如來眼、如來身，結跏趺坐，儼然不動。」（**注 35**）

「如來知見、力、無所畏，大法寶藏，在其身內。」（**注 36**）

「佛藏在身，眾相具足。」（**注 37**）

經中強調雖然在現實世界中，眾生身中充滿貪瞋癡等煩惱，但眾生身中的如來藏又同時具足如來智、如來身、知見、力、無所畏等無量清淨德性。

2.「一切眾生，雖在諸趣煩惱身中，有如來藏常無染污，德相備足，如我無異。」（注38）

「彼（眾生）如來藏清涼無熱，大智慧聚，妙寂泥洹，名爲如來應供等正覺。」（注39）

《如來藏經》更進一步強調眾生如來藏所具的智慧德相，與佛無異，甚至把如來藏稱之爲「妙寂泥洹」、「如來應供等正覺」。《寶性論》根據以上：1.眾生身中具佛德，2.其德相與佛無異的教義，引申說明如來藏有三義：一、法身遍滿，二、真如無別，三、佛種性實有（注40）。所謂「眾生身中具佛德」，乃是因爲圓滿的佛德遍眾生的緣故；眾生如來藏德相與佛無異，即是因二者本性真如無有差別；而生佛不二的形而上依據，即在於他們有共同的體性 — 佛種性。

《如來藏經》以簡潔、淺顯易懂的譬喻，表達單一的訊息 —「一切眾生皆有如來藏」，開創了一個嶄新能激發自信、自尊的法門。它不作形而上的辯證，也沒有認識論上的解說，有的是解脫論的保證。如《經》說：「如來以佛眼觀察……令彼有情欲瞋癡貪無明煩惱藏，悉除遣故，而爲說法。由聞法故，則正修行，即得清淨如來實體。」（注41）

這部如來藏法門的「小」經，在如來藏思想的發展和佛教的大眾化立下了大功，意義非凡！而如來藏說的理論化和系統化，則是其他如來藏學系經論的工作了。

㈡《不增不減經》

《不增不減經》是菩提流支於西元525年譯出，亦是一部簡短的經典。雖然如此,《寶性論》引用此經有九次之多,可見它是如來藏說的重要典籍。如其經名所示,本經的主題在於表顯眾生界的(在聖)不增(在凡)不滅,並把眾生界與法界等同視之。經言:

> 不離眾生界有法身,不離法身有眾生界。眾生界即法身,法身即眾生界。舍利弗,此二法者義一名異。(注42)

經中更進一步說:

> 甚深義者,即是第一義諦。第一義諦者,即是眾生界。眾生界者,即是如來藏。如來藏者,即是法身。(注43)

《如來藏經》只宣稱「一切眾生皆有如來藏」,但並未解釋如來藏的意義。《不增不減經》則直稱如來藏即第一義諦(*paramārtha-satya*)、眾生界、(*sattva-dhātu*)、法身(*dharmadhātu*)、四者名異義同,明顯地將人人易懂、通俗化、具體譬喻式的如來藏說,提升到理論化的層次。經中依眾生界從三方面解說如來藏的意義:

> 眾生界中示三種法,皆眞實如不異不差。何謂三法?一者,如來藏本際相應體及清淨法。二者,如來藏本際不相應體及煩惱纏不清淨法;三者,如來藏未來際平等恆及法。(注44)

第一義是說由於如來藏的本質,原來就與真如法界自體的清淨法「相應」,因此如來藏也是自性清淨,此即《勝鬘經》所說的「如來藏不空」義——一切眾生皆有如來智慧德相。第二義是說如來藏雖然被煩惱不清淨所纏,其本質上與煩惱是「不相應」的,所以《勝鬘經》說是「如來藏空」義。第三義指如來藏的平等、恆有法,不但真實普遍地存在,而且是「一切諸法根本、備一切法、具一切法,於世法中不離不脫真實一切法、住持一切、攝一切法」(注45)。因為如來藏為一切諸法之根本,而且能「住持」、「攝」一切法,故《勝鬘經》稱它為生死依與涅槃依。總之,《不增不減經》從眾生界的在聖不增在凡不減，使如來藏與法界、第一義諦等相關連，又依眾生界說如來藏的三特性，強調心的自性清淨 (*cittaprakṛti-prabhāsvaratā*)、煩惱的外鑠性、和如來藏的能爲一切染法和淨法的依持。這些是此經內容的特色，很顯然地，已從素樸的如來藏的解脫論層次，提升到形而上的層次來討論（當然，其最終意趣還是解脫）。《不增不減經》的經文雖然深睿，文字卻很精簡，《寶性論》引用它的基本理論架構，再給予深入的發揮。

㈢《勝鬘經》

《寶性論》中引用《勝鬘經》達二十七次之多（**注 46**），居各經論之冠，可以想像其被依賴和重視的程度了。由於其內容包含如來藏、一乘、法身等重要大乘教義，自古以來有許多註疏（**注 47**），現代西方佛學學者也有專門的研究（**注 48**）。除了經中的大乘教理是現代佛學學者的研究重點之外，此經主角勝鬘夫人的身分 — 在家女性菩薩 — 的象徵意義，也是學者們所重視和強調的（**注 49**）。

《勝鬘經》是以勝鬘夫人發願「攝受正法」開始。所謂「攝受正法」即是對 1.正法的理解， 2.正法的教示（演說）， 3.正法的護持。至於什麼是「正法」、何人是「攝受正法者」，則是本經演繹的主題。換言之，《勝鬘經》從攝持「正法」出發，引申到二乘涅槃的不究竟，闡揚一乘而說到如來藏。如經說：「攝受正法者是摩訶衍（一乘）」（**注 50**）。「阿羅漢辟支佛有餘過，非第一清淨，言得涅槃者，是佛方便。」（**注 51**）二乘之「有餘過」，是因爲他們爲「無明住地」煩惱所覆障，故只能證得「有餘過解脫」、「有餘清淨」。但他們如能迴心向大乘，即可入佛乘。所以經說：「聲聞緣覺乘皆入大乘。大乘者即是佛乘，是故三乘即一乘。得一乘者，得阿耨多羅三藐三菩提。阿藐多羅三藐三菩提者，即是涅槃界。涅槃界者，即是如來法身。」(注52)總之,《勝鬘經》要強調的是正法=大乘=一乘(佛乘)=如來藏。

《勝鬘經》說明如來藏的本質和意義,可分下列幾個重點:

1.「如來藏者,是如來境界,非一切聲聞緣覺所知。」(注53)

2.「如來法身不離煩惱藏名如來藏」(注54)。也就是說眾生位中爲煩惱所纏的法身叫做如來藏。相反的,把依附在如來藏的煩惱去除,就是果位的如來法身。

3.如來藏與煩惱之間是「依存」,而非「本具」的關係,如經說:「有二種如來藏空智。世尊!空如來藏(*śūnyā-thāgatagarbha*),若離、若脫、若異一切煩惱藏。世尊!不空如來藏(*aśūnya-tathāgatagarbha*),過於恆河沙不離、不脫、不異不思議佛法。」(注55)

煩惱是客塵、外爍的,故稱「空(卻煩惱的)如來藏」。而心性本清淨,故曰「不空(清淨功德法的)如來藏」。

4.如來法身具常、樂、我、淨四波羅蜜,作如是見者是名正見。

5.如來藏是生死和涅槃(有爲法和無爲法)的所依(*niśraya*)、所持(*ādhāra*)、建立(基礎*pratiṣṭhā*)。如來藏不但是生死和涅槃消極性的依持,它還是眾生厭苦樂求涅槃的積極性動力(注56)。

6.如來藏是法界藏、法身藏、出世間上上藏(出世間法藏*lokttaradharmagarbha*)、自性清淨藏(*prākṛtipariśuddhadharmagarbha*)。換言之,如來藏=法界=法身=出世間法=自性清淨法。

7.眾生本具清淨的自性,但自性清淨心卻有染污,這兩個屬於本體論的問題,《勝鬘經》認爲難可了知。因爲它是屬於不思議如來境界。佛弟子唯有「隨信增上、依於明信隨順法智」,才是「入大乘道因」。對佛所說的如來藏義理要有信心,對自己具自性清淨也要有信心,這都是《勝鬘經》所強調的。

四《大般涅槃經》

以上是《寶性論》引用屬於如來藏思想主流的三個重要經典。另外，在《不增不減經》、《勝鬘經》不久之後成立的《大般涅槃經》也是重要的經據。其如來藏思想基本上與前二經相似，而重點在於「如來常住」、「一切眾生悉有佛性」、「法身四德」等。不過，它也特別討論到一闡提(*icchantika*) 是否成佛的問題，最後以靠佛菩薩的慈悲濟助，及需時長遠才能成佛，做爲一闡提亦可成佛的最後定論。《涅槃經》對如來藏思想的最大貢獻在於以「佛性」(*buddha-dhātu*) 解釋如來藏的本質。dhātu 通常翻譯成「界」，有「性」義、「類」義、「因」義。Buddha 與 dhātu 合成「佛界」或「佛性」，意謂佛的體性。《涅槃經》中「佛性」取代了「如來藏」，成爲「一切眾生皆有佛性」，全面地將眾生與佛歸屬同「類」別，有相同的成「因」和體「性」，無異地使如來藏思想更趨成熟。《涅槃經》另一特色是「我」(*ātman*) 與如來藏的結合。如經說：

「我者，即是如來藏義；一切眾生悉有佛性，即是我義。」（注 57）

如來藏、我、佛性變成異名同義詞了。不過，這個「我」並非婆羅門教的神我，因爲「佛性者實非我也；爲眾生故，說名爲我」（注 58）。真正的佛性是「第一義空」、「中道」。如《涅槃經》說：

> 佛性者名第一義空，第一義空名為智慧。所言空者，不見空與不空。智者見空與不空，常與不常，苦之與樂，我與無我。空者一切生死，不空者謂大涅槃；乃至無我者即生死，我者謂大涅槃，見一切空不見不空，不名中道；乃至見一切無我不見我者，不名中道。中道者名為佛性。（注 59）

引文中的「第一義空」的「空」，與「所言空者」的「空」，顯然所指不同。前者是真常系中與佛性同義的「空」，後者是指空宗的「空」。《涅槃經》批判空宗的「空」，「不」能同時具「見空與不空」。因爲空宗強調空性是「絕無戲論的無諍論處」，不但不空不可得，空亦不可得，而智者（當然是指真常論者）能見空（一切煩惱生死）和不空（大涅槃）。如果只見一切空而不見不空，就不能叫做中道，而佛性名爲中道，因爲它能見空與不空、常與無常、我與無我等，所以佛性才能稱之爲第一義空。《涅槃經》中道佛性的最大意義，在於可說佛性有、無、亦有亦無、非有非無。一方面，爲對治斷滅見，可說有佛性，另一方面，爲對治我的常見，亦可說無。如經言:

> 若有人言：一切眾生定有佛性、常樂我淨，不作不生，煩惱因緣故不可見，當知是人謗佛法僧。若有說言：一切眾生都無佛性，猶如兔角，從方便生，本無今有，已有還無，當知是人謗佛法僧。若有說言：眾生佛性，非有如虛空，非無如兔角，……是故得言亦有亦無。有故破兔角，無故破虛空，如是說者，不謗三寶。（注60）

總之，《涅槃經》的佛性論延襲如來藏說傳統的有性論，卻也同時儘量淡化了神我色彩，免於落入有我的謬見。

㈤《大乘莊嚴經論》

《大乘莊嚴經論》*(Mahāyānasūtrālaṃkara)* 是《寶性論》引用的二部屬瑜伽學派中之一。論典引用得少的原因，一來是有關如來藏說幾乎無論可引（注61），二來在《寶性論》成立之前，含有如來藏說的中觀、瑜伽學派論著也不多。《莊嚴經論》的作者傳說爲彌勒造、世親釋，亦有傳說是無著造。無論是彌勒或無著造，本論屬瑜伽系殆無疑問。此論共有二十一卷，主題在於從瑜伽觀點闡釋大乘菩薩道。

《寶性論》引用《莊嚴經論》的地方全出自第十卷〈菩提品〉。如:

1.《寶性論》:「如清淨真空,得第一無我;諸佛得淨體,是名得大身。」(注62)《莊嚴經論》:「清淨空無我,佛說第一我;諸佛我淨故,是故名大我」(注63)

2.《寶性論》:「如空遍一切,而空無分別,自性無垢心,亦遍無分別。」(注64)

《莊嚴經論》:「如空遍一切,佛亦遍一切,虛空遍諸色,諸佛遍眾生。」(注65)

《寶性論》引第一偈說明如來清淨自在,故可以名之為「大身」(大我),但是不可因此言有類似神我的存在,因為法身無我相無法相,也不可言無,因為法身有真如我體(注66)。第二偈《寶性論》引用以說明如來藏十義中的「遍一切處」。除了直接引句或類似文句之外,《寶性論》也有與《莊嚴經論》相同的論法和法義(注67),雖然如此,兩論基本上還是站在各自的立場來論說如來藏。例如「轉依」一詞在二論中意義即有不同(注68)。轉依之梵文是*āśrayaparāvṛtti*,或*āśrayasya-parāvṛtti*。傳統瑜伽學派的轉依*(āśrayaparāvṛtti)* 意指無漏法界*(anāsravadhātu)*,而*āśraya*(依)指阿賴耶識*(ālayavijñāna)*。《寶性論》中的轉依*(āśrayapārivṛtti)*是用於描述法界或菩提,*āśraya* 則是指如來藏或種性*(gotra)*。雖然瑜伽和真常系的轉依最後都是指向真如實相,但是所轉的「依」*(āśraya)* 卻很不同。瑜伽學系的轉依是要阿賴耶識轉染成淨,做本質上的徹底改變,所謂的轉識成智,而真常系的轉依只要把依附在本淨的如來藏上的染污煩惱「減去」(abstration) 即可(注69),如來藏本身無須轉變。

㈥與《寶性論》同時或晚出的有關如來藏思想的經論

印度佛教經論中屬於如來藏思想，有一些未曾被《寶性論》引用過。其中較重要的有：1.《大乘法界無差別論》（*Mahāyāna-dharmadhātvaiśeṣa-śāstra*），2.《無上依經》（*Anuttarāśrayasūtra*），3.《佛性論》（*Buddhagotra-śāstra*）4.《楞伽經》（*Laṅkāvatārasūtra*），5.《大乘起信論》（*Mahāyānaśraddotpāda-śāstra*），以上除《楞伽經》之外，皆只有中譯本。

《法界無差別論》乃堅慧造，唐提雲般若譯。其內容與《寶性論》相近，主題是「菩提心」*(bodhicitta)*。它以十二義說明菩提心：1.果，2.因，3.自性，4.異名，5.無差別，6.分住，7.無染，8.常恆，9.相應，10.不作義利，11.作義利，12.一性（**注70**）。此十二義與《寶性論》的如來藏十義相類似。例如：依染淨之不同，二論都舉眾生、菩薩、佛三種不同「分位」（《寶性論》作「時差別」）。

> 《法界無差別論》：「不淨眾生界，染中淨菩薩，最極清淨者，是說為如來。」
>
> 《寶性論》：「有不淨雜淨，及以善淨時，如是次第說，眾生菩薩佛。」

在講到菩提「因」時，《法界無差別論》說：

> 信為其種子，般若為其母，
>
> 三昧為胎藏，大悲乳養人。（**注71**）

《寶性論》也說：

> 自性常不染，如寶空淨水，
>
> 信法及般若，三昧大悲等。（**注72**）

再者，二論提到「果」義時，均舉「常樂我淨」爲涅槃果，即「諸佛所有轉依相不思議法身」。《法界無差別論》的「一性」義，與《寶性論》的「無差別」義，將「菩提心」（如來藏）與法身、如來、聖諦第一義、涅槃四者「無差別」地視同「一性」。從二論相對照，可看出二者的法義和論法相似。《法界無差別論》可說是《寶性論》的部分節本。因爲二論關係如此密切，而《法界無差別論》是堅慧所造，這可做爲《寶性論》作者亦是堅慧的一個佐證。

《無上依經》是部帶有論典形式的經典。梁真諦 *(Paramartha)* 譯，共有二卷、七品：1.「校量功德品」、2.「如來界品」、3.「菩提品」、4.「如來功德品」、5.「如來事品」、6.「讚嘆品」、7.「囑累品」。第一「校量功德品」本是一部獨立之經典，在中文、藏文都有譯本（**注 73**）。中文的同本異譯是玄奘譯的《甚希有經》*(Adbhutasūtra)*。它的主題在於讚嘆興建如來舍利寶塔 (stūpa) 的不可思議功德。

如來藏思想與舍利塔崇拜之互相關聯並非偶然。大乘佛教之興起與舍利崇拜關係密切（**注 74**），佛教徒憶念佛陀功德，自然亦讚嘆崇拜代表佛功德的舍利。如來舍利又叫做「如來界」。*(Tathāgatadhātu)*。而代表一乘 *(ekayāna)* 思想的如來藏，亦名「如來界」。所以讚嘆如來舍利（界），亦就是稱嘆如來藏。經中在回答「何者是如來界？云何如來界不可思議」時就說：「一切眾生有陰入界，勝相種類內外所現。無始時節相續流來，法爾所得，至明妙善……眾生界自清淨，客塵之所污濁，諸佛如來作是思惟，客塵煩惱不入眾生清淨界中，煩惱垢爲外障覆。」（**注 75**）可見《無上依經》是從如來舍利的崇拜切入如來界、眾生界的不二，接著再從菩提、如來功德、如來事業等方面解說如來界（藏）的意義。

《無上依經》的第二至第五品 ——「如來界」、「菩提品」、「如來功德」「如來事業」，與《寶性論》的四法 ——「佛性」、「佛菩提」、「佛功德」、「佛業」正好相吻合，但內容有稍微出入。「菩提品」的十義，大致是《寶性論》的如來藏十義和菩提八義的綜合。試將同為堅慧造的《寶性論》、《法界無差別論 》與《無上依經》對照如下（注76）：

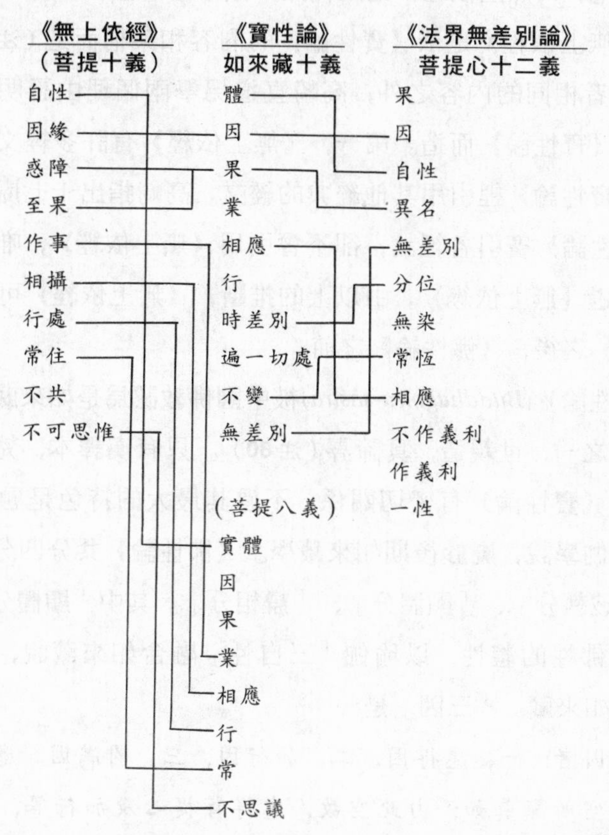

《無上依經》中〈菩提品〉的自性義，大致與《寶性論》的菩提「實相」義相似，不過，值得注意的是《無上依經》根據轉依 *āśrayaparivṛtti)* 解說菩提自性（注77），這是《寶性論》所沒有的。關於「如來功德」，《無上依經》說百八十種功德，而《寶性論》則舉六十四種功德。關於「如來事業」，《寶性論》依《智光明莊嚴經》*(Jnānālokalaṅkārā-sūtra)*的九種譬喻（注78），強調如來不生不滅，從事「無功用」、「不休息」的利益眾生事業，《無上依經》則舉十八種佛事業。

無疑地，《無上依經》是闡釋如來藏思想的論典式經典。有些學者認爲《無上依經》是依《寶性論》的內容和架構而造（**注 79**）。除了上述二者相同的內容之外，高崎直道另舉兩個理由證明《無上依經》乃仿《寶性論》而造。第一，《無上依經》有許多經文，事實上是出自《寶性論》裡引用其他經典的經文。高崎指出十七處之多。第二，《寶性論》廣引各經論，卻不曾引用《無上依經》，唯有《佛性論》引用過《無上依經》。由以上的推斷，《無上依經》可能成立於《寶性論》之後，《佛性論》之前。

《佛性論》*(Buddhagotra-sāstra)*被中國佛教認爲是如來藏思想權威代表典籍之一，世親造，真諦譯（**注 80**）。只有漢譯本，梵藏均缺。其思想與《寶性論》有密切關係，不過其最大的特色是融合了如來藏說與瑜伽學說，屬於後期如來藏學。《佛性論》共分四分：「緣起分」、「破執分」、「顯體分」、「辯相分」。其中「顯體分」以「三因」詮釋佛性的體性，以瑜伽「三自性」融合如來藏說，再以「三義」解說如來藏。「三因」是：

> 三因者：一、應得因，二、加行因，三、圓滿因。應得因者，二空所顯眞如；由此空故，應得菩提心及加行等，乃至道後法身，故稱應得。加行因者，謂菩提心；由此心故，能得三十七品、十地、十波羅蜜助道之法，乃至道後法身，是名加行因。圓滿因者，即是加行；由加行故，得因圓滿及果圓滿。（**注 81**）

「應得因」以無爲的真如爲體，「加行因」、「圓滿因」以有爲的願行爲體。「應得因」中具有三性：1.住自性性（凡夫位），2.引出性

（有學位），3.至得性（無學位）。如來藏系經論中，沒有像《佛性論》的三因說，它主要是參照《瑜伽師地論》中「菩薩地」的三持說而來（注82）。另外，「三性品」中廣明三自性、三無性的意義，這也是《寶性論》不曾提到的瑜伽教義。

「顯體分」中的「如來藏品」以三義說明如來藏的意義與《寶性論》的如來三義有相通地方。1.「所攝藏」，因爲「一切眾生悉在如來智內，故名爲藏」，也就是佛果能攝藏一切眾生，故說眾生爲如來藏，這就是《寶性論》所說的「法身遍滿」義。2.「能攝藏」，意謂「果地一切過恆沙數功德，住如來應得性時，攝之已盡」。這與《寶性論》的「眾生有如來種性」義合，也就是說在眾生因位時，已具攝「果地一切恆沙數功德」，與佛種性無異。3.「隱覆藏」者指「如來性住道前時，爲煩惱隱覆，眾生不見，故名爲覆」（注83），煩惱覆蓋如來性的「隱覆藏」意，與《寶性論》的「真如無差別」義不盡相同。《佛性論》是比照阿賴耶識的三義來定義如來藏，瑜伽學系認爲阿賴耶識具有「能藏」、「所藏」、「執藏」三義。「執藏」謂執持自我，屬煩惱性，所以隱覆藏和執藏含義相同。由此可見二論著重之不同。《寶性論》完全從真常清淨法界或菩提的觀點論如來藏，《佛性論》則從瑜伽學眾生界的觀點論及如來藏的染污面。雖如此，二者之基本論點還是一致的。

《楞伽經》(*Laṅkāvatārasūtra*) 是另一部與如來藏思想有關的經典，求那跋陀羅 (Guṇabhadra) 於宋元嘉年間（約西元433年頃）譯出。《寶性論》和無著、世親的論書中均不曾引用，由此可推論《寶性論》必定早於《楞伽經》成立。《楞伽經》如來藏與阿賴耶識完全會通起來。例如《經》說:

善不善者，謂八識。何等為八？謂如來藏名識藏心、意、意

識，及五識身。（注 84）

此如來藏識藏，一切聲聞、緣覺心想所見，雖自性淨，客塵所覆，猶故不見不淨。（注 85）

《楞伽經》結合了代表清淨的如來藏，和代表染污的阿賴耶識成爲「如來藏識藏」的最大意義，在於試圖解決《勝鬘經》所沒有回答的問題：「自性清淨心而有染者，難可了知！」（注 86）如來藏說強調自性清淨，無明煩惱從何而生不易解說。另一方面，阿賴耶種子識爲依，強調染污，轉雜染爲清淨的本然性亦難解說。《楞伽經》融攝種子與真如於同一「藏識」，即是爲解決由染轉淨，淨中有染的理論困難。可見《楞伽經》是如來藏說更進一步的發展。

三、《寶性論》重要的教義

《寶性論》是將如來藏思想系統化最重要的論典（注 87）。雖然論中引用大量的經論，還是有其義理特點。以下列舉數點詳加探討。

㈠一切眾生皆有如來藏的含義

《寶性論》一開始即讚嘆三寶，如其論名所示，特別重視三「寶性」，而法身是依三寶而生，如論中偈說：

眞如有雜垢，及遠離諸垢，佛無量功德，及佛所作業，

如是妙境界，是諸佛所知，依此妙法身，出生於三寶。（注 88）

真如法身的妙境界不可思議，「唯佛所知」，乃出生於三寶。依《寶性論》的說法，三寶無非是眾生的菩提因，而菩提因的依據則建立在「一切眾生有如來藏」*(sarvās tathāgatagarbhāḥ)* 的先決基礎上。爲什麼說「一切眾生有如來藏」？其意義爲何？它的理論依據何在？《寶性論》從三個層面回答這些如來藏的基本問題。「論本偈」說：

佛法身遍滿，眞如無差別，皆實有佛性，是故說常有。（注89）

「釋論」解釋說：

有三種義，是故如來說一切時，一切眾生有如來藏。何等為三？一者如來法身遍在一切諸眾生身（注90）。偈言佛法身遍滿。二者如來眞如無差別（注91）。偈言眞如無差別故。三者一切眾生皆悉實有眞如佛性（注92）。偈言皆實有佛性故。（注93）

以上兩偈及註解點出了如來藏學的三大要素：法身*(dharmakāya)*、真如*(tathā)* 和（佛）種性*(gotra)*。從此三者與眾生的密切關係來證成「一切眾生有如來藏」：1.法身：佛的法身遍滿一切眾生身中，2.真如：眾生與佛的真如無差別，3.佛種性：一切眾生實有。

1.法身遍滿義：

法身是真理 (truth)、實在 (reality)、圓滿的佛果 (nirvāṇa)。其本質上含有智慧、慈悲、力等特性，自然地遍滿一切。所以「眾生界中無有一眾生離如來法身在法身外，離於如來智在如來智外，如種種色像不離虛空中。」（注94）即如《論》中偈說：

譬如諸色像，不離於虛空，如是眾生身，不離諸佛智。以如是義故，說一切眾生，皆有如來藏，如虛空中色。（注95）

換言之，由於在法身如來智 (Buddhajñāna) 的遍照之下，「一切眾生入於佛智」*(buddhajñāratargarmat sattvaraseḥ)*，在這個意義之下，說「一切眾生有如來藏」。也就是《楞伽經》所說的：「如來藏自性清淨，轉三十二相，入於一切眾生身中。」（注96）

從法身的遍滿、佛智的不離或入眾生身的事實，可以說一切眾生有如來藏，但是法身（或佛智）與眾生的關係如何呢？這可以有不同的詮釋。有一種詮釋是：由於法身（智）遍滿（或入）眾生身中，眾生自然地具足如來法身、佛智。如《華嚴經》說的「如來智慧無處不在……無相智慧、無礙智慧，具足在於眾生身中。……如來智慧在其身中，與佛無異。」（注 97）這樣的解釋與傳統如來藏說一致，但是這多少含有一元論、神我 (ātman) 的傾向。有人因此作另一種詮釋，例如西藏自空派 (Rangtongpas) 的 Gyaltsab 認爲所謂如來「法身遍滿」（遍照）眾生，就像佛業的遍及眾生，眾生可蒙受法身遍滿的薰陶和影響或佛業的利益，但這不意味眾生就自然具足如來智或佛業（注 98），而「與佛無異」。

西藏佛教有二個立場不同詮釋經論的學派：自空派 (Rangtongpas) 和他空派 (Shentongpas)。自空派主張諸法自性空 (rangstong)，例如，格魯派就是主張從自性空的立場去瞭解和詮釋佛典。他們認爲自性空是屬於「二轉法輪」(second Dharmacakra) 的了義說。Rangtong 的意思是「自性空」(self-emptiness)，如經典所說的「一切法空」。一切法由於緣起的組合，沒有永恆不變的自體 (essence)，故說自性空。以自性空立場詮釋如來藏思想的學者，包括十三、四世紀的 Ngog、十四、五世紀薩迦派的 Rongton、十五世紀格魯派的 Gyaltsab 等。

Shentong 的意思是「他性空」(emptiness of other)。他空派所謂的「他性空」者不是指一切法，而是實相 (Utlimate Reality)（注 99），因爲它雖「真空」，卻「妙有」的存在著。換言之，他空派雖也說空，可是所指的是「他空」，而非「自空」。「他空」是指實相、真如之外的其「他」染污法是「空」無的，而不是指「自」身清淨法的「空」。他空派認爲他性空屬於「三轉法輪」(third Dharmacakra) 的了義說（注 100）。其代表人物包括 Dolpopa、Rangjung Dorje、Mikyo

Dorje 等。

自空派從「二轉法輪」的立場闡釋如來藏思想，雖然可以淡化神我色彩，但是卻與如來藏學系的本意不同，如來藏學要強調的特點就是肯定眾生具如來稱性功德。《寶性論》廣引各經論，就是要強調這一點。如它引《華嚴經》說:「一切眾生界中，終無有一眾生身中而不具足如來功德及智慧者，但眾生顛倒，不知如來智。」（注 101）總之，由於如來法身與凡夫眾生的本質無異，從如來位論眾生，故說一切眾生有如來藏。

2.真如無差別義:

真如有二種，如「論本偈」說:「真如有雜垢，及遠離諸垢」，即所謂「有垢真如」(samala tathatā) 和「無垢真如」(nirmala tathatā)。眾生處煩惱中，真如佛性未離諸煩惱所纏，故眾生位的真如叫「有垢真如」，亦即如來藏。當「如來藏轉身到佛地得證法身，名如來法身」。因爲諸佛清淨無染，遠離塵垢，故佛果位的真如叫做「無垢真如」。二種真如的「相」雖不同，「性體」是無差別的，就像糞穢中的真金一樣。《論》說:

> 以性不改變，體本來清淨，如眞金不變，故說眞如喻。
>
> 一切諸眾生，平等如來藏，眞如清淨法，名為如來藏。
>
> 依如是義故，說一切眾生，皆有如來藏，應當如是知。（注 102）

如來藏學說中最基本的一個教示，就是眾生如來藏染而不染。許多如來藏系經論一再強調這個觀念。《如來藏經》說:

> 我以佛眼，觀一切眾生，貪欲恚癡諸煩惱中，有如來智、如來眼、如來身，結跏趺坐儼然不動。
>
> 一切眾生，雖在諸趣煩惱身中，有如來藏常無染污，德相備

足，與我無異。（注 103）

儘管煩惱在外相上污染清淨心，但是清淨心的自性不爲所染，這是常恆不變的真理，所以說「此法性法體性自性常住，如來出世、若不出世，自性清淨本來常住、一切眾生有如來藏。」（注 104）總之，因爲眾生的有垢真如與如來的離垢真如在本質上無差別，所以說一切眾生有如來藏。

3.「實有佛性」義:

「實有佛性義」的梵文是*bauddhe gotre tatphalasyopacārat*。中譯「論本偈」解釋「實有佛性義」時說:「依一切諸佛，平等法性身，知一切眾生，皆有如來藏」。中譯的「依一切諸佛，平等法性身」，梵文沒有相當的字句（注 105）。對照梵文本，「實有佛性」義的「佛性」，其原文是*Buddhagotra*，指的是佛的種性*(gotra)*，而不是佛體性*(buddhatva)*。

種性 (gotra) 是佛典中常出現的名詞，有多種含義。它最原始的用法，是指從古到今存在於印度社會的種性制度，區分階級種類的，如婆羅門種性、剎帝利種性、吠舍種性等，其歸屬是以血統而決定。佛典中用的種性亦含有種類或類別 (class 或 category) 的意思，但並非以血統或外在社會階級爲區分，而是指內在精神、智慧、心靈領域的不同。最顯著的例子是瑜伽學系主張的聲聞、緣覺、菩薩、無性、不定等五種性。由於他們種性的不同，其精神心靈的發展也就不一樣。此意義下的種性象徵族姓*(gotra =kula)*、脈傳*(gotra =vaṃsa)*、和種因*(gotra =bīja)*（注 106）。例如《華嚴經》的「十住品」說:「菩薩種性，甚深廣大，與法界虛空等，一切菩薩從三世諸種性中生。」（注 107）大乘的族脈 (lineage) 是由諸佛與佛弟子世世相承。一方面佛弟子（菩薩）須具有「佛家族」的種性，另一方面諸佛種性也是個成佛的「生因」。

《寶性論》中提到的種性，亦含多義。「論本偈」在解釋「實有佛（種）性」義時說:

佛性有二種，一者如地藏，二者如樹果，無始世界來，
自性清淨心，修行無上道，依二種佛性，得出三種身。
依初譬喻故，知有初法身，依第二譬喻，知有二佛身，
眞佛法身淨，猶如眞金像，以性不改變，攝功德實體，
證大法王位，如轉輪聖王，依止鏡像體，有化佛像現。
（注 108）

上引偈中明言佛種性有二種象徵性的意義: 一者如地藏，二者如樹果。這是《寶性論》引《如來藏經》的九喻來譬喻如來藏三義。《論》說: 「法身及真如，如來性實體，三種及一種，五種喻示現。」（注 109）這是指譬喻「法身」者有三喻: 化佛、蜂蜜、堅實。譬喻「真如」有一喻: 糞穢的真金。譬喻「如來（種）性」的有五喻: 地（中寶）喻、果樹（芽）、（弊衣裹）金像、（貧女懷妊）輪王、（鑄模中）寶像。由此五喻可看出種性含有「族脈相傳」、「礦藏」（mine 或 matrix，由此探出寶物）、「種因」*(bīja)*的意義。《論》解釋說: 「以五種喻能作三種佛法身因，以是義故說如來性因。此何義？此中明性義以爲因義（注 110）。」（注 111）《寶性論》更舉《大乘阿毗達磨經》*(Mahāyāna-abhidharma-sūtra)* 的一偈作爲經證:

無始世來性，作諸法依止，依性有諸道，及證涅槃果。
（注 112）

此偈明白顯示佛種性爲諸法的「因」。

五喻各自的象徵意義如下:

第五喻：地（中寶）藏喻：指偈中所說的「自性清淨心」*(prakṛtistha)*。地中寶藏雖埋於地中：無始來的寶性不變，就像眾生的自性清淨。心雖覆蓋在煩惱中，亦是無始中自然清淨。這就是如《佛性論》所說的「住自性性」*(prakṛtistha-gotra)*。

第六喻：果樹（中芽）：指偈中所說的「修行無上道」果樹中的芽雖隱含有成長爲果樹的屬性，它還是須經過生長的階段，就像眾生種性含有「無上道」的因素，還是須經過「修行」的階段。此「修行無上道」的「習種性」*(samudānīta-gotra)* 相當於《佛性論》的所說的「引出性佛性」。

第七喻：弊衣裹金像：此喻由種性出生佛法身 *(Dharmakāya)*，因爲「真佛法身淨，猶如真金像，以性不改變，攝功德實體。」（**注 113**）此喻的金像和第五喻的地中寶藏一樣，雖都爲染污所覆，淨性不改變。

第八喻：貧女懷輪王：此喻由種性出生報身 *(Saṃbhogakāya)*。如偈言「證大法王位，如轉輪聖王」。眾生如貧女懷妊生王子，亦懷佛種性，終將「證大法王位」，具足福德智慧，證得報身。

第九喻：鑄模內金像：此喻由種性出生化身 *(nirmāṇakāya)*。如偈說「依止鏡像體，有化佛像現。」金像譬喻由種性出生的化身。金像的形狀和大小隨鑄模而成，同樣的，佛化身亦隨眾生的需要而有不同的變現。

總而言之，種性有三種字義：1.族脈 (lineage 或 family) 2.種因 (seed 或 germ) 3.藏 (mine 或 matrix)。《寶性論》所引用的五喻似乎也都涵蓋這三個意義。如貧女懷輪王喻的種性有「族脈」義，果樹芽喻的種性有「種因」義。其他三喻則有（空）「藏」義。因種性含多義，而《寶性論》也引不同的比喻來說明種性，卻也引起如來藏思想上一個重要的爭議，即佛種性（或如來藏）是本有或始有。《寶性論》說「佛性有二種，一者如地藏，二者如樹果」。前者喻「住自性性」的自性清淨心體（本有）。後者喻「引出性」的「修行無上道」歷程（始有），這是說果芽雖有可能成長果樹，它必須經過成長過程，所以並非必然的。依佛性本有說，眾生本自覺悟，不假造作，終必成佛，因此成佛有其先天的必然性，然而佛性本有說易落入一元化的有我論。相反的，依佛性始有說，則眾生覺性，待緣始起，修行證悟，當來作佛。如此雖可避免有我論的色彩，但也失去成佛先天的必然性。由於印度佛教如來藏學經論對於如來藏本體的定位問題沒有明確的定論，留給中國佛教「百家各鳴」的佛性說（**注 114**）。

眾生皆有如來藏是如來藏經論共同的主題，各用不同的內容加以闡釋。《寶性論》以「法身」、「真如」、「種性」三層面說明之。總括言之，法身遍滿義，是從果位而言：佛→眾生。佛種性義，是從因位而言：眾生→佛。真如無差別，是約眾生與佛無差別說：眾生＝佛。總之，無論從那個層面而言，眾生皆有成佛的因性，而這個因性在因位上就叫做如來藏，結論當然是「一切眾生皆有如來藏」。

㈡自性清淨心 *(prakṛti-pariśuddha-citta)* 與煩惱 *(kleśa)*

在探討人性的本質上，如來藏學說將人性認定在清淨上，而且是本淨的。「自性清淨心」自然成為如來藏說的根本教義。在現實世界中，眾生並未全然表現本性的清淨面，因此「心性本淨，客塵所染」變成眾生最佳寫照。理論上，自性清淨心意義為何？與煩惱的關係如何？如何去染顯淨等等問題，都是如來藏系經論須要闡釋的課題。

自性清淨心並非大乘或如來藏說的專有用語。其淵源可溯自阿含經。例如《增支部》說：

1.「比丘眾，此心極光淨，而客隨煩惱雜染，無聞異生不如實解，我說無聞異生無修心故。」

2.「比丘眾，此心極光淨，而客隨煩惱解脫，有聞聖弟子能如實解，我說有聞聖弟子有修心故。」（注 115）

以上兩段經文比照了「無聞異生」及「有聞聖弟子」的心都是極光淨，但前者卻「隨煩惱雜染」，而後者能「煩惱解脫」，其原因可列示如下（注 116）：

心明淨 → 凡夫：煩惱所染（不如實解 ⟵ 無修心 ⟵ 無聞）
心明淨 → 聖人：煩惱解脫（如實解 ⟵ 有修心 ⟵ 有聞）

《阿含經》的心性說要點是：1.心是極光淨(*pabhassara*)，2.是受隨煩惱(*upakkilesa*) 所染的，3.隨煩惱和心清淨的關係是客塵(*āgantuka*)的，4.去除煩惱的方式是聞、修、解。由上可見，雖然《阿含經》中的自性清淨心」意指「自性」(prakṛti) 清淨，表現其主體性（與煩惱的客體性相對），但它還是屬於較靜態(static) 的存在，不像後期如來藏系的「自性清淨心」（如來藏）屬於動態(dynamic)。換言之，《阿含經》所說的心性雖清淨，它並不起什麼積極的作用（注 117），不像《勝鬘經》所說的如來藏能起「厭苦欣涅槃」的作用，因此，上引的《增支部》強調凡夫眾生要從聞思、修心、如實知見心性清淨，以達到煩惱解脫。《阿含經》的心性說表現素樸的修心實踐論，不過，其心性清淨與客塵煩惱說給予往後佛教的心性論立下了基本的模式。

繼承阿含「心性清淨」的部派佛教有大眾部 (Mahāsaṁghika) 和分別說部 (Vibhajyavāda)，其依循阿含的說法，認爲心本性清淨，客塵煩惱所染。未斷煩惱前，是性淨相染的，但無論是解脫前的染污心，或之後的不染污心，其心體不變。如《大毗婆沙論》說：

聖道未現在前，煩惱未斷故，心有隨眠。聖道現前，煩惱斷故，心無隨眠。此心雖隨眠、無隨眠時異，而性是一。如衣、鏡、金等，未浣、磨、鍊等時，名為有垢衣等。若浣、磨、鍊等已，名無垢衣等。有無垢等，時雖有異而性無差別，心亦如是。（注 118）

引文所舉的垢衣、磨鏡、鍊金等譬喩，也與《如來藏經》的九喩有同樣的象徵意義，均爲表現性淨與煩惱的關係。

說一切有部反對大眾部和分別說部的心性本淨說，批評其違背佛教傳統無我論的「正理」，判定性淨說爲「非了義」說（注 119）。《成實論》也說：

心性非是本淨，客塵故不淨，但佛為眾生謂心常在，故說客塵所染則心不淨。又佛為懈怠眾生，若聞心本不淨，便謂性不可改，則不發淨心，故說本淨。（注 120）

《成實論》的思想屬於經量部 (Sutrantika)，不主張心性本淨說，而認爲佛典中之有本淨說，乃是佛爲鼓舞懈怠眾生的方便說。此理由雖與《寶性論》所舉佛說如來藏五個理由之一的爲「怯弱」眾生說相合（注 121），但真常論者並不同意心性本淨說是不了義。事實上，《寶性論》自稱「究竟一乘」、「大乘最上秘密」(Mahayanottaratantra)，意謂如來藏（心性本淨）說才是最究竟了義說。

大乘佛教興起後，繼續弘傳心性本淨說，而且給予各自獨特立場的詮釋。例如般若系統，就從其基本教義「空」的立場來解說自性清淨心。如《小品般若波羅蜜經》說：

菩薩行般若波羅蜜多時，應如是學：不念是菩薩心，所以者何？是心非心 *(acitta)*，心相本淨故。（注 122）

引文中把心性清淨解釋爲「非（無）心」。「非心」義心空、心不可得、超越有無。所以在舍利弗問到「是心爲有心非心性不？」時，須菩提答道：「非心性中，有性無性既不可得，如何可問是心爲有心非心性不？」（注123）換言之，如果「非心」是心性清淨，那此「非心」（即自性清淨心）是否存在？須菩提的回答是「非心性」*(acittata)*中，「有性」、「無性」皆不可得，如何能問「非心」的心是否存在呢？舍利弗又追問：

> 「何等名為心非心性？」善現（須菩提）答言：「於一切法無變異、無分別，是名非心。」（注124）

依般若空義，「心」固然不可得，「非心」亦不可得。如此推論，則自性清淨心亦不可得，非有非無。般若法門中一切法「本性空」，而就此基礎上言「本性淨」。這正是《大智度論》所說的「畢竟空即是畢竟清淨。」（注125）因此，般若經論在解釋心性本淨時，雖說心清淨，但一再強調它的本性空。如《大智度論》說：

> 心中實心相不可得。是心性不生不滅，常是淨相。客塵煩惱相著故，名為不淨心。心不自知，何以故？是心心相空故，是心本無有實法。（注126）

般若法門之把心視爲自性清淨，乃建立於其自性空上。這種說法當然符合般若教理，但還是不全符合真常系的觀點，因爲真常系的自性清淨心含「空」與「不空」兩個層面。清淨心性固然可說「空」於煩惱，但它的清淨莊嚴功德是不空的。再者，《大智度論》說：「以人畏空，故言清淨」（注127），視心清淨說爲方便說，這也與真常說的根本意趣相左。

除了《般若經》之外，《大集經》也是特別討論到自性清淨心的經集（注128），因此《寶性論》廣爲引用。例如：《寶性論》在論及如來藏能如實知自性清淨心，如無價摩尼珠淨善光明，雖墮泥中經千年，出泥清洗後，乃不失本清淨無垢體，即引用《海慧菩薩品》說：

> 菩薩摩訶薩亦復如是，如實知見一切眾生自性清淨光明淨心，

> 而為客塵煩惱所染。大海慧！諸菩薩善生如是心，彼諸煩惱不染眾生自性淨心。是諸煩惱客塵虛妄分別心起，而彼諸菩薩復生是心，我今畢竟令諸眾生遠離客塵煩惱垢，為之說法。（注 129）

此段經文中的「自性清淨客塵煩惱」說，是承續《阿含經》的說法，不過，此處更加強調它的實踐意義。菩薩不但自己如實知見自性清淨，而煩惱無體虛妄分別而有，並且更進一步要說法令眾生遠離煩惱。可見如來藏說已漸漸將對義理的證悟轉化成實踐的動力。下列的偈頌更清楚地表達這意向:

> 眾生本來清淨心，了之此說名為慈。（注 130）
>
> 一切諸法本性淨，是故修集於慈悲。（注 131）

由此可見，如來藏自性清淨心應可視爲修證的潛能 (potential) 和動力，而不是實在一元論 (monism)。

《虛空藏菩薩所問經》是《寶性論》廣引的一部經。其自性清淨論的特點在於以虛空爲喻，表顯本性淨和煩惱空，如《經》說:

> 一切眾生心本性，清淨無穢如虛空，
>
> 凡夫不知心性故，說客煩惱之所染。（注 132）
>
> 凡夫者是緣生法，譬如染纈或處受色或處不受，有情心行亦復如是。……善男子，夫煩惱者無有方所，亦無住處，復無積聚，從不如理作意和合而生。若如理觀察是雜染性則為清淨。（注 133）

正因爲心性和煩惱沒有絕對不變的自性存在，故眾生可轉雜染爲清淨。《虛空藏菩薩所問經》中，佛陀甚至授記惡魔波旬 (Māra) 當證無上菩提，就是基於此理論基礎。這種法門經中稱之爲「自性清淨光明門」(*prakṛtivisuddhi mukhaṃ dharmālokamukham*)。《經》說:

清淨心不為客塵煩惱所染。所有非如理作意業煩惱蘊處界等，一切皆是因緣和合故有，因緣若闕則不生起。彼清淨性無有因緣，亦無和合，亦不生滅，如虛空性。非如理作意如風，業煩惱如水，蘊處界如地，由是一切諸法無有堅牢，根本無住本來清淨。善男子，是名自性清淨法光明門。菩薩由證此法門故，不為一切諸煩惱垢之所染污……則超魔境。（注134）

這段經文是佛陀應天人所問如何「超魔境」，而說的「自性清淨法光明門」。要證入此法門，首先要瞭解「清淨心不爲客塵煩惱所染」。此說法剛好與《阿含經》及其他大乘經典所說「自性清淨客塵所染」相反。其實，兩種說法並非不同，只是前者是從煩惱的空性而言不爲所染，而後者則強調染而不染。一切「非如理作意」*(ayoniśomanasikāra)*的煩惱，蘊處界都是無自性，因緣和合的存在。引文中將蘊處界喻如地，煩惱如水，非如理作意爲風，而「大地依水而住，大水依風而住，大風依空而住，虛空無所依住」（注135）。因此，「一切諸法無有根本，都無所住，以假言說故，言有而無實。」《虛空藏菩薩品》以虛空爲喻，並以四界（地、水、風、空）相互爲依說明煩惱等諸法之無所住、有言無實，而結論是「一切諸法性常淨」。總之，「自性清淨客塵所染」是針對清淨自性的染汙表「相」而言，而「清淨心不爲客塵煩惱所染」是針對清淨自性的本「性」而言。下面的偈頌很清楚地說明此義：

一切眾生心本性，清淨無穢如虛空。
凡夫不知心性空，說客煩惱之所染。
若諸煩惱能污心，終不可淨如垢穢。
諸客煩惱障覆故，說言凡夫心不淨。（注136）

凡夫不知心的本性清淨如虛空，以爲被煩惱所染污。若果真煩惱能污心，就不能說心的本性淨，而且難於再回復清淨。然而，現實告訴我們，眾生還是煩惱不斷，這是因爲清淨心被「煩惱障覆」（不是本質上被污染），所以說「凡夫心不淨」如同明鏡被塵沙所覆蓋，而不會被污染一樣。用現代的科學語言來說，所謂煩惱染污清淨本性是物理作用，而不是化學作用。因此，「自性清淨客塵所染」，強調的是「相染」，而「清淨心不爲客塵煩惱所染」強調的是「性淨」。二說合起來就是指現實世界中眾生的「性淨相染」。從以上的討論可見《阿含經》的心性說只素樸地做了「心性本淨客塵所染」的前題式宣示，並未在理論上深入說明本性淨與煩惱的關係，而《大集經》進一步探討了兩者之意義和關係。《寶性論》因此廣引《大集經》的心性論。

《寶性論》的心性清淨說，依據阿含和初期大乘心性論的基礎而發展。其著重的問題點在於清淨心的「自性」和「清淨」意義的詮釋。首先，《寶性論》把自性清淨心的「自性」與「法性」、「法界」、「法身」、「如來藏」都視爲同義詞。它引《勝鬘經》說:

> 世尊！如來説如來藏者，是法界藏、出世間法身藏、出世間上上藏、自性清淨法身藏、自性清淨如來藏（注137）

因爲自性清淨心與如來藏、法身等意義相同，由此引申其本性與法身一樣，也有常住*(nitya)*、樂*(sukha)*、我*(ātman)* 等屬性。

其次，《寶性論》解釋清淨時說:

> 清淨者略有二種，何等為二？一者，自性清淨；二者，離垢清淨。自性清淨者，謂自性解脱，無所捨離，以彼自性清淨心體，不捨一切客塵煩惱，以彼本來不相應故。離垢清淨者，謂得解脱。又彼解脱不離一切法，如水不離諸塵垢等而言清淨。以自性清淨心遠離客塵諸煩惱垢，更無餘故。（注138）

從清淨與煩惱的捨離與否而言，清淨可分成「自性清淨」(*prakṛti-viśuddhi*) 和
「離垢清淨」(*vaimalya-viśuddhi*)。「自性清淨」（如來藏）是眾生位，無所捨離，因爲它「不捨一切客塵煩惱」。「離垢清淨」是佛位，因爲它「遠離客塵諸煩惱」。其實，佛位也是自性清淨，因此《無上依經》把自性清淨視爲通相，離垢清淨視爲別相（**注 139**）。也就是說無論佛或眾生，其同具本性淨，眾生雖有煩惱，本性不變，而佛雖已離垢無煩惱，卻也「不離一切法」。因此在凡在聖均無增減。如《寶性論》所說的：

> 不滅一切法者，不滅煩惱。不增一法者，眞如性中不增一法，以不捨離清淨體故。（**注 140**）

從勝義諦雖可言在聖不增在凡不滅，但從世俗諦中凡聖卻有不同，那又如何解釋清淨心爲煩惱所染呢？《寶性論》引《勝鬘經》說：

> 世尊！剎尼迦(*kṣaṇika*)善心，非煩惱所染。剎尼迦不善心，亦非煩惱所染。煩惱不觸心，心不觸煩惱。云何不觸法而能得染心？然有煩惱，有煩惱染心。自性清淨心而有染者，難可了知。如是等《勝鬘經》中廣說。（**注 141**）

引文的意思是說，心是剎那剎那變化的，無論是善心或不善心都生滅不已。既然如此，善心或不善心都不能爲煩惱所染，心也不能觸煩惱。但是現實人生中，既有煩惱，又有被煩惱所染的清淨心，理由何在？引文中的回答是「難可了知」。事實上，《勝鬘經》說有二事「難可了知」：1.自性清淨心難可了知，2.自性清淨心爲煩惱所染亦難可了知（**注 142**）。眾生爲什麼會有清淨的本性是屬於形而上的人性論問題。佛陀對於形而上的哲學問題（即佛教所說的「無記」），

一向保持默然，不作理論性無謂的討論，因爲這些問題不是邏輯理論和思辯所能圓滿解釋的，所以乾脆說「難可了知」。再者，「難可了知」也表示自性清淨心教義的難於徹證。因此，如來藏學派特別強調「信」的重要。

至於「自性清淨心爲煩惱所染難可了知」，如果勉強要從理論上分析，可分兩個方面來瞭解。一者，所謂「自性清淨心爲煩惱所染」，是指煩惱覆蓋自性清淨心，而不是在本質上使其污染。煩惱是「憑依」在清淨心上而存在，煩惱既不能染污清淨心，清淨心也不是煩惱的生因。如果以主性（自性清淨心）和客性（煩惱）去瞭解兩者的關係，則「自性清淨心爲煩惱所染」就不是那麼「難可了知」的問題了。二者，雖然從清淨和煩惱的主、客性可以理解自性清淨之不染而染、染而不染的真正意義，但是如果要追問覆蓋在自性清淨心上的無明煩惱的起源，這就是屬於「難可了知」的問題了。一般哲學和佛教對於人性中的染污面（性惡）的起源雖都提出不同的理論和詮釋（注143），但要真正的悟解，從佛教的觀點而言，須要超越理論的範疇進入證悟的層次。

總之，自性清淨心是自《阿含經》以來，一直都是心性論中很重要的課題。大乘之前的心性說定下了「自性清淨客塵所染」的模式。此時期清淨的意義大都指心如白紙般的明淨，從「心淨則眾生淨，心染則眾生染」的觀點強調修心的重要。大乘初期的般若經典以自家一切法空性的立場融會自性清淨說，使得空與本性淨成爲同義詞。《大集經》中一方面以虛空喻眾生心本性清淨，另一方則強調煩惱之不能染清淨心，因煩惱只是「依自性清淨心住」，如塵垢依虛空而住，卻不能染虛空一樣。《寶性論》的自性清淨心說除了承襲以前的心性說之外，並且系統化了真常系心性說的特點，清淨心由被動靜態轉成主動能「厭生死欣涅槃」的動力。再者，自性清淨心的含義漸漸擴大成爲如來藏、法界、法身的同義詞。因此，自性清淨心不但如白紙似的明淨，且蘊含無量清淨佛功德。至於自性清淨無量功德的存有，以及它與煩惱的關係，這些形而上的理論問題，因爲屬於「無記」性，《寶性論》認爲是難可了知而未加討論，但強調要有如實知見的「信」樂如來藏法門。

㈢信與如來藏法門

「信」*(Śraddhā)* 是大小乘佛教均注重的實踐德目。如五根（信、精進、念、定、慧）就是以信爲首。《大智度論》也說：「佛法大海，信爲能入，智爲能度。」至於所信之法，諸經論各有其強調者。例如《雜阿含經》舉佛法僧聖戒等四證淨信；《俱舍論》則舉四諦、三寶、善惡業果報等。然而，如來藏說經論更加強調信之重要，其原因和信的含義均值得注意。大約西元三世紀起，如來藏經典開始陸續流轉起來。其帶有神我色彩的如來藏說 ──「一切眾生皆有如來藏」、「佛藏在身，眾相具足」，與傳統佛教無我論確有不同，難免受到批評。如來藏經論一方面加以辯解，另一方面也極力強調信受如來藏說的重要。如《十法經》*(Daśadharmaka)*（注 144）說：

> 信如來藏，不老不死、無量無邊、不生不滅、不常不斷。（注 145）

《十法經》主題在於說明菩薩以十法安住大乘。十法中的第一法是「信成就」（成就正信），而要達到信成就，須信受十一種法，而其中之一就是信不生不滅、不常不斷的如來藏。《大般涅槃經》更說：

> 佛性者名大信心。何以故？以信心故菩薩則能具足檀波羅蜜乃至般若波羅蜜。一切眾生必定當得大信心故，是故說言一切眾生悉有佛性。大信心者即是佛性。（注 146）

《勝鬘經》是如來藏系中很強調信的經典。《經》中首先提出「攝受正法」即是攝受如來藏說。爲了攝受正法，佛子應不惜捨身、捨命、捨財。這可能暗示如來藏說在當時遭受反對或批評，故須加強信心，並不惜捨身命護持。另一個強調信受如來藏說的原因是如來藏義甚深，非凡夫能知，如《勝鬘經》說：

> 如來藏甚深故，說聖諦亦甚深，微細難知，非思量境界，是智者所知，一切世間所不能信。（注 147）

由於如來藏的甚深義，世間眾生難知，甚至不容易起信，故《勝鬘經》強調唯信佛語。如《經》說：

> 有二法難可了知。謂自性清淨心難可了知。彼心為煩惱所染亦難可了知。如此二法，汝及成就大法菩薩摩訶薩乃能聽受，諸餘聲聞唯信佛語。（注 148）

眾生自性何以清淨？而清淨心何以又有污染？這兩個問題是如來藏說的主要課題，但都非凡夫能了知，既然如此，就信受佛所說有關如來藏的教義即可。換言之，它們不是屬於思辯的理論問題，而是屬於信仰體證的層次。如《勝鬘經》〈真子章〉說：

> 未來世中，我弟子隨信增上，依於明信隨順法智，自性清淨心，彼為煩惱染污而得究竟。是究竟者入大乘道。信如來者，有是大利益，不謗深義。（注 149）

《勝鬘經》說有三種善男子善女人，能入甚深的如來藏大乘道，故被稱爲「真（佛）子」。第一類爲能「自成就甚深法智」者；第二類爲能「成就隨順法智 」者；第三類是「於諸深法不自了知，惟仰世尊，非我境界，唯佛所知，是善男子善女人惟仰如來。」（注 150）前二類眾生指菩薩和二乘人，第三類指一般凡夫。後二類眾生尤應信受佛語。

將如來藏思想組織、綜合、系統化的《寶性論》對信受如來藏說的強調，更是不遺餘力，它甚至將最後一品完全做爲校量信的功德。該品開頭即言：

佛性佛菩提，佛法及佛業，諸世間淨人，所不能思議。此諸佛境界，若有能信者，得無量功德，勝一切眾生。（注151）

偈中提及的佛性、佛菩提、佛法（功德）、佛業等四法是《寶性論》的主題，正是如來藏法門要眾生信解的內容。至於如何信解此四法呢？《論》中的「註釋偈」解釋說：

身及彼所轉，功德及成義，示此四種法，唯如來境界。智者信為有，及信畢竟得，以信諸功德，速證無上道。（注152）

偈中的信有三義：「信爲有」*(astitva)*，「信畢竟得」*(śāktatva)*，和「信諸功德」*(guṇavattva)*，其源自傳統佛教信的三相：「信實有」*(abhisaṃpratyaya)*，「信有德」*(prāsāda)*，「信有能」*(abhilāṣa)*。《阿毗達磨集論》*(Abhidharma-samuccaya)* 言：

信者，於有體、有德、有能，忍可清淨希望為體，樂欲所依為業。謂於實有體，起忍可行信，於實有德，起清淨行信，於實有能，起希望行信。謂我有力、能得、能成。（注153）

《顯揚聖教論》亦有同樣的說法：「信者，謂於有體、有德、有能，心淨忍可爲體，斷不信障爲業。」（注154）也就是說對有「有體、有德、有能」三者，要有忍可、心淨和希望的心態去信仰。至於「有體、有德、有能」所指爲何，二論沒有明示。《成唯識論》則解釋如下：

信差別，略有三種：一、信實有，謂於諸法實事理中，深信忍故。二、信有德，謂於三寶，真淨德中，深信樂故。三、信有能，謂於一切世出世善，深信有力，能得能成，起希望故。

（注155）

由以上的引文，可知雖然瑜伽學系和如來藏學系都說「信」有「實有、有德、有能（得）」三相，但是其意義有一個重大差別，即二學派對「信實有」的解釋不同。《成唯識論》說「信實有」是指信「諸法實事理」。換言之，一切真實佛法的事理都是信忍的內容。而《寶性論》的「智者信爲有」的對象是佛性和佛菩提。具有融通瑜伽和真常色采的真諦譯《攝大乘論釋》，更直截了當地把信與佛性串連：

信有三處：一信實有，二信可得，三信有無窮功德。信實有者，信實有自性住佛性。信可得者，信引出佛性。信有無窮功德者，信至果佛性。（注156）

由上引文可見，「信」的內容已從一切真實佛法，而轉向強調佛性的信仰，而且與真常系各經論中的如來藏（佛性）義可相銜接。再者，《攝論》如此詮釋信與佛性的關係，也可做爲如來藏與瑜伽學系相涉的例證。以下試以《攝論釋》的「信」三義與《寶性論》和《佛性論》的如來藏（佛性）義相比對（注157）。

《攝論釋》		《寶性論》	《佛性論》
信實有	自性住佛性	佛種性義	能攝藏
信可得	引出性佛性	眞如無差	隱覆藏
信有功德	至果佛性	法身遍滿	所攝藏

以上信與佛性的關係是建立在眾生自身上。首先，眾生必須堅信自身「實有 」「能攝」如來清淨功德的「自性住佛性」。再者，眾生要相信藉由修行畢竟「可得」「隱覆」在眾生心中與佛「真如無異」的「引出性佛性」。最後，眾生也必須相信自己證得的「至果佛性」是「有無窮功德」的法身「所攝藏」。信之三義的關鍵在於「信可得」，因爲要啓動「自性住佛性」而達到「至果佛性」的因素，在

於相信此成佛過程有可得性，當然，從可得性到真正的實現，勢必透過實踐修行的歷程。總之，如來藏思想中，自性住佛性是本具，透過動態的引出性佛性的實踐功夫，最終一定可到達至果佛性的圓成，但是此成佛過程之成就，首先必須對它有完全的信心。

《寶性論》的「論本偈」在解釋如來藏的「因」義時說：

> 自性常不染，如寶空淨水，信法及般若，三昧大悲等。（注 158）

前半偈的意思是說如來法身（或在纏如來藏），如同如意寶珠、虛空、淨水般的清淨，而其成就的四要素是信、般若、三昧和大悲。四要素以信爲本，但彼此息息相關，故偈說：

> 大乘信為子，般若以為母，禪胎大悲乳，諸佛如實子。（注 159）

《寶性論》舉四類眾生有四種障，故「不能證、不能會、不能見如來之性」。他們是：1.一闡提，2.外道，3.聲聞，4.緣覺。因謗大乘法而有一闡提障，對治法是信解大乘法。外道障是因橫計身中有我，對治法是修行般若。聲聞障出於怖畏世間諸苦，修行三昧可對治。緣覺障在於背捨利益眾生，修行大悲爲對治法。至於「信解」是對治什麼和信受什麼呢？《寶性論》引《勝鬘經》說：

> 凡夫眾生於五陰法起顛倒想，謂無常常想，苦有樂想，無我我想，不淨淨想。世尊！一切阿羅漢辟支佛空智者，於一切智境界及如來法身本所不見。若有眾生，信佛語故，於如來法身起常想、樂想、我想、淨想，世尊！彼諸眾生非顛倒見，是名正見。（注 160）

引文中說「信」是佛說的大乘法，一方面是要對治「四顛倒想」：無常當成常想、苦當樂想、無我我想、不淨淨想。另一方面不可對佛所說的「常想樂想我想淨想」視爲顛倒，因爲它是正見。此二種看似矛盾的說法有一個很大不同：無常常想等顛倒見是針對凡夫身心的「五陰法」而言，而常樂我淨則是針對佛「法身」而言。法身具常樂我淨四德是如來藏說的特點。由於它易被認爲是顛倒見，違背佛教基本教義，不易被信受，故一再強調信佛語的重要。《寶性論》爲了表顯佛說常樂我淨是正見，進一步說「四德」可對治「四顛倒」：即 1.信大乘修行證得第一淨波羅蜜，可對治著取世間不淨的一闡提障，2.修持般若證第一我波羅蜜可對治於五陰中見有神我的外道障，3.修行諸三昧證得第一樂波羅蜜，可對治畏世間苦的聲聞障，4.修行大悲證得第一常波羅蜜，可對治樂住寂靜捨棄眾生的緣覺障（注 161）。從以上《寶性論》的闡釋，可見如來藏思想把傳統體證消極性的無常、苦無我、空，轉向體證積極性的常、樂、我、淨，而這首先須建立信仰，如《論》說：

> 唯依如來信，信於第一義，如無眼目者，不能見日輪。（注 162）

偈中「第一義」當然是指如來藏說。「釋論」在解釋此偈時，舉四類眾生（凡夫、聲聞、辟支佛、初發心菩薩）「不識如來藏如生盲人」。值得注意的是，此處所舉的四類與上述四顛倒眾生不同的是，它特別指出初發心菩薩爲「散亂心失空眾生」，批評他們「離空如來藏義，以失變物修行」，不能真正瞭解空如來藏和不空如來藏義。因爲「自性清淨法界如來藏」，不是散亂心失空的初發心菩薩的境界，故應信受佛所說的如來藏「第一義」。

總之，《寶性論》從三寶、佛性、菩提、功德、業等方面論釋如來藏思想後，特別聲明「我此所說法，爲自性清淨，依諸如來教，修多羅相應」（注 163）。這是爲了怕如來藏說受到質疑，而強調所說的自心清淨等教義並無違背佛法，完全依如來教，與修多羅相應，給予如來藏的合（佛）法性，故凡夫不可懷疑，只要信受，以其功德就可證無上道。從以上討論可見如來藏說的成佛之道，亦是循傳統佛教的「信解行證」進行，但須注意的是如來藏所強調的信的內容，與其他學派是有所不同的。

㈣空智與不空智

如來藏思想中最大爭議點之一是空如來藏和不空如來藏之內容和意義爲何。如來藏系的經論雖有自己的解釋，但是後代論師，尤其是前面所提到西藏佛教的「自空派」和「他空派」，對如來藏空不空義都有深入的探討（**注164**）。基本上，如來藏思想對初期大乘一切法空說採批判的態度，指其爲「不了義說」、「有餘說」，而主張「有異法是空，有異法不空。」（**注165**）根據這個基本的論點發展出空不空如來藏法門。

《寶性論》引用《勝鬘經》，認爲如來藏有二個屬性，即「空如來藏」*(śūnya-tathāgatagarbha)*和「不空如來藏」*(aśūnya-tathāgatagarbha)*。《論》說：

> 勝鬘經言：世尊！有二種如來藏空智。世尊！空如來藏，若離、若脫、若異、一切煩惱藏。世尊！不空如來藏，過於恆沙不離、不脫、不異不思議佛法。（**注166**）

引文中說有二種「空智」，而所謂空智是指對「第一義空」有如實了知、證悟的智慧(prajñā)。《寶性論》說有三類眾生未能正確體解空義，亦即無空智：1.墮身見者*(satkāyadṛṣṭipatitaka)*，2.顛倒見者*(viparyasabhirataka)*，3.空亂意者*(śunyātavikṣiptacittaka)*。一般墮身見的凡夫，執持五陰身實有，不能得見「法界藏」，非其行境。顛倒見眾生不見「出世間藏」、「法身藏」，空亂意者不能得「自性清淨藏」。墮身見凡夫與顛倒見的二乘是一般大乘經典駁斥的對象，而如來藏又特別批判「散亂心失空眾生」對空意的誤解，這當然是指那些初發心菩薩不能知見如來藏的真義。故《寶性論》說：「散亂心失空眾生者，謂初發心菩薩離空如來藏義，以失變壞物修行，名為空解脫門」（注167）。換言之，空亂意的初發心菩薩認為「實有法斷滅後時得涅槃」，不知修行「空如來藏」。另一方面，空亂意初發心菩薩又「以空為有物」，離色等法之外，更有個空存在，因此修行以得空，這些人同樣是不知空義。換言之，失空眾生不是誤以「虛無」為空性，就是錯認「實有」為空性。兩者皆是謬見。那《寶性論》認為如何才是真正的空義呢？《寶性論》說：

不空如來藏，謂無上佛法，不相捨離相，不增減一法。如來無為身，自性本來淨，客塵虛妄染，本來自性空。（注168）

偈頌強調真正的空義必須俱含（如來藏的）空與不空。前一偈指不空如來藏，後一偈指空如來藏。「不空如來藏」乃如來藏本具「無上佛法」，無始來不曾相捨離過，此真如性中不增（清淨）不減（煩惱）一法，因為其清淨體不變。如此如實知見就能證得「不空智」。

「空如來藏」乃指如來藏雖有客塵煩惱，但由於煩惱的「本來自性空」，故不影響如來藏的「自性本來淨」。如此如實知見就能證得「空智」。總而言之，空智與不空智的知見，即是了解虛妄法不滅，真實法不空，如此，能遠離有無、空有兩邊，契入中道，證第一義空性。否則，若執一切法空，或執有個空，就是所謂散亂心失空眾生了。

如來藏思想體系的教義中，最引起爭議的可能就是如來藏的空、有問題。依般若思想而言，一切諸法因緣生，故自性空(*svabhava-śūnyatā*)。中觀學的自性空有二種含義：一者消極性地否定一切法的真實存在（或者說僅有虛妄的存在），二者積極性的無限、無礙的展開，這就是《中論》所說的「以有空義故，一切法得成。」如來藏空義雖然含有自性空的積極意義——如來藏是成佛可能性的無限展開，但是不盡相同，因爲它是「他性空」(*parabhāva-śūnyatā*)，換言之，如來藏（真如）並非「自空」，而是「他空」。如來藏的非自空乃因其與「無上佛法不相捨離」，而「他空」指自身外一切其他染污法皆空。

㈤依(*āśraya*) 與轉依(*āśraya-parivṛtti*)

佛教雖然主張無我，但面臨到「輪迴者是誰？」「受報者是誰？」這類問題時，也不得不提出不同的說法。部派佛教有的主張「不可說我」(*anabhilāpya-pudgala*)，「勝義我」(*paramārtha-pudgala*)，瑜伽學系提出阿賴耶識。真常系則以如來藏爲前生到後生，從生死到涅槃的依止。如《勝鬘經》說：

> 生死者，依如來藏，以如來藏故，說本際不可知。世尊！有如來藏故說生死，是名善說。生死者此二法是如來藏。……如來藏者，離有為相，常住不變，是故如來藏是依、是建立。世尊！不離不脫不異不思議佛法，世尊！斷脫異外有為法依持建立之者是如來藏。（注169）

如來藏淨心爲生死依是說生死煩惱依住如來藏上，如《寶性論》引《無上依經》說：「陰界入依業煩惱住，諸煩惱依不正思惟住，不正思惟依於佛性自性清淨心住。」（注170）由於如來藏「離有爲相，常住不變」，故僅是生死業煩惱的憑依因，而非生因，就像灰塵依虛空而住，但非虛空所生。如《論》說：

> 不正思惟風，諸業煩惱水，自性心虛空，不為彼二生。（注171）

不正思惟引起的煩惱屬有爲的因緣法，故其本性空，因之有去除或轉變的可能。從生死煩惱轉爲涅槃解脫，就是所謂的「如來藏轉依」。但是其意義與瑜伽學說的轉依有所不同。

如來藏轉依就是使有垢真如（如來藏）轉爲無垢真如。《寶性論》解釋說:

> 無垢如者，謂諸如來，於無漏法界中遠離一切種種諸垢，轉雜穢身得淨妙身。（注172）

煩惱諸垢無始來與如來藏共存，要顯淨妙身，只要遠離諸煩惱，就可「轉身得清淨」，因此如來藏轉依的過程，首先要相信煩惱本空不可得和如來藏本具清淨法。其次，只要去除或「遠離煩惱」，就可「轉成」離垢清淨如來藏、法身、真如。雖然說是如來藏轉依（或轉得），其實，一切功德本具的如來藏出煩惱藏，其本質並無轉變。

瑜伽學系中轉依(*āśrayaparavṛtti*)是很重要的教義。轉依的依是指阿賴耶識。轉依意謂轉識成智，即轉捨阿賴耶識後，轉得智慧佛法身。阿賴耶識與如來藏不同的是後者有本具清淨功德，而前者卻沒有。因此，從煩惱到解脫的過程中，就要將阿賴耶識轉變成爲清淨智，作本質上的改變。如真諦譯的《攝大乘論》說:

> 轉依者，對治起時，此依他性由不淨品永改本性，由淨品永成本性。（注173）

根據《成唯識論》轉依有二種（注174）。一者:「依」，乃指「依他起性」，是染淨法之所依。染謂虛妄遍計所執，淨謂真實圓成實性。「轉」謂「轉捨轉得」，亦即轉捨不淨的遍計所執，使它「永改本性」後，轉得「永成本性」的清淨圓成實性。

另一種轉依的「依」，乃指「唯識真如」，它是生死涅槃之所依。而轉依並不是轉變此真如，而是「離顛倒，悟此真如，使得涅槃

畢究安樂。」(注 175)《成唯識論》進一步解釋說:

> 由數修習無分別智，斷本識中二障麤重故，能轉滅依（眞）如生死，及能轉證依（眞）如涅槃。此即眞如離染性，（眞）如雖性淨而相雜染。故離染時假說新淨。即此新淨說為轉依。（注 176）

以上《成唯識論》所說的二種轉依，前者是瑜伽唯識學系所主張，後者爲真常如來藏所講的轉依。瑜伽系轉依的特色在於以三性說明轉依。它將依他起性視爲染淨依，但依他起性本身並無所謂染或淨，因爲染是指因依他而起的根本識中遍計所執性的二障。眾生由修行後，捨滅此二障煩惱，就能轉得依他起的圓成實性涅槃。因此轉依的過程包括將根本識中的二障煩惱轉捨後，使根本識轉變成清淨涅槃。而真常如來藏的轉依是「轉滅」依真如而存在的生死煩惱，「轉證」依真如存在的涅槃，而不同瑜伽轉依的是因爲如來藏真如性淨，所以事實上，轉依只是去除如來藏中的煩惱，自然顯現其本具的清淨涅槃。故引文中說轉依就是「真如離雜染性」，假說爲「新淨」。其實，轉依出纏的新淨原本就是在纏如來藏，並非如來藏本身有什麼轉變，也非轉得外來的清淨。

總而言之，真常與瑜伽學系均以轉依來說明從生死煩惱到解脫涅槃的過程。不同的是瑜伽著重「轉唯識性」— 從染轉成淨的根本改變，而真常則強調「顯如來性」— 去染以顯現本具的清淨性（注 177）。

以上討論的「如來藏義」，「自性清淨心」、「信」、「空智與不空智」、「轉依」等是《寶性論》四法（性、菩提、功德、業）中「佛性」和「佛菩提」的重要教義。除此之外，「佛法」中所舉如來的十力、十八不共法、三十二相等六十四種功德，與其他諸經論並無不同，此處不予重述，而「佛業」，《寶性論 》則以帝釋鏡像、天鼓、雲雨、梵天、日、摩尼珠、響、虛空、地等來譬喻如來不休息地教化眾生，顯示了佛性思想的積極性終極目的。

結語

綜觀整個《寶性論》內容，它所要表達的無非鋪演一條成佛之道。其基礎建立在「一切眾生有如來藏」的信心上。於佛性能起信之後，再經過修行的歷程，終究可圓證無量功德的法身（菩提），並且起無盡教化眾生的業用。此「成佛之道」最大特色，在於它有一個非常積極和肯定的「起點」（佛性），它不但鼓舞無數佛弟子趣向佛道，而且使他們在佛道上，對其他的人、事、物產生生命共同體的認同，天台宗的「草木成佛」、禪宗的「狗子有佛性」等，就是佛性論的延伸和影響。

注解

注 1　《寶性論》梵文本，是由 Rāhula Sānkṛtyāna 法師於西藏發現。E. H. Johnston 將它校正後，於 1950 出版。在此之前，對《寶性論》的研究，均限於中譯本和藏譯本。例如：E. Obermiller 根據藏譯本出版了 *The Sublime Science of the Great Vehicle to Salvation, Being a Manual of Buddhist Monism, the Work of Ārya Maitreya with a commentary by Āryasaṅga*。最早以梵本研究的英文著作則是高崎直道的 *A Study on the Ratnagotravibhāga, Being a Treatise on the Tathāgatagarbha Theory of Mahayana Buddhism*。

注 2　Johnston 認為用《寶性論》為名，乃著重在論的思想內容，用《大乘最上密義藏》乃重視論的思想地位。有些西藏宗派主張如來藏思想是屬於第三時教的了義教。

注 3　藏文有二譯本：(a) *Theg-pa-chen-po rgyud-bla-mahi bstan-bcos (Mahāyāna-uttaratantra-śāstra)*。(b) *Theg-pa-chen-po rgyud-bla-mahi-bstan-bcos rnam-par-b'sad-pa (Mahāyāna-uttaratantra-śāstra-vyākhyā)*。前者只有論本偈，後者則包括釋論。據傳二者都是 Blo-ldan-ses-rab (Matiprajñā) 於十一世紀時譯出。

注 4　在 Saka 殘卷中，曾提及彌勒是造論者。參閱 H. W. Baileg & E. H. Johnston, "A Fragment of the Uttaratantra in Sanskrit," *Bulletin S. O. S.*, vol. VIII, Part 1, 1935。

注 5　Obermiller, *The Sublime Science of the Great Vehicle to Salvation*, p. 92.

注 6　Obermiller 的解釋是：五論的風格相似。甚至在《寶性論》和《現觀莊嚴論》中可發現同樣的偈頌，至於五論中教義上差異，乃是因為無著思想演進的結果。Obermiller 的書中不曾參考中譯所傳堅慧造的說法，故僅能就藏傳提出假設性的解釋。然而，其理由並不能作有力的論證。參閱 Obermiller, *The Sublime Science*, pp. 92-96。

注 7　持有此看法者包括：印順，《如來藏之研究》，正聞出版社，1981，頁 151–152。高崎直道，*A Study on the Ratnagotravibhāga,* pp. 9, 62。高崎直道認為論本偈有可能是彌勒造，但釋論則無疑的是堅慧。參閱 S. K. Hookham, *The Buddha Within: Tathāgatagarbha Doctrine According to the Shentong Interpretation of the Ratnagotravibhāga*, State University of New York Press, 1991, pp. 165–66。

注 8　《大乘法界無差別論疏》，大正藏卷 44，頁 63 下。

注 9　高崎直道，*Study*, p. 9。

注 10　《開元釋教錄》，大正藏卷 55，頁 540 中。

注 11　高崎直道，*Study*, pp. 7–9。

注 12　《歷代三寶記》，大正藏卷 49，頁 86 中－下。

注 13　《大唐內典錄》，大正藏卷 55，頁 269 中。

注 14　高崎直道，*Study*, pp. 7–9。

注 15　僧朗、崔光等人曾參與勒那和流支的洛陽譯場。崔光在《十地經論》序中說此論是菩提流支、勒那摩提在洛陽殿內二人同譯，佛陀扇多傳語，帝親筆受。崔光的序僅提到三人合譯，並沒有言及不和的事。倒是湛然的《法華玄義釋籤》如是說：「地論有南北二道者，陳梁已前弘地論師二處不同。相州北道計阿黎耶以為依持，相州南道計於眞如以為依持。以（勒那、菩提）二論師稟天親，而所計各異同於水火。」（大正藏卷 33，頁 942 下）。也就是說由於對阿賴耶、如來藏、眞如等義理看法不同，而使依世親的《十地經論》所成立的地論宗，分成勒那摩提為首的「南道」、和以菩提流支為首的「北道」。「南道」開展出以唯心系的華嚴宗，「北道」則發展出唯識系的法相宗。因為菩提流支思想傾向傳統的瑜伽學說，而《寶性論》唯心的眞常思想，非菩提流支所主張，這也可能是他沒有翻譯《寶性論》的原因之一。

注 16　參閱中村瑞隆，《梵漢對照究竟一乘寶性論研究》，山喜房，昭 36

(1951), pp. 1–3。

注 17 中村瑞隆曾作了一個梵藏漢英（Obermiller 的英譯）四譯偈頌對照。參閱其《梵漢對照究竟一乘實性論研究》, pp. 16–30。

注 18 《寶性論》卷 1, 大正藏卷 31, 頁 822 中。

注 19 《寶性論》卷 1, 大正藏卷 31, 頁 821 中。

注 20 藏本指引自 *Sthiradhyasaya-parivarta*。參閱高崎直道, *Study*, p.143 的注 15。

注 21 《寶性論》卷 1, 大正藏卷 31, 頁 822 中。

注 22 漢譯沒有註明此段經文出處。《不增不減經》沒有藏譯本。

注 23 《寶性論》卷 1, 大正藏卷 31, 頁 821 上。此段引自《勝鬘夫人經》, 大正藏卷 12, 頁 220 下。

注 24 《不增不減經》, 大正藏卷 16, 頁 467 上。

注 25 六十四種佛功德, 包括十力、四無畏、十八不共法、三十二人相。大正藏卷 31, 頁 844 下。

注 26 這段經文梵本說是引自 *Tathāgataguṅajñāna-cintyavisayavatara-nirdeśa*。《度諸佛境界智藏經》有類似的說法: 「如果不作意思惟以無功用, 亦不分別以成其事。」大正藏卷 10, 頁 915 中。

注 27 《陀羅尼自在王經》, 大正藏卷 13, 頁 26 中 –27 中。

注 28 屬於如來藏思想的印度論典, 除了《寶性論》之外, 還有《大乘法界無差別論》*(Mahāyānadharmadhatvavisesaśāstra)*, 《佛性論》*(Buddha-gotraśāstra)*, 《大乘起信論》等, 但《起信論》是否為「疑偽」則尚有爭論。

注 29 宇井伯壽說《寶性論》共引用了二十一部經和二部論典, 參閱其《寶性論研究》, 1960, 頁 272–353。

注 30 高崎直道, *Study*, p. 32。

注 31 印順, 《如來藏之研究》, 正聞出版社, 1981, 頁 160–162。

注 32 同上, 頁 110–111。

注 33 譬如:《華嚴經・如來性起品》、《小品般若經》、《大法鼓經》等。

注 34 《如來藏經》, 大正藏卷 16, 頁 457 上–中。

注 35 同上, 頁 457 中–下。

注 36 同上, 頁 458 中。

注 37 同上, 頁 459 上。

注 38 同上, 頁 457 下。

注 39 同上, 頁 458 下。

注 40 《寶性論》, 大正藏卷 31, 頁 828 中。

注 41 《如來藏經》, 大正藏卷 16, 頁 461 下。

注 42 《不增不減經》, 大正藏卷 16, 頁 467 上。

注 43 同上。

注 44 同上, 頁 467 中。

注 45 同上, 頁 467 下。

注 46 《勝鬘經》被引用的二十七次經文:「一乘章」八回,「法身章」三回,「空義隱覆眞實章」三回,「顚倒眞實章」三回,「自性清淨章」十回,(參閱市川良哉,〈寶性論の引用經典〉,《印度學佛教學研究》卷 19–1, 1970 年 10 月, 頁 214。)

注 47 中國古德最重要的注疏有: 慧遠的《勝鬘經義記》、窺基的《勝鬘經述記 》、吉藏的《勝鬘經寶窟》, 日本有聖德太子的《勝鬘經義疏》, 現代的有印順的《勝鬘經講記》。

注 48 Alex Wayman and Hideko Wayman, tr., *The Lion's Roar of Queen Śrīmālā: A Buddhist Scripture on the Tathāgatagarbha Theory*, New York: Columbia University Press, 1974. Dianna Paul, *The Buddhist Feminine Ideal Queen Śrīmālā and the Tathāgatagarbha Theory,* Missocula: Scholar Press, 1980.

注 49 參閱印順的《勝鬘經講記》; Dianna Paul, *The Buddhist Feminine*

Ideal Queen Śrīmālā。

注 50 《勝鬘經》，大正藏卷 12，頁 219 中。

注 51 同上，頁 219 下。

注 52 同上，頁 220 下。

注 53 同上，頁 221 中。

注 54 同上，頁 221 下。

注 55 同上。

注 56 如來藏是染淨的依持說，可說是如來藏緣起論的根據。

注 57 《大般涅槃經》卷 7，大正藏卷 12，頁 407 中。

注 58 《大般涅槃經》卷 27，大正藏卷 12，頁 525 上。

注 59 同上，頁 523 中。印順和牟宗三對此段經文都有所解釋。參閱印順，《如來藏之研究》，頁 259。牟宗三，《佛性與般若》，學生書局，頁 197–200。

注 60 《大般涅槃經》卷 36，大正藏卷 12，頁 580 下。

注 61 瑜伽學派經少論多，而如來藏學說則大多以經典形式出現，此經多論少的情況，反應出如來藏學系的師資傳承不顯，這也就是有人認為印度大乘佛教僅有中觀和瑜伽，如來藏學系不曾存在過。

注 62 《寶性論》卷 3，大正藏卷 31，頁 829 下。

注 63 《大乘莊嚴經論》卷 3，大正藏卷 31，頁 603 下。此偈的文字和意義與《寶性論》所說偈一致。不過，梵文本的《寶性論》沒有此偈，故兩偈是中譯相比較得知。此偈《莊嚴經論》的梵文如下：Śūnyatāyāṃ viśuddhāyāṃ nairātmyān mārgalābhataḥ/ buddhāḥ śuddhātmalābhitvād gatā ātmamahātmatām//

注 64 《寶性論》卷 3，大正藏卷 31，頁 832 中。梵文原文如下：Sarvatrānugataṃ yadvan nirvikalpātmakaṃ nabhaḥ/ citta-prakṛti-vaimalya-dhātuḥ sarvatragus tathā//

注 65 《大乘莊嚴經論》卷 3，大正藏卷 31，頁 603 上。

注 66　《寶性論》卷 3，大正藏卷 31，頁 803 上。

注 67　印順，《如來藏之研究》，頁 160–162。

注 68　高崎直道，*Study*, pp. 41–54。

注 69　Gadjin M. Nagao, " 'What Remainsin Śūnyatā: A Yogacara Interpretation of Emptiness," in Minoru Kiyota, ed., *Mahayana Buddhist Meditation*, pp. 66–82。

注 70　《大乘法界無差別論疏》，大正藏卷 31，頁 892 上。

注 71　同上，頁 892 中。

注 72　《寶性論》卷 3，大正藏卷 31，頁 828 上。

注 73　藏文本是德格版 (Tohoku) 的 No. 319。

注 74　A. Hirakawa, "The Rise of Mahayana Buddhism and Its Relationship to The Worship of Stupa," *Memoria of the Research Department of the Togo Bunko*, 22, 1963, pp. 57–106。

注 75　《無上依經》卷上，大正藏卷 16，頁 469 中。

注 76　中村瑞隆，《梵漢對照究竟一乘寶性論研究》，頁 51。

注 77　轉依法有四種相：1.生緣起，2.滅盡緣，3.正熟思量所知法果，4.最清淨法體（《無上依經》，大正藏卷 16，頁 471 下）、皆出《瑜伽師地論》、《顯揚聖教論》。（參閱印順，《如來藏之研究》，頁 155）。

注 78　九喻是：1.帝釋影像喻佛身的示現，2.天鼓喻佛口說法，3.雲雨喻佛心的遍至，4.梵天喻化身之變現，5.日喻佛智遍照，6.如意珠喻意密，7.響喻口密，8.虛空喻身密，9.地喻佛地。

注 79　持此看法的學者包括：1.高崎直道，*Study*, pp. 49–53。2.中村瑞隆《寶性論研究》，頁 50–53。3.印順，《如來藏之研究》，頁 155。

注 80　《佛性論》傳說為世親菩薩造頗有爭議，許多學者認為眞諦才是眞正作者。

注 81　《佛性論》卷 2，大正藏卷 31，頁 794 上。

注 82 印順，《如來藏之研究》，頁 209。

注 83 《佛性論》卷 2，大正藏卷 31，頁 795 下－796 上。

注 84 《楞伽阿跋多羅寶經》卷 4，大正藏卷 16，頁 512 中。

注 85 同上，頁 510 下。

注 86 《勝鬘夫人經》，大正藏卷 12，頁 824 下。

注 87 《佛性論》雖也是如來藏思想系統化的要典，但是其如來藏説已與瑜伽學説會通。

注 88 《寶性論》卷 1，大正藏卷 31，頁 813 下。

注 89 同上，頁 828 上。

注 90 *sarvasattveṣu tathāgata-dharmakāya-parispharaṇārthena.*

注 91 *tathāgata-tathatā-'vyatirekārthena.*

注 92 *tathāgata-gotra-saṃbhavārthena.*

注 93 《寶性論》卷 1，大正藏卷 31，頁 828 中。

注 94 《寶性論》卷 4，大正藏卷 31，頁 838 下。

注 95 同上。

注 96 《楞伽阿跋多羅寶經》卷 2，大正藏卷 16，頁 489 中。

注 97 《大方廣佛華嚴經》卷 35，大正藏卷 9，頁 623 下－624 上。

注 98 Hookham, *The Buddha Within*, pp. 13–18, 317–323。

注 99 眞如、涅槃、法身等都是它的異名。

注 100 西藏佛教中幾乎所有早期中觀學派都認為「二轉法輪」的自性空是最究竟了義説，故他們亦可稱為自空派，只有十四世紀後的一些宗師，如 Rangjung Dorje, Dolpopa, Longchenpa 等，主張三轉法輪才是了義説。根據傳統説法，「一轉法輪」佛陀針對聲聞眾教示四聖諦，無常、無我等教義。「二轉法輪」針對大乘信者教一切法空的道理，「三轉法輪」教示眞如有無限的佛德。

注 101 《寶性論》卷 2，大正藏卷 31，頁 827 中。

注 102 同上，頁 838 下。

注 103 《如來藏經》，大正藏卷 16，頁 457 中－下。

注 104 同上。或見《寶性論》卷 4，大正藏卷 31，頁 839 中。《寶性論》引用的梵文如下：esā kula-putra dharmāṇāṃ dharmatā utpādād vā tathāgatānām anutpādād vā sadaivaite sattvās tathāgatagarbhāḥ. (Johnston, *The Ratnagotra-vibhāga Mahāyānottaratantraśāstra,* p.73)。

注 105 高崎直道，*Study*, p. 197。

注 106 D. Seyford Ruegg, "The Meaning of the Term Gotra and the Textual History of the Ratnagotravibhaga," *Bulletin of School of Oriental and African Studies*, 1976, pp. 341–344。

注 107 《大方廣佛華嚴經》卷 8，大正藏卷 9，頁 444 下。

注 108 《寶性論》卷 4，大正藏卷 31，頁 839 中。

注 109 同上，頁 838 中。

注 110 此句的如來「性」用的是 dhātu。atas tat-prāptrye hetus tathāgata-dhātur ĭti hetv-artho 'tra dhātv-arthaḥ 在《寶性論》中，garbha, gotra, dhātu 為同義字，均有「因」義。

注 111 《寶性論》卷 4，大正藏卷 31，頁 839 上。

注 112 此偈引自《大乘阿毗達磨經》。此經已佚失，無法得知其梵文原文。不過，此偈曾被世親的《釋攝大乘論》，和堅慧的《唯識三十頌釋》所引用。其「無始世來性」的「性」原文是 dhātu（界）。此處「性」和「界」通用以示「因」義。

注 113 同注 111。

注 114 賴永海，《中國佛性論》，上海人民出版社，1988，頁 89–97。

注 115 印順，《如來藏之研究》，頁 69。原文如下：

1.Pabhassaram idaṃ, bhikkhave, cittaṃ, tañ ca kho āgantukehi upakkiliṭṭam Taṃ assutavā puthujjano yathābhūtaṃ nappajānāti Tasmā assutavato puthujjanassa cittabhāvanā natthĭi vadāmĭ ti

Pabhassaram idam, bhikkhave, cittam, tan ca kho agantukehi upakkilesehi.

2.Vippamuttam taṃ sutavā ariyasāvako yathabhūtaṃ pajānāti.

Tasmā sutavato ariyasāvakassa cittabhāvanā atthī ti vadāmi ti.

（引自*Anguttaranikaya*，VI，1–2。）漢譯阿含經典中未見有類似經文。然在《舍利弗阿毗達磨論》卷27，有類似的文句：「心性清淨，為客塵染。凡夫未聞故，不能如實知見，亦無修心。聖人聞故，如實知見，亦有修心。」（大正藏卷28，頁697中。）

注116 高崎直道，《如來藏思想》I，法藏館，1988，頁221。

注117 水野弘元將阿含的心性清淨，譬喻為心明淨如白紙，意謂其含有被動的特性。參閱其〈心性本淨の意味〉，《印度學佛教學研究》，20期，1972年3月，頁8-16。

注118 《大毗婆沙論》卷22，大正藏卷27，頁110上。

注119 《阿毗達磨順正理論》卷72，大正藏卷29，頁733上–中。

注120 《成實論》卷3，大正藏卷32，頁258中。

注121 《寶性論》雖說為怯弱心眾生說眞常如來藏，但也是為「執著虛妄法」，「謗眞如佛性」者說的，可見《寶性論》並不承認如來藏只是「各各為人生善悉檀」而已。參閱印順，《如來藏之研究》，頁72–74。

注122 《小品般若波羅蜜經》卷1，大正藏卷8，頁537中。

注123 同上。

注124 同上。

注125 《大智度論》卷63，大正藏卷25，頁508下。

注126 同上，頁203–204上。

注127 同上，頁508下。

注128 《大集經》共有十七品。其中論及自性清淨心者，有下列各品：〈寶女品〉、〈海慧菩薩品〉、〈虛空藏菩薩品〉、〈寶髻菩薩品〉、

〈無盡意菩薩品〉。參閱高崎直道，《如來藏思想の形成》，春秋社，1974。

注 129 《寶性論》卷 3，大正藏卷 31，頁 834 中。《大集經・海慧菩薩品》，大正藏卷 13，頁 68 上。

注 130 《佛説海慧菩薩所問淨印法門經》，大正藏卷 13，頁 483 中。

注 131 《大集經・瓔珞品》，大正藏卷 13，頁 51 上。

注 132 《大集經・虛空藏菩薩品》，大正藏卷 13，頁 90 中。

注 133 《大集大虛空藏菩薩所問經》卷 8，大正藏卷 13，頁 643 中。

注 134 同上，頁 643 下。

注 135 《大集經・虛空藏菩薩品》，大正藏卷 13，頁 124 下。

注 136 同上，頁 90 中。

注 137 《寶性論》卷 4，大正藏卷 31，頁 839 上。

注 138 同上，頁 841 中。

注 139 《無上依經》卷上，大正藏卷 16，頁 472 上。

注 140 《寶性論》卷 4，大正藏卷 31，頁 840 上。

注 141 《寶性論》卷 2，大正藏卷 31，頁 824–825 上。

注 142 《勝鬘經》，大正藏卷 12，頁 222 上。

注 143 《大乘起信論》就以「忽然念起」以説明無明的起源，但似乎亦未能解釋清楚。參閱釋恆清，〈大乘起信論的心性論〉，《哲學論評》，第 12 期，1989 年，頁 244–248。

注 144 《十法經》收入《大寶積經》第九經。現有二個漢譯本。1.《大寶積經》卷 28，《大乘十法會》第九。元魏佛陀扇多譯。2.《佛説大乘十法經》，梁僧伽婆羅譯。二者均收於大正藏卷 11。

注 145 《大乘十法會》，大正藏卷 11，頁 151 上。

注 146 《大般涅槃經》卷 32，大正藏卷 12，頁 556 下。

注 147 《勝鬘經》，大正藏 12，頁 221 中。

注 148 同上，頁 222 下。

注 149 同上。

注 150 同上。

注 151 《寶性論》卷 4，大正藏卷 31，頁 846 下。

注 152 同上，頁 847 上。

注 153 《阿毗達磨集論》卷 1，大正藏卷 31，頁 664 中。

注 154 《顯揚聖教論》卷 1，大正藏卷 31，頁 481 中。

注 155 《成唯識論》卷 6，大正藏卷 31，頁 29 中。

注 156 《攝大乘論釋》卷 7，大正藏卷 31，頁 200 下。

注 157 高崎直道認為「信實有」應與「所攝藏」、「法身」相照應，而「信有功德」的對應是「能攝藏」的佛性。筆者認為應正好相反。參閱高崎直道，《如來藏思想》Ⅰ，「如來藏説における信の構造」，法藏館，1988，頁 257–258。

注 158 《寶性論》卷 3，大正藏卷 31，頁 828 上。

注 159 同上，頁 829 中。

注 160 同上，頁 829 中–下。

注 161 同上，頁 829 中–830 上。

注 162 同上，頁 839 中。

注 163 同上，頁 847 中。

注 164 兩派的代表人物及其著作，分別是自空派 Gyaltsab 的*Dartik*，和他空派 Dalpopa 的*Ri Chos nges don rgya mtsho*。

注 165 《央掘魔羅經》卷 2，大正藏卷 2，頁 527 中。

注 166 《寶性論》卷 4，大正藏卷 31，頁 840 上。

注 167 同上。

注 168 同上。

注 169 《勝鬘經》，大正藏卷 12，頁 222 中。

注 170 《寶性論》卷 3，大正藏卷 31，頁 833 上。

注 171 同上，頁 832 下。

注 172 同上，頁 841 下。

注 173 《攝大乘論》，大正藏卷 31，頁 129 中，玄奘譯曰：「轉依謂依他起性，對治起時，轉捨雜染分，轉得清淨分。」

注 174 《成唯識論》卷 9，大正藏卷 31，頁 51 上。

注 175 同上。

注 176 同上。

注 177 轉依的梵原語有 āśrayaparivṛtti 或 āśrayaparāvṛtti，含義有所不同。考據各經論，瑜伽學系大多用 asrayaparāvṛtti，而眞常學系則用 āśrayaparivṛtti。詳見高崎直道，《如來藏思想》II，法藏館，1989，頁 169–189，和 *A Study on the Ratnagotravibhāga,* pp. 41–45。

漢藏的佛性論

林崇安

中央大學太空科學研究所教授

一、前言

佛教由印度傳入漢地及西藏後，在不同的環境中各自發展，經長期的探索教理及實際修證後，都不約而同的以佛性爲一重點。但對佛性這一觀點，漢藏各宗派的大師們各有不同的看法，並留下許多論諍的資料。以下先探討佛性思想的來源，而後分析漢地諸師對佛性的看法，特別是吉藏的批判、禪宗及《起信論》等經論中的佛性觀；接著分析西藏覺朗派、噶舉派、寧瑪派、薩迦派及格魯派對佛性的不同看法；最後比較漢藏兩地所傳佛性論的同異之處。

二、佛性思想的來源

漢藏佛性思想的來源，可追溯自釋迦牟尼佛在大乘經典中的開示。佛性又稱作「如來藏」，《大方等如來藏經》說:

一切眾生，貪欲恚癡諸煩惱中，有如來智、如來眼、如來身，結加趺坐，儼然不動……有「如來藏」常無污染，德相備足，如我無異。

又善男子！譬如天眼之人，觀未敷花（佛所化蓮花），見諸花

> 內有如來身結加趺坐，除去萎花便得顯現。如是善男子，佛見眾生如來藏已，欲令開敷，為說經法，除滅煩惱，顯現佛性。善男子！諸佛法爾，若佛出世若不出世，一切眾生如來之藏，常住不變，但彼眾生煩惱覆故，如來出世，廣為說法，除滅塵勞，淨一切智。（注1）

此中指出：⑴一切眾生皆有如來藏；⑵如來藏常住不變，無有污染；⑶眾生爲客塵煩惱所縛；⑷如來藏是佛所現見，不是凡夫所能見；⑸要使如來藏（佛性）顯現，必須經由諸佛教導，才能達成，才能將客塵煩惱去除。由於一切眾生都有佛性，都可經教導而去除客塵煩惱，因而眾生皆可成佛。以上諸點爲佛性論的基本思想。此思想的來源，除了上述的《大方等如來藏經》外，尙有其他的大乘經典提及，但內容不超出上列所述，例如，《大方廣佛華嚴經》卷三五說：

> 佛子！如來智慧、無相智慧、無礙智慧，具足在於眾生身中，但愚癡眾生顛倒想覆，不知不見，不生信心。爾時，如來以無障礙清淨天眼，觀察一切眾生，觀已作如是言：奇哉！奇哉！云何如來具智慧在於身中而不知見！我當教彼眾生，覺悟聖道，悉令永離妄想顛倒垢縛，具見如來智慧在其身內，與佛無異。（注2）

此處以「如來智慧、無相智慧、無礙智慧」來代表「如來藏」或「佛性」，其內容與上述《如來藏經》所說完全相同。

三、漢地的佛性論

漢地的佛性思想，透過佛經的漢譯本而傳出，其相關的經典有下列十幾本（注3）：

1.西元 287 年竺法護譯出的《如來興顯經》。後期有不同譯本的《華嚴經》〈寶王如來性起品〉（晉譯）及《華嚴經》〈如來出現品〉（唐譯）。

2.西元 291 年竺法護譯出的《大哀經》。另有北涼曇無讖別譯的《大方等大集經》〈瓔珞品〉及〈陀羅尼自在王菩薩品〉。

3.西元 290 至 311 年之間，法炬譯出《大方等如來藏經》；此經已佚失。西元 406 年，佛陀跋陀羅譯出同名的《大方等如來藏經》，此經尙存。

4.西元 417、418 年法顯譯出《大般泥洹經》。

5.西元 421 年曇無讖譯出《大般涅槃經》四十卷，其中前十卷與法顯譯本同內容。

6.西元 421 年左右曇無讖譯出《大方等無想經》。另有竺佛念別譯的《大雲無想經 》。

7.西元 436　年求那跋陀羅譯出《勝鬘師子吼一乘大方便方廣經》。西元 706 至 713 年間，菩提流志重譯《大寶積經》之〈勝鬘夫人會〉。

8.西元 440 年前後求那跋陀羅譯出《大法鼓經》。

9.西元 440 年左右求那跋陀羅譯出《央掘魔羅經》。

10.西元 443 年求那跋陀羅譯出《楞伽阿跋多羅寶經》；另外在西元 513 年菩提流支譯出的《入楞伽經》，及西元 704 年實叉難陀譯出的《大乘入楞伽經》二者爲其異譯本。

11.西晉時譯出的《佛說寶積三昧文殊師利菩薩問法身經》。西元 595 年再由闍那崛多重譯爲《入法界體性經》。

12.西元 501 年曇摩流支譯出《如來莊嚴智慧光明入一切佛境界經》。西元 506 及 520 年間僧伽婆羅等再譯爲《度一切諸佛境界智嚴經》；西元 1010 年法護等又譯爲《佛說大乘入諸佛境界智光明莊嚴經》。

13.西元 525 年菩提流支譯出《不增不減經》。

14.西元 558 年真諦譯出《無上依經》。別本有《佛說未曾有經》及玄奘譯的《甚希有經》。

15.西元 565 年月婆首那譯出《勝天王般若波羅蜜經》。別譯本有玄奘所譯的《大般若波羅蜜多經》〈第六分〉。

16.西元 680 至 685 年地婆訶羅譯出《大乘密嚴經》。西元 765 年不空再譯，也名《大乘密嚴經》。

17.西元 980 年起，施護譯出《入無分別法門經》。

由上述諸譯本可看出：從西元 287 年起自 980 年的七百年間，佛性的思想始終流傳著，並受到漢地的重視。另外，漢地所傳的經典《圓覺經》及《楞嚴經》中也有佛性的思想。至於漢地所譯出的論典有：

1.西元 508 年勒那摩提譯出《究竟一乘寶性論》。

2.西元 558 年真諦譯出《佛性論》。

3.西元 691 年唐提雲般若譯出《大乘法界無差別論》。

漢地所傳的論典，尙有禪宗所重視的《大乘起信論》，與佛性有關。

漢地諸師對佛性的看法，早期有吉藏（西元 549–623 年）及慧均的批判；智顗（西元 538–597 年）的「性具說」，屬天台宗的看法；道信（西元 580–615 年）、弘忍（西元 603–675 年）、慧能（西元 638–713 年）的「佛性說」，屬禪宗的看法；後有賢首（法藏，西元 643–712 年）、清涼（澄觀，西元 738–838 年）的「性起說」，屬華嚴宗的看法。以下先針對吉藏的批判（**注 4**）及禪宗的佛性說，作進一步的探討。

㈠吉藏的批判

吉藏在《大乘玄論》卷三說:

> 然十一家大明不出三意，何者？第一家以眾生為正因；第二（家）以六法為正因。此之兩釋，不出假實二義。明眾生即是假人，六法即是五陰及假人也。次以心為正因，及冥傳不朽、避苦求樂，及以眞神、阿黎耶識。此之五解，雖復體用、眞偽不同，並以心識為正因也。次有當果與得佛理，及以眞諦、第一義空，此四之家並以理為正因也。（注5）

此處吉藏指出已往對「正因佛性」的說法有三類:

1.以眾生、六法爲正因佛性。這是以眾生爲主因。

2.以心、冥傳不朽、避苦求樂、真神及阿黎耶識爲正因佛性。這是以心識爲主因。

3.以當果、得佛理、真諦、第一義空爲正因佛性。這是以理爲主因。

其中第八家以「當果」作正因佛性，這是道生（西元 434 年卒）的主張。吉藏評破前述十一家後主張「非真非俗中道爲正因佛性」，《大乘玄論》卷三說:

> 但河西道朗法師與曇無讖法師共翻《涅槃經》，親承三藏作《涅槃義疏》，釋佛性義，正以中道為佛性……
>
> 問：破他可爾，今時何者為正因耶？
>
> 答：一往對他則須併反。彼悉言有，今則皆無。彼以眾生為正因，今以非眾生為正因……乃至以眞諦為正因，今以非眞諦為正因。若以俗諦為正因，今以非俗諦為正因。故云：非眞非俗中道為正因佛性也。……

此處吉藏贊同道朗法師的看法，以中道爲佛性。其中道是立足於非眾生、非真諦、非俗諦。眾生及草木是否有佛性？吉藏說：

> 今辨佛性內外有無義，此重最難解。或可理外有佛性、理內無佛性；或可理內有佛性、理外無佛性。（注6）

接著吉藏解釋⑴理外眾生有佛性，是因爲理外有眾生可度（指在世俗上有眾生可滅度），⑵理內無佛性，是因爲理內無眾生（指在勝義上實無眾生得滅度），⑶理內有佛性，是因爲萬法唯識，故理內眾生有佛性之外，一切草木也有佛性，眾生及草木皆可成佛，⑷理外無佛性，因爲心外無別法，理外無眾生，故無佛性。

現在分析吉藏及其以前十一家佛性的看法如下：

1.第一及第二家以眾生或六法（色、受、想、行、識以及所組成的眾生）作爲正因佛性。若將眾生或六法分析下去，由於色、受、想、行在前後世並不相續，只有識才能相續不斷，因此，能真正代表「眾生」或「六法」的只是「識」。所以，第一及第二家的佛性說其實與其後五家的說法大致相同。

2.第三家至第七家以心、冥傳不朽、避苦求樂、真神或阿黎耶識爲正因佛性。在「六識說」的觀點下，只有第六意識在前後世之間連續不斷；在「八識說」的觀點下，只有第八阿黎耶識在前後世之間連續不斷。因此，這五家以及前述的二家大都以「心」爲核心，但尚未掌握心性的光明及覺醒面。

3.第八家至第十一家以當果、得佛理、真諦、第一義空爲正因佛性。由於空性遍一切處，若以空性當作佛性來理解，則草木、壁瓦、虛空等也將都具有佛性，所以，若以空性視爲佛性的同義字，就會產生無情能否成佛的疑問。

4.吉藏以「非真非俗中道」爲正因佛性。在解釋「理外眾生有佛性」及「理內眾生無佛性」時，吉藏是站在中觀宗的立場，來分析「眾生成佛」是否實有自性，結果得知：在世俗上有眾生成佛，因此稱作「理外有佛性」；在勝義上沒有眾生成佛，因此稱作「理內無佛性」。在解釋「理內有佛性」及「理外無佛性」時，吉藏是站在「唯識宗」的立場，來分析「眾生」是否心外之境，結果得知：眾生（以及草木等）都不是心外之境，因此「理內有佛性」、「理外無佛性」。由上述分析，可以看出吉藏對「佛性」的理解是處在多種不同的立場。至於「佛性」本身是指什麼？吉藏以否定以前十一家所提的正因佛性，顯示出「非眾生」、「非心」、「非真神」、「非阿黎耶識」、「非真諦」乃至「非俗諦」等爲正因佛性，並稱之爲「中道」。從中觀宗的立場來看，吉藏用否定詞「非」來駁斥前面十一家所立的正因佛性，不外表示不要執著於「眾生」、「心」、「真諦」等等，也就是說，這些「眾生」、「心」、「真諦」等等都是自性空；雖然是自性空，但是世俗有，因此不落入斷常二邊，而處在中道。由於吉藏注重「非真非俗」這一觀點，也就是注重「真諦自性空」及「俗諦自性空」；但對「世俗有」這一觀點並未同等地注重，因而其觀點並未超出前述以「真諦」或「第一義空」爲正因佛性的見解，因爲真諦及第一義空就是空性以及自性空的同義字。真諦本身也是自性空，此稱之爲「空空」。將「佛性」理解爲「空性」或「真諦」，是以前的看法，吉藏只是進一步指出「真諦」也是自性空，因而稱作「非真諦」，徹底否定了真諦的實有。由於佛性不是實有，是自性空，因此吉藏說「理內無佛性」。站在「中觀宗」的立場時，無情的草木等是否能成佛？吉藏先說：「經中但明化於眾生，不云化於草木，是則內外眾生有佛性，草木無佛性」，接著又說：「雖然，至於觀心望之，草木眾生豈復有異？……有無內外平等無二，始可名爲正因佛性」**（注7）**，將主題移回非真非俗的中道。

㈡禪宗的佛性說

漢地禪宗的源流，與譯出《楞伽經》的求那跋陀羅有關，依據淨覺（西元 688–746 年）的《楞伽師資記》卷一的記載：

> （我求那跋陀羅）教授法時，心不起處是也。此法超度三乘，越過十地，究竟佛果處，只可默心自知，無心養神，無念安身，閒居淨坐，守本歸眞，我法秘默，不為凡愚淺識所傳。……擬作佛者，先學安心。心未安時，善尚非善，何況其惡。心得安靜時，善惡俱無依。
>
> 今言安心者，略有四種：一者背理心，謂一向凡夫心也。二者向理心，謂厭惡生死，以求涅槃，趣向寂靜，名聲聞心也。三者入理心，謂雖復斷障顯理，能所未亡，是菩薩心也。四者理心，謂非理外理，非心外心，理即是心。心能平等，名之為理；理照能明，名之為心；心理平等，名之為佛。心會實性者，不見生死涅槃有別，凡聖為異，境智無二，理事俱融，眞俗齊觀，染淨一如，佛與眾生，本來平等一際。（注8）

此處指出求那跋陀羅（468 卒）的傳授禪法，是擇人而教，並以「安心」爲核心，其第四種安心法門是契入佛與眾生本來平等的「理心」，與其後禪宗觀點並無不同。

菩提達摩（約西元530 卒）的觀點，《楞伽師資記》說：

> 夫入道多途，要而言之，不出二種：一是理入，二是行入。理入者，謂藉教悟宗，深信含生，凡聖同一眞性，但為客塵妄覆，不能顯了，若也捨妄歸眞，凝住壁觀，無自他，凡聖等一，堅住不移，更不隨於言教，此即與眞理冥狀，無有分別，寂然無名，名之理入。行入者，所謂四行。其餘諸行皆入此行中。何等為四行？一者報怨行，二者隨緣行，三者無所求行，

> 四者稱法行。……
>
> 第四稱法行者，性淨之理，因之為法，此理眾相斯空，無染無著，無此無彼。經云：法無眾生，離眾生垢故；法無有我，離我垢故。智若能信解此理，應當稱法而行，……
>
> 為除妄想，修行六度，而無所行是為稱法行。此四行，是達摩禪師親說，餘則弟子曇林記師言行。集成一卷，名之達摩論也。（注9）

此處指出「四行」是達摩祖師親說，其要點是在日常生活中修行六度而不執著於六度，故其「行入」同於一般大乘的修法，至於其理入，在《金剛三昧經》第五品中有相同的記載：

> 佛言：二入者，一謂理入，二謂行入。理入者，深信眾生不異眞性，不一不共。但以客塵之所翳障，不去不來，凝住覺觀，諦觀佛性，不有不無，無己無他，凡聖不二，金剛心地，堅住不移，寂靜無為，無有分別，是名理入。行入者，心不傾倚，影無流易，於所有處，靜念無求，風鼓不動，猶如大地，捐離心我，救度眾生，無生無相，不取不捨。菩薩心無出入，無出入心，入不入故，故名為入。菩薩如是入法，法相不空，不空之法，法不虛棄，何以故？不無之法，具足功德，非心非影，法爾清淨。（注10）

此處指出「理入」是以「佛性」（眞性）作修道的核心；佛性雖爲客塵所障，但凡聖不二，只要去除客塵就可捨妄歸真。行入是以「靜念無求」爲主；救度眾生時，不取不捨。

二祖慧可（約西元487–593年）的觀點，《楞伽師資記》說：

> 日光不壞，只為雲霧覆障。一切眾生清淨之性，亦復如是，只為攀緣妄念諸見，煩惱重雲，覆障聖道，不能顯了。若妄念不

生，默然淨坐，大涅槃日，自然明淨。……

大師云：說此眞法皆如實，與眞幽理竟不殊，本迷摩尼謂瓦礫，豁能自覺是眞珠，無明智恵等無異，當知萬法即皆如。（注11）

此處指出若能去除妄念則眾生清淨的佛性自然呈現。

三祖僧璨（西元526 — 606）的思想，可由其著作《信心銘》的前四頌看出：

至道無難，唯嫌揀擇。但莫憎愛，洞然明白。

毫厘有差，天地懸隔。欲得現前，莫存順逆。

違順相爭，是為心病。不識玄旨，徒勞念靜。

圓同太虛，無欠無餘。良由取捨，所以不如。（注12）

此處先指出修道要去除憎愛的分別心，而後掌握無欠無餘的「佛性」。

四祖道信（西元580–651）的觀點，依據《楞伽師資記》的記載：

云何能得悟解法相？心得明淨？信曰：亦不念佛，亦不捉心，亦不看心，亦不計念，亦不思惟，亦不觀行，亦不散亂；直任運；亦不令去，亦不令住，獨一清淨，究竟虛心自明淨；或可諦看，心即得明淨。心如明鏡，或可一年，心更明淨；或可三五年，心更明淨；或可因人為說，即得悟解，或可永不須說得解。……

信曰：若知心本來不生不滅，究竟清淨，即是淨佛國土，更不須向西方。……

學用心者，要須心路明淨，悟解法相，了了分明，然後乃當為人師耳。復內外相稱，理行不相違，決須斷絕文字語言，有為聖道，獨一淨處，自證道果也。或復有人，未了究竟法為相，名聞利養教導生，不識根緣利鈍，似如有異，即皆印可，極為苦哉！苦哉大禍，或見心路，似如明淨，即便印可。此人大壞佛法，自誑誑他。……

當知佛即是心，心外更無別佛也。略而言之，凡有五種：一者知心體，體性清淨，體與佛同。二者知心用，用生法寶，起作恆寂，萬惑皆如。三者常覺不停，覺心在前，覺法無相。四者常觀身空寂，內外通同，入身於法界之中，未曾有礙。五者守一不移，動靜常住，能令學者，明見佛性，早入定門。（注 13）

此處以不生不滅、究竟清淨的「心」作修行的主體。必須心路明淨、悟解法相、了了分明才可指引別人，否則以盲引盲，自誑誑他，將破壞佛法。

五祖弘忍（西元 602–675）的思想，《楞伽師資記》說：

其忍大師，蕭然淨坐，不出文記，口說玄理，默授與人。（注 14）

故知弘忍只因材施教，並沒有特別的著述留下。其弟子有神秀（西元 606–706），為楞伽第六祖；以及慧能（西元 638–713），為禪宗第六祖。

六祖慧能的思想，依據敦煌本《壇經》的記載：

我此法門，從上已來，頓漸皆立無念為宗，無相為體，無住為本。何名無相？無相者，於相而離相；無念者，於念而不念；無住者，為人本性，念念不住，前念、今念、後念，念念相續，無有斷絕；……

無者無何事？念者念何物？無者，離二相諸塵勞，眞如是念之體，念是眞如之用。自性起念，雖即見聞覺知，不染萬境，而

常自在。《維摩經》云:「外能善分別諸法相，内於第一義而不動。」（注15）

此處六祖慧能標出禪宗的「宗」、「體」、「本」。此中念而不念之心，前後相續不斷，並且於相而離相，便是人人本具的「佛性」。佛性猶如虛空，念頭的起落猶如雲彩，見聞覺知種種變化並不影響佛性。

由以上禪宗祖師的說法，可以看出他們所指的佛性不是早期十一家以及吉藏所主張的「心識」、「真諦」、「非真非俗中道」，而是「具足佛德且自性空的清淨心」。

㈢漢地佛性論的特別經據

漢地的佛性論及禪宗的觀點，常只依據流傳在漢地的《圓覺經》、《楞嚴經》及《大乘起信論》（注16），今就其特點略作評析:

1.以開顯佛性（真心、圓覺心、自性清淨心、如來藏）作爲修行的核心，故《楞嚴經》卷一說:「一切眾生從無始來，生死相續，皆由不知常住真心，性淨明體，用諸妄想，此想不真，故有輪轉。」及卷六說:「頂禮如來藏，無漏不思議，願加被未來，於此門無惑。」《圓覺經》說:「一切如來，本起因地，皆依圓照清淨覺相，永斷無明，方成佛道。」《起信論》說:「是心從本已來，自性清淨，而有無明，爲無明所染，有其染心，雖有染心，而常恆不變。」

2.無明依於佛性而有生滅相，但佛性則始終如如不動，故《圓覺經》說:「一切諸眾生，無始幻無明，皆從諸如來，圓覺心建立，猶如虛空華，依空而有相，空華若復滅，虛空本不動。」《楞嚴經》卷二說:「一切浮塵諸幻化相，當處出生，隨處滅盡，幻妄稱相，其性真爲妙覺明體。」《起信論》說:「唯風滅故，動相隨滅，非是水滅，無明亦爾，……唯癡滅故，心相隨滅，非心智滅。」

3.無明來自妄執以及不了知佛性，故《圓覺經》說：「一切眾生，從無始來，種種顛倒，猶如迷人，四方易處，妄認四大爲自身相，六塵緣影爲自心相，譬如病目，見空中華及第二月。善男子！空實無華，病者妄執。由妄執故，非唯惑此虛空自性，亦復迷彼實華生處。由此妄有輪轉生死，故名無明。」《楞嚴經》卷一說：「皆由不知二種根本，錯亂修習，猶如煮沙欲成嘉饌，縱經塵劫，終不能得。云何二種？一者無始生死根本，則汝今者與諸眾生用攀緣心爲自性者；二者無始菩提涅槃元清淨體，則汝今者識精元明，能生諸緣，緣所遺者，由諸眾生遺此本明，雖終日行而不自覺，枉入諸趣。」《起信論》也說：「不了真如法故，不覺念起，現妄境界，以有妄境界染法緣故，即熏習妄心，令其念著，造種種業，受於一切身心等苦。」

4.眾生雖有佛性，但必須靠善知識作外緣指引才能去除無明以成佛，《圓覺經》說：「當求一切正知見人：心不住相、不著聲聞緣覺境界，雖現塵勞，心恆清淨……彼善知識所證妙法，應離四病（作、任、止、滅）……離四病者，則知清淨……末世眾生，欲修行者，應當盡命供養善友、事善知識。」《起信論》說：「如木中火性，是火正因，若無人知，不假方便，能自燒木，無有是處。眾生亦爾，雖有正因熏習之力，若不遇諸佛菩薩善知識等，以之爲緣，能自斷煩惱入涅槃者，則無是處。」

5.去除無明障礙要有種種方便，並避免歧途，《楞嚴經》卷九指出「修奢摩他、毗婆舍那微細魔事」與五陰相關，《圓覺經》則以「我相、人相、眾生相、壽命相」爲心理上的顛倒見解，必須避免，並以正面的「奢摩他、三摩鉢提、禪那」三種法門爲悟入實相的方法。《起信論》一方面指出「一切邪執，皆依我見」，一方面指出「以垢無量，遍一切法故，修一切善行，以爲對治」，所以要修五門: 施門、戒門、忍門、進門及止觀門。《楞嚴經》卷八更詳述依次修習乾慧地、十信、十住、十行、十迴向、四加行、十地、等覺的修行次第。

6.站在佛性的立場來看, 生死與解脫、善與惡等, 皆如幻如化, 因此《圓覺經》說: 「一切如來妙圓覺心, 本無菩提及與涅槃, 亦無成佛及不成佛, 無妄輪迴及非輪迴」「凡夫及諸佛, 同爲空華相。」「一切障礙, 即究竟覺。得念失念, 無非解脫。成法破法, 皆名涅槃。智慧愚癡, 通爲般若。」

7.《大乘起信論》中的一個獨特說法是: (1)「以依真如法故, 有於無明, 以有無明染法因故, 即熏習真如, 以熏習故, 則有妄心。」以及(2)「以有真如法故, 能熏習無明, 以熏習因緣力故, 則令妄心厭生死苦, 樂求涅槃。以此妄心有厭求因緣故, 即熏習真如。」此說法不同於其他佛性論的見解, 而成一難題。由於「真如」是無爲法, 不能具有「能熏」、「所熏」的性質, 其本身不能增減。但若配合此論所說的「不了真如法故, 不覺念起現妄境界」, 可重新理解此處所說的「真如」是指「了知或不了知真如」, 因此, 上述二句是說: (1)「由於不了知真如, 因而有無明, 由於有無明煩惱之因, 更熏習不了知真如, 輾轉熏習下, 乃有妄心」。(2)「經由外緣教導, 了知真如, 因而能熏習無明 (使無明漸減), 此熏習因緣之力, 令妄心厭生死之苦, 樂求涅槃 (去現證真如); 由於此妄心有厭生死求涅槃之因緣力, 進而更熏習了知真如。」由於「了知真如」是「有爲法」, 故可以增減, 具有熏習的功能。「了知真如」與「無明」是相反的二種心理。在《究竟一乘寶性論》中也提及凡夫、聲聞獨覺、菩薩及佛對真如佛性的了知以及無明客塵的去除依次由淺而深。站在佛性論的立場來看, 不了知佛性真如 (自性清淨心) 就不能成佛, 因此說: 「不識本心，學法無益」。至於「真如緣起」的說法，也要重新理解爲：眾生由於不了知真如佛性而有無明，形成生死輪迴，此爲流轉門；反之，經由了知真如，消除無明，開顯佛性，解脫生死，此爲還滅門。並不是由真如本身生出輪迴及涅槃諸法；真如本身如如不動，猶如虛空，不生不滅，輪迴涅槃則猶如虛空華。在佛性論的觀點下，由於眾生本具真如佛性（自性清淨心），因此修行的重點不在於額外獲得什麼，而是在於徹底去除客塵！

8.在佛性論的觀點下，真如有時指自性清淨心，有時指空性，二者皆是不生不滅的無爲法。體認真如，去除無明後，無明便不再生起，因爲「正確的認知」便是「無明」的對治，猶如「有效的藥」是「所治的病」的剋星。

四、藏地的佛性論

藏地所傳與佛性相關的基本經典有下列幾本：

1.《大方等大集經》〈瓔珞品〉與〈陀羅尼自在王菩薩品〉

2.《大方等如來藏經》

3.《大般涅槃經》

4.《大法鼓經》

5.《央掘魔羅經》

6.《勝鬘師子吼一乘大方便方廣經》

7.《如來莊嚴智慧光明入一切佛境界經》

8.《不增不減經》

9.《佛說入無分別法門經》

以上九本如來藏（佛性）的經典，都是由梵文譯成藏文，另外有《楞嚴經》是由漢文譯成藏文。

藏地所傳與佛性相關的論典是《大乘無上續論》及《大乘無上續論釋》，此二本就是漢地的《究竟一乘寶性論》（合在一起）。

西藏佛教對佛性的看法可分為三種：⑴覺朗派的佛性說，⑵格魯派的佛性說，⑶寧瑪派、噶舉派等的佛性論。以下分別敘述之。

㈠覺朗派的佛性說

覺朗派認為「佛性」、「如來藏」、「自性身」是同一意義，這三者皆是真實存在，都是自性有。在《土觀宗派源流》中記載著覺朗派的看法：

> 一切諸法實相勝義諦是常恆堅固不變的。阿賴耶有識智二分，此屬智分，復是勝義法性的三寶，是周遍一切情器世間，是界覺無差別的天眾，此與如來藏、本住種性，四續部中所說百部諸尊等，皆同一意義。承認它是因位果位無別的相續中居住之相，承認它在法身三分位中存在之相，承認它雖然常住因位，然說決不能在識上顯現。
>
> 又謂世俗之諸分，乃是自空、斷空、滅空、少分空、從本即無，是求解脫者一切相中皆所應捨也。
>
> 他空勝義諦，常恆不變，周遍一切情器世界，與如來藏同一意義，在因位時即已本有，由修習《六加行》瑜伽次第現證果位法身。（注17）

此處指出佛性（如來藏）是阿賴耶識的智分，在眾生心上常存，又稱作「他空勝義諦」，是所要修證的法身。至於世俗之自空，則是所應捨棄。在《覺囊派教法史》中指出：

> 佛陀二轉法輪主要講自空，末次轉法輪講勝義他空，兩者之間的區別表現在：（前者主張）世俗、勝義二諦所攝的一切法都是從主觀成立的，這種是「自空」。（後者主張）一切世俗諦

是從主觀成立的，故而為空；但是勝義諦法性任何時候非從主觀上空，……這種空稱為「他空」。世俗諦無實有，而勝義諦於究竟本性為實有。（注 18）

因此，在勝義他空的觀點下，世俗諦以自性空，而勝義諦則不是以自性空，這是覺朗派的根本主張。在多羅那他的《中觀他空思想要論》中說：

中觀學派分普通中觀派和大中觀派，普通中觀派在藏區主講自空，在印藏兩地主張無自性，一般指阿闍黎佛護、清辨、解脱軍、寂護及其隨行者的觀點。

大中觀派，在藏地指堅持他空中觀者，即以彌勒菩薩的著作和無著、世親論師的釋著為代表。龍樹論師明確提出了法界空，這和無著論師等人所説的他空是相同的。（注 19）

普通中觀宗是依據第二法輪的經典，大中觀宗則依據第三法輪的經典，並以如來藏爲思想的核心，《中觀他空思想要論》說：

詳細論述秘密佛語，宣講經義的作者是聖者彌勒菩薩，他在《現觀莊嚴論》中概略敘述法語；在《經莊嚴論》、《中邊分別論》、《辨法法性論》中作了詳細的解釋；讀誦經藏，不共宗派，在《寶性論》中有詳細的抉擇。解釋這些論著思想的人是無著和世親兩位論師。無著論師著的《寶性論釋》對不共教派作了詳細的論述。關於他空中觀在無著、世親兩位論師的著作中作了透徹的分析，尤其是世親論師的《兩萬般若波羅蜜多頌釋》、《辨法法性論釋》對他空中觀思想作了詳盡的解釋。陳那和安慧的弟子對他空思想作了更進一步的發展。（注 20）

此處指出⑴彌勒五論中《寶性論》闡述不共的「他空中觀」如來藏的思想，⑵其他四論闡述如來藏與唯識共通的思想，⑶

「他空中觀」的如來藏思想由無著、世親、陳那、安慧等人廣爲弘揚。因此，在覺朗派的看法，唯識宗固然是無著、世親等人所弘揚，但他們真正的見解是屬於大中觀宗──以「他空中觀」的佛性說爲了義，此思想超越普通的中觀宗（內含應成派及自續派）及唯識宗。

㈡噶舉派、寧瑪派等的佛性論

噶舉派對佛性（如來藏）的看法，《解脫莊嚴寶大乘菩提道次第論》說：

> 如果眞正的精勤努力，那有不成佛的道理呢？因為我們一切眾生都是具有那成佛之因──如來藏──的原故。……若問：為什麼眾生會具有這個「佛的因素」（如來藏）呢？這有三個原故：一、法身空性徧滿一切眾生故。二、法性眞如無差別（相）故。三、一切眾生皆悉具足佛種性故。（注21）

此處指出成佛之因是如來藏（佛性）。有五種種性的眾生：⑴斷滅種性（闡提性），⑵不定種性，⑶聲聞種性，⑷緣覺種性，⑸大乘種性。此中的斷滅種性能否成佛？《解脫莊嚴寶論》說：

> 這些所謂斷滅如來種性之人，並非是說他們已經完全斷滅了成佛的可能。這只是說他們在輪迴中流轉的時間極為長遠而已。這些人如果努力還是可以成佛的。
>
> 上述各點之主旨是以三種理由來說明眾生雖然有各種不同之種性表徵，但他們都是具有佛種性（或如來藏）的。頌曰：「見銀礦時知銀在，見芥子時知油在，見乳知有乳油在（見人知有佛性在）。」（注22）

由於人人都有佛性，只要積極去體認，最後必可解脫煩惱並成佛，佛性又稱作「平常心」，岡波巴大師說：

> 平常心者：就是這個不為任何法相所摻雜，不被世間意識所

攪亂，不為沈掉和妄念所鼓動，當下安置於本來之處（的自心）。如果能認識它，那就是自明之智慧；如果不認識它，那就是俱生的無明。認識它就叫做「明體」、體性、俱生智、平常心、本元、離戲、光明等。（注23）

此處所描述的平常心就是人人本具的佛性、如來藏。寧瑪派也有相似的看法，《仰兌 》說：

於自心雖隨顯現，輪回、涅槃，種種不同之相不混雜，即於顯現時於刹那明覺之體性上，悉皆圓滿，故名為大圓滿。

於刹那明覺體性之上，如無明之名，亦且無故，名為俱生智、法性圓成、眞如勝義、如來藏、自性界清淨、離邊、雙融、越心、唯一明點、法性、智慧、空性、寂靜、秘密、明照自在、本覺智、本來清淨，有如是多名也。如此，心離戲論為法身。明而無著，名為報身。顯現種種，根由不滅，名為化身。由是體性、自性、悲心，三無差別，故自心以一刹那，能認識自己之本面。（注24）

此處指出佛性本身「體性空」、「自性明」並「大悲周徧」，此三者不可分離，成佛時轉成法身、報身及化身。薩迦派的看法也相似，《土觀宗派源流》說：

其（薩迦派密宗見解）不共同（於顯教）者，則直指本元俱生智。此智非泛指總相的自心及迷現之心，而是要認識在根位時的明空雙運、遠離迷亂之心。此於顯密經論中，名曰清淨心、如來藏、自性光明心、心金剛等，安立多種名言，亦名為因位阿賴耶。（注25）

此種眾生本具「明空雙運」的清淨心就是如來藏、佛性，此心不是一般泛稱的「心王 」或「心識」，而是明空雙運的覺心，故與前述噶舉派、寧瑪派所說的佛性，有相同的內涵。

㈢格魯派的佛性論

格魯派對佛性（如來藏）的看法，克主傑(1385–1438) 說:

> 如《大乘寶性論》說:「如來藏與如來界同。」其釋說界義為因義，故如來藏即是如來之因也。然亦非於凡成佛因，皆名如來藏。
>
> 若爾云何？謂於心以眞實存在空之空性上，稱作「心之法性自性清淨」。復次，未離客垢時，於心之法性自性清淨上，稱作「如來藏」或「本性住種性」。客垢無餘脫離時，於此心之法性自性清淨上，稱作自性身，或究竟滅諦，或究竟離繫果，或具二清淨之法性，或具二清淨之法身。（注26）

此處指出: ⑴如來藏就是如來之因，也就是說，佛性是成佛之因。⑵心的自性空，稱作心的自性清淨。⑶心未離垢時，心的自性空稱作如來藏或佛性。⑷心完全離垢後，心的自性空稱作「自性身」。因此，此派認爲眾生心中若無佛性，則眾生心中無成佛之因，因而眾生不能成佛。若佛性與自性身意義相同，則一切眾生應已成佛，不須再成佛。自性身並不等於如來藏（佛性），但此二者都是無爲法、常恆堅固；且都不是真實存在，也就是說，自性身與佛性都是以自性空。由於佛性（如來藏）是無爲法，因此，將如來藏視爲如來之「因」，或將佛性視爲成佛之「因」時，此處的「因」是一「假名之因」，而不是合乎定義的「因」（合乎定義的「因」，必然是有爲法）。

《究竟一乘寶性論》第一五七及一五八頌有關如來藏空與不空的看法是:

> 不空如來藏，謂無上佛法，不相捨離相，不增減一法，如來無

為身，自性本來淨，客塵虛妄染，本來自性空。（注27）

此二頌在《佛性論》卷四中譯爲：

無一法可損，無一法可增，應見實如實，見實得解脫。由客塵故空，與法界相離，無上法不空，與法界相隨。（注28）

宗喀巴大士的另一大弟子賈曹傑(1364–1432) 對此二頌的解釋是（注29）：

⑴界（如來藏）自性清淨，於此毫無「舊有而新損減」的「以自性有的人我執、法我執所執境以及煩惱」，因爲二種我執所執境以及煩惱，從來未曾以自性有之故。

⑵於此界（如來藏）毫無「舊無而新增」的二種無我，因爲人無我及法無我是此（如來藏）之自性故。

⑶真實見到人與蘊如實以自性空，通達無自性之智慧，是契解真理之見。

⑷現量見真實義後，一再熏習，將證得真實圓滿之佛位。

⑸於此界（如來藏）毫無「煩惱以自性存在是舊有而後無」，因爲熏習對治後，（煩惱）必能脫離，而具有相離義相的客塵從本就是以自性空之故。

⑹煩惱以自性空，毫無「舊無而新增」，因爲具有相隨義相，且能生十力等無上佛法功德之所緣是「煩惱以自性空」，此爲不空——是從本就有之故。

因此，賈曹傑認爲「我執的對象及煩惱」，從本是以自性空，所以「無一法可損」；另一方面，「無我」是如來藏的自性，並不是新增的東西，所以說「無一法可增」；與如來藏具有相離性質的客塵，從本是以自性空，經由修習對治後，可將煩惱脫離，因此說「由客塵故空，與法界相離」；與如來藏具有相隨性質且能生無上佛法功德的智慧的所緣是以自性空的「勝義諦」，此勝義諦從本就有，假名爲「不空」，所以說「無上法不空，與法界相隨」。此中指出，「客塵煩惱」從本就是以自性空；而「煩惱以自性空」等勝義諦，是從本就有。也就是說，「空」是指煩惱以自性空；「不空」是指二種無我（勝義諦）是從本就有的，不是完全沒有，也不是昔無今有。所以，在賈曹傑的解釋中，始終貫穿著中觀宗應成派（注 30）的見解：一切輪涅之法都是以自性空，同時一切輪涅之法都是世俗有。以這種觀點來解釋佛性，便是格魯派的不共方式。但站在密宗的立場時，格魯派也主張要以「本元俱生光明心」來證悟空性，此本元俱生光明心是「最細的心」，不是六識這類「粗的心」。「最細的心」伴隨有「最細的氣」。「本元俱生光明心 」或「最細心氣」就是其他各派所指的「佛性」或「如來藏」。《密集金剛續》主張要止息粗的六識後，最細心氣才能呈現，而《時輪金剛續》及寧瑪派的大圓滿法則認爲不須止息六識就可呈現本元俱生光明心。（注 31）

五、漢藏佛性論的比較

由上述漢藏的佛性論可以相互比照，得出下列結果：

1.漢地吉藏所批判的前七家，將佛性歸結到「眾生」或「心」，其內涵其實只是泛稱的「心王」；在藏地並不以此爲佛性。

2.漢地吉藏所批判的第八家至第十一家，將佛性歸結到「空性」。由於除了「有情」是自性空之外，「無情」也是自性空，因而瓦石等也將具有佛性，此與《大般涅槃經》的說法相矛盾，此經卷三七說：

> 非佛性者，所謂一切牆壁瓦石無情之物；離如是等無情之物，是名佛性。（注 32）

爲了疏解此困難，吉藏用「萬法唯識」的觀點來會通，解說成「理內有佛性，理外無佛性」。西藏格魯派的觀點中，克主傑將佛性只限制於「有情心之空性」，因而瓦石等並不具有佛性。

3.漢地吉藏以「非真非俗中道」爲佛性，其究竟意趣仍是指「空性」；其「非真諦」意謂著「空空」，並不代表「世俗有」。由於一切法不超出「真諦」及「俗諦」二範疇，因此，吉藏的佛性說應歸入「真諦」（或空性）這一範疇。

4.禪宗的佛性論，從求那跋陀羅、菩提達摩到六祖慧能，都以凡聖本具，不生不滅的真心爲核心，以脫離一切執著爲安心法門。其意趣所在，在於呈現「空明無我」的佛性。這種思想與藏地噶舉派、寧瑪派、薩迦派所說的「明空雙運」的自性清淨心相同。這些漢藏兩地的禪師及瑜伽行者對佛性的看法，可謂同一鼻孔出氣。

5.覺朗派的佛性論，把如來藏視爲真實存在，不是以自性空；並且認爲要將「世俗自空」棄捨掉。此種觀點爲西藏其他各派所不能接受: 將如來藏視爲真實存在，即落入常見；棄捨世俗自空，即落入斷見。任何禪法，若將佛性執爲真實存在，一意追求，而棄捨一切思惟，將墮入與覺朗派相同的見地。

6.西藏格魯派的佛性論，以「眾生心的空性」視爲「佛性」，而將《寶性論》的佛性思想，以中觀宗應成派的觀點來解說；並以應成派的宗見爲最究竟。在此觀點下，佛性是無爲法，是以自性空。而前述覺朗派以外其他各派所說的自性清淨心，雖是以自性空，然在此派看來是有爲法。眾生心的空性，是修行時所觀之「境」；而自性清淨心是能觀之「心」。格魯派有關佛性及自性身的細膩分析，是漢地所少見的。漢地有數家主張「空性」是佛性，其範圍太廣，若能結合《大般涅槃經》卷三七所說的「非佛性者，所謂一切牆壁瓦石無情之物；離如是等無情之物，是名佛性」，將範圍限制在「有情」上，以有情心的空性來稱呼「佛性」，就可以合乎格魯派的看法。

7.禪宗及薩迦等各派所主張的自性清淨心、本元俱生光明心，是無爲而且具足佛之功德，可用下例來理解：眾生死後的「中有身」（中陰身）也具足五通，此五通並非修來，是本來就有。同理，將二障去除後，佛所具有的五通及漏盡通會完全顯現出來，是本來就有，而非新增。

六、結語

由上述漢藏的佛性論可以看出「佛性」一指「眾生心的空性」，一指「明空雙運的自性清淨心」。前者以西藏格魯派的解說最爲詳盡，後者爲漢地禪宗及西藏噶舉派、寧瑪派及薩迦派所共許。在西藏密宗的觀點上，心氣二者是不可分割的，因而明空雙運的「自性清淨心」必有相對應的「俱生氣」伴隨著，合稱作「最細心氣」，此爲任一眾生所本具，一直延續到成佛永不中斷，所以稱作「佛性」。

總之，要瞭解「佛性」就必須掌握「心」（或者心氣一體）以及「空性」，這二項要件缺一不可。因此，採用「眾生心的空性」及「自性空的清淨心」二個觀念來代表「佛性」是很恰當的。

注解

注 1 大正一六冊，457 中。

注 2 大正九冊，624 上。

注 3 參考《如來藏之研究》第一章，印順論師著，正聞出版社，1986 年二版。

注 4 其他的評論請參閱《中國人性論》中楊惠南著〈吉藏的佛性論與心性說之研究〉，東大圖書公司，1990 年；以及《佛教的思想與文化》中恆清法師著〈唐初佛性論評〉，法光出版社，1991 年。

注 5 大正四五冊，35 下。

注 6 以上引文見大正四五冊，35 下至 40 上。

注 7 大正四五冊，41 上。

注 8 大正八五冊，1284 上。

注 9 大正八五冊，1285 上。

注 10 大正九冊，369 下。

注 11 大正八五冊，1285 下。

注 12 大正四八冊，376 中。

注 13 大正八五冊，1287 中。

注 14 大正八五冊，1289 中。《六祖壇經》中，引用五祖的重要開示：「不識本心，學法無益。」可知其重心在於確認眾生本具之自性清淨心。

注 15 大正四八冊，338 下。

注 16 以下引文分見《圓覺經》（大正一八冊，913 起）、《楞嚴經》（大正一九冊，105 起）、《大乘起信論》（大正三二冊，575 起）。

注 17 《土觀宗派源流》第 114 頁起，劉立千譯注，西藏人民出版社，1984 年。

注 18 《覺囊派教法史》阿旺洛追扎巴著，許得在譯，第一章〈他空思想在印度的興起〉，西藏人民出版社，1993 年。

注 19 同前，附錄二，第 294 頁。

注20 同前，附錄二，第296頁。

注21 《岡波巴大師全集選譯》，張澄基譯，第127頁，法爾出版社，1985年。

注22 同前，第129頁。

注23 同前，第398頁。

注24 《仰兌》第42頁，智慧無邊大師造，密乘出版社，1985年。

注25 《土觀宗派源流》第110頁起，劉立千譯注，西藏人民出版社，1984年。

注26 《密宗道次第論》第11頁，法尊法師譯，1936年。

注27 大正三一冊，840上。

注28 大正三一冊，812中。

注29 見《宗喀巴三父子全集》中《賈曹傑全集》第三函（藏文本）第321頁起，甘丹寺版，新德里，1982年。

注30 有關中觀宗應成派的思想，可參見拙著《西藏佛教的探討》第捌章，慧炬出版社，1993年。

注31 《慈悲與智見》第二十篇，第十四世達賴喇嘛講，羅桑嘉措出版，1990年。

注32 大正一二冊，581上。

鳩摩羅什所傳「數息觀」禪法之剖析

釋惠敏

國立藝術學院副教授

前言

根據僧叡 (AD ?–436) 所撰〈關中出禪經序〉所說:「此土先出《修行》、大小《十二門》、大小《安般》,雖是其事,既不根悉,又無受法,學者之戒,蓋闕如也」(注1)。這種對在中國所流傳禪法是不全的感嘆,顯示僧叡對當時佛教界之禪法教學的評語。所以,四世紀後葉 (AD 358–363) 曾在西北印度及中亞學習的鳩摩羅什 (Kumârajîva) 來華 (AD 401, 12月20日) 不到七日 (12月26日),學習心切的僧叡立即從之受禪法 (注2)。

僧叡又說:「尋蒙抄撰眾家禪要,得此三卷。初四十三偈是究摩羅羅陀法師所造,後二十偈是馬鳴菩薩之所造也。其中五門是婆須蜜、僧伽羅叉、波崛、僧伽斯那、勒比丘、馬鳴、羅陀禪要之中抄集之所出也。六覺中偈是馬鳴菩薩修習之,以釋六覺也。初觀婬、恚、痴相及其三門,皆僧伽羅叉之所撰也。息門六事諸論師說也。菩薩習禪法中,後更依《持世經》益《十二因緣》一卷、《要解》二卷，別時撰出」（注3）。由此可見，鳩摩羅什首先傳來中國的禪法（《坐禪三昧經》，以下略稱爲《坐》；AD 402，1 月5 日傳譯；AD 409，閏月 5 日再治）是抄撰了歷來眾家禪法的集要（眾家禪要）（注4）。此外，記載是鳩摩羅什所譯且現存的「禪經」有《禪秘要法經》（注5）、《禪法要解》、《思惟要略法》等。

可是，僧叡認爲在鳩摩羅什之前所傳譯之禪法並不完備亦無受法，其實情爲何？鳩摩羅什所傳譯的「禪經」有何特色？當時佛教界對其所傳禪法之評價如何？這些問題是本稿的關心點。由於篇幅有限，我們將只以「數息觀」（安那般那三昧）爲主來探究以上諸問題。

在研究資料選擇方面，鳩摩羅什所譯的諸「禪經」中，提示「數息觀」禪法最詳細的是《坐禪三昧經》。擬將此資料與鳩摩羅什之前所傳譯之禪法比較其中之異同。此外，印度說一切有部之集大成書《大毘婆沙論》（大約編纂於AD 150，以下略稱爲《毘婆沙》），以及初期瑜伽行派之根本論書《瑜伽師地論》〈聲聞地〉（大約成立於四世紀）也是我們的參考資料之一。

首先，鳩摩羅什所譯《坐》中「阿那般那三昧法門」（數息觀）之全文組織，可分析爲如下四段:

§1 阿那般那三昧法門

§2 三種學人

§3 六門

§3.1 數法

§3.1.1 除欲思覺　§3.1.2 滅瞋恚覺　§3.1.3 除惱覺

§3.1.4 除親里覺　§3.1.5 除國土覺　§3.1.6 除不死覺

§3.2 隨法　§3.3 止法　§3.4 觀法

§3.5 轉觀法 §3.6 清淨法

§4 十六分

因此，我們也將依 §1「阿那般那三昧法門」、§2「三種學人」、§3「六門」、§4「十六分」等步驟來進行討論。特別對於 §3「六門」中以 §3.1「數法」（數息觀）對治六種「思覺」（vitarka; 尋思）的偈頌與馬鳴菩薩的關係，將介紹目前學界的研究成果，並加以剖析。此外，也將 §4「十六分」中所敘述的十六階段與一般所傳的「十六勝行」(ṣodaśākāra) 似乎有出入之處，列表比對之。最後，將整理所剖析鳩摩羅什所傳「數息觀」禪法之特色。

§1 阿那般那三昧法門

（以下「黑體字」者是《坐禪三昧經》本文）

[273a13]若思覺偏多，當習阿那般那三昧法門。

爲了解在鳩摩羅什之前所譯傳之「數息觀」禪法是如何敘述的？首先比較安世高（AD 146–147 來華）所譯《佛說大安般守意經》（以下略稱爲《安》）（**注 6**）。《安》之「數息觀」禪法是先對「阿般守意」（ānāpāna-smṛti；阿那般那念）從「安爲身，般爲息，守意爲道……」（大 15, 163c20ff.）開始，從各種義理的角度作語義說明，屬於語言學的語義解說則是「安名爲入息，般名爲出息，念息不離是名安般」（大 15, 165a5–7）之文。同樣地，竺法護 (AD 239–316) 所傳譯的《修行道地經》（以下略稱爲《修》）也有作「出息爲安，入息爲般」（大 15， 215c22ff.）語義說明。但是，《安》與《修》兩者的語義解釋正好相反，而鳩摩羅什所傳之《坐》卻沒有提出語義說明。

這些諸家禪法對於「阿那般那」語義解釋的岐異的了解，我們可借用《毘婆沙》中，所舉出有關「阿那波那」(ānāpāna) 的語義解釋及評論來說明。首先，它介紹了四種說法：

此中⑴持來(*āna)者，謂入息。持去(*apāna)者，謂出息。《施設論》說：吸風入內，名持來；引風出外，名持去。如鍛金師囊，囊開合，風隨入出，此亦如是。⑵有作是說：出息名持來者，入息名持去。⑶有餘師說：煖息名持來，冷息名持去。⑷復有說者：上息名持來，下息名持去。評曰：此中初說為善（大27，134a23ff.）。

由於《毘婆沙》並無梵本現存，所以有關「持來」和「持去」的梵語，若依《雜心論》（大28, 934a15f.）「阿那(*āna)者，持來，般那(*apāna)者持去。亦名阿濕波婆(*āśvāsa)、婆濕波婆(*praśvāsa)」之說明可推知："āna（阿那）"是被意譯成「持來」，爲阿濕波婆(*āśvāsa)的同義語；而"apāna（般那、波那）"則被意譯成「持去」，爲婆濕波婆(*praśvāsa)的同義語。因此，《毘婆沙》中所述的四種說法，可知計有：

⑴引用《施設論》的說明，以"āna"（持來）爲入息，以"apāna"（持去）爲出息的說法（略稱爲A說）。

⑵相反地，以"āna"（持來）爲出息、以"apāna"（持去）爲入息的說法（略稱爲B說）。

⑶以"āna"（持來）名爲溫暖的氣息，以"apāna"（持去）名爲寒冷的氣息的說法（略稱爲C說）。

⑷以"āna"（持來）名爲向上的氣息，以"apāna"（持去）名爲向下的氣息的說法（略稱爲D說）。

換言之，此四種說法可以整理成下表：

《毘婆沙》的諸說	A說	B說	C說	D說
“āna” （持來）	入息	出息	溫暖的氣息	向上的氣息
“apāna”（持去）	出息	入息	寒冷的氣息	向下的氣息

其次，《毘婆沙》認爲以“āna”（持來）爲入息，“apāna”(持去)爲出息的A說才是妥當的。有關此一語義解釋的其他相關的論書，如〈聲聞地〉中以“āśvāsa”爲入息，以“praśvāsa”爲出息的定義（大30, 430c9ff.; ŚrBh 220. 5ff.)，可謂是和A說一致的（**注7**）。

不過，在《清淨道論》（略稱爲Vism）的方面，認爲A說是經典中諸義疏(suttantaṭṭhakathā)的說法，而採用律的義疏(vinayaṭṭhakathā)所云:「以“assāsa”爲出息、“passāsa”爲入息（略稱爲B說）」等相反的說法（**注8**）。其理由，乃是根據律的義疏(即B說)，即:一切胎兒從母體生出來的時候，最初是體內的氣息排出體外後、體外的空氣和灰塵一起進入體內等的說明。但是，《毘婆沙》則和此相反，它認爲出生時以氣息首先進入的說法爲宜（**注9**）。

至於，「阿那波那」之語義解釋的諸說中，究竟何者比較獲得支持？若考察有關言及阿那波那念的主要論書以及禪經類說明可整理成如下結果。

A說:《安》、《解脫道論》（**注10**）、《達摩多羅禪經》（**注11**）、〈聲聞地〉《毘婆沙》、《俱舍論》（**注12**）、《順正理論》（**注13**）。

B說:《修》、Vism。

根據此一結果可知，採用A說與《安》一致者，有《解脫道論》、《達摩多羅禪經》、〈聲聞地〉以及《毘婆沙》等有部系統的論書等。而和《修》的說法(B說)一致者，則爲Vism。可知，有關阿那波那語義解釋的諸說中，有部系統的論書乃是支持以“āna”（持來）爲入息、“apāna”（持去）爲出息之Ａ 說。但是，鳩摩羅什所傳之《坐》中，並沒有加入此等語義解釋之論爭。

§2　三種學人

有三種學人，或初習行，或已習行，或久習行。

若初習行，當教言：一心念數入息出息，若長若短，數一至十。

若已習行，當教言：數一至十，隨息入出，念與息俱止心一處。

若久習行，當教言：數隨止觀轉觀清淨。阿那般那三昧六種門十六分。

對於此三種學人的分階法，在〈聲聞地〉（大 30, 439b5ff.; ŚrBh 284. 4ff.）中亦有如下類似的說明。

問：修瑜伽師 (yogacāra) 凡有幾種？答：三。何等為三？一、初修業 (ādikarmika) 瑜伽師。二、已習行(kṛta-paricaya) 瑜伽師。三、已度作意 (atikrānta-manaskāra) 瑜伽師。……云何已度作意瑜伽師？謂住加行究竟果 (prayoga-niṣṭha-phala) 作意位中，由此超過 (atikrānta) 加行方便所修 (prayoga-bhāvanā) 作意，安住修果 (bhāvanā-phala)，是故説名已度作意。

即，瑜伽師（禪定之修行者）被分爲⑴初學者（ādikarmika，初修業）、⑵積累長期的經驗（kṛta-paricaya，已習行）者、⑶超越作意（atikrānta-manaskāra，已度作意）者等三階段。

其中，⑶超越（atikrānta，已度）作意瑜伽師爲安住於「加行究竟果」 (prayoga-niṣṭha-phala)。所謂「加行究竟果」，亦即表示：①了相 (lakṣaṇa-pratisaṃvedī) ②勝解 (ādhimokṣika) ③遠離 (prāvivekya) ④攝樂 (rati-saṃgrāhaka) ⑤觀察(mīmānsa) ⑥加行究竟 (prayoga-niṣṭha) ⑦加行究竟果等七作意（大 30, 465b29ff.; 497c14ff.）之第七階段的境

地。此外，他亦超越有關加行方便 (prayoga) 修習 (bhāvanā) 的作意，而安住於 (sthita) 修果 (bhāvanā-phala) 之故。

接著，〈聲聞地〉（大 30, 439b15ff.; ŚrBh 284. 23ff.）中爲將此三階段配合修行的階位，繼續敘述如下:

> 又始從修習善法欲已去，乃至未起順決擇分善根，於爾時名初修業。若已起順決擇分善根，所謂煖、頂、忍、世第一法名已習行。若已證入正性 (samyaktva) 離生 (nyāma) 得諦 (satyāni) 現觀 (abhisamāgacchati)，不由他緣，於佛聖教，不為餘緣之所引奪，當於爾時名度作意。由彼超過他緣作意，住非他緣所有作意，是為已度作意。

依此可知，證得煖、頂、忍、世第一法等順決擇分 (nirvedha-bhāgīya) 善根 (kuśala-mūlāni) 以前的修行者，被稱爲⑴初心者（ādikarmika，初修業）；已生起順決擇分善根者，則被稱爲⑵積累長期的經驗（kṛta-paricaya，已習行）者。隨後，成爲決定性地證得無漏的聖道（samyakatva-nyāma，正性離生）、證得 (abhisamāgacchati) 四諦等諸真理 (satyāni)，而於聖者的教法 (śāsana) 能不爲其他的影響或因緣 (para-pratyaya) 所迷惑時，則名爲⑶超越作意 (atikrānta，已度）者。何以故？因爲彼已超越其他的因緣 (para-pratyaya)，安住於 (sthita) 不是其他因緣的狀態 (apara-pratyaya) 之故。

但是，在鳩摩羅什所傳之《坐》中，並沒有如〈聲聞地〉將「三種瑜伽師」與煖、頂、忍、世第一法等順決擇分、正性離生等修行階位配合說明的部分。

§3 六門

§3.1 數法

[273a19]**云何爲數？一心念入息出息。入息至竟數一，出息至竟數二；若未竟而數爲非數，若數二至九而誤，更從一數起。譬如算人一一爲二、二二爲四、三三爲九。**

問曰：何已故數？答曰：無常觀易得故，亦斷諸覺思故，得一心故，身心生滅無常相似相續難見，入息出息生滅無常易知易見故；

復次，繫心在數，斷諸思〔諸〕覺。思覺者，欲思覺、恚思覺、惱思覺、親里思覺、國土思覺、不死思覺。

此處是說明「數息觀」可以對治⑴欲思覺、⑵恚思覺、⑶惱思覺、⑷親里思覺、⑸國土思覺、⑹不死思覺等六種思覺（vitarka，尋思）。這也是如前述僧叡於〈關中出禪經序〉中所說「六覺中偈是馬鳴菩薩修習之，以釋六覺也」（大55, 65b2–3）。此事也爲現代學者所證實。如日本松濤誠廉（**注 14**）依據英國 E. H. Johnston 所校訂出版之 *The Saundarananda of Aśvaghoṣa*（馬鳴菩薩之《美難陀》詩篇梵本）（**注 15**），將鳩摩羅什之《坐》中有關六思覺之偈頌與《美難陀》第十五章「尋思捨斷」之偈頌作了比對研究。因此，以下之比對部分是用松濤誠廉之研究結果（以下略稱爲〈松濤誠廉 1981〉）爲基礎，我們將鳩摩羅什之漢譯配上梵本之偈頌以及筆者之試譯（不考慮偈頌體，以括弧括之）。若《坐 》中缺者，以？？？等表示；若其出處不明者，以？？？等表示。此外本稿也提出一些比對的新發現(以☆注明) 補充之。

[273a27]**欲求心淨入正道者，先當除卻三種麁覺，次除三種細覺，除六覺已，當得一切清淨法；譬如採金人，先除麁石砂，然後除細石砂，次第得細金砂。**

suvarṇahetor api pāṁsudhāvako vihāya pāṁsūn bṛhāo yathāditaḥ /

jahāti sūkṣmān api tadviśuddhaye viśodhya hemāvayavām niyacchati //66//

（譬如爲採金而洗金礦石人，先除麁石砂，然後除細石砂，淨之又淨，次第得細金砂）

vimokṣahetor api yuktamānaso vihāya doṣān bṛhatas tathāditaḥ /

jahāti sūkṣmān api tadviśuddhaye viśodhya dharmāvayavān niyacchati //67//

（如是，爲獲得解脫而修心者，始除麁過失，然後除細過，淨之又淨，次第得法支）

《美難陀》之第十五章「尋思捨斷」共有69 頌，鳩摩羅什所譯《坐》中「六種覺（尋思）之捨斷」的開頭部分卻是相當於《美難陀》XV 接近結尾之67，66 二頌。可見鳩摩羅什之譯本（或者是原本）並不完全是從《美難陀》XV 引用，有時也有不規則的對應狀況。

[273b2]**問曰：云何爲麁病？云何爲細病？答曰：欲瞋惱覺，是三名病，親里、國土及不死覺，是三名細病，除此覺已，得一切清淨法。**

問曰：未得道者，結使未斷，六思覺強，從心生亂，云何能除？答曰：心厭世間，正觀能遮而未能拔，後得無漏道，能拔結使根本。

? （出處不明）

§3.1.1 除欲思覺

[273b7]何謂正觀?

××××××× ××× ×××××

(《美難陀》中是從XV 2開始說明如何除「欲思覺」,可知《坐》中缺XV 2–7)

1. **見多欲人求欲苦,得之守護是亦苦,**

失之憂惱亦大苦,心得欲時無滿苦。

anityā moṣa-dharmāṇo riktā vyasanahetavaḥ /

bahusādhāraṇāḥ kāmā barhyā hy āśīvisā iva //8//

(愛欲是無常、妄法、虛無、悲慘因、衆人共通之法。實如毒蛇應除之)

2. **欲無常空憂惱因,衆共有此當覺棄,**

譬如毒蛇入人室,不急除之害必至。

ye mṛgyamāṇā duḥkhāya rakṣyamāṇā na śāntaye /

bhraṣṭāḥ śokāya mahate prāptāś ca na vitṛptaye //9//

(求欲時苦,守時不寂靜,失時成大憂,得也不滿足)

××××××× ××××××× (《坐》中缺)

tṛptiṁ vittaprakarṣeṇa svargāvāptyā kṛtārthatām /

kāmebhyaś ca sukhotpattiṁ yaḥ paśyati sa naśyati //10//

(以蓄財爲滿足,升天爲成就,由欲生安樂,如是想者亡)

3. ab**不定不實不貴重,種種欲求顚倒樂,**

calān apariniṣpannān asārān anavasthitān /

parikalpasukhān kāmān na tān smartum ihārhasi //11//

(汝不應念此欲 — 動搖、非實在、無實質、不確定、遍計所執樂)

3. cd**如六神通阿羅漢,教誨欲覺弟子言。**

4. **汝不破戒戒清淨,不共女人同室宿,**

欲結毒蛇滿心室，纏綿愛喜不相離。

5. 既知身戒不可毀，汝心常共欲火宿，

汝是出家求道人，何緣縱心乃如是。

6. 父母生養長育汝，宗親恩愛共成就。

咸皆涕泣戀惜汝，汝能捨離不顧念，

7. 而心常在欲覺中，共欲嬉戲無厭心，

常樂欲火共一處，歡喜愛樂不暫離。

如是種種呵欲覺，如是種種正觀除欲覺。

? ?

以上從「如六神通阿羅漢……」開始之偈頌(3cd–7)，松濤誠廉氏推論：或許是從馬鳴菩薩的《舍利弗劇》(Śāriputraprakaraṇa) 中的引用（注 16）。

§3.1.2 滅瞋恚覺

[273b21]問曰：云何滅瞋恚覺？答曰：

××××××× ×××××××（《坐》中缺）

vyāpādo vā vihiṁsā vā kṣobhayed yadi te manaḥ /

prasādyaṁ tad vipakṣena maṇinevākulaṁ jalam //12//

（若瞋恚、惱害擾動汝意，應以對治安淨彼，譬如投珠於濁水）

8ab從胎中來生常苦，是中眾生莫瞋惱，

? （出處不明）

8cd若念瞋惱慈悲滅，慈悲瞋惱不相比，

9ab汝念慈悲瞋惱滅，譬如明闇不同處。

pratipakṣas tayor jñeyo maitrī kāruṇyam eva ca /

virodho hi tayor nityaṁ prakāśatamasor iva //13//

(應知此二對治是慈、悲；彼等猶如明、闇常相剋。)

9cd若持淨戒念瞋恚，是人自毀破法利，

10ab譬如諸象入水浴，復以泥土塗坌身。

nivṛttaṁ yasya dauḥśīlyaṁ vyāpādaś ca pravartate /

hanti pāṁsubhir ātmānāṁ sa snata iva varaṇaḥ //14//

（雖棄捨惡戒，卻起瞋者，猶如浴後之象以泥塵塗自身）

10cd一切常有老病死，種種鞭笞百千苦，

11ab云何善人念眾生，而復加益以瞋惱。

duḥkhitebhyo hi martyebhyo vyādhimṛtyujarādibhiḥ /

āryaḥ ko duḥkham aparaṁ saghṛṇo dhātum arhati //15//

（有慈悲之善人，云何更添加別種苦於已受病、死、老等苦之眾生）

11cd若起瞋恚欲害彼，未及前人先自燒，

duṣṭena ceha manasā bādhyate vā paro na vā /

sadyas tu dahyate tāvat svaṁ mano duṣṭacetasaḥ //16//

（以惡意害他或不害他，可是懷惡意者常先自燒惱）

12ab是故常念行慈悲，瞋惱惡念內不生。

tasmāt sarveṣu bhūteṣu maitrīṁ kāruṇyam eva ca /

na vyāpādaṁ vihiṁsāṁ vā vikalpayitum arhasi //17//

（是故，汝應於一切眾生常念行慈悲，不念行瞋恚或惱害）

12cd若人常念行善法，是心常習佛所念，

yad yad eva prasaktaṁ hi vitarkayati mānavaḥ /

abhyāsāt tena tenāsya natir bhavati cetasaḥ //18//

（人們尋思各種樂著事，從數習而成爲彼之性格）

13 **是故不應念不善，常念善法歡樂心，**

今世得樂後亦然，得道常樂是涅槃。

tasmād akuśalaṁ tyaktvā kuçalaṁ dhyātum arhasi /

yat te syād iha cārthāya paramārthasya cāptaye //19//

（是故不應念不善，常思善法。因此將得現世利益，亦得最勝利益）

14ab**若心積聚不善覺，自失己利并害他，**

saṁvardhante hy akuśalā vitarkāḥ saṁbhṛtā hṛdi /

anarthajanakās tulyam ātmanaś ca parasya ca //20//

（何以故？若積聚之不善尋思於心中增長，則於己、於他皆生不利）

14cd**是謂不善彼我失，他有淨心亦復沒，**

śreyaso vighnakaraṇād bhavanty ātmavipattaye/

pātrībhāvopaghātāt tu parabhaktivipattaye //21//

（以阻害最善故，自取毀滅。以破壞善器故，亦毀壞他人信心）

××××××××　××××××××

（《坐》中缺《美難陀》之 XV 22–29 除「瞋惱覺」部分）

15ab**譬如阿蘭若道人，舉手哭言賊劫我。**

有人問言：誰劫汝財？答言：財賊我不畏，我不聚財求世利，誰有財賊能劫我，我集善根諸法寶，覺觀賊來破我利，財賊可避、多藏處，劫善賊來無處避。如是種種呵瞋恚，如是種種正觀除瞋恚覺。

？？？？？？？？？？？？？？？？？？？？？？？　（出處不明）

§3.1.3 除惱覺

[273c15]問曰：云何除惱覺？

答曰眾生百千種，諸病更互恆來惱，

死賊捕伺常欲殺，無量眾苦自沈沒。

云何善人復可惱，讒謗謀害無慈仁，

未及傷彼被殃身，

☆　此段〈松濤誠廉 1981，165〉認為無法於《美難陀》XV 尋得相當之偈頌。但是，筆者以爲可以推定與如下所引之《美難陀》XV 15 相當。

duḥkhitebhyo hi martyebhyo vypādhimṛtyujarādibhiḥ /

āryaḥ ko duḥkham aparaṁ saghṛṇo dhātum arhati //15//

（有慈悲之善人，云何更添加別種苦於已受病、死、老等苦之眾生）

雖然如上所比對之結果，《美難陀》XV 15 是相當於《坐》§3.1.2「滅瞋恚覺」之 10cd「一切常有老病死，種種鞭笞百千苦」及 11ab「云何善人念眾生，而復加益以瞋惱」之部分。但爲何於 §3.1.3「除惱覺」處會再次出現？我想是因爲馬鳴菩薩之《美難陀》中，從 XV 12–29 等之偈頌是合論「滅瞋恚覺」與「除惱（害）覺」，如最初之《美難陀》XV 12 及 XV 17:

vyāpādo vā vihiṁsā vā kṣobhayed yadi te manaḥ /

prasādyaṁ tad vipakṣena maṇinevākulaṁ jalam //12//

（若瞋恚、惱害擾動汝意，應以對治安淨彼，譬如投珠於濁水）

tasmāt sarveṣu bhūteṣu maitrīṁ kāruṇyam eva ca /

na vyāpādaṁ vihiṁsāṁ vā vikalpayitum arhasi //17//

（是故，汝應於一切眾生常念行慈悲，不念行瞋恚或惱害）

從此二偈之「若瞋恚 (vyāpāda)、惱害 (vihiṁsā) 擾動汝意」、「不念行瞋恚或惱害」並提之事實，可知馬鳴菩薩於《美難陀》XV 中是將對治「瞋恚」(vyāpāda)、「惱害」(vihiṁsā) 之尋思（vitarka，思覺）合論。因此，鳩摩羅什之《坐》譯本（或者原本），可能是爲了將兩者分別說明之故，於 §3.1.3「除惱覺」之開頭處再次取《美難陀》XV 15 之大意用之。此外，如下 §3.1.3「除惱覺」後段之一偈:

[273c28]飢渴寒熱百千苦，眾生常因此諸惱，

身心苦厄無窮盡，云何善人加諸惱。

其內容大意也很類似《美難陀》XV 15。同樣地，此或許是如上述所推論之因。

[273c19]俗人起惱是可恕，

此事世法惡業因，亦不自言我修善。

求清淨道出家人，而生瞋恚懷嫉心，

清冷雲中放毒火，當知此惡罪極深。

此段〈松濤誠廉1981，165〉說明與鳩摩羅什所譯《佛垂般涅槃略說教誡經》（《佛遺教經》）「白衣受欲非行道人，無法自制，瞋猶可恕。出家行道無欲之人，而懷瞋恚，甚不可也。譬如清冷雲中，霹靂起火非所應也」（大12，1111b）非常類似。事實上，目前學術界認爲鳩摩羅什所譯之《佛遺教經》可能是出自於馬鳴菩薩之《佛所行讚》〈大般涅槃品〉第二十六（**注17**），從《佛所行讚》〈大般涅槃品〉中有如下相當之文：「在家多諸惱，瞋恚故非怪，出家而懷瞋，是則與理乖，猶如冷水中，而有盛火燃」（大4，48c）亦可證實。

阿蘭若人興嫉妒，有阿羅漢他心智，

教誡苦責汝何愚，嫉妬自害功德本。

若求供養當自集，諸功德本莊嚴身，

若不持戒禪多聞，虛假染衣壞法身，

實是乞兒弊惡人，云何求供養利身。

? （出處不明，是否仍然可用如上述〈松濤誠廉1981，168；179–181〉之推論，與馬鳴菩薩之《舍利弗劇》有關？）

[273c28]飢渴寒熱百千苦，眾生常因此諸惱，

身心苦厄無窮盡，云何善人加諸惱，

（☆或許是如上所述之推論）

[274a1]譬如病瘡以針刺，亦如獄囚考未決，

苦厄纏身眾惱集，云何慈悲更令劇。

如是種種呵惱覺，如是種種正觀除惱覺。

? ?（出處不明）

§3.1.4 除親里覺

[274a4]問曰：**云何除親里覺？**答曰：**應如是念，**

××××××××× ××××××××

vṛddhyavṛddhyor atha bhavec cintā jñātijanaṁ prati /

svabhāvo jīvalokasya parīkṣyas tannivṛttaye //30//

（復次，若對親族有榮、衰之憂，爲令淨除此念故，汝應觀察有情世界之自性）

☆ 鳩摩羅什所譯《坐》之 §3.1.4「除親里覺」部分，應該是相當於馬鳴菩薩之《美難陀》XV 30–41，只是《坐》中缺《美難陀》XV 30 及 34 二偈。此外，《美難陀》全篇是偈頌體，而鳩摩羅什所譯《坐》之 §3.1.4「除親里覺」則改用散文體翻譯之（以下各段以 S 標示號碼）。

S1世界生死中自業緣牽，何者是親？何者非親？但以愚痴故，橫生著心，計爲我親。

saṁsāre kṛṣyamāṇānāṁ sattvānāṁ svena karmaṇā /

ko janaḥ svajanaḥ ko vāmohāt sakto jane janaḥ //31//

（生死輪迴中，對爲自業所牽引之眾生而言，誰是親？誰是非親？但以愚痴故，人們對他人有愛著）

S2 過去世非親爲親，未來世非親爲親，今世是親過去非親；

atīte 'dhvani saṁvṛttaḥ svajano hi janas tava /

aprāpte cādhvani janaḥ svajanas te bhaviṣyati //32//

（汝之親過去世爲非親，非親將爲未來世汝之親。汝之非親過去世爲親，汝之親未來世將爲非親）

S3 譬如鳥栖，暮集一樹，晨飛各隨緣去，家屬親里亦復如是。

vihagānāṁ yathā sāyaṁ tatra tatra samāgamaḥ /

jātau jātau tathā śleṣo janasya svajanasya ca //33//

（譬如鳥栖，從各處暮集一樹。生生世中，非親與親之關係亦復如是）

××××××× ×××××××

pratiśrayaṁ bahuvidhaṁ saṁśrayanti yathādvagāḥ /

pratiyānti punas tyaktvā tadvaj jñātisamāgamaḥ //34//

（猶如旅人集宿於各種居所，再捨離而各奔前程。親族之聚合亦如是）

S4 生世界中各有因緣，緣會故親，緣散故疎，無有定實因緣果報，共相親近；譬如乾沙，緣手團握，緣捉故合，緣放故散。

loke prakṛtibhinne 'smin na kaś cit kasya cit priyaḥ /

kāryakāraṇsaṁbaddhaṁ bālukāmuṣṭivaj jagat //35//

（以離異爲本質的此世中，誰不定是誰的親人。世間隨因果關係離合，如手握乾沙）

S5 父母養子老當得報，子蒙懷抱養育故當報。

bibharti hi sutaṁ mātā dharayiṣyati mām iti /

mātaram bhajate putro garbheṇādhatta mām iti //36//

（母念「他將養我」，故愛子；子念「懷我於胎」，故敬母）

S6 若順其意則親，若逆其意是賊。

anukūlaṁ pravartante jñātiṣu jñātayo yadā /

tadā snehaṁ prakurvanti riputvaṁ tu viparyayāt //37//

（親族若彼此順從時顯示親愛。反之，由違逆故則產生敵對）

S7 **有親不能益而反害，有非親無損而大益，人以因緣故而生愛，愛因緣故而更斷。**

ahito dṛśyate jñātir ajñātir dṛśyate hitaḥ /

snehaṁ kāryāntarāl lokaś chinatti ca karoti ca //38//

（或有親不能益，或有非親能大益。世間以他事故或生愛、或斷愛）

S8 **譬如畫師作婦女像，還自愛著，此亦如是，自生染著染著於外。**

svayam eva yathālikhya rajyec citrakaraḥ striyam /

tathā kṛtvā svayaṁ snehaṁ saṁgameti jane janaḥ //39//

（譬如畫師愛著於自畫之婦女像。人們自生染著而染著於他人亦復如是）

S9 **過去世中汝有親里，今世於汝復何所作？汝亦不能益過去親，過去親不益汝，兩不相益，空念之爲是親非親，世界中不定無邊。**

yo ’bhavad bāndhavajanaḥ paraloke priyas tava /

sa te kam arthaṁ kurute tvaṁ vā tasmai karoṣi kam //40//

（他世之可愛親者，彼作何益於汝，汝作何益於他）

tasmāj jñātivitarkeṇa mano nāveṣṭum arhasi /

vyavasthā nāsti saṁsāre svajanasya janasya ca //41//

（是故，心意不應爲親屬尋思所制。於輪迴中，親疏無定）

[274a20]如阿羅漢教新出家戀家弟子言，如惡人吐食更欲還，汝亦如是；汝已得出家，何以還欲愛著，是剃髮染衣是解脫相？汝著親里不得解脫，還爲愛所繫。

三界無常流轉不定，若親非親，雖今親里久久則滅，如是十方眾生迴轉，親里無定是非我親。

人欲死時無心無識，直視不轉閉氣命絕，如墮闇坑，是時親里

家屬安在。

若初生時，先世非親，今強和合作親，若當死時復非親，如是思惟，不當著親。

如人兒死，一時三處父母俱時啼哭，誑 [274b] 天上父母妻子，人中亦爲誑，龍中父母亦爲誑。如是種種正觀除親里覺。

? （出處不明）松濤誠廉氏推論：或許是從馬鳴菩薩的《舍利弗劇》中的引用〈松濤誠廉 1981，165；168；179–181〉。

§3.1.5 除國土覺

[274b3]問曰：云何除國土覺？答曰：

☆　馬鳴菩薩之《美難陀》XV 中說「除國土尋思（覺）」的部分是 42–51 偈，但鳩摩羅什所譯《坐》之§3.1.5「除國土覺」中的相當部分是《美難陀》XV 42–49 偈（其中第 45 偈之順序不同），《坐》中缺《美難陀》XV 50 及 51 二偈。此外，鳩摩羅什所譯《坐》之§3.1.5「除國土覺」也是用散文體翻譯之（以下各段以 S 標示號碼）。

S1 **行者若念是國土豐樂安隱，多諸好人，恆爲國上（土）覺繩所牽，將去罪處，覺心如是。**

asau kṣemo janapadaḥ subhikṣo 'sāv asau śivaḥ /

ity evam atha jāyeta vitarkas tava kaś cana //42//

（若念此國土安隱、豐饒、妙樂，如是於汝常生某種尋思）

S2 **若有智者不應念著，何以故？國土種種過罪所燒。**

praheyaḥ sa tvayā saumya nādhivāsyaḥ kathaṁ cana /

viditvā sarvam ādīptaṁ tais tair doṣāgnibhir jagat //43//

（朋友！應該捨棄彼，知一切世間爲種種過失之火所燃，絕不應念著）

S3 **時節轉故，亦有飢餓身疲極故，一切國土無常安者。**

ṛtucakranivartāc ca kṣutpipāsāklamād api /

sarvatra niyataṁ duḥkhaṁ na kva cid vidyate śivam //44//

（或因季節之輪轉故，或因飢渴疲勞故，一切處常是苦，絕無妙樂）

S4 **復次，老死病苦無國不有。**

jarā vyādhiś ca mṛtyuś ca lokasyāsya mahadbhayam /

nāsti deśaḥ sa yastrāsya tadbhayaṁ nopapadyate //46//

（老病死是此世之恐怖。彼等恐怖無處不有）

S5 **從是間身苦去，得彼處身苦，一切國土去無不苦。**

yatra gacchati kāya 'yaṁ duḥkhaṁ tatrānugacchati /

nāsti kā cid gatir loke gato yatra na bādhyate //47//

（此身趣處，苦則隨行。於此世間，趣者不受苦逼之趣無有）

S6 **假有國土安隱豐樂，而有結惱心生苦患，是非好國土。**

S7 **能除雜惡國土，能薄結使，令心不惱，是謂好國土。**

ramaṇīyo 'pi deśaḥ san subhikṣaḥ kṣema eva ca /

kudeśa iti vijñeyo yatra kleśair vidahyate //48//

（若有國土安隱豐樂，但有煩惱火煎熬，應知非好國土）

S8 **一切眾生有二種苦，身苦、心苦，常有苦惱，無有國土無此二惱。**

lokasyābhyāhatasyāsya duḥkhaiḥ śārīramānasaiḥ /

kṣemaḥ kaś cin na deśo 'sti svastho yatra gato bhavet //49//

（爲身心之苦所逼惱的世間中，可去且自在安穩之處無有）

S9 **復次，有國土大寒，有國土大熱，有國土有飢餓，有國土多病，有國土多賊，有國土王法不理，如是種種國土之惡，心不應著。**

kva cic chītaṁ kva cid dharmaḥ kva cid rogo bhayaṁ kva cid /

bādhate 'bhyadhikaṁ loke tasmād aśaraṇaṁ jagat //45//

（有國土大寒，有國土大熱，有國土疫病，有國土極怖害。是故，一

切世間中無有避護處）

×××××××× ××××××××（《坐》中缺《美難陀》XV 50，51 二偈）

[274b15]如是正觀除國土覺。

§3.1.6 除不死覺

[274b17]問曰：云何除不死覺？答曰：

☆　馬鳴菩薩之《美難陀》XV 中說「除不死尋思（覺）」的部分是 52–63 偈，但鳩摩羅什所譯《坐》之§3.1.6「除不死覺」中的相當部分是《美難陀》XV 54–62 偈，似乎《坐》中缺《美難陀》XV 52，53，63 三偈，但我發現其後二偈（XV 53，63）之「伏虎喻」與「水泡喻」與《坐》§3.1.6 之 S11，12 二段之比喻相同（請參考下面該二段之比對）。此外，鳩摩羅什所譯《坐》之§3.1.6「除不死覺」也是用散文體翻譯之（以下各段以 S 標示號碼）。

××××××× ×××××××（《坐》中缺如下《美難陀》XV 52，53 二偈）

atha kaś cid vitarkas te bhaved amaraṇāśrayaḥ /

yatnena sa vihantavyo vyādhir ātmangato yathā //52//

（復次，若汝有任何依於不死之尋思，應努力除之，如自己有病）

muhūrtam api viśrambhaḥ kāryo na khalu jīvite /

nilīna iva hi vyāghraḥ kālo viśvastaghātakaḥ //53//

（一瞬間也不可信賴生命。時間之大限猶如伏虎，傷害怙恃者）

S1 **應教行者，若好家生，若種族子，才技力勢勝人，一切莫念。何以故？一切死時，不觀老少貴賤、才技勢力。**

balastho 'haṁ yuvā veti na te bhavitum arhati /

mṛtyuḥ sarvāsv avasthāsu hanti nāvekṣate vayaḥ //54//

（勿念我年輕力壯，死亡襲人不分年齡）

S2 **是身是一切憂惱諸因緣，因自見少多壽，若得安隱，是為痴人。**

kṣetrabhūtam anarthānāṁ śarīraṁ parikarṣataḥ /

svāsthyāśā jīvitāśā vā na dṛṣṭārthasya jāyate //55//

（確知此身乃是諸憂惱田之看法者，不起健康或壽命之願望）

S3 **何以故？是謂憂惱因依四大，四大造色如四毒蛇，共不相應，誰得安隱者。**

nirvṛtaḥ ko bhavet kāyaṁ mahābhūtāśrayaṁ vaham /

parasparaviruddhānām ahīnām iva bhājanam //56//

（四大種所依之身體者，如相爭之四蛇共一容器，誰能安隱）

S4 **出息期入是不可信。**

praśvasity ayam anvakṣaṁ yad ucchvasiti mānavaḥ /

avagaccha tad āścaryam aviśvāsyaṃ hi jīvtam //57//

（人們信解「呼氣之後即有吸氣」之事，是不可思議；因生命不可信賴故）

S5 **復次，人睡時欲期必覺，是事難信。**

idam āśccaryam aparaṁ yat suptaḥ pratibudhyate /

svapity utthāya vā bhūyo bahvamitrā hi dehinaḥ //58//

（睡者欲期必覺，覺後仍將睡，此亦是難信事。有身者具有多敵故）

S6 **受胎至老死，事恆來求，死時節言常不死，云何可信；譬如殺賊，拔刀注箭，常求殺人無憐愍心。**

garbhāt prabhṛti yo lokaṁ jighāṁsur anugacchati /

kas tasmin viśvasen mṛtyāv udyatāsāv arāv iva //59//

（從受胎起，恆隨而欲襲世人之此死亡，於彼誰相信；猶如拔刀注箭之敵）

S7 **人生世間死力最大，一切無勝死力強者，若過去世第一妙人，無能脫此死者，現在亦無大智人能勝死者。**

prasūtaḥ puruṣo loke śrutavān balavān api /

na jayati antakaṁ kaś cin nājayan nāpi jeṣyati //60//

（生於世間者，不論具聞智，且具強力，誰亦不能戰勝、不曾戰勝，未來亦不能戰勝死神）

S8 **亦非軟語求，非巧言誑，可得避脫；亦非持戒精進，能卻此死。**

sāmnā dānena bhedena daṇḍena niyamena vā /

prāpto hi rabhaso mṛtyuḥ pratihantuṁ na śakyate //61//

（突然而至之死亡，不論以親睦、贈賄、決裂、攻擊，或以禁欲，都不能避免）

S9 **以是故當知，人常危脆不可怙恃，莫信計常我壽久活。是諸死賊常將人去，不付（待）老竟然後當殺。**

tasmān nāyuṣi viśvāsaṁ cañcale kartum arhasi /

nityaṁ harati kālo hi sthāviryaṁ na pratīkṣate //62//

（是故，不應怙恃危脆之壽命。因爲死亡常將人去，不待年老）

[274c3]**如阿羅漢教諸覺惱弟子言：汝何以不知厭世入道，何以作此有覺？**

有人未生便死，有生時死者，有乳餔時，有斷乳時，有小兒時，有盛壯時，有老時，一切時中間死法界；譬如樹華，華時便墮，有果時墮，有未熟時墮。

? ? ? ? ? ? ? ? ? ? ? ? ? ? ? ? ? ? ?（出處不明，松濤誠廉氏推論：或許是從馬鳴菩薩的《舍利弗劇》中的引用〈松濤誠廉 1981，168；179–181〉。

S10 ☆**是故當知，勤力精進求安隱道，大力賊共住不可信，此賊**

如虎，巧覆藏身，如是死賊常求殺人。

muhūrtam api viśrambhaḥ kāryo na khalu jīvite /

nilīna iva hi vyāghraḥ kālo viśvastaghātakaḥ //53//

（一瞬間也不可信賴生命。時間之大限猶如伏虎，傷害怙恃者）

S11 ☆**世間所有空如水泡，**

niḥsāraṁ paśyato lokaṁ toyabudbudadurbalam /

kasyāmaravitarko hi syād anunmattacetasaḥ //63//

(照見世間無實，如水泡般脆弱。心不狂亂者，誰會有不死之尋思？)

[274c11]**云何當言待時入道，何能證言汝必老可得行道；譬如嶮岸大樹，上有大風，下有大水崩其根土，誰當信此樹得久住者？人命亦如是，少時不可信。**

父如轂子，母如好田，先世因緣罪福如雨澤；眾生如穀，生死如收刈。

種種諸天子人王智德，如天王佐天鬪破諸阿須倫軍，種種受樂極大高明，還沒在黑闇。

以是故莫信命活，言：我今日當作此，明後當作是。如是正觀除種種不死覺。

（出處不明）

? ? ? ? ? ? ? ? ? ? ? ? ? ? ? ? ? ? ? ?

§4　十六分

[275b19] **是十六分中**

初入息分六種阿那般那行，出息分亦如是。

△**一心念息入出若長若短。譬如人怖走上山，若擔負重、若上氣，如是比是息短，若人極時得安息歡喜；又如得利從獄中出，如是爲息長。一切息隨二處，若長若短處，是故言息長**

息短，是中亦行阿那般那六事。

△念諸息遍身亦念息出入。悉觀身中諸出息入息，覺知遍至身中乃至足指、遍諸毛孔如水入沙，息出覺知從足至髮、遍諸毛孔如水入沙，譬如槖囊入出皆滿，口鼻風入亦爾。觀身周遍、見風行處，如藕根孔，亦如魚[275c]網。復心非獨口鼻觀息入出，一切毛孔及九孔中，亦見息入息出，是故知息遍諸身。

△除諸身行亦念入出息。若身懈怠睡眠體重、悉除棄之，身輕柔軟。

△隨禪定心受喜亦念息入出，除懈怠睡眠心重，得心輕柔軟、隨禪定心受喜。

復次，入息念止中竟，次行痛念止、已得身念止，實今更得痛念止、實受喜。

復次，已知身實相，今欲知心心數法實相，是故受喜亦念息入出。

△受樂亦念息入出，是喜增長，名爲樂。復次，初心中生悅、是名喜，後遍身喜、是名樂。復次，初禪二禪中樂痛名喜，三禪中樂痛名受樂。

△受諸心行亦念息入出；諸心生滅法，心染法、心不染法，心散法、心攝法，心正法、心邪法，如是等諸心相，名爲心行。

△心作喜時亦念息入出，先受喜自生、不故作念心、故作喜。問曰：何以故，故作喜？答曰：欲治二種心，或散心、或攝心，如是作心得出煩惱，是故念法心作喜。

復次，若心不悅勸勉令喜。

△心作攝時亦念息入出，設心不定強伏令定，如經中說，心定是道、心散非道。

△心作解脫時亦念息入出，若意不解強伏令解，譬如羊人蒼耳，蒼耳著身，人爲漸漸出之，心作解脫諸煩惱結，亦復如是，是名心念止作解脫。

△觀無常亦念息入出，觀諸法無常生滅、空無吾我，生時諸法空生，滅時諸法空滅，是中無男無女、無人無作無受，是名隨無常觀。

△觀有爲法出散亦念息入出。無常是名出散；諸有爲法現世中出，從過去因緣和合故集，因緣壞故散，如是隨觀，是名出散觀。

△觀離欲結亦念息入[276a]出，心離諸結，是法第一，是名隨離欲觀。

△觀盡亦念息入出，諸結使苦、在在處盡，是處安隱，是名隨盡觀。

△觀棄捨亦念息入出，諸愛染煩惱身心、五陰諸有爲法棄捨，是第一安隱。

如是觀，是名隨法意止觀，是名十六分。

所謂「十六分」者，玄奘譯爲「十六勝行」(ṣoḍaśākāra)。「阿那波那念」的十六勝行 (ṣoḍaśākāra)，於阿含經類（**注18**）、律藏（**注19**）巴利三藏中經常被說明（**注20**），可見從初期佛教以來，乃至一直到今日，仍是通行之修行法（**注21**）。但從以上所引用之鳩摩羅什翻譯《坐》「十六分」敘述中，不容易分出何者爲十六段落（暫用△記號來分段落），因此，我們將借用其他的相關資料來討論。

今以《瑜伽師地論》〈聲聞地〉中所敘述之「阿那波那念」十六

勝行 (ṣoḍaśākāra) 作爲比對之代表。〈聲聞地〉中，阿那波那念的修習上，因於悟入聖諦修習 (satyāvatāraparicaya)，依見道 (darśana) 所應斷絕的 (prahātavya) 煩惱全部斷絕。但因依修道 (bhāvanā) 所應斷絕的 (prahātavya) 煩惱尙且殘餘，爲欲斷絕此等，則應修習如下「阿那波那念」的十六勝行 (ṣoḍaśākāra)。

> 云何名為十六勝行？謂於念入息，我今能學 (śikṣate) 念於入息。於念出息，我今能學念於出息。①若長 (dīrgha)、②若短 (hrasva)。③於覺了 (pratisaṁvedin) 遍身 (sarvakāya) 入息，我今能學覺了遍身入息，於覺了遍身出息，我今能學覺了遍身出息。④於息除 (praśrabhya) 身行 (kāya-saṁskāra) 入息，我今能學息除身行入息，於息除身行出息，我今能學息除身行出息。於⑤覺了喜 (prīti) 入息，……。於⑥覺了樂 (sukha) 入息，……。於⑦覺了心行 (citta-saṁskāra) 入息，……。於⑧息除 (praśrabhya) 心行 (citta-saṁskāra) 入息，……。於⑨覺了心 (citta) 入息，……。於⑩喜悅心 (abhipramodaya-citta) 入息，……。於⑪制持心 (samādadha-citta) 入息，……。於⑫解脫心 (vimocaya-citta) 入息，……。於⑬無常隨觀 (anitya-anudarśin) 入息，……。於⑭斷隨觀 (prahāṇa-anudarśin) 入息，……。於⑮離欲隨觀 (virāga-anudarśin) 入息，……。於⑯滅隨觀 (nirodha-anudarśin) 入息，……。（大 30, 432a28ff.; ŚrBh 229. 1ff.）

即，當吸氣之時，則學習「注意自己之吸氣」；當呼氣之時，則學習「注意自己之呼氣」。例如：①長的 (dīrgha)、或者②短的 (hrasva) 出入息。當感知 (pratisaṁvedin) ③全身的 (sarvakāya) 吸氣，而一邊學習「我感知全身而吸氣」；一邊感知全身呼氣，而一邊學習

「我感知全身而呼氣」。當④令身行 (kāya-saṁskāra) 靜止 (praśrabhya) 而吸氣，一邊學習「我令身行靜止而吸氣」；當令身行靜止而呼氣，一邊學習「我令身行靜止而呼氣」。以上四個修行階段是屬於「四（身、受、心、法）念處」中之「身念處」，其餘之十二個修行階段則各以四個一組如下所列分配於其餘的「受念處」、「心念處」、「法念處」（注22）。

㈡受念處

⑤感知 (pratisaṁvedin) 喜 (prīti) ……。

⑥感知 (pratisaṁvedin) 樂 (sukha) ……。

⑦感知 (pratisaṁvedin) 心行 (citta-saṁskāra) ……。

⑧令心行 (citta-saṁskāra) 靜止 (praśrabhya) ……。

㈢心念處

⑨感知 (pratisaṁvedin) 心 (citta) ……。

⑩令心喜悅(abhipramodaya-citta) ……。

⑪制持其心(samādadha-citta) ……。

⑫令心解脫(vimocaya-citta) ……。

㈣法念處

⑬隨觀無常(anitya-anudarśin) ……。

⑭隨觀於斷(prahāṇa-anudarśin) ……。

⑮隨觀離欲(virāga-anudarśin) ……。

⑯隨觀於滅(nirodha-anudarśin) ……。

因此，若將鳩摩羅什之《坐》中之「十六分」與〈聲聞地〉所述之「阿那波那念」的十六勝行 (ṣoḍaśākāra) 作如下之比對，應可看出將《坐》之敘述分十六段的標準，以及一些問題點。

《坐禪三昧經》	〈聲聞地〉
初入息分六種阿那般那行 出息分亦如是	於念入息，我今能學念於入息 於念出息，我今能學念於出息
(一)身念處 ①一心念息入出若長， ②若短 ③念諸息遍身亦念息出入 ④除諸身行亦念入出息	(一)身念處 ①若長 (dīrgha) ②若短(hrasva) ③於覺了遍身 (sarvakāya) 入息……出息 ④於息除身行 (kāya-saṁskāra) 入息……出息
(二)受念處 ⑤心受喜亦念息入出。 ⑥受樂亦念息入出。 ⑦××× ⑧×××	(二)受念處 ⑤於覺了喜 (prīti) 入息……出息 ⑥於覺了樂 (sukha) 入息……出息 ⑦於覺了心行 (citta-saṁskāra) 入息……出息 ⑧於息除 (praśrabhya) 心行入息……出息
(三)心念處 ⑨受諸心行亦念息入出。 ⑩心作喜時亦念息入出。 ⑪心作攝時亦念息入出。 ⑫心作解脱時亦念息入出。	(三)心念處 ⑨於覺了心 (citta) 入息……出息 ⑩於喜悦心 (abhipramodaya-citta) 入息……出息 ⑪於制持心 (samādadha-citta) 入息……出息 ⑫於解脱心 (vimocaya-citta) 入息……出息
(四)法念處 ⑬觀無常亦念息入出 ? ⑭觀有為法出散亦念息入出 ⑮觀離欲結亦念息入出 ⑯觀盡亦念息入出 ? ⑰觀棄捨亦念息入出	(四)法念處 ⑬於無常隨觀(anitya-anudarśin) 入息……出息 ⑭於斷隨觀 (prahāṇa-anudarśin) 入息……出息 ⑮於離欲隨觀(virāga-anudarśin) 入息……出息 ⑯於滅隨觀 (nirodha-anudarśin) 入息……出息

從《坐》與〈聲聞地〉之「十六勝行」之比對表中，可看出下列問題:

(1)鳩摩羅什所譯之《坐》缺少了⑦於覺了心行(citta-saṁskāra) 入息……出息、⑧於息除 (praśrabhya) 心行入息……出息。

(2)「法念處」中《坐》之⑭「觀有爲法出散亦念息入出」與〈聲聞地〉之⑭「於斷隨觀 (prahāṇa-anudarśin) 入息……出息」不太配合。

(3)「法念處」中《坐》之⑰「觀棄捨亦念息入出」是否即是〈聲

聞地〉之⑭「於斷隨觀 (prahāṇa-anudarśin) 入息……出息」？或是多餘的說明？

⑷《坐》「心念處」之⑨「受諸心行亦念息入出」中之「心行」，若比對〈聲聞地〉的⑨「於覺了心 (citta) 入息……出息」，應該是「心」(citta)，而不是一般所說「受念處」之⑦「於覺了心行 (citta-saṁskara) 入息……出息」之「心行」(citta-saṁskāra)。

§5 結語

1.從§1「阿那般那三昧法門」的討論中可知：幾乎所有言及阿那波那念的主要論書以及禪經類都有作「阿那般那」的語義說明，但是有歧義。採用以“āna”（阿那）爲入息、“apāna”（般那、波那）爲出息的說法（略稱爲A說）比較多，特別是說一切有部的論書。相反地，以“āna”（阿那）爲出息、以“apāna”（般那、波那）爲入息的說法（略稱爲B說）較少。但是鳩摩羅什所傳之《坐》中，並沒有加入此等語義解釋之論爭。

2.在§2「三種學人」中，論及此三種學人（禪定之修行者）的分階法，若根據〈聲聞地〉的解釋，是指⑴初學者（ādikarmika，初修業）、⑵積累長期的經驗 (kṛta-paricaya，已習行）者、⑶超越作意（atikrānta-manaskāra，已度作意）者等三階段。但是，在鳩摩羅什所傳之《坐》中，並沒有如〈聲聞地〉中將「三種瑜伽師」與煖、頂、忍、世第一法等順決擇分、正性離生等修行階位配合說明的部分。

3.從鳩摩羅什之《坐》§3.1「數法」（數息觀）對治六種「思覺」（vitarka，尋思）的偈頌與馬鳴菩薩《美難陀》XV 之比對研究中知道：鳩摩羅什之《坐》有關六思覺之偈頌，並非完全引用自馬鳴菩薩的《美難陀》第十五章「尋思捨斷」之全部偈頌，而是部分的節錄，有時也稍稍變換原有順序，有些部分或許是引用馬鳴菩薩《美難陀》以外的作品。

從此比對研究亦可印證僧叡於〈關中出禪經序〉中所說：「六覺中偈是馬鳴菩薩修習之，以釋六覺也」（大55，65b2–3）之說。此外，同時代的慧遠(AD 334–416)於〈盧山出修行方便禪經統序〉中有如下之敘述：「每慨大教東流，禪數尤寡，三業無統，斯道殆廢，頃鳩摩耆婆（Kumārajīva，鳩摩羅什）宣馬鳴所述，乃有此業，雖其道未融，蓋是爲山於一簣」（大55, 65c28-66a2; 大15, 301a26–29）。從此說明，慧遠似乎甚至認爲鳩摩羅什是傳馬鳴菩薩的禪法。

4.爲理解從《坐》中§「十六分」中所敘述的十六階段，將其與《瑜伽師地論》〈聲聞地〉中所敘述之「阿那波那念」十六勝行(ṣoḍaśākāra) 作比對。結果發現《坐 》中缺少了屬於「受念處」之⑦覺了「心行」(citta-saṁskāra) 與⑧息除(praśrabhya)「心行」，以及「法念處」中⑭「觀有爲法出散」、⑰「觀棄捨」與〈聲聞地〉之敘述有不配合之情形，此外，「心念處」中《坐》⑨「受諸心行」之「心行」，或許應該是「心」。

注解

注 1　《出三藏記集》（大 55，65a20–22）。

注 2　《出三藏記集》（大 55，65a22–25）。

注 3　《出三藏記集》（大 55，65a–b5）。

注 4　佐藤泰舜 (1931b) 推論云：本經或許是在西北印度或西域某國，由某人整理諸家有關禪法之要集，而羅什三藏漢譯之；或者是羅什三藏在教示僧叡之際，自己編纂翻譯而成的（《國譯》之解題，p. 4c）。

注 5　因為《出三藏記集》所述之鳩摩羅什譯經錄中沒有明顯提到《禪秘要法經》，所以有學者懷疑它不是鳩摩羅什所譯，而是曇摩蜜多(Dharmamitra) 之譯作。

注 6　根據《安》之跋文所述：「此經按經首序及見經文，似是書者之錯，經注不分而連書者也。……」（大 15，173a）。所以，該經之原貌已難可知。

注 7　松田愼也 (1989, 530) 論文中有關阿那般那的定義，在考察諸論書以及禪經類的說明之際，認為「《瑜伽論》裡未有記述」。但實際上，在《瑜伽論》的〈聲聞地〉（大 30, 430c9ff.; ŚrBh 220. 5ff.）中是有所說明的。

注 8　“assāso ti bahi nikkhamanavāto, passāso ti anto pavisanavāto” (Vism 8. 164)。又，在 Vism 裡，亦同時述及經典的諸義疏為與其相反的說法。

注 9　《毘婆沙》云（大 27，132c25ff.）：「謂將生時，息風先入，息風入已，名為已生。……有餘師說：臨欲生時，息風先出，息風出已，名為已生。……評曰：此中，前說為善」。同樣地，《順正理論》謂云：「諸有情處胎卵位，先於臍處業生風起，穿身成穴，如藕根莖，最初有風來入身內，乘茲口，餘風續入，此初及後，名入息風」（大 29，673a8–10）。

注 10　「安者入，般者出」（大 32，429c18f.）。

注 11 「持風來入內，是故說阿那（*āna）」（大 15, 305c11）、「前出名般那 (*āpana)，始從入風起，修行出息時，諸根隨所緣」（大 15, 306a1）。

注 12 「阿那 (āna) 者，謂持息入，是引外風令入身義。阿波那 (apāna) 者，謂持息出，是引內風令出身義」（大 29，118a9–11）。

注 13 「言阿那 (*āna) 者，謂持息入，是引外風令入身義。阿波那（*apāna) 者，謂持息出，是引內風令出身義」（大 29，672c28–29）。

注 14 有關之論文〈瑜伽行派の祖としての馬鳴〉原登載於《大正大學研究紀要》39 (1925, Feb. 10)，1981 年由「松濤誠廉先生遺稿集刊行會」收錄於松濤誠廉《馬鳴　端正な難陀》（東京，山喜房，1981）書中。討論「六覺中偈」與馬鳴菩薩之《美難陀》XV，比對部分在該書 pp. 164–168。

注 15 Johnston, E. H. *The Saundarananda of Aśvaghoṣa,* 1st ed. Lahore, 1928, rpt. Delhi: Motilal Banarsidass, 1975.

注 16 松濤誠廉 1981，164–5；168；179–181。馬鳴菩薩《舍利弗劇》之梵語斷片是 von le Coq 氏於龜茲之克孜爾附近石窟中發見，由德國呂德斯 (H. Lüders) 教授等整理、研究。其成果於下列二書中報告:

(1)*Bruchstücke Buddhistischer Dramen,* Berlin: 1911.

(2) Das Śāriputraprakaraṇa, ein Drama des Aśvaghoṣa Sitzungsberichte der Königlich preussichen Akademie der Wissenschaften, 1911, pp. 388ff.（再收錄於 *Philologica Indica,* pp. 190ff.）。

此外，金克木於《印度文化論集》（中國社會科學出版社，1983）〈概念的人物化〉之論文中亦有言及 (pp. 157–159)。

注 17 中村元 et al，《佛典解題事典》改定版（東京：春秋社，1977），pp. 74–5.

注 18 《雜含》801–815（大 2，205c–210a）。

注 19 《摩訶僧祇律》（大 22，254c）、《十誦律》（大 23，8a）。

注 20 MN Ⅰ, 421; Ⅲ, 82, 89; SN Ⅴ, 311, 340; AN Ⅴ, 109; Vin Ⅲ, 70–71.

注 21 例如，泰國的Buddhadāsa Bhikkhu（1926 年出家為比丘）稱呼阿那波那念的十六勝行為「到達開悟的十六階段」（The Sixteen Steps to Awakening），當作一種到達涅槃的修行法而用來指導人們（藤吉慈海 1972，100–103）。又，Buddhadāsa Bhikkhu 用泰語寫有許多的著作，且有頗多被英譯者（例如，Buddhadāsa 1980，1988）。

注 22 《雜含》810 (大 2，208a22ff.)、《雜含》813 (大 2，208c22ff.) 、SN (54.13. 15–19)、Vism (8. 230–233) 、《成實論》（大 32, 355c28）「爾時行者具身憶處」等。

（本文曾於1994 年9 月在新疆克孜爾石窟所舉行「紀念鳩摩羅什誕辰1650 週年國際學術討論會」口頭發表）。

鳩摩羅什譯《大品經》《妙法蓮華經》中的「深心」

蔣義斌

文化大學歷史系教授

一、前言

大品系之《般若經》，屬性空宗的經典，而《妙法蓮華經》、《正法華》則屬如來藏系經典，鳩摩羅什及其弟子，對般若經和法華經的熱心研究，是值得注意的。鳩摩羅什所譯《妙法華》及《大品經》均有「深心」一詞，而法護所譯《正法華》、《光讚經》則無「深心」，《光讚經》是《大品經》的異譯，而同屬大品系般若經的另一異譯《放光經》，亦無「深心」，因此，本文嘗試，比較鳩摩羅什譯本《妙法華經》、《大品經》與其他譯本之「深心」差異的意義?

二、《大品經》之深心

大品系《般若經》在中國流傳的譯本，有晉太康七年（西元286）竺法護 (Dharmaraksha) 所譯《光讚經》，晉元康元年 (291) 無叉羅 (Mokśala) 譯的《放光般若經》（簡稱《放光》，及西元404 年鳩摩

羅什 (Kumārajīva) 所譯《摩訶般若波羅蜜經》（簡稱《大品經》）三種。

《大品經》和《放光》、《光讚》雖均屬大品系般若經，但其間仍有所不同，鳩摩羅什所譯的《大品經》中，「深心」一詞，值得我們注意。上述三經均認爲初地菩薩應行十事，其中九事三經均同，唯第一事《大品經》，與其他二經不同，茲列之於後:

《大品》	《放光》	《光讚》
1.深心堅固，用無所得故	先當淨於三垢，亦無所倚	修治志性，不為顛倒（注1）

深心是《大品經》與其他二經不同之處，於此，清晰可見，而此不同處，上例並非孤例，茲再舉他例於後:

《大品》	《放光》	
2.須菩提！初發意菩薩於阿耨多羅三藐三菩提，以深心行十不善道，無有是處	須菩提！新學菩薩發阿耨多羅三耶三菩意者，終不復犯十惡	（注2）
3.為阿耨多羅三藐三菩提故，有信有忍，有淨心有深心，有欲有解，有捨有精進。	於阿耨多羅三耶三菩，有信樂有能有念有解有施有行。	（注3）
4.如是須菩提！善男子善女人，雖有為阿耨多羅三藐三菩提心，有信有忍有淨心有深心，......	須菩提！若有善男子善女人，行菩薩道者，雖有信樂有念有施有解有親近有行，於阿耨多羅三藐耶三菩......	（注4）

5. 諸佛知我深心，審定必當得阿耨多羅三藐三菩提。	諸佛知我必當成阿耨多羅三耶三菩者。（注5）

此五例中，第二、三、四、五例之《光讚》均脫佚，故無法比較，但就《大品經》與《放光經》而論，《大品經》中有深心，清楚可見。

第一例中，《放光》和《光讚》相近，而《大品》則獨樹一幟，提出初地菩薩，須「深心堅固」。其他諸例中，《放光》均無「深心」，另外，《大品經》〈方便品〉結尾部分，是《大品經》較《放光經》增多出的經文，在這段經文中有「善知深心」、「善知三乘」等文句（注6），因此，可以明顯看出，「深心」是《大品經》的特色。如本文後所述，法護所譯的《正法華》，和鳩摩羅什所譯的《妙法華》比較，其中的差別之一，是《妙法華》中常有「深心」，而《正法華》則無「深心」。

「深心」既是鳩摩羅什譯本和法護譯本之不同，而「深心」的意義爲何？《大智度論》（以下簡稱《大論》）引〈十地論〉來說明「深心」，《大論》云：

> 此地相如〈十地論〉中廣說，入初地菩薩應行十法，深心乃至實語，……何是深心？佛答應薩婆若心，集諸善根（注7）。

引文說初地菩薩應行由「深心」至「實語」等十事，而「深心」之意爲「應薩婆若心，集諸善根」。

《大論》由「應薩婆若心，集諸善根」來說明「深心」，然而何謂「應薩婆若心集諸善根」？《大論》接著說：

> 薩婆若心者，菩薩摩訶薩初發阿耨多羅三藐三菩提意，作是願：我於未來世當作佛，是阿耨多羅三藐三菩提，即是應薩婆若心。應者繫心，願我當作佛，若菩薩利根，大集福德，諸煩

惱薄，過去罪業少，發意即得深心（注8）。

「薩婆若」(sarvajña) 乃「一切智」之意，《大論》說「薩婆若心」即菩薩發心求阿耨多羅三藐菩三提之意，而「應薩婆若心」指繫心於大集福德，去除煩惱罪業。

因此，「深心」即菩薩向一切智、阿耨多羅三藐三菩提之心，初發意菩薩心向佛的甚深功德。深心是一發展過程，《大品經》及《大論》均說大乘菩薩是一永恆發展過程（注9），因此，「深心」是一歷時的過程，不過這種歷時的過程，和現世的曆法時間，不一定有關，而是以功德的歷時累積，來說明歷時深化的過程，《大論》說:

> 深心者，深樂佛道，世世於世間心薄，是名應薩婆若心，所作一切功德，若布施、若持戒、若修定等，不求今世、後世福樂壽命安隱，但為薩婆若。譬如慳貪人無因緣乃至一錢不施，貪惜積聚，但望增長。菩薩亦如是，福德若多若少，不向餘事，但愛惜積集向薩婆若（注10）。

《大論》認爲菩薩「世世於世間心薄」，菩薩對曆法時間所構成的世間，是以「心薄」待之，而布施、持戒等功德，是歷時的增長，其福德「積集」，乃至於薩婆若。

若順著《大論》之意，十地有與小乘共之十地，又有大乘所獨有的十地。大乘菩薩十地，是個複雜的問題，學者多有所討論。《大論》說「此（十）地相，如《十地經》中廣說」，故可知《大論》應是贊成十地經系對大乘十地的解釋，而《十地經》是主張每一地中，都需要有「深心」（注11）。

「深心」既是一至十地的基礎，而《大品經》所說諸地境界，多由各地功德來論述，然而發意菩薩，如何「能得深心」呢？《大論》說:

> 云何能得深心？答曰：我先已說，此人若利根諸煩薄，福德純厚不樂世間，……何況菩薩聞說佛道種種功德因緣，而不即時發心深入？如後薩陀波崙品中，長者女聞讚歎佛功德，即時捨家，詣曇無竭所。
>
> 復次，信等五根成就純熟，故能得深心，譬如小兒眼等五情根未成故，不別五塵不識好醜，信等五根未成就，亦復如是（注12）。

前述《大論》由「應薩婆若心，集諸善根」，來說明「深心」，而上段引文，就在說明何謂「集諸善根」，「深心」是善根、十善業功德的累積。《大品經》、《大論》將「深心」和大乘佛教重要德目關連上。

作爲大乘運動「通教」的般若，《大論》亦將深心與之關連，並認爲「菩薩始得般若波羅蜜氣味，故能生深心」，《大論》說：

> 復次，菩薩始得般若波羅蜜氣味，故能生深心。如人閉在幽闇，微隙見少，心則踊躍作是念（言）眾人獨得如是光明，欣悅愛樂，即生深心。念是光明，方便求出。菩薩亦如是，宿業因緣故，閉在十二入無明黑獄中，所有知見皆是虛妄。聞般若波羅蜜，少得氣味，深念薩婆若，我當云何於此六情獄得出，如諸佛聖人（注13）。

引文中可看出「深心」的歷時性，宿業因緣將人「閉在十二入無明黑獄」，而般若如幽室之光，「始得般若波羅蜜氣味」故能生深心。

大品般若經中的菩薩是一永恆發展的過程，始得般若氣味的菩薩，「方便求出」而有深心，其實菩薩求道的過程，亦即深心深化的過程，其發展的趨向，則爲薩婆若一切智，故又說：「深心者，一切諸法中愛無如愛薩婆若」，乃至於阿耨多羅三藐三菩提，《大論》

說:

> 復次，發阿耨多羅三藐三菩提心，隨願所行，以是故生深心。深心者，一切諸法中愛無如愛薩婆若，一切眾生中，愛無如愛佛，又深入悲心，利益眾生，如是等名深心相（注14）。

《大論》又說:「初地菩薩，應常行是心」，此處之心即「深心」，深心是由初地乃至佛所常行之心，在深心裡，眾生是平等的，因爲眾生本身，都可以不斷地發展，《大論》說:

> 菩薩得是深心已，等心於一切眾生，眾生常情愛其所親，惡其所憎。菩薩得深心故，怨親平等，視之無二（注15）。

等心於一切眾生，固然可由菩薩的無差別慧、慈悲等導出，然而在實際生活中，由於緣起的關係，形成眾生的差別，若不由人所創造的曆法時間（如光緒某年），而由深心的歷時性來看，菩薩、眾生都是深心發展的過程。深心由一地至另一地的發展過程，是邏輯因果關係，而非曆法時間因果關係，也就是說其歷時性，是邏輯前後的關係，而非曆法時間的前後關係，初發意菩薩至十地，是功德的累積，由一地至另一地，由諸善業之因，而得各地之果，大品系般若經典，將大乘定義爲一永恆開發的過程，因此，菩薩之心，亦是一永恆開發的過程，形成了《大品經》所標誌的「深心」。

菩薩、眾生都是永恆發展的過程，故可平等看待一切眾生，故《大論》說:「菩薩得深心故，怨親平等，視之無二」，《大論》對深心的解釋，將大乘的重要觀點，如菩薩、阿耨多羅三藐三菩提、十善業道、般若、平等、薩婆若等，均一一與之關連。因此，《大品經》所獨有的「深心」，值得特別重視，「深心」不是一形容詞，它在《大品經》中，有重要的作用，《大論》將深心和大乘其他重要名相的關係，不厭其煩地，一一予以闡述，正可說明「深心」，在鳩摩羅什所譯《大品經》有其特殊重要性。

鳩摩羅什所譯《大品經》特別標示出「深心」，可能只是鳩摩羅什譯《大品經》的特殊處，若以他所譯的《妙法蓮華經》和竺法護所譯的《正法華》比較，亦可發現，「深心」是鳩摩羅什譯經普遍特色。

三、《妙法蓮華經》中的深心

竺法護於晉武帝太康七年 (286) 譯出《正法華》，百餘年後，鳩摩羅什於後奏姚興弘始八年 (406) 重新譯出《妙法華》。羅什新譯本，與《正法華》相較，多出了深心，茲舉例於後:

《妙法蓮華》	《正法華》
1.如來……亦知一切眾生深心所行	世尊普入一切諸誼，察于世間，見眾庶心（注 16）
2.世尊！亦當為我說阿耨多羅三藐三菩提法，我等聞已，皆共修學。世尊！我等志願如來知見，深心所念，佛自證知。	惟為我等，講演無上正道誼，願弘慧見指示其處，當從如來學大聖教，以共勸進觀察其本。（注 17）

3.我等於佛功德，言不能宣，唯佛世尊，能知我等深心本願。	以無數權隨現慧誼，順化群生分別了法，為此眾人，說其本原，方便度脫，世尊聖慧，悉知我等行跡，志性之所歸。（注18）
4.為此諸佛子，說是大乘經，我記如是人，來世成佛道，以深心念佛，修持淨戒故，此等聞得佛，大喜充遍身，佛知彼心行，故為說大乘。	欲知佛道，常調清梓，仁樂聖典，實為要妙，在諸佛所，所作已辨，故為斯類，說方等經（注19）。
5.今為諸菩薩摩訶薩，說大乘經，名妙法蓮華教菩薩法，佛所護念，汝等當深心隨喜，亦當禮拜供養釋迦牟佛。	講《正法華經》方等典詔，一切諸佛普護斯經，用救菩薩大士，以故諸賢，心當質直清淨，稽首歸命，勸讚奉侍，供養彼能仁覺。（注20）
6.若人悉無有，一切諸疑悔，深心須臾信，其福為如此	當棄捐猶豫，諸著思想事，信樂大法誼，其福為若斯。（注21）

7.若有深心者，清淨而質直，多聞能總持，隨義解佛語，如是諸人等，於此無有疑	志性悉具足，其人博聞持，所說諦化人，則無狐疑。（注22）
8.哀愍我等故，而賜佛音聲，若知我深心，見為授記者。	乃愍傷我等，讚揚宣佛音，今以知余等，愍授我𡨧別。（注23）
9.若人見曾見，億百千佛，殖諸善本，深心堅固，如是之人，乃可為說。	則以睹見，億百千佛，殖無央數，如意功德，其人志性，猛如月光，爾乃聽受，如是典籍。（注24）

在此九例中，均可看出，《妙法華》有深心，而《正法華》則無。

以第九例來看，二經均說明，須累積無數功德才能聽講《法華經》，二者的譯文旨趣，大致相同，但「深心堅固」則爲《妙法華》所獨有，而《妙法華》「殖諸善本，深心堅固」，和前引《大論》，以「集諸善根」來說明「深心」的立場是一致的。

另外，鳩摩羅什所譯的《維摩詰所說經》〈佛國品〉謂：「直心是菩薩淨土」、「深心是菩薩淨土」、「菩提心是菩薩淨土」（注25）。鳩摩羅什弟子僧肇認爲「備此三心（直心、深心、菩提心）然後次修六度」，僧肇說：

> 上三心是始學之次行也。夫欲弘大道，要先直其心，心既真直，然後入行能深，入行既深，則能廣運無涯。（注26）

此處對深心的解釋，和前述《大論》「菩薩始得般若波羅蜜氣味，故能生深心」，似有所不同。

雖然僧肇在解釋「深心是菩薩淨土」時，認爲菩薩「樹心眾德深固，故難拔」（注27），和前引《妙法華》、《大論》的見解相同，但《大論》認爲「菩薩始得般若波羅蜜氣味」，故能生深心，和僧肇認爲「備此三心，然後次修六度」的意見，似有些差距。僧肇在解釋《維摩詰經》「菩薩成佛時具足功德，眾生來生其國」句時說：「深心故德備也」，雖然前述，僧肇的意見，有些許的差異，但他亦主張深心是功德的永恆累積。

鳩摩羅什對上述「直心」、「深心」、「菩提心」等三心，亦另有解釋，值得注意，鳩摩羅什說：

> 直心誠實心也，發心之始，始於誠實。道識彌明名為深心。深心增廣，正趣佛慧，名菩提心（注28）。

在這段引文中，羅什將《大論》尚有些不清之處，作了進一步的解釋，如「道識彌明，名爲深心」，和《大論》「菩薩始得般若波羅蜜氣味，故能生深心」、深心「應薩婆若心，集諸善根」之論相符合，而「道識彌明，名爲深心」的表達語言，可能更明確地道出「深心」的意涵。以誠實心來說明「直心」，亦是種本土化的表達。在鳩摩羅什的這段解釋中，說明「深心增廣」其目標則趨向佛慧，凡此諸論，和《大論》的見解，若合符節。

前述《妙法華》、《正法華》相異處，其中第七例，和以上所討論有關者，《妙法華》「若有深心者，清淨而質直」，很明顯《正法華》無「深心」一詞，而《妙法華》所說「質直」，若以鳩摩羅什在《注維摩詰經》所說，此「質直」和誠實相當。

第八例經文，《妙法華》爲〈授記品〉，《正法華》爲〈授聲聞決品〉，二經均說明佛的教化和授記的關係，而《妙法華》「若知我深心，見爲授記」，因爲心的永恆趨向一切智，因此，得佛之授記，第三例《妙法華》爲〈五百弟子受記品〉、《正法華》爲〈授五百弟子決品〉，竺道生《法華經疏》謂：「於佛功德言不能宣，密欲令佛顯其行迹，明非小乘，故言佛能知我等深心耳」（注29），由深心來說明授記，是《妙法華》的特色。前述《大品經》、《放光經》比較之第五例中，《大品經》謂：「諸佛知我深心，審定必當得阿耨多羅三藐三菩提」，和《妙法華》「若知我深心，見爲授記者」，意趣是相同的。

《大論》說：「復次！菩薩初深心牢固，是名諸佛性」（注30），《大論》又曾將深心，解爲一心，《大論》說：

> 復次，菩薩欲深心，得無上道。深心名一心，重心深愛佛道。出於一切世間所樂（注31）。

深心趣向一切智，故深心亦名「一心」，前述《妙法華》第二例中謂：「我等志願如來知見，深心所念，佛自證知」。發心向道，若產生不善心念或懈怠，則不能一心趣向一切智。菩薩在行道中，可能會遭遇種種魔事，甚至在發意行善時，魔即來擾，然而菩薩深心堅固，故能一心向佛。具有深心向佛的菩薩，是不斷永不止息地開拓自我，因此稱爲深心，而就趣向佛道，不離前心不異後心來看，一心向佛，深心清淨，故稱爲「一心」。第五例《妙法華》「汝等當深心隨喜，亦當禮拜供養釋迦牟佛」，即是此義。

前述《大品經》第一例「深心堅固」，亦即不退轉之意，《大論》說有二種阿鞞跋致，一.已得授記者；二.未得授記。其中已得授記又分爲 1. 現前授記；2. 不現前授記。《大論》認爲「雖未得現前授記，餘法未具足，亦名阿鞞跋致」，其故安在？《大論》解釋道：

> 菩薩於二處退轉，一者，著世間樂故轉，二者，取二乘故轉。（不現前授記菩薩）堅心深入空，及慈悲心故，乃至夢中亦不

貪三界二乘。……

放無量光明……，爾時，是菩薩見是介神通力故，深心清淨，問佛法得諸法實相，是名阿鞞跋致（注32）。

未現前授記之菩薩，所以能不退轉，是因「深心堅固」之故。《大論》〈大慈大悲品〉：「阿鞞跋致菩薩，常以深心終不惡，阿鞞跋致，以深心集諸善，淺心作諸不善」（注33）。《大論》認爲阿鞞跋致須立基於「深心」，而菩薩之深心，不行惡法，而須不斷「集諸根」。若菩薩「深心攝念，能如實見諸法實相」（注34）。

《妙法華》第九例，「若人悉無有，一切諸疑悔，深心須臾信，其福爲如此」，《大論》則說「復次！不能深心信樂般若，故名不信」（注35），再次可證《大論》與《妙法華》之相關連。第四、五例，《妙法華》佛子「深心念佛修持淨戒」，而佛知受記者之心行，故說大乘經，菩薩亦當「深心隨喜」佛所說大乘。《大論》曾定義「大乘」謂：「大乘即是地，地有十分，從初地至二地」，「更取勝地，而不取地相」（注36），亦即大乘之意，是指不斷擴大的過程，因此，可見「深心」一詞，在《大品經》、《大論》、《妙法華》扮著重要關連的地位。

《妙法華》〈分別功德品〉在說明，眾生「聞佛壽命長遠」，「乃至能生一念信解」，則其所得功德「無有限量」，而善男子善女人，爲阿耨多羅三藐三菩提之故，行布施、持戒、忍辱、精進、禪定等五度，較信解佛壽命長遠之功德，不及其百千萬分之一。這種觀點，在《正法華》〈御福事品〉亦有同樣的觀點，如《正法華》謂：

譬如族姓子（善男子）、族姓女，欲得無上正眞道（阿耨多羅三藐三菩提）奉行布施、持戒、忍辱、精進、一心（禪定）五度無極，八億百千劫，不如族姓子、族姓女，聞斯如來壽命之限，發意之頃，歡喜信樂，而不狐疑，若干種行，歸一道者，欲知功德，勝于八億百千劫，行于度無極，百倍千倍萬倍億倍（注 37）。

《正法華》的意旨，和《妙法華》相同，均說行五度的功德，不能和信解佛壽命無限相比，但《妙法華》在五度之後，緊接說「除般若波羅蜜」外。也就是說，《妙法華》並不排除般若波羅蜜和信解佛壽命無限，是具有同樣功德。

按《妙法華》的邏輯，般若亦是無限的發展，而《大論》以永恆的發展來定義大乘，《大論》「菩薩始得般若波羅蜜氣味，故能生深心」，而深心即趣向佛之過程，因此，《妙法華》〈分別功德〉信解佛壽命無限之功德，於「阿耨多羅三藐三菩提者，無有是處」（注 38），若對《妙法華》、《正法華》，前段經文之後的偈文，作一比較，將可發現《妙法華》多出「深心」一詞，亦即前述六、七之例，爲證述《妙法華》將深心與佛壽命之關係，再細引證於後：

有善男女等，聞我說壽命，乃至一念信，其福過於彼。若人悉無有，一切諸疑悔，深心須臾信，其福為如此。

我等未來世，一切所尊敬，坐於道場時，說壽亦如是。若有深心者，清淨而質直，多聞能總持，隨義解佛語，如是諸人等，於此無有疑（注 39）。

佛壽命無限，而眾生之深心，亦可無限發展，若能信此者，於「阿耨多羅三藐三菩提者，無有是處」。

綜前所述，鳩摩羅什譯本的深心，提供一可作爲《法華經》及《般若經》關連的媒介，對日後中國的發展，相當具有啓示的作用。

四、結言

雖然《妙法華》與《正法華》間的差異，絕不止「深心」觀念之有無，但「深心」確是《妙法華》的特色。

其實鳩摩羅什所譯的其他經典，亦常出現「深心」一詞，如前引《維摩詰所說經》中的直心、深心、菩提心，而他譯的《小品般若波羅蜜經》〈曇無竭品〉：「深心趣於阿耨多羅三藐三菩提，當得阿耨多羅三菩提」（注 40），〈深心求菩提品〉：「不應自壞深心」（注 41）。深心確爲羅什譯經常用語詞，於此可見。

由以上的論述，以鳩摩羅什爲首的長安教團，在中國佛教史上，至少有二點值得注意。第一，鳩摩羅什所譯經典文字清通，中國佛教界可據之作爲精思的依據，而他所譯的《妙法華》和《大品經》、《大論》深心的觀念，則提供可以相關連爲一的可能。第二，長安教團對「深心」的探討，是佛教對心性研討的重要開端之一，這些探討不僅深化，中國佛教的內涵，也使得中國佛教漸漸得以累積資源，獨立探索佛學的新境界。

注解

注 1 《大品經》，（大正藏，第八卷），頁 256c；《放光經》（大正藏，第八卷），頁 27a；《光讚經》（大正藏，第九卷），頁 196b。

注 2 《大品經》，〈畢定品〉，頁 409c;《放光》，〈畢竟品〉，頁 136c。三經均認為初地應行十事，茲引《大品經》所論之十事，述之於後，1.深心堅固，用無所欲得故；2.於一切眾生中等心，眾生不可得故；3.布施、施者、受者不可得故；4.親近善知識，亦不自高；5.求法一切不可得故；6.常出家，家不可得故；7.愛樂佛身，相好不可得故；8.演出法教，諸法分別不可得故；9.破憍慢法生慧，不可得故；10.實語，諸語不可得故。

注 3 《大品經》，〈譬喻品〉，頁 329c;《放光》，〈譬喻品〉，頁 80b。

注 4 《大品經》，〈譬喻品〉，頁 330a;《放光》，〈譬喻品〉，頁 80a。

注 5 《大品經》，〈夢誓品〉，頁352b,《放光》，〈阿惟越致相品〉，頁95a。

注 6 《大品經》，〈方便品〉，頁 373a。

注 7 鳩摩羅什譯，《大智度論》，（大正經，第二十五卷），頁 411b。

注 8 同前注。

注 9 參拙作，〈大品般若經與大智度論中的菩薩〉，發表於佛教與中國文化國學術會議。

注 10 同注 7。

注 11 參拙作，〈前引文〉。

注 12 《大智度論》，頁411c。

注 13 同前注。

注 14 同前注。

注 15 同前注。

注 16 《妙法蓮華經》（大正藏，第九卷），〈藥草喻〉，頁19a;《正法華經》，〈藥草喻〉，頁 83b。

注 17 《妙法蓮華經》，〈化城喻〉，頁 25a;《正法華經》，頁 91c。

注 18 《妙法蓮華經》，〈五百弟子受記〉，頁 27b；《正法華經》，〈授五百弟子決品〉，頁 94c。

注 19 《妙法蓮華經》，頁 8a；《正法華經》，頁 70b。

注 20 《妙法蓮華經》，頁 52a；《正法華經》，頁 124b。

注 21 《妙法蓮華經》，頁 45a；《正法華經》，頁 116c。

注 22 《妙法蓮華經》，頁 45b；《正法華經》，頁 116c。

注 23 《妙法蓮華經》，頁 21a；《正法華經》，頁 87a。

注 24 《妙法蓮華經》，頁 16a；《正法華經》，頁 79b。

注 25 鳩摩羅什譯，《維摩詰所說經》，（大正藏，第十四冊），〈佛國品〉，頁 538b。

注 26 僧肇等注，《注維摩詰經》（大正藏，第三十八卷），頁 335c。

注 27 同前注。

注 28 《注維摩詰經》，頁 335b。

注 29 道生，《法華經疏》（《卍續藏經》，第一百五十卷），卷下，頁 407a。

注 30 《大論》，頁 419a。

注 31 《大論》，頁 598a。

注 32 《大論》，頁 597c。

注 33 《大論》，頁 263c。

注 34 《大論》，頁 196c。

注 35 《大論》，頁 540a。

注 36 《大論》，頁 411b。

注 37 《正法華》，頁 116b。

注 38 《妙法華》，頁 44c。

注 39 《妙法華》，頁 45a–b。

注 40 鳩摩羅什譯，《小品般若波羅蜜經》（大正藏，第八卷），頁 585c。

注 41 《小品般若波羅蜜經》，頁 573c。

大乘經教育思想及其方法之研究—以《妙法華》爲主軸

李志夫

文化大學哲學系教授

一、引言

今年七月，中華佛學研究所與中國文復會宗教委員會合辦之「佛教與中國文化國際學術會議」中，聖嚴法師以「中國佛教以《法華經》爲基礎的修行方法」爲題，我在文大碩士班講授天台學好幾年，才從聖嚴法師之論文中領悟到《法華經》對中國佛教修行方法上之重要。

從而，也啓示了我，以《妙法華》爲主軸來探討大乘經之教育思想及其方法。一般說來，《阿含經》比較重人世、重倫理、經文故事簡短，文學性較少；而大乘經則比較重菩薩行乃至如何成佛，經文繁長，文學性極高（注1）。

例如《華嚴經》之主要思想是在說明宇宙爲「華藏世界」，一微塵，如一須彌山；一微塵之理，如一須彌山之理（注2），最後收之於一心生萬法（注3），心即是理（注4）。所以華嚴宗之「法界觀門」說，理無礙，事無礙，理、事無礙，事事無礙（注5）。其方法，則是在信、解、行、證四個因果周（注 6）。在教育上更以文學方式之七處、九會及善財童子之參學，以完成參見普賢之行願（注 7）。

華嚴法會一及九會在人間，其中七會均在天上，《華嚴經》的理想人生，是要人們具有出世之修養，才能真正普度眾生。至於七處九會亦如我們現代經常性之國際會議，可由不同之國家主辦。也可以說，七處九會就是七場、九幕之劇作（注 8）。

又以《維摩詰經》爲例，本經以維摩法居士「因眾生病而病」（注 9），佛陀派諸大弟子前去探病，眾弟子都恐怕居士問難而不敢前往，最後文殊因智慧第一，所以佛陀請他去了（注 10）。當他與居士討論到「入不二解脫法門」時，文殊說：「一切法無言無說，無示無識，離諸問答，是爲入不二法門」。當文殊問道居士時，居士則默然無言（注 11）。

本經亦具有高度之戲劇性：第一幕，幕啓處佛與諸菩薩、天王相聚於毘耶菴羅樹國，寶積尊者請開示佛國國土清淨法門，佛告以隨其心淨則佛土淨。

第二幕：居士以遊戲神通、以生疾爲由，趁機爲諸菩薩說法。

第三幕：爲討論「不二法門」之發表會，由諸菩薩發表自己所瞭解的解脫不二法門。

第四幕：居士與文殊率諸菩薩往詣佛所，承佛授記，並撰寫信受本經不渝（注 12）。

尤其本經之〈菩薩品〉中，有魔派遣萬二千天女意圖引誘持世菩薩，而影響其修行。持世菩薩都敏謝不受，唯有居士樂意受之，眾不以爲然，居士亦不加申辯，卻私下教諸天女修行，果然所得修行之樂，勝於五欲之樂（注 13）。〈天女散花〉始源於此（注 14）。幾年以前，楊惠南教授，曾改編成歌劇，在臺北僑教館演出。

再以《楞伽經》爲例，本經以「自心爲境」（注15），「離分別分別……非有非無法，離有無諸法，如是離心法，故我說唯心」（注16）。「非語言即第一義」（注17），最後目的，在於「勤修如來地上上智」（注18）。成一乘道相（注19）。

就文學之觀點看，本經之法會會主是楞伽王，十頭羅剎（注20），羅剎在《吠陀經》中爲群魔，是專門害人的（注21）。在大會結集本經完成之後，與會者。都是乘以「自心爲境」之「花宮車」到天上之佛所，而授可本經的（注22）。而且，會場歷經陸、海、空三界（注23）。這表示佛所化之眾生兼及群魔；所化之空間無所不在；也表示了佛是涅槃長住。

在西方哲學領域裡，有理性主義(Rationism)（注24）與經驗主義(Empiricism)（注25），在方法上有詮釋學(Hermeneutics)與結構主義(Structuralism)（注26）等在大乘經中都可以找到印證。不過，理性主義與經驗主義在西方是各執一邊；在大乘經中則是互爲相資相成的（注27）。

理性主義用在教育上則是「啓示教育」；經驗主義用在教育上則是「手腦並用」，而大乘經之教育是主人人都有佛性，先以信、解著手啓示出眾生之菩提(BUDDHI)；然後，佛教與會者，各個演說自已之行、證。

以下我們從《妙法華》之文學結構爲主軸，也傍論及其他一般所通曉大乘經之教育方法；再論及其教育思想；最後，我們再全面檢討佛陀所教化眾生之次第精神，作爲本文結論。

二、文學結構，及其表現在教育上之方法

㈠文學結構本身，即具有教育之方法

《妙法華》有二十八品，以內容立品，內容與其文學形式之結構並非一致，所以我們以其結構來切割其內容，而顯現其教育方法。

1.序幕

所有佛教經典，都是口口相傳到西元一世紀，印度有了文字才有「經」，因之，經之前都有「如是我聞」之「按語」，然後說明參予法會之會眾，及會場之莊嚴，一體恭請世尊爲諸菩薩說《無量義》大乘經（注 28）。當菩薩們獲悉本經時，佛已講完了本經。於是，天雨、天花紛紛下降，只見佛眉間放光，照徹天上、人間乃至地獄，這些瑞相，使得會眾砰然悸動（注 29）。繼之，又見到很多佛涅槃後，有七寶塔供養著佛的舍利（注 30）。

這時，大家都驚奇，「世尊在禪定中，爲何要現這些瑞相呢？」，彌勒菩薩首先問文殊師利。他一面彈著弦琴，一面唱著偈子，將他的感動、狐疑一一地唱了出來（注 31）。

文殊說：「根據我過去之經驗，凡諸佛要宣說大法時都會現此瑞相。例如過去無量劫以前之日月燈明佛爲求聲聞者，說應四諦法；爲求辟支佛者，說應十二因緣；爲諸菩薩說應六波羅蜜。以後有二萬日月燈明佛。其實初佛後佛皆同一名字。其最後日月燈明佛未出家前有八子，聞父出家，也都出家了。當最後一位日月燈明佛說《無量義》大乘經時，所現之瑞相正如如來世尊所說《無量義》大乘經時一模一樣。在這法會裡，有二十億菩薩予會，其中有『妙光菩薩』，已有八百弟子，當這位最後日月燈明佛從出禪定後，特爲妙光說《妙法華》，並將他八個出家的兒子拜給妙光爲師。後來，八子均一一也成了佛。八子中，最後成佛的稱爲『燃燈佛』。妙光菩薩八百弟子中有名稱爲『求名』者，那就是你彌勒；妙光即是我文殊師利。」文殊一面彈著弦琴，也一面將其所說之內容編成偈子唱了出來（注 32）

從文學創作觀點看，是藉文殊與彌勒兩菩薩過去之因緣、經驗來印證娑婆世界之釋迦佛所顯之瑞相，亦將宣講大法，揭開了本經之序幕。即使，現代之劇作也離不了時間、地點、人物、場記與劇作之緣起等內容的。本經稱之爲〈序品〉與劇作結構是一致的。

在佛教經典中之敘說文稱之爲「長文」；可以唱頌的，稱之爲「偈頌」。也如今天之電影、連續劇之插曲，它不但是經文之「主題曲」，也可增加我們研讀經文的趣味。

2.三請佛說「甚深妙法」（注 33）

「當菩薩們護念《無量義》大乘經時，世尊已講完了本經。」又諸佛中「前佛、後佛同一名字」，諸佛如同一佛，日月燈明佛所說「大法」所顯之瑞相，一如釋迦佛說「大法」時所顯之瑞相（注 34）。之所以如此，諸眾中，連舍利弗都有所不解，當釋迦出禪定以後，向舍利弗說：「佛的智慧極爲高深，是無法加以思量的。唯有佛與佛才能究竟諸法實相。所謂『諸法』乃是指相、性、體、力、作、因、緣、果、報、本末究竟等；所謂『實相』，是指諸法、法爾如是，非人力所爲。」（注 35）

這時，與會大眾與舍利弗更加不懂，於是連續三次，以極虔誠、恭敬的心情，懇請釋迦佛說：「以更淺顯、方便的方式開示這無尚大法吧。」

佛終爲三次懇切地祈求所感動，正欲開示之際，忽然有五千四眾弟子起座、禮佛而退。佛見其如此傲慢，實際未懂、未證，卻自以爲得解、得證，佛未加理會，就任他們去了（注 36）。

佛說：「他們退出去也好，有智慧、想聽法的能留下來，省得枯枝、末葉來干擾你們聆聽大法。這種甚深大法，不能藉理性可以思議，只能用種種譬喻加以形容；同時，諸佛出現於世，不是偶然的，而是具有重大之因緣、使命而來的，那就是：

令眾生打開心扉，『知道』眾生具有佛性之智慧；令眾生能『瞭解』眾生具有佛性之智慧；令眾生能『覺悟』眾生具有佛性之智慧；令眾生能『證入』眾生具有佛性之智慧（注37）。

能知道、瞭解、覺悟，及證入的都是唯一的佛性，所以諸佛爲眾生所說的只有「一佛乘」，而爲了接引一般眾生，以權宜、方便才說二乘、或三乘的。故本品爲〈方便品〉。

佛應三請才說大法，正如孔子之「不憤不啓，不悱不發。」（注38）禪宗祖師們以「機鋒」激勵學人也就是本此教育原理（注39）。

自有史以來，人類對宇宙之奧秘都一直在探測中，宗教、哲學家們都在作「諸法實相」之研究，也各有不同諸法實相之信仰。就佛教來說，尤其就《妙法華》來說，諸法實相就是法爾「如」是。如果將宇宙事相分類，則分體相、性……等十個範疇：則是如是相、如是性……但就其實相論，則是「一」，亦即是「如」。

3.佛以譬喻說法（注40）

舍利弗領解佛所說之大法——諸法實相後，身、心極爲欣慰。佛告訴他說：「那是由於我在二億佛所時都曾教導過你，真心誠意地學佛，要立願爲聲聞說大乘法——妙法華之緣故，所以在以後無量劫中作「法光如來」（注41）。

會眾歡喜踴躍，舍利弗受記後更想精進，於是，請佛開示「如何離生死，得究竟涅槃？」佛答道：「我先不談這個，說個故事給你聽吧！」

「有一年老富翁，晚年得三幼子，分別喜歡玩羊、鹿、牛車。有一天家宅起火，三幼子不肯逃出火宅，於是將三車推出火宅外，三子就自動逃出火宅，然後又將三子放入另一大車。這說明三界如火宅，三車分別喻聲聞、緣覺、菩薩，會三歸一即是一佛乘」。這是原經之〈譬喻品〉（注 42）。

眾弟子及舍利弗聽到前言之譬喻後，也想到都已近老年才能悟到佛所說大法，也將自己作一譬喻（注 43）：

「我們好比是富家子，自幼蹺家，一直窮困在外，有時思家，雖臨門也不敢入。其父親知道以後，即派人追他回家。窮子以爲父親要處罰他，逃得更遠。其父親深知其子，自甘低賤，於是，派佣人喬裝挑糞的農夫僱用他一起挑糞。父憫其子，賜以蔽衣，內飾細軟又經二十年，『主僕』相知已深，父以財產相託，其子亦不浪取分文。臨終前召告諸親友說：『彼實我子，彼雖不希求，一切財寶盡歸其所有。』世尊，大富長老即如來，我等實即爲佛子，而樂小法，今佛說大乘法，猶如佛所賜之珍寶。」這是原經之〈信解品〉（注 44）。

佛極爲讚揚諸大弟子，認爲這個譬喻說得很好。佛更進一步補充地說：「佛如雲，佛性如雨，小根、中根、大根之花草、灌木、喬木均是一雲所雨，雖然所受之雨水有多與少之別。實則三乘歸於一乘，三根歸於一相一味。那就是解脫、涅槃相，終歸於空。」這是原經之〈藥草喻品〉（注 45）。

4.佛授記諸弟子

諸大弟子既悟解了大法，又提出了心得，佛也作了補充。此一教授單元已算完成。佛即對他們有所期許與勉勵，所以認爲他們將供養多少百億佛，經無量劫以後當作未來佛。如說迦葉將在「光德國」爲「光明如來」；須菩提將在「有寶國」，爲「名相如來」，如是大迦旃延，大目犍連均得到授記。這是原經之〈授記品〉（注 46）。

5.佛陀的舉證（注 47）

佛既授記諸大弟子在無量劫後作佛，未免太遙不可期，恐怕他們生疑，於是，佛舉「大通智勝如來」爲例說：

「昔有位佛，未出家前有十六子，長子名『智積』，聞父出家證道，與其母詣父所恭請說法，以後十六子均已成佛，此事難信、難解，即使我滅度後在他方說法亦難以使人相信。其實，一切諸佛在涅槃前都會召集諸菩薩說《法華》，世間無二乘，唯一佛乘得滅度。」（注 48）

「又如一群膽小行商，要經曠野險道才能獲得至寶，眾皆知難而退。其中之領隊，權宜方便地說，過險道不遠即有一大城，隨意作樂，化城相去不遠即是寶藏所在地。眾皆歡喜，終至寶所。權宜之化城即告消失。」此爲原經之〈化城品〉。旅行商人即眾生，化城即三乘，領隊導師即佛，寶所即涅槃（注 49）。

經過佛陀之舉例證明，再加上以化城的比喻，其弟子與羅漢們，也因不同之因緣而悟了大法，佛陀亦授記他們未來作佛，如富樓那於諸佛之法中，即說法第一，當作「法明如來」。其他如，憍陳如、羅睺羅以及羅漢二千皆已授記作未來佛。原經〈五百弟子授記品〉及〈授有學、無學人記品〉（注 50）。

佛甚至說：「如來涅槃後，若人能聞、受持、讀頌、解說、書寫《法華》一偈、一句、一念隨喜者，未來世當得作佛。」原經〈法師品〉前一段（注 51）。

6.如何宣說《法華經》

佛既授記能持本經一句、一偈都可未來作佛，如能宣揚本經更能快速地成佛了。那麼如何才能成爲一位標準的法師呢？佛說：

「要具大慈悲心 — 如如來室；

要具柔和、忍辱心 — 如如來衣；

要具一切法空智慧 — 如如來座。」(注 52)

原經〈法師品〉後半段。內心有愛，態度祥和，是我們一般人都應具備的德行：世間之法空是不要有成見；佛法之法空是與「空相應」，即是入如來座。

7.法會大圓滿，現大瑞相(注 53)

在「序幕」中已提到諸佛涅槃後以佛舍利起七寶塔。《法華經》本身到此，已應是一大圓滿，所以有寶塔之瑞相湧現在釋迦佛之面前，塔高五〇〇由旬，寬二五〇由旬。從地湧入空中，寶物嚴飾，有大聲音，大樂菩薩請佛說明是何因緣？

佛答：「古有寶淨國，國有多寶佛，以願力將全身作成大塔，凡說《法華經》時，地有寶塔湧現。」大樂又向佛懇求，請分身爲多佛以供養寶塔。這時，釋迦佛即現白毫光，只見東方無限量國土諸佛皆率領菩薩來到此娑婆世界之釋迦佛處。於是，整個眾生世界也變得無比地莊嚴了(注 54)。

釋迦佛與他的無量分身佛齊來打開寶塔門，出大聲音，塔開了，多寶佛出定後，即向釋迦佛說：「我是來聽《法華經》的，你快說經吧！」於是，讓出一半座位給釋迦。諸分身佛與其菩薩們以神通力，俱處空中。釋迦佛大聲宣言：「佛將涅槃，應在此世間廣傳《法華經》」(注 55)。

釋迦悟道成佛、涅槃後，弟子們爲了對佛陀崇拜與思慕，所以建塔保存其靈骨與舍利子，這本是人間事。但由於《法華經》是倡一乘佛，唯有佛才能得清淨涅槃；佛只是方便現涅槃。於是，在文學之創作，就把這些視作永恆之真理，也就超越了時空。不但《法華經》在諸佛之前即已有，且早已在釋迦佛前爲諸佛所說了。而且，說完以後即涅槃，涅槃以後即起塔受到供養。因此，我們可說，《法華經》

就是將現實之佛理，以文學創作，透過時空之超越而成其爲本經之「序幕」；在「序幕」中之瑞相，大眾感到突兀，於是文殊依過去之經驗，佛將演說大法；於是，大眾三請佛說法；弟子們有所省悟；佛即嘉獎、授記；佛更舉例說明成佛之事實；釋迦說此《法華經》已，即將涅槃，教弟子如何印證本經；即見寶塔。到此與「序品」相呼應，就創作之技巧看，確屬天衣無縫。就作爲教育方法看，也是順序漸進，可作爲教育工作者，及教師們之典範。

無論從文學創作；教育方法；及本經所要表達之宗旨，自此，實在已很完整了。以後之十七品無非是前十一品之「補篇」而已。無論其在文學創作上，教育方法上，以及思想之表達上都未有縝密的系統。

㈡補篇簡引與分析

1.漸證與頓證：昔有國王廣徵能說《法華經》之師父。如然，寧捨王位，並供其驅使。佛說：「我即是那位國王；提婆達多就是爲國王說《法華經》之法師」又天王佛國之多寶佛，有一「智積菩薩」要請假到娑婆之釋迦佛處聽《法華經》；文殊從娑竭羅大海龍宮中乘千葉花到靈鷲山與智積相會。文殊對智積說：

「我在龍宮中說《法華》，僅八歲之龍女即已成道了。」智積不信，此時，龍女即出現在眼前。舍利弗說：「尤其女人，更不可能速成！」於是，龍女向佛獻舉世無匹之寶珠，佛受之後，轉向舍利弗說：「此事速不？」即化爲男身，具菩薩莊嚴，往南方無垢世界而成正覺。原本經〈提婆達多品〉。於是，藥王及大樂兩菩薩於此，乃誓言佛滅度後，要傳《法華》，大眾及佛姨母偕願傳弘本經，又授記羅睺羅母——耶輸陀羅等爲未來佛。原經〈勸持品〉（注56）。

雖大眾都願弘《法華》，但在以後在惡世眾生前又如何弘法呢？佛說：「忍辱、柔和、於法無所行，而觀諸法實相，此即安住菩薩行處；於清淨處坐禪，不近王公……外道、女人……；住安樂行，得妙同行；引導一切眾生信奉本經，可得一切諸佛所護佑。」原經之〈安樂行品〉（注 57）。

不但此土菩薩願弘本經，而他方諸菩薩亦自告奮勇地向釋迦自薦願來此土弘《法華》，佛說：「不必」。於是有千億無量菩薩從地湧出，遮滿虛空。此時，釋迦佛分身佛亦從無量億他方國土，各有菩薩陪侍從地湧出。彌勒問佛道：「佛爲何在短短數年即成正覺？」佛說：「諸佛與諸菩薩都是從久遠以來修，只是在短期速成而已。」原經〈從地湧出品〉。（注 58）從「地」湧出，即是從心地湧出。正覺、正修所行是漸；而正證則是頓。漸修速證無論是世俗之學問，或宗教之修、證，在教育上，都是普遍適切的。如世俗之哲學、美學，乃至人文、社會科學，必先融會各家，逐次瞭解，才能貫通各家之學。尤其佛教是先經信、解、行之教；然後才能有速成之證。

2.無量壽及其功德

佛說：「大家以爲，我只是生於王宮，然後修道成正覺；其實，我是經千百億劫，壽命無量，常住涅槃；只是方便現涅槃而已。有如諸子病重，不肯服藥，其父調好藥後，即離家、並假稱父將死亡，諸子唯恐其父死亡，乃順父意服藥。其父只是方便稱將死，其實並未死。」原經爲〈如來壽量品〉（注 59）。

眾弟子及菩薩等聽到佛壽無量，只見一時各種瑞相呈現，以種種供養諸佛，佛亦加持各種不同之功德。原經〈分別功德品〉（注 60）。即使聞《法華》一偈一句，或誦、讀一偈、一句亦可得富貴，乃至相貌益好，免除一切疾病。原經〈隨喜功德品〉。假使能精進《法華經》便是法師，其五根可以洞知三千大千世界一切。原經〈法師功德品〉（注 61）。

佛說:「昔有威音佛度四〇億那由恆河沙劫時, 有一比丘尊重一切眾生, 眾生都是未來佛, 均稱其為「常不輕菩薩」。原經〈常不輕菩薩品〉(注62)。因為分別、隨喜功德, 佛都已授記當作未來佛故。

3.佛將涅槃與囑咐

眾菩薩從地湧出、齊聲道:「佛滅度後, 我等在所在國度宣說此經。」頓時佛與文殊現大神力, 出廣長舌, 十方震動, 又見多寶佛生在塔中, 諸天神亦齊聲道:「釋迦佛正在說《法華經》, 大家都前去護持喲!」釋迦佛告訴上行菩薩:「諸佛神力無邊, 十方世界如一佛土。」原經〈如來神力品〉。於是佛現大神力, 按無量壽菩薩頂, 將難得之法付予之, 如是按摩諸菩薩頂一一囑咐之, 釋迦之分身佛亦率其菩薩各返本土, 歡喜奉行。原經〈囑累品〉(注63)。

4.佛舉證諸菩薩受持《法華》之功德

佛說:「昔有日月淨明德佛『為一切眾生喜見菩薩』說《法華》, 此菩薩悟得『以神力供養佛不如以身供養』, 以嚴身體, 燃臂、燃身……諸佛護之:『是精進, 是名真法供養如來。』這位喜見菩薩就是藥王菩薩。我滅後五〇〇年《法華經》當流傳, 特別囑咐你宿王華菩薩。」原經〈藥王本事品〉(注64)。這時, 釋迦無限喜悅, 乃眉放光, 照徹諸佛世界之一切,「淨光莊嚴國」有菩薩名「妙音」, 到了佛所。佛告雲雷音王:「『有喜見妙音菩薩』以樂伎供養佛, 故變身為妙音, 並現種種身說《法華》。」時妙音即隨八萬四千眾現「一切色身之昧」, 當其供養釋迦及多寶佛後即還歸本土(淨光莊嚴國)。原經〈妙音菩薩品〉(注65)。

妙音以自已之音聲獻佛而成就, 與其有關者, 是觀音菩薩, 以聞眾生之苦, 而得成就。佛告無盡意菩薩:「無量受苦眾生, 一心稱觀世音菩薩名, 觀世音即時觀聞其聲即得解脫。」

「那如何可能呢？」無盡意問道。佛說：「眾生中，應以佛身得度者，觀世音菩薩即現佛身。若應以辟支，聲聞得度者，他即現辟支，聲聞身來度化之，能以自在神通力遊於娑婆世界。」原經〈普門品〉（注66）。

受持《法華》究竟有多少功德呢？佛說：「有如供養無量恆河沙諸佛一樣多功德。」於藥王菩薩、毘沙門天王，及羅剎女等均誓以持咒守護之。原經〈陀羅尼品〉（注67）。

佛又告大眾：「昔有妙莊嚴國王，其后名淨德，一子名淨藏，一子名淨眼，彼母子引導其父體憫眾生，說《法華經》。昔妙莊嚴王華德菩薩是，昔淨德夫人今光照莊嚴相菩薩是，其二子藥王，藥上菩薩是。原經〈妙莊嚴王本事品〉（注68）。

普賢菩薩從「寶威德上王佛國」很遠就聽到佛說《法華》，有無量千百億菩薩前來聽受，又問：「如佛滅後如何能得到《法華經》？」佛說：「一者爲諸佛護念；二者殖眾德本；三者入正定聚；四者發救一切眾生之心。」於是，普賢發願，五〇〇歲濁惡中，有讀誦此經者，乘組牙白象，並說陀羅尼咒而護持之。原經〈普賢菩薩勸發品〉（注69）。

從以上四點看，除漸證與頓證，有補充前十一品之價值外，其他三點，可以說是重複前十一品之內容。不過，就補篇之形式看，其創作結構仍是完整的，若與前十一品比較則是不完整的。

三、其教育態度與教育思想

教育態度與教育思想雖有不同，但是二者卻有表、裡關係。大抵說來，有什麼形態之思想即有什麼樣的態度。因爲思想是抽象的，而態度是具體的，我們由表入裡，從果求因，從其態度揭其思想較爲簡捷，所以先從其教育態度說起。

㈠教育態度

又可分尊重、柔和、安樂、忍辱、無偏執五點來說明：

1.尊重的態度：在〈常不輕菩薩品〉已提到眾生都是未來佛，不能生輕慢心。就我們世俗教育，也應視學生都是國家未來之棟樑，所謂「後生可畏」。受到尊重之學生、子女也會學到尊重別人，社會才有和諧的可能。但在人世間，有功、過，就有獎、懲。可見，懲罰的目的仍是在於教育，那只是方法。所以處罰能與尊重相一致，就是教育。筆者過去在軍中帶弟兄的時候，即使應關「禁閉」，也讓其自己認錯，自己認爲應關多久，自己進去，自己出關，不假任何強制。即使現在在大學教大孩子，也是讓他們背書、抄書、寫心得報告，也不因爲犯了錯而至冒犯到其尊嚴。

2.柔和的態度：在〈法師品〉中，稱之爲「著如來衣」，實際就是指負責教育的工作者的態度要謙和、溫柔。引申之，就是謙虛、和藹、溫文儒雅、柔順眾生。如能做到的愈多、愈深，所作教育的功能也愈多。中國《易經》有〈謙卦〉，老子《道德經》重「柔」，《華嚴經》有「恆順一切眾生」之箴言。在倫理學中，論到動機、方法與目的，三者都得善。動機再善，方法不善，可能徒勞無功。所以柔和的態度，被形容爲「如來衣」，可知在《法華經》所受重視之程度之重要了。

3.安樂的態度：在〈安樂行品〉中提到：安住菩薩行處；樂說如是法相；與好同學共讀誦本經；發大心，以神通力智慧力，引之令得住是法中。如運用到一般教育上，一個教育工作者即是注重個人之道德修養；熱心傳道授業，與同學科的學者要多討論、交換心得、經驗；盡心竭力地將所學傳給學生。簡言之，就是全心貫注在教育上，無私、無我的教育精神，就是無怨、無悔，心安理得的教育工作者的基本態度。

4.忍辱的態度：在〈法師品〉中亦列爲「如來衣」，這是指如在表情的忍辱。如忍住怒不發；忍著氣不惡言相向；乃至〈信解品〉的窮子逃逝，其父忍耐地等待；在〈如來壽量品〉中，父圖爲子治病，竟以將死託爲方便，其用心之苦，都在一「忍」字。諸佛、諸菩薩對於眾生之救度尚且都得忍耐，更何況人間世之父母、教師對於子女、學生之教育自然有待忍耐也是本分事。

5.無偏執的公正態度：在〈法師品〉中說，要有一切法空的智慧。法空有不同之層次，它可以是修證之涅槃境界；也可以是人文道德的毋必、毋意、毋固、毋我（注70）；在教育上，即是無偏執的教育態度。那就是對受教的對象沒有偏執成見，對教材、對教學內容、與原理原則沒有偏執，才會有公正、客觀的態度。例如〈觀音菩薩普門品〉中，菩薩救度眾生，或是聲聞眾，或是緣覺眾，或是菩薩，乃至有成佛之資材者，觀音菩薩則現各種身而度化之。乃至〈勸持品〉中，不惜身命在惡世救度眾生。普度眾生的態度，更有甚於孔子之「有教無類」了。

大乘菩薩以上的五大教育的態度皆源慈悲心，沒有悲天憫人的胸懷，只靠僞善、技巧是絕對表現不出來的。此所以是「視其所以，觀其所由，察其所安，人焉廋哉？」（注71）

㈡教育思想

如果依印度乃至中國佛教各宗派來看《法華經》，確有如來（藏）、禪定、淨土、密宗、中觀、乃至唯識（心）等思想（注72）。就西方哲學看，我們前已述及《法華經》是理性主義，也是經驗主義兩者兼而有之的。

佛教學派上之爭論與區別，顯現在《法華經》者，那只是修、學上之方式上之不同，但是都在一乘佛上而止息語言，思議之分別。就西方理性與經驗之紛爭，也可止於證得一乘佛爲究竟。實際上，也可藉康德之知覺、感覺，而理性而實踐加以印證。老實說，印度之哲學是宗教哲學，先於康德有此思想，不過康德特注意「批判」把批判二字特別點化出來了，印度各宗教學派只是隱含地敍述而已（注73）。

因此，我們可以看出，《法華經》雖然講一乘佛，卻是「三乘會歸一乘」，將羊、鹿、牛三車歸爲一大車。從知覺得之知識者，爲聲聞乘；從感覺上得之知識者即是緣覺乘；從理性得之知識者即是菩薩乘；從而證得實踐上超越緣覺者即有似一乘佛（注74）。

所以我們可以說，佛以一大事因緣出現於世者，即是《法華經》的知識系統。聞佛知見即是針對聲聞乘之教化；示佛知見即是對緣覺乘之教化；悟佛知見即是對菩薩之教化；入佛知見，是對菩薩以上欲究竟成佛者之教化。

《法華經》雖然也和《方廣經》一樣，講一佛乘，但其特色是「會三歸一」，那即是成佛是要經過漸修，歷經三乘，從而也對三乘之尊重與重視。不過三乘只是過程，不是目的，只是方便不是究竟。因爲《法華經》重視三乘，所以智者大師特建立一乘佛大乘法之判教，有三大標準：即一乘佛與三乘融與不融；師弟不師弟；遠道不遠道（注75）。

換句話說，智者認爲只有《法華經》與《涅槃經》才主張三乘相融，而且，能與三乘具有親近之師弟關係。

《法華經》中，經常找到諸佛在無量劫以來，都在說《法華經》，表面看，這是在提高本經之身價；實則，是表示《法華經》是自然法爾，本來存在，爲究竟真理（注76）。

又主張諸佛只是一佛，可就都是釋迦佛之化身：論時間，存在在無量億劫；論空間，存在在無量他方國土；論佛數，則是無量恆河沙數……而諸佛的出現，則是從地湧出，顯現於空中。

以上思想，我們可以連成一句話：即是諸佛普遍地存在在我們各人心地之空性中。如加以分析地說：諸佛即一佛，即一佛性。普遍地存在是自然法爾。亦是空性的，存在在眾生之心中。這就是〈法師品〉所說之「入如來室」。

宋儒強調作人「應先立其大」，因立其大，至少可以得乎中。就《法華經》說，立其大就是發心成佛，得乎中，也得起碼做一介救度眾生的菩薩。這是《法華經》之教育理想。但其教育步驟仍是順序漸進，漸修而得證的。以佛乘大處著眼，以聲聞……小處著手。今世之教育，以完成完美之人格教育爲主旨，以技藝、生活教育爲基礎。所以《法華經》在思想上，在教育之方法上，用之於今日亦是最理想的。

四、大乘經之大化精神

在《雜阿含》經中，都只是「世尊告諸比丘，參加法會的成員當然只有比丘們了。在《中阿含》三五經中，也只看到有阿修羅王及夜叉將詣佛所（注77）。西晉譯出之《佛般泥經》中聽佛說法的只有千二百五十比丘（注78）。在《雜阿含》一一六經中僅見到帝釋天向世尊求教（注79）。甚至在《長阿含》三經，也只看到時般遮翼執樂天詣佛所報告「梵天王至忉利天與帝釋共議事。」（注80）

到了初期大乘經之《放光般若》已有比丘五千人俱，五百比丘尼，優婆塞、優婆尼，及諸菩薩等與會（注81）。到玄奘大師所譯之《大般若經》除了比丘、阿羅漢、菩薩等眾而外，佛放眉光，照徹諸天，諸佛國。而諸佛也正在講《大般若經》，同時，有菩薩向其佛問道：「爲何有此瑞相？」各佛均稱：「有釋迦佛正在說《大般若經》，隨法意往，乘金色蓮花至彼佛所……」（注82）。

在《華嚴經》中，將華嚴會場寫得極爲莊嚴華麗，與會除菩薩們外，還有諸金剛神、諸足行神、道場神、主城、主地、主山、主藥、主稼、主海、主風、主方、主夜諸山，更有諸阿修羅、迦樓羅、緊那王、乾闥婆，乃至諸天主神（注83）。

在《楞伽經》中，原來之惡神羅剎都主持了佛教之大法會。在《大般涅槃經》〈序品〉裡與會的比丘有八十億，比丘尼有六十億，有恆河沙數菩薩，有八恆河沙天女，有二恆河沙優婆塞，三恆河沙優婆尼，有十恆河沙鬼王，有二十恆河沙金翅鳥（注84）。

在《法華經》中與會的大比丘萬二千人，有學、無學二千人，比丘尼及眷屬六千人，菩薩八萬人，釋提因與其眷屬二萬天子，諸天及其眷屬三萬天子，諸天王、龍王、百千眷屬，緊羅那王諸王及其眷屬，諸乾闥婆及其諸眷屬，阿修羅王及其諸眷屬，以及諸迦樓羅王及其諸眷屬（注85）。

以上諸眾圍繞，齊圍繞佛請說大乘經——《法華經》。在阿含經中，佛只是對諸比丘說法；漸有諸天前來拜候佛；漸次又成爲法會之會眾；三界諸神乃至各自然界諸神也與會了；乃至諸惡神、魔神、以及其眷屬也都齊集前來供養世尊、請佛說法。

從文獻上考察，很多神都早已存在在印度教的《吠陀經》中，起碼早於佛教二至三千年以上；如因陀羅原爲雷神（注86），大乘經中認爲它既已「皈依佛」，於是改名爲「釋提桓因」（注87）。又如阿修羅，與乾闥婆、羅剎在《吠陀經》中，都是邪門左道的神（注88）到了大乘佛法，都成爲佛陀的皈依者。

從教育上看，佛陀講因緣法，只從現象上說明宇宙之成因，反對有神論。到了大乘時代，大乘經中，諸神成了佛法之皈依者與大護法，是不可想像的事。

但在宗教立場上，確實莊嚴了佛陀說法的道場，也表示出佛法攝一切法，無法不報，無法不收。這正表示是佛陀的大化思想與大化精神。

如站在文學的觀點，就是大乘佛教文學之創作。

整部《妙法華》不過九萬字，但其微言大義，我們在其「文字結構及其教育表現在教育上之方法」一段文字中已經可以說個明白了。那麼，其中多餘的文字，則是以文學莊嚴宗教文獻，所以多了許多形容文字，安插若干故事，以及能配合音樂之偈頌。

本文只是以《法華經》為主軸，佐以其他大乘部份經典之文學結構，表現在教育上之方法，可以作為我們現代教學上之參考。尤其，在法會前，對道場時、地、人物、瑞相之描述充滿著美感，無論在學校、社會、家庭都提供很重要境教教育之省思。

大乘經之教育思想，就是救度眾生，究竟成佛；這是人文精神完美的人格教育；也是倫理教育最高之界。在教育之態度及方法上，〈法師品〉之如來室、如來衣、如來座之菩薩修養，及菩薩精神也都是教育工作者，尤其是宗教師們最好的箴言與典範。

本文不是在研究大乘經；也不是在研究《法華經》之文學，如果專業的文學家，能投入大乘經文學之研究，將會發掘其無窮的底蘊與價值。本文也不是在研究大乘經及《法華經》之佛學，這已有大乘各宗之經師們及學者作了許多專門有系統之著作（**注89**）。

本文只是藉作為一介佛教徒，作為一介教育工作者，對大乘經，尤其是《法華經》在文學上及思想上給予我在教育工作上的反省與感動；也藉此迴向我在大學時之佛學授業（注 90），印公上人九秩大慶。

注解

注 1 只是「一般說來」，當然也有例外：如《長阿含》之〈世紀經〉就有一萬三千多字，又《增一阿含》之〈六重品〉就有一萬五千字；在藏經之後集部、大集部之經文都是極為短篇的。至於其他文學性、倫理與菩薩行願、請讀者自行檨讀其經文，俯拾即得，不多贅述。

注 2 〈華藏世界品〉見大正，十，頁三九。

注 3 見前書，頁102上「心如畫工師，能畫諸世界。」

注 4 見拙著《中印佛學之比較研究》，頁485，中央文物供應社發行，中華民國75年11月出版。

注 5 宗密注：《華嚴法界觀門》，大正，四十五，頁684・中－下。

注 6 見〈華嚴大經處、會品目卷帙蛻變之圖〉。民57年慈光雜誌社發行《大方廣佛華嚴經》第一冊。

注 7 同注6。

注 8 見拙文〈玄奘大師在印度境內遊學與善財童子參學有關地理、路線及其意義之探討〉《中華學報》第七期167，190頁。其中頁168–169與本文所談較為密切。

注 《維摩詰所說經》〈文殊師利問疾品〉第五，大正，十四，頁544，中。

注 10 同前書，頁539，下－544．中。

注 11 同前書，〈入不二法門品〉，頁550，中－551，下。

注 12 同注4，頁269–270。

注 13 同注9，頁543，上－中。

注 14 同注9，〈觀眾生品〉，頁547，下－548，上：「時維摩詰室有一天女，見諸天人，聞所說法便現其身，即以天花散諸菩薩大弟子身上，華至諸菩薩即皆墮落；至大弟子，便著（花）不墮。爾時，天女問舍利弗：『何故能去花？』，答曰：『此花不如法，是以去之。』天女曰：『勿論此花不如法，所以者何？是花無所分別，仁者自生分別想……』

注 15 《入楞伽經》，大正，十六，頁 514，下；517，下。

注 16 同注 15，頁 543，下。

注 17 同注 15，頁 541，下：「……我於中間不說一字，……如來依二種說法：一者自身內證，即諸佛所證之法，我亦證得；二者依本住法：即諸佛如來出世不出世，法性，法界、法住、法相、法證常住，如城本近。」

注 18 同注 15，頁 544，中：「何等出世間如來上上智？謂佛如來菩薩摩訶薩觀察一切諸法寂靜不生不滅，得如來地，無我（之）法法。」

注 19 同注 15，頁 539，下 –540，上：「當修行入如來地上上證智……更有三界中修一乘相，如實覺知一乘道故，我託名一乘。」

注 20 同注 15，頁 516，下。

注 21 黎俱吠陀(Ṛgveda Vll.108) 或變為人、為犬、為梟，諸種種形而為害人類，又其 (X, 162.5) 常吞食人、畜。

注 22 同注 15，頁 514，下 –517，下。

注 23 同注 15，頁 514，下 –515 頁，上：「諸眾從種種他方佛土俱來集會，自心予境……隨所應見而普現。」所普現者即是婆伽婆 (Bhagava)，一般稱之為薄伽梵，在《薄伽梵歌》(Bhagava-gita) 中是指文利希納王 (Krisrna)，在大乘經典中，即是對佛之尊稱，意為英雄、聖人。中國佛教寺廟之正殿「大雄寶殿」即本此名而得。

普現在大海龍王宮說法；普現在楞伽山，又普現在天上（於虛空中、見佛坐於須彌山相對楞伽山頂上）。見同書頁 517，上 – 中。這些當然都是文學性的描述。其眞實所要表達的，乃是佛法之眞理，法爾如是、遍一切處的。

注 24 理性主義者主張一切知識，都是吾人先天就有之理性 (Reason)，透過各種刺激或啓示而獲得，不必依靠經驗。而且理性是認知、處理、整合一切經驗才能構成知識。以法國之笛卡爾 (DESCARTES) 及德國之萊布尼茲 (LEIBNIZ) 為代表性人物。

注 25 經驗主義主張，一切知識都是靠經驗而來，不經驗沒有知識可得。以英國之洛克（JOHON LOCKE）與休謨(DAVID HUME）為代表人物。

注 26 結構主義相信變化之現象界有其不變，即邏輯關係之定律。尤其大乘經有同於賀高迪(FOUCAULT)，相信思想史之形式及其改變之某些規律。多出於六十年代法國之思想家。大乘經均有一致之結構。

注 27 大乘佛教之唯心、唯識、眞如、清淨涅槃、諸法實相都是法爾如是，是先天的，就有同於理性主義者；同時，著重修、證就有同於經驗主義；不論經典之結集、創作或說法都有相當之規則，方法可尋，有同於結構主義。其實，在思想史中，很多思想早已存在而且已在發展，只是沒有特別彰顯出來而已。以上三者只是一例證。

注 28 (1)《妙法華》大正，九，頁 1，下－2，中。(2)《解深密經》〈序品〉大正，十五，頁 688，中－下。(3)及同注 16；(4)《大方國佛華嚴經》〈世文妙莊嚴品〉，大正，十，頁–5，中；(5)同注 9（佛國品）。頁 537，上－中。

注 29 同注 28，(1)頁 2，中。(3)頁 517，中。(4)頁 5，中－26，上。(5)同前。

注 30 同注 28，(1)頁 2，中。

注 31 同注 28，(1)頁 2，下。(2)頁 688，下－689，下。(3)頁 515，上。(4)頁 26，上－下。

注 32 同注 28，(1)頁 3，下－4，中。(2)頁 691，下－692，也是在說明「深密」之緣由。(4)頁 26，下－29，中。佛於微塵數光明，使世界海諸菩薩，能見諸華藏世界海。(5)頁 538，下：「舍利弗白佛：『若菩薩心淨，則佛土淨，世尊度菩薩時意室不淨？而見佛土（至今）不淨若此？』佛答：『佛國土常淨若此，為欲度斯下界人故，示是眾惡不淨土耳。』」這些都是說該經之緣由。

注 33 同注 28，(1)頁 5，中－7，下。其他大乘經不一定三請諸佛說法，但請佛說法則普遍的，如(2)頁 688，下。(3)頁 517，上。(4)頁 26，上，諸菩薩及一切世間主共一八問。(5)頁539，下：「爾時長者維摩詰自念，寢疾於床，世尊大慈，寧不垂憐，佛知其意，……」即派眾菩薩前往問疾。以「寧不垂憐」代問，請佛印證。

注34 同注28，(1)頁3，下–4，上：「如是二萬佛皆同一名字……初佛、後佛皆同一名字」。又頁2，中：「教菩薩法，佛所護念，佛說此經已。」此即表示諸佛、諸法、說法心法不二。(2)頁688，下：「一切法無二」，頁689，下：「諸佛離言無二義。」又頁688，中：「如來解脫智究竟證無中邊、佛地平等，及於法界，盡虛空性，盡未來際。」(3)頁517，下：「所謂起一行，方便行，住諸地中……見如來地無量無邊種種相。」又頁519，上：「寂滅者名為一心，一心者，名為如來藏，（即）入自內身智慧境界無生、法忍。」(4)頁29，上：「彼一一塵中有十佛世界微塵數諸廣大剎，一一剎中皆有三世諸佛世尊。」(5)頁546，中：「以須彌山之高度，內芥子中，無所增減。……唯應度者，乃見須彌入芥子中，是名住不思議解脫法門。」又頁533中：現瑞相。

注35 同注28，(1)頁5，中–下。(3)頁519，上–521，上。(2)頁693，上–中：問心、意、談秘密善行。(4)頁26，上–中：諸菩薩問何等為「華藏世界海、佛放光普現諸佛華藏世界。」(5)頁547，下：「以無依為本、主一切法。」

注36 同注28，(1)頁6，下–7，上。(2)頁695，上，德本菩薩問阿陀那識，佛論及三法相。(3)頁521，下：大慧菩薩問諸識之生、住、滅。(4)頁29，下：佛放眉光，更一一現出莊嚴瑞相，至頁39，上，諸菩薩齊讚歎。(5)頁549，上–中：「菩薩入地獄無罪垢……是故當知如來為煩惱種。」

注37 同注28，(1)頁7–上。(2)頁694上–695，下：「三無自性密意：相無、生無、勝義無自性性……謂一切法決定皆為自性……決定自性涅槃。」(3)頁522，中：「此是過去、未來、現在諸佛如來應已遍知性，自性第一義心，依此……諸佛如來畢竟得於世間、出世間，諸佛智慧眼同相，別相諸法建立。」(4)頁39，上：「此華藏世界海，是毘盧遮

那如來首於⋯⋯一一劫中親近世界海微塵諸佛，一一佛所、淨修世界微塵數大願所嚴淨。」(5)頁554，下－555，上：「自觀身空相，觀佛亦然，我觀如來前際不來，後際不去，今則不住。」「不可言說，分別顯示⋯⋯以斯觀者，名為正觀。」

注38 《論語》〈述而〉。

注39 南懷瑾《禪海蠡測》頁35–56：機鋒者，乃具眼宗師、勘驗學者見地之用之造詣，如上陣交鋒，當機不讓⋯⋯如以鋒刃切器，當下斷其意識情根。民44 年出版。

注40 同注28，(1)整部《法華經》之微言大義極深沈、簡短，卻以方便譬喻加以闡述。這是其他大乘經所少有的。《華嚴經》之「華藏世界」即是寓意心性即佛性，一心含萬法。《維摩詰所說經》所說居士之病因眾生病故病，眾生清淨，則佛土清淨 ，也是一譬喻。「諸菩薩問疾」、「天女散花」也都是方便說法。

注41 同注28，(1)頁11，中。

注42 同注28，(1)頁12，中－13頁，下。(2)頁709，上。

注43 佛或代佛說法之菩薩說法告一階段時，然後由會眾各說心得，各所得證，或同聲讚頌：同注(1)頁16，中－19頁，中。(2)頁696，中。(3)頁542、中；544，下。(4)華嚴法會論會首座都是報告自己所證之心得；然後佛再加肯定。如頁251，中，又255，下。(5)頁556，上。

注44 同注28，(1)頁16，中－17頁，下。

注45 同注28，(1)頁17，中－19，下。(5)頁266，中：「譬如日出於閻浮提，光照一切須彌山等大小王，次照黑山，次照高原，然後普遍一切大地，日不作念，我先照此，後照彼。但以山有高下故。」

注46 同注28，(1)頁20，中－21，下。(2)頁554，下－557，上。

注47 同注28，(4)頁268，上－269，下。

注48 同注28，(1)頁22，上－25，下。

注49 同注28，(1)頁25，下－26，上。

注 50 同注 28, ⑴頁 27, 中－30, 中。

注 51 同注 28, ⑴頁 30, 下。⑸頁 556, 上。

注 52 同注 28, ⑴頁 31, 下。⑵頁 709, 上:「我以十一種相、決了分別顯示諸法、是名本母。⑶頁 555:「諸菩薩以見寂靜三昧樂門, 憶念本願大慈悲心度眾生、知十無盡如實行智, 是故不即入於涅槃。」⑷頁 268, 上－278, 下:「諸菩薩應云何知如來應正等覺知、正等覺心……即正等覺境界……正等覺行……」⑸頁 556, 下。

注 53 同注 28, ⑶頁 560, 中; 586, 中。⑵頁 708, 中－711 頁, 中。⑷頁 319 為「華嚴法會」圓滿, 大會之成就在頁 331, 下: 眾菩薩皆入普賢行願。

注 54 同注 28, ⑴頁 32, 中－下。

注 55 同注 28, ⑴頁 33, 中－下。

注 56 同注 28, ⑴頁 34, 中－36, 中。

注 57 同注 28, ⑴頁 37, 上－39, 上。

注 58 同注 28, ⑴頁 39, 下－41, 下。

注 59 同注 28, ⑴頁 42, 中－43, 中。

注 60 同注 28, ⑴頁 44, 上－46, 上。

注 61 同注 28, ⑴頁 46, 中－50, 上。

注 62 同注 28, ⑴頁 50, 中－52, 上。

注 63 同注 28, ⑴頁 52, 下－53, 上。

注 64 同注 28, ⑴頁 53, 上－55, 上。

注 65 同注 28, ⑴頁 55, 上－56, 中。

注 66 同注 28, ⑴頁 56, 下－58, 中。

注 67 同注 28, ⑴頁 58, 中－59, 中。

注 68 同注 28, ⑴頁 59, 中－61, 上。

注 69 同注 28, ⑴頁 61, 中－62, 上。

注 70 《論語》〈子罕〉。

注 71 同前書,〈為政〉。

注 72 同注 28, (1)頁 31, 下:「如來座, 一切法空是。」頁 58, 中:「是陀羅尼神咒六十二億恆河沙等諸佛所說……」。頁 27, 下:「為淨佛大故……諸天宮近處虛空, 無諸惡道亦無女人, 一切眾生皆以化生……」。頁 6, 上:「斯等共一心, 於億無量劫」, 頁 26, 下:「一心一處坐, 八萬四千劫。」乃至諸佛, 菩薩從(心)地湧出等。

注 73 印度各學派, 除六師, 及加爾瓦卡外(CARVAKA)外, 其他都是宗教哲學, 連佛教在內。都同是認為理性之有限性, 必須述諸宗教之修行、實踐, 才能完成有限知識, 有限人格之解脫。康德 (IMMANUEL KANT 1724–1804) 在其《純粹理性批判》(*KAITIK DERREINEN VERNNFT*) 一書中對理性之有限性作系統之分析, 當即是對理性主義者知識源於理性本能說所作之批評。而站在道德立場另立一《實踐理性批判》。不過, 在印度是宗教實踐; 康德是以人文道德即實踐。

注 74 「超越之統覺」, 康德又稱之為「純意識」(PURE CONSCIOUSNESS),「即將我們之意識中之特殊對象、內容排除之純意識之能力」。見唐君毅《哲學概論》卷下, 頁967。民50 年出版。

根據康德之純意識, 則有似唯識宗之「今境界既無, 唯識又泯, 即是說唯識義成也。」見《轉識論》, 大正, 三十一, 頁 62 中。此處所說之一乘佛, 只是作一近似之比擬而已。

注 75 智者大師說《妙法華經玄義》, 大正, 三十三, 頁 683, 中。

注 76 同注 28, (1)頁 4, 上:「日月燈明佛因妙光菩薩說《妙法蓮華經》, 頁 3, 下:「如是二萬佛……初佛後佛皆同一字。頁 32, 下:「過去東方無量千萬億阿僧祇世界, ……有佛號『多寶』, 其佛行菩薩道時作大誓願:『若我成佛……於十方國土, 有說《法華經》處, 我之塔廟為聽是經故, 湧現其前。」又頁 33, 下:「善哉, 善哉, 釋迦牟尼佛, 也說是《法華經》我(多寶佛)為聽經而來。」又頁 34 中–下 :「佛告諸比丘, 吾於過去無量劫中求《法華經》無有懈惓……多劫中當作國王，擊鼓宣令四方求法……時有仙人來白王言，我有大乘法名《妙法華經》。」

注 77 大正，一，頁 475，下。

注 78 大正，一，頁 160，中。

注 79 大正，二，頁 295，中。

注 80 大正，一，頁 30，中。

注 81 大正，八，頁 1，上。

注 82 大正，五，頁 1–11，上。

注 83 大正，十，頁 1–3，中。

注 84 大正，十六，頁 514，下 –515，上。

注 85 大正，九，頁 1–2，中。

注 86 在黎俱吠陀 (ṚGVEDA, IV.18.1) 為雷神，以文學方式形容其為茶褐色，會跳舞，天地震動，手執金剛杵，從其母牡牛右脇生。牡牛在神話中即是指烏雲。牡牛產牛奶為印度素食者之主要滋養；烏雲，產生雷電而下雨，滋潤大地。故該經將烏雲與牡牛相比擬。

注 87 到大乘佛教期，稱其為「歸依釋迦佛之天神因陀羅（ ŚAKNA DEVĀNĀM INDRA ），簡譯成「釋提桓因」。

注 88 阿修羅 (AHNRA) 原為波斯為善神，但在《黎俱吠陀經》中成為因陀羅雷神所要消滅之對象，到阿闥婆吠陀 (ATHARVAVEDA) 為群魔。又羅剎（ RAKAṢAS ）前已述及，除吃人畜外，並隨飲食入肚內，使人生病，好惡作劇。同注 21。

注 89 大正，三，頁 1，智顗說《妙法蓮經文句》對於《法華經》有更多「訓詁」式之引申解釋；明藕益智旭大師有《妙法華蓮經冠科》均太繁，偏宗教性，本文偏教育性、文學性，故未及引用。

注 90 民國 54 年，長老受張曉峰先生之禮聘，在校授「佛學概論」及「般若學」兩課，筆者忝為受業。

智儼判教思想的形成

——《搜玄記》和《五十要問答》的判教學説

廖明活

香港大學中文系講師

引言

華嚴宗的教學在中國佛教思想史裡占有重要位置，而智儼（602–668）對華嚴宗教學的形成貢獻良多，其學説具有研究價值（**注1**）。智儼爲隋朝末年、唐朝初年人，幼年追隨杜順（557–640）出家，尋且受學於法常（567–645）和靜琳（565–640）門下，曾聽受當代流行的佛典，包括小乘論書《發智論》和《成實論》、跟瑜伽行學派有密切關係的《十地經》、《地持論》和《攝大乘論》，及與以佛性爲主題的大乘《涅槃經》等。智儼研習佛法範圍甚廣，深感法海浩瀚，莫知歸向，遂於經藏前作禮起誓，信手抽取，得《華嚴經》第一卷，於是歸宗《華嚴經》。智儼即時跟從智正（559–639）聽習這經，然而疑問未能盡釋；及後得閱慧光（468–537）的文疏，申述「別教一乘、無盡緣起」的道理（**注2**），又得神異僧人指示，靜思「六相」之義（**注3**），乃徹然大悟，當時他才不過是二十七歲。及後智儼長期隱居，到晚年才復出，接受王室供給（**注4**）。智儼撰作經論義疏凡有二十餘部，由於行文簡約，立義新奇，其門生能得其意者不多（**注5**），而以法藏（643-712）爲翹楚。法藏演述智儼教學的主要觀念的涵義，並加以組合，形成規模宏大、組織嚴密的義理架構，由是被後人推尊爲華嚴宗的第三祖，而智儼遂被推崇爲第二祖，其師杜順則被推奉爲第一祖。

「判教」者，是指對內容、風格多樣的佛典和佛理、加以界別和會通的工作。判教風氣是在東晉末年，隨著品類多樣的佛典和佛理紛紛傳入中土，而開始形成，並在南北朝時期迅速擴展。在智儼的時代，判教乃是中國佛教思想界的中心課題，當時的不同學統，例如代表中國早期瑜伽行教學的地論學統和攝論學統、代表中國中觀教學的三論學統、以發揚《法華經》的精神爲本要的天台學統等，都紛紛成立自身的判教體系，以涵攝各類佛典和佛義；其目的除了是「界別」和「會通」外，更且是通過排序和比較，以求突出其自身教學所根據的佛典和所闡揚的佛義的殊勝。智儼曾研習《十地經》，而地論學統所根據的《十地經論》乃是《十地經》的注釋；又智儼對攝論學統所根據的《攝大乘論》亦表現出濃厚興趣（**注6**），《續高僧傳》智儼本傳所提到的法常、靜琳和智正眾師，皆是地論學統、攝論學統中人（**注7**）；凡此可見智儼跟地論、攝論這兩學統有密切關係，其判教思想受到這兩學統的教說影響，是很自然的事。又智儼在承襲地論、攝論學統的判教說法之同時，亦對這些說法作出改造，引進新的成分，以達到顯揚《華嚴經》的目標，創立了具有自身特色的判教體系，爲日後華嚴宗判教學說的發展提供了基本的架構和明確的方向。

智儼的著作現存完整者有《搜玄記》、《五十要問答》、《孔目章》、《一乘十玄門》、《金剛經略疏》五種。其中《一乘十玄門》真僞未明，《金剛經略疏》沒有直接論及判教問題，因此探討智儼的判教思想，當以前三種作品爲根據。又這三種作品的判教學說，分別代表了智儼判教思想的醞釀、發展和集大成三個階段（注8）。由於篇幅所限，本文只討論前兩階段，至於《孔目章》的判教理論，待日後另撰文申述。

《搜玄記》的判教思想

智儼的傳記記述智儼在二十七歲時爲《華嚴經》造疏，「立教分宗」（注9）。今觀《搜玄記》的內容，爲《華嚴經》的注解；書首借助「漸」、「頓」、「圓」三門的判教架構，釐定《華嚴經》在佛說整體中的位置，這正是「立教分宗」的工作。如是《搜玄記》當即是智儼年輕時所造的《華嚴經》疏，爲智儼的早期作品；而其有關判教的討論，主要是反映了智儼的早期判教思想。

《搜玄記》全書分作五門，前四門爲綜論，篇幅頗短，後一門爲疏釋，是中心部分。其中第二門〈明藏攝分齊〉和第五門〈隨文解釋〉的啓始地方，在說示《華嚴經》在佛說中的特殊地位時，提及「漸」、「頓」、「圓」三種教的區別。又第五門〈隨文解釋〉的正文，在申釋個別章句和佛教觀念時，論及三乘、一乘兩種教和小乘、三乘、一乘三種教的不同。這些地方都是跟判教問題有關，現試分述之如下:

㈠漸、頓、圓三教的分判

《搜玄記》第二門〈藏攝分齊〉啓始綜述佛陀設立漸、頓、圓三種教的原委:

> 第二明藏攝分齊者，斯之（聖德）玄寂，豈容言哉？但以大悲垂訓，道無私隱，故致隨緣之說，法門非一。教別塵沙，寧容限目？如約以辨，一化始終教門有三：一曰漸教、二曰頓教、三曰圓教（注10）。

智儼以爲佛陀所證會的聖德，是玄妙冥寂，非言語所能表達；只是佛陀慈悲，遂因應不同機緣，垂示不同教門。又佛陀垂示的教門眾多，不可完全類目，勉強把它們類別，則可有「漸教」、「頓教」、「圓教」三種。如是看，漸、頓、圓三教要爲是對佛陀應機所安立的教門所作的權宜分類。

對於「漸教」，《搜玄記》第五門狀述之如下：

> 所言「漸」者，為於始習、施設方便，開發三乘引接之化，初微後著，從淺至深，次第相乘，以階彼岸，故稱為「漸」（注11）。

漸教是爲開始學習佛法的人所施設的方便教學，其教學方法爲自淺至深，次第相承，故名爲「漸」。《搜玄記》第二門就「所詮」內容和「所爲」對象兩方面，把漸教進一步界別爲三種教和兩種教。就所詮內容方面，漸教可細分成「修多羅」、「毘那耶」、「阿毘達磨」三種教，這亦即常途所謂經、律、論三藏，分別以定、戒、慧爲主題。就「所爲」對象方面，漸教可細分爲鈍根人所設的顯淺的「聲聞行法」、以及爲利根人所設的深奧的「菩薩行法」這兩種教，亦即常途所謂「聲聞藏」、「菩薩藏」這兩種藏。又聲聞人中又有鈍根、利根之不同：前者樂觀四諦，名「聲聞聲聞」；後者聽習十二因緣，名「緣覺聲聞」。菩薩亦一樣，有鈍根、利根之分別：前者曾學習大乘，後來退而學習小乘，現今還入大乘；後者一往長久修習大乘，現今見佛，便能進入頓教之門。對這四種智量不同、背景不同的修行人，佛陀所說的教法當然也有分別。智儼又指出《華嚴經》在三種教中，爲「修多羅藏」所攝；在兩種教中，爲「菩薩藏」所攝。需要一提的是智儼在列舉兩種教的四種修行人時，引用了以下《華嚴經》的偈語爲證言：

若眾生下劣，其心厭沒者，

示以聲聞道，令出於眾苦。

若復有眾生，諸根少明利，

樂於因緣法，為說辟支佛。

若人根明利，饒益於眾生，

有大慈悲心，為說菩薩道。

若有無上心，決定樂大事，

為示於佛身，說無量佛法。（注12）

以上四偈出自《華嚴經》的〈十地品〉，而〈十地品〉跟《十地經》原來是同一經本。這經品詳述菩薩修行所經歷的十地的行業，當述及第九地時，用以上四偈稱頌九地菩薩所具之口業功德，能對四類根器不同的眾生，開示四種不同的教法：對根器下劣的眾生則說「聲聞道」，對根器略爲明利的眾生則說「辟支佛」道，對根器明利的眾生則說「菩薩道」，對有無上心的眾生則說「佛法」。智儼以爲他所判別的四種聲聞、菩薩，亦即是這四偈所述及的四類眾生。

對於「頓教」，《搜玄記》第五門這樣界定：

謂始於道樹，為諸大行，一往直陳宗本之致。方廣法輪，其趣淵玄，更無由藉，以之為「頓」。（注13）

頓教是佛陀在證悟正覺後，在菩提樹下最初講說的教法；其教授對象爲習學大乘的修行人；其教學方法是直接陳述本要、不假借方便手段；其教學內容爲大乘（「方廣」）法，意義「淵」遠「深」玄。《搜玄記》第二門舉出經論文句，以證明佛說中有「頓教」一類。首先它再次引用上引《華嚴經·十地品》的四偈，然後總結說：「以此文證知有一乘及頓教、三乘差別」（注14）《搜玄記》這句話的意思，可以從其在後面隨文疏釋經句時、對這四偈所作的分析看出來：

此文有四：聲聞、緣覺、漸、頓等分四，亦可一乘、三乘分四也。（注15）

疏釋指出四偈所分述的四種教，可以是表聲聞教、緣覺教、漸教和頓教、亦可以是表三乘教和一乘教。就這理解，說從這四偈文，可以證知有一乘教、頓教、三乘教這些不同教法的存在，是很自然的事。又從這疏釋看，智儼明顯是以第四偈所提到的「佛法」，爲表頓教和一乘教；亦可見智儼心目中的頓教，亦即《華嚴經・十地品》所謂以具有無上心的眾生爲講說對象的「佛法」，並跟「一乘教」有密切關係（注16）。這點從智儼所舉出的另一節證文亦可以看出來。這節證文出自世親著、真諦譯的《攝大乘論釋》，其原文如下：

如來成立正法有三種：一立小乘、二立大乘、三立一乘。於此三中，第三最勝，故名善成立。（注17）

世親於常途所說的小乘法、大乘法外，別出一種一乘法，以爲佛法有小乘、大乘、一乘三種，而以一乘法最優勝。今智儼取其言爲判立頓教的證文，分明是把頓教跟一乘教連結起來。智儼繼而簡別頓教和一乘教的異同：

問：頓悟與一乘何別？

答：此亦不定：或不別，或約智與教別，又一淺一深也。一乘藏即下十藏也，相攝準之。（注18）

這裡假設有發問者，問及爲那些能頓悟佛意的菩薩所開示的頓教，（注19）跟一乘教有甚麼分別。智儼的答覆是「不定」：既可以說二者是沒有分別；也可以說前者立名側重顯示「智」，後者立名側重顯「教」；也可以說前者較顯淺，後者較高深。智儼進而舉出《華嚴經・十無盡藏品》的「十藏」觀念（注20），作爲一乘教高深的證明，從是可見出他視《華嚴經》爲一乘教的經典。

《搜玄記》第五門這樣描述「圓教」:

> 所言圓教者，為於上達分階佛境者，說於如來解脫法門、究竟窮宗、至極果行、滿足佛事，故曰為「圓」（注21）。

圓教的教授對象爲那些正在邁向佛境的人，其教學內容爲如來的解脫法門。這法門演述了究竟的宗義、無上的行因果報和圓滿的佛事。

《搜玄記》第二門解說圓教所陳義近同，後附以下案語:

> 此經即頓及圓二教攝。所以知有圓教者，如下文云：如因大海有十寶山等，准之。（注22）

這裡明確地把《華嚴經》判屬頓教和圓教（注23），並舉出《華嚴經・十地品》的十大山王譬喻（注24），爲圓教的文例。

《搜玄記》第五門在分述漸、頓、圓三教的特點後，表明三教的旨趣原來爲一致:

> 如窮之以實，趣齊莫二，等同一味，究竟無餘，何殊之有？但以對治功用不等，故隨根器別其淺深，言分有三（注25）。

智儼指出三教的歸趣是沒有分別，都是指向同一的「究竟無餘」終境；只是它們所針對的對象的根器利鈍有不同，它們之間才有淺深的差異。又上文申釋三教，是依《搜玄記》第二門的次第，先說漸教，次說頓教，後說圓教。其實三教的次第非是固定，隨著觀察角度不同，可有不同排列。就此智儼有以下一段話（注26）:

> 其次第者，就於一乘了義實說，約對治方便、行門差殊，要約有三，以明次第:
>
> 一者、據方便修相對治緣起自類因行以明三教，漸即在初，頓中，圓後，三義從漸說也。初漸以生信，次頓以成行，次圓以成體用耳。
>
> 二者、若約實際緣起自體因行以明時，頓初，漸次，圓後。初

示頓以令修，次示漸彰為物，後示圓果德備故也。

三者、若約窮實法界不增不減無障礙緣起自體甚深秘密果道時，即初圓，次頓，後漸也。所以兩者，正以沖宗不遣於玄想，圓道不簡於始門，是以事雖近而至遠，相雖著而至密，淺至極深方窮。故初示圓令見聞，次彰頓令隨喜，後辨漸階位顯德起信行也。此即約圓以明三耳。（注27）

這裡就「方便因行」、「實際因行」和「窮實果道」三方面，分辨三教的三種次第：

1.約「因」位眾生修習「方便」行方面看，三教的次序是「初漸、中頓、後圓」：眾生首先習行漸教，產生對佛法的信心；繼而習行頓教，成就正確的行爲；最後習行圓教，證成真實的體用。

2.約佛陀教導「因」位眾生的「實際」方面看，三教的次序是「初頓、中漸、後圓」：佛陀先說示頓教，令眾生修習正確的行爲；繼而說示漸教，爲那些未能明白頓教的眾生漸次彰顯真理；最後說示圓教，顯示佛果完備無缺的功德。

3.撇開方便誘導在「因」位的眾生的考慮，純粹自最究極的「果」位的理想層面方面看，三教的次序是「初圓、中頓、後漸」：佛陀首先說示圓教，令聽受者見聞圓滿的佛果；繼而彰顯頓教，令聽受者以佛果爲樂；最後辨明漸次修行的階位，令聽受者信受和實行通向佛果之道。

就以上論述所見，智儼界別佛說爲漸、頓、圓三教，把《華嚴經》判屬爲向利根修行人所說示的頓教和圓教，從而突出《華嚴經》在佛說中的崇高地位。其實「漸、頓、圓」的判教分類非智儼所發明，考諸現存文獻，最早提出這分類者爲慧光。法藏《五教章》便提到慧光「立三種教，謂漸、頓、圓」（注28），其記及慧光所謂「圓教」,「爲於上達分階佛境者,說於如來無礙解脫、究竟果海、圓極秘密自在法門,即此《華嚴經》是也」(注29),其陳義和用語,都跟《搜玄記》非常接近。又日本僧人湛睿(1271–1347)《五教章纂釋》保存了慧光《華嚴經疏》的一些逸文,其中包括一節有關頓教的話,與《搜玄記》所述完全相同(注30);還有法藏《五教章》記慧光以《華嚴經》爲圓教的代表經典,而湛睿《五教章纂釋》所收的另一節慧光《華嚴經疏》的逸文,則說:「三教之中,(《華嚴經》)蓋是頓教所攝也」(注31);可見慧光也是跟智儼一樣,把《華嚴經》判歸頓、圓二教。觀智儼的本傳記載智儼閱讀慧光的文疏,因而領悟《華嚴經》的「別教一乘、無盡緣起」的意旨,則智儼很可能曾接觸慧光的《華嚴經疏》,並深受其影響。總之,從種種跡象看,智儼的「漸、頓、圓」判教系統,乃是承襲自慧光。慧光爲地論學統南道一系的創立人,而智儼在解說漸、頓、圓三教時所引用經論之文,主要出自《華嚴經・十地品》和《攝大乘論釋》;前者跟《十地經論》所注解的《十地經》爲同一經本,而《十地經論》爲地論學統的中心教典;後者則爲攝論學統教學的主要典據。總之,《搜玄記》的判教學說,反映出智儼的教學跟地論、攝論這兩大早期中國瑜伽行學統之間的密切關係。

㈡諸乘的分判

《搜玄記》書首借助「漸、頓、圓」的判教系統,界定《華嚴經》在佛說中的位置。《搜玄記》正文解析《華嚴經》的章節和教義時,亦偶爾用到「漸教」、「頓教」一類名辭(注32),但再沒有提到「漸、頓、圓」三教。《搜玄記》正文較常用到的佛法分類,要爲是「三乘、一乘」二門分類和「小乘、三乘、一乘」三門分類。

1.三乘教、一乘教的判別

《搜玄記》在解說《華嚴經》經首狀述坐於菩提樹下的如來的莊嚴相的一節文字時，述及三乘教、一乘教之佛身觀的分別：

> 文有三：初明法身，二「其身遍坐一切道場」下明報身，三「悉能普現一切眾會」下明化身。此約三乘判文。若依一乘，此中即具十佛體、德、用，准以思攝。（注33）

引文指出自三乘教、一乘教的不同觀點，讀這節經文，可有不同理解。就三乘教觀點看，這節經文先後述及法、報、應三種佛身；就一乘教觀點看，這節經文所述及的佛，是具足「十佛」的體、相、用。而所謂「十佛」，當是指《華嚴經》各品所列舉的各種「十佛」和「十身」（注34）。又《華嚴經・盧舍那品》記普賢菩薩稱頌其承佛力所觀見的一切世界海；《搜玄記》在評述其言時，比較了三乘教和一乘教的淨土觀，說：

> 凡依三乘，淨土有四種：一性、二報、三事、四化可知。若依此部一乘，但有二種，謂世界海及國土海。或十種，如下瞿夷說。（注35）

這裡指出三乘教所明的淨土，有性、報、事、化四種；而一乘教所明的淨土，即是《華嚴經》所談及的世界海和國土海，或即是同經所記及瞿夷所說的十種世界（注36）。

以上所舉出的兩個例子，顯示智儼認爲佛法中有三乘、一乘兩種教，它們在佛身、淨土這些重要課題上，持不同的說法。又從智儼舉出《華嚴經》的佛身、佛土說法，爲代表一乘教的觀點，可見智儼視《華嚴經》的教學，爲一乘教的典範。簡別佛說爲三乘教、一乘教兩種的做法，非始自智儼；不少印度大、小乘經論，都提到「三乘」、「一乘」及相類的觀念。智儼在其晚年作品《五十要問答》中歷述各種「乘」的分類，當提及「三乘、一乘」的分類時，特別提到《法華

經》，說:

> 四者、依《法華經》，三乘一乘，約界分、體相、方便、究竟不同故。（注 37）

從這段話看，在一乘、三乘的分別這問題上，智儼是以《法華經》的說法爲依據。在《法華經》中，「一乘」通指佛乘；「三乘」則有兩說，一說指聲聞乘、緣覺乘、菩薩乘，一說指聲聞乘、緣覺乘、佛乘；而前說的菩薩乘跟後說的佛乘是異是同，前後經文的構思並不一致，成爲日後注釋家的爭議問題（注 38）。以上所出《搜玄記》的兩個例子，突出了三乘教和一乘教的不同，顯然是把一乘教視爲三乘教之外的另一種教，非三乘教所涵括。又從其名稱看，三乘中的聲聞乘、緣覺乘當是小乘，菩薩乘、佛乘當是大乘。唯以上兩個例子所述及的三乘教的佛身說和淨土說，都是大乘教的講法，不見於小乘教（注 39）。這顯示出智儼所謂「三乘教」，乃是專指大乘教（注 40）。

2.小乘教、三乘教、一乘教的判別

「三乘教」在智儼的判教體系裡通常是指大乘教；這點從智儼別出小乘教爲一類教，把它跟三乘、一乘二類教並陳，亦可以看出來。《搜玄記》便多次並列小乘、三乘、一乘三種教。例如它在綜述《華嚴經・光明覺品》文殊所說的偈的來意時，說:

> 五、文殊說偈，歎佛一乘，三乘、小乘法是一乘信法方便也。（注 41）

這裡提到一乘、三乘、小乘三種教，以爲後二者乃是導向前者的方便。又《搜玄記》在讚嘆《華嚴經・十地品》所說法深密時，談及一乘教理假託三乘、小乘事法得以彰顯；並表示三乘法和小乘法在彰顯一乘理時，不失其宗本，就像下鹽製成羹，而鹽不失其鹹性:

> 地法深密，非麁智知。所以然者，為地教法，託彼諸乘及世

間善事，以顯阿含法義分齊。雖託顯一乘理，仍三乘、小乘當宗自住，不失自宗。如鹽成羹，鹽自住性，而羹義得成。（注42）

《搜玄記》亦有述及小乘、三乘、一乘這三種教一些具體教義上的分殊。例如它對比三者的因緣觀，說：

又依小乘，六因四緣；若依三乘，即十因、二十因等；若依一乘，即隨法辨因，為一一因緣，理事各別，與法界等。今六因義，唯一乘能窮。（注43）

依這引文，小乘教因緣觀所觀者爲六因四緣；大乘教因緣觀所觀者爲十因、二十因等（注44）；一乘教則是就個別事理法觀因緣，能窮盡「六因義」。而所謂「六因義」，當是指這引文前所論及的「因」的六種特性（注45）。

智儼在《五十要問答》論及各種「乘」的分類時，提到「小乘、三乘、一乘」的界別，說：

三者、依《攝論》，一乘、三乘、小乘。謂於教門中，成機欲性，顯法本末差別不同故。（注46）

這裡指出小乘、三乘、一乘三種乘的分類，是源出《攝論》，這當是指上文所引世親《攝大乘論釋》的一節話（注47）。要注意的是世親原文所舉出的三種乘，是小乘、大乘、一乘，而智儼以「三乘」替代「大乘」，再次顯示出他有互用「三乘」、「大乘」二辭的習慣。

㈢其他判教觀念

在《搜玄記》裡，除了出現上述「漸、頓、圓」、「三乘、一乘」、「小乘、三乘、一乘」之佛法分類外，亦出現一些跟判教問題有關的觀念。這些觀念見於智儼日後的著作，並對華嚴宗判教思想的發展有重要影響，現試分述如下：

1.同、別二教

如上所見，《搜玄記》第二門〈藏攝分齊〉界別佛說爲「漸、頓、圓」三種教，把《華嚴經》判屬頓、圓二教；但在釋述「漸教」時，它又說《華嚴經》爲漸教三藏中的「修多羅藏」以及漸教二藏中的「菩薩藏」所攝；這便有解釋的必要。《搜玄記》以問答方式，處理這問題，而在答覆中，提出了「同、別二教」的觀念：

> 問：此經何故上來通三乘分別及攝者？
>
> 答：為此經宗通，有同、別二教，三乘境見聞及修等故也。如《法華經》，三界之中三車引諸子出宅，露地別授大牛之車。仍此二教，同在三界，為見聞境，……（注48）

智儼假設有提問者，問及何以先前說《華嚴經》爲分別向三乘修行人所講的漸教所攝。智儼在答問中指出《華嚴經》其實包含「同」和「別」兩種教，爲三乘修行人見聞和修習的對象。智儼引用了《法華經》著名的長者火宅的譬喻來說明：長者在火宅中，說火宅外有羊、鹿、牛三種車，以誘引其兒子離開火宅；及其兒子離開火宅，長者於露地授與他們大白牛車（注49）。很明顯，智儼認爲「同教」像譬喻中的羊車、鹿車、牛車，爲方便施設；「別教」像譬喻中的大白牛車，爲真實所授；而它們同爲三界中修行人見聞的對象。如是看，這裡所謂同、別二教，分別是指《華嚴經》教學的方便和真實兩個方面；而就《華嚴經》教學具有方便一面，說它爲對應三乘修行人之不同根機所方便設立的漸教所攝，也無不可。值得注意是這裡宣稱《華嚴經》的教學有「別」亦有「同」，顯示智儼在強調《華嚴經》顯示真實、因而有「別」於其他經的同時，亦肯認《華嚴經》方便應機、跟其他經有相「同」之處。

2.一乘共教、一乘不共教

《搜玄記》疏釋《華嚴經·四諦品》，在解釋何以《華嚴經》作爲一乘教的經典，卻演說淺近的四諦觀念時，用到「一乘共教」一辭：

> 為通與下三乘人作見聞境，成後起信入道因緣故。又亦可以此通有作、無作，為是一乘共教故。一乘有作即空，一乘無作不空，此可思之也。（注50）

這解釋指出《華嚴經》的一乘教學有些地方是通於三乘人，作爲誘導三乘人「起信入道」的「因緣」；並表示《華嚴經》所說的「四諦」，包括「有作」和「無作」兩種（注51）。這裡說明《華嚴經》的一乘教學亦有淺易、應機的一面，而提出「一乘共教」一辭，可見「一乘共教」表義跟「同教」無異，也是要顯示《華嚴經》的教學有跟其他經的教學「共」通之淺近、方便地方。

《搜玄記》在疏釋《華嚴經·離世間品》時，談及一乘修行教學中定學一門之入門時，提到「一乘不共教」：

> 一乘之行學亦有始。若依定學明始分齊者，若約迴心人，即用非至定及初禪定等，為學始。若據直進人，即用光得意言定，為初學始。若約一乘不共教，據行即寂靜勝三昧為初學始，若約行解即華嚴定為初學始。……頓悟人意言無分別定為初也。（注52）

這裡列舉「迴心人」、「直進人」、習「一乘不共教」人和「頓悟人」所始習的禪定，文內雖然沒有明確界定「一乘不共教」一辭的涵義，但從「一乘不共教」一項下所舉出的禪定的性質、以至「一乘不共教」一辭的文面意思，可推想智儼所謂「一乘不共教」，當是指一乘教學跟其他乘的教學所不同的那深遠、真實方面，其表義跟「別教」近同。

3.初教、熟教（終教）

《搜玄記》解釋何以《華嚴經・如來光明覺品》記如來所放光明越照越遠時，自淺至深，列舉了二十二門因果，文內出現了「初教」、「熟教」二辭：

> 今略開諸位為二十二門：六道因果即為六門。聲聞、辟支二人因果，通説復為二門。聲聞、辟支所依之佛，為彼二機，説四諦教及十二因緣教；即分佛通因及果，復為二門。聲聞、緣覺迴心入大乘，於初教處通因及果，復為二門。直進初心菩薩通因及果，復為一門。直進熟教及迴心熟教通因及果，復為二門。頓教因果，復為一門。從愚法聲聞，總攝諸位乾慧地已上菩薩及佛，復為一門。普賢位中，從信已上，乃至十地，皆通因果菩薩及佛，復為五門。（注53）

綜合以上引文之意，所謂二十二門因果，自淺至深，分別爲：

(a)六道之因果共六門。

(b)聲聞、辟支佛之因果共四門。

(c)初教之因果共三門。

(d)熟教之因果共二門。

(e)頓教之因果一門。

(f)共十地（「乾慧地已上」）因果一門（注54）。

(g)從十「信」至不共「十地」之因果共五門（注55）。

從引文把初教之因果、熟教因果列於小乘聲聞、辟支佛之因果後，頓教因果前，可知「初教」和「熟教」較小乘教爲深，較頓教爲淺。又從引文以「入大乘」爲初教階段，又從《搜玄記》其他地方一再把「熟教」跟「三乘」連辭（注56），可見初教和熟教均屬三乘教範圍，爲三乘教中自下以上的兩個階段。

《搜玄記》述及《華嚴經·十行品》所說之十行所對治之惑障時，用到「三乘終教」一辭：

二、所治：一乘如前解。三乘終教者，聲聞畏苦障。（注 57）

這裡用到「三乘終教」一辭，並沒有作出釋義，上下文亦沒有這方面的提示。不過從表面辭義看，「終」有究竟的意思，跟「熟教」之「熟」一字的涵義相近，則「三乘終教」當爲「三乘熟教」之同義辭。

《五十要問答》的判教思想

《五十要問答》是以問答體裁寫成，分五十三節，闡述《華嚴經》所關涉的重要佛教觀念和課題。書內多次提到玄奘（約 600–664）的譯書，當中包括《成唯識論》（注 58）。考《成唯識論》爲於 659 年譯出，如是《五十要問答》之成書，當在 659 年後，可見其爲智儼晚年的作品。又《五十要問答》闡釋佛義，基本上是採取依教分述方式，於每一問題，評定不同層次的佛教教學所持論的異同，其整體表達方式，有濃厚的判教味道。

《搜玄記》的判教思想是以「漸、頓、圓」分類爲骨幹。《五十要問答》亦出現「漸悟」、「頓教」一類辭語（注 59），但是沒有用到「漸、頓、圓」這綱目；而其最常採用的判教綱目，主要爲是「小乘、三乘、一乘」。《五十要問答》問答第二十以「教相義」爲標題，其文如下：

問：一乘教相建立云何？

答：此義相難，今舉喻顯。如一樓觀，內外嚴飾，盡其功思，唯有一門，有智慧者能扣開門，示無智者。一乘教義亦復如是，性起樹藏，內莊一乘，外嚴三乘及小乘等。……諸教相中，示彼小乘及三乘教，令物生信起行分證；示一乘教，令其見聞，後得入證；故彼教相似成内外及教義不同。即如《法華經》界外大牛車及《地論》第八地已上文，即是其事。（注60）

以上引文以樓觀爲譬喻，指出就如樓觀裝飾有外部和內部，佛陀的教相亦有內和外。其外者爲小乘教和三乘教，能令人信受習行佛道，證悟部分真理；其內者爲一乘教，見聞這種教的人能完全證入真道。引文最後指出《法華經》所說的大白牛車和《十地經論》所明十地中第八地以上的部分，即是表一乘教。以上一節問答以「教相」爲主題，而分述小乘、三乘、一乘三種教，可見《五十要問答》視「小乘、三乘、一乘」的劃分，爲佛陀教相的標準分類。

《五十要問答》大部分章節的討論，都套用了「小乘、三乘、一乘」這三教分類。例如第一節問答談及何謂見佛：

問：云何見佛及佛名數，一乘、三乘、小乘等教中不同義？

答：依小乘教，見色身佛三十二相等，則是實見。……若依三乘，見佛實色身等三十二相，不名見佛，……若知無性，無來去相，即色是空，非色滅空等，不如所謂，是名見佛，由與佛體相應故。依一乘教，見聞已去，乃至會知無生相，及應十數，見其十佛：一無著佛、安住世間成正覺故，二願佛、出生故，三業報佛、信故，四持佛、隨順故，五涅槃佛、永度故，六法界佛、無處不至故，七心佛、安住故，八三昧佛、無量無著故，九性佛、決定故，十如意佛、普覆故，名為見佛。（注61）

這裡解釋何謂「見佛」，比較了小乘教、三乘教、一乘教的觀點：小乘教以觀佛色身之三十二相等爲見佛；三乘教以知佛色身爲無相即空爲見佛；一乘教則以爲「見佛」所見的佛，應有十數，亦即是《華嚴經》所舉出的「無著佛」等十佛（注62）。又第二十八節問答申釋涅槃的意義，說：

> 問：諸教涅槃差別云何？
>
> 答：小乘涅槃有其二種，謂有餘、無餘。……三乘涅槃略有四種：一性淨涅槃、二方便淨涅槃、三有餘涅槃、四無餘涅槃。……若一乘教，即唯有一大般涅槃，無有差別，廣說如《華嚴經》。……（注63）

這裡解釋「涅槃」，跟上引文解釋「見佛」一樣，列舉了小乘教、三乘教、一乘教的不同說法：小乘教言有餘、無餘兩種涅槃；三乘教進而言性淨、方便淨、有餘、無餘四種涅槃；一乘教則認爲唯有一大涅槃，其說見於《華嚴經》。

《五十要問答》並非採用「小乘教、三乘教、一乘教」這三門分類的第一本智儼著作。從本文上節的論述可見，《搜玄記》已經多次提及這分類。不過在《五十要問答》中，這分類的應用範圍要更爲廣泛，闡釋也要更爲全面和詳盡。又《搜玄記》曾把三乘教界別爲初教、熟教（終教）兩種，《五十要問答》於此亦有進一步闡述，從而建立「小乘教、三乘始教、三乘終教、一乘教」的判教體系。例如第三節問答分述佛教中關於「眾生作佛」的異說，便用到這四門分類：

> 問：依諸教中，有情眾生作佛云何？
>
> 答：小乘教於一時中，但菩薩一人慈悲愛行，依三十三心，次第作佛。餘見行者，竝不作佛，但得二種涅槃，住無餘也。若依三乘始教，則半成佛、半不成佛。若直進及回心二人，修行滿十千劫，住堪任地者，竝皆成佛。若未至此位，則與一闡底迦位同，如此人等，竝皆不成佛。……此如《瑜伽・菩薩地》

> 說。
>
> 若依三乘終教，則一切有情眾生皆悉成佛。由他聖智，顯本有佛性及行性故。除其草木等。如《涅槃經》說。
>
> 依一乘義，一切眾生，通依及正，竝皆成佛，如《華嚴經》說。（注64）

這裏分述了小乘教、三乘始教、三乘終教和一乘教於眾生成佛問題上所持的不同意見：小乘教以爲在一時中只有菩薩一人能成佛，其他修行人充其量只能證悟無餘涅槃。三乘始教以爲眾生有些能成佛，有些不能成佛。它指出在修行人中，有修行滿十千劫，堪任圓滿菩提者，亦有不堪任圓滿菩提者，後者跟一闡提相同，永不能成佛（注65）。三乘終教以爲一切眾生皆能成佛，因爲他們本來皆具有佛性，可作成就佛果之行；唯是草木等無情之物則不能成佛。一乘教以爲一切皆能成佛，不但一切眾生能成佛，甚或作爲眾生「依報」的無情草木（注66），在眾生成佛時，亦依隨眾生一起成佛。

上引文把部分眾生不能成佛的主張，判爲三乘始教之說；而把一切眾生能成佛的主張，判爲三乘終教之說。又第三十六節問答討論心所法問題，對三乘始教和三乘終教的心識思想作出了比較：

> 四、約諸識分別者，賴耶識起遍行（心所有法）五。末那識起（心所有法）九：遍行五及我見、我愛、我慢、無明。意識起遍行等六位所有法。五識則不定，或初五，或一切，由與意識或同體或異體故。……此約三乘始教麁相說也。若約三乘終教論，則賴耶等六識等皆具起一切所有法，由唯一識成十一識故。（注67）

根據這節文的解說，三乘始教並列阿賴耶識、末那識、意識和前五識，逐一分述跟它們共起的心所法的種類和數目。三乘終教則從唯一最基本的識說起，突出此識跟其他的識的本末關係。此外第二十五節問答討論「心意識義」，把阿賴耶識受熏成種的說法歸入三乘始教範圍，以爲這說法是爲那些未通達法空道理的小乘人所權設；而據實理說情況不是如此，而是一切緣起法皆爲真實法界所成：

> 依三乘教，初教文中，立有異熟賴耶，受熏成種，所以知之。故無性《攝論》云：今立熟賴耶，此亦無傷。既知無傷，故知權立。為迴心聲聞，未達法空，權舉異熟相，漸引小乘變易生死，漸向細滅，實則不然。若據實理，一切緣起不離法界，所成理事是法界(注68)。

以上三節引文舉出三乘始教的一些特點，而值得注意的地方，是這些特點正是跟智儼同時的玄奘所弘揚的一系瑜伽行教學的特色。眾所周知，玄奘於唐太宗貞觀初年（約627年）西行求法，於印度那爛陀寺習得護法一系的瑜伽行學說，於 654年返國後，譯出一系列瑜伽行論著，其中最具代表性者，包括全本《瑜伽師地論》和《成唯識論》等。這些論著分述眾生各心識，採取橫列平排方式；在講述阿賴耶本識時，注重其受熏持種，作爲輪迴主體的作用；並述及有沒有種性的有情，決定不能成佛。這跟地論師、攝論師討論心識問題，注重顯示心識之間的本末縱貫關係；主張本識是自性清淨，爲解脫的主體；力言眾生皆具清淨本識，故皆能成佛；是大異其趣。本文上面曾一再提到智儼跟地論學統和攝論學統的密切關係；以上三節引文在同一問題上，把玄奘新傳的瑜伽行學統的主張判爲三乘初教之談，亦即是說它們只是大乘教的初步入門；而把地論師、攝論師所代表的早期中國瑜伽行學統的說法，判屬三乘終教，亦即是表示它們乃是大乘教的究竟義；其抑彼揚此之意，至爲明顯。

不過《五十要問答》最推崇的，要非地論教學和攝論教學，而是華嚴教學。這點從它釋述各佛教觀念和課題時，處處引用《華嚴經》的說法，來說明一乘教的觀點，便可以見出來。在推尊《華嚴經》方面，《五十要問答》比《搜玄記》跨進一步。第二十一節問答討論一乘教的分齊，提到「共教」和「不共教」的分別，有以下一節話：

> 一乘教有二種：一共教、二不共教。圓教一乘所明諸義，文文句句皆具一切，此是不共教，廣如《華嚴經》說。二共教者，即小乘、三乘教。名字雖同，意皆別異，如諸大乘經中廣說，可知。仍諸共教，上下相望，有共不共。如小乘教三世有等，三乘即無；三乘教有，小乘即無。或二乘共有，如道品等名數共同；或二乘俱無，則一乘教是也。（注69）

根據這段引文，一乘教有「共教」和「不共教」兩種。不共教亦稱「圓教一乘」，其說具見於《華嚴經》；共教即是小乘教和三乘教，其說具見於諸大乘經。引文繼而指出要是把三乘教和小乘教互相比較，亦可以見出「共」和「不共」地方：「不共」者如小乘教的「三世有」觀念，便為三乘教所無；而三乘教的一些觀念，則為小乘教所無。「共」者如「道品」等名數，同見於小乘教和三乘教。從以上引文對小乘教和三乘教之「共」和「不共」地方的析述，可見《五十要問答》之所謂「共」和「不共」，意思分別為「共通」和「不共通」；如是其所謂一乘之「共教」和「不共教」，當是分別指一乘教跟其他乘之教的「共通」和「不共通」方面，跟上節所述《搜玄記》的理解無大分別。不過在《搜玄記》裡，「一乘共教」和「一乘不共教」同是指《華嚴經 》的教說，而《搜玄記》所以提出「一乘共教」的觀念，是要解釋何以《華嚴經》的教說裡有通於三乘人的淺近之處。而上引文論一乘之「共教」和「不共教」，舉出《華嚴經》為「一乘不共教」的例子，並沒有提到《華嚴經》亦有「共教」方面，卻說「共教」即是小乘教和三乘教；其著眼點明顯跟《搜玄記》有別，是要突出《華嚴經》在佛陀教說裡的超然性。又引文沒有說明把小乘教和三乘教說爲是一乘的「共教」的理由；大概智儼鑑於小乘教和三乘教作爲導向一乘教的方便法門，其意旨和內容每有跟一乘教相通地方，故有這說法（**注 70**）。

《五十要問答》第二十六節問答分判諸經部類，也提到「不共教」和「共教」，其言同樣透露出推尊《華嚴經》的意圖：

> 問：諸經部類差別云何？
>
> 答：如四《阿含經》，局小乘教；《正法念經》舉正解行，別邪解行，通三乘教。《涅槃經》等及《大品經》，三乘終教，為根熟聲聞說故。《金剛般若》是三乘始教，初會愚法聲聞故，義竟在文。《維摩》、《思益》、《勝天王》、《迦葉》、《佛藏》等為直進菩薩說。……《華嚴》一部是一乘不共教。餘經是共教，一乘、三乘、小乘共依故。又《華嚴》是主，餘經是眷屬。……如《法華經》宗義是一乘經也，……。（**注 71**）

這裡把一些重要佛經先後判屬小乘教、三乘始教、三乘終教和一乘教。被判屬小乘教的有《阿含經》和《正法念經》，前者完全是小乘性質，後者則帶有三乘教成分。被判屬三乘始教的有《金剛般若經》，被判屬三乘終教的有《涅槃經》和《大品般若經》。這裡又提到《維摩經》、《思益經》、《勝天王經》、《迦葉經》、《佛藏經》等爲向直進菩薩所演說的經，指出它們跟《金剛般若經》爲向愚法聲聞、及跟《涅槃經》和《大品般若經》爲向根熟聲聞所演說的經，有所不同；唯沒有明確表示這些經當歸入三乘教的那一部類。至於這裡歸入爲一乘教的經，僅有《法華經》和《華嚴經》兩種，當中又獨

《華嚴經》被推許爲「一乘不共教」的代表經典，爲眾經之「主」，其他經皆是其「眷屬」，儼然居於一尊地位。又這裡把《華嚴經》以外的一切經說爲是「共教」的經，所提出的理由是它們爲「一乘、三乘、小乘共依」，亦即是說它們同具有一乘、三乘、小乘三種教的成分。亦可見「共教」的「共」字，有「共通」的意思。

《五十要問答》所提到的判教觀念，其應當注意者，還有「別教」和「同教」。第三節問答在分述小乘教、三乘始教、三乘終教、一乘教的不同「眾生作佛」主張後，有以下案語，用到「別教」一辭:

> 以此（《華嚴經》一乘）義，準上四句義，即是一乘共教，非別教也。（注72）

這裡說要是把《華嚴經》所明的一乘教之成佛義，跟前面所述其他教之成佛義互相比照，可見後者所明的乃是一乘共教之義，非別教之義；則這裡所謂「別教」，明顯是指一乘教中有別於其它諸教的成分，其意義跟「不共教」近同。「同教」一辭只見於第四十八節問答。這問答討論三階教的普敬認惡主張，最後論及三階教所經常用到的如來藏、佛性觀念，說（注73）：

> 此中所明如來藏、佛性，雖約諸義，差別不同，皆是同教一乘義也。何以故？為成普法故，普法所成故。（注74）

這裡指出諸佛經所講的如來藏、佛性，意義容有差別，但都同是「同教一乘」義，理由是它們皆成就「普法」。「普法」乃是三階教的重要觀念，其涵義之一，是說眾生無論是邪是正，同是一體，唯是如來藏（注75）。引文說如來藏、佛性爲「成普法」，爲「普法所成」，當是根據此義。不過引文並有解釋何謂「同教一乘」，亦沒有說明何以「成普法」便是「同教一乘」義，因此若只看這段引文，不旁參智儼的其他論著，實難斷定智儼所謂「同教一乘」，所表究竟何義。

結論

《搜玄記》和《五十要問答》的判教學說，分別以「漸、頓、圓」和「小乘、三乘、一乘」的分類爲骨幹。前一分類爲地論師慧光所創立，後一分類源出《攝大乘論釋》；智儼襲用它們，顯示出其教學跟地論和攝論學統方面的淵源。又《搜玄記》援用慧光的「漸、頓、圓」分類的目的，是要界定《華嚴經》在佛說中的位置；而《五十要問答》則借助「小乘、三乘、一乘」的分類，判別對各重要佛教課題的各種不同意見；兩者的進路頗有不同，不過其討論都同樣顯示出推尊《華嚴經》的意圖。又在上述兩種主要分類外，《搜玄記》和《五十要問答》還用到「同教、別教」、「一乘共教、一乘不共教」、「初教、終教（熟教）」等其他分類；而《五十要問答》更把「初教、終教」的分類跟「小乘、三乘、一乘」的分類相配合，形成「小乘教、三乘始教、三乘終教、一乘教」的判教系統；並在討論初教和終教的分別時，表現出對玄奘新傳的護法一系瑜伽行教學的不滿。及至《孔目章》，進一步結合「漸、頓、圓」分類，創立「小乘教、初教、終教、頓教、圓教」的五門判教體系，又對「同教、別教」的分類，作出更詳細分疏，奠定了華嚴宗判教學說的基礎，這些地方容日後當另撰文討論。

注解

注 1 智儼的教學近年吸引到不少學者注意，而以日本學者的研究最深入和全面，這點從鎌田茂雄所著《華嚴學研究資料集成》（東京：大藏出版社，1983年）第9章第2節〈華嚴列祖に關する研究〉內所記錄的眾多有關智儼的日文論著，便可以看出來。本文撰作參考了以下的近人著作：

(1)木村清孝：《初期中國華嚴思想の研究》(東京：春秋社，1977年)，頁430–441。

(2)中條道昭：〈智儼の教判說について〉，《駒澤大學佛教學部論集》第9期（1978年），頁245–259。

(3)石橋眞誠：〈華嚴教判の問題點〉，《印度學佛教學研究》第30卷第2期（1982年），頁785–790。

(4)吉津宜英：《華嚴禪の思想史的研究》(東京：大東出版社，1985年)，頁9–24。

(5)吉津宜英：《華嚴一乘思想の研究》(東京：大東出版社，1991年)，頁23–92。

(6)坂本幸男：《華嚴教學の研究》（京都：平樂寺書店，1956年），頁397–420。

(7)梅辻昭音：〈智儼の教判について〉，《印度學佛教學研究》第6卷第2期（1958年），頁415–416。

(8)織田顯祐：〈智儼の同別二教判〉，《印度學佛教學研究》第31卷第2期（1983年），頁826–829。

(9)織田顯祐：〈華嚴一乘思想の成立史的研究〉，《華嚴學研究》第2期（1988年），頁157–177。

(10)Robert M. Gimello, "Chih-yen (602–668) and the Foundation of Huayen Buddhism," Ph. D. diss., Columbia University, 1976.

⑾Peter H. Gregory, *Tsung-mi and the Sinification of Buddhism* (Princeton: Princeton University Press, 1991), pp. 117–127.

注 2 法藏：《華嚴經傳記》卷 3，《大正藏》卷 51，頁 163 下。「別教一乘」和「無盡緣起」為華嚴宗教學的重要觀念，前者顯示《華嚴經》經教在佛說中的特殊地位，後者突出《華嚴經》的緣起觀的殊勝。

注 3 同上注。「六相」為華嚴宗教學的重要觀念。「六相」者，即總相、別相、同相、異相、成相、壞相，是一切存在具有的六種特性。

注 4 智儼生平古書記載，以法藏（643–712）《華嚴經傳記》卷 3（《大正藏》卷 51，頁 163 中－164 中）為最詳細。至於近人的研究，參閱木村清孝，前引書，頁 372–276，以及 Robert M. Gimello，前引文內有關章節。

注 5 《華嚴經傳記》卷 3 說：儼所撰義疏，解諸經論，凡二十餘部，皆簡略章句，剖曜新奇，故得其門，寮其寡矣。（大正藏卷 51，頁 164 上）。

注 6 《華嚴經傳記》卷 3 記智儼：後依常法師，聽《攝大乘論》，未盈數歲，詞解精微。（《大正藏》卷 51，頁 163 下。）

注 7 有關智儼的師承，參閱木村清孝，前引書，頁 376–382。

注 8 有關智儼的著述及其年代，參閱木村清孝，前引書，頁 388–406。有關《一乘十玄門》眞偽的問題，參閱石井公成：〈《一乘十玄門》の諸問題，〉《佛教學》第 12 期（1981年），頁 85–111；吉津宜英：《華嚴一乘思想の研究》，頁 31–38。

注 9 參見《華嚴經傳記》卷 3，《大正藏》卷 51，頁 163 下。

注 10 卷 1 上，《大正藏》卷 35，頁 13 下。

注 11 同上注，頁 15 下。

注 12 六十卷《華嚴經》卷 26，《大正藏》卷 9，頁 567 下。

注 13 卷 1 上，大正藏卷 35，頁 15 下。

注 14 同上注，頁 14 中。

注 15 卷 4 上，《大正藏》卷 35，頁 72 上。

注 16 有關「一乘教」的意義，詳見下節。

注 17 卷 8,《大正藏》卷 31，頁 212 中。

注 18 卷 1 上，《大正藏》卷 35，頁 14 中。

注 19 智儼在前面論述漸教時，曾提到利根菩薩由於久習大乘道，因此今時見佛時，能入頓教之門。可見在修習頓教的人中，有能「頓悟」佛意的菩薩。

注 20 六十卷《華嚴經》卷 12〈十無盡藏品〉第 18 詳述三世諸佛所演說的十藏，參見《大正藏》卷 9，頁 474 下 –478 下。《孔目章》卷 2 以演說十藏為一乘教教藏觀的特點。參見大《正藏卷》45，頁 553 下 –554 上。

注 21 卷 1 上，《大正藏卷》35，頁 15 下。

注 22 同上注，頁 14 中。

注 23《搜玄記》其他地方亦有以「教」、「圓宗」一類之辭名狀《華嚴經》的教說。參見下注 32。

注 24《華嚴經・十地品》以十大山王比喻其所演述的「十地」，參見六十卷《華嚴經》卷 27，《大正藏》卷 9，頁 574 下 –575 上。

注 25 卷 1 上，《大正藏》卷 35，頁 15 下。

注 26 坂本幸男以為以下一段話是取自慧光的《華嚴經略疏》。參閱氏著：《華嚴教學の研究》，頁 198–199。無論如何，智儼既引用其文，顯示他同意文內的說法。

注 27 參見前注 25。

注 28 卷 1，《大正藏》卷 45，頁 480 中。

注 29 同上注。

注 30 原文參見坂本幸男，前引書，頁 198 所出第二節引文。

注 31 原文參見坂本幸男，前引書，頁 198 所出第一節引文。

注 32 例如六十卷《華嚴經》卷 44〈入法界品〉第 34 記載聽法的會眾是先菩薩而後聲聞，《搜玄記》卷 5 上對此有如下解釋：「諸經從相取親教，以通漸故；此經約理以辨，由是頓教故也。」（《大正藏》卷 35，頁

88上）。

其它經典記述聽眾，多是先聲聞、後菩薩，是因為它們的教說通於「漸」教；而《華嚴經・入法界品》則是先菩薩、後聲聞，乃是因為它的教說是「頓教」。以上引文提及漸、頓的分別，並以《華嚴經》為頓教經典。又《搜玄記》卷4上解釋何以《華嚴經》說理採用問答形式時，以「圓宗秘教」一辭稱呼「華嚴經」的教說：「然問答辨義者，為明圓宗秘教，顯於時聽，修相方便，彰在心目。」（大正藏卷35，頁76上）。

注33 卷1上，《大正藏》卷35，頁16下。

注34 例如六十卷《華嚴經》卷26〈十地品〉第22列舉十種佛身，分別為眾生身、國土身、業報身、聲聞身、辟支佛身、菩薩身、如來身、智身、法身、虛空身（《大正藏》卷9，頁565中）。又卷4〈離世間品〉第33列舉十種佛，分別為無著佛、願佛、業報佛、持佛、涅槃佛、法界佛、心佛、三昧佛、性佛、如意佛（《大正藏》卷9，頁663中）。有關《華嚴經》各品所提到的「十身」和「十佛」，參閱木村清孝，前引書，頁472–475。

注35 卷1下，《大正藏》卷35，頁23中。

注36 六十卷《華嚴經》卷56〈入法界品〉第34記瞿夷說及十種世界，分別為世界性、世界海、世界輪、世界圓滿、世界分別、世界旋、世界轉、世界蓮華、世界須彌、世界相（《大正藏》卷9，頁756中）。

注37 卷下，《大正藏》卷45，頁529上。

注38 有關「三乘」、「一乘」觀念形成的過程和《法華經》對它們的理解，參閱稻荷日宣：《法華經一乘思想の研究》（東京：山喜房佛書林，1975年）。

注39 《五十要問答》卷上談及小乘教所講的佛時，指出小乘教只說生身、化身兩種佛：「三乘佛有三：一法身佛、二報身佛、三化身佛；小乘佛有二：一生身佛、二化身佛。」（《大正藏》卷45，頁519中。）

《孔目章》卷1 指出小乘教沒有淨土的觀念（《大正藏》卷45，頁541上。）

注40 就大乘教所教授的對象包括聲聞、緣覺和菩薩，從而稱之為「三乘教」，也無不可。

注41 卷1下，《大正藏》卷35，頁26下。

注42 卷3上，《大正藏》卷35，頁49下。

注43 卷3下，《大正藏》卷35，頁66下。

注44 《孔目章》卷1〈普莊嚴童子處立因果章〉列舉了小乘教所說的「六因四緣」和三乘初教所說的「二十因」(《大正藏》卷45，頁539中－540上)可參看。

注45 「六因義」依《搜玄記》的立名，分別為「念念滅」、「俱有」、「隨逐至治際」、「決定」、「觀因緣」和「引顯自果」（卷3下，《大正藏》卷35，頁66上－中）。

注46 卷下，《大正藏》卷45，頁528下－529上。

注47 參見前注17。

注48 卷1上，《大正藏》卷35，頁14中－下。

注49 參見《妙法蓮華經》卷2〈譬喻品〉第3，《大正藏》卷9，頁12中－下。

注50 卷1下，《大正藏》卷35，頁26中。

注51 四諦有「有作」、「無作」兩種的說法，見《勝鬘經・法身章》第8。《勝鬘經》又稱「有作四諦」為「有量四諦」，稱「無作四諦」為「無量四諦」，並附以下解釋：說「作聖諦」義者，是說有量四聖諦。何以故？非用因他能知一切苦苦、斷一切集、證一切滅、修一切道。……說「無作四諦」義者，說無量四聖諦義。何以故？能以自力知一切苦、斷一切受集、證一切受滅、修一切受滅道。（《大正藏》卷12，頁221中）。可見這兩種四諦，有深和淺、圓滿和不圓滿的分別。

注52 卷4下，《大正藏》卷35，頁82中。

注53 卷1下，《大正藏》卷35，頁27中－下。

注54 「乾慧地已上菩薩及佛」一語，當是指《大品般若經・發趣品》第20所舉出的「十地」。這十地以「乾慧地」始，以「佛地」終，當中包括了聲聞、辟支佛、菩薩這三乘人的行位，故被稱為「共十地」。

注55 「從信以上，乃至十地」二語，當是指《華嚴經》所述菩薩修行過程中之十信、十住、十行、十迴向、十地五個段落。又《華嚴經》所講的十地，獨為菩薩所修，為聲聞、辟支佛，所不及故被稱為「不共十地」。

注56 例如卷2上說：「若三乘熟教所斷，外道我執」（《大正藏》卷35，頁33下）。卷3上說：「十地總名，亦可是三乘熟教名故」（同上，頁52上）。

注57 卷2上，《大正藏》卷35，頁38上。

注58 例如問答第二十五和第四十三都提到《成唯識論》。參見《大正藏》卷45，頁522下、531中。

注59 參見問答第八和第四十八，《大正藏》卷45，頁520中，534中。

注60 《大正藏》卷45，頁522上。

注61 《大正藏》卷45，頁519上－中。

注62 參見前注34。

注63 《大正藏》卷45，頁523中－下。

注64 《大正藏》卷45，頁519下。

注65 「一闡提」或有意譯為「樂欲者」、「極欲者」、「大貪者」。在一些佛書裏，一闡提被說為是斷盡善根，永遠不能成佛。

注66 「依報」跟「正報」合稱「二報」。「正報」指由過去善惡業所感得的果報正體，「依報」指相應這果報正體而感得的處所。例如依業感生於人間的有情，其「正報」為具備四肢五官的人體，其「依報」為房舍、器物等；依業感生為畜生的有情，其「正報」為長滿毛羽等的身體，其「依報」為巢穴等。

注67 《大正藏》卷45，頁525下。

注 68 《大正藏》卷 45，頁 522 下。

注 69 《大正藏》卷 45，頁 522 中。

注 70 《五十要問答》一再提及三乘教跟一乘教共通的地方。例如第四十節問答論及陀羅尼，說：「此法極用在一乘，分用在三乘」(《大正藏》卷 45，頁 528 下)。又第四十六節問答描述唯識觀後，說：「此通一乘及三乘教」（頁 532 上）。

注 71 《大正藏》卷 45，頁 523 上－中。

注 72 《大正藏》卷 45，頁 519 下。

注 73 三階教為信行 (540–594) 所創立，在隋唐時代頗盛行，惟每被政府和正統佛教徒視為異端，屢加排毀，以至歸於式微。智儼對三階教頗為稱賞。關於智儼對三階教的態度，參閱木村清孝：〈智儼・法藏と三階教〉，《印度學佛教學研究》第 27 卷第 1 期 (1978 年)，頁 100–104。

注 74 《大正藏》卷 45，頁 534 下。

注 75 信行《對根起行法》說：「普法無病者，如來藏、佛性等體是普法，一切凡聖，一切邪正，同是一體，更無別法，唯是如來藏」（引自矢吹慶輝：《三階教之研究・別篇》〔東京：岩波書店，1927 年），頁 41）。

論唐代禪宗的「見性」思想

冉雲華

加拿大麥克馬斯特大學榮譽教授

中國禪宗思想的研究，是一個老問題也是一門新學科。說它是老問題，因參禪問道之士從唐代起就一直探討禪學問題；說它是新學科，是因爲敦煌佛教古文書給近代學者帶來新的材料，再加上科學研究方法的發展，使學術研究工作，有新的突破。從思想史的角度出發，近代傑出的禪學史專家，從胡適 (1891–1962)、鈴木大拙 (1870–1966) 起，經過宇井伯壽 (1882–1953)、戴密微 (P. Demieville, 1894–1979)、關口真大 (1907–1986)、印順、柳田聖山、鎌田茂雄、田中良昭等人的持續努力，才使得唐代禪宗的發展，擺脫宋代以來宗派歪曲的迷霧，有了比較明確的知識。以中文專著而言，印老的《中國禪宗史》是一本重要而富於代表性的學術研究：它總結了以前禪學研究成果，提供作者的見解，以印老特有的文獻知識、縝密思考，寫出了唐代禪學歷史及思想的發展，使我們得到多方面的啓發。茲值印公九十大壽，同仁集文慶祝，故此選擇此一印老提出過的禪宗思想問題，草成此文，聊申敬賀之意。這個論題，就是唐代禪宗的見性思想。

據筆者所聞，此一問題首先被提出的是鈴木大拙和關口真大兩位（**注1**）。但是他們對此一思想，只是認爲重要，却未作系統性的思想考察。因爲他們的研究重點在史學方面。印老在《中國禪宗史》書裡，以文獻材料和他自己的論證，證實此一概念是荷澤大師神會(684–758)的論題之一。印老首先引用西元774年編成的《歷代法寶記》裡面的一段話，對荷澤禪法的內容，作全面性的概括。原文如下：

東京荷澤寺神會和尚，每月作檀場爲人說法：

破清淨禪，立如來禪，立知見，立言説。為戒定慧，不破言説説無念法，立見性。（注2）

《歷代法寶記》的編纂，上距神會去世只有十六年，書中對荷澤禪法的總結，足以代表這一派思想的主要論題。但是「見性」一語，原意如何，《歷代法寶記》的作者，並未詮釋，只記下無住禪師(714–774)的有關偈文。印老在其《中國禪宗史》中對「見性」思想評論說，此語意爲「見性成佛」，並且進一步指出：

先從「見性成佛」來説：「性」，「自性」，「本性」，「自本性」，「法性」，「自法性」，為《壇經》的常用語。而「佛性」僅偶而提及。但在有關神會的作品中，見性是以「見佛性」為主的。（注3）

印老的這一分析及論斷，都是十分銳敏而細緻的。

《中國禪宗史》出版以後，又有一些有關禪宗史的新資料出現，對以前的研究，有所匡正（如神會的生卒年代），有所補益 — 如「見性」問題。本文想循印老研究的啓發，對「見性」思想，再作一次專題討論。事實上這一用語，以禪籍而論，向上可以回溯到《楞伽師資論》（716年編成），下及荷澤門人慧堅(719–792)，馬祖弟子大義(746–818)，如會(744–823)，慧海（800年前後）；牛頭派的禪師如慧忠(683–769)與玄挺；青原一派的道悟(748–807)，尸梨，全豁（887亡）等人，都討論過「見性」。由此可見，荷澤的這一概念曾在唐代的禪思想中，餘波盪漾，達百餘年之久。

「見性」成爲中國禪思想的主題之一，是由神會開始的。在他之前，「見性 」一詞雖然曾經在佛典注疏中出現，但是並沒有成爲問題。例如梁代沙門寶亮 (444–509) 等所編的《大涅槃經集解》第 33 卷中，就有僧亮「見性成佛」的話（**注 4**）。又如淨影寺的慧遠 (523–592) 在其《大涅槃經義記》卷 8 中，也有「見性了了」（**注 5**）的話。這些對《大涅槃經》的疏解，在當時似乎並未受到重視，也沒有引起爭論。

記錄神會辯論的《菩提達摩南宗定是非論》，載有一段話說：

> 和尚答：我六代大師一一皆言，單刀直入，直了見性，不言階漸。夫學道者須頓見佛性，漸修因緣。（**注 6**）

在此一段話中，神會自言「直了見性」一語，不是他首倡其說，而是禪宗六代大師相傳。他的這些說法是否屬實？值得加以檢驗。禪宗六代大師的禪法文獻，最早當推《二入四行論》。此書最長的寫本，已在敦煌卷子中發現，由日本學者柳田聖山整理、翻譯、注解，收爲《禪の語錄》叢刊第一冊：《達摩の語錄》。此卷子中有「見道」、「見佛」、「自性」等詞，並無「見性」的話（**注 7**）。

直到《楞伽師資記・道信傳》內，討論「佛即是心」時，才說心有五種與佛相通：一知心體，二知心用，三常覺不停，四觀身空寂，五守一不移。《記》中對第五點作如此詮述：

> 五者守一不移。動靜長住，能令學者明見佛性。早入定門。（**注 8**）

記述道信坐禪的方法時，由「初學坐禪看心」起，達到「心地明淨」，然後進一步：

> 觀察分明，內外空淨，即心性寂滅。如其寂滅，則聖心顯矣。

性雖無形，志節恆在。然幽靈不竭，常存朗然，是明佛性。見佛性者，永離生死，名出世人。（注9）

同書在〈弘忍傳〉中，也有一段話說：

又云：虛空無中邊，諸佛身亦然。我印可汝了了見佛性處是也。（注10）

從以上的早期禪宗典籍中，我們不難看出「見性」一詞，先出現於道信語錄，再見於弘忍的教言。這兩位禪師都是在討論坐禪時，才提出「見性」這一境界。從經籍根源上考察，「守一不移」是循《觀無量壽經》（注11），「諸佛法身入一切眾生心想」一語，發展而成。弘忍的話，則見於《如來莊嚴智慧光明入一切佛境界經》（注12）。此經爲魏代曇摩流支所譯，大正藏編入《寶積部》（注13）。

談過道信與弘忍，下邊就排到慧能。《六祖壇經》傳爲慧能的法語紀錄。宋代以來禪宗認爲這是六祖所說的「法寶壇經」。敦煌本《南宗頓教最上乘摩訶般若波羅密經六祖慧能大師於韶州大梵寺施法壇經》的出現，才使學者明白，宋代及以後「壇經」大部分是後人的增益。就連敦煌本是否可以代表慧能的思想，也成爲可以懷疑的問題。一般而論，學者們的爭論，可以分爲三派：一派相信敦煌本是慧能說法的記錄。一派認爲是後人所編。一派認爲部分是六祖說法的語錄，另一部分是後人——很可能是荷澤一系禪師的傑作（注14）。

無論《敦煌本壇經》的編者是誰，有兩點事實必須承認：第一，書的內容說是記述六祖的話。第二，學者推定寫本的日期，約在公元第九世紀初。以「見性」一詞而論，神會自己說道：「六代大師一一皆言」，其中自然包括六祖。何況西元744年編成的《歷代法寶記》慧能條中就記有下面二事：

忍大師就碓上密説，直了見性。（注15）

能禪師具說心法，直了見性。惠明師聞法已，合掌頂禮。……（注16）

上面引用的兩件紀事，並未見於敦煌本《六祖壇經》，由此推論從《歷代法寶記 》編寫，到敦煌寫本《六祖壇經》的出現，慧能對「見性」一詞的說法，當時尚未定型。敦煌本《六祖壇經》，討論「見性」的重要章句如下:

……但持《金剛經》一卷，即得見性直了成佛。（注17）

慧能及一聞，知未見性。……不識本心，學法無益。識心見性，即悟大意。（注18）

……須求大善知識，示道見性。（注19）

識自本心，是見本性。（注20）

不見本性自淨，起心看淨，是生淨妄。（注21）

但持《金剛經波羅密經》一卷，即得見性，入般若三昧。（注22）

令自本性，常起正見……即是見性。（注23）

從上述敦煌本《六祖壇經》中的引文觀察，《壇經》認爲在宗教生活中，「識心見性」是根本問題。見了性就可以直了成佛。見性的方法，一是「須求大善知識示道」，一是「持《金剛經》一卷」。見性是對利根人而言，是「頓修」「直了成佛」。《壇經》附有一頌，名曰〈自性見真佛解脫頌〉，其中有「性中但自離五欲，見性剎那即是真」一語，表示出「離五欲」即可剎那見性（注24）。經文所記的話，是六祖悟道經驗的陳述 (statement)，不含爭論，信不信由你。見性可能的唯一理由，就是「本性自淨」。

如前所言，神會一方面宣稱「直了見性」的教旨，是「六代大師，一一皆言 」；另一方面又十分懇切要求說:「神會意欲得法師重問見，神會三十年所學功夫，唯在『見』字。這幾句話見於《菩提達摩南宗定是非論》下卷，卷子原文雖然殘缺不全，但文中討論的主題是「見佛性」一點，絕無可疑。由此可見，「見性」問題確是神會所喜歡討論的一個主題。

神會在《南陽和尚頓教解脫禪門直了性壇語》中，有數段話，討論「見性」，原文如下：

> 一切眾生，本來涅槃。無漏智性，本自具足。何為不見？今流浪生死，不得解脫！為被煩惱覆故，不能得見。要善知識指授，方乃得見……（注25）
>
> 若見無念者，雖具見聞覺知，而常空寂，即戒、定、慧、學，一時齊等，萬行俱備。即同如來知見，廣大深遠。云何深遠？以不見性，故言深遠；若了見性，即無深遠。（注26）

前一段話的內容，討論一切眾生，本來涅槃，因爲煩惱障覆，無法「見性」。「見性」的方法，是「要善知識指授，方乃得見」。這一立論及解決問題的方法，與《六祖壇經》所說，基本相同。後一段話，說「無念」＝「空寂」＝戒定慧學等＝如來知見。這一連串的等號，都是神會禪學的論題。這些論題及關係，皆「廣大深遠」。所謂「深遠」，即與見性有關，原文解釋說：「云何深遠？以不見性，故言深遠；若了見性，即無深遠。」胡適對此，加以評注說：「此二十字，含有一個很大膽的思想，可惜沒有發揮。」（注27）由此可見，胡先生已經察覺到「見性」思想，在神會禪學中的重要性及開創性。但是胡氏對此，也沒有進一步的探索。

《菩提達摩南宗定是非論》中，記有一段對話，討論「見性」在邏輯上的地位。原文如下：

> 遠法師問禪師見佛性不？和上答言：見。遠法師問：為是比量

> 見？為是現量見？和上答：比量見。又責〔問〕：何者是比，何者是量？和上答：所言比者，比於純陀。所言量者，等純陀。遠法師言：禪師定見不？和上答：定見。遠法師問：作勿生見？和上答：無作勿生。（注28）

文中所討論的主題，是按照因明學的知識分類。「比量」梵文原詞爲anumāna-pramāṇa，宗密對此釋云：「比量者，以因由譬喻比度也。如遠見煙，必知有火。雖不見火，亦非虛妄。」（注29）「現量」是梵文pratyakṣa-pramāṇa的義譯，意爲：「親自現見，不假推度，自然定也」（注30）。「量」在因明學中，釋爲：量度如升斗，量物知定也。神會說他已「見性」，他的這種宗教經驗知識屬於「比量」。按照因明學的「三量」分類，尚有「佛言量」一種，是以佛說經論爲定量也。神會這裡所說的「比於純陀」，應當屬於「佛言量」（注31），由此可見神會的邏輯知識，恐怕並不完備。

上述神會與遠法師的對話，是由《大般涅槃經》引起的，因爲文中的遠法師是《涅槃經》的專家，自稱曾講此經「四十餘遍」。文中所言的「純陀」就是梵文人名Cunda，原是一位鐵匠，以旃檀木耳供養佛陀，致使佛陀染病而入涅槃，因此成爲佛陀的最後供養者（注32）。遠法師在此段對話中，要求神會「既言滿足十地位，今日爲現少許神變」（注33），神會只以《大涅槃經卷二・純陀品》中的經文：「南無純陀，南無純陀，身雖凡夫，心如來佛」（注34）作回答。除此以外，神會還引用過《涅槃經》的其他章句，如〈師子吼菩薩品〉等。神會以前的禪宗祖師，提到「見性」的經典根據，是在淨土、般若系統；神會則在《涅槃》方面。《涅槃》經典中的佛性論，本來比早期佛經之論佛性論要更發達得多。荷澤禪在佛性論上，依據《涅槃》，不但表現出這一理論的特點，同時也顯出他的經典根據的轉變。

神會又言:

> 夫學道者須頓見佛性, 漸修因緣, 不離是生, 而得解脱。譬如母頓生子與乳, 漸漸養育, 其子智慧自然增長。頓悟見佛性者, 亦復如是。(注35)

文中所表現出的「見性」, 是「頓悟見佛性」, 由此可見「頓悟」是過程, 「見性」是結果。文中的「漸修因緣」四個字, 在《神會和尚遺集卷三》所收的敦煌寫本中, 作「頓悟漸修」(注36)。由此可見, 在神會的禪法中, 「見性」的途徑是單刀直入的直了, 「見性」的功效是「不離是生, 而得解脱」。但對頓修還是漸修, 並未作確定的選擇。

頓悟見性之説, 與傳統印度的佛教禪法不同。這一差別, 可以從神會與一位名叫澄禪師的對話中看出, 當時神會問道: 修何法才能「見性」?

> 澄禪師答曰: 先須學坐修定, 得定已後, 因定發慧, 〔以智慧〕故, 即得見性。
>
> 問曰: 修定之時, 豈不要須作意不?
>
> 答言: 是。
>
> 〔問:〕既是作意, 即是識定, 若為得見性?
>
> 答: 今言見性者, 要須修定。若不修定, 若為見性?
>
> 問曰: 今修定者, 元是妄心。〔妄〕心修定, 如何得定?
>
> 答曰: 今修定得定者, 自有內外照。以內外照故, 得見定。以心淨故, 即是見性。
>
> 問曰: 今言見性者, 性無內外。若言因內外照故, 元是妄心, 若為見性? (注37)

「學坐修定」、「因定發慧」、「以慧見性」三句，是印度佛教的傳統教旨。就「見性」而言，得定者以內外照乃得見淨。見淨以後才能心淨見性。這種過程，就是「漸悟」。神會以「性無內外」，推翻「內外照」的說法；又以修定須要「作意」一點，認爲那種禪法，只是「識定」而已，因之還是不能「見性」的。「識定」一詞不是定學常用的話，望文而解當爲在坐定的次序中，識仍活動，因之算是「作意」，相當於「尋」「伺」階段，位在「初禪」。而在神會的禪學中，「見性」是成佛之道，只能是頓悟而成。以此點而論，他對佛教傳統禪法的指責，並非全無佛學根據。

「見性」在神會的思想中，是宗教經驗的超越：超越理論教條（「見」）如空與有，也不能以造因業果去衡量。在宗教修習中，一旦頓悟見性，所有的爭論與疑惑，都全然消失而不成問題。例如當崇遠法師詢問：「何者爲空？」神會的回答是：

> 只為未見性，是以說空。若見本性，空亦不有。如此見者，是名歸依。（注38）

按照印度大乘中觀哲學理論，「空」是佛教哲理的最高的範疇。在這一問題上，「若見本性，空亦不空」之語，固然與大乘空宗理論不相違背，但「本性」一語和其重要性，無疑更與如來藏一系的立場相合。大乘空宗講到「空亦不有」的境界，就達到無法以言語文字表達的地步，所以不能再說下去；神會則以「見性成佛」的思想，用宗教的直接經驗，超越「空亦不有」所留下的「空」，因而更有積極性的宗教意義。

《南陽和尚問答雜徵義》，記載神會回答禮部侍郎蘇晉（734年卒）的問題時，談到「見性人」是否會「業結」的問題。原文如下：

> 又問：見此性人，若起無明，成業結否？

答: 雖有無明, 不成業結。

問: 何得不成?

答: 但見本性, 體不可得, 即業結本自不生。(注39)

「業結」指的是惡業及煩惱所造成的後果, 因此一個見性已了的人, 已經超越空有, 應該不會產生無明。因此這個問題的提出, 不能算是十分恰當的。神會以「但見本性, 體不可得」作答, 理論是可以說得過去 — 因爲在神會的思想中, 根本就是「本體空寂。從空寂體上起知, 善分別世間青黃赤白, 是慧; 不隨分別起, 是定。」(注40) 總體而論, 神會將「見性」問題, 推上理論層次。但是他對這個問題, 只是在對話中的斷續討論, 尙未能成爲有系統的學說。

神會於西元758年去世, 他所宣揚的「見性」思想, 並未隨他而逝, 繼續受到許多人的討論。以時間次序而論, 保唐寺的無住, 及神會的門人慧堅, 都對這一思想, 有所探討。

在《圓覺經大疏抄》中, 宗密將六祖以後的中國禪法分爲七家, 其中之一就是保唐寺的無住和尙(注41)。《歷代法寶記》是記載這一派禪法的專著。《記》中記稱, 在他尙未出家之前就聞說范陽明和尙, 東京神會和尙, 太原自在和尙, 「並是第六祖祖師弟子, 說頓教法」(注42)。後來他在太原從自在禪師出家以後, 「聞說神會和尙語意, 即知意況, 亦不往禮。」(注43) 儘管如此, 無住的禪法中仍然承繼了神會的重要概念: 如「見性」、「無念」、「言說」、「頓教」等。所不同的是無住所傳的禪法、態度更激烈的反對傳統佛教。宗密指出此一派主張: 「釋門事相, 一切不行。剃髮了便掛七條, 不受禁戒⋯⋯所住之院, 不設佛事。」(注44) 這是與荷澤禪法的主要分歧。但是在「見性」的詮釋上, 無住的禪法與神會相同, 只在小處相異。

無住說：「一切眾生，本來清淨。本來圓滿，添亦不得，減亦不得。」（注45）這種說法與神會所言：「一切眾生，本來涅槃」（注46）等語，旨意相通。不但如此，就是在「見性」的方法上，也皆要「善知識指本性，即成佛道」。

當一位戒律和尚，向無住請教「主客意」時，無住說：

> 來去是客，不來者是主。想念無生，即沒主客，即是見性。……
>
> 和尚云：不憶不念，一切法並不憶。佛法亦不憶，世間法亦不憶，只沒閑。問：得否？律師咸言：得。和上云：實若得時，即是眞律師，即是見性。正見之時，見猶離見。見不能及，即是見佛。（注47）

「想念無生」即是不作意，也就是無念。不分主客，也就是不分空有。這些說法，都與荷澤所言者無異；只是無住說話的語言，另具風格。又如無住在回答隴州法緣師時也說：「見性成佛道，無念即是見性。」（注48）

在回答一群地方官僚時，無住對起心作意與見性成佛的關係，有更進一步的說明：

> 大乘妙理，至理空曠。有為眾生，而不能入經教。指眾生本性，見性的成佛道；著相既沈淪。心生即種種法生，心滅即種種法滅。轉經禮拜，皆是起心。起心即是生死，不起心即是見佛。（注49）

在無住看來宗教生活中，只有見性成佛才是唯一的極終關懷；其他一切宗教形式對極終關懷，不但無益，反而爲害，因那些形式都屬於「著相」。著相就會心生心滅，起心動意，沈淪生死。只有不起心才是「見佛」。在這一點上，無住的禪法比較極端，一直極端到「釋門事相，一切不行」（注50）的地步。

在無住與隴州法緣的對話中，討論《金剛般若波羅蜜經》及數種論疏，無住問云：何是此經？黃蘗是此經？還是紙張是此經？黃蘗指防蟲蛀的藥汁，紙是寫書的用品。當法緣回答說：實相般若、觀照般若、文字般若才是《金剛經》時，無住指出：

> 一切諸文字，無實無所依。俱同一寂滅，本來無所動。法離一切觀行。經云：我法無實無虛。若言有所說法，即為謗佛。……經云：離一切諸相，即名諸佛。若以色見我，以音聲求我，是人行邪道，不能見如來。此經者即是此心。見性成佛道。無念即見性。……（注51）

無住這裡引用《金剛經》的經文，反駁義解學者對經義的理解，可謂「以子之矛，攻子之盾」。然後道出只有「見性」，才可以成佛。而見性的方法，就是無念。

荷澤大師神會的第一代門人，沒有什麼著述，因此想要知道荷澤派的禪法內容，幾乎找不到第一手的材料。在能看到的荷澤資料中，上有敦煌寫本的神會語錄，下有宗密的著作。直到現代在西安發現〈慧堅禪師碑〉，才使學者能夠略窺後神會時代的荷澤禪法。慧堅是神會的嫡傳弟子，他的名字見於宗密所記的《禪門師資承襲圖》。有關慧堅的生平及思想，我曾有專文研究，現在只談「見性」問題。〈慧堅碑〉稱，唐代君主德宗（李适，西元779–804年在位）曾召慧堅入皇宮御前說法，經過如下：

> ……後當誕聖之日，命入禁中，人天相見，龍象畢會……乃問禪師，見性之義。答曰：性者體也，見其用乎？體寂則不生，性空則無見……（注52）

慧堅此處用中國哲學中的體、用架構，闡釋「見性」。他對這一問題的回答，是「體寂則不生，性空則無見」。按「體寂不生」的話，確是神會的教旨，例如神會說過：

> 本體寂靜，空無所有，亦無住著，等同虛空。無處不遍，即是諸佛眞如身。（注53）

但是這一寂靜之體，並非空而不可見其用者。神會對此有所解釋：

> 定慧等者，明見佛性。今推到無住處便立知。知心空寂，即是用處。（注54）

「知」就是用。神會又說：

> 本體空寂。從空寂體上起知，善分別世間青黃赤白，是慧。（注55）

從神會的這些話觀察，我們不難看到，神會的原意，「見性」之體，確是空寂；見性之用，就是「知」字。所謂知者有兩個方面：第一，「知心空寂」，即是諸佛真如身。第二，「善分別世間」諸相。由此而言，慧堅雖然自稱是荷澤的登堂入室嫡傳弟子，但在「見性」問題上，似乎已不能全部理會神會的精神了。

不但荷澤一系的禪者討論「見性」，江西一派的禪師也在討論這個問題。按當時的影響力而論，首推馬祖的門人大義禪師(746–818)；討論「見性」概念最多者，要算大珠和尚慧海（活動於西元800年前後）。

大義曾對唐順宗（805年在位），回答過他對「見性」的理解。《祖堂集》卷四記載，唐順宗對此問題，原來是向石頭禪師的門人尸梨禪師提出。尸梨未能作出滿意的回答，大義才作出了他的詮釋。原文如下：

> 尸梨和尚嗣石頭。順宗皇帝問師：大地普眾生見性成佛道。師曰：佛性猶如水中月，可見不可取。大義禪師曰：佛性非見，

必見水中月，何不攫取？帝默然之。又問大義：何者是佛性？
大義云：不離陛下所問。皇帝嘿契玄關，一言遂合。（注56）

尸梨對「見性」的理解，與前述慧堅的詮釋相類，即佛性是「可見而不可取」，因此使急欲見性成佛道者，無處下手。大義認爲佛性不離所問，就表示佛性無處不在，見性立即可得。大義去世以後，「勅謚慧覺大師見性之塔」（注57）。由此可見，他對「見性」的詮釋，當時非常受人重視。

江西禪師討論「見性」思想最多及最有貢獻者，當推慧海，就是世稱大珠禪師此人。世傳《頓悟要門》一卷，爲慧海所著。然現在此書的流行版本，只有明代洪武七年(1374) 刻本（注58），再加上江西禪門早爲後起的新苗臨濟宗所取代，因此大珠禪法研究者較少，不是熱門。從歷史上觀察，大珠之語錄早見於《祖堂集》及《宗鏡錄》；《景德傳燈錄》不但收有語錄及小傳，並且注明「自撰《頓悟入道要門》一卷」（注59）。又稱此書「被法門師姪玄宴竊出江外呈馬祖。祖覽訖告眾云：越州有大珠，圓明光透，自在無遮障。」（注60）由此可見，此書於馬祖在世時已經編成。馬祖卒於西元788年，因此《頓悟要門》成書日期，至遲在此年以前。

《頓悟要門》對「見性」的討論，認爲佛性無處皆可得見；如果有人未能見性，那只是修道者有問題，並不是性不存在。慧海對此有所詮釋：

明朝不可得，不是無明朝。汝自不見性，不可是無性。汝欲見明朝與今日，不異將性覓性，萬劫終不見。亦如有人不見日，不是無日。（注61）

佛性／自性人人皆有，問題想見不想見？何處去見？如何能見？上文指出見性不是明朝今日，不能向外尋覓，只能從自心悟：

若了了不住一朝處，即名了了見本心也，亦名了了見性也。只箇不住一切處心者，即是佛心。（注62）

「只箇不住一切處心」與神會等人所講的「不作意」、「無念」，自是相通。一旦主觀無有欲求，無心於一切事物，求道者就進入一種新的境界：

一切處無心者，即是菩提解脱、涅槃寂靜、禪定乃至六度，皆見性處。（注63）

傳統佛法中的禪定乃至六度，皆可從而見性；但是要用這些傳統方法前提就是「無心」。一旦有意尋覓，就像找尋事物般去追求，永遠無法見性。慧海對此，也有討論：

問：對物時從有見，不對物時，云何有見？

答：今言見者，不論對物與不對物。何以故？為見性常。……故知物自有去來，見性無來去也。（注64）

對物不對物是見性的方法問題。物與見性不是一個範疇的事物（「法」）。物有去來，是佛學哲學中的因緣生法，起起滅滅，永無定相。性無去來，常樂我淨。因此見性是目的；對物不對物是方法。見性是一個不變的問題，方法則因各人的資質業力而異，不應被死教條套死。這是禪宗反對教條，反對盲目遵循傳統的立場。因爲如果修道目標不明，修習傳統的方法還是有害無益：

又問曰：夫經律論是佛語，誦讀依教奉行，何故不見性？

師曰：如狂狗趁塊，師子咬人。經律論是自性用，誦讀者是性法。（注65）

「狂狗趁塊」是見肉就吞，不知所以。經律論是自性用，不可以用害體。誦讀者才是體，人是宗教生活的中心。經律論雖是佛語，可以指導修道者見性成佛；但是如果用之不慎，不明所以，死記教條，不通深意，就會成害。因此慧海指出：「理幽難顯，名相易持」。一旦到了這一地步，修道者但持名相，自然無法見性，也不會相信禪法。

> 若據經意，只說色心空寂，令見本性，教捨偽行入眞行。莫向言語紙墨上討意度；但會淨名兩字便得：淨者本體也，名者跡用也。從本體起跡用，從跡用歸本體，體用不二，本跡非殊。……若不見性人終身不見此理。（注 66）

文中所說的「經意」是指《維摩詰所說經》而言，維摩（Vimala）義爲「無垢」；詰是梵語 Kirti 字首音譯，意爲「稱」、「所說」。無垢是淨，稱與名通，所以此經又名《淨名經》。由此可見此經在中國禪宗思想上所占有的重要地位。本體起用，從跡歸體，體用不二，本跡非殊，是慧海和尙對「見性」論的完整體系，如果以這套理論與前述荷澤禪師慧堅的詮釋：「體寂則不生，性空則無見」說法相比較，慧海所代表的洪州禪法，確比慧堅的「見性」論，更圓滿成熟，更有積極的意義。慧海更說：

> 自不見性，不是無性。何以故，見即是性，無性不能見。識即是性，故名識性。了即是性，喚作了性。能生萬法，喚作法性，亦名法身。迷人不知法身無象，應物現形……（注 67）

「見即是性」就是說性是可見，並且隨處可見。自性、法性，皆指法身。法身無象，但可以「應物現形」，所以從跡溯本，即見法身，就是見性。洪州禪對見性的積極性，在此段話中，也清楚的表現出來。

《頓悟要門》對見性人的境界描繪，也與荷澤相類：

> 若見性人，道是亦得，道不是亦得，隨用而說，不滯是非……（注 68）

> 若了了見性者，如摩尼珠現色，說變亦得，說不變亦得。若不見性人，聞說眞如變，便作變解；聞說不變，便作不變解。

（注69）

又如慧海同樣認爲過去的業障，見性即可完全消滅：

> 不見性人，未得消滅；若見性人，如日照霜雪。又見性人猶如積草等須彌山。只用一星之火。業障如草，智慧是火。（注70）

江西禪師中還有如會(744–823)，也討論過「見性」問題。《祖堂集》稱，如會住長沙東寺時，有一位高官崔胤到寺訪問，兩人對「見性」問題，對答如下：

> 丞相崔公胤，高其風韻，躬問師曰：師何以得？師曰見性。師當時方病眼。相公譏曰：既言見性，其眼奈何！師曰：見性非眼，眼病何害。（注71）

宗教解脫問題，是精神智慧的最高昇華，與物質及情感經驗完全不同。如會的「見性非眼」一語中的，被禪者認爲是有代表性的回答。這件事的本身也顯示，江西禪師們的禪法，內容相當豐富，與荷澤禪相通之點，也可以從「見性」問題上看出。

牛頭禪的學者有惠忠(683–769)、玄挺（西元722卒）及雲居智禪師等，都曾討論「見性」。《宋高僧傳》稱，惠忠「著〈見性序〉及〈行路難〉，精旨妙密，盛行於世。」（注72）惠忠與神會是同時代的人物，可惜他的著作佚散不傳，否則對禪宗「見性」思想的發展問題，或有重要的參考價值。

玄挺對「見性」的討論，可以從《宗鏡錄》中所摘「安國和尙」的話中看出。這位安國玄挺是牛頭禪祖師智威的弟子，主持過宣州安國寺，曾以「我非南宗北宗，心爲宗」（注73）一語，受到禪史學家們的重視，認爲由此可證禪宗以「心宗」爲名，並以此有別於南北兩宗者，當是安國和尙首開濫觴。當玄挺回答何名識心見性這一問題時，答云：

喻如夜夢，見好與惡；若知身在床上安眠，全無憂喜，即是識心見性。如今有人，聞作佛便喜，聞入地獄則憂，不達心佛在菩提床上安眠，妄生憂喜。（注74）

在現在可以見到的牛頭禪「見性」理論中，較長的資料只有雲居智禪師的一段話。智禪師的生平，關口曾作討論（注75）；他的見性語錄收於《景德傳燈錄》卷四；他的見性論原文也爲鈴木所重視，並且用日文譯出加以分析（注76）。其中最重要的兩段，一段討論「性」的性質，一段討論「見」的問題：

清淨之性，本來湛然，無有動搖：不屬有無、淨穢、長短、取捨，體自脩然。如是明見，乃名見性。性即佛、佛即性，故云見性成佛。

曰：性既清淨，不屬有無，因何有見？師曰：見處亦無。曰：如是見時，是誰之見？師曰：無有能見者。曰：究竟其理如何？師曰：汝知否？妄計為有即有，能所乃得名迷。隨見生解，便墮生死。明見之人即不然，終日見未嘗見，求見處體相不可得，能所俱絕，名為見性。（注77）

從牛頭禪師們的這些對話中看，他們所主張的見性，與他們的心學理論，結合一致：全無憂喜，體相俱絕，見未嘗見，能所俱絕。完全是用否定式的語句，表達見性，與牛頭主張「泯滅無寄」的說法，是一致的（注78）。

青原一系的禪師們，也有數位與見性論有關。《祖堂集》收有三平和尚義忠(781–872)，偈語三首，其最末一偈，論及見性如下：

見聞覺知本非因，當處虛玄絕妄眞。
見性不生癡愛業，洞然明白自家珍。（注79）

偈語首句，否定覺知見聞與見性的因果關係，當處就是一個修道者所正在面對的事物，不生癡愛是見性者對事物的新看法及效應，最後一句才明白指出：最珍貴的乃是自性，原來本有，不假外求。

另一位青原禪者道悟 (748–807)，也對見性問題非常重視。《宗鏡錄》稱：

> 天皇和尚云：只今身心即是性。身心不可得即三界不可得，乃至有性無性總不可得：無佛無眾生，無師無弟子。心空三界一切總空。以要言之，三界內外下至螻蟻蠢動之者，悉在一塵之中，彼此咸等，一一皆如是，各各不相妨。一切法門千般萬種，只明見性，更無餘事。（注 80）

「只明見性，更無餘事」清楚顯示，「見性」在道悟心目中的重要性。在道悟的見性論中，論理的方法比較全面：「只今身心即是性」是「表詮」，「有性無性總不可得」是「遮詮」，「一一皆如，彼此咸等」是超越分別，事事圓融的境界，一旦修道如此，即知一切法門——無論「表詮」「遮詮」，皆爲一個目標：「只爲見性」。

宗密是荷澤一派後期禪師的代表人物，他有一篇短文是回答相國蕭俛所提的問題，其中討論到神會所提出的見性思想。此文保留在《景德傳燈錄・宗密傳》中，尙未爲近人所研究。原文不長，茲錄如下：

> 蕭俛相公呈己見解，請禪師注釋曰：荷澤云：見清淨，於諸三昧八萬四千諸波羅蜜門，皆於見上一時起用，名為慧眼。若當眞如相應之時，萬化寂滅，此時更無所見。三昧諸波羅蜜門，亦一時空寂，更無所得。不審此是見上一時起用否？望於此後示及，俛狀。（注 81）

蕭俛曾任宰相，《唐書》《新唐書》有傳，《景德傳燈錄》將蕭相之

「狀」用大字刊印，又將宗密的「注釋」用小字雙行刊於相關句子之後，這是宗密所慣用的注釋形式。蕭氏之狀已鈔出如上，現在再將宗密所注有關見性的文字，分別鈔於有關辭句之後：

「當眞如相應之時」——善惡不思，空有不念。

「萬化寂滅」——萬法皆從思想緣念而生。皆是虛空。故云化也。既一念不生，則萬法不起，故不待泯之，自然寂滅也。

「此時更無所見」——照體獨立，夢智亡階。

「一時空寂，更無所得」——散亂與三昧，此岸與彼岸，是相待對治之說。若知心無念，見性無生，則定亂眞妄，一時空寂。故無所得也。

「見上一時起用否？」——然見性圓明，理絕相累，即絕相為妙用，住相為執情。於八萬法門，一一皆爾：一法有為一塵，一法空為一用。故云：見清淨體則一時起用矣。（注82）

就中國禪宗思想發展而言，蕭俛所提出的問題很有意義，因爲當時荷澤禪法，盛於唐代文化中心關洛一帶，洪州禪法也因大義、懷惲、惟寬等人奉詔入京而受到重視。除此而外，牛頭禪法在長安也爲圈內人士所熟知。不過在「見性」問題上，荷澤一派的代表如慧堅，已不能對此問題，作清楚的詮釋；更重要的是當時的上層人士，屢次向禪師們請教這個問題。按照洪州禪師們的見解，「禪定六度皆見性處」，見性時「大用現前，不論時節」，所謂見性即「不離陛下所問」，凡此種種都是很積極的回答。這種回答與慧堅的說法——「性者體也，見其用乎？」正好形成對比。難怪蕭俛要向宗密請教，當見性時（「當眞如相應之時」）萬化寂滅，三昧諸波羅密亦一時空寂，在此時此景之下，荷澤禪法的見解，是否「見上一時起用？」

宗密的回答，原文已經說得很清楚，其重點在於闡明「萬化寂滅」的原因；解釋「無所得」的義理；然後提出「絕相爲妙用，住相爲執情」。由此出發，再去觀察世間的一切現象，包括宗教修習的方法在內，一切法皆「有爲一塵」，「空爲一用」。此一智慧及對萬物態度上的影響，就是荷澤禪法中的「妙用」。也就是在這一節骨眼上，慧堅對荷澤「見性」之論，沒有說透。事實上《南陽和尙頓教解脫禪門直了性壇語》中，神會早就說過：

> 本體空寂。從空寂體上起知，善分別世間青黃赤白是慧。（注83）

又說：「知心空寂，即是用處」（注84）。他在《南陽和尙問答雜徵義：劉澄集》中也說：

> 本空寂體上，自有般若智能知，不假緣起。（注85）

就是在這種基礎上，宗密才提出「知之一字，眾妙之門」（注86），是荷澤禪法的核心思想。

到了唐朝末年，帝國衰落，地方藩鎮割據，當年流行於京洛的義學不振，由神會以來所引起的見性思想，當時已無人繼續作學術性的討論。即是有人偶而舊話重提，對話的方式已經較前大不相同。《景德傳燈錄》卷十六巖頭全豁條，載有一事，可作證明：

> 僧問雪峰：聲聞人見性，如夜見月。菩薩人見性，如晝見日。未審和尚見性如何？峰以拄杖打三下。其僧後舉前語問師，師與三摑。（注87）

文中的雪峰就是義存禪師(822–908)，師指全豁（887卒）。他們對見性問題的回答不是三杖，就是三個耳光。大家恐怕再不敢問下去了（注88）。

注解

注 1 參閱《鈴木大拙全集》（東京：岩波，昭 43 年）第 2 冊，頁 392；第 3 冊，頁 65 以下。關口著《禪宗思想史》（東京：山喜房，昭 39 年），頁 129，161，279 等。鈴木原書出版於昭 26 年，後來收入《全集》。

注 2 見《歷代法寶記》，收於《大正大藏經》第 51 冊（以下簡稱「大」）。本文所用柳田聖山之注釋整理本：《禪の語錄 3：初期の禪史 II》（東京：筑摩，昭 54 再刷），頁 154–155（以下於注文中，簡稱《禪語》）。並參閱印老著《中國禪宗史》（臺北：作者自印，民 60 年），頁 300–301（以下略稱《禪史》）。

注 3 《禪史》，頁 361。

注 4 見「大」，第 37 冊，頁 490c。

注 5 同上，頁 832a。

注 6 引自胡適著：《神會和尚遺集》（臺北：胡適紀念館，民 59 年），頁 287。（本文注釋，以下稱此書為《胡本》）。

注 7 《禪語》，頁 156，159，201，248 等。

注 8 《禪語》，頁 225。

注 9 同上，頁 255。

注 10 同上，頁 287。

注 11 見柳田注釋：《禪語》本，頁 232–235。

注 12 同上，頁 294。

注 13 見「大」，第 12 冊，編號 357。

注 14 參閱楊曾文著：《敦煌新本六祖壇經》（上海古籍，1993 年），頁 185–207（以下簡稱《楊著》）。

注 15 《禪語》，頁 99。

注 16 同上。

注 17 《楊著》，頁 5；「大」，第 48 冊，頁 337c。

注 18 同上，頁 11；338a。

注19 同上，頁14； 338b。

注20 同上，頁16； 338c。

注21 同上，頁18； 338c。

注22 同上，頁29； 340a。

注23 同上，頁30； 340b。

注24 同上，頁68； 344c。

注25 《胡本》，頁233。

注26 同上，頁241。

注27 同上。

注28 同上，頁277。

注29 見宗密著：《禪源諸詮集都序》，第48冊，頁401a。

注30 同上。

注31 同上。

注32 見「大」，第12冊：《大般涅槃經：純陀品》，頁611b–615a。

注33 《胡本》，頁275–276，此一話題，亦見於《歷代法寶記》，《禪語》，頁155。

注34 《胡本》，頁276。

注35 同上，頁287；亦見於《歷代法寶記》，《禪語》，頁154–156，及柳田注釋，頁159–161。

注36 《胡本》，頁175。

注37 同上，頁448–449。

注38 同上，頁451。

注39 同上，頁442。

注40 同上，頁239。

注41 見於宗密著：《圓覺經大疏鈔》卷三之下。《卍新修續藏經》（臺北：慈悲精舍本）第10冊，頁534a。

注42 《禪語》，頁168。

注 43 同上。

注 44 同註 41。

注 45 《禪語》，頁 164。

注 46 《胡本》，頁 233。

注 47 《禪語》，頁 290–291。

注 48 同上，頁 308。

注 49 同上，頁 273。

注 50 此為宗密對保唐禪法的評語，見註 41 所引之書。

注 51 同上，頁 308。

注 52 參閱拙著論文：〈「唐故招聖寺大德慧堅禪師碑」考〉，刊於《中華佛學學報》，第 7 期（民 83 年），頁 107，行 19–20。

注 53 《胡本》，頁 240。

注 54 同上，頁 238。

注 55 同上，頁 239。

注 56 《祖堂集》，南唐靜、筠二禪師編著（臺北：廣文，民 61 影印高麗藏覆刊本），頁 79。（以下簡稱《祖》）。

注 57 《祖》，頁 281b。

注 58 《頓悟要門》的版本問題，參閱平野宗淨在其《禪の語錄 6：頓悟要門》（東京：筑摩，昭 54 年）中，所撰之〈解說〉，頁 215–227（以下簡稱為《頓》）。

注 59 《景德傳燈錄》，收於「大」，第 51 冊，頁 346。以下簡稱《燈》。

注 60 同上。

注 61 《頓》，頁 171–172。

注 62 同上，頁 38。

注 63 同上，頁 114。

注 64 同上，頁 21。

注 65 同上，頁 130。

注66 同上，頁168。

注67 同上，頁138；亦見於《燈》，頁441b。

注68 《頓》，頁155。

注69 同上，頁133。

注70 同上，頁183；亦見《燈》，頁443a。

注71 《祖》，頁288a；崔胤《舊唐書》卷177；《新唐書》卷223下有傳。

注72 《宋高僧傳》，宋贊寧撰（北京：中華書局，1987年，范雍祥校點本），頁496。有關牛頭山惠忠禪師的研究，參閱註1所引關口眞大著：《禪宗思想史》，頁277–281。

注73 見《宗鏡錄》，（五代）延壽編，收於「大」，第48冊，頁944b；參閱上引關口著：《禪宗思想史》，頁270–272。

注74 見《宗鏡錄》，頁944b。

注75 見上引關口書，頁335–339。

注76 見本文註1所引《鈴木大拙全集》，第2冊，頁392–398。

注77 「大」，第51冊，頁231a。

注78 此為宗密對牛頭宗的評語，見《禪源諸詮集都序》卷上，「大」，第48冊，頁402c。

注79 《祖》卷5，頁107a。

注80 「大」，第48冊，頁942b。

注81 見《燈》卷13，收於「大」，第51冊，頁307a–b。蕭俛《舊唐書》卷172；《新唐書》卷101有傳。

注82 同上，「大」，第51冊，頁307a–b。

注83 同注55

注84 同上，頁238。

注85 同上，頁441。

注86 見註41所引《卍新修續藏經》，第10冊，頁468b；參閱拙著《宗密》（臺北：東大，民77年），頁159–161。

注 87　「大」，第 51 冊，頁 326c。

注 88　例如宋僧所輯之《宏智禪師廣錄》載有此一雪峰及巖頭之答案，並附宋代禪師如雪竇（重顯，980–1052）及宏智（正覺，1091–1157）等人對此的評論。

石頭宗心性論思想述評

方立天

北京人民大學宗教研究所主任

慧能以來，禪宗主要衍化爲南岳和青原兩系。青原行思（？-740年）主張「即今語言即是汝心，此心是佛」（注1）。其弟子石頭希遷（西元700–790年）繼承行思，超過行思，在開闢有別於南岳一系洪州宗的門風方面，發揮了決定性的作用。在希遷的思想基礎上，青原一系石頭宗後來又分化爲曹洞、雲門和法眼三宗，一度形成與洪州宗勢均力敵之勢，影響頗大。

石頭宗和洪州宗同樣是繼承了慧能禪宗的心性論學說，都主張從生命現象上去體認自我的本心、本性，也就是在把握本心、本性的基礎上去克服主體與客體、有限與無限、短暫與永恆的對立，超越煩惱、痛苦、生死以建立精神家園，獲得解脫。但是石頭宗和洪州宗又有所不同，相對來說，石頭宗人偏重於吸取華嚴宗和禪宗牛頭宗的思想，注意語言文字的運用，重視知見，主張調和頓漸法門；也重視闡述心靈自體的皎潔圓滿，並從心性上去統一理與事、本與末的矛盾關係、安置主體與客體、一心與萬物的關係，以把握宇宙與人生的真實，求得覺悟。由此又形成了以綿密、高古門風與洪州宗的凌厲、痛快門風的爭奇鬥豔的宗教文化景觀。

本文著重探討石頭宗心性論的幾個主要問題，以求教於方家。

一、心靈湛圓

據《祖堂集》卷4載，石頭希遷因讀《肇論・涅槃無名論》中的「會萬物以成己者（注2），其惟聖人乎！」這句話而深受啓迪，並感嘆道：「聖人無己，靡所不己。法身無量，誰云自他？圓鏡虛鑒于其間，萬像體玄而自現。境智真一，孰爲去來？」（注3）於是撰寫代表了石頭宗基本思想的〈參同契〉一文。〈涅槃無名論〉（注4）這句話是講聖人（佛）的境界的，希遷從中體會到聖人是無己（無我）的，法身是無量的，萬物是一體的，人若與萬物合爲一體，境智合一，就是聖人即佛的境界。由此，希遷重視合萬物爲一體的主體心靈本性的探討。

石頭希遷在向弟子介紹自己的法門時，說過這樣一段重要的話：

> 汝等當知：自己心靈，體離斷常，性非垢淨；湛然圓滿，凡聖齊同；應用無方，離心、意、識。三界六道，唯自心現；水月鏡像，豈有生滅？汝能知之，無所不備。（注5）

這段話闡明了自心即自己心靈的體、性、功能和特徵。希遷認爲，自心的體是脫離斷滅的、是恆常的，自心的性是非污染非清淨的，意思是自心的體性是超越斷常和淨垢而湛然圓滿的。同時這種自心又是一切凡夫與聖者普遍具有的。自心的功能周遍無方，離開了一般的心、意、識的活動，自心能顯現三界六道，是無所不備的。於此可見，希遷所說的這種自心就是眾生的妙靈，諸佛的本覺。也就是一切凡聖生類共同具有的心，即宇宙心。

希遷以後，石頭宗人還通過對什麼是真心、真心與妄心、睡眠與真心等問題的闡發，來論證自心的湛然圓滿。希遷和他的法嗣潮州大顛和尚曾討論過心（本來面目）與揚眉動目的關係，後來大顛在上堂開示時就真心（本心）作出了明確的界定：

夫學道人須識自家本心，將心相示，方可見道。多見時輩只認揚眉動目，一語一默，驀頭印可，以為心要，此實未了。吾今為汝諸人分明說出，各須聽受，但除卻一切妄運想念見量，即汝眞心。此心與塵境及守認靜默時全無交涉，即心是佛，不待修治，何以故？應機隨照，冷冷自用、窮其用處，了不可得，喚作妙用，乃是本心。（注6）

在這段話中，大顛和尚首先批判了洪州宗人的觀點，指出他們以揚眉動目爲佛性（真心）的表現，實是沒有了達禪法的真諦，強調「除卻一切妄運想念見量」才是真心。也就是說，真心是排除一切虛妄的知覺、憶念、見解、認識的，真心是不須修治的。爲什麼這樣說呢？這是因爲真心能隨不同情況觀照一切，具有無限妙用、又了達而不可得。這就是說，在大顛和尚看來，真心是眾生本來具有、絕對純真、作用神妙的精神主體，成佛的內在根據，或者說，此心就是佛心，就是佛。清涼文益禪師弟子、法眼宗人紹岩禪師認爲，講心要同時反對兩種見解：一種是以爲語言談笑、凝然杜默、參尋探訪、觀山玩水等就是本心的表現；一種是離開身中妄想，另外追求一種能周遍十方世界（包含日、月、太虛）的心靈爲本來真心（注7）。他認爲這兩種看法都是不正確的。在紹岩禪師看來，真心與日常表現、真心與外部世界是一種不即不離的關係。

那麼，人在睡眠時通常是停止知覺活動，此時人的真心、本性是否還存在呢？如何認識睡眠時的真心、本性，這是石頭宗禪師熱衷探討的一個話題。如唐末五代著名禪師玄沙師備（西元835–908）在批評有的禪師只會舉手投足，揚眉瞬目之後，著重根據睡眠現象來評論人心聰靈的局限性，並對人身的主宰提出新見解，他說：

> 更有一般便說，昭昭靈靈，靈臺智性，能見能聞，向五蘊身田裡作主宰。恁麼為善知識？太賺人知麼？我今問汝，汝若認昭昭靈靈是汝眞實，為什麼瞌睡時又不成昭昭靈靈？若瞌睡時不是，為什麼有昭昭時？……我向汝道，汝昭昭靈靈，只因前塵色、聲、香等法而有分別，便道此是昭昭靈靈，若無前塵，汝此昭昭靈靈同于龜毛兔角。仁者，眞實在什麼處？汝今欲得出他五蘊身田主宰，但識取汝秘密金剛體。(注8)

「昭昭靈靈」，明白聰靈。「靈臺」，心。「五蘊身田」，人身。「善知識」，指有道德學問，能傳授佛法的人。「賺」，騙。「塵」，境、境界，通常指色、聲、香、味、觸、法六塵或六境。「前塵」，顯現於前的對象。「金剛體」，喻金剛般堅固的身體，此指佛身的功德。這段話是從睡眠時失去知覺來論證，認爲那種以人心昭昭靈靈爲人的主宰和眾生的真實的說法是騙人的，指出人們所講的昭昭靈靈只是對外境等事物的分別而已，實際上眾生的真實和主宰不是別的而是自己的「秘密金剛體」，即自身的功德。在師備禪師看來，眾生心靈的真實和主宰不是認知活動與特性，而是佛教的功德。只有佛教的功德才是支配與決定眾生命運的主宰。

宋代法眼宗本先禪師也探討了人在睡眠與醒覺時的本性存在問題，他說：

> 爾等諸人夜間眠熟不知一切，既不知一切，且問：爾等那時有本來性？若道那時有本來性，那時又不知一切，與死無異；若道那時無本來性，那時睡眠忽醒(注9)覺知如故。如是等時是個什麼？若也不會，各自體究取。(注10)

本先禪師以人在睡眠時「不知一切」，醒覺時「知如故」來考察人的本性（實指知覺）是否一直存在的問題。我們知道，睡眠是一種與覺醒狀態周期性交替出現的機體狀態，當今運用腦電圖還可以觀測出睡眠過程中的不同相狀。人在睡眠時會失去知覺。從生理學和心理學角度看，本先禪師在這裡提出的問題是一個知覺作用的機制問題。他把知覺歸結爲人的本性，並要求門下對這樣的本性進行體察究取，作爲求得精神解脫的重要門徑。

這裡也使我們聯想起印度部派佛教，他們探討人們處於熟睡，失去知覺的情況下，眾生是否還有其他識存在的問題，他們認爲是有的，並提出了細心、細意識、「補特伽羅」（依附於身體的內在心識、本性）等說法，觸及了人的深層意識結構，確立了眾生輪迴果報的本體。

本先禪師提出的問題也涉及到了人心即人的精神主體是有生有滅的，還是不生不滅的問題，法眼宗創始人文益禪師與門人對這個問題有如下一段對話：

> 問：「如何是不生不滅底心？」師（即文益）曰：「那個是生滅底心？」僧曰：「爭奈學人不見」。師曰：「汝若不見，不生不滅底也不是。」（注11）

這段話的意思是說，眾生若見自己的心，那人心既是生滅的，又是不生不滅的；若不見，則既不是生滅的，也不是不生不滅的。這是在強調人心是生滅與不生滅的統一，或者說是超越生滅與不生不滅的，並認爲重要的是眾生要自見自心。

石頭宗人在主張眾生本具湛圓自心，佛性本有的基礎上，進而提倡直下承當，悟入禪境。希遷初見行思時有一段對話：

> 師問曰：「子何方而來？」遷曰：「曹溪。」師曰：「將得什麼來？」曰：「未到曹溪亦不失。」師曰：「憑麼用去曹溪作

什麼？」曰：「若不到曹溪，爭（怎）知不失？」（注12）

希遷在回答行思問從曹溪參學得到什麼時，說在沒有去曹溪前也並不缺什麼；又回答既然如此爲什麼要去曹溪的問題時，希遷反問說不到曹溪怎麼知道自己不缺失什麼呢？希遷的這種自信本心，自知本心，無所不備，湛然圓滿，正是石頭宗禪學思想的基點，也是此宗開導學人，直指自心，體悟自心，成就佛果的要義。希遷對門下慧朗、大顛的啓發、點撥，就是這方面的兩個典型例子，史載：

（慧朗）往虔州龔公山謁大寂（馬祖道一），大寂問曰：「汝來何求？」師（慧朗）曰：「求佛知見。」曰：「無佛知見，知見乃魔界。汝從南岳來，似未見石頭曹溪心要爾，汝應卻歸。」師承命回岳造于石頭，問：「如何是佛？」石頭曰：「汝無佛性。」曰：「蠢動含靈又作麼生？」石頭曰：「蠢動含靈卻有佛性。」曰：「慧朗為什麼卻無？」石頭曰：「為汝不肯承當。」師于言下信入。（注13）

「蠢動含靈」，指一切衆生。希遷首先告訴慧朗，佛性爲一切衆生所有，是人人都有的，只因爲慧朗「不肯承當」，才有如何是佛的問題。慧朗不明白佛就在自己心中，佛性本有。所以希遷對尚不明自心，缺乏自信的慧朗給以當頭一棒，說他無佛性，刺他猛醒，體悟自心，肯於承當。又，史載：

潮州大顛和尚初參石頭，石頭問師曰：「那個是汝心？」師曰：「言語者是。」便被喝出。經旬日，師卻問曰：「前者既不是，除此外何者是心？」石頭曰：「除卻揚眉瞬目，將心來。」師曰：「無心可將來。」石頭曰：「元來有心，何言無心？無心盡同謗。」師言下大悟。（注14）

希遷爲考驗大顛對本有自心的信念是否堅定，故意對其所說有心和無心都不予認可，實際上是強調眾生的現實心靈就是自己的真心，就是成佛的根本。他要門人不要追問、執著哪個是心，而應是直下自心，覺悟成佛。大顛經此開導而大悟。

從眾生本心是湛然圓滿的基本觀點出發，石頭宗人還唱「即心即佛」說。希遷說：

> 吾之法門，先佛傳授。不論禪定精進，惟達佛之知見，即心即佛。心佛眾生，菩提煩惱，名異體一。（注15）

希遷認爲，通達佛的知見，亦即眾生具有了達事物實相的真知灼見，眾生心便是佛。所謂心佛相即，是指兩者的體性相同。這是強調眾生的心體無所不備，若能自知，則就是佛。眾生主體的心具有無限功能，包括佛的境界在內的各種境界都是心的顯現作用。文益禪師就說：「古聖所見諸境，唯見自心」（注16）。禪宗先聖們的修持，是從所見自心中見諸境界，這也就是石頭宗人普遍奉行的「明心」、「識心」。如紹岩禪師就說：「只圖諸仁者明心，此外別無道理。」（注17）丹霞禪師（西元728–824年）也說：「識心心則佛，何佛更堪成？」（注18）曹洞宗人天童正覺（西元1091–1157年）認爲心是諸佛的本覺，眾生的妙靈，由於被妄念所迷惑蒙蔽，就需要靜坐默究，排除妄緣幻習，以顯現心靈的清白圓明。由此他又相應地提倡「默照禪」，以與臨濟宗人大慧宗杲唱導的「看話禪」相對立。

石頭宗人十分強調眾生自性清淨的至上性，主張即心是佛，由此也強烈反對心外求佛的說法和做法。在這方面希遷的三傳弟子德山宣鑒禪師（西元780–865年）的言論是十分突出和典型的，他說：

> 達磨是老臊胡，釋迦老子是乾屎橛，文殊普賢是擔屎漢。等覺妙覺是破執凡夫，菩提涅槃是繫驢橛，十二分教是鬼神簿、拭瘡疣紙。四果三賢、初心十地是守古塚鬼，自救不了。

（注 19）

宣鑒禪師從禪宗祖師達磨開始，一路罵下去，釋迦佛、菩薩、佛教境界、佛教經典、直至眾生發心求道和修持階段等等，統統罵遍、罵倒，徹底否定心外的佛教和心外的佛。希遷弟子、丹霞天然禪師根據希遷只教他「切須自護」即只須切實保護自心純淨的教導，在上堂時直接對門徒說：「禪可是爾解底物，豈有佛可成？佛之一字，永不喜聞。」（注 20）強調追求禪法正解，排除「佛」這一字的意義和價值。《宋高僧傳》卷 11〈唐南陽丹霞山天然傳〉還記載著丹霞天然禪師的一個著名故事。丹霞天然禪師在住慧林寺時，遇天奇寒，他就取來木佛焚燒取暖。別的僧人見狀紛紛批評譏諷他，他就說這是燒取舍利（佛的遺骨），僧人說木頭裡哪有什麼舍利，他回答說，既然如此爲什麼還要責備我呢？這個故事充分地表現了丹霞天然禪師目無偶像崇拜的鮮明的立場。

總之，在石頭宗多數禪師看來，眾生的心靈不同於日常行爲動作，也排除一切妄念偏見，它是超越染與淨（或絕對清淨），超越睡眠與覺醒，超越生與滅，是本來先天具有，無所不備、湛然圓滿的。眾生的心靈是成佛的根據，即心即佛，那種向外求佛、盲目崇拜都是不符合禪法的。

二、心地自然

石頭宗人常論心與法的關係，「法」包含外界事物和佛法等多重含義。心與外物、心與佛法的關係如何，是佛教心性論的重大問題，心與外物是主體與客體的關係，心與佛法是主體與修持成佛的關係，二者都直接涉及心性的性質和功能問題。石頭宗人通過對這兩方面的論述，進一步突出人心的自然之性，強調眾生心地自然，心無取捨，不附於物，自由自在，具足佛法，一切現成。

石頭希遷在〈參同契〉中說：「靈源明皎潔，枝派暗流注」（注21）。「靈源」，即心源，爲一切事物、現象的根源。靈源皎潔清淨，也就是自性清淨心，就是佛性。「枝派」，指物。萬物是靈源所派生，是靈源所顯現的。由此也可說，心與萬物是一體，心與物是貫通的，然而物猶如暗地裡流注一般，心物一體的這種貫通關係又不是豁然明朗的。從心源派生萬物的關係出發，〈參同契〉宣傳心與物具有本末、顯隱、交互流注的關係。

對於心與物的這種複雜關係，法眼宗人尤爲熱衷於探討。文益禪師的門人慧明禪師就常以這類問題質詢別人，以了解對方的禪修造詣。一次，有二禪客到慧明住處大梅山，慧明就提出了這樣富有哲理性的問題：

> 師（慧明）問曰：「上座離什麼處？」曰：「都城。」師曰：「上座離都城到此山，則都城少上座，此山剩上座。剩則心外有法，少則心法不周。說得道理即住，不會即去。」其二禪客不能對。（注22）

「剩」，多。禪客離開都城到大梅山，都城少一人，大梅山多一人。多是表示主體心外另有法，少是表明主體心不周全。一多一少涉及到心法與外界都城、大梅山的關係如何貫通說明，是禪修的一大問題。看來二位禪客不能從心生萬物和心物一體貫通的思想來回答問題。後來慧明禪師住天台山，時有博學強記的朋彥來訪討論禪理，也有一段對話：

> 師（慧明）曰：「言多去道遠矣，今有事借問：只如從上諸聖及諸先德還有不悟者也無？」朋彥曰：「若是諸聖先德豈不有悟者哉？」師曰：「一人發眞歸源，十方虛空悉皆消殞，今天

台山嶷然，如何得消殞去？」朋彥不知所措。（注23）

這是說，按照心生萬法，心物一體的禪理，只要以前有一位禪師發明真心回歸心源，就會導致十方空虛、外界全都消殞，而今天台山依然高聳而立，並未消殞，這應如何說明呢？慧明禪師的真意是在提倡以「見色（物）便見心」的禪悟來消除心物的對立，體會心物一體。在法眼宗人看來，一般的人都是把心與物割裂開來，不能從物上見心（本心），若能從物上見心，心物打成一片，就不會有「心外有法」和「心法不周」的問題了，也沒有心外的天台山嶷然特立的問題了。

法眼宗人又進一步深究「見色便見心」的「心」是什麼心，此心與物是同是異？文益的弟子清聳禪師就提出了這個問題，他說：

見色便見心，且喚作什麼心？山河大地，萬象森羅，青黃赤白，男女等相，是心不是心？若是心，為什麼卻成物像去？若不是心，又道見色便見心？還會麼？只為迷此而成顛倒種種不同，于無同異中強生同異。且如今直下承當，頓豁本心，皎然無一物可作見聞。若離心別求解脫者，古人喚作迷心討源，卒難曉悟。（注24）

這是說，一方面外界林林總總的事物並不就是心，一方面禪法要求「見色便見心」。究竟如何認識心？認識心與事物的關係呢？清聳禪師認爲，眾生若以一般見解來看，本來是無同異的心與物會產生出同異的分別；眾生若能頓豁本心，本心皎然清淨，就無一物可見可聞了，就無心物同異、心物對立的問題了。如此在體悟本心基礎上，「見色便見心」，實現心物一體，才是真正的解脫之道和解脫境界。

本先禪師也就什麼是「唯心所現」的含義提出問題：

諸法所生，唯心所現，如是言語好個入底門户。且問：「爾等諸人眼見一切色，耳聞一切聲，鼻嗅一切香，舌知一切味，身觸一切軟滑，意分別一切諸法，只如眼、耳、鼻、舌、身、意所對之物，為復唯是爾等心？為復非是爾等心？若道唯是爾等心，何不與爾等身都作一塊了休？為什麼所對之物卻在爾等眼、眼、耳、鼻、舌、身、意外？爾等若道眼、耳、鼻、舌、身、意所對之物非是爾等心，又焉奈諸法所生，唯心所現？」（注25）

這是問：人們所感覺認識的一切事物，是人們的心呢，或者不是人們的心？若說是人們的心，萬物爲什麼不隨著人們身亡而俱滅，卻仍然在人身之外存在著呢？若是萬物不是人們的心，佛典上又爲什麼說萬物是「唯心所現」呢？這是一個矛盾，在本先禪師看來，這就要求從「見色便見心」上求悟解，求解脫。

對於心與物、見心、唯心的問題，講得最形象、生動、典型的是地藏桂琛和文益三番對話的一段公案。一次文益結伴外出參學，爲雪所阻，暫住彰州城西地藏院，參謁桂琛，兩人有這樣的對答：

藏（桂琛）問：「此行何之？」師（文益）曰：「行腳去。」藏曰：「作麼生是行腳事？」師曰：「不知。」藏曰：「不知最親切。」又同三人舉《肇論》至「天地與我同根」處，藏曰：「山河大地，與上座自己是同是別？」師曰：「別。」藏豎起兩指，師曰：「同。」藏又豎起兩指，便起去。雪霽辭去，藏門送之。問曰：「上座尋常說三界唯心，萬法唯識。」乃指庭下片石曰：「且道此石在心內？在心外？」師曰：「在心內。」藏曰：「行腳人著什麼來由，安片石在心頭？」師窘無以對，即放包依席下求決擇。近一月餘，日呈見解，說道理。藏語之曰：「佛法不憑麼。」師曰：「某甲詞窮理絕也。」藏曰：「若論佛法，一切見（現）成。」師于言下大悟。（注26）

這段話共有三問三答，一問什麼是行腳，文益答不知。所謂不知，是不執著求知，也不執著有所知，即行其自然。這個回答桂琛認爲最爲親切。二問人與山河大地以及人的兩指是同是異？桂琛問這一問題的意思是，萬物與己同根同體，無所謂同還是異，本來如此，本來自然。只有生起分別之心才有同異之別。三問石頭是在心內還是在心外，這也是困惑許多禪師的一個大問題。桂琛認爲，就心來說，一切都是自然而然地存在著的，心裡有塊石頭是自然存在的，並不加重人的負擔，心裡沒有石頭，也是自然的，也並不減輕人的負擔。這也就是所謂「若論佛法，一切現成。」這段公案的中心是闡揚心性自然的思想，主張主體了悟自心，以主體包容客體，消融客體，消除人與物的對立，超越人與自然的界限。也就是在修行上要心不附物，心無取捨，在主觀精神上沒有任何執著、束縛、負擔，輕鬆自如，自由自在，這就是獲得了解脫。

法眼宗人大力提倡心性自然，一切現成、心是一切的思想。前面提到，文益就說，以往聖人所見的境界，是唯見自心。他認爲，若直見自心，那就「一切聲都是佛聲，一切色都是佛色。」（注27）一切都是禪境、佛境。這是進一步闡發了自心是一切，不假外求的主張。文益弟子德韶寫了一首偈：「通玄峰頂，不是人間；心外無法，滿目青山。」（注28）「通玄」，禪修。「青山」，喻禪境。意思是禪師修持達到登峰造極時也就心外無法，對他而言人間也就隨處都是禪境了。德韶還說：

> 佛法現成，一切具足。古人道：「圓同太虛，無欠無餘。」（注29）
>
> 大道廓然，詎齊今古，無名無相，是法是修。良由法界無邊，心亦無際；無事不彰，無言不顯；如是會得，喚作般若現前，

理極同眞際，一切山河大地、森羅萬象、牆壁瓦礫，並無絲毫可得虧缺。（注30）

這是說，人的本心具足佛法，一切現成，一切自然。心與外界一切事物相會應，也就隨處彰顯禪境；般若智慧顯發，世界一切事物也就毫不虧缺地自然存在。這是更鮮明地強調不離開現實世界去求禪悟和禪境，強調禪境和現實世界是貫通一體的。

從以上論述可知，石頭宗人通過對心物異同、見色見心、唯心現物等問題的辨析，強調衆生要開發自心，以顯現萬物，包容萬物，達到泯除心物的界限、對立，即心物一體的境界。就是說，衆生只要保持靈源皎潔、心地自然，也就具足佛法，成就爲佛了。

三、性理歸宗

石頭宗人講心靈湛圓、心地自然，並非不講理性，相反，恰恰是以認知理性和道德理性爲重要內涵的。石頭宗人要求禪師在參玄時，不僅要保持心地不受污染，道德純淨，而且要對宇宙和人生的實質有真切的體認和證悟。在這方面，石頭希遷還吸取華嚴宗人提出的理事範疇和理事圓融理論，創造了「執事元是迷，契理亦非悟」（注31）的禪法，強調執著於事是迷，只合於理也不是覺，正確的應該是把事理兩邊統一起來，以求禪境。這也就是理事「回互」的禪修方法。石頭一系曹洞宗人對這種方法作了詳盡細密的闡述，雲門、法眼兩宗的禪修也與希遷提出的方法一脈相通。

值得我們注意的是，希遷在〈參同契〉中把理又進一步分爲性理（靈源）和物理（色質相）兩類，並從理性上統一理與事的關係（注32）。理和事原是中國哲學的範疇，中國佛教哲學吸取理和事這對範疇，通常是把兩者視爲與體用、本末對應的範疇，並進一步視作與心物對應的範疇，也就是說，理指體、本、心，事指用、末、物。希遷從體性上論「理」，又注意到主體與客體的不同體性，揭示了外在的物質世界和內在的精神世界的不同體性，提出兩類理：心性的理（性理或心理）和事物的理（物理，即一事物區別於其他事物的體性）。根據〈參同契〉所論，作爲心性的理，在內涵上包含著兩個方面：對理事關係的統一有正確了解的認識理性，和正確分別清濁的道德理性。在表現形式上有明暗之別：明指明白、直接的語言文字，暗指隱晦、間接的語言文字；明的語言文字又有清濁善惡之分，暗的語言文字則有上中的等級區分。這是說，禪宗的各派在表述禪境的語言文字上雖有明暗的不同，但這種不同又都可會歸於性理，進而達到理事圓融的。

那麼如何在性理的基礎上歸宗 — 歸於理事融通呢？希遷吸取華嚴宗人的「十玄門」思想（注33），提出了「回互」的思維模式，說：「門門一切境，回互不回互，回而更相涉，不爾依位住。」（注34）意思說，參玄的門類很多，每一門都含一切境，這種境界含有回互不回互兩個方面，所謂回互就是「更相涉」，也就是互相涉入、含攝、融通；所謂不回互就是「依位住」，即各住本位，互相區別，不相雜亂。這就是說，既要認識理與事的統一方面，又要認識理與事的對立方面。由此希遷進而強調「本末須歸宗」（注35），本末即心物必須歸於理事圓融的宗旨；「承言須會宗」（注36），在語言上也必須歸於理事圓融的宗旨。「事存函蓋合，理應箭鋒拄」（注37）。「事」如同各種容器上的蓋子，是千差萬別的，而「理」則應不執著事物的種種差別，如同射箭，箭箭相頂，以一貫之。也就是要從性理上去認識、體悟理與事的統一性原理。

希遷還認爲，參玄者要領會事理圓融的宗旨，必須在日常行事上隨時體驗，專心證悟，以求靈照不昧，也就是要從個別的事上體悟出一般的理。據〈參同契〉所述，這方面有兩個要點一是：「四大性自復，如子得其母」（**注 38**）。「四大」，構成事物的四大要素，此泛指一切事物。話的意思是說，萬物自復其性，如子得母，也就是會末歸本，以事見理。二是「萬物自有功，當言用及處」（**注 39**）。這是說萬物的功用有動態的（用）和靜態的（處），兩者兼具，彼此依存，互相轉化。由用到處，由動轉靜，也就從事中見理。如此，認識事物，體悟事物，回復自性，就能事存理應，由事顯理，從而達到「即事而真」的境界。

希遷以後的石頭宗人又進一步發展了「即事而真」的思想，有這樣一個非常典型的例子。曹洞宗創始人之一洞山良价（西元 807–869 年）問師父雲岩曇晟：「和尚百年後，忽有人問還貌（一作邈）得師真不？如何祇對？」雲岩說：「即遮（這）個是」（**注 40**）。良价心存疑惑，後因過河看見水中的影子，遂悟雲岩的意旨，並作一偈：「切忌從他覓，迢迢與我疏；我今獨自往，處處得逢渠。渠今正是我，我今不是渠；應須憑麼會，方得契如如。」（**注 41**）真，指真儀、真象。渠，指影子。意思說水中是影子，水上是我形，影子正是我，我不是影子，如此形影相睹，即事而真，從個別上顯現出一般的理。良价從此一再宣揚「只遮個是」的法門，他的門徒、曹洞宗另一創始人曹山本寂（西元 840–901 年）也相隨提倡「即相即真」（**注 42**），認爲所觸的事相皆真，也即主張從形相見本質，從現象顯本體，形相即本質，現象即本體。

石頭宗人繼承華嚴思想，提倡理事圓融，但又強調「渠今正是我，我今不是渠」，強調事是理，而理不是事，要從事見理，突出理不同於事，從而又表現出與華嚴宗人的思想差異。

四、無心合道

石頭宗人還重視吸取般若空宗和牛頭宗的理論，並結合中國傳統的道家學說，宣揚無心合道的思想。

「道」，禪宗是指禪道，佛道。道既是宇宙萬物本質的總概括，也是禪修的終極境界。希遷提倡「觸目會道」，即通過直感與道合一。爲此他十分重視破除一切執著，破除眾生知見。如有僧人問如何是解脫，他回答：「誰縛汝？」又問如何是淨土世界，他答道：「誰垢汝？」再問如何是涅槃，他答：「誰將生死與汝？」（注43）門人大顛和尚向他請教：「古人云：『道有道無是二謗』，請師除。」他說：「一物亦無，除個什麼？」他接著對大顛說：「併卻咽喉脣吻道將來。」大顛說：「無這個。」他說：「若憑麼即汝得入門。」（注44）希遷強調破除對佛境以及對道有道無等的種種執著，強調「一物亦無」，實質上也就是主張主體無心，心無所寄，提倡無心合道的禪修。

希遷以後，石頭宗人也紛紛宣揚無心合道的思想，如德山宣鑒說：「於己無事則勿妄求，妄求而得亦非得也。汝但無事於心，無心於事，則虛而靈空而妙。」（注45）妄求是有心，無心是勿妄求，也就是要做到心上無事、事上無心，這樣也就達到虛空靈妙的境界。石頭宗人中最積極宣揚無心合道的是洞山良价，他有一首著名的〈無心合道頌〉，文云：「道無心合人，人無心合道。欲識個中意，一老一不老。」（注46）「道」，此指宇宙萬物的體性。這是以道和人相對，講合道和合人的不同特點。「道無心合人」是說，道體以其無所不在的特性（全體性、整體性）而自然地合人，即遍於人的身心。「人無心合道」的無心，是針對人有心（分別心）而特意強調的修持要求。良价說過這樣的話：「直須心心不觸物，步步無處所。」（注47）「夫出家之人，心不附物，是真修行。」（注48）衆生不覺悟，心心觸物、附物，真正的修行就是要不觸物、不附物，這就是無心。也就是說，無心是無心於物，不追求物，不執著物。人只有無心於物才能契合道，即只有超脫物的束縛才能體認道體。人體認道，人與道契合，也就是人合道。道合人，不等於人合道。這裡的原因是人老道不老。老是指的人身相續變異，而道則是不老，是無變異的，永恆的。短暫的人，契合永恆的道，人歸屬於道；永恆的道遍於短暫的人之中，但永恆不同於短暫，道不同於人。

良价的「道無心合人，人無心合道」的頌句，在禪林裡產生了巨大的影響。他的弟子龍牙居遁禪師作頌十八首，闡發了無心合道的思想。先引三首頌文如下：

> 尋牛須訪跡，學道訪無心。跡在牛還在，無心道易尋。（注49）
>
> 夫人學道莫貪求，萬事無心道合頭。無心始體無心道，體得無心道亦休。（注50）
>
> 心空不及道空安，道與心空狀一般。參玄不是道空士，一乍相逢不易看。（注51）

這三首頌文的思想要點有三個：一，無心是學道的根本途徑；二，無心也就是心空，其內涵是不貪求，對萬事萬物都不貪求；三，心空與道空狀同一般，但參玄者應當由無心而合道，達到道空即「道亦休」的境界。居遁禪師還發展良价的思想，進一步打通人心與道的思想界限，認爲人心與道是無異的，史載：

> 問：「如何是道？」師（居遁）曰：「無異人心是。」又曰：

「若人體得道無異人心，始是道人。若是言說，則勿交涉。道者，汝知打底道人否？十二時中，除卻著衣吃飯，無絲發異于人心，無誑人心，此個始是道人。若道我得我會，則勿交涉，大不容易。」（注 52）

這裡講的「道無異人心」的人心是指人的本心，真心，也就是無心（注 53）。人的真心、無心就是道，能體悟到道與人心的一致，就是禪修成功的道人。要達到這種境界，需要在日常行事中隨時注意保護真心，不損害真心，否則是難以得道的。

無心合道與即事見理是一致的，兩者是石頭宗人禪修的途徑和所達到境界的不同表述。居遁十八首頌中還有一首頌云：

眉間毫無焰光身，事見爭（怎）如理見親。事有只因於理有，理權方便化天人。一朝大悟俱消卻，方得名為無事人。（注 54）

這是說理比事更根本，理見比事見更重要。見理是修持的根本，一旦體悟事理圓融，就是獲得解脫的「無事人」。匡逸禪師也說：「不見先德云：『人無心合道，道無心合人。』人道既合是名無事人。」（注 55）即事見理和無心合道都同爲「無事人」。理和道是相通的，見理和合道是一回事。在禪修實踐上無心與見事是統一的，這就是無心於事，萬事無心，如此才能見理合道。

在慧能前，牛頭山法融禪師曾反對道信、弘忍的東山法門「安心方便」說，提倡「無心合道」說。法融所講的無心是指心性本空，道是指具有虛性、無分別性、無限性和無所不在性特徵的宇宙本質，無心合道就是主體無心而悟達宇宙萬物的虛空、本無。法融講的道，也稱爲理，無心合道也可以說是「冥心入理」。牛頭禪的無心合道思想對石頭宗人的影響頗大，以致成爲石頭宗區別於洪州宗和荷澤宗禪法的重要特徵。宗密在《禪源諸詮集都序》卷上之二就將石頭、牛頭並舉，共列爲「泯絕無寄宗」，文說：

> 泯絕無寄宗者，說凡聖等法，皆如夢幻，都無所有。本來空寂，非今始無。即此達無之智亦不可得。平等法界，無佛無眾生，法界亦是假名。心既不有，誰言法界？無修不修，無佛不佛。沒有一法勝過涅槃，我說亦如夢幻。無法可拘，無佛可作。凡有所作，皆是迷妄。如此了達，本來無事，心無所寄，方免顚倒，始名解脫。石頭、牛頭下至徑山，皆示此理。（注56）

在此，宗密揭示了石頭和牛頭兩宗「無心合道」思想的空寂性質，應當說，這是符合史實的。但是宗密作爲華嚴禪的倡導者，沒有指出華嚴宗理事圓融思想對石頭宗人的影響以及由此帶來的石頭宗與牛頭宗的思想差異，這又是令人費解的。

五、無情說法

禪宗裡最早講山河大地、花草樹木等無情之物也有佛性，無情也可成佛的是牛頭宗法融，後來慧能弟子南陽慧忠國師更進一步認爲，不僅無情有性，而且無情也在說法。無情說法只有無情才能聽得到，人是無法聽到的。石頭宗人受這種思想的影響，也同唱無情有性和無情說法。

石頭希遷在回答門徒的問題時，有這樣的話：

> 問：「如何是禪？」師曰：「碌磚。」又問：「如何是道？」師曰：「木頭。」（注57）

這是爲了截斷提問者向外追求所作的回答，這種回答明確地表示了希遷將道與禪視爲一事，也就是以道論禪，而且認爲道與禪是遍於一切，無所不在的，連無情之物的碌磚、木頭也是禪，也是道。實質上這是無情有性說的一種變相。

洞山良价因對慧忠國師的無情說法未究其竟，曾向洪州宗人溈山靈祐請問，靈祐又介紹他到雲岩曇晟那裡去討教，史載：

> 既到雲岩，問：「無情說法，什麼人得聞？」雲岩曰：「無情說法，無情得聞。」師曰：「和尚聞否？」雲岩曰：「我若聞，汝即不得聞吾說法也。」曰：「若憑麼即良价不聞和尚說法也？」雲岩曰：「我說法汝尚不聞，何況無情說法也。」師乃述偈呈雲岩曰：「也大奇，也大奇，無情說法不思議；若將耳聽聲不現，眼處聞聲方可知。」（注58）

雲岩和慧忠的觀點一樣，也認爲無情說法只有無情得聞。良价通過參究領悟到無情說法是不可思議的，是人們感官難以直接感知的，也是難以用語言文字表述的。人們通常是耳聽聲，眼觀色，而對於無情說法則是「眼處聞聲方可知」，言外之意是只有自心才能直接體悟到。我們也許可以這樣講，良价因涉水覩影而悟雲岩「即這個是」的意旨，是得聞無情說法的結果吧！

從佛教理論思維來看，有兩條理路通向主張無情有性、無情說法：其一是吸取中國傳統的道無所不在的理念，結合佛教的真如遍在的思想，強調道、真如遍於無情，由此無情也有佛性，也能成佛，甚至也在說法；另一條是按照佛教的萬法由心造，即萬物不離心而存在的理論，無情之物也是不離心，心物一體，而心是有知的，有佛性的，無情之物也由此而有知、有佛性。這是分別從宇宙本體和主體本體，即客觀和主觀兩方面推論出無情有性和無情說法的主張。但這種主張並不是佛教各派都贊成的，在禪宗內部，荷澤宗就持相反的立場。

六、一心為宗

五代宋初的延壽（西元 904–975 年）是法眼宗文益的再傳弟子，他對當時的禪風深爲不滿，說：「如今多重非心非佛，非理非事，泯絕之言，以爲玄妙，不知但是遮詮治病之文，執爲方便，以爲標的。卻不信表詮直指之教，頓遺實地，昧卻真心。」（**注 59**）認爲當時一些禪師（**注 60**）一味講非心非佛、非理非事、不懂這種泯絕一切的說法只是參禪的方便而已。如此不相信和否定佛典言教的作用，勢必會流於空疏、放蕩、昏昧、埋沒真心。根據法眼宗的「禪尊達摩，教尊賢首」的傳統，他吸取宗密華嚴禪的思路，把禪宗南宗的頓悟和華嚴宗的圓修結合起來，提倡「直入頓悟圓修」，他力主禪教統一，還積極調和各教教義，宣傳禪淨合一。爲禪宗開拓了新的走向，影響極爲深遠。

爲了整合禪宗和其他宗派的義理思想，延壽在其所編撰的百卷巨製《宗鏡錄》中提出以「一心爲宗」的命題，竭力以「心宗」來統一佛教各宗各派的學說。他所闡發的一心思想與華嚴禪的心性論頗爲相近。延壽想通過整合各宗派，打通與南岳洪州宗的界限，實際上仍表現出與洪州宗心性論，尤其是禪修方法的對立。

延壽在爲《宗鏡錄》釋名時說：「舉一心爲宗，照萬物如鏡。」（**注 61**）宗，指正宗、宗旨。「舉一心爲宗」即是以一心爲宗、心即是宗，即是佛教的正宗、宗旨。實際上，心宗也就是禪法、禪宗。「照萬物如鏡」，是說觀照萬物如同鏡子一般明徹。在延壽看來，心在佛教教義中居於首要的、中心的地位，一切法唯心所造，「一切法中，心爲上首」（**注 62**），「一切明中，心明爲上」（**注 63**）。那麼，延壽是怎樣論述心的內涵、功能的呢?

延壽主要是從揭示眾生成佛之源的角度來闡述心的，他說:「約今學人隨見心性發明之處，立心爲宗。」(注64)他重視發明心性，他所講的心是指真心、本心，也稱真如心、自性清淨心、如來藏，他說:

一乘法者，一心是。但守一心，即心眞如門。……心無形〔無〕色，無根無住，無生無滅，亦無覺觀可行。若有可觀行者，即是受、想、行、識，非是本心，皆是有為功用。諸祖只是以心傳心，達者印可，更無別法。……從心所生，皆同幻化，但直了眞心，自然眞實。(注65)

「覺觀」，指尋求推度和思維作用。這是說，佛化導眾生成佛的教法，是講傳一心，也即教人要守真如妙心。禪宗諸師就是以心傳心，對直達本心者給予印可，此外並無他法。凡是由一般心識活動所產生的，都如同幻化一般，是不真實的，但若直接了悟真心，則是自然真實的。在延壽看來，這一真心才是眾生成佛的基礎。

在把心性定爲真心的同時，延壽還闡發了心的內涵、結構。《宗鏡錄》卷34載:

設有人問:「每聞諸經云，迷之即垢，悟之即淨，縱之即凡，修之即聖，能生世出世間一切諸法，此是何物?」(此舉功能義用問也)答云:「是心。」(舉名答也)愚者認名，便為己識，智者應更問:「何者是心?」(徵其體也)答:「知即是心，(指其體也)(注66)此一言最親最的。」(注67)

這段話涉及心的名、體、用。延壽認爲心是名字，能生世間和出世間一切事物是心的功用，從體上說，「知即是心」，知是心的體，即心之所以爲心的體性。那麼這裡的知指什麼呢?作爲真心的本有體性，

知是了了常知。延壽在闡釋知的含義時說:

> 此言知者，不是證知，意説眞性不同虛空、木石，故云知也。非如緣境分別之識，非如照體了達之智，直是眞如之性，自然常知。（注68）

延壽所講的知，是指真如之性，即心的本有體性，它既不同於對外界事物進行主觀分別的「識」，也不是悟照體性了達實相的「智」。「此真心自體之知，即無緣心，不假作意，任運常知，非涉有無，永超能所。」（注69）這種知是真心自體的知，是無緣思慮的自然常知，是不涉有無判斷又超越主（能）客（所）的知見。這種知是一種解知，不是證知。眾生自體的解知需要教義的印證，他引南陽慧師的話:「禪宗法者，應依佛語一乘了義，契取本原心地，轉相傳授，與佛道同。」（注70）強調要以教義來契取本原心地，即發明心性，達到解悟，以與佛道同。延壽認爲在解知、解悟的基礎上還應繼續修習，以求證知、證悟，即能如實體驗而證悟佛教真理，進入佛境。

延壽認爲心具有性與相即體與用兩個層次，他說:

> 性相二門，是自心之體用。若具用而失恆常之體，如無水有波；若得體而缺妙用之門，似無波有水。且未有無波之水，曾無不濕之波。以波澈水源，水窮波末，如性窮相表，相達性源。（注71）

延壽認爲，心的性相體用，猶如水與波一樣，是相成共存的關係，也是本與末、本原與現象的互顯關係。延壽還把心的性相體用與心的空有、理事、真俗溝通對應起來，他說:

> 此空有二門，亦是理事二門，亦是性相二門，亦是體用二門，亦是眞俗二門，……或相資相攝，相是相非，相遍相成，相害相奪，相即相在，相覆相迷，一一如是，各各融通。今以一心

> 無性之門，一時收盡，名義雙絕，境觀俱融，契旨妄言，咸歸宗鏡。（注72）

「無性」即相空。這是說，空有、理事、性相等不同二門都是相融相通的。今以「一心無性」的法門，收盡空有、理事、性相等二門，名義絕滅，主客相融，忘言契理，以同歸於禪旨。

這裡，令人注意的是，延壽不僅把理事與性相、體用、真俗、空有打通，而且對理事尤爲重視，他在回答「云何唯立一心，以爲宗鏡」的問題時說：「此一心法，理事圓備。」（注73）強調心中理事圓融是立一心爲宗鏡的根本原因。他在《萬善同歸集》卷上開宗明義就指出，萬法惟心，而修行須依理事，並就理事關係展開論述。他說：

> 若論理事，幽旨難明。細而推之，非一非異。是以性實之理，相虛之事，力用交徹，舒卷同時。……事因理立，……理因事彰。……若離事而推理，墮聲聞之愚；若離理而行事，同凡夫之執。……同塵無閡，自在隨緣。一切施為，無非無佛。（注74）

這是說，理與事是不一不異的關係，應以理事圓融思想指導修持，如此則自由自在，隨緣任運，一切修行都是佛事了。

延壽認爲，具有上述內涵的真心是遍於凡聖的：「一切法界十方諸佛、諸大菩薩、緣覺、聲聞、一切眾生皆同此心。」（注75）這一心法「是大悲父、般若母、法寶藏、萬行原」（注76），眾生若了悟真心則頓成佛慧。延壽總結性地強調真心是眾生成佛的根源。

石頭宗內部各派對於心性論的具體觀點雖有所不同，但基本主張是一致的。從以上我們對石頭宗的心性論的簡要論述來看，其間最值得注意的是：一、石頭宗的心性論的基石是真心（本心）說，這種真心說不僅和南宗荷澤宗一系的心性論同出一轍，而且和南宗洪州宗一系的心性論也並無二致，研究、了解和把握真心說，是打開慧能一系禪宗乃至全部禪學理論的鑰匙。二、石頭宗一系的曹洞、雲門和法眼三宗都繼承了希遷的靈源與枝派、理與事、本與末的思想，重視開發內在心性，突出事理圓融，從事見理，即事而真。但三宗也有一定的區別，相對而言，曹洞最重視理事圓融，重視心的本覺，雲門強調一切現成，法眼宗突出「盡由心造」，也講事理圓融。三、石頭宗人吸取華嚴禪和牛頭禪的思想，既以知爲心體，講理事圓融，又提倡無心合道，這其間，解知與無心如何協調，理事圓融與無心合道如何統一，禪師們雖在理論上作了溝通，但把解知與無心都定爲不執著外物，把理與道對應等同起來，似乎尚有理論上的某些矛盾在。四、石頭宗人繼承了佛教的「盡由心造」的基本思想，然外物究竟如何由心造，是一個令不少禪師感到困惑的大問題；同時又吸取道家的最高的範疇「道」，強調會道、合道，如此作爲萬物本源的心，和作爲萬物最高終極存在的道，就同爲心性論的最基本範疇，心與道究竟如何在哲學思維上貫通起來，禪師們在論述時，似乎尚有困惑在。五、石頭宗的心性論，由於重視理事關係和心物關係的闡述，因此對宋明理學和心學所產生的影響是至深且巨的。

注解

注 1 見《宗鏡錄》卷97，大正藏第48卷，第940頁中。

注 2 此句《高麗大藏經》本作「覽萬像以成己者」，今據《肇論中吳集解》本改。

注 3 見《高麗大藏經・補遺》第45卷，第257頁中。

注 4 此論是否為僧肇所作，學界有不同看法。

注 5 《景德傳燈錄》卷14〈南岳石頭希遷大師〉，大正藏第51卷，第309頁中。

注 6 《景德傳燈錄》卷14〈潮州大顛和尚〉，大正藏第51卷，第313頁上。

注 7 見《景德傳燈錄》卷25〈杭州眞身寶塔寺紹岩禪師〉，大正藏第51卷，第415頁中，下。

注 8 《景德傳燈錄》卷18〈福州玄沙師備禪師〉，大正藏第51卷，第345頁上。

注 9 「醒」，原作「省」，據上下文義改。

注 10 《景德傳燈錄》卷26〈溫州瑞鹿寺本先禪師〉，《大正藏》第51卷，第427頁上、中。

注 11 《景德傳燈錄》卷28〈大法眼文益禪師語〉，大正藏第51卷，第448頁中。

注 12 《景德傳燈錄》卷5〈吉州青原山行思禪師〉，大正藏第51卷，第240頁中。

注 13 《景德傳燈錄》卷14〈潭州招提寺慧朗禪師〉，大正藏第51卷，第311頁中。

注 14 《景德傳燈錄》卷14〈潮州大顛和尚〉，大正藏第51卷，第312頁下，第313頁上。

注 15 《景德傳燈錄》卷14〈南岳石頭希遷大師〉，大正藏第51卷，第309頁中。

注 16 《景德傳燈錄》卷28〈大法眼文益禪師語〉，大正藏第51卷，第

448頁中。

注17 《景德傳燈錄》卷25〈杭州寶塔寺紹岩禪師〉，大正藏第51卷，第415頁中。

注18 《景德傳燈錄》卷30〈丹霞和尚玩珠吟二首·其二〉，大正藏第51卷，第463頁下。

注19 《五燈會元》卷7〈德山宣鑒禪師〉，中華書局，1984年10月版中冊，第374頁。

注20 《景德傳燈錄》卷14〈鄧州丹霞山天然禪師〉，大正藏第51卷，第311頁上。

注21 《景德傳燈錄》卷30〈南岳石頭和尚<參同契>〉，大正藏第51卷，第459頁中。

注22 《景德傳燈錄》卷25〈杭州報恩寺慧明禪師〉，大正藏第51卷，第410頁中。

注23 同上。

注24 《景德傳燈錄》卷25〈杭州靈隱清聳禪師〉，大正藏第51卷，第413頁上。

注25 《景德傳燈錄》卷26〈溫州瑞鹿寺本先禪師〉，大正藏第51卷，第427頁中。

注26 《五燈會元》卷10〈清涼文益禪師〉，中華書局，1984年10月版，中冊，第560–561頁。

注27 《景德傳燈錄》卷28〈大法眼文益禪師語〉，大正藏第51卷，第448頁下。

注28 《景德傳燈錄》卷25〈天台山德韶國師〉，大正藏第51卷，第408頁中。

注29 同上書，第409頁上。

注30 同上書，第409頁下。

注31 《景德傳燈錄》卷30〈參同契〉，大正藏第51卷，第459頁中。

注32 參見呂澂，《中國佛學源流略講》第239頁，中華書局，1979年版。

注33 「十玄門」，是華嚴宗人從十個方面説明本體與現象、現象與現象的圓融無礙關係的法門。

注34 《景德傳燈錄》卷30〈參同契〉，大正藏第51卷，第459頁中。

注35 同上。

注36 同上。

注37 同上。

注38 《景德傳燈錄》卷30，大正藏第51卷，第459頁中。

注39 同上。

注40 《景德傳燈錄》卷15〈筠州洞山良价禪師〉，大正藏第51卷，第321頁下。

注41 同上。

注42 《景德傳燈錄》卷17〈撫州曹山本寂禪師〉，大正藏第51卷，第336頁上。

注43 《景德傳燈錄》卷14〈南岳石頭希遷禪師〉，大正藏第51卷，第309頁中。

注44 同上。

注45 《景德傳燈錄》卷15〈朗州德山宣鑒禪師〉，大正藏第51卷，第317頁下。

注46 《景德傳燈錄》卷29，大正藏第51卷，第452頁下。

注47 《景德傳燈錄》卷15〈筠州洞山良价禪師〉，大正藏第51卷，第322頁上。

注48 同上書，第323頁中。

注49 《景德傳燈錄》卷29，大正藏第51卷，第453頁中。

注50 同上書，第453頁上。

注51 同上。

注52 《景德傳燈錄》卷17〈湖南龍牙山居遁禪師〉，大正藏第51卷，第

337頁下。

注53 居遁有頌云:「唯念門前樹,能容鳥泊飛。來者無心喚,騰身不慕歸。若人心似樹,與道不相違。」見《景德傳燈錄》卷29,大正藏第51卷,第452頁下。

注54 《景德傳燈錄》卷29,大正藏第51卷,第453頁上。

注55 《景德傳燈錄》卷25〈金陵報恩匡逸禪師〉,大正藏第51卷,第411頁中。

注56 大正藏第48卷,第402頁下。

注57 《景德傳燈錄》卷14〈南岳石頭希遷大師〉,大正藏第51卷,第309頁下。

注58 《景德傳燈錄》卷15〈筠州洞山良价禪師〉,大正藏第51卷,第321頁下。

注59 《萬善同歸集》卷上,大正藏第48卷,第959頁上。

注60 實指洪州宗和石頭宗中的曹洞宗等禪師。

注61 《宗鏡錄・序》,大正藏第48卷,第417頁上。

注62 《宗鏡錄・序》卷2,大正藏第48卷,第423頁中。

注63 同上。

注64 《宗鏡錄》卷1,大正藏第48卷,第417頁中。

注65 《宗鏡錄》卷2,大正藏第48卷,第426頁上。

注66 以上四處括號內的文字,有的版本作為本文,有的作為注釋,似應為注釋。

注67 大正藏第48卷,第616頁下。

注68 大正藏第48卷,第615頁上。

注69 同上書,第615頁中。

注70 《宗鏡錄》卷1,大正藏第48卷,第418頁下。

注71 同上書,第416頁中。

注72 《宗鏡錄》卷8,大正藏第48卷,第458頁下。

注 73 《宗鏡錄》卷 2，大正藏第 48 卷，第 424 頁下。

注 74 大正藏第 48 卷，第 958 頁中。

注 75 《宗鏡錄》卷 2，大正藏第 48 卷，第 424 頁下。

注 76 同上。

牛頭法融及其禪法

楊曾文

北京社科院宗教研究所佛學研究室主任

牛頭山，今稱牛首山，在今南京市中華門外，曾是唐代禪宗的一派 — 牛頭宗的傳法中心。牛頭宗奉法融爲始祖，中唐以後在江南一帶曾相當盛行。

本世紀、二三十年代以來，從敦煌遺書中發現大量早期禪宗文獻，其中有多種《絕觀論》的抄本。日本學者對《絕觀論》進行了長期而細密的研究，現在已有更多的學者認爲此即法融的著述。在這一過程中，對法融和牛頭宗也作了比較深入的研究。

本文擬利用日本學者的研究成果，對法融及其禪法思想進行概要論述，希望能引起中國學者研究牛頭宗的興趣，並以此作爲向印順法師九十大壽的祝賀。

一、法融和牛頭宗

關於法融的生平事跡，唐朝道宣（596–667）在《續高僧傳》的〈習禪六之餘〉有載，是在他完成初稿後增補的。道宣與法融大致爲同時代人，比法融晚卒十年，所寫法融傳記是可信的。對此，國內外學術界沒有異議。此外，唐惠詳《弘贊法華傳》卷三〈法融傳〉可供參考。在禪宗相當盛行之後，法融的後裔出於對抗北宗以及與南宗並立的意圖，編述法融直承禪宗四祖道信禪法，自成傳法世系。在唐代李華（715–766）《潤州鶴林寺故徑山大師碑銘》（載《全唐文》卷三二〇）、劉禹錫（772–842）《牛頭山第一祖融大師新塔記》（《全唐文》卷六〇六），以及五代時期南唐靜、筠二禪僧所編《祖堂集》卷三〈法融傳〉、宋道原《景德傳燈錄》卷四〈法融傳〉等之中，對此都有詳略不同的記載。關於牛頭宗上承菩提達摩直至道信的禪法，自成禪法世系的說法，應當說它作爲法融之後牛頭宗自己傳承的祖統說是真實的，但卻不能看作是法融以來的真實可信的歷史。

下面對法融傳略以及後世牛頭宗所傳法融從道信受法和牛頭宗傳法世系進行介紹。

㈠法融的生平

法融（594–657），俗姓韋，潤州延陵（今江蘇鎮江市）人。年十九，博通經史，並讀佛典，曾說：「儒道俗文，信同糠粃；般若止觀，實可舟航。」（《續高僧傳》本傳（**注1**））自此決定出家，入茅山禮般若三論大師明法師（**注2**）爲師，剃髮爲僧，服侍左右，從學三論諸學。明法師是陳時著名三論名師建康興皇寺法朗（507–581）的弟子，陳末從法朗嗣法率弟子入茅山，終身不出，常弘三論。唐初法敏、慧暠等三論學者出於他的門下（《續高僧傳》卷十五〈法敏傳〉，卷十四〈慧暠傳〉）。《續高僧傳・法融傳》說明法師「三論之匠」，「譽動江海，德誘幾神，妙理真筌，無所遺隱」。法融在其門下除盡學三論之學外，還勤修禪定，思悟大乘教理。

唐貞觀十七年（643 年）法融在牛頭山幽栖寺的北巖之下，別立茅茨禪室，在此專心坐禪，數年之間前來修學者達百有餘人。在距幽栖寺十五里的地方有一座寺院名佛窟寺，原由南朝宋「劉司空」

所造，內有七庫藏有經史和圖畫：佛經、道書、佛經史、俗經史、醫方圖符。法融曾前來潛心閱讀藏書，「內外尋閱，不謝昏曉，因循八年，抄略粗畢」（《續高僧傳》本傳（**注3**））。因此，法融對佛典和儒道經史等，都有較深的研究，名聲逐漸爲遠近所知。

從以下幾個事實可知法融的學問和爲人。

1.法融不僅精通《般若經》及「三論」等大乘中觀論書，還通曉《法華經》、《華嚴經》、《大集經》、《維摩詰經》等。

2.除精通佛教義理之外，尤重坐禪，曾以爲「慧發亂縱，定開心府，如不凝想，妄慮難摧，乃凝心宴默於空林，二十年中專精匪懈，遂大入妙門」；在到佛窟寺書庫閱讀內外典籍後，又回到幽栖寺，「閉關自靜，房宇虛廓，惟一坐敷，自餘蔓草苔莓，擁結坐床，寒不加絮，暑絕追涼，藉草思微，用畢形有」（**注4**）。主張定慧應雙修，通過坐禪凝心來斷除妄念煩惱，在修行過程中要過嚴格艱苦的生活。

3.唐貞觀二十一年（647年）在巖下講《法華經》；永徽三年（652年）邑宰請法融到江寧（今南京）建初寺講《摩訶般若經》，在講到其〈滅諍品〉時，在義理上有所發揮，使得聽眾感到驚異，當時在座僧眾達千人之多；此外又應江寧令李修本之請，出山到江寧向僧俗三千餘人講《大集經》；顯慶元年（656年）應司功蕭元善之請到建初寺傳法。

4.唐初，法融爲了維護佛教教團的存在和發展，曾入京上奏交涉。原來在武德六年（623年）輔公祏在丹陽（今南京）起兵，稱帝，國號宋。翌年唐軍討伐輔公祏，吳越重歸唐土。左僕射房玄齡奏稱吳越一帶僧尼太多，「可依關東舊格，州別一寺，置三十人，餘者遣歸編戶」（**注5**）。當時吳越一帶有僧眾五千餘人。法融聽聞此訊後入京上奏陳理，表示反對限制僧尼人數。朝廷對其要求不予接受。房玄齡曾勸他還俗爲官,「五品之位,俯若拾遺」(**注6**),但他不爲所動。

5.唐高宗時,睦州(治今浙江建德)女子陳碩真與妹夫章叔胤反叛朝廷,自稱文佳皇帝,民眾從者以萬計。當時不少僧人逃到江寧一帶地方。法融所居牛頭山幽栖寺也有很多逃僧前來投奔,數目達三百多人,寺小已難接納。但法融採取來者不拒,不問僧之新舊,有飯同吃,禍福與共的態度,爲了保障寺僧食糧供給,甚至每日二三次到丹陽向信徒求援,一次能把一石八斗糧食擔回。百餘日後亂平,寺僧平安離去,無有受牽連者。

可見,法融不僅是個擁有淵博佛教義學的僧人,而且具有經營僧團,與社會上層人士交涉的閱歷,既能應請向眾多僧俗信徒說法,也能閉關凝心坐禪,刻苦修行。這一形象與後世南宗史書所載的「懶融」(《景德傳燈錄》卷四本傳語(**注7**))是不可同日而語的。

法融在顯慶二年(657年)閏正月二十三日卒於江寧建初寺,年六十四歲。有弟子道綦、道憑等人。

㈡作爲後世牛頭宗祖統說的法融傳記和傳法世系

法融被後世牛頭宗奉爲祖師,說他從禪宗四祖道信受法,自成傳法世系,即:

法融 ── 智巖 ── 慧方 ── 法持 ── 智威 ┬─ 慧忠
　　　　　　　　　　　　　　　　　　　 └─ 玄素

從道信至慧忠、玄素爲七代,若從法融開始到慧忠、玄素爲六代。此爲牛頭宗所奉的祖統說,但從史實考察是不足憑信的。

在所有有關資料中,劉禹錫在太和三年(829年)所寫〈牛頭山第一祖融大師新塔記〉是比較有影響的。太和三年浙江西道觀察使李德裕(787–849)出資令秣陵令爲法融造新塔,命劉禹錫記其事,即寫此〈塔記〉。其中說:

> 初摩訶迦葉受佛心印，得其人而傳之，至師子比邱，凡二十五葉，而達摩得焉，東來中華。華人奉之為第一祖。又三傳至雙峰信公。雙峰廣其道而歧之：一為東山宗，能、秀、寂其後也；一為牛頭宗，嚴持、威、鶴林、徑山其後也。分慈氏之一支，為如來之別子，咸有祖稱，粲然貫珠。
>
> 貞觀中，雙峰過江，望牛頭頓錫曰：此山有道氣，宜有得之者。乃東，果與大師相遇，性合神契，至於無言，同躋智地，密付眞印，揭立江左，名聞九圍，學徒百千，如水歸海。由其門而為天人師者，皆脈分焉。

是說在貞觀（627–649）年間道信過江訪見法融，向他傳授達摩法系的禪法，從此禪宗分爲兩支：一是以蘄州黃梅縣東山（馮茂山）爲中心的東山宗，南宗的慧能、北宗的神秀、普寂皆屬於這個法系；一是以牛頭山爲中心的牛頭宗，自法融之後，智巖（嚴）、法持、智威、鶴林玄素、徑山道欽繼承這個法系。按照這個說法，牛頭宗早於南宗和北宗，因爲南北二宗是從五祖弘忍之後分出的。劉禹錫寫此銘文時，北宗已經衰微，南宗開始興盛，馬祖和石頭的門徒活躍於南北禪林之中。劉禹錫在銘文中所說的牛頭宗傳法世系，當是採用了當時牛頭宗傳承的說法。在他所說的傳承世系中缺智巖之後的慧方。

在此前李華爲鶴林玄素（666–752）寫的〈潤州鶴林寺故徑山大師碑銘〉所記述的牛頭宗傳承世系是：

> 初達摩祖師傳法，三世至信大師。信門人達者曰融大師，居牛頭山，得自然智慧。信大師就而證之，且曰：七佛教戒，諸三昧門，語有差別，義無差別；群生根器，各各不同，唯最上乘，攝而歸一。涼風既至，百實皆成。汝能總持，吾亦隨喜。由是無上覺路，分為此宗。……融授巖大師，巖授方大師，方

授持大師，持授威大師，凡七世矣。

從道信至玄素爲七世。這裡說道信會見法融，爲他得「自然智慧」作印證（印可），並且告訴他說：一切教戒佛法，雖表述言詞不同，但根本義理沒有差別；衆生素質深淺不一，但最上乘的達摩禪法統攝一切佛法，可以爲一切衆生接受。以上情節大體爲以後的禪宗史書繼承，但對法融之後的牛頭宗六祖是誰，說法不一。唐代華嚴宗五祖宗密（780–841）的《圓覺經大疏鈔》卷三之下以慧忠（683–769）爲六祖，但又說：「智威弟子潤州鶴林寺馬素（玄素俗姓馬）和上，素弟子勁（當爲「徑」字）山道欽和上相襲傳此宗旨。」他在《禪源諸詮集都序》、《中華傳心地禪門師資承襲圖》中都對牛頭禪法作了評述。五代南唐靜、筠二禪僧編《祖堂集》卷三、宋道原《景德傳燈錄》卷四，也以慧忠爲六祖。

問題是這種傳承世系有多少真實性呢？是怎樣形成的呢？

前面提到，法融是從明法師受般若三論之學，並精《法華經》、《華嚴經》、《大集經》等的學僧，雖重禪修，可稱爲禪師（《唐高僧傳》把他歸於「習禪」篇），但與達摩禪系的人並無關係。如果說與明法師爲同輩的吉藏（549–623）是三論宗創始人，那麼，按隋唐時期中國宗派組織鬆散，宗派意識薄弱的特點來看，法融既不是三論宗的人，恐怕也難以說他是天台宗或其他宗的人。法融僅比道信（580–651）小十四歲，在晚年都已有名，後世所傳帶有神話色彩的道信過江向法融傳法的說法，是難以置信的。道宣《續高僧傳》在〈習禪六之餘〉中也補寫了道信的傳（**注8**），沒有道及向法融授法的事，也可以作爲證明。

被奉爲牛頭宗二祖的智巖（577–654）在《續高僧傳》卷二十有傳（**注9**）。他原是隋末唐初的武將，武德四年（621年）入舒州皖公山從寶月禪師出家，後在江寧一帶傳法。有弟子善伏，曾從道信受「入道方便」法門，從智巖受「無生觀」等（《續高僧傳》卷二十六本傳（注10））。惠明，也稱「青布明」，曾在智巖門下「諮請禪法」十年（《續高僧傳》卷二十（注11））。北宗法如（638–689）所曾師事的「青布明」（見〈法如禪師行狀〉，載《金石續編》卷六），大概就是惠明。但在《續高僧傳》的法融、智巖傳中，都沒有他們之間師資關係的記載，更沒有與達摩禪系有交涉的記述。儘管如此，我們也不能絕對排斥智巖在某一個場合曾聽法融講經說法，但這卻不是如牛頭宗所說的那種禪宗嗣法關係。至於善伏曾從道信受法，惠明曾傳法於法如，說明在智巖之後，其門下之間已開始發生聯繫。

至於三祖慧方，在《續高僧傳》、《宋高僧傳》皆無傳，僅在《景德傳燈錄》卷四有傳，謂從智巖嗣法，後傳法於法持，回到茅山。可信程度不高。

據學者考察，確實與達摩禪系建立關係的是牛頭四祖法持（注12）。法持（635–702）在《宋高僧傳》卷八有傳，他在十三歲時（647年）到黃梅禮謁五祖弘忍，「蒙示法要，領解幽玄」，後歸青山（即幽棲山，其境屬牛頭山（注13）），仍師事「方禪師」（當即慧方），後嗣法「紹跡山門，大宣道化」。在傳中插入這樣一段話：

> 時黃梅謝緣去世（按：黃梅弘忍卒於上元二年，西元675年），謂弟子玄賾曰：後傳吾法者可有十人，金陵法持即其一也。是知兩處禪宗，重代相襲。後以法眼付門人智威。（注14）

這當是《宋高僧傳》作者贊寧根據牛頭宗的傳承資料加進去的。在唐淨覺《楞伽師資記》（當撰於西元712–716年之間）中引有弘忍的弟子玄賾的《楞伽人法志》，謂弘忍死前對玄賾說：

> 如吾一生，教人無數，好者並亡。後傳吾道者，只可十耳。我

> 與神秀論《楞伽經》，玄理通快，必多利益。資州智詵、白松山劉主簿，兼有文性。莘州惠藏，隨州玄約，憶不見之。嵩山老安，深有道行。潞州法如、韶州惠能、揚州高麗僧智德，此並堪為人師，但一方人物。越州義方，仍便講說。（注15）

在保唐禪派的《歷代法寶記》除了增加玄賾，未加入惠能之外，名字全同，其中並沒有金陵法持。宗密《圓覺經大疏鈔》卷三之下所列弘忍十大弟子雖名字有異，但也無法持的名字。前引法持是弘忍十大弟子之一的說法顯然是出於牛頭宗的編造，編造者是在知道《楞伽人法志》之後，並有意把法持的法系附屬弘忍門下才造出這種說法的。《楞伽人法志》的編著時間應在神秀去世（景龍二年，西元708年）之後，此時法持已經去世。當時北宗由普寂（651–739）主持，在以東西二京爲中心的北方地區十分盛行。牛頭山教團由智威（646–722）主持，在佛教界已有較大影響，《宋高僧傳》卷八〈智威傳〉說：「望重一期，聲聞遠近，江左定學，往往造焉。」（注16）大概由智威或其教團中有影響的人物爲強調他們的禪法傳自東山法門，才造出法持爲弘忍十大弟子之一的說法。但此說傳承時間不長，到其弟子慧忠、玄素之時，牛頭山教團已不甘心於依附於弘忍之後的北宗，而出於對抗北宗的意圖，編造出新的傳法世系說，此即如前面李華〈故徑山大師碑銘〉、劉禹錫〈融大師新塔記〉所說的法融從道信受法，然後相繼傳承，自成世系的牛頭宗祖統說（注17）。

綜上所述，法融原是精於般若三論等經論的學僧，重視坐禪，在以東山爲中心的達摩系的禪法盛行之後，繼承法融法系的牛頭山教團有意向東山法門靠攏，曾從弘忍受法的法持被編造爲弘忍的在四方傳法的十大弟子之一；後來出於對抗北宗的意圖，又造出法融直承道信禪法，自成禪法傳承世系的牛頭宗祖統說。

二、法融的禪法

㈠宗密論牛頭宗禪法

華嚴宗五祖宗密自認爲承繼南宗荷澤神會（684–758）的法系，對禪宗有較深而且系統的研究。所著《禪源諸詮集都序》把當時已相當流行的禪學流派分爲十室，牛頭法融的禪系爲十室之一。這十室是：江西（馬祖道一的禪系）、荷澤（神會的禪系）、北秀（北宗神秀的禪系）、南侁（四川淨眾寺智詵的禪系，智詵是弘忍弟子）、牛頭、石頭（石頭希遷的禪系）、保唐（四川保唐寺無住的禪系）、宣什（四川果閬宣什的禪系，宣什是弘忍弟子）、稠那（北魏僧稠的禪系和求那的禪系）、天台（自智顗以來的天台宗禪系），其中屬於南宗的禪系最多。

按各個禪系的禪法要旨，可分爲三宗：一、息妄修心宗；二、泯絕無寄宗；三、直顯心性宗。三宗所依據的教法和常用的說法方式，有三教：相應於息妄修心宗是密意依性說相教；相應於泯絕無寄宗是密意破相顯性教；相應於直顯心性宗是顯示真心即性教。宗密把牛頭禪系歸爲泯絕無寄宗和密意破相顯性教之內。關於十室、三宗與三教的禪法主張，這裡不擬介紹，僅把宗密《圓覺經大疏鈔》、《中華傳心地禪門師資承襲圖》中對牛頭宗禪法的記述進行介紹。

《圓覺經大疏鈔》卷三之下把禪宗二十八祖付囑世系一一作了介紹，以達摩爲東土初祖，經慧可、僧璨、道信、弘忍，至慧能爲六祖，神會爲七祖，列出禪門七家：以神秀爲代表的北宗「拂塵看淨，方便通經」；以智詵爲代表的淨眾宗「三句（按：無憶、無念、莫忘）用心爲戒定慧」；以老安（慧安）、無住爲代表的第三家「教行不拘而滅識」；以馬祖爲代表的第四家「觸類是道而任心」；以牛頭法融爲代表的第五家「本無事而忘情」，謂：

> 言本無事者，是所悟理，謂心境本空，非今始寂。迷之為有，所以生憎愛等情；情生諸苦所繫，夢作夢受。故了達本來無事（注18），即須喪己忘情；情忘即度苦厄，故以忘情為修行也。……此以本無事為悟，忘情為修……此則一切皆無……休心不起。

第六家是以宣什爲代表的「藉傳香而存佛」的南山念佛禪；第七家是以荷澤神會爲代表的禪系「寂知指體，無念爲宗」。

在《中華傳心地禪門師資承襲圖》中對北宗、洪州宗（馬祖禪系）、牛頭宗、荷澤宗（神會禪系）又作了評述，其中對牛頭宗的介紹雖與前面所引基本相同，但文字有異，現引證如下：

> 牛頭宗意者，體諸法如夢，本來無事，心境本寂，非今始空。迷之為有，即見榮枯貴賤等事；事跡既有相違相順，故生愛惡等情；情生則諸苦所繫，夢作夢受，何損何益。有此能了之智，亦如夢心，乃至設有一法過於涅槃，亦如夢如幻。既達本來無事，理宜喪己忘情，情忘即絕苦因，方度一切苦厄。此以忘情為修也。
>
> 復有一類人，聞說珠中種種色皆是虛妄，徹體全空，即計此一顆明珠都是其空。便云都無所得方是達人，認有一法便是未了，不悟色相皆空之處，乃是不空之珠。（注19）
>
> 牛頭見解如此也。聞說空等者，諸部般若說空之經也。計此一顆等者，計本覺性亦空，無有所認。認有等者，聞說諸法空寂之處，了了能知，是本覺真心，卻云不了不知。心體不空。不空者，《涅槃經》說，如瓶中無物，名爲瓶空，非謂無瓶。言無者，心之中無分別貪瞋等念，名

爲心空，非謂無心。言無者，但爲遣卻心中煩惱也。故知，牛頭但遣其非，未顯其是。

牛頭以達空故，於頓悟門而半了；以忘情故，於漸修門而無虧。（注 20）

根據以上所引，牛頭宗的禪法理論主要有三個方面：

1.根據諸部《般若經》，認爲一切皆空，無論作爲主體的心，還是作爲客體的外境（對境），皆空幻如夢。此即是「本來無事」，是要求修行者應覺悟的真理。所謂心空，不僅與情欲相俱的妄心爲空，連了了能知的「本覺真心」（相當本心、佛性）也空。認爲，如果認爲心、境爲實有，便會隨著境遇的變化而產生愛惡的感情，從而永遠不能擺脫生死苦惱。

2.如果在認識上領悟了心境本空的道理，在修行過程中就應把「喪己忘情」作爲目標，此即通過凝心坐禪，使自己的心識達到與空寂相契合的境界，失去自我（注 21），忘卻一切感情欲望，這樣便可擺脫生死苦惱。

3.因此，與諸法性空相應的「無所得」是最高的覺悟境界。

宗密因牛頭宗主張心境皆空，連佛眾生也空無所有，「心無所寄」，故把它歸之爲「泯絕無寄宗」；又因它在教理上據諸部《般若經》及《中論》、《百論》、《十二門論》、《廣百論》等，認爲無法不空，「凡所有相，皆是虛妄」，故又把它歸入「破相顯性教」之中（「性」謂空性）。

宗密在《禪源諸詮集都序》的「泯滅無寄宗」段落，提到「牛頭，下至徑山，皆示此理」，可見他所介紹的是從牛頭法融到徑山道欽的牛頭宗的禪法。但可以想見，他是把法融的主張作爲主要依據的。那麼，他依據的是什麼著作呢？在宗密《圓覺經大疏鈔》卷十一上記載，牛頭法融著有《絕觀論》，說明他是看過此論的。此論久佚，本世紀三十年代由日本學者從敦煌遺書中發現。

㈡《心銘》和《絕觀論》

牛頭法融既通曉《般若經》、「三論」，又通曉《法華經》等經，但對後世影響最大的是他的以般若「三論」爲指導，以觀悟空義，達到泯滅差別觀念，忘卻自我爲目的的禪法。這在宗密的著作中可以得到證明。

法融的著作現存兩種：一是《心銘》，在《景德傳燈錄》卷三十有載；一是《絕觀論》，從敦煌遺書中發現。

《絕觀論》，也稱《入理緣門》、《菩薩心境相融一合論》、《三藏法師菩提達摩絕觀論》一卷，寫本有北京圖書館閏字 84、P2045、P2074、P2032、P2885、日本積翠軒石井光雄藏本。

鈴木大拙（1870–1966）在 1935 年於北京圖書館發現第一種，校訂後編入《校刊少室逸書及解說》（大阪安宅佛教文庫 1936 年版），因缺首部，用其尾題《觀行法爲有緣無名上士集》的字句，題爲《觀行法無名上士集》。鈴木在當時不認爲它與牛頭法融有關係，認爲是一位無名禪師集輯的。此文是問答體。鈴木認爲問者是無名禪師，答者是神會，說全文的思想是屬於慧能、神會系統的，貫徹著般若的空理（見《少室逸書解說》第四篇）。1937 年 1 月久野芳隆在《宗教研究》新 14–1 發表〈富於流動性的唐代禪宗典籍 — 敦煌出土的南禪北宗的代表作品〉爲題的論文，介紹了巴黎國立圖書館所藏敦煌文書伯希和本《絕觀論》三種（P2074、P2732、P2885）。鈴木大拙在同年 5 月的《佛教研究》1–1 上發表〈關於敦煌出土達摩和尙絕觀論〉，在介紹了前述三種《絕觀論》的同時，並以 P2885 爲底本，參照其他二本，對全文作了校勘和介紹。論文中言及《少室逸書》所收《觀行法無名上士集》是《絕觀論》的異本之一。1945 年鈴木與古田紹欽又發表了以石井光雄藏本爲底本，用其他四本校訂的《絕觀論》（京都弘文堂版）。戰後，柳田聖山在禪宗早期文獻的研究方面做出不少成績。1970 年他發表了〈絕觀論的本文研究〉（《禪學研究》五八），介紹了以上五本之外另一種敦煌本《絕觀論》(P2045)，並對此六本的題目及它們形成的前後關係作了探討，認爲題爲《入理緣門》的石井本和 P2732 本在時間上較早，又發表了用此六本互校的全文，文後附有詳細的校注。1976 年柳田聖山與常盤義伸等人合作出版了禪文化研究所的研究報告《絕觀論》，收錄了六種寫本的照片圖版，選擇其中形成較早的石井本爲底本，用 P2732 本校補，並參照其他四本進行校訂和補充，附有日譯、英譯和索引。這個《絕觀論》校本被認爲是一切校本中最好的。

關於《絕觀論》的作者，現在日本學術界一般認爲是牛頭法融的結論是可信的。在《宗鏡錄》卷九十七有「牛頭融大師《絕觀論》問云……」，雖所引用之文句在所發現的諸本《絕觀論》中找不到，但至少可證明法融確實著有《絕觀論》，又何況在《祖堂集》卷三〈法融傳〉中引有與敦煌本《絕觀論》文字相符合的字句。久野芳隆據此在1939 年12 月發表〈牛頭法融所受三論宗的影響 — 以敦煌出土本爲中心〉（《佛教研究》3-6），提出敦煌本《絕觀論》的作者是法融的主張。此後關口真大繼續研究，1940 年發表〈絕觀論撰者考〉（1940 年《大正大學學報》30、31），根據最澄與牛頭宗有密切關係，帶回不少牛頭宗典籍，其《傳教大師將來越州錄》有「《絕觀論》一卷」；宗密《圓覺經大疏鈔》卷十一上有「牛頭法融大師有《絕觀論》」，推定《絕觀論》是法融撰。1951 年關口又發表〈敦煌出土絕觀論小考〉（載《天台宗教學研究所報》一），根據《宗鏡錄》卷三十一（注22）、卷九、卷七七、《萬善同歸集》卷中所引牛頭法融的話與敦煌本《絕觀論》中的四則問答文字一致，論證《絕觀論》是法融所著。此後在其《達摩大師的研究》（彰國社1957年版）第2章第2〈達摩和尚絕觀論（敦煌出土）和牛頭禪〉中綜合以往所論，列出所有資料（包括《祖堂集》卷三），詳論《絕觀論》是牛頭法融所著。

對此也有反對意見，代表人物是鈴木大拙。他在1945年校訂出版《絕觀論》之際曾論證此論的作者應是菩提達摩，論中的「入理先生」取自《二入四行論》的「理入　」，是指達摩，後由神會系統的人加以集錄成文。到1951年刊行《禪思想史研究第二》（岩波書店版），收有巴黎本校訂的石井本和北京本《絕觀論》，在前面的論證中仍堅持此論爲達摩所述。他認爲敦煌本《絕觀論》與《宗鏡錄》上所引的《絕觀論》不是同一著述。

柳田聖山在《初期禪宗史書的研究》（法藏館1967年版）第三章第五節的注文中認爲《絕觀論》是法融著述是可能的，但它有不同的本子，即使延壽《宗鏡錄》、《注心賦》卷三所引用的《絕觀論》也不是同一種本子，但它們與敦煌本《絕觀論》有相通的地方。

筆者同意《絕觀論》是牛頭法融著述的結論，並認爲歷來傳世的《絕觀論》在傳抄過程中有不同的修改補充，現存幾個敦煌寫本在時間上也有形成先後的區別。柳田聖山等人所校訂的以石井本爲主，以P2732爲輔，校之以其他寫本的《絕觀論》，可以作爲最接近牛頭法融原著的《絕觀論》使用。本文後面所引證的《絕觀論》，即是這個校訂本。

㈢牛頭法融的禪法思想

《心銘》，在《景德傳燈錄》所載爲《牛頭山初祖法融禪師心銘》，是四言一句的偈頌。《絕觀論》是問答體，設置弟子名「緣門」，是發問者，師主名「入理先生」，應問作出回答。下面據此二文對法融的禪法理論進行介紹。

1.認爲「空」體現宇宙的真理 —— 所謂空爲「實相」、空爲道本

《絕觀論》開頭說：「大道沖虛，幽微寂寞，不可以心會，不可以言詮。」是說宇宙真理通過空來加以體現，它無形無聲，既不能由心來體認，也不可借助文字來加以表述。但爲了令世人明白空無之理，暫且設立賓主 ——「入理先生」和「緣門」二人對談，對此理進行宣釋。在《心銘》中的「至理無詮，非解非纏」，也含有這個意思。二文所講的空理不外兩個方面：一、從整體上講諸法性空，世界萬有皆虛幻不實；二、論人的主體心識也空無實體，並講「無心」與解脫成佛的關係。其中第二點是論述的重點。

關於一切皆空的論述，請看：

> 緣門起問曰：道究竟屬誰？答曰：究竟無所屬，如空無所依。道若有繫屬，即有遮有開，有主有寄也。
>
> 問曰：云何為道本，云何為法用？答曰：虛空為道本，參羅為法用也。
>
> 問曰：於中誰為造作？答曰：於中實無作者，法界性自然。
>
> 夫言實相者，即是空無相也。
>
> 三界如幻實空。（《絕觀論》）

道是宇宙的本體，是宇宙的真理，如同虛空那樣無所依屬，不受時間空間的制限。虛空是它的本然狀態，參羅萬象是它的作用（「道」、「法」在這裡同義）。沒有如同造物主那樣的造作者，世界本來是自然而然的。空幻無相，是宇宙的真實面貌。在這個論述中，顯然是受了《老子》論證「道」的影響。《老子》稱道是「無」、「一」，認

爲是世界萬有的本源，但又否定有造物主，說「人法地，地自然」。自然」。法天，天法道，道法自然」；「是以萬物莫不尊道而貴德……夫莫之命而常自然」。

既然道爲至高真理，而空又爲「道本」，那麼它與無形無象的佛的法身，便無有差別；也可以說，衆生若能領悟空理、實相，便與佛無別。《絕觀論》有曰：

> 問曰：既言空為道本，空是佛不？答曰：如是。
>
> 問曰：若空是者，聖人何不遣眾生念空，而令念佛也？答曰：為愚癡眾生，教令念佛。若有道心之士，即令觀身實相，觀佛亦然。夫言實相者，即是空無相也。
>
> 覺了無物，謂之佛；通彼一切，謂之道。

是說念佛與念空，無本質差別。對於根底淺的衆生，先教他們念佛，以此作爲誘導；對於掌握較深佛法的人，再教之以念空，觀空實相，而一旦領悟到世界一切爲空，即達到了佛的境界。

以上相當於宗密對牛頭宗禪法所歸納的「以本無事爲悟」、「就悟理而言者」（《圓覺經大疏鈔》卷三之下）。

2.體認「無心」，達到泯滅差別觀念的「無所得」境界

所謂一切皆空，是包括外境空，內心也空兩個方面的，即宗密所說的「心境本寂」。法融在《心銘》、《絕觀論》中用了最大篇幅論心的空寂。他說：

> 心性不生，何須知見，本無一法，誰論熏鍊。往返無端，追尋不見，一切莫作明寂自現。
>
> 三世無物，無心無佛，眾生無心，依無心出。（以上《心銘》）
>
> 曰：云何名心，云何安心？答曰：汝不須立心，亦不須強安，

可謂安矣。

問曰：若無有心，云何學道？答曰：道非心念，何在於心也。

問曰：若非心念，當何以念？答曰：有念即有心，有心即乖道，無念即無心，無心即眞道。

問曰：一切衆生實有心不？答曰：若衆生實有心，即顚倒；只為於無心中而立心，乃生妄想。

問曰：無心有何物？答曰：無心即無物，無物即天眞，天眞即大道。

本無心境，汝莫起生滅之見。（以上《絕觀論》）

「無心」這個概念有兩個意思，在兩種場合使用。一是從般若空義上說，是說心空，精神世界空，屬於所謂「悟理」的方面；一是通過悟理修行，達到泯滅一切有無、是非、我他、內外等差別觀念的精神境界。對於這種境界，雖人人有達到的可能性，但在實際上有很多人達不到，由此而有「凡聖」之別。

雖然在本質上是無心的，但世俗衆生都認爲有心。爲什麼呢？他們都不認識一切皆空的道理，在無心中強立自心，此自心不過是「妄念」。有此妄念，便生種種善惡、美醜、是非、好惡等等知見，所謂「有念即有心，有心即乖道」；於是便擺脫不了生死煩惱，《心銘》謂：「分別凡聖，煩惱轉盛，計較乖常，求真背正」。如果能領悟一切皆空、心亦空寂的道理，即可達到與宇宙真理相契合的精神境界，此即是「無心即無物，無物即天真，天真即大道」。這種精神境界用般若學說的術語來表述，就是「無所得」。

何爲「無所得」？此語與「有所得」相對，在《般若經》中被看作是與「畢竟空」相應的智慧（般若），有了這種智慧，不僅領悟一切皆空，而且認識一切現象皆無實在的本質，皆平等無二，世界上沒有任何對立和差別（**注23**），對任何事物既不去追求，也不棄捨。法融大致上也是從這個意義上使用「無所得」的。《絕觀論》有曰：

緣門問曰：夫言聖人者，當斷何法，當得何法而云聖也？入理曰：一法不斷，一法不得，即為聖也。

問曰：若不斷不得，與凡何異？答曰：不同。何以故？一切凡夫妄有所斷，妄有所得。

問曰：今言凡有所得，聖無所得，然得與不得，有何異？答曰：凡有所得，即有虛妄；聖無所得，即無虛妄。有虛妄故，即論同與不同；無虛妄故，即無異無不異。

問曰：若無異者，聖名何立？答曰：凡夫之與聖人，二俱是名；名中無二，即無差別。

《心銘》說：

樂道恬然，優遊眞實，無為無得，依無自出。

這是側重對世俗凡人與作爲賢聖的佛菩薩的精神境界的差別而言的。凡人認爲要斷除煩惱，積累功德，獲得種種智慧，才能達到解脫；而聖人立足於般若空義，不認爲有煩惱可斷，也不認爲有智慧可求，也不求積累功德，更沒有超凡入聖的追求。前者是有所得，因有所得是出於妄心，故把虛妄的東西看成是真實的，由此不能擺脫苦惱。後者是無所得，由於認識到境空心無，世上一切平等無二，故無所棄捨，無所追求。

在《絕觀論》、《心銘》中既貫徹著般若、三論的空義，又貫徹中道不二的思想，如前引文中認爲凡、聖無二，「無異無不異」；《絕觀論》又說「空色一合，語證不二」，主張在色（現實世界）中求證空理，於自語中求證真諦；又說「善惡無分別」，故可「行於非道，爲通達佛道」；在《心銘》中有曰：「不入不出，非靜非喧，聲聞緣覺，智不能論」，「正覺不覺，真空不空，三世諸佛，皆乘此宗」。根據這種思想，既可講非煩惱非菩提，非凡非聖，不空不有，又可講即煩惱是菩提，凡即是聖，空有不二。將此運用於解脫論上，可以得出修即不修，「行於非道，爲通達佛道」以及「一切眾生，本來解脫」（《絕觀論》），甚至可以得出取消一切修行的結論。

但是這實際是從真諦或第一諦的意義上講的，在俗諦或從實際生活中講，不僅應對上述空、不二之理進行認真領悟，還應結合悟理的過程斷除對境我的執著妄想。這個過程，即爲宗密爲牛頭宗禪法概括的「喪己忘情」的修行方法和內容。這從《絕觀論》、《心銘》的一些詞句中是不難理解的，如說「若不知實相之理，皆不免沒於裂地之患（按，意爲下地獄）」、「下、中、上修，能見自心妄想，知三界如幻實空，始可得免」（以上《絕觀論》）；「諸緣忘畢，詮神定質，不起法座，安眠虛室」（《心銘》），其中所說的「知」、「修」、「忘」，不都意味著要悟理，要修行嗎？

3.所謂「絕觀」、「絕觀忘守」

在《心銘》中的「絕觀忘守」，《絕觀論》題目的「絕觀」，到底是什麼意思。

首先，何爲「觀」，何爲「守」？「觀」是止觀的觀，禪觀的觀，梵文是vipaśyanā，音譯毘鉢舍那，意爲觀察，即在禪定狀態中觀想佛教義理或佛的形象。「守」，當爲「守一」或「守心」。「守一」即禪定、坐禪，如傳爲東漢嚴佛調譯的《菩薩內習六波羅蜜經》把禪定波羅蜜譯爲「守一得度」；吳維祇難等譯的《法句經》有「守一以正身，心樂居樹間」；「晝夜守一，必入定意」（**注24**）。「守心」，與守一大體同義，但一般側重「守真心」，是旨在斷除妄念使佛性顯現的禪法。當年道信《入道安心要方便法門》提出從五個方面觀心，其五是「守一不移，動靜常住，能令學者，明見佛性」（注 25）。弘忍《最上乘論》論守心是一切佛法中最上乘之法，說「但能凝然守心，妄念不生」；「守本真心，是涅槃之根本」；「我既體知眾生佛性，本來清淨，如雲底日，但了然守本真心，妄念雲盡，慧日即現。何須更多學知見，取生死苦、一切義理及三世之事。譬如磨鏡塵盡，明自然現」（注 26）。

法融從畢竟空的立場，認爲既無能觀之心，又無所觀之境，任何禪觀，無論是觀心還是斷除妄念，都不能成立，所以主張廢止禪觀，此即「絕觀」或「絕觀忘守」。此與其「喪己忘情」是一致的。《心銘》說：「心無異心，不斷貪淫，性空自離，任運浮沈」；「菩提本有，不須用守，煩惱本無，不須用除。靈知自照，萬法歸如，無歸無受，絕觀忘守」。這裡貫徹著「無所得」、「自然」的精神，萬有本空，無有所謂善惡、煩惱菩提等差別，一切平等無二，所以無須強自立心觀境，不必修持這樣或那樣的禪法。

當然，這也是從超言絕相的第一義諦的意義上講的，實際用意是叫人不要執著修持禪觀，不要迷信任何特定的禪法。在日常修行生活中，從法融到牛頭宗的歷代祖師實際並沒有廢棄修持禪定。這從有關史書記載是可以看到的。

1994 年 9 月 26 日於北京南方莊公寓。

此應釋恒清法師之請為祝印順法師九十歲大壽而著。

注解

注 1 大正藏卷五十，第603 頁下。

注 2 明法師，原做炅法師。《弘贊法華傳》卷三〈法融傳〉載：「乃依第山豐樂寺大明法師聽三論……」。湯用彤《漢魏兩晉南北朝佛教史》（中華書局1983年版）第十八章認為「第山」乃「茅山」之誤，炅法師即大明法師。今從之。

注 3 大正藏卷五十，第604 頁中。

注 4 大正藏卷五十，第603 頁下，604 頁中。

注 5 大正藏卷五十，第604 頁下。

注 6 同前注。

注 7 大正藏卷五十一，第227 頁上。

注 8 大正藏卷五十，第606 頁。

注 9 大正藏卷五十，第602 頁。

注 10 大正藏卷五十，第602–603 頁。

注 11 大正藏卷五十，第606 頁。

注 12 日本柳田聖山《初期禪宗史書的研究》（法藏館1967 年版）第三章第四節；《敦煌佛典和禪》（大東出版社1980 版）之三平井俊榮〈牛頭宗和保唐宗〉。

注 13 據《江南通志》卷十一，見日本鈴木哲雄《唐五代禪宗史》（山喜房佛書林1985 年版）第四章第二節的有關考證。

注 14 大正藏卷五十，第757 頁下。

注 15 大正藏卷八十五，第1289 頁下。

注 16 大正藏卷五十，第758 頁下。

注 17 在日本學者對牛頭宗祖統説的研究中，柳田聖山所作出的結論最具代表性，見《初期禪宗史書的研究》（法藏館1967 年版）第三章第四節。本文參考了他的論述。

注 18 「事」，原作「等」字，據《中華傳心地禪門師資承襲圖》改。

注 19 宗密以對摩尼寶珠的看法比喻四宗的見解。寶珠圓淨，能顯一切外界色相，以黑色譬如心之「靈明知見，與黑暗無明」。北宗認為珠黑，應磨拭擦洗；洪州宗認為黑色即是明珠；牛頭宗認為既然珠中色相皆是虛妄，故明珠亦空；荷澤宗認為淨明為珠之體，色相虛妄，黑原不黑，本來明淨。

注 20 《圓覺經大疏鈔》載《續藏經》第一編第十四、十五套。《中華傳心地禪門師資承襲圖》載《續藏經》第二編・甲・第十五套第五冊。

注 21 「喪己」，原出自《莊子・繕性篇》，原語是「喪己於物，失性於俗者，謂之倒置之民」。這裡的「喪己」是追逐外物，喪失自性的意思。牛頭宗是借「喪己」來比喻達到體認一切皆空的精神境界：外無境，內無我。

注 22 原作卷三十，實則在卷三十一有「融大師云……」。

注 23 《摩訶般若經》卷三〈集散品〉：「應觀諸法性空」，「諸法自相空故，不可得受」，「信諸法實相，一切法不可得故」，「於諸法亦無所得，無取無捨」；卷二十一〈三慧品〉：「諸有二者是有所得，無有二者是無所得」，「眼色為二，乃至意法為二」，「有所得、無所得平等，是名無所得」。以上所引分別見大正藏卷八，第 236 頁上，373 頁下。

注 24 分別見大正藏卷十七，第 714 頁中下；卷四，第 570 頁上，568 頁下。

注 25 見唐淨覺《楞伽師資記》，大正藏卷八十五，第 1288 頁上。

注 26 高麗本《禪門撮要》收《最上乘論》。

諷誦在大乘佛教中的意義

藍吉富

中華佛學研究所副研究員

一、緣起

本文所謂的「諷誦」，包含對佛經等文獻、章句或佛菩薩名號的各種形式的讀誦。所謂「各種形式的讀誦」，包含默念、有聲念、甚至於帶有音樂性的吟唱。

長久以來，「誦經」、「念佛」、「持咒」已經成了我國佛教徒的標幟之一。也有多數我國佛教徒，認為這些都是佛教的重要修行方式。而歷代佛教徒因爲諷誦而有所感應的事例，也在各種持驗錄中記載甚多。

在這種傳統的薰陶之下，原始佛教的修持方式、大乘佛教的其他觀行法門，在我國佛教界幾乎被誦經、念佛等「諷誦」式的宗教行爲所取代。宋代以來的大部分佛教徒、甚至於日本佛教界，幾皆如此。

面對中國佛教的這種趨勢，我們不禁要問：諷誦究竟有何宗教意義？除了念佛法門爲大家所習知之外，其他諷誦行爲的理論根據是什麼？中國與日本佛教界如此強調諷誦的現象，是佛教史的常態發展或異化現象？

本文是企圖爲這些問題尋找答案所作的初步探討。粗加爬梳，不遑深論。他日有暇，當再作詮解。

二、諷誦在《般若經》中所顯示的意義

在原始及部派佛教時代，諷誦經律，是修行之前的準備工作，主要意義即在使行者將教法憶持於心，然後再依教奉行。除此之外，諷誦某些經文，也有保護修行者的作用。在南傳《長部》〈阿吒曩胝經〉中，即載有佛陀勸比丘持誦〈阿吒曩胝經〉俾得毘沙門天王護佑的故事。這種思想，可能是南傳佛教迄今仍然奉行之誦持護身咒(paritta)習慣的起源。諷誦在南傳佛教中的作用，大抵即此二端而已。

到《般若經》出現之後，諷誦經典的效驗開始被大力宣揚。依《大品般若經》所載：

> 若書是深般若波羅蜜，受持、讀誦、正憶念、如説修行。當知是人，近阿耨多羅三藐三菩提不久。受持讀誦乃至正憶念……諸佛皆識，皆以佛眼見是善男子善女人。是善男子善女人供養功德，當得大利益大果報(**注1**)。

同書又云：

> 若善男子善女人受持深般若波羅蜜，讀誦説正憶念。復為他人種種廣説其義……是善男子善女人疾得阿耨多羅三藐三菩提，疾近薩波若(**注2**)。

像這樣的語句，在《大品般若經》中頗爲常見，其中有幾點值得注意：

㈠受持讀誦《般若經》不只可以得到大果報，而且可以「疾得阿耨多羅三藐三菩提」。可見「諷誦」的效驗已經開始與解脫目標——「成佛」有關，並不是僅得消災延壽之類的現世利益而已。

㈡經文中所謂的「善男子、善女人」，依照大乘經的通例，是指在家眾。因此，諷誦該經並未限定在出家眾範圍內。而是緇素二眾都可以奉行的法門。

《大品般若》之外，同屬於般若系經典的《金剛經》，對於諷誦的意義與功能，也一再地強調。該經以為:

㈠受持經中之四句偈等經文所得之福德，比用七寶布施恆河沙數之三千大千世界還要多。而且，「隨說是經乃至四句偈等，當知此處一切世間天人阿修羅皆應供養如佛塔廟，何況有人盡能受持讀誦。須菩提！當知是人成就最上第一希有之法。若是經典所在之處，則為有佛，若尊重弟子。」（注3）

㈡受持此經四句偈、為他人說，則所得福報勝過以七寶布施三千大千世界（注4）。

㈢受持讀誦《金剛經》的人，「如來以佛智慧悉知是人，悉見是人，皆得成就無量無邊功德。」（注5）亦即受持讀誦者，可以常得佛之護持。

㈣受持讀誦此經者，「則為荷擔如來阿耨多羅三藐三菩提。」（注6）

㈤《金剛經》之經義不可思議，而受持諷誦此經所得之果報亦不可思議（注7）。

類似這樣的描述，在《金剛經》中另有多處。這些描述，除了說明受持讀誦者可得不可思議果報之外，也透露出與個人成佛之道有關的信息。如前引第㈠項所說，受持讀誦此經者，「當知是人成就最上第一希有之法」，第㈣項也有「荷擔如來阿耨多羅三藐三菩提」的說法。這些語句加上整篇經文在「校量功德」方面的述說，以及前述《大品般若》「可以疾得阿耨多羅三藐三菩提」的宣示，使人隱約可見受持讀誦本身已經不是僅有「福德」而已，它本身應該就是一種大乘佛教的新穎修持法門。

說諷誦是修持法門，並不是說「不須如說修行」即可趣入佛果，而是因爲《金剛經》所宣說的核心理趣是一種極爲單純的概念（譬如「所謂佛法即非佛法」、「應無所住而生其心」等）。佛陀在該經中最主要的用意，是在宣示一種與部派佛教教義不同的新穎思想。這種新穎思想，不是複雜的哲理體系，而是一種認識諸法時所應採取的如實態度。所以，受持讀誦者如能相信、理解經文中所宣示的思想方向，並如理作意地行爲，則立刻可以步入該經義海之中，成爲依循《金剛經》的實踐者（如六祖慧能一聞便悟，其後無師自修，仍能徹悟）。「受持讀誦」之可視爲修行方式（至少是重要的修行階段），而不只是祈求福德的宗教行爲，其故即在於此。

「視諷誦爲修行」的看法在天親（世親）的《金剛仙論》（即《金剛經》之注釋）中可以得到佐證。該書云:

「此金剛般若理之與教，皆能津通行人，遠詣佛果。」**（注8）**

該書並且將「受、持、讀誦」三者明言爲三種修行:

「何者三種修行？一者受修行，謂從他邊受也。二者持修行，內自誦持，不令忘失。三讀誦修行，更廣讀眾經，亦名修行。……依此法門三種修行，得見佛性，決定無疑也。……但能轉讀眾經，亦名聞慧。此是讀誦修行也。」**（注9）**

依據天親的意思，「廣讀眾經，亦名修行。」讀誦可以修持聞慧，依此般若慧，自可「津通行人，遠詣佛果」。此一意義，與《金剛經》中所常宣示的福德果報，合而成爲諷誦的兩大宗教意義。可見諷誦《金剛經》是可以使人福慧雙修的。

三、諷誦在其他經典中所宣示的意義

除了般若系經典之外,《法華經》對於諷誦的價值也用相當多篇幅去強調。諷誦《法華經》所得的功德,比起般若系經典所說,尤有過之。

在現世利益方面,誦讀《法華經》至少可有下列等功德:

㈠「以佛莊嚴而自莊嚴,爲如來肩所荷擔。其所至方,應隨向禮。」(〈法師品〉)

㈡「如來以衣覆之,又爲他方現在諸佛之所護念。」(〈法師品〉)

㈢「讀是經者,常無憂惱,又無病痛……不生貧窮……刀杖不加毒不能害。」(〈安樂行品〉)

在成佛之道上,至少也有下列功德:

㈠「於未來世必得作佛」(〈法師品〉)

㈡「佛知其心深入佛道,即爲授記,成最正覺。」(〈藥王菩薩本事品〉)

除《法華經》之外,其餘大乘經典中,曾在經文內敘述諷誦功德的也爲數不少。大體而言,所述功德多爲諸天鬼神護持、得大福報等現世利益。至於偏重敘述慧業功德(如《持世經》)者爲數較少。甚至於也有全然不談諷誦受持利益的。依據筆者的抽樣檢查,像《法華經》、《金剛經》這樣反覆敘述諷誦受持功德的經典,並不多見。這大概也是古代中國佛教徒較常持誦此二經的原因之一吧!

四、諷誦與佛教各宗之關係

大乘經典中所宣示的諷誦功德，大體可分爲增長福德與增長慧業二類。這二類正是佛教徒所祈求的主要近程目標。從上引諸經論可知，諷誦縱使不能概括一切行門，至少可以成爲統領一切行門的樞紐。透過如此簡易的方式，而可以得到如許眾多的成果，當然信徒們歡喜奉行的。

在這種背景之下，諷誦乃爲大乘佛教及密教所競相採行。而所採取的方式，又依各經典中對諷誦意義的不同宣示、後世高僧大德的個人理解、及信徒體會的程度而互有不同。後世佛教界所發展出來的「諷誦文化」也就因此而顯得形形色色。

有些信徒只會讀誦而不甚解經義，但仍以誦經爲常課。此等人士固然有所不足，但是依經文所說，即使如此，也仍然有相當程度的福德，並非全無意義。

其次，透過以諷誦爲主體而編成的課誦內容、經懺儀軌，千餘年來更成爲中國佛教的重要活動。不論信徒、寺院的日課、或各種法會的內容，諷誦都是不可或缺的成分。其與中國佛教徒的關係，可謂已至水乳交融的程度。它不僅是中國佛教徒的主要行持，而且是佛教社會化的重要內涵，因爲任何大規模的佛教活動（如各種法會），都幾乎與諷誦有關。

此外，在佛教各宗派的活動中，諷誦所占的比重也不可忽視。

南傳佛教對諷誦的價值，雖然不如大乘佛教之強調，但是迄今仍有念誦護身咒 (paritta) 以加持信徒的習俗。錫蘭每年都要舉行瓦魯會 (Varupirita) 、徹夜會 (Tis paye pirita)，以及七日會等諷誦護身咒的法會。可見以南傳上座部自居的佛教徒也未能免俗（注10）。此外，現代泰國著名的高僧阿迦曼，在平素修持時也有諷誦經文的習慣，據《尊者阿迦曼傳》載：

「晚上，……大約在八點離開禪思步道以後，就會聽到他在住處輕聲地誦念著經典上的章節。在他靜坐禪思之前，這會持續好一陣子。」（注11）

可見以諷誦爲修持法之一，南傳比丘也有人依行。

諷誦在中外各宗派的實踐體系中，也往往有其不同的地位。淨土宗以「持名念佛」爲宗，其對諷誦佛名的強調，眾所週知，茲不贅述。此外，該宗對於諷誦淨土三經也甚爲重視，善導《觀經疏》〈散善義〉即以讀誦淨土三經爲「就行立信」中之「正行」（注12）。

密宗的修持原理是三密加持。三密之中的口密，所指就是諷誦。該宗對此一修持方式有相當精密的整理，譬如在念誦法方面有五種念誦，念誦的次數依不同修法而多寡不同，對諷誦效果、諷誦用具（如念珠等）的持法、加持法等也都有不同的規定。諷誦效驗也與諷誦數量之是否足夠有關，如準提咒須滿九十萬遍，百字明須滿十萬遍，始能有較具體的成果。質言之，諷誦是密教修法中極爲重要的一環，而且也是核心的修持法之一。

密教的諷誦，主要是持咒，淨土宗主要是念佛，相對於此，以諷誦經題及誦經爲本宗主要修持法的是日本的日蓮宗。

日蓮宗各派及受該宗影響的近代新興宗教（如創價學會、靈友會等），是日本影響力最大的宗教信仰。該宗的實踐方法，可以歸約爲「南無妙法蓮華經」七個字。日蓮宗的本門本尊——大曼荼羅的中心，寫的是這七個字，在本門戒壇前的懺悔法是唱唸這七個字 。而信徒平素最主要的修行方法就是諷誦這七字經題及《法華經》。

日蓮宗開宗於1253年（建長五年）。這一年日蓮三十二歲。四月二十八日早晨，他在清澄山上的「旭之森」地方，面向朝陽，以宏亮的聲音，朗誦「南無妙法蓮華經」七字，前後十遍。這是日蓮宗內有名的「立宗大宣言」。日蓮宗就是在唱題的諷誦聲中成立的。

日蓮本人的修行法門，主要就是唱題及諷誦《法華經》。當他被流放到伊豆地方時，他曾說：

「從去年五月十二日至今年正月十六日，二百四十餘日之間，晝夜十二時奉修《法華經》。爲《法華經》故，雖爲囚禁之身，於行住坐臥讀《法華經》而信行。受生於人間如此喜悅，又有何事能相比乎？」

一直到他臨終之時，他也是在眾弟子莊嚴諷誦「南無妙法蓮華經」聲中，安詳地入滅的。

對於日蓮提倡的佛法，我們可以將它命名爲「法華易行道」，而與淨土宗的「淨土易行道」相比擬。若從修持方式來看，則此二宗其實都是以諷誦爲主的「諷誦易行道」法門（**注13**）。

五、結語

透過上面的粗略分析，我們可以隱約地發現，在佛教的實踐體系上，諷誦的宗教意義並不稍遜於持戒與坐禪。諷誦文化在佛教內部的發展，橫的方面已經跨越中（漢藏二系）日各國，甚至於南傳佛教，縱的方面也發展成爲某一宗派的主要修持法（如淨土宗、日蓮宗）。因此，這一不甚爲佛教學者所重視的宗教行爲，其實具有相當程度的文化意義。

如果回溯到本文撰寫的原始動機，那麼，經過這些分析之後，也可以知道，如果我們接受大乘《般若》等經的宣示，則中日佛教對諷誦的發展應該是常態的，它是大乘佛法的進一步發展。而且，如依淨土宗與日蓮宗的看法，此三宗的諷誦方式，是可以取代其他大小乘的觀行法門而成爲主要修持法的。

注解

注 1 見《大智度論》卷六十七所引經文。大正25，頁529b。

注 2 同注1，大正25，頁617a。

注 3 印順《般若經講記》，頁70。81 年正聞版。

注 4 同前注，頁58。

注 5 同前注，頁97。

注 6 同前注，頁99。

注 7 同前注，頁106。

注 8 《金剛仙論》卷一，大正25，頁799b。

注 9 同前注，卷六，大正25，頁843a、c。

注10 大正16，頁435c。

注11 前田惠學《現代スリランカの上座部佛教》，頁213，1986 年，東京，山喜房。

注12 曾銀湖譯《尊者阿迦曼傳》，頁297，1993 年，臺北，光明堂。

注13 點校本《善導大師全集》，頁124，76 年，弘願文庫版。

注14 參見拙作〈日本日蓮系新宗教應用傳統佛法的態度與方式〉，收在《二十世紀的中日佛教》書中。80 年，臺北，新文豐版。

比丘釋寶唱是否《比丘尼傳》撰人的疑問

曹仕邦

中華佛學研究所副研究員

《比丘尼傳》四卷（注1）是中國佛門史籍中唯一專記載比丘尼事跡的史著，唐釋智昇（約730時人）《開元釋教錄》（以下引用簡稱《開元錄》，大正藏編號二一四五）卷六〈總括群經錄〉略云：

《比丘尼傳》卷四（本注：述晉、宋、齊梁四代尼行，新編入錄）。沙門釋寶唱（約495–528時人），梁都莊嚴寺僧也，俗姓岑氏，吳郡人。僧祐律師(445–518)之高足也。（寶唱）又別撰《尼傳》四卷（頁583上）。

《開元錄》稱梁代比丘釋寶唱是《比丘尼傳》的撰人，向來並無異議，然而仕邦現在卻感到有些疑問，故謹依管見論之如下：

一、釋寶唱事跡與《比丘尼傳》在目錄著作中的記載

寶唱事跡，見於唐釋道宣(596–667)《續高僧傳》（大正藏編號二〇六〇）卷一〈梁揚都莊嚴寺金陵沙門釋寶唱傳〉，略云：

釋寶唱，姓岑氏，吳郡人。年十八，投僧祐律師而出家，住莊

嚴寺。天監七年(508)，（梁武）帝（502–549 在位）敕（寶）唱自大教東流，道門俗士有敘佛理著作，並通鳩聚，號曰《續法輪論》，合七十餘卷。又撰《法集》一百三十卷，並（寶）唱獨專慮。（天監）十四年(515) 敕安樂寺僧紹撰《華林佛殿經目》，雖復勒成，未愜帝旨，又敕（寶）唱重撰。乃因紹前錄，甚有科據，雅愜時望。又敕撰《經律異相》五十五卷。初（寶）唱天監九年(510) 搜括列代僧錄，創別區之，號曰《名僧傳》，三十一卷，不測其終（頁 426 上 – 427 下）。

據本傳，唱公編著諸書裡面未見有《比丘尼傳》，而且《開元錄》以前的佛家經目，也未記載這一部書，故智昇稱爲「新編入」。在昇公之前，此書僅有唐魏徵 (579–642)《隋書》（注 2）卷三三〈經籍志〉提到它，略云：

《尼傳》二卷，皎法師撰（頁 496 上）。

是誤會此書是《高僧傳》撰人釋慧皎 (497?–554?) 的作品，然而仕邦前已考知皎公是一位歧視比丘尼的僧師，他不屑爲尼眾執筆立傳（注 3）。

自從《開元錄》將此書視作寶唱所撰而後，不特佛家經錄因之，連正史的〈經籍志〉、〈藝文志〉一類亦因之（注 4），而智昇何所據而云然？今不可知。仕邦據唱公本傳所述更添上其他考慮，不禁對《比丘尼傳》是否同屬比丘釋寶唱的作品？產生疑問（注 5）。

二、男子為女士修史的傳統與僧師撰尼傳的可能性

自漢至梁的長時期中，早有男性著書紀述女性事跡的傳統，班固《漢書》卷三六〈劉向傳〉略云：

劉向（公元前 76–5）以王教由內及外，自近者始，故採詩書所

載賢妃、貞婦，興國顯家可法則；及孽嬖亂亡者，序次為《列女傳》，凡八篇，以戒天子（頁771上）。

劉向所以搜求可以「興國顯家」的「賢妃、貞婦」事跡與乎足以亂家亡國的「孽嬖」行事撰爲史著；用以「戒天子」者，緣於中國的史書大部分屬於「垂訓式」的史書 (Didactic History)，治史者莫有不知，故劉向將賢女與孽嬖之女故事依七類羅列成書，提供給君主作鑑戒（注6）。

劉向而後，著書紀述「列女」的作者代有其人，《隋書》卷三三〈經籍志〉有：

《列女傳》八卷，高氏撰（注7）。

《列女後傳》十卷，項原撰（注8）。

《列女傳》六卷，皇甫謐撰。

《列女傳》七卷，綦母邃傳（注9）。

《列女傳要錄》三卷。

《女記》十卷，杜預撰。

《美婦人傳》六卷。

《妒記》二卷，虞通之撰。

上面七種專述女性事跡的書，其中《美婦人傳》不知撰人，三種《列女傳》的撰人高氏、項原、綦母邃事跡無考，但可推知應屬男子（注10），其餘的都是史書明言出於男性手筆。唐房玄齡 (580–649) 等所纂《晉書》卷三六〈杜預傳〉略云：

杜預（約卒於280）又撰《女記讚》（注11）（頁492下）。

同書卷五一〈皇甫謐傳〉略云：

皇甫謐 (215–282) 又撰《帝王世紀》、《年歷》、《高士》、《逸士》、《列女》等傳（注12）（頁686下）。

梁沈約 (441–513)《宋書》卷四一〈后妃傳〉中的〈孝武文穆王皇后傳〉略云:

宋世諸（公）主莫不嚴妬，太宗（宋明帝，465–472 在位）每疾之，使近臣虞通之撰《妬婦記》（注 13）（頁 629 下）。

唐李延壽（約卒於 676–679 之間）《南史》卷三五〈庾悅傳〉附〈庾仲容傳〉略云:

庾仲容（約卒於 549）抄（注 14）《列女傳》三卷。

據上所引，知道《女記》撰人杜預，《列女傳》撰人皇甫謐，《妬記》撰人虞通之和抄《列女傳》的庾仲容都是正史有傳的人物，而二十五史中，除了每一部史書內的「后妃傳」及「列女傳」部分之外，都是替男子立傳的。《妬記》的撰寫，是針對好妬成性的劉宋公主們，作爲她們的鑑戒，仍是追隨劉向的作風。庾仲容抄「列女傳」成三卷，大抵是從各種《列女傳》中抄出值得注意的婦女行事，俾人更易省覽（故清姚振宗認爲庾氏便是《列女傳要錄》的撰人〔注 15〕），也並不乖離男子修撰「列女傳」一類典籍的本意。

不過無論如何，漢末至魏晉六朝的史學家們已注意到女子對社會的貢獻不容抹殺，因而著書紀述其生平。到了劉宋時范曄 (398–455) 撰《後漢書》，首先在所著書中創立〈列女傳〉；蒐羅了後漢時代有表現的傑出女性十七人的事跡，替她們一一立傳於傳中（在卷一一四）。之後，廿五史中頗不乏「列女傳」這一項目（注 16）。

在這男性替傑出女士修史的大形勢之下，一位僧師是可以替傑出的尼眾撰寫一部史書的。何況，梁、續、宋三《高僧傳》的史料大部分來自僧徒的塔銘碑碣（注 17），因此，有關尼眾的碑銘史料即使是僧師也能蒐集得到（注 18）。

三、《比丘尼傳》為除饉女執筆的可能性

雖然前節論及僧師爲尼眾撰寫僧史的可能性，不過，《開元錄》以前的佛家經錄向無言及《比丘尼傳》出比丘釋寶唱手筆，那麼，這部書也有出諸除饉女之手的可能。因爲沙門同名者眾，古今皆然，尤其比丘與比丘尼往往採用全同的法號，故「寶唱」若屬一位比丘尼的名字，不足爲奇。而且，古代女子亦有從事史學著作的能力，如《後漢書》卷一一四〈列女傳〉中的〈曹世叔妻〉傳略云：

> 扶風曹世叔妻者，同郡班彪 (4–54) 之女也，名（班）昭，博學高才。世叔早卒，（班昭）有節行法度。兄（班）固 (32–92) 著漢書，其八表及天文志未及竟而卒，和帝（89–105 在位）詔（班）昭就東觀藏書閣踵成之。帝數召入宮，令皇后、諸貴人師事焉，號曰大家（仕邦按，「家」音「姑」）。每有貢獻異物，輒詔大家（即班昭）作賦頌。及鄧太后臨朝，（班昭）與聞政事。時漢書始出，多未能通者，同郡馬融伏於閣下，從（班）昭受讀（頁 1207）。（班昭）所著賦、頌、銘、誄、問、注、哀、辭、書、論、上疏、遺令凡十六篇，子婦丁氏為撰集之（頁 1201 上）。

史稱班固撰《漢書》未成而卒，其妹班昭替他續成八〈表〉及〈天文志〉，而且更以《漢書 》教授馬融。這正是女子能從事史學著作與研究能力的表現。

不特此也，《隋書》卷三三〈經籍志〉有：

> 《列女傳》十五卷，劉向撰，曹大家注（頁 496 上）。

這裡的「曹大家」正是班昭（**注 19**），她能替《列女傳》作注釋，亦史學能力的表現。同書同卷略云：

《列女傳》七卷，趙母注（同頁）。

這裡的「趙母」也是一位有史學能力的女士，劉宋劉義慶《世說新語》（注 20）卷下之上〈賢媛篇〉略云:

趙母嫁女，臨去敕之曰：愼勿為好。女曰：不為好，可為惡邪？母曰：好尚不可為，其況惡乎？梁劉孝標 (462–521) 注：《列女傳》曰：趙姬者，桐鄉令東郡虞韙妻，穎川趙氏女也，才敏多覽。（虞）韙既沒，文皇帝（曹魏文帝，220–226 在位）敬其文才，詔入宮省。上（曹魏文帝）欲自征公孫淵，（趙）姬上疏以諫。作《列女傳解》，號趙母。注賦數十萬言，赤烏六年 (243)（注 21）卒（頁109 下）。

劉孝標注所言的《列女傳解》，正是趙母替《列女傳》所撰的注釋。

俗家女子既表現了史學能力，而古時除饉女之中也有研治史學的人，《比丘尼傳》（大正藏編號二〇六三）卷二〈建福寺道瓊尼傳〉略云:

道瓊（約 431–438 時人），本姓江，丹陽人也。年十餘，博涉經史。成戒已後，明達三藏（頁 938 上）。

道瓊尼師經史兼治，就是一個例子。

緣於比丘尼之中也有治史的人，因此她們之中若有法號「寶唱」的；懂得著史之道的除饉女發心執筆紀述同性古德今賢的事跡而撰成《比丘尼傳》，事非不可能（注 22）！況且，以尼師身份而搜訪同性的尼眾事跡（尤其作「口述歷史〔Oral History〕」式的採訪），當較之男性的僧師爲方便。倘使將來有新史料發現，得以證明《比丘尼傳》的撰人「釋寶唱」本身就是一位比丘尼，將是中國史學史上的大事！

以上所論，是仕邦的一點疑問，謹提出向大家求教。當然，持這麼一篇不像樣的文字作爲對可敬的　印順長老九十大壽的賀禮，是遠遠不夠的，只是聊表心意而已。至於《比丘尼傳》的撰人屬除饉男還是除饉女？在未得新史料新證據之前，不妨暫依《開元錄》舊說而仍視之為比丘釋寶唱的作品（**注23**）！

注解

注 1 這部書可以在《大正大藏》經中找到，編號為二〇六三，其他的版本從略。

注 2 藝文映印武英殿刊本，臺北，約民 48 年至 51 年之間出版。本文凡引用廿五史一律採用這一版本。

注 3 參拙作〈中國佛教史傳與目錄源出律學沙門之探討（以下簡稱「源出律學沙門」）〉上篇（刊於《新亞學報》六卷一期，香港，1964）頁 469 及頁 486。

注 4 參拙作〈源出律學沙門〉上篇頁 496 – 470。

注 5 湯用彤先生 (1892–1965)《漢魏兩晉南北朝佛教史》（商務印書館，臺北，民 51 年臺一版）第十五章〈南北朝釋教撰述〉（在下冊頁 94–133）有論及寶唱《名僧傳》（見其書頁 120–122）而全章無片言及於《比丘尼傳》，大抵錫予先生也不信《比丘尼傳》是唱公的作品。

注 6 現存的劉向《列女傳》稱《古列女傳》（收在《四部叢刊初編》編號〇一四，商務印書館，民 68 年臺一版），其書分為〈母儀〉、〈賢明〉、〈仁智〉、〈貞順〉、〈節義〉、〈辯通〉與〈孽嬖〉七類。

注 7 清姚振宗《隋書經籍志考證》（以下簡稱「隋志考證」，收在《二十五史補編》冊四，開明書店，臺北，民 48 年臺一版）稱「高氏，不詳何人」（頁 5365 中）。

注 8 《隋志考證》稱「項原，未詳」（頁 5366 中）。

注 9 《隋志考證》稱「綦母邃」的「綦母」二字是姓氏（頁 5366 中），故綦母邃應是一位男士。

注 10 參前注。而注 7 的「項原」，其名字亦似男子名，注 6 的「高氏」亦可能指姓高的男士。

注 11 「女記讚」指杜預撰《女記》一書之後更親自作〈讚（即評論）〉。參《隋志考證》頁 5366 下。

注 12 參《隋志考證》頁 5366 中。

注 13 參《隋志考證》頁 5366 下－5367 上。

注 14 《隋志考證》頁 5366 下認為這位「抄列女傳三卷」的庾仲容便是《列女傳要錄》三卷的執筆人。

注 15 參前注。

注 16 廿五史中有「列女傳」的史籍，依其成書先後為北齊魏收 (506–572)《魏書》。唐魏徵 (579–642)《隋書》。唐房玄齡 (580–649) 《晉書》。唐李延壽（約卒於 676–679 之間）《南史》、《北史》。後晉劉昫 (888–947)《舊唐書》。北宋歐陽脩 (1007–1072) 《新唐書》。元脱脱 (1314–1355)《宋史》、《遼史》、《金史》。清張廷玉 (1674–1755)《明史》和民國柯劭忞 (1850–1933)《新元史》。

注 17 參拙作〈源出律學沙門〉中篇（刊《新亞學報》七卷一期，香港，1965）頁 326；同論文下篇（刊《新亞學報》七卷二期，香港，1966）頁 127–129。又參釋果燈《唐、道宣《高僧傳》——批判思想初探》（東初出版社，臺北，民 81 年）頁 71–79。

注 18 李玉珍碩士《唐代的比丘尼》（學生書局，臺北，民78 年）的第二章〈唐代比丘尼傳記勾沈〉，其史料多數來自現存的碑銘（尤其屬於中央研究院歷史語言研究所收藏的拓片），見其書頁 10–38 的〈唐代比丘尼傳記表〉。李碩士生千載而後仍能據金石資料來研究唐時除饉女們的事跡，然則梁時沙門據當時所見碑刻等資料以撰寫自晉迄梁的尼行歷史，有何不可？

注 19 已婚女子從夫姓，班昭是曹世叔的遺孀，故《隋書》稱她「曹大家」，「曹」是夫姓，「大家」是漢皇宮中女眷對她的尊稱。清姚振宗《隋志考證》也認為這位「曹大家」就是班昭（頁 5364 下）。

注 20 收在《四部叢刊初編》編號○二七，商務印書館，上海，民 24 年至 25 年出版。仕邦在本注和前面的注 5 同樣引用《四部叢刊初編》而出版時、地有異者，這完全因注 5 所引錄自中央圖書館所藏；而本注所引則手邊有書之故。

注 21 趙母卒於三國時代黃河流域的曹魏國，而劉孝標以江南吳國的「赤烏」年號標示她的卒年，何以故？這大抵緣於劉孝標本屬南朝人，南齊時他的故鄉青州為北魏攻占，八歲的他被人虜略至中山，後來在南齊永明四年(486)二十五歲時逃返江南（參陳垣先生〔1880–1971〕〈雲崗石窟寺之譯經與劉孝標〉頁263，收在《陳垣史學論著選》，上海人民出版社，上海，1981）。劉孝標既曾在黃河流域的北魏生活了十八年，故南歸之後，為了避嫌而使用孫吳年號來紀述曹魏人物的卒年，借此強烈表示自己對南朝的全心歸順。

注 22 也許有人會認為古時女子無修史的傳統，而班昭之所為不過在不得已的情況下而替亡兄續成《漢書》而已。不過，班昭曾替《列女傳》作注解，這也屬於史學的活動，而且除了她之外，更有趙母從事於此的啊！再者，古時中國社會受儒家思想軌範，而在魏晉六朝時代而敢於出家；皈依於外來的佛教底比丘尼，是走在時代尖端的女士（一如清末民初時代敢於受洗而皈依於西方傳來的天主教底華夏修女），然則她們之中有身具史學修養的人而發心修史，事非不可能。況且，在劉宋初年，曾有僧敬尼師（約403–486時人）發心孤身航海到印度尋求聖跡，終以人為阻撓而去不成（見《比丘尼傳》卷三〈崇聖寺僧敬尼傳〉頁942上–中，參拙作〈中國古代無比丘尼西行求法的原因試釋〉頁41上，刊於《大陸雜誌》七十卷一期，臺北，民74年）。比丘尼之中既有具備壯志豪情一若男性求法者的強人，然則尼師之中有人具備強烈的企圖心，有意向男性看齊而執筆替同性的先聖今賢修史，有何不可？

注 23 《名僧傳》的體例跟《比丘尼傳》頗不同，據日本宗性法師（約1235時人）《名僧傳抄》（在卍字續藏經第一三四冊）所附〈名僧傳目錄〉，寶唱將立傳僧人們分作十八科（參拙作〈源出律學沙門〉上篇頁466–467），而《比丘尼傳》對所傳尼眾卻不分科，據仕邦所考，這些尼眾行事其實是可以依其性質分作「義解」、「習禪」等科目的（參拙作〈源出律學沙門〉上篇頁471）。倘使兩書同出比丘釋寶唱之手，則後一書也應分科立傳啊！兩書體例不同，也許正是《比丘尼傳》跟《名僧傳》出諸不同撰人之手的線索。

蓮 華

—即聖潔而世俗—

楊惠南

臺灣大學哲學系教授

蓮花，無疑地，是大乘佛教的象徵。諸佛、菩薩或坐或立於蓮花之上，這是每一個大乘佛教的信徒，所熟悉的景象。本文試圖以蓮花爲例，來考察大乘佛教對於蓮花信仰的起源及流變，並進而探討在這些起源和流變的背後相關的大乘思想。而在本文的最後一節，筆者將集中注意力於中國禪宗的蓮華信仰。

一、印度早期佛教對於花朵的看法

在還沒有進入有關蓮花的主題之前，讓我們先從全面性的觀點，考察印度佛教對於花朵的看法。

許多研究印度佛教思想史的讀者，都知道：「空」、「阿賴耶」等概念和思想，在印度的早期佛教和中、後期佛教之間，存在著重大的歧見。同樣的，美麗芬芳的花朵，在不同的佛教學派之間，也存在著大異其趣的看法。對於花朵，早期的原始佛教和部派佛教，大約採取排斥的態度；相反地，較後成立的大乘佛教，則採取寬容甚至讚賞的態度。

印度的原始佛教和部派佛教，對於花朵大約採取否定、排斥的態度；有關這點，可以從下面幾個事實看出來：

首先，在有關沙彌（尼）的戒律——《十誦羯磨比丘要用・受沙彌十戒文》當中，告訴我們：預備出家的僧尼——沙彌和沙彌尼，必須遵守「十戒」；它們是：⑴離殺生；⑵離不與取；⑶離非梵行；⑷離妄語；⑸離飲酒；⑹離坐臥高廣大床；⑺離著香花、瓔珞、香油塗身；⑻離作唱伎樂故往觀聽；⑼離受畜金銀錢寶；⑽離非時食。**（注1）**其中，第七戒說到，預備出家的沙彌（尼），不可以用香花、瓔珞等飾品，裝飾自己的身體。

事實上，在早期的佛教當中，不但出家人（包括預備出家的沙彌和沙彌尼）必須嚴守：不以香花或瓔珞等裝飾品，來美化自己身體的戒律；而且，無心出家，卻希望經歷一下出家生活的在家居士——「白衣」，也可以「從今至明旦」（一日一夜），受沙彌十戒當中的前八戒，其中當然包括第七戒——「不著香華、瓔珞、香油塗身」**（注2）**。

其次，一些被視爲大乘佛教初興、批判小乘佛教（指部派佛教）甚烈，因此可以視爲小乘佛教過渡到大乘佛教的初期大乘經典，例如姚秦・鳩摩羅什所譯的《維摩詰所說經》，儘管最終的立場，採取了讚嘆香花的態度，但卻也保留了早期佛教對於香花的排斥看法。《維摩詰所說經（卷中）・觀眾生品》當中，有名的「天女散花」故事，即是最好的例子。故事中，有一位沒有名字的天女，從半空中撒下香花，結果，「華至諸菩薩，即皆墮落；至大弟子，便著不墮」。不但如此，甚至「一切弟子神力去華，不能令去」。而當天女向代表小乘佛教立場的舍利弗，追問「何故（拂）去華（朵）？」的時候，舍利弗則回答說：「此華不如法，是以去之。」**（注3）**「此華不如法」這句經文，代表了早期佛教的基本立場；而在《維摩經》中，則忠實地保留了這一立場。我人雖然不知道天女所散下的，到底是什麼花？但可以再次肯定的是：早期的印度佛教，確實對香花採取否定、排斥的態度。

早期印度佛教之所以把花朵飾身，視爲應該戒除的事情之一，理由是：爲了防止「憍逸」之心的產生。部派佛教的重要代表作品之一——《阿毘達磨俱舍論》卷14，在說明上面的八戒時，曾說：八戒所要戒除的前面四種行爲——殺、盜、淫、妄，是「性罪」（行爲的本性即是罪惡）；因此，這四種行爲在本質（「性」）上就是應該戒除的罪惡行爲。其次的第⑸——「離飲酒」戒，雖然飲酒本身並不是罪惡，但是它卻是「生放逸處」，因此成爲一戒。也就是說，在飲酒的情況下，容易助成觸犯前面的四種「性戒」，因此，「離飲酒」成了八戒之一。而最後的三戒——「離坐臥高廣大床」乃至「離非時食」，則稱爲「禁約支」，意思是：坐臥高廣大床乃至非時食等三種行爲，固然不是罪惡的行爲 ，但如果不戒除這三種行爲，「便不能離性罪、失念、憍逸過失」。因此，這三戒是約束自己身心，使自己身心不致失念、憍逸，以致觸犯四種「性罪」的禁戒。這是這三戒稱爲「禁約支」的原因。就以戒除香花等飾品爲例來說，《俱舍論》作了這樣的解釋：「謂離塗飾、香鬘……以能隨順厭離心故。」又說：「若受用種種香鬘……心便憍舉，尋即毀戒。由遠離彼故，心便離憍。」（注4）

從這些解釋，可以看出部派佛教排斥香花的真正原因：香花並不是本性罪惡的物品；但是，香花卻容易引生「憍逸」乃至「毀戒」的結果，所以成爲禁止之物。香花並不是本性罪惡，也許這正是後來的大乘佛教，之所以對香花採取寬容甚至讚賞態度的原因吧！

二、印度大乘佛教對於花朵的看法

儘管早期的印度佛教，對於香花採取否定、排斥的看法，《維摩經》等大乘經典的最終立場，畢竟採取了完全不同的看法。中國古代，《維摩經》被視為「抑揚教」的代表經典，這意味著它是一部壓抑、批判小乘佛教，卻褒揚、讚嘆大乘佛教的經典（**注5**）。因此，對於香花，《維摩經》採取了大乘佛教的立場：當天女聽到舍利弗拂去身上花朵的理由之後，天女說：「勿謂此花為不如法！」換句話說，從大乘佛教的立場來看，身上佩戴香花並沒有觸犯戒律。為什麼呢？《維摩經》繼續說：「是華無所分別，仁者自生分別想耳！」經文的意思是：香花是中性的物品——「無所分別」，無所謂善或惡。既然是中性而無善、惡之分，那麼，把它佩戴在身上，怎麼可能犯戒呢？因此，有善、惡分別的是我們自己，而不是香花；應該戒的是我們自己的分別心，而不是香花（**注6**）。這樣看來，前文《俱舍論》所說——為了防止憍逸、毀戒而不准佩戴香花等飾品，這種禁止的理由並不充足。

事實上，大乘佛教不但對花朵採取寬容甚至讚賞的態度，而且，對於部派佛教所禁止的瓔珞等珍貴的飾品，也採取相同的態度。《妙法蓮華經（卷7）・觀世音菩薩普門品》，曾說：「無盡意菩薩白佛言：『世尊！我今當供養觀世音菩薩！』即解頸眾寶珠、瓔珞，價值百千兩金，而以與之。……即時，觀世音菩薩……受其瓔珞……。」（**注7**）既然價值百千兩金的寶珠和瓔珞，都是由無盡意菩薩的頸子上拿下來的，而觀世音菩薩也接受了這些寶珠和瓔珞，那麼，《十誦羯磨比丘要用・受沙彌十戒文》第七戒所說的「盡壽離著香華、瓔珞、香油塗身」，自然不被無盡意菩薩和觀世音菩薩所遵守了！另外，大乘佛教的佛陀，似乎也和這兩位菩薩一樣，並不忌諱弟子們所供養的香花、瓔珞等飾品；在大乘的經典當中，佛陀接受弟子供養這些飾品的描寫，處處可見。例如，《大般涅槃經》卷20，即曾描寫摩伽陀國的阿闍世王，供養釋迦牟尼佛的情形：「爾時阿闍世王……即以種種寶幢、幡蓋、香花、瓔珞、微妙伎樂，而供養（釋迦牟尼）佛。」（注8）這段引文，再次證明大乘佛教對於花朵的觀點，確實不同於部派佛教否定、排斥的態度。

三、蓮花在大乘經典中的地位

大乘佛教對於花朵所採取之寬容甚至讚賞的態度，還可以從大乘經典當中有關蓮華的信仰看出來。其中，最典型的例子，是《維摩經・佛道品》對於蓮花的讚美：「譬如高原陸地不生蓮華，卑濕淤泥乃生此華……煩惱泥中，乃有眾生，起佛法耳！」又說：「一切煩惱為如來種。譬如不下巨海，不能得無價寶珠；如是不入煩惱大海，則不能得一切智寶。」（注9）這幾段經文意味著：只有在骯髒的淤泥當中（比喻充滿煩惱的世間），才能開出芬芳的蓮花出來（比喻成佛）。相反地，若在清淨無穢的「高原陸地」（比喻小乘佛教）之上，則無法開出像蓮花一樣美麗芬芳的花朵出來（比譬只能成阿羅漢、不能成佛）。換句話說，骯髒的淤泥，吊詭地（矛盾地，paradoxically），正是蓮花開得美麗芬芳的不可或缺的必要條件。像「泥中蓮」這樣的吊詭（paradox），或許正是後來類似「火中蓮」、「火中優曇花」這類詭詞（paradoxical phrases），一再不斷地出現在中國禪宗文獻當中的原因吧（注10）！

只有在骯髒污穢當中才存有美麗芬芳的事物（蓮花），乃至只有煩惱和苦痛當中才孕含聖潔和解脫，這種吊詭（矛盾），具有濃厚的「悲劇」性，這是像《維摩經》這類的大乘經典，所共同具有的觀點。做爲一個學佛、修行中的菩薩，原本追求的乃是清淨無穢的聖潔和解脫；但是爲了救渡世間的苦難眾生，菩薩必須學習作一個「吊詭」（矛盾）性也是「悲劇」性的人物：犧牲清淨無穢的生活，拋開成聖成賢的欲念，和苦難的世間眾生同苦難、同煩惱！否則他就不是菩薩、就無法解脫成佛。和眾生同苦難、同煩惱，是菩薩之所以成爲菩薩的原因，也是菩薩不得不爲的行爲。既然是「不得不爲」，那就是一種「吊詭」，一種「悲劇」。所以，《大般涅槃經》卷 11，曾說：「菩薩摩訶薩應當……專心思惟五種之行。」而「五種之行」當中的第五行則是「病行」，亦即示現和世間苦難眾生一樣的特質：生病（注 11）！

而《維摩經（卷中）・問疾品》，也有類似的說法：「以一切眾生病，是故我（維摩詰居士）病。」又說：「菩薩爲眾生，故入生死；有生死，則有病。」又說：「菩薩於生死而不捨。」（注 12）這在在說明：想要做一個「無穢」的菩薩，吊詭地也是悲劇地，必須首先學會做一個「污穢」的菩薩！《維摩經》裡的維摩居士，無疑地，是一個吊詭性、悲劇性的人物；他不過是實踐菩薩不得不爲之「病行」的一個例子而已！

而蓮花，正好具備「出淤泥而不染」這種吊詭性、悲劇性的菩薩德性，因此，蓮花成了大乘菩薩和佛陀（完成了之菩薩）的象徵。大乘的菩薩和佛陀，少有不和蓮花相關聯的；這些佛菩薩們，或坐或立於蓮花之上。現在，讓我們以《（大方廣佛）華嚴經》爲例，來證明這點：

《華嚴經》的經名當中，出現了「華嚴」兩字，那是以花（華）作爲裝飾的意思。許多文獻告訴我們，作爲裝飾品的花並不一定是指蓮華。唐朝華嚴宗大師 — 澄觀，在其《大方廣佛華嚴經疏》卷3當中，曾說：「依今梵本，云《摩訶毘佛略勃陀健拏驃訶修多羅》，此云《大方廣佛雜華嚴飾經》。」又說：「如《涅槃（經）》及《觀佛三昧經》，名此（《華嚴》）經爲《雜華經》；以萬行交雜，緣起集成故。」（注13）儘管如此，《華嚴經》卻和蓮花之間，具有極爲親密的關係。因爲，該經曾描寫釋迦牟尼佛的真身 — 「法身」，居住在一個名叫「華藏（莊嚴）世界」的清淨國土之中；這一清淨的國土，長滿了大蓮花，釋迦牟尼佛的法身就端坐在這朵大蓮花上。八十卷本《華嚴經（卷8）・華藏世界品》，曾對「華藏世界」的形成原因及其狀況，作了詳細的描述：「此華藏世界海（「海」字形容其多），是毘盧遮那如來，往昔於世界海微塵數劫，修菩薩行時，一一劫中，親近世界海微塵數佛，一一佛所，淨修世界海微塵數大願，之所嚴淨。」又說：「此華藏世界海，有……莊嚴香水海。此香水海，有大蓮華，名種種光明蘂香幢。華藏莊嚴世界海，住在其中。」又說：「此華藏莊嚴世界海……一切香水流注其間。眾寶爲林，妙華開敷。香草布地，明珠間飾。種種香華，處處盈滿。……」（注14）由此可見《華嚴經》乃至釋迦牟尼佛的法身 — 大日如來，和蓮花之間的密切關係。

再如，屬於淨土系的《觀無量壽佛經》，透過十六個階段，來觀想西方極樂世界的勝境。其中，第七觀是「花座想」，《經》中作了這樣的描述：

> 欲觀彼（阿彌陀）佛者，當起想念：於七寶地上，作蓮花想。令其蓮花，一一葉，作百寶色，有八萬四千脈，猶如天畫。一一脈有八萬四千光，了了分明，皆令得見。（注15）

緊接著的第八觀則是「像想」，它是以阿彌陀佛（無量壽佛）

作爲觀想的對象；《經 》文描寫說：「想彼（阿彌陀）佛者，先當想像，閉目開目，見一寶像，如閻浮檀金色，坐彼（蓮）華上。」另外，第十二觀是「普觀想」，修習者觀想自己「生於西方極樂世界，於蓮華中，結跏趺坐」（注16）。

另外，最後期的印度大乘佛教——密教，在其重要的經典《大毘盧遮那成佛神變加持經》（下文隨古師習慣，簡稱爲《大日經》），卷5，也說到釋迦牟尼佛的法身，是一位超越一般身、口（語）、意乃至心（真實之心）的真身，稱爲毘盧遮那佛（或譯爲大日如來、日光遍照如來）。而祂居住在胎藏界（大悲界）「秘密漫荼羅」的「八葉蓮臺」之中：

> 方壇（即胎藏界漫荼羅）四門，四向通達，周旋界道。內現意生八葉大蓮華王，抽莖敷蘂，綵絢端妙。其中如來，一切世間最尊特身，超越身、語、意地（乃）至於心地，逮得殊勝悅意之果。（注17）

從以上所舉的幾個例子看來，我們可以確定：大乘經典所描寫的佛菩薩，大都或坐或立於蓮花之上。至於以各種蓮花供佛，更是佛經當中常見的記載，其中最具代表性的例子，恐怕是：釋迦牟尼佛的前世——儒童菩薩，以七莖青色蓮華，供養定光佛（又譯錠光佛、燃燈佛）；定光佛因而爲他授記（預言）：未來將成佛，名叫釋迦牟尼（注18）！

另外，值得一提的是，《華嚴經》當中的「華」，儘管正如前文所說，指的是雜花，並不是蓮花；但是《妙法蓮華經》中的「華」，卻明顯的是蓮花。隋朝三論宗大師——吉藏，在他的《法華玄論》卷2當中，曾說：「具存梵本，應云《薩達磨分陀利修多羅》。竺法護公翻爲《正法華（經）》，（鳩摩）羅什改『正』爲『妙』，餘依舊經」(**注19**)。引文說明了《妙法蓮華經》的經名原意。其中,「薩達磨」(sad-dharma),譯爲「正法」(西晉・竺法護所譯)或譯爲「妙法」(姚秦・鳩摩羅什所譯),實際上是真實(sat)之真理(法,dharma)的意思。而「分陀利」(puṇḍarika),譯爲「蓮華」,其實是眾多蓮花當中的一種。吉藏,《法華玄論》卷2說:「白蓮華名分陀利。」又引僧叡的〈法華經序〉,說:「華未敷,名屈摩羅;敷而將落,名迦摩羅;處中盛時,名分陀利。」(**注20**)這樣看來,分陀利是指盛開著的白蓮花。《法華經》的經名,即是以盛開著的白蓮花,來譬喻「正法」或「妙法」。

事實上,蓮花有許多品種。唐朝密宗大師——一行,在其《大日經疏》——《大毘盧遮那成佛經疏》卷15當中,曾說:

> 西方蓮花有多種:一者、鉢頭摩。
> 〔原夾註:復有二種,一者赤色,即此間(中國)蓮華也;二者白色,今此間有白蓮是也,非芬陀利。〕
>
> (二者、)優鉢羅。
> 〔原夾註:亦有赤、白二色;又有不赤不白者,形似泥盧鉢羅。〕
>
> (三者、)俱勿頭。
> 〔原夾註:有赤及青二種。又云俱勿頭,是蓮花青色者。〕
>
> (四者、)泥盧鉢羅。
> 〔原夾註:此華從牛糞種生,極香,是文殊所執者。目如青蓮華,亦是此也。……〕
>
> (五者、)分荼利迦。
> 〔原夾註:花可有百葉,葉葉相承,圓整可愛。最外葉極白,漸向內,色漸微黃。乃至最在內者,與萼色相近也。此花極香也。昔琉璃王害釋女時,大迦葉於阿耨達池,取此花,裹八功德水灑之,諸女身心得安樂,命終生天。因是投花於池,遂成種,至今猶有之。花大可愛;徑一尺餘,尤可愛也。此《法花(經)》所引申者是,是漫荼羅八葉者也。〕(**注21**)

引文中的原文部分和夾註部分,可能不是一人所寫;因爲夾註作「芬陀利」,而原文則作「分荼利迦」。然而,可以肯定的是,引文說到了幾件重要的事情：⑴在「西方」（西域，應指印度），蓮花共有五種：鉢頭摩、優鉢羅、俱勿頭、泥盧鉢羅、分荼利迦（芬陀利）。每一種又細分爲許多不同的品種。⑵分荼利迦（芬陀利），是白色微黃的蓮花。⑶釋迦晚年，琉璃王吞併釋迦的祖國，並且殺害釋迦族的女人（和男人）。傳說分荼利迦，即是釋迦的大弟子——大迦葉尊者，爲了拯救這些女人，從深山裡的阿耨達池（譯爲無熱池、無熱惱池，Anavatapta），移植到印度平地的品種。⑷《法花經》（即《妙法蓮華經》）經名中的蓮華，指的就是五種蓮花中的分荼利迦。⑸《大日經》所說之「胎藏界漫荼羅」中的「八葉蓮臺」，也是指分荼利迦。

分荼利迦或芬陀利，無疑地，就是前面吉藏大師所說的分陀利；那是一種極香、白色、中心微黃，接近萼色的蓮花。《妙法蓮華經》的經名，即是以這種白蓮花，來比喻真實、美妙的佛教真理。

從以上種種實例，我們可以歸納成下面兩個重點：⑴大乘佛教中的佛菩薩，往往或坐或立於蓮花之上；⑵大乘佛教的經典，也有以蓮花爲經名者（**注22**）。從這兩個重點，我們可以得到一個結論：大乘佛教確實和蓮花之間，具有極爲密切的關係。

四、蓮花信仰與婆羅門教

蓮花是古印度婆羅門教（今印度教）的聖潔之物；它和創造宇宙的神祇，有著密不可分的關係。屬於婆羅門神祇——韋紐（Viṣṇu）信仰一派的《神獅黃金前奧義書》（Nṛsiṃha-pūrva-tāpanīya Upaniṣad）1.1，曾說：「確實，（起初）宇宙只有水。生主（Prajāpati）生於蓮葉之上。在祂的心（末那，manas）中，欲念（kāma）生起：『我要創造宇宙！』……」又說：「於是，祂（生主）修習苦行。修習苦行之後，祂看見（體悟）了四八音節（anuṣṭubh）的咒王（mantrarāja）。由它，一切宇宙所有萬物，於是被創造了出來。」（注 23）在這兩段引文當中，我們看到了宇宙創造神 — 生主，由蓮花化生，然後唸誦「四八音節」的咒語，而創造了宇宙萬物。

其次，在佛典當中，我們也不難讀到婆羅門教的宇宙創造神，立於（生於）蓮花上面，而後創造宇宙萬物的記載。例如，印度提婆菩薩所寫的《釋楞伽經中外道小乘涅槃論》，即說：「圍陀論師說：從那羅延天臍中，生大蓮華。從蓮華生梵天祖公。彼梵天作一切命、無命物。從梵天口中生婆羅門，兩臂中生剎利，兩髀中生毘舍，從兩腳跟生首陀。」（注 24）引文中的「圍陀論師」，是研究、信仰婆羅門教經典 — 《圍陀》（又譯《吠陀》，Veda）的宗教哲學上師。而「那羅延天」（Nārāyaṇa），也是古婆羅門教的天神，譯爲「生本」或「人生本」（創造人之根本）等；一般的佛教文獻則譯爲堅固力士、金剛力士等。《大日經疏》卷 10，曾說：那羅延天是毘紐天（韋紐，Viṣṇu）的眾多名字當中的一個（注 25）。

從以上的說明，我們可以肯定地說：蓮花的信仰，確實和婆羅門教有關。而大乘經典之所以特別重視蓮花，顯然受到了婆羅門教創造神話的影響。隋朝天台宗高僧 — 智顗，在其《妙法蓮華經玄義》卷 7–下，曾列舉了古師對於「蓮華」一詞的十六種不同的解釋；其中第二種解釋是：「蓮華能生梵王，譬從緣生佛。」（注 26）稍後的三論宗高僧 — 吉藏，在其《法華玄論》卷2 當中，也說：「大梵王，眾生之祖，從此（蓮）華生；喻十方三世諸佛根本法身，由此《（法華）經》有也。」（注 27）引文中的「蓮華能生梵王」乃至「大梵王……從此（蓮）華生」，顯然和古印度婆羅門教宇宙創造的傳說有關。龍樹菩薩所寫的《大智度論》卷8，也曾說到這個事實：

> 劫盡燒時，一切皆空，衆生福德因緣力故，十方風至，相對相觸，能持大水。水上有一千頭人，二千手足，名為韋紐。是人臍中出千葉金色妙蓮花，其光大明，如萬日俱照。華中有人，結跏趺坐。此人復有無量光明，名曰梵王。此梵天王，心（臟）生八子。八子生天、地、人民。……（注 28）

引文中的韋紐（又譯毘紐，Viṣṇu）和梵（天）王（Brahmā），都是婆羅門教的重要神祇。這則宇宙創造的神話，顯然和前面所引《神獅黃金前奧義書》以及《外道小乘涅槃論》的傳說，同樣出於古婆羅門教韋紐天的信仰系統（注 29）。這則神話說：從韋紐的肚臍生出了大蓮花，然後生起梵天；而梵王則坐在這朵大蓮花上，和祂的八個兒子，共同創造了宇宙萬物。

龍樹在重述婆羅門教的這則神話之後，緊接著說：「是梵王坐蓮華上，是故諸佛隨世俗，故於寶華上結跏趺坐。」（注 30）這段引文，證實了前引《妙法蓮華經玄義》和《法華玄論》，對於「蓮華」一詞之第二種解釋的可靠性。龍樹的意思是：佛教雖然反對婆羅門教，但是，卻爲了「隨（順）世俗」，因此諸佛也學習梵王，坐在蓮花座上。由此可見，大乘佛教對於蓮花的信仰，確實和婆羅門教有著密切的關係。

五、從聖潔到世俗

佛教的經論當中，對於蓮花之德性的描寫，大約可以分成三方面：㈠「出淤泥而不染」；㈡美善、聖潔；㈢無量功德的積聚。三者之中，第㈠我們已在前面討論甚多，不再贅言。三者之中，第㈡強調蓮花的「不染」面，其實是自然而容易了解的。所以，印度的世親菩薩，在其《攝大乘論釋》卷 15 當中，也曾從這個觀點，說明蓮花的四種德性:「又蓮花有四德:一、香;二、淨;三、柔軟;四、可愛。譬法界真如總有四德:謂常、樂、我、淨。」(**注31**)這是以蓮花的芳香、清淨、柔軟和可愛等四種性質,來比喻宇宙最高真理 —「法界真如」,所本有的常(永恆)、(妙)樂、我(自在)、(清)淨等四種德性。

而第㈢的積聚無量功德,無著菩薩所寫的《攝大乘論》曾說:「無量功德聚所莊嚴,大蓮花王爲依止。」世親的註解 —《攝大乘論釋》卷15,則解釋說:「此(蓮)花爲無量色相功德聚所莊嚴,能爲一切法作依止;譬法界真如爲無量出世功德聚所莊嚴,此法界真如能爲淨土作依止。」(**注32**)兩段引文的意思是:就像蓮花具有無窮多的美麗顏色 — 色相,可以變化出各種顏色的事物(法)一樣;「法界真如」也具有無窮多的功德,可以作爲諸佛所居住之「淨土」的基礎。

以上所說三種有關蓮花的意義,儘管照顧到「出淤泥」的一面,但是,卻多多少少偏向蓮花「超出」淤泥之「不染」的聖潔面向,忽略了「出自」淤泥之「染」的世俗面向。也就是說,「出淤泥」一詞,可以了解作「長出於淤泥」;這是強調它世俗的「染」面向。但也可以了解作「超出於淤泥」;這是強調它聖潔的「不染」面向。而上面有關蓮花的三種意義,無疑地,偏向「不染」之聖潔面向的說明,卻或多或少忽略了「染」的世俗面向。

聖潔(regular)和世俗(secular),向來是宗教信仰的吊詭和矛盾。如果不走向出世的聖潔之路,如何可能成聖成賢?就像蓮花如果不「超出」淤泥,而留在淤泥當中,如何可能開出美麗、芬芳的花朵出來?但是,如果一味地遁入山林、逃避世俗,又如何發揮大慈大悲之心,來普渡眾生!就像蓮花,如果不是生長在淤泥當中,而是長在乾淨無穢的「高原陸地」，那麼，蓮花攝取不到足夠的養分，也一樣無法開出美麗、芬芳的花朵出來！

聖潔和世俗，在部派佛教（小乘佛教）看來，顯然是一對相互對立、衝突的概念；然而，就大乘佛教的哲理來說，這兩個看似吊詭、矛盾的概念，卻可以巧妙地結合，而無矛盾可言。就（大、小乘）佛教來說，聖潔的最高境界是涅槃；而世俗即是未解脫的眾生，所生活的世間。聖潔的涅槃和世俗的世間，是否像部派佛教所說的那樣，必然對立、衝突呢？對於這個問題，代表大乘佛教立場的龍樹菩薩，在他的另一部巨著——《中論》卷4當中，回答得相當堅定：「涅槃與世間，無有少分別；世間與涅槃，亦無少分別！」（**注33**）

就蓮花來說，它象徵出淤泥而不染的德性，這正是聖潔和世俗相即爲一的最佳典範。隋朝天台宗大師——智顗，在其《妙法蓮華經玄義》卷7–下，曾依據印度菩薩——世親（婆藪槃豆）所寫的《法華論》（全名《妙法蓮華經憂波提舍》），說到「蓮華」一詞共有兩種意思；這兩種意思，把蓮華的德性顯露無遺！它們是：

(1)「出水義」，「不可盡出離小乘泥濁水故」；

(2)「華開」義，「眾生於大乘中，心怯弱，不能生信，故開示如來淨妙法身，令生信心故。」（**注34**）

智顗（或世親）的意思是：做爲一個修習大乘佛法的菩薩，不可以爲了自己的解脫成佛，因而捨棄那些修習小乘佛法的眾生（以上出水義）。相反地，要去教化他們，告訴這些小乘信徒，他們所修的法門是「權」（權宜）、是「麤」（粗糙），而不是「實」（真實）、不是「妙」（美妙）；並把是「（美）妙」、是「（真）實」的大乘佛法——「如來淨妙法身」，清楚地「開（顯）」出來，讓這些小乘行者了解（以上華開義）。這即是智顗所常說的「開權顯實」、「開麤

(粗)顯妙」。

事實上，當天台宗「佛不斷性惡」的理論圓熟之後，不但「開權顯實」、「開麤顯妙　」的說法，獲得進一步的開展，而且即聖潔而世俗、即涅槃而世間，甚至，即佛道而魔道等「相即不二」的說法，也獲得了發展空間；而蓮花即「不染」而「染」之吊詭的、悲劇的德性，也因而得以更進一步的開發。

天台「佛不斷性惡」的理論，發端於智顗大師的《觀音玄義》一書(注 35)，卻圓熟於宋代的知禮大師。宋・宗曉，《四明尊者教行錄》卷5，曾收錄了一篇知禮回答楊文公(楊億)的書信——〈楊文公三問并法智答〉，其中曾有這樣的幾句：「佛之與魔相去幾何？邪之與正有何欠剩？良由本理具佛魔性，不二而一，二而不一，隨緣發現，成佛成魔。……魔界如、佛界如，一如無二如。故得云：魔外無佛，佛外無魔。……若然者，《梵網(經)》、《法華(經)》真實魔王所說，更何所疑！以魔王與覺者，一體異名。……今云魔王所說者，非獨不異佛說，而能深顯圓宗。」(注 36)知禮(法智)大師「佛魔一體」、「魔說即佛說」的說法，固然是驚人之論；然而，這畢竟是由即聖潔而世俗、即「不染」而「染」之「佛不斷性惡」說，所必然推論出來的結果。

天台宗是以深奧、晦澀的哲理見稱，並不是一般的佛教信徒所能接受。能夠把天台宗這種即聖潔而世俗的「佛魔一體」說，從深奧、晦澀的抽象哲理，化入搬柴、運水等實際生活當中的，莫過於禪宗。當中國禪發展到「觸類是道」、「平常心是道」的時候，即聖潔而世俗、即「不染」而「染」，乃至「佛魔一體」的蓮花德性，才真正發揮到了極緻。

六、從「平常心是道」看蓮花

中國禪宗，一開頭就顯現出是一個喜歡花的佛教宗派；從第一代祖師菩提達摩，到第五代祖師弘忍之間，每一代祖師的傳法詩偈，都和花有關。例如，菩提達摩傳法給第二代祖師慧可的時候，曾說：「吾本來茲土，傳法救迷情；一花開五葉，結果自然成！」（注 37）

雖然五祖傳給六祖惠能的時候，不再宣唱有關花的詩偈，但是，六祖之後，特別是宋、明兩代「文人禪」遍行全中國之後，與花有關的禪門「公案」，則多得不可勝數。這在其他的佛教宗派，是少見的現象，值得深入探究。

禪師們所提到的花朵，大都沒有指出名稱；例如，當有人向大龍智洪禪師請教「什麼是堅固不變的法身？」的時候，智洪禪師回答說：「山花開似錦，澗水碧如藍！」（注 38）但是，明白指出花名的也不少；例如，靈雲志勤禪師看見桃花而悟道，並且唱出下面的名句：「三十年來尋劍客，幾回落葉又抽枝；自從一見桃花後，直至如今更不疑！」（注 39）這則有關桃花的公案，更成爲後來許多禪師拿來教導弟子的教材（注 40）

然而，在所有這些和花有關的禪門公案當中，最有名而且最膾炙人口的，莫過於「拈華微笑」。這是一則記載於《大梵天王問佛決疑經》之中的禪門公案，該經〈拈華品〉說：

> 爾時，娑婆世界主大梵王，名曰方廣，以三千大千世界成就之根，妙法蓮金光明大婆羅華，奉之上（釋迦牟尼）佛……爾時，如來坐此寶座，受此蓮華，無說無言，但拈蓮華，入大會中，八萬四千人天。時，大眾皆止默然。於時，長老摩訶迦葉，見佛拈華示眾佛事，即今廓然，破顏微笑。佛即告言：

「是也！我有正法眼藏、涅槃妙心、實相無相、微妙法門、不立文字、教外別傳、總持任持、凡夫成佛、第一義諦，今方付屬摩訶迦葉！」言已，默然。（注41）

引文中說到：宇宙的創造神——大梵天王方廣，以一朵金蓮花，供奉釋迦牟尼佛；釋迦把蓮花拿在手上，全場所有的弟子都不了解釋迦的真意，只有大弟子迦葉尊者破顏微笑。釋迦看到迦葉微笑，於是開口說：我已經把最高真理——「正法眼藏」，傳給了迦葉尊者！

在這則名叫「拈華微笑」的禪門著名公案當中，由於蓮花被當作最高真理——「正法眼藏」的象徵，因此，仍然不離傳統經論，對於蓮華聖潔、不染這個面向的了解。但是，隨著「觸類是道」乃至「平常心是道」這種思想，在唐、宋二代之後的禪門流行起來，蓮花即聖潔而世俗、即「超出於」淤泥而「長出於」淤泥的「吊詭」（矛盾）乃至「悲劇」的德性（詳前文），才被完全開展出來。

什麼是「觸類是道」呢？意思是：我們身體所接觸到的萬類，都是真理——「道」。什麼是「平常心是道」呢？意思是：由於萬類都是「道」，因此，不必刻意去修「道」；只用平常的心情，生活（吃飯、睡覺、搬柴、運水等），看待萬類，就是修「道」（注42）。

既然「觸類是道」、「平常心是道」，那麼：蓮花是「道」（正法眼藏），桃花同樣也是「道」；「開似錦」的「山花」是「道」（堅固法身），「碧如藍」的「澗水」也是「道」！（迦葉尊者）看見釋迦手拈蓮花，固然可以開悟、得「道」（正法眼藏、堅固法身），（靈雲禪師和智洪禪師）看到桃花、山花或澗水，同樣也可以開悟、得「道」！這樣一來，污穢的、世俗的事物，沒有一樣不是「道」，也沒有一樣不可以使我們開悟，得「道」；聖潔與世俗、世間與涅槃，乃至「超出於」淤泥與「長出於」淤泥的蓮花，也因而得以完全融合爲一了。

像這種「觸類是道」、「平常心是道」的思想，往往具體而微地表現在馬祖道一禪師之後的禪門公案之中；下面是一個實際的例子：

有弟子請教住在夾山的善會禪師：

「什麼是夾山的境界（象徵最高眞理）？」

善會禪師回答：

「猿抱子歸青障裡，鳥銜花落碧巖前！」（注43）

弟子的問題是：「什麼是最高真理——道？」而善會的回答，則顯然是：「抱著小猿猴的母猿，回到了青障裡，就是最高真理——道！口銜花朵的野鳥，飛落在碧巖之前，就是最高真理——道！」因爲「觸類是道」、「平常心是道」呀！

然而，和蓮花有關，而且足以顯現「觸類是道」、「平常心是道」之思想，因而能夠突顯蓮花「長出於」淤泥之「染」的面向的，應該是下面的例子：

五祖法演禪師曾一個字一個字地，禮拜《蓮經》（《法華經》）裡面的字。當他禮拜到「屎」字的時候（注44），心裡突然起了疑惑；因此，來到一位前輩的面前請教：

「請問：爲什麼連『屎』字也是法寶呢？」

前輩聽了他的問題之後，向他建議：

「你的因緣在南方，你到南方去參學吧！」

於是，法演禪師輾轉來到了白雲守端禪師這裡參學。白雲守端指示他參究雲居道膺禪師有關「世尊有密語，迦葉不覆藏」的公案（詳下）；但是，參究許久，法演並沒有因此而開悟。

一日，當法演一邊從走廊走向法堂，一邊正在用心參究這則公案的時候，突然疑情頓消 — 法演禪師大澈大悟了（注 45）！

法演禪師悟到了什麼道理呢？悟到了最污穢、骯髒的「屎」字，也是法寶（寶貴的真理），悟到了「世尊有密語，迦葉不覆藏」這則公案當中，所隱藏著的道理。然而，什麼是雲居道膺禪師的「世尊有密語，迦葉不覆藏」公案呢？還有，爲什麼那麼平常、那麼污穢的「屎」字，也是法寶呢？下面的另一則公案，或許可以回答這些問題：

弟子問雲居道膺禪師：

「世尊有密語，迦葉不覆藏。請問：什麼是世尊的密語？」

道膺禪師於是大聲叫這個徒弟的名字，然後說：

「你懂了嗎？」

「不懂！」徒弟老實回答。

「如果不懂，那就是『世尊有密語』……」道膺說：

「反過來，如果你懂，那就是『迦葉不覆藏』！」（注 46）

在這則公案當中，「世尊有密語，迦葉不覆藏」兩句，顯然是指「拈華微笑」的公案。世尊 — 釋迦牟尼佛默然不語地手拈蓮花，而迦葉尊者卻破顏微笑，把世尊借由手上的蓮花，傳給迦葉尊者的「密語」，全都洩漏出去了！

現在的問題是：被迦葉尊者洩漏出去的「密語」是什麼呢？雲居的回答是：如果你不懂，那麼對你來講就是「密語」；如果你懂，那麼，它就不是「密語」，因此也就「不（必）覆藏」了。

雲居禪師的回答雖然深富「禪機」，卻不易了解。我們心裡還是有個疑團：被迦葉尊者洩漏出去的「密語」是什麼？在哪裏呢？對於這個疑團，有位足庵鑒禪師，曾以一首詩歌，作了回答：

世尊有密語，迦葉不覆藏；

一夜落花雨，滿城流水香！（注47）

足庵禪師的回答顯然是：世尊所傳下，卻被迦葉尊者所洩漏的「密語」，就在下了一夜的落花雨之中！就在流遍全城的流水之中！

其實，由於「觸類是道」，由於即聖潔而世俗、即涅槃而世間，因此，在拈花、微笑當中，世尊傳給迦葉尊者的神聖「密語」，又何嘗不就是「屎」這個字，甚至「屎」這一物呢！

注解

注 1 詳見《大正藏》卷 23，頁 496，下－497，上。

注 2 詳見前書，頁 496，中。另外，在家白衣所守的這八戒，有時稱為八支齋、八齋戒、八關齋戒、八分戒等。八戒的開合，經論當中討論甚多，也各有不同的說法。這些討論和說法，由於和本文主題無關，因此不再贅言。

注 3 詳見《大正藏》卷 14，頁 547，下。

注 4 詳見前書，卷 29，頁 75，中。另外，《大智度論》卷 13，在解釋在家白衣所受的八戒時，曾說：持守八戒，是為了避免惡鬼、凶衰的侵擾。（詳見《大正藏》卷 25，頁 160，上。）

注 5 例如、隋・吉藏的《三論玄義》，即說：劉宋時代，道場寺的慧觀法師，曾把一切經典區分為頓教和漸教兩類；而在漸教當中，又依照釋迦牟尼佛宣說時間的先後次序，細分為「五時」，其中的第三時是：「《淨名》（即《維摩經》）、《思益》讚揚菩薩，抑挫聲聞，謂抑揚教。」（詳見《大正藏》卷 45，頁 5，中。）

注 6 詳見《大正藏》卷 14，頁 547，下－548，上。

注 7 詳見前書，卷 9，頁 57，中－下。

注 8 引見前書，卷 12，頁 484，下。

注 9 引見前書，卷 14，頁 549，中。

注 10 例如，《續指月錄》卷 17，曾收錄了鳳陽正宗悟上座的一首詩偈：「此宗須信有眞悟，莫學諸方平實禪；異日寒灰親爆出，紅爐又放一枝蓮！」（引見《卍續藏經》冊 143，頁 494，d。）再如，同書，卷 3，也收錄了詞原祖泉禪師的一首詩歌：「父母分明非我親，祖師肝膽向人傾；直下若能親薦得，優曇花發火中春！」（引見前書，頁 415，d。）其中，優曇花傳說是千年才開一次的花朵。

注 11 詳見《大正藏》卷 12，頁 432，上。另外，五行中的前四行是：聖行、梵行、天行和嬰（兒）行。

注 12 引見《大正藏》卷 14，頁 544，中。

注 13 詳見前書，卷35，頁 524，中。

注 14 引見前書，卷10，頁 39，上－下。

注 15 引見前書，卷12，頁 342，下。

注 16 以上詳見前書，卷 12，頁 343，上－344，中。

注 17 引見前書，卷18，頁 36，下。引文一開頭的「方壇」，亦即漫荼羅（又譯曼荼羅，maṇḍala），字面的意思是地區、範圍、國界，或引伸為組織、社會、集團。胎藏界秘密漫荼羅，是毘盧遮那佛所居住的地方，所以稱為漫荼羅。至於「胎藏界」一詞，是指：眾生本來具有像毘盧遮那佛一樣的大悲德性，就像母親的肚子懷著胎兒（比喻大悲等德性）一樣。因此，胎藏界漫荼羅，其實是毘盧遮那佛，開發其大悲等本具的德性，而後顯發出來的解脫境界。而這一境界，其實也是每一個未成佛的眾生，所本具的；只要像毘盧遮那佛那樣，加以開發，即可顯現出來。

注 18 詳見《太子瑞應本起經》卷上；《大正藏》卷 3，頁 472，下－473，上。

注 19 引見《大正藏》卷 34，頁 371，下。

注 20 詳見前書，頁378，中。

注 21 引見前書，卷39，頁 734，上。

注 22 以蓮花作為經名的例子，除了《法華經》之外，還有北涼・曇無讖所譯的十卷本《悲華經》。這部經的另一譯本，是失譯的八卷本《大乘悲分陀利經》。從後者的經名出現「分陀利」三字，即可肯定它和（白）蓮花有關。事實上，這兩部經都在描寫一個名叫「蓮華」的淨土，淨土住著一位名叫「蓮華尊」（《悲華經》所譯）或「蓮華上」（《大乘分陀利經》所譯）的佛陀；例如，《悲華經》卷 1 說：『東南方去此一億百千佛土，有佛世界，名曰蓮華。』（引見《大正藏》卷 3，頁 167，下。）而《大乘悲分陀利經》卷 1，也有相同的描寫。（詳見前書，頁234，中。）

注 23 譯自: Paul Deussen, *Sixty Upaniṣads of the Veda*, Delhi: Motilal Banarsidass, Part Ⅱ, p. 813。

注 24 引見《大正藏》卷 32, 頁 157, 上。

注 25 唐・一行,《大毘盧遮那成佛經疏》(又名《大日經疏》)卷 10, 曾說:「次, 毘紐天有眾多別名, 即是那羅延天別名也, 是佛化身。」(引見《大正藏》卷 39, 頁 683, 下–684, 上。)

注 26 引見《大正藏》卷 33, 頁 772, 上。

注 27 引見前書, 卷34, 頁 378, 下。

注 28 引見前書, 卷25, 頁 116, 上。

注 29 古印度有關宇宙創造的信仰, 共有兩大系統: 一是本文所討論的韋紐信仰系統。在《梨俱吠陀》(Ṛg-veda)當中, 韋紐是太陽神。因此, 這是屬於太陽神的信仰體系。另一則是由雷霆神 —— 樓達羅(Rudra)和火神 —— 阿祇尼(Agni), 所轉化而來的濕婆神(Śiva)信仰; 大自在天(又譯摩醯首羅天, Maheśvara)等天神的信仰, 也是屬於這一體系。(參見徐梵澄,《五十奧義書》, 臺北: 中國瑜伽出版社, 1986, 頁 995。)

注 30 引見《大正藏》卷 25, 頁 116, 上。

注 31 引見前書, 卷31, 頁 264, 上。

注 32 以上皆見前書。

注 33 引見前書, 卷30, 頁 36, 上。

注 34 詳見前書, 卷33, 頁 772, 中–下。

注 35 智顗,《觀音玄義》卷上, 曾說:「佛斷修惡盡, 但性惡在。」(引見《大正藏》卷 34, 頁 882, 下。)其中,「修惡」是指後天學得的惡行, 因此可以靠後天的修行, 而加以斷除。而「性惡」則是本性之惡, 永遠無法斷除。佛利用這種本性之惡, 留在世間, 甚至下到最苦難的地獄, 去救渡眾生。所以, 智顗接著說:「佛不斷性惡, 機緣所激, 慈力所熏, 入阿鼻, 同一切惡事, 化眾生。」(引見前書, 頁 883, 上。)

注36 引見《大正藏》卷46，頁900，中－下。

注37 《指月錄》卷4；引見《卍續藏經》冊143，頁42，d。

注38 《指月錄》卷21；引見前書，頁238，c。

注39 《指月錄》卷13；引見前書，頁146，c。

注40 例如，當鹿門覺禪師參訪長翁淨禪師時，恰好遇上長翁淨禪師正以靈雲志勤禪師的桃花公案，教導弟子。長翁淨禪師並且還唱了一首詩歌：「一箇烏梅似本形，蜘蛛結網打蜻蜓；蜻蜓落了兩邊翅，堪笑烏梅嚙鐵釘！」鹿門覺禪師聽了之後，不禁笑了起來，說：「如果早知道燈是火，那麼，飯老早煮熟了！」（詳見《續指月錄》卷2；《卍續藏經》冊143，頁410，b。）又如，雲巢巖禪師在讀了靈雲的桃花詩之後，也唱出了下面這首詩歌：「三月桃華爛熳經，靈雲打失主人翁；隨邪逐惡玄沙老，半是眞情半脫空。」（詳見《續指月錄》卷4；《卍續藏經》冊143，頁419，a。）

注41 引見《卍續藏經》冊87，頁326，c。

注42 唐・宗密，《圓覺經大疏》卷上－2，曾說到禪宗在五祖弘忍之後，分裂成許多派別，其中一派的主張是：「觸類是道，而任心」（詳見《卍續藏經》冊14，頁59，c）。而在他的《圓覺經大疏鈔》卷3－下，則自己註解說：「《（圓覺經大）疏》有『觸類是道，而任心』者……沙門道一……大弘此法。」可見，「觸類是道」是馬祖道一禪師的主張。至於「觸類是道」的具體內容宗密解釋說：「揚眉、動睛、笑、（打哈）欠、謦咳或動搖等，皆是佛事。故云觸類是道也。言任心者……謂不起心造惡、修善，亦不修道。……任運自在。」（詳前書，頁279，a。）至於道一禪師「平常心是道」的主張，《指月錄》卷5，曾這樣介紹：「道不用修，但莫污染。……若欲直會其道，平常心是道。……只如今行、住、坐、臥、應機接物，盡是道。」（引見前書，冊143，頁58，a。）這樣看來，「任心」其實就是「平常心是道」的意思。

注43 詳見《指月錄》卷15;《卍續藏經》冊143，頁170， a。

注44 這應該是指《法華經（卷2）·譬喻品》當中的一句經文:「屎尿臭處，不淨流溢」。（引見《大正藏》卷9，頁13，下。）

注45 詳見《指月錄》卷28;《卍續藏經》冊143，頁309， d–310，a。

注46 詳見前書，卷18;《卍續藏經》冊143，頁201，b。

注47 詳見前書，卷首;《卍續藏經》冊143，頁390，d–391，a。

記佛教轉輪王坐相的經典

古正美

新加坡大學哲學系教授

從古代的犍陀羅、巴米揚、龜茲、于闐，至中國的西北及北方地區之許多佛教遺址，我們常見到呈交腳坐相的所謂「交腳菩薩像」。這種「交腳菩薩像」，也常被稱爲「彌勒菩薩像」。

筆者在拙作《貴霜佛教政治傳統與大乘佛教》（此後，《貴霜佛教》）一書的第八章〈轉輪王和彌勒佛的造像〉中，用了相當長的篇幅，依貴霜(The Kushān, 50–244)所奠立的佛教政治發展模式，即「一佛一轉輪王」的護法模式，及《悲華經》的經文，將所謂的「交腳菩薩像」或「彌勒菩薩像」，重新界定爲佛教的轉輪王造像。

西方學者將佛教的轉輪王造像視爲「彌勒菩薩像」或「交腳菩薩像」的原因，除了與西方學者在本世紀初期左右開始挖掘今日巴基斯坦及古代中亞地區的佛教遺址有關之外，與這些學者研究這些地區之古代彌勒信仰及彌勒經典也有相當的關係。自阿弗烈・弗切爾(Alfred Foucher)將所謂的「交腳菩薩像」與彌勒掛鈎之後，東西的學者，如約翰・羅申費爾德(John M. Rosenfield)、日本的水野清一及高田修等人，便繼續跟進，將這種所謂的「交腳菩薩像」，定爲「彌勒菩薩像」，並用這種「交腳的彌勒」來說明佛教遺址，如雲岡的性質。今日中國的佛教石窟研究者，基本上亦持同樣的看法，將呈交腳坐的造像，通稱爲「彌勒菩薩像」。

《貴霜佛教》一書於 1993 年出版之後，筆者對所謂的「交腳菩薩像」所提出的定像方法及理論，大概引起相當的爭議；特別是，筆者在說明呈交腳坐的造像皆爲佛教的轉輪王像時，始終沒有舉出任何「白紙黑字」的經文或文獻證據，作爲筆者定立此種造像的根據。

事實上，筆者在處理呈交腳坐的佛教轉輪王造像之際，一直深信，中譯的佛教經典或中國的佛教文獻，應該對此如此普遍的造像型式會有一些說明。但是在筆者著述《貴霜佛教》的當時，筆者一直沒有見到有任何文字證據。事隔《貴霜佛教》出版的一年多，筆者在檢讀中譯的密教經典之際，不意發現了唐代不空所譯的《金剛頂經一字頂輪王瑜伽一切時處念誦成佛儀軌》，清清楚楚地提到三種不同的輪王或轉輪王坐相；其中之一，就是「交腳」坐相。這一發現，筆者的理論不僅得到證實，從此也解決了近百年來在佛教藝術史上的爭論。

唐代不空所譯的《金剛頂經一字頂輪王瑜伽一切時處念誦成佛儀軌》（此後，《金剛頂經》）如此記述輪王的三種坐相：

> 適以印此明，加持自身時，便同諸佛身。即部母加持，智智拳念誦，坐如前全跏。或作輪王坐，交腳或垂一，乃至獨膝豎，輪王三種坐。或作普賢跏，左掌承右腿，右趺鎮左髀，普賢跏乃成。……（注 1）

《金剛頂經》所提到的三種轉輪王坐相即是：「交腳或垂一，乃至獨膝豎」。《金剛頂經》既將「交腳」坐相視爲一種轉輪王坐相，呈交腳坐的人物造像便不會是「彌勒菩薩像」。事實上，呈「交腳」坐的轉輪王像，無論是手持水瓶或作轉法輪印相者，也都有經文依據（注 2）。

圖1 拉后博物館收藏之 572號「悲華經經雕」

圖2 沙里拔羅出土的後貴霜轉輪王造像

圖3 犍陀羅「思惟轉輪王像」

《金剛頂經》在記轉輪王坐相的同時，也提到筆者所定的，呈「半跏」坐，作思惟狀的「轉輪王思惟像」的坐相。《金剛頂經》所提到的第二種輪王坐相，叫做「垂一」的坐相。所謂「垂一」，就是指「半跏」的坐姿。在過去，學者們都將呈「半跏」坐，作思惟狀的人物造像定爲「半跏思惟像」、「太子思惟像」或「彌勒菩薩像」。筆者在《貴霜佛教》中將此類造像定爲「轉輪王思惟像」的原因是：在《悲華經》中，轉輪王無諍念在聽下生佛寶藏佛說法之後，便對寶藏佛說：「世尊，我今還城，於閑靜處專心思惟，當作誓願：我如所見佛土相貌，離五濁惡，願求清淨莊嚴世界。」（注3）

《悲華經》中有一段經文，專說轉輪王無諍念如何供養寶藏佛及如何求無盡身，修行成佛的故事。這段故事，即轉輪王無諍念如何供養佛、先如何不願成佛、又如何聽佛說法、如何靜坐思惟、如何行七年無欲的修行法及如何被佛授記於未來要成爲無量壽佛的一一細節，皆被造在許多出土的犍陀羅石雕造像上。其中最有名的兩座石雕，則收藏於今日巴基斯坦之拉后博物館(Lahore Museum)內。拉后博物館所收藏的這兩座「悲華經經雕」，即是編號572 及1135 之石雕造像。在過去，這兩座石雕上的交腳人物造像，常被用來作爲「彌勒菩薩」坐兜率天的造像實例（注4）。

筆者將這種呈「半跏」坐，作思惟狀的造像定爲「轉輪王思惟像」的另一個原因是，這種呈「半跏」坐，作思惟狀的「轉輪王思惟像」，和呈「交腳」坐的轉輪王交腳像，常都配帶有《悲華經》所記的轉輪王飾物「龍頭瓔」（注5）；同時這兩種轉輪王造像也常都被造在一起，作爲「一佛一轉輪王」的造像模式中的轉輪王龕的主要內容（注6）。

《金剛頂經》提到「交腳」與「垂一」的坐相爲轉輪王的兩種坐相，因此不是沒有根據的。

圖 4　印尼婆羅婆多「獨膝豎」之轉輪王造像

圖 5　雲岡第十七窟太和十三年之「護法模式」造像龕

《金剛頂經》所記的第三種轉輪王坐相稱爲「獨膝豎」的坐相。就這種「獨膝豎」的姿態來判斷，這種姿態不會是一種坐相，而是一種立相。筆者在早期的佛教政治造像中，沒有見過這種造像或立相。因此推測這種立相可能是密教政治傳統所發展出來的一種立姿。筆者作這種推測不是沒有理由的。一來除了不空所譯的密教經典《金剛頂經》提到這種輪王的「坐相」之外，二來也是因爲筆者在密教的遺址見到這種非常特別的轉輪王立像。

筆者在中爪哇（Central Java）的第八世紀密教遺址婆羅婆多（Borobudur），就見到有這種「獨膝豎」的轉輪王立像。大概因爲這種立姿很有瑜伽修行者的姿態，因此研究印尼考古學的約翰・密細（John Miksic）便在其書《婆羅婆多》中稱這種「獨膝豎」的立像爲：「在彌勒的前生中，其所行的一種未來菩薩所行的艱難瑜伽（yoga）行，即立一腳行」（**注7**）。

《金剛頂經》所記的三種轉輪王坐相，不僅包括貴霜時代常用來說明轉輪王坐相的二種轉輪王坐相，即「交腳」及「垂一」的坐相，同時亦包括密教發展時代用來說明密教轉輪王的坐相，即「獨膝豎」的立相。《金剛頂經》雖然沒有進一步地告訴我們，爲什麼轉輪王坐相要呈這三種姿式，然而就此經所記的三種轉輪王坐姿，我們已經很能確定，筆者在《貴霜佛教》中所提出之轉輪王造像的判相理論及方法，基本上是正確的。既是如此，我們從目前所保留下來的佛教遺址及造像，便能判定在亞洲的歷史上，到底有多少國家曾經施行過佛教政治治國或有多少帝王曾經使用過貴霜的佛教政治模式或密教的政治模式治世。

注解

注 1　不空譯，《金剛頂經一字頂輪王瑜伽一切時處念誦成佛儀軌》，大正，957，冊19，頁 326。

注 2　見拙作，《貴霜佛教政治傳統與大乘佛教》（臺北，允晨文化，1993），第八章，頁 574–636，見筆者所作之〈交腳轉輪王像的歷史發展背景及經文證據〉。

注 3　同上，頁 599–611；並見北涼曇無讖譯，《悲華經》，大正，157，冊3，頁 179 上。

注 4　同上，頁 574–636；並見《悲華經》，卷一至卷三，頁 167–206。

注 5　同上，頁 586–599；並見《悲華經》，頁 175c。

注 6　同上，並見雲岡第十二窟前室東壁之轉輪王造像龕，或雲岡第十七窟太和十三年之「護法模式」造像龕。

注 7　John Miksic, *Borobudur-Golden Tales of the Buddhas* (Singapore: Bamboo Publishing Ltd., 1990), 136 The Reliefs.

佛教花供涵義及歷史源流
——華香禮敬，以祝嵩壽

陳清香

文化大學歷史系教授

前言

民國54年前後，印順老法師曾經應張故創辦人其昀先生之邀，赴陽明山中國文化大學（當時未改制，仍稱學院）講學，處於學生時代的我，也斷斷續續的跑到哲學系教室旁聽，這是我第一次聽聞老法師宣說佛法，由於老法師的浙江口音鄉音重，很多名相都聽得一知半解。但是老法師授課的神情，以及下課時間不到休息室，仍留在課堂解答同學的問題，此種誨人不倦的風範，卻留給我深刻的印象。

爾後老法師因病辭去教職，離開陽明山，駐錫於外雙溪山上的報恩小築中。我還是偶而和幾個有志於學佛的同學上山請益，從最淺顯的名相，到深奧的唯識中觀，老法師很不疲厭的加以解說。

民國64年，我學佛聽經也有十年了，才首度赴臺北慧日講堂，向老法師行皈依禮。

民國75年，我應明復法師之請，主編《佛教藝術》雜誌。爲了推廣該雜誌，老法師除了以精神上的支持外，並親筆寫了一封信，向教內弟子們大力推介，對於該信函的內容，我是原寸的照刊在第二期的首頁上。

老法師的佛學見識卓越，著作等身，我從《妙雲集》等，作選擇性的閱讀，我深深的感受到從原始佛教到大乘經典以致於中國的禪宗，其探討的深入、解析的詳實，在國內實無出其右者。在浩瀚的佛學、佛教史領域中，如果沒有老法師著作的引導，實在很難在短時間之內，理出頭緒，抓到綱領的。

我治佛教美術史，每每遇到圖像學的難題，甚至爲題材所困。這時，從老法師的《淨土新論》、《成佛之道》、《藥師經注解》、《禪宗史》中，細加研讀，居然豁然而通，實在很是意外。

欣逢老法師九十華誕，在一片歡喜應賀聲中，在一片花香上供氣氛中，爲祝賀老人家的嵩壽，爲敬仰老人家在佛教學術上，畢生辛苦耕耘，有卓越之貢獻，筆者不敏，謹以「佛教花供涵義及歷史源流」爲題，撰文申悃，蓋佛陀在世時，佛子們以花供佛，祖師在世時，弟子以花獻祖師，而老法師嵩壽，更宜以華香禮敬、供養，以表景仰感恩之意。

一、花供是財供養之一

以花供佛，是佛教徒對佛陀虔敬的表徵。在學佛的過程中，必須學習供養。是故若當佛七期間，或精進修法期間，每日午齋進食前，必先口誦供養詞：「供養佛、供養法、供養僧，供養一切眾生。」然後才得下筷子。

供養既是學佛必備課程之一，身爲佛子便須瞭解其涵義和內容。供養，即供給資養之義，又略稱供施、供給，也就是以飲食衣服等物品，供給資養佛法僧三寶或父母師長亡者等。由於諸經論說不盡相同，內容有「兩種供養」、「三種供養」等不同分法。

如依《華嚴經》所載，普賢菩薩曾發十大行願，其中第三行願，即爲廣修供養。其內容便是將供養分成財供養和法供養二類。財供養是指以香、華、飲食等財物供養諸佛。而法供養則是指修行供養、利益眾生、攝受眾生、代眾生苦，勤修善根，不捨菩薩業，不離菩提心的供養（注1）。

至於三種供養，有二種說法，一說是指捧香華飲食的利供養、讚歎恭敬如來的敬供養、以及受持修行妙法的行供養等（注2）。而另一說是密部的說法：

> 所謂供養有三，一者外供養，謂香華飲食及燃燈莊嚴道場等也。二者行供養，謂如說奉行及禮拜持戒等也。三者理供養，謂心住法體無外攀緣也。（注3）

以上幾種說法中的財供養、利供養、外供養等，都是指以財物供養諸佛。而這些財物的內容種類，在諸經中亦因有不同說法，而有五供養、六供養、八供養、十供養等名稱。就經典而言，《無量壽經》、《法華經》、《華嚴經》、《大日經》等，都一再的提到花供養。花供養是財供養中，不可少的一項，甚至有居首項者。

二、諸經中所闡述的花供

佛經譯成華文，流入中土後，流傳漸廣。在諸經中，《無量壽經》，是一部最早期的漢文經典之一，內中多次提到花供，如：

> 佛語阿難，無量壽佛，為諸聲聞菩薩天人頒宣法時，都悉集會七寶講堂，廣宣道教，演暢妙法，莫不歡喜心解得道，即時四方自然風起，吹七寶樹，出五音聲。無量妙華，隨風四散，自然供養，如是不絕。一切諸天，皆齎天上百千華香，萬種

伎樂，供養其佛，及諸菩薩聲聞之眾。普散華香，奏諸音樂。……（注4）

由此經文中，得知無量壽佛在說法時，自然四方有妙華供養，諸天也運來了很多的華香，來供諸佛菩薩。經文也提到要往生彼國的眾生，必須供養：

奉持齋戒，起立塔像，飯食沙門，懸繒、然燈、散華、燒香，以此迴向，願生彼國。

此中提出的飯食、懸繒、燃燈、散華、燒香便是五供養。散華為其中之一。

其後，《妙法蓮華經》譯出後，經中又數度提出十供養，而花居首項：

若復有人受持讀誦解說書寫《妙法華經》，乃至一偈，於此經卷，敬視如佛，種種供養：華、香、瓔珞、末香、塗香、燒香、繒蓋幢旛、衣服、伎樂，乃至合掌恭敬。

若善男子善女人，於《法華經》乃至一句，受持讀誦，解說書寫，種種供養經卷：華、香、瓔珞、末香、塗香、燒香、繒蓋幢旛、衣服、伎樂、合掌恭敬。……

其有讀誦《法華經》者，當知是人，以佛莊嚴而自莊嚴，則為如來肩所荷擔，其所至方，應隨向禮，一心合掌，恭敬供養，尊重讚歎，華、香、瓔珞、末香、塗香、燒香、繒蓋幢旛、衣服、肴饌、作諸伎樂，人中上供而供養之，應持天寶而以散之，天上寶聚，應以奉獻。……（注5）

同一品中，第三度所提的十種供養，略有出入，但以華為十供養之首，卻是同樣的，長行之外，偈文中亦曰：

應以天華香，及天寶衣服、天上妙寶聚，供養說法者。吾滅後惡世，能持是經者，當合掌禮敬，如供養世尊，上饌眾甘美，及種種衣服，供養是佛子。

依然是以天華上供爲首。

至於《華嚴經》所提到的財供養則曰:

所謂華雲、鬘雲、天音樂雲、天傘蓋雲、天衣服雲、天種種香、塗香、燒香、末香、如是等雲、一一量如須彌山王、然種種燈、酥燈油燈諸香油燈，一一燈炷，如須彌山，一一燈油，如大海水，以如是等諸供養具，常為供養。（注6）

密宗是諸宗中最重花供的一宗，且將華供視爲修法時最重要者之一。《大毘盧遮那經》曰:

持眞言行者，供養諸聖尊，當奉悅意華，潔白黃朱色。（注7）

由於修法的不同，供養的方式也不同，如:

先獻塗香，次施華等，復獻飲食，次乃然燈。如其次第，用忿怒王眞言，此等供物，悉令清淨，善悅人心。（注8）

此五供養，花供居第二位。另外又如:

即奉閼伽水，浴尊奉衣法，次獻塗香花，燒香及飲食，燃燈供養法……（注9）

供養時，先當奉閼伽水，次獻塗香，次獻花燒香飲食，後獻燈明。（注10）

此則是依善無畏三藏所譯的供養法，是六供養。此六供養或譬喻爲菩薩修習的六波羅蜜：布施、持戒、忍辱、精進、禪定、般若。其中花供居第三位，是代表忍辱波羅蜜。

至於金剛界的三十七尊中，包含了內四供養和外四供養，內四供養是指嬉戲菩薩、華鬘菩薩，歌菩薩、舞菩薩等。而外四供養則是指香菩薩、華菩薩、燈菩薩、塗香菩薩等。此內外四供，合之而爲八供。華供亦是其中之一。

三、花在佛經中的象徵意義

(一)淨土三經中的蓮華

花供在財供養中既屬重要地位，則花在佛教興盛的國度裡，必屬普遍的日用品，一般必是用來敬奉尊貴的人。而身上的持花、戴花、飾花等也足以顯示個人身分的尊卑。在印度的恆河流域，蓮花是常見的花卉植物，佛教既產生於此處，佛教教義中，屢屢以蓮花爲譬喻佛法，自是必然之事了。然而諸經所闡述的宗旨不盡相同，因此寓意各異，以西方淨土系的經典而言。《無量壽經》、《阿彌陀經》、《觀無量壽佛經》等，都對西方淨土中的蓮華，有相當的描述，如《無量壽經・卷上》云:

> 佛告阿難、無量壽國，……風吹散華，徧滿佛土，隨色次第，而不雜亂，柔輭光澤，馨香芬烈，足履其上，蹈下四寸，隨舉足已，還復如故，華用已訖，地輒開裂，以次化沒，清淨無遺，隨其時節，風吹散華，如是六反。又眾寶蓮華，週滿世界，一一寶華，百千億葉，其華光明，無量種色，青色青光，白色白光，玄黃朱紫，光色赫然，煒燁煥爛，明曜日月，一一華中，出三十六百千億光。一一光中，出三十六百千億佛，身色紫金，相好殊特，一一諸佛，又放百千光明，普為十方説微妙法。

又如《阿彌陀經》云:

> 極樂國土，有七寶池八功德水，充滿其中，池底純以金沙布地，四邊階道，金銀瑠璃玻璃合成，上有樓閣，亦以金銀、瑠璃、玻璃、硨磲、赤珠、瑪瑙而嚴飾之。池中蓮華大如車

輪，青色青光，黃色黃光，赤色赤光，白色白光，微妙香潔。（注11）

《觀無量壽佛經》亦云:

當起自心，生於西方極樂世界，於蓮華中，結跏趺坐，作蓮華合想，作蓮華開想。蓮華開時，有五百色光，來照身想，眼目開想，見佛菩薩滿虛空中，水鳥樹林，及與諸佛，所出音聲，皆演妙法，與十二部經合。（注12）

從以上經文得知，淨土世界的蓮華，柔軟香潔，能放出各式的色彩，能發出無量的光芒，從光芒中擬聚成七寶蓮臺、四柱寶幢、天宮寶幔，也化出無量諸佛，而為說法。也使觀想者，滅除五萬億生死之罪。

㈡《妙法蓮華經》中的蓮華

《妙法蓮華經》，從經名上，便知是以蓮華譬喻法門的經典，其含義多重，譬喻多樣，茲僅舉一二如:

蓮華有二義，一出水義，不可盡出離小乘泥濁水故，復有義蓮華出泥水，喻諸聲聞入如來大眾中坐，如諸菩薩坐蓮華上，聞說無上智慧清淨境界，證如來密藏故。二華開者，眾生於大乘中，心怯弱不能生信故，開示如來淨妙法身，令生信心故。（注13）

又如:

蓮華有十六義，蓮華從緣生，譬佛性從緣起。蓮華能生梵王，譬從緣生佛。蓮華生必在淤泥，譬解起生死。蓮華是瑞見者歡喜，譬見者成佛。蓮華從微之著，譬一禮一念皆得作佛。蓮華必俱，譬因果亦俱。華必蓮，譬因必作佛。蓮華譬引入蓮華世界。蓮華是佛所踐，譬眾聖託生，此十譬祇是今家，譬行妙中片意耳。蓮華生淤泥淤泥不染，譬一在三中三不染一。蓮

> 華三時異，譬開三祇是一。蓮華有開有合，譬對緣有隱有顯，蓮華於諸華最勝，譬諸說中第一。華開實顯，譬巧說理顯。蓮華有三時異，譬權實適時。此六譬祇是今家說法妙中片意耳。（注14）

此外，蓮華還比喻四諦、十二因緣，也比喻真俗二諦，也比喻九界十如，在《妙法蓮華經》中，蓮華就是佛法，蓮華開了，便象徵佛法顯揚於天下。

㈢《華嚴經》中花的象徵意義

《華嚴經》以釋迦如來真身毘盧遮佛的淨土稱爲華藏世界，最下爲風輪，風輪之上有香水海，香水海中，生大蓮華，此蓮華中包藏微塵數之世界，故名蓮華藏世界。凡報身佛的淨土，具十八圓滿，其中之依持圓滿，即是蓮華藏世界。而此世界是由毘盧遮那如來，往昔於世界海微塵數劫修菩薩行時，一一劫中親近世界海微塵數佛，一一佛所淨修世界海微塵數大願之所嚴淨。

花既是此華藏世界的中心，花便有其象徵涵義：

> 華有十義，所表亦爾，一微妙義是華義，表佛行德離於麁相，故說華為嚴，下竝准此。二開敷義，表行敷榮性開覺故，三端正義，表行圓滿德相具故。四芬馥義，表德香普熏益自他故。五適悅義，表勝德樂歡喜無厭故。六巧成義，表所修德相善巧成故。七光淨義，表斷障永盡極清淨故。八莊飾義，表為了因嚴本性故。九引果義，表為生因起佛果故。十不染義，表處世不染如蓮華故。（注15）

㈣密部經典中供花的涵義

密部經典對花供的闡述甚多，其中如《大毘盧遮那經疏》中，還提到供養的先後次序，先奉閼伽水，再獻塗香，再獻花、燒香、飲食

等，最後是燈明。經文並闡述了塗香、花、燒香、飲食、燈明的象徵涵義，其中花的涵義是:

> 所謂花者，是從慈悲生義，即此淨心種子於大悲胎藏中，萬行開敷莊嚴佛菩提樹，故説為花。（注16）

花供是取其慈悲生義，進一步也表清淨，因此供佛也是修法之一，必須持咒。所選的花種與所供的佛菩薩亦有等級的差別。

> ……作三種等法，應用水陸所生種種諸花，當須各依本部善分別之，以眞言加持，應當奉獻，奉獻之時，發如是願，此花清淨，生處復淨，我今奉獻，願垂納受，當賜成就。獻花眞言曰:「何賀囉阿賀囉薩囉嚩尾你夜達囉布爾帝莎訶。」當用此眞言持花供養。通及三部，若獻佛花，取白花香氣者供養之。若供獻觀音，應取水中所生白花而供養之。若獻金剛，應用種種妙花而以供養。若獻地居天，隨時所有種種諸花隨取而獻。……（注17）

經文中，甚至列舉各種花名，以表示那些花宜供佛部，那些宜供觀音部，又那些是獻金剛部者，由於花名盡是印度梵文的譯音，無從考據中土的漢文花名，茲作罷。

又花供既是修法的必要步驟之一，則在供養時，必須配合特殊的儀軌和運心，才能有所成就:

> 如以一華供養時，運心遍一切佛及凡聖，皆獻已即迴向一切智智，諸受我施者，願以此力令我得如上願，以此眞言加之，無不成也。初禮敬一切如來等巧門等，
>
> 薩嚩他　欠　鄔特揭帝　薩泮　囉醯門　伽伽那劍
>
> 此即虛空等力之義，於一切法空中而生此物，普益一切眾生也，誦持此者，隨以一華奉獻，令遍法界，上獻一切賢聖，下

施一切有情已。於中發如上大願，以此眞言加之，皆得成就。（注18）

由以上所引經文歸納之，花在淨土系的經典中，所表現的是清淨無污染的象徵，是能放出無量光芒和色彩的天妙華，是佛說法時，所必須接受的供養。而在《法華經》所闡述的蓮花，則比喻佛法的跡門，開三乘之權法，顯一乘之實法。而《華嚴經》則突顯毘盧遮那佛的華藏世界海。至於密教則更以之爲修法的憑借。花之於佛經，可謂涵義深邃矣。

四、花供的歷史源流

中國的花供源於印度，而印度的花供則源於古埃及，埃及自古以來，日常生活與蓮花習習相關，將蓮花比喻爲再生的意義，因取其朝開夜合，因此敬奉法老、祭祀諸神，都少不了蓮花，從現存的古埃及法老王墓出土的工藝品、壁畫、神廟雕刻中，便可找到相當多的例證。

至於印度，在佛教興起之後，花供已十分流行。例如膾炙人口的世尊拈花微笑的故事：

> 梵王在靈山會上，以金色波羅花獻佛，請佛說法，世尊登座，拈花示眾，人天百萬，悉皆罔措，獨迦葉破顏微笑，世尊曰：吾有正法眼藏，涅槃妙心，分付迦葉。（注19）

世尊將不立文字，教外別傳的心法傳給了迦葉，迦葉成了第一代祖師，迦葉又傳法給阿難爲二祖，在禪宗祖師傳承史上，特別重視。

雖然這則公案是宋代才出現的，傳法的真實性待考，不過提到梵王獻花，則以花供佛，請佛說法的行爲，在世尊的時代，應是存在的。許多的本生故事中，均有以花供佛的情節。

以下就現存的藝術史蹟中，找尋花供的遺例。首先引述印度的花供遺例。

印度在佛滅後的五百年間，雖有佛法的傳播，也有佛教藝術的創作，但以具體的人形爲佛像，卻沒有出現，爲表示釋迦世尊法身的所在，往往以菩提樹、金剛座、法輪、佛足等象徵性的符號來代替。早期的佛藝遺蹟中，最有名者，莫如巴爾戶（Bharhut）的佛塔浮雕、山齊（Sanchi）的佛塔浮雕，在塔門上、欄楯柱上都可以找到花供的遺例。

如山齊第一塔北門上，便有豐富的花供圖案，除了二件賢瓶供蓮花，以盛開、含苞、蓮蓬、蓮葉等插瓶表現外，還有由大象以鼻纏蓮枝，靈鳥以背駝花葉。橫樑的間隔支架上，更有圖案式的花供，十分精美（圖1）。

圖1　印度山齊佛塔第一塔北門橫樑上的浮雕賢瓶供花，象鼻捲蓮，靈鳥駝花

由於佛像不以具體人體表現，因此在第一塔東門南柱正面的釋迦成道圖中，世尊是以三寶標、金剛座以象徵之，四周有無數的群眾，雙手合十供養之，菩提樹上還有兩個帶著濃厚西方意味的飛天，正拿著花環以爲供養，這是另一花供的形式（圖2）。

圖2　印度山齊佛塔第一塔東門南柱，釋迦成道圖，飛天以花環供養

山齊第一塔建造的年代是紀元前一世紀。

越過了紀元前後，貴霜王朝興起，佛像出現了，在犍陀羅（Gandhara）地方有希臘阿波羅神爲基準的佛像，在秣菟羅（Mathura）地方有中印度雅利安人臉頰的世尊。佛像石碑，或佛傳、本生故事浮雕，每每出現了花供的場面。

如出土於阿希恰德拉（Ahichatra）的佛三尊像石碑（圖3），世尊結跏趺坐，衣紋偏袒右肩，左臂擎起，右手上舉，在唇厚、貝卷式的肉髻中，表現了秣菟羅佛的特徵，世尊的左臂身後，有右手高舉蓮花的脇侍菩薩。光輪之上，有兩位散花的飛天，此舉花式樣及散花式樣，代表了秣菟羅佛的供花式樣。

圖3　秣菟羅式的佛三尊像石碑脇侍菩薩舉花，飛天散花

而犍陀羅式的佛教石雕中，供花的遺例更多，造形也多樣化，如白夏瓦（Peshawar）博物館所藏的「供養者群像」浮雕（圖4）中，有六位男女供養人，手中均持大型蓮花。這是供養人持花的一種花供型式。

圖 4 犍陀羅式佛教石雕，供養者群像浮雕，供養人

另外在本生故事畫中，如燃燈佛授記本生的故事情節是，釋迦前生曾爲修行的青年，向城門的少女買五莖蓮花以供燃燈佛，對著燃燈佛散花，由於燃燈佛足爲泥水染污，青年將頭髮敷在地上，讓燃燈佛走過，燃燈佛於是授記此青年將來爲釋迦。此種自買花散花以供花，而得佛授記的情節，經常在浮雕連續畫面中出現（圖5）。

圖5 犍陀羅式石碑，燃燈佛授記本生

犍陀羅式的浮雕造像，多以希臘羅馬人的面孔爲基準，身著厚重的纏布裙，寫實生動，輪廓明顯。在後期犍陀羅的佛三尊像中，不少是佛坐大蓮華上，脇侍菩薩偶或出現持花網以供養者。

印度藝術演至五世紀的笈多王朝時代，佛教造像達到輝煌的頂點，是古典寫實主義的完成期，其中亦有供花遺例。而七世紀的後期笈多期，表現在洞窟壁畫上，尤受矚目，如阿旃陀((A janta)石窟第一窟中的蓮花手菩薩，是此期花供菩薩的代表作品（圖6)。

圖 6　阿旃陀石窟第一窟蓮花手菩薩壁畫

自貴霜王朝至笈多王朝，其佛像風格及花供形式，均直接影響到中國。

五、中國早期的花供遺例

漢民族在佛教未入華以前，便已有悠久而高度的文明，尤其三代以下，每年依時序對山川天地神祇，或歷代祖先行祭祀大典，是天子以下必行的活動。在祭祀大典中，所用的祭禮，主要以酒、犧牲、及其他的食物，似乎未見有花。自殷商至秦漢的皇陵王墓明器中，可見到大量的青銅器、玉器、漆器、人俑動物俑等，但沒有花。在工藝品中，陶器或青銅容器，多做爲容水、酒、穀類之用，或爲燈具、薰香器，而絕少有花器。

在西南部的少數民族，過年時祭祖的供品中，也沒有花的蹤影。臺灣較古老的民間祭祖拜神時，也以三牲、水酒、糯米製品、錫箔紙、香等爲主，未將花列入。可知漢民族在日常生活中，和花是較疏遠的。

佛教入華後，帶來了花供的習俗，也帶來了花供文化。最早記載佛教入華的正史，謂西漢哀帝元壽元年（2 B.C）已有浮屠經傳誦了（**注 20**）。至於佛像的出現，則約當二世紀左右，漢靈帝桓帝時，常有佛教儀式行於徐州廣陵丹陽一帶，開始了設像立教之事:

> 永興五年，桓帝於宮中鑄黃金浮圖老子像，覆以百寶華蓋，身奉祀之。（**注 21**）

永興五年，西元 153 年，浮圖老子像上的百寶華蓋，是否就是花供的一種?

佛教最初入華，中土人士對佛教義理不甚了解，將浮屠與神仙同等視之，因此形成神佛揉雜的式樣。在東漢、三國之際，陵墓內的線刻畫中，除了傳統的神仙、羽人之外，也偶而出現佛教標誌的神佛像，如山東沂南東漢墓，出現了項光童子像，既非漢式傳統神，也非西來的佛菩薩，只是他有光輪。更特別的是，他的腳下身前，有一株連莖帶葉向上生長的花枝（圖 7）。

圖7 山東沂南東漢墓線刻畫項光童子像

另外在魏晉時所鑄造的銅鏡，其背後紋飾中，有神像有獸像，偶而也出現佛像、菩薩像。而如奈良出土的三角緣佛獸鏡，三尊神佛像內，有一尊佛像，佛首兩側有蓮花（圖8）。另外長野出土的繪文様帶神獸鏡，內有菩薩像，手持蓮枝（圖9）。

圖 8　奈良出土三角緣佛獸鏡

由這些例證（**注 22**），可知在這個神佛揉雜的時代裡，花供的行爲已悄悄的流入中土。

自從曹魏時康僧鎧譯出《無量壽經》，經中提到「無量壽佛說法時，四方便有散花供養，」花供的思想逐漸流行民間，使得人們製作佛像時，偶而也將供物一併作上。

現存的中國早期的佛教藝術遺品中，如金銅佛像、石碑造像、墓室壁畫、石窟寺院、墓俑等，均或多或少的可以找到一些花供的蛛絲馬跡。首先就金銅佛爲例：

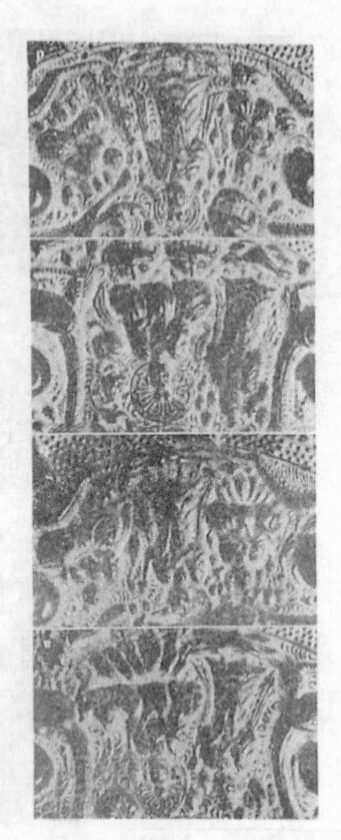

圖 9　日本長野出土晉繪文樣帶神獸鏡背後浮雕佛菩薩像，菩薩持蓮枝

㈠金銅佛造像中的花供

自十六國時代至唐代的金銅佛造像遺品中，每每可見到花供的形式，歸納之，可分成佛前供花、菩薩持花、供養人持花、蓮花座等形式。除了蓮花座是以寶座式樣供佛盤坐或踩踏已轉作他種功能之外，其他三者，應是純粹的花供養。

1.佛前供花式

例如東京新田氏所藏的一件十六國時代的金銅佛，佛像肉髻大，身穿通肩式的袍服，結跏趺坐於獅子座上，二獅子正中，供著一朵蓮花，作盛開型（圖 10）。

圖 10　十六國時代的金銅佛，佛前有供花

又如日本私家美術館所收藏的幾件隋唐鎚鍱佛遺品中，在以佛居中、脇侍菩薩、比丘、供養天人分布四周的布局中，結跏趺坐的說法佛正中前方，往往有蓮花供之。白鶴美術館藏的隋代遺品（圖 11）就是一例。

2.菩薩持花式

依《無量壽經》言:

彼國菩薩，承佛威神，一食之頃，往詣十方無量世界，恭敬供養諸佛世尊，隨心所念華香伎樂，衣蓋幢旛，無數無量供養之具，自然化生，應念即至。珍妙殊特，非世所有，輒以奉散諸佛，及諸菩薩聲之眾。

圖 11　隋代鎚鍱佛，佛前供花式

無量壽國的菩薩，得以隨意念持有華香等供養具，去供養十方世界的佛菩薩眾等，因此鑄造菩薩像持花，便流行於北魏後期至北朝後期之際，尤以觀音像鑄得最多，那或許是觀音救苦救難的願行，能迎合那混亂的世局。此時的金銅觀音菩薩像，多呈立姿，雙足立於須彌座上的蓮臺，頭上花冠高聳，帔帛、裙帶厚重，一手持蓮，蓮花以含苞待放者爲多。出光美術館所藏金銅菩薩立像（圖 12）就是典型的菩薩持花式之一例。

圖 12　太和八年銘金銅菩薩立像，菩薩持花

3.供養人持花式

五、六世紀之際，發展完成的金銅佛中，金銅佛像的座臺，多是以須彌座爲最普遍，佛像或菩薩像是或坐或立於座上的蓮臺。此種須彌座有四個支架，四個方向，形成八個架面，此八架面之上，往往是刻上銘文之處，在正面的兩側架面是刻供養人之處，供養人多以線刻畫表現之，供養人一左一右，手中必持花，面向中央，態度恭謹，是爲供養人持花式樣（見前圖）。

㈡石窟造像中的花供

自十六國時代至隋唐，是中國石窟藝術的輝煌期，開鑿石窟，雕造佛像，是此時歷位皇室固定的一項開銷，主要的石窟多分布於北方，除了敦煌，地處西陲，以泥塑爲主外，中原的石窟多由石質雕

造，其中較具代表性者一爲雲岡，一爲龍門，茲僅舉此二大石窟中的供花遺
例。

雲岡的花供式樣，幾全爲持花式樣，或爲飛天舉花，或爲供養人捧花，或爲菩薩持花，比丘持花以供佛，亦有一二遺例，其中各式各樣的飛天捧花最爲優美動人，如二十窟的飛天，頭戴花冠，左手持花，帔帛由左肩蓋向足邊，飄浮而起，十分自在（圖13）。第六窟後室中心塔柱下層的飛天，則上身著短襦，下著長裙，帔帛繞身飛舞，手中花朵，隨舞姿飛揚，應是散花供養。而第十窟前室頂部東側的飛天，舞姿曼妙，舉花以供養，更覺動人（圖14）。而第十八窟東壁佛弟子中有一持花比丘，或係阿難，第六窟中有捧花尊者，態度恭敬。第九窟後室明窗東壁，有坐在蓮花上的菩薩，右手持蓮花，左手持淨瓶，左右有隨從，此或是文殊菩薩至靈鷲山持花禮佛之情景。

圖13　雲岡第二十窟飛天捧花

圖 14 雲岡第十窟前室頂部飛天

雲岡石窟，幾全屬北魏作品，樸拙粗獷，表現了鮮卑民族的作風，在菩薩、比丘、天人等各式的持花供佛中，表現了不同的身分，不同的美感。

至於龍門石窟，開鑿於孝文帝遷都洛陽以後，經歷北魏、隋、唐等各朝的經營，由於孝文帝實行漢化運動，佛像風格不同於雲岡。在題材上也增加了一些帝后供養的行列，因此提供了不少貴族行香禮佛供花的儀隊。供花的式樣也不只限於持花式樣，也出現了瓶花的供養形式。

如石窟寺北壁下層，爲北魏時代作品，有供養菩薩雙手合十，捧花莖以供佛，身旁有浮雕花瓶，花瓶內插滿了蓮枝、蓮葉、蓮蕊、蓮苞、蓮蓬，極具寫實變化之美，此供養菩薩身高182公分，瓶花亦有四分之三高度，此例應是北魏瓶花中最豪華的遺例（圖15）。

以瓶花供佛，在五世紀末已流行於南北朝的宮廷中，如南齊武帝的第七子，封晉安王的蕭子懋，幼年奉母至孝，七歲時，即曾發生以瓶花供佛，祈母病癒的動人故事（注23）。

圖15　龍門石窟寺北壁下層供養菩薩——浮雕花瓶

龍門的飛天散華供養，在洞窟中仍然相當普遍。

路洞西壁中部，有北魏所刻的持蓮供養人行列，一排十位身體修長的供養人，每人各手擎著一枝粗大的蓮莖，蓮莖上的蓮花，或盛開，或含蕊，多具變化，此正反映北魏宮廷中，舉行法會時，花供的儀式（圖16）。

圖16　龍門石窟路洞西壁中部持蓮供養人行列

唐代的看經寺洞，有二十九尊羅漢，其中第一尊者和第二尊者各持一朵大蓮花，應是指迦葉尊者和阿難尊者是傳法的表現，也是供佛的象徵。

中國的石窟寺院規模最大者，莫如敦煌莫高窟，莫高窟尙留存自十六國起十個朝代，十個世紀的珍貴遺品，其中壁畫內，往往提供了供花遺例。除了供養人持花，菩薩持花之外，唐代的淨土變相中，或佛說法圖中，偶或出現佛前供花式樣，初唐的375窟有女供養人的持花供養行列，晚唐的第九窟女供養人則有持盤花以供佛。五代、宋、西夏、元時期的敦煌壁畫遺有較多的花供遺例。

自宋、明以下，寺院內的花供，趨於多樣化，除了瓶花供佛之外，亦有盤花、碗花等，佛寺中的佛龕、樑柱、門扉等，莫不有花供的圖像出現。尤其閩南臺灣的傳統佛寺，花供更以彩繪、浮雕顯示之，瓶花、盤花更且施雕於供桌上、窗牖上，圖案精巧，花式富麗，極具特色。而佛寺內所供奉的十八羅漢中，有一尊名爲進花尊者，手中提花以表供佛，那應也是花供的一種形式。

注釋

注 1　見唐罽賓《三藏般若譯大方廣佛華嚴經・入不思議解脱境界普賢行願品・卷四十》。

注 2　見北魏菩提流支譯，天親菩薩造《十地經論・卷三》。

注 3　見唐不可思議撰《大毘盧遮那經供養次第法疏》。

注 4　見曹魏康僧鎧譯《無量壽經卷下》。

注 5　見後秦鳩摩羅什譯《妙法蓮華經・卷四法師品》。

注 6　見《華嚴經・卷四十普賢菩薩普門品》。

注 7　見唐善無畏譯《大毘盧遮那經・卷二具緣品》。

注 8　見唐輸波伽羅譯《蘇悉地羯羅經・供養品》。

注 9　見唐善無畏譯《蘇悉地羯羅供養法》。

注 10　見唐一行譯《大毘盧遮那成佛經疏》。

注 11　見後秦鳩摩羅什譯《阿彌陀經》。

注 12　見劉宋畺良耶舍譯《觀無量壽佛經》。

注 13　見隋智顗述《妙法蓮華經玄義・卷第七下》。

注 14　同注 13。

注 15　見唐法藏述《華嚴經探玄》記。

注 16　見《大毘盧遮那成佛經疏・卷八》。

注 17　見《蘇悉地羯囉經・卷上供養花品》。

注 18　見《大毘盧遮那經供養次第法疏・卷下》。

注 19　見宋志磐撰《佛祖統紀・卷五》。

注 20　見《魏書・釋老志》。

注 21　見元念長集《佛祖歷代通載》卷五。

注 22　參見陳清香，〈中國最初的佛教造像〉，《印順導師八秩晋六論文集》，法光出版社，1991 年。

注 23　《南史・晉安王子懋傳》：「年七歲時，母阮淑媛，嘗病危篤，請僧行道，有獻蓮華供佛者 ，眾僧以銅甖盛水，漬其莖，欲華不萎。子懋流涕禮佛曰：若使阿姨（案，應是指其母）因此和勝，願諸佛令花竟齋不萎。七日齋畢，華更鮮紅，視甖中稍有根鬚，當世稱其孝感。」

南詔佛教考

李玉珉

故宮博物院副研究員

一、引言

唐代，在我國西南邊疆，以雲南省的大理為中心，建立了一個和唐朝分庭抗禮的大帝國 — 南詔（653–902年）。南詔皇室支持佛教，不但促進了佛教蓬勃的發展，也奠定了佛教在蒼洱地區一直盛行不衰的基礎。大理國（938–1254年），共傳二十三主，其中禪位為僧者，竟達九人之多。元初曾到雲南任西臺御史的郭松年，目睹大理地區佛教的盛況，在《大理行記》中記著，大理「西去天竺為近，俗多尚浮屠法，家無貧富，皆有佛堂，人不以老壯，手不釋數珠。一歲之間，齋戒幾半，絕不茹葷、飲酒，至齋畢乃已。沿山寺宇極多，不可殫紀。」（**注1**）這種崇佛的風氣到了明清依舊興盛，清代詩人吳偉業即曾發出「洱水與蒼山，佛教之齊魯」這樣的歎詞。

南詔國勢強盛，鼎盛之際，版圖北抵大渡河，與唐以一水為界；西北與吐蕃（今西藏）為鄰，東達現在的貴州和廣西西部；越南、泰國和緬甸三國的北部皆被南詔所征服（**注2**）。因此，該國的佛教文化極為複雜，不但有中土佛教的成分，又有西藏佛教的色彩，同時又從印度和東南亞的佛教文化中攝取了部分的養分。南詔佛教這種錯綜複雜的特質，早在1930年代即引起了學界的注意。西方學者Helen B. Chapin〈梵像卷〉的研究（注3）可謂南詔大理佛教文化研究的嚆矢，民國35年徐嘉瑞撰述的〈南詔後期宗教考〉（注4），1944年Helen B. Chapin 發表的〈雲南觀音像 〉（注5）與1953年日本學者藤澤義美的〈南詔國の佛教に就いて〉（注6）均是早期研究南詔佛教文化的重要著作。近數十年來，海峽兩岸的學者，如方國瑜（注7）、黃惠焜（注8）、汪寧生（注9）、王海濤（注10）、吳棠（注11）、楊益清（注12）、藍吉富（注13）、蔣義斌（注14）等，都曾致力於南詔佛教的研究，貢獻匪淺。可是南詔的信史資料有限，元明以來撰述的地方志書或文獻又多神話傳說雜揉，真僞混淆，因此南詔佛教的許多問題，如佛教何時傳入雲南？南詔佛教信仰的內容爲何？何時可謂南詔佛教的鼎盛期？雖經學者們的多方探討，目前仍未取得一致的結論。本論文擬結合信史、雲南地方文獻和現存的南詔大理文物，就上述諸問題提出一些個人的看法，以就教於方家前輩。

首先必須說明的是南詔版圖遼闊，面積幾乎是現在雲南省的兩倍，民族複雜，各地社會形態的差異又大，佛教文化的發展也各不相同。本文所論的南詔佛教，其範圍主要是指南詔政治文化的中心地區—洱海、滇池一帶。

二、佛教傳入雲南的時代

佛教何時傳入大理地區，歷代說法不一。部分明清雲南典籍將大理佛教之始遠溯至摩訶迦葉之時（注15），或至阿育王之子分封白國之際（注16）。這些說法當然是後世穿鑿附會之詞，子虛烏有，不足爲憑。近代學者徐嘉瑞則認爲，「佛教在漢哀帝時，已入中國。至東漢和帝永元元年(89)，中國夢想之計畫，始告完成，由葉榆永昌通撣國（緬甸）、羅馬（大秦），音樂、技藝皆相繼輸入。則佛教由中原內地輸入大理，自在意中。」（注 17）然近年來雖有不少學者熱衷於南方絲綢之路的研究，但是迄今尚未在雲南考古中發現任何與漢代佛教相關的文物。所以徐嘉瑞的東漢傳入說並未獲得學界的認同。

一般來說，大部分的學者皆同意，大理地區在南詔時期始有佛教，然而大家對佛教傳入的具體時間，仍有相當大的歧異。粗略分之，約有三說：

㈠初唐說：雲南自南詔以來，即盛行細奴羅（649或653–674年在位）時，觀音化為梵僧來至雲南的傳說（注 18）。明代雲南的墓誌上還常見唐貞觀時（627–649年），觀音大士「開化大理」、「摩頂蒙氏為詔」之語（注 19）。又傳，崇聖寺三塔中間大塔的塔頂鑄有「貞觀六年（632）尉遲敬德監造」的款識（注 20）。由此看來，不少當地人士以為七世紀上半葉大理即有佛教。

㈡盛唐說：汪寧生據〈南詔德化碑〉（立於大曆元年〔766〕）「闡三教，賓四門」之語，推斷佛教應在西元八世紀前半葉已傳入雲南（注 21）。汪氏認為這一說法正可與元代李京《雲南志略》所說，「開元二年（714），（南詔）盛邏皮遣其相張建成入朝。玄宗厚禮之，賜浮屠像，雲南始有佛書」（注 22）互相印證。

㈢中唐說：雲南學者楊益清指出，〈南詔德化碑〉雖然提到「闡三教」，不過是因遣詞行文的需要（注 23），不可視為雲南在盛唐時即有佛教的證據。許多學者又指出，在貞元十年（794）異牟尋與唐使崔佐定盟的誓文（注 24）中，只言上達三官，並未提及佛陀，足證八世紀末佛教尚未在大理地區出現。這些學者根據明清的地方志書與文獻和出土的南詔文物推斷，佛教應在中唐，南詔豐祐時期（824-859年）才傳入雲南（注 25）。

上述三說中，以主張中唐說的人數最多。不過唐道宣《道宣律師感通錄》中有一段文字卻是中唐說的重要反證，該書〈宣律師感天侍傳〉云:

> 益州成都多寶石佛者，何代時像？從地湧出。答：蜀都元基青城山上。今之成都大海之地。昔迦葉佛時，有人於西耳河（即西洱河）造之，擬多寶佛全身相也，在西耳河鷲頭山寺。有成都人往彼興易，請像將還，至今多寶寺處為海神蹋毀所沒。多寶佛舊在鷲山寺，古基尚在，仍有一塔，常有光明。今向彼土，道由郎州，過三千餘里，方達西（缺洱字）河。河大闊，或百里、五百里。中山洲亦有古寺經像，而無僧住。經同此文，時聞鐘聲。百姓殷實，每年二時供養古塔。塔如戒壇，三重石砌，上有覆釜，其數極多。彼土諸人但言神塚，每發光明，人以蔬食祭之，求福祚也。其地西去嶲州二千餘里，問去天竺非遠，往往有至彼者云云。至晉時（265–420年），有僧於地見土墳出，隨除終不可平，後見其坼開，復怪其爾，乃掘深丈餘，獲像及人骨在船中。蜀人但知其靈從地而出，亦不測其根原，見其花趺有多寶字，因遂名為多寶佛，名多寶寺也。（注26）

同樣的記載亦見唐道世的《法苑珠林》（注27）；宋李昉等編輯的《太平廣記》也轉錄了這段文字，並言此事爲乾封二年（667）南方天王韋陀將軍告訴道宣律師的（注28）。過去許多治滇史的學者也曾注意到這條資料，可是由於他們都認爲雲南佛教應始自中唐，故多以爲《太平廣記》所記的乾封二年應是乾符二年（875）的誤寫（注29）。道宣律師卒於乾封二年，所以《太平廣記》所言之乾封二年絕非乾符二年的誤書。這也就是說，依道宣律師的記載，七世紀中葉，即南詔初期，西洱河附近的大理地區已有很多佛塔，當地百姓常常以蔬食供養佛塔，祈求福祚。毫無疑問地此時佛教已在大理一帶的民間流傳開來。

文中對該地塔的描述爲「塔如戒壇，三重石砌，上有覆釜」，其形制與印度佛塔的樣式一致。這是否意味著，大理地區早期的佛教可能是由印度或緬甸所傳入？由於資料散佚，無從查考。

至於這條資料所說，成都的多寶佛乃是晉朝在西洱河附近發現一事，因涉及神異，可信度如何，尙待稽考，故筆者不敢冒然據此，作晉朝時西洱河一帶已有佛教的推論。

三、南詔佛教的內容

研究南詔佛教的信史資料十分有限，元代以來的雲南地方文獻雖考證多疏，未足據爲典要，可是其中也保存了部分南詔研究上頗具價值的資料，故也不能全然棄之不顧。根據明清各本《雲南通志》的〈仙釋傳〉與清代圓鼎所撰的《滇釋記》，並參照現存的南詔佛教文物，發現南詔禪宗和密教盛行，觀音信仰也相當普遍。

㈠禪宗

在明清雲南的地方文獻裡，發現不少南詔時期擅長心法的高僧名號，如張惟中、道悟、凝真等。可是學者們多認爲這些資料採自方志稗史，不甚可靠，而依元代宋本〈中峰道行碑〉（注30），以爲雲南直到元僧玄鑒（1276–？年）時，始易教爲禪（注31）。不過根據現藏於臺北故宮博物院的畫卷〈宋時大理國描工張勝溫畫梵像〉（以下簡稱〈梵像卷〉），早在九世紀時禪宗的活動已在大理地區展開。

〈梵像卷〉39至41頁（注32）的「南无釋迦佛會」部分中，主尊釋迦佛在一朵大蓮花中結跏趺坐，正下方跪著一位手捧法衣的比丘。他的容貌與42頁的迦葉尊者相似，顯然他即是得釋迦佛正法眼藏，受佛法衣，待彌勒佛出世的禪宗西天初祖摩訶迦葉。41頁右下角雙手合什，袒胸簪髻的人物，造型特徵與55頁的摩訶羅嵯和〈南詔圖傳〉中的摩訶羅嵯土輪王皫信蒙隆昊（**注33**）完全相同，並和103頁下一列右起第三人武宣皇帝一致（**注34**），這位供養人自然就是摩訶羅嵯，即南詔國十二代國主武宣皇帝隆舜（878–897年在位）（**注35**）。摩訶羅嵯胸前飄出一絲金縷，環繞釋迦佛所坐大蓮花的每一蓮瓣，並連至釋迦佛的前胸，說明中間與禪宗關係密切的釋迦傳衣付法圖實是摩訶羅嵯心中之思，也顯示摩訶羅嵯隆舜的宗教信仰和禪宗有著密切的關連。因此〈梵像卷〉42至55頁上出現了一系列的禪宗祖師像也就不足爲奇了。這些祖師像的上方皆有榜題，標明他們的名號，自42頁始依次爲尊者迦葉、尊者阿難、達麼（即達摩）大師、慧可大師、僧璨大師、道信大師、弘忍大師、慧能大師、神會大師、和尙張惟忠、賢者買□嵯、純陁大師、法光和尙與摩訶
羅嵯。

42至55頁的禪宗祖師中，42頁主尊爲禪宗的西天初祖迦葉尊者，其身側立著一位雙手合什的年輕比丘，自然是多聞博達智慧無礙的西天二祖阿難，其頭形特徵與次頁的西天二祖尊者阿難有些相像。44頁的達麼大師乃西天的二十八祖，又爲東土的初祖。他一手持法衣，正與身側穿著褐色袈裟的比丘言語，這位身著褐色袈裟的比丘左手衣袖空蕩，達摩身旁几臺的托盤內還裝著一隻斷臂。慧可斷臂求法是家喻戶曉的故事，因此本頁躬身在側的比丘必是東土二祖慧可大師無疑。很清楚地44頁是在描繪達摩祖師傳衣付法與慧可大師之事。45頁畫東土二祖慧可大師，他和前頁所畫的慧可像，無論在臉形或五官上，都可發現一些相似之處，如略窄的下頷等，而且也作斷臂之形。慧可大師足前跪拜於地者當是正欲接受法衣的東土三祖僧璨，要傳的法衣

則見於身旁几上的托盤內。46頁畫僧璨大師。此頁的僧璨爲正面像，而前頁的僧璨爲側面像，在容貌上較難指出二者的相似之處。46頁僧璨大師椅前跪著一位手捧法衣的比丘，其五官特徵和次頁的道信大師相近，當是東土四祖道信法師。47頁道信大師座前手捧法衣者頭部渾圓，和次頁的弘忍大師相仿，乃爲東土五祖弘忍大師。 48頁畫弘忍大師，他手持法衣，身側站著一位雙手合什的文士，他即是南宗頓教的創始人六祖慧能。49頁畫慧能大師，法衣置於身前几臺的托盤中。從42至49頁圖像安排的規則來推斷，侍立慧能身側的比丘當爲次頁的神會大師（684–758年）。此位神會是禪宗荷澤派的創始人，他曾指斥神秀所倡之北宗漸教，提出南宗頓教始爲正傳的看法，正式建立慧能在中國禪學史上的地位。神會的門人又認爲神會得到六祖慧能的默授付囑，都尊他爲中原禪宗的七祖（**注36**）。唐德宗曾敕令皇太子集合眾禪師，楷定禪門宗旨，立神會禪師爲七祖，並御製七祖讚文（**注37**）。

50頁神會大師身後有一年輕比丘，自是次頁的和尚張惟忠。雲南當地的文獻對張惟忠的記載十分簡短，明李元陽《雲南通志》卷十三言: 「張惟忠，得達摩西來之旨，承荷澤之派。」（**注38**）圓鼎《滇釋記》又云: 「荊州惟忠禪師，大理張氏子，乃傳六祖下荷澤之派，建法滇中，餘行無考。」（**注39**）上述二條資料除了言及張惟忠乃荷澤派的傳人外，並未提供太多的研究線索。所幸近代學者，如柳田聖山（**注40**）、松本守隆（**注41**）、印順法師（**注42**）、冉雲華（**注43**），均曾對張惟忠的師承和其與荷澤神會的關係作過深入地探討，使我們對這位禪師的生平有較多的認識。

唐宋文獻中，發現不少張惟忠的資料。荷澤派的傳人宗密大師（780–841年）在《圓覺經略疏鈔》提到:

> 第七祖(神會)門下傳法二十二人，且敘一枝者，磁洲法觀寺智如和尚，俗姓王。磁洲門下成都府聖壽寺唯忠和尚，俗姓張，亦號南印。聖壽門下遂洲大雲寺道圓和尚，俗姓程長慶。(注44)

裴休的〈大方廣圓覺修多羅了義經略疏序〉言道:「圭峰禪師(即宗密)得法於荷澤嫡孫南印上足道圓和尚」(注45)。白居易〈唐東奉國寺禪德大師照公塔銘〉亦說:「大師號神照，姓張氏，蜀州青城人也，學心法於惟忠禪師。忠一名南印，即第六祖之法曾孫也。」(注46)由此看來，我們知道荷澤系的禪法，有一支在四川流傳，傳承譜系如下:磁州智如⟶成都唯忠⟶遂州道圓⟶果州宗密。張惟忠即惟忠禪師，又稱唯忠禪師，亦號南印，俗姓張，是荷澤神會的再傳弟子。

根據上述資料，張惟忠並未親侍荷澤神會，那麼在〈梵像卷〉50頁上，爲何他站在荷澤神會的身後，好似他直接的傳人呢?這其中還有一樁複雜的公案。《宋高僧傳》卷十一〈洛京伏牛山自在傳〉後所附的〈南印傳〉言道:

> 成都府元和聖壽寺釋南印，姓張氏，明寤之性，受益無厭，得曹溪深旨，無以為證，見淨眾寺會師。所謂落機之錦，渥以增研，銜燭之龍，行而破暗。(注47)

文中所言之「淨眾寺會師」，乃成都淨眾寺的神會大師(720–794年)，爲北宗系無相禪師的傳人，所傳的是淨眾派的禪法。由此看來，惟忠禪師本得慧能所傳之曹溪深旨，卻因無人爲他印證，所以他只好轉投淨眾寺神會的門下。這也就是說，和惟忠禪師直接接觸的應是淨眾神會而非荷澤神會。不過，惟忠雖然從淨眾神會那兒得到「增研破暗」的好處，但卻仍沒有放棄「曹溪深旨」(注48)，又因爲惟忠所得的曹溪深旨本來自荷澤神會的系統，所以張惟忠仍被視作荷澤禪的傳人。又由於淨眾神會曾爲惟忠印證，所以張惟忠也應繼承了淨眾神會的法統。

惟忠和這兩位神會的關係，到了北宋（960–1127年）已出現混淆的現象。契嵩《傳法正宗記》（**注49**）和道原《景德傳燈錄》（**注50**）均視惟忠和南印爲兩個人，而且又認爲南印禪師爲荷澤神會的法嗣。〈梵像卷〉50頁將張惟忠像畫在荷澤神會的後面，也反映出同樣的混淆觀念。

有關惟忠禪師的生平，《宋高僧傳》〈南印傳〉有較詳盡的記載，提到:

> 印自江陵入蜀，於蜀江之南，壖薙草結茆，眾皆歸仰，漸成佛宇，貞元（785–804）初年也。高司空崇文平劉闢之後，改此寺為元和聖壽，初名寶應也。印化緣將畢，於長慶（821–824）初，示寂入滅，營塔葬於寺中。（**注51**）

由是觀之，惟忠禪師本荊州人，長期在成都聖壽寺傳法，長慶初在成都聖壽寺圓寂，是故有人稱之爲益州南印。上述這些唐宋文獻均沒有提到，惟忠的父親來自雲南大理，所以《滇釋記》所說的「荊州惟忠禪師，大理張氏子」，應不可信。同時，這些文獻也沒有惟忠禪師曾至雲南宣揚佛法的記載，所以惟忠的「建法滇中」，應該不是他親自到雲南弘傳荷澤禪法，可能另有緣故。

51頁畫和尚張惟忠，手持如意，正和一位面有髫鬚，身穿紅袍，雙手合什的在家人言語。根據人物造型，面容特徵，和衣服顏色，這位紅衣人即是次頁的賢者買□嵯。從畫面人物的關係看來，他顯然是張惟忠的傳人。

《僰古通紀淺述》言：「天寶七年（748），主（指閣羅鳳）即位，以……買嵯羅賢者爲國師，賢者乃西天第五祖商郎和修化身。」（注 52）同書又說：

> 主（指豐祐）重葺崇聖寺，增至千間。寺既落成，楊嵯巔問李賢者曰：寺完，中尊佛何佛？李賢者曰：中尊是我。嵯巔譖于王曰：賢者狂妄，罪當遠流。主允之，流賢者于南甸州烟瘴之地，斃于空崖之中。俗曰：昔五祖商那和修尊者以其地有一惡龍為患，逐龍于統天池，是伽池尊者後身為賢者，惡龍後身為嵯巔。故復夙仇以流賢者此也。（注 53）

上述這兩段文字，第一則言買嵯羅賢者爲五祖商那和修（即商郎和修）的化身；第二則又說李賢者是伽池尊者的轉世，從第二則的前後文的關係看來，伽池尊者即商那和修。換言之，李賢者也是商那和修的轉世。由於李賢者與買嵯羅賢者都是五祖商那和修的化身，二者應指同一人。至於該書所載二者活動年代的出入，應是《僰古通紀淺述》作者傳抄時，未加考證，以訛傳訛所犯的錯誤。〈梵像卷〉中52頁的賢者買□嵯之名與買嵯羅極爲近似，故筆者推斷畫中身著紅袍的在家人即李賢者，又名買嵯羅。

雲南地方文獻中，買嵯羅的資料不多，可是李賢者的記載卻不少，顯示他是一位南詔高僧。據《僰古通紀淺述》的記載，李賢者是南詔王勸龍晟（809–816年在位）的國師，以傳授心法著稱（注 54）。

明李元陽所著的《雲南通志》卷十三云：「李賢者，姓李，名買順，道高德重，人呼李賢者。」（注 55）明楊慎《南詔野史》上卷言：「敬宗乙巳寶歷元年（825），重修大理崇聖寺成。先是王嵯巔廣寺基方七里，聖僧李成眉賢者建立三塔，高三十丈。」（注 56）根據這二條明代資料，李賢者即李成眉，又名李買順。清圓鼎《滇釋記》〈李成眉〉條和〈買順禪師〉條也都與李賢者有關，〈李成眉〉條言：

聖師李成眉賢者，中天竺人也。受般若多羅之后。長慶間，游化至大理，大弘祖道。時南詔昭成王（豐祐）禮為師，乃建崇聖寺。（注57）

該書的〈買順禪師〉條云:

買順禪師，葉榆（今大理）人也。從李成眉賢者薙染，屢有省發。賢者語師曰：佛法心宗，傳震旦數世矣，汝可往秉承。于是走大方，見天皇悟和尚……悟曰：西南佛法自子行矣。是時百丈、南泉諸法席頗盛，師遍歷參承，咸蒙印可。六祖之道，傳雲南自師為始。（注58）

由此看來，圓鼎以爲李成眉即李賢者，而買順禪師則爲李賢者的弟子。陳垣在《明季滇黔佛教考》中指出，圓鼎的《滇釋記》「搜羅較眾，然雜亂無章」（注59），這一評論的確中肯。由於此書疏於考證，將一人視作二人或數人之例，不只一端。今參照明代地方志書，筆者以爲《滇釋記》所提的李成眉賢者，應即買順禪師。另外，《滇釋記》提到李成眉是中天竺人，而買順禪師爲大理人，究竟二者孰是？今從〈梵像卷〉上李賢者的造型來看，和該畫卷十六羅漢印度人的容貌迥別，可見，李賢者應是大理人，而不是天竺人。

綜合〈梵像卷〉和上述諸資料，我們對李賢者的認識大致如下：李成眉，雲南大理人，又稱買順禪師，活動於九世紀上半葉。此人德高望重，人呼李賢者。李賢者曾受聖壽寺惟忠禪師之教，精通禪悟，繼承四川荷澤派與淨眾系的禪法，並在大理積極弘化，是第一位在雲南正式弘揚六祖禪法的人物。豐祐時期他曾修建大理崇聖寺的三塔。從〈梵像卷〉中李賢者身穿南詔官服這點看來，李賢者當是南詔重臣，故明清文獻所言，南詔王禮敬李賢者爲國師之語可能不假。

由於資料散佚，現存文獻中並無李賢者和惟忠禪師往來的記載，可是，從南詔史資料中，我們或可窺得一些線索。南詔和唐朝的關係密切，唐高宗時（650–683年），南詔王細奴羅即遣使入唐。自此以後，南詔王大多接受唐朝的冊封和詔賜。閣羅鳳（748–779年在位）曾北臣吐蕃（今西藏），共同犯唐。其子異牟尋（779–808年在位）接受清平官鄭回的勸告，貞元九年（793）遣使至唐西川節度使韋皋處，表達希望與唐朝重修舊好之意。後來異牟尋「又請以大臣子弟質於皋，皋辭，固請，乃盡舍成都，咸遣就學。」（注60）這樣的活動，一直維持到豐祐時期，長達五十餘年。這些子弟重返南詔後，多爲朝廷重臣。李賢者活動的年代與南詔派遣質子赴成都就學的年代相同，故他很可能即爲當時遣送到成都的一位質子。也許就是因爲這個原因，李賢者才有機會接觸到四川的荷澤禪法，而引導他接觸禪法的關鍵人物即西川節度使韋皋。

韋皋是一位禪宗的信徒，他歸心南宗禪道，學心法於淨眾寺神會禪師（注61）。淨眾神會卒時，韋皋不但爲他立碑，同時還親自爲他撰寫碑文（注62）。韋皋和淨眾神會淵源之深，由此可見一斑。淨眾神會死後，韋皋應仍與淨眾系的禪師時有接觸，在成都受學的南詔質子很可能經由韋皋的介紹，和淨眾系的禪師有所往來。也許就是在這種機緣下，南詔的質子李賢者和曾在淨眾寺得神會禪師印證的張惟忠有了接觸。《新唐書》卷五十九〈藝文志〉內載《七科義狀》一卷，下注「雲南國使段立之問，僧悟達答。」（注63）雲南國使應當就是南詔國的使者，而僧悟達即知玄（809–881年）。知玄在《宋高僧傳》中有傳，傳中提及「玄於淨眾寺辯貞律師所受具戒」（注64）。雖然目前我們無法確定南詔使者段立之就是在淨眾寺向悟達問道的，不過這條資料或可視爲南詔佛教與淨眾寺有關的一個旁證。此外，南詔派遣質子至成都受學時期，正是惟忠禪師在成都的活動時期。所以李賢者爲南詔質子時，受到惟忠禪師的開悟，而成爲惟忠禪師弟子的可能性很大。大概就是因爲這個原因，雖然惟忠禪師並未到過雲南，但是滇人仍有惟忠禪師「建法滇中」的說法。不過，也由此可見，雲南禪宗真正的奠基者應是李賢者，無怪乎《滇釋記》〈買順禪師〉條中有「六祖之道傳雲南自師爲始」（**注65**）之語。

至於《滇釋記》所言，買順禪師曾和天皇道悟（748–807年）、南泉普願（748–834年）和百丈懷海（720–814年）這幾位禪師有所接觸。由於資料有限，很難肯定。不過，天皇道悟、南泉普願和百丈懷海都不曾到過四川傳法，所以推斷李賢者和這三位禪師直接請益的機會應該不大。

52頁畫李賢者傳衣付法，身前跪著一位比丘，手捧法衣。觀其容貌特徵和僧衣顏色，這位比丘應該就是53頁的純陁大師。雲南文獻不見純陁的名號。方國瑜曾說，純陁大師可能是指精通禪悟的崇聖寺僧施頭陀（**注66**）；楊曉東則認爲，從語音上來看，純陁和《滇釋記》中的禪陀子相近，故純陁爲禪陀子的可能性更大（**注67**）。

李元陽《雲南通志》載：「施頭陀，因禪得悟，不廢禮誦，宗家以爲觀音圓通心印。施傳道悟，再傳玄凝。道悟國師，以定慧爲禪家所宗。……玄凝傳凝真。凝真以道行聞，自施頭陀至真皆住崇聖寺。」（**注68**）施頭陀信奉觀音，是崇聖寺精通心宗的高僧，他與在崇聖寺活動又精於禪法的李賢者有所接觸的可能性極大。

至於禪陀子，《滇釋記》的記載爲「西域人也。天寶（742–756年）間，隨李賢者游化至大理。時賢者建崇聖寺，命師詣西天畫祇園精舍圖。師朝去暮回，以圖呈賢者。」（**注69**）李元陽《雲南通志》又言：「禪陀子行鑄觀音像，臨化日觀音接引，眾共見之。」

（注70）如此看來，禪陀子也信奉觀音，乃李賢者的門人，也是崇聖寺的僧侶。

〈梵像卷〉52頁畫李賢者傳衣與純陁之事，純陁當然是李賢者的傳人，爲雲南禪宗祖師之一。今整理施頭陀與禪陀子的資料，我們發現二者有不少相似之處，例如二人皆爲崇聖寺的高僧，又都精通觀音法門。前文已述，明清的地方史料常因年代久遠，疏於考證，將一人誤作二人，故筆者大膽推測施頭陀和禪陀子很可能也應是同一個人。從語音上來說，〈梵像卷〉的純陁與禪陀子和施頭陀都有幾分近似，他們又都精於心法，故筆者以爲純陁很可能即禪陀子，亦是施頭陀，乃崇聖寺的高僧，爲李賢者的傳人。

53頁畫純陁大師付法傳宗，前跪一比丘，雙手合什，作受教狀。他的容貌特徵和54頁的法光和尙相仿，當是純陁大師的傳人法光和尙。可惜雲南典籍未見此僧的名號，他的生平無從查考。

55頁畫摩訶羅嵯，是南詔蒙氏十二代的皇帝隆舜，作印度在家貴人形。54頁法光和尙和55頁的摩訶羅嵯相向而坐，身前都沒有畫受學弟子。法光和尙右手作說法印，摩訶羅嵯雙手合什，作謹遵法光和尙教誨狀。合此二頁而觀之，無疑是在表現法光和尙付法與南詔十二代主摩訶羅嵯。由於摩訶羅嵯接受法光和尙的付囑，當然便成爲一位雲南禪宗的祖師。前文已述，根據39至41頁釋迦佛會的圖像，摩訶羅嵯的宗教思想和禪宗的關係密切。如今與54和55頁的圖像相印證，更加肯定這種看法。只可惜文獻散佚，現存資料只有隆舜篤信觀音的記載（注71），未錄其和禪宗的關係，無法進一步深入討論。

本卷自51頁張惟忠至55頁摩訶羅嵯，共繪五位雲南禪宗祖師。明李元陽《雲南通志》卷十三言道：「惟忠得達麼西來之旨，承荷澤之派，爲雲南五祖之宗。」（注72）本卷所繪這五位禪宗祖師大概就是李元陽所說的雲南五祖吧!

㈡密教

大理一帶稱密教爲阿吒力教。「阿吒力」一詞是梵語Ācārya的譯音,意指能爲他人傳法、灌頂的上師。在雲南古代史料裡,該詞又譯作阿闍梨、阿拶哩、阿左梨等。明清各本《雲南通志》的〈仙釋志〉與《滇釋記》所載的南詔僧人中,約有一半爲擅長密法的高僧,密教無疑是南詔佛教的一個重要流派。如今在劍川石刻中尚存南詔時期鑿刻的大黑天像(**注73**),建極十二年(871)崇聖寺所鑄銅鐘上的圖像(**注74**)又皆與密教有關,它們都是南詔密教的遺物。直到近代在洱海地區仍有阿吒力的活動(**注75**),密教對大理地區的白族影響至爲深遠。

密教何時傳入南詔,史無明確記載。依楊慎《南詔野史》,南詔王閣羅鳳(748–779年在位)之弟閣陂和尚有神術,來往吐蕃,不過朝夕之頃(**注76**)。然該書成於明代,距南詔甚久,書中所言之事不敢貿然引以爲據。而樊綽《蠻書》中有一條有關南詔密教的資料,卻值得我們重視。該書卷十言:

> 咸通四年(863)正月初六日寅時,有一胡僧,裸形,手持杖,束白絹,進退為步,在安南羅城南面。本使蔡襲當時以弓飛箭當胸,中此設法胡僧,眾蠻扶舁歸營幕。城內將士無不鼓譟。(**注77**)

咸通三年(862)蔡襲爲安南經略使,樊綽任安南從事,隨蔡襲到安南。樊綽在安南時,正值咸通四年南詔第三次攻伐安南之際,上述有關胡僧的記載當是他在安南親眼目睹之事。文中特別提到,這位胡僧會「設法」,想必是一位長於法術的密教僧侶。由此可見,九世紀中葉南詔已有密教的流傳。

九世紀在南詔弘傳密法最重要的僧人乃贊陀崛哆。贊陀崛哆不見於中原史料的記載，可是雲南各地方志多錄其神異之事，尤以鶴慶、劍川、麗江一帶特別流行（注78），說明他主要的活動應在這一地區。今整理眾說如下：贊陀崛哆於蒙氏保和十二年（835），自西域摩伽陀國來（注79），故又稱摩伽陀（注80）。他闡瑜伽教，演秘密法，祈禱必應（注81）。由於他鎮禳頗具神效，深得南詔王豐祐的器重，不但迎他爲國師，並妻以其妹越英（注82）。

〈梵像卷〉56頁爲贊陀崛哆的畫像，畫中的和尙濃眉大耳，膚色黝黑，一望即知其來自印度。他身前的藤製的几臺上置法螺、金剛杵、金剛鈴等密教法器，明確地表示了他乃一位密教高僧。昆明雲南省立圖書館收藏的大理寫經中，有一冊《大灌頂儀卷中第七》，然各類經藏均未收錄此經。此經的內容爲帝王灌頂時舉行的儀式（注83），是一部密教經典。此冊前的題記云：「大理摩伽國三藏譯」。據該館的研究人員指出，此經的譯者可能即是贊陀崛哆（注84）。贊陀崛哆無疑是南詔佛教的一位重要人物。

郭松年在《大理行記》中提到，「凡諸寺皆得道者居之，得道者，非師僧比也。師僧有妻子，然往往讀儒書，段氏而上，有國家者設科選士，皆出此輩。」（注85）這些能娶妻生子，又讀儒書的師僧即儒釋，和在山中修道的僧侶當然有別。從贊陀 崛哆的資料看來，他既是一密教高僧，卻又有家室，當是一位師僧。由此看來，師僧制度在南詔晚期應已經形成。作於中興二年（898）的〈南詔文字卷〉中已出現了「儒釋」這樣的稱謂（注86），爲一明證。

至於南詔密教的具體內容爲何，現存資料有限，對教義的描述又語焉不詳，很難具體論述南詔密教的內涵。一般來說，南詔密教僧人多能咒誦，善法術。據說，南詔幽王時（810–816年），羅邏倚能以神力轉運岩石，補點蒼山（注87）。咸通三年（862），南詔王世隆寇蜀時，軍中乏糧，又值歲暮，士卒思歸，高真寺僧崇模遂咒沙成米，咒水成酒（注88）。贊陀崛哆在鶴慶時，鶴慶水患嚴重，他杖刺東隅洩之，並於水中得一樟木，刻之爲佛，咒之忽靈（注89）。豐祐時楊常滿誦咒，能起死回生，移山縮地（注90）。楊法律、董獎疋、蒙閣陂、李畔富、段道超五人，又都能役使鬼神，召致風雨，降龍制水，救災禳疫（注91）。顯然這些密教僧人均擅秘法，能行異術，南詔征戰時，常有他們隨行。除了上述《樊書》所載的設法胡僧之例外，據傳，天寶十三年（754），閣羅鳳之所以能大敗李宓的大軍，即因閣陂和尙及鳳妃白氏行妖術，展帕拍手而笑，韓陀僧用鉢法之故（注92）。南詔與吐蕃交戰時，尹嵯酋則建壇於峨崀山巔，持咒助兵，結果吐蕃見天兵雲屯，遂北奔（注93）。南詔王世隆征赤冊還，至景東，赤冊人馬追之將及，宗保國師用異術使馬糞吐菌，馬尿生硝，追者都不能及，赤冊人遂無功而返（注94）。這些密教高僧在戰場上屢建奇功，或能化險爲夷，或能贏得勝利，深得南詔王的寵信，蘇承教在《滇略》的序中即言：「自蒙段竊據其地，……假瑜伽之幻，以侈其武。」（注95）此說非常肯切。在南詔王室的支持之下，密教的發展自然十分蓬勃。

從上述這些資料看來，南詔密教阿闍梨的行業多注重持咒作法，講求禳災除障這些具現世信仰效益的實踐方式，與唐代善無畏和不空以《大日經》或《金剛頂經》爲中心所建構出來有組織、有體系的純密，相去甚遠。如此看來，南詔的密教似仍停留在著重法術的雜密信仰階段。

㈢觀音信仰

蒼洱地區觀音信仰盛行不衰，大理國時即有以觀音命名者，如李觀音得（注 96）、高觀音政（注 97）等，即使在元明碑刻中，這種例子也屢見不鮮（注 98）。觀音信仰之所以如此流行，實和當地流傳的觀音化爲梵僧，開化大理，攝授蒙氏爲詔的傳說有關。

有關梵僧觀音的傳說，現存最早的資料爲〈南詔圖傳〉（注 99）和〈 nobreak南詔文字卷〉，這兩件作品目前都收藏於日本京都的藤井有鄰館。二卷作品上均有中興二年（898）的題記（注 100），故知這個傳說在南詔末已經存在。這兩卷作品或以圖繪或以文字，記載了觀音化爲梵僧，來到雲南，七次渡化眾生的過程。第一化，南詔二代主興宗王（即羅晟，674–712年在位）的賢臣羅傍遇到觀音所化之梵僧，梵僧與其封氏之書，並遣天兵協助興宗王開疆闢土，南詔國勢日益壯大。第二化，梵僧住在南詔開國主奇王細奴羅家，細奴羅妻潯腳彌和其媳夢諱毫無吝惜，施食供養梵僧。第三化，梵僧巍山化齋，潯腳彌和夢諱再度虔心奉食，梵僧大顯神通，並授記南詔將奕葉相承，代代爲王。第四化，梵僧至瀾滄江附近的獸賧窮石村，欲渡化邑主王樂等，然王樂等根機下劣，卻視梵僧爲妖，殺害梵僧。梵僧施展法術，死而復生。第五化，梵僧攝服暴徒，王樂等服罪歸心。第六化，梵僧至忙道大首領李忙靈界，顯現神通，騰空乘雲，現其真身阿嵯耶觀音的形象，李忙靈驚喜不已，遂鑄聖像。第七化，保和二年（825）西域和尚菩立陁訶至大理，問曰：「吾西域蓮花部尊阿嵯耶觀音，從蕃國中行化至汝大封民國，如今何在？」（注 101）從此南詔人民始知阿嵯耶開化大理之事。南詔王豐祐獲知此一消息後，便四處探訪阿嵯耶觀音的下落。嵯耶九年（897）南詔王隆舜始從李忙求處得知其祖李忙靈所鑄觀音像的所在，往石門邑的山中覓得。

李元陽《雲南通志》說道，「觀音七化，皆近蒼洱，西止雲龍，南止蒙舍，北止施浪，東止雞足。」（注 102）觀音傳說流行的區域正是南詔政治文化的核心地區，這似乎意味著阿嵯耶觀音信仰的流行與南詔王室有著特殊的關係。

〈南詔文字卷〉清楚記載著，「保和二年……我大封民始知阿嵯耶來至此也」，阿嵯耶觀音的信仰應是在九世紀時始在南詔普遍推展開來。〈南詔文字卷〉所錄的二則中興二年南詔王舜化貞的敕文，是研究南詔觀音信仰的重要資料。一則云：

> 敕大封民國聖教興行，其來有上，或從胡梵而至，或於蕃漢而來，奕代相傳，敬仰無異，因以兵馬強盛，王業克昌，萬姓無妖札之災，五穀有豐盈之瑞。然而朕以童幼，未博古今，雖典教而入邦，未知何聖為始，誓欲加心供養，圖像流形，今世後身，除災致福。因問儒釋耆老之輩，通古辯今之流，莫隱知聞，速宜進奉。敕付慈爽，布告天下，咸使知聞。中興二年二月十八日。（注 **103**）

另一則又言：

> 大矣哉！阿嵯耶觀音之妙用也。威力罕測，變現難思，運悲而導誘迷塗，施權化而拯濟含識。順之則福至，逆之則害生。心期願諧，猶聲逐響者也。……開秘密之妙門，息災殃之患難，故於每年二月十八日，當大聖乞食之日，是奇王覩像之時，施麥飯而表丹誠，奉玄彩而彰至敬。當此吉日，常乃祭之。……保昭德皇帝（即豐祐），紹興三寶，廣濟四生，……雕金卷付掌御書巍豐郡長，封開南侯張傍、監副大軍將宗子蒙玄宗等，遵崇敬仰，號曰：建國聖源阿嵯耶觀音。至武宣皇帝摩訶羅嵯，欽崇像教，大啓眞宗，自獲觀音之眞形，又蒙集眾之鐸鼓。洎中興皇帝問儒釋耆老之輩，通古辯今之流，崇入國起因之圖，致安邦异俗之化。時中興二年戊午歲三月十四日謹

記。（注 104）

從這兩個詔敕看來，最先推動阿嵯耶觀音信仰的功臣爲南詔王豐祐，他不但將梵僧觀音的事跡雕於金卷，付掌御書巍豐郡長，同時他還封梵僧觀音爲建國聖源阿嵯耶觀音。此外，南詔王隆舜也歸心阿嵯耶觀音，從他依阿嵯耶觀音的名號改元「嵯耶」此點看來，即知他篤信之誠。不但如此，他還「用金鑄觀音一百八像，散諸里巷，俾各敬之。」（注 105）隆舜對觀音信仰的推廣真可謂不遺餘力。上述二則敕文又載，南詔王舜化貞「誓欲加心供養」，並且敕付慈爽，將梵僧觀音開化蒼洱之事，公告天下。同時他又下詔，頒訂每年二月十八日，梵僧觀音乞食，奇王覩像之日，爲祭奉觀音之日。在這三位南詔王積極推動下，阿嵯耶觀音信仰在蒼洱地區遂日趨隆盛。

觀音七化的傳說對蒼洱一帶的佛教影響相當深遠，雜密色彩甚濃，不見於其他地區，極具地方特色。現存的大理國文物中發現了不少梵僧觀世音、建國觀世音、阿嵯耶觀世音的造像與畫作（注 106），清代撰著的《僰古通紀淺述》與康熙四十五年（1706）聖元寺住持寂裕刊刻的《白國因由》（注 107）都還有阿嵯耶觀音化爲梵僧來到洱海地區，展現神通，弘揚佛法的記載。甚至於今天在洱海一帶的寺廟，如周城龍泉寺、大理觀音堂、洱源山石岩頭村的感應寺等，都還供奉著近代雕造的梵僧觀音像。

除了阿嵯耶觀音信仰外，十一面觀音信仰在南詔也應有舉足輕重的地位。〈梵像卷〉103頁十一面觀世音菩薩的下半爲兩列供養人，從他們頭頂的題名（注 108）得知，這些供養人全是南詔蒙氏歷代的帝王，可見南詔皇室與十一面觀音信仰的關係密切。有關南詔十一面觀音信仰的資料唯見於《僰古通紀淺述》，該書言道：

（贊普鍾）二年癸巳（753），……唐使張阿蠻領青龍、白虎二獸及兵萬眾，吸洱河水涸乾，无計可過。忽有一老人告主曰：國將危矣！何不急救？主曰：此一大怪事，非人力所能，奈何！老人曰：君無憂焉，我有法術可殄。翁乃畫一觀音，有十一面，座下畫一龍虎，敬于法眞寺内。夜二龍虎入阿鑾營，與其龍虎互相抵觸，破其龍虎腹，而洱河水復滿。主乃驅兵擊之，止留四五騎，得其棄甲曳兵，并雜占曆書一部。（注109）

文中的老人很可能就是一位密教阿闍梨，他繪一尊坐在龍虎座上的十一面觀音像，施展法術，最後化解除南詔的災厄。很可能因爲這個原因，十一面觀音即變成南詔的護國神祇，深受南詔王室的重視。

四、佛教流行的時代

綜上所述，九世紀初，從成都受學歸來的李賢者將禪宗帶至南詔。約在同時或稍遲，天竺僧人贊陀崛哆遠來南詔弘揚密法。也就在這個時候，阿嵯耶觀音的信仰開始流行。換言之，無論是南詔的禪宗，或是密教，或是觀音信仰，都是從九世紀時始蓬勃發展。同時，根據雲南地方文獻，九世紀初以來，南詔的僧侶數目激增，佛事活動活絡，時而建寺修塔（注110），時而寫經造像（注111）。這些資料說明，南詔中晚期是南詔佛教的鼎盛時期，這很可能與南詔王室的支持有著密切的關係。南詔中晚期的帝王，如勸龍晟、勸利、豐祐、世隆、隆舜與舜化貞，皆篤信佛教，而南詔王隆舜不但是一位虔誠的觀音信徒，而且也是一位禪宗祖師；南詔王豐祐的母親還出家爲尼（注112）。由此看來，王室的支持實是促進南詔佛教蓬勃發展的主要原因之一。蔣義斌的研究指出，南詔中晚期，佛教才在政教關係中扮演重要的角色（注113），這也與筆者的推論不謀而合。

五、餘論

《白國因由》有言：「張惟忠、李賢者、買順僧、圓護、疑真証崇聖五代主。」（注114）姑且不談這段文字的誤謬，如張惟忠不曾到過大理的崇聖寺，李賢者與買順僧應爲一人，疑真可能是禪僧凝真的誤書等問題；值得注意的是，這段文字指出李賢者、疑（當作凝）真等皆爲崇聖寺的住持。前文已論，張惟忠、李賢者與凝真皆是精通心法的禪僧，所以依此看來，崇聖寺原來應是一座禪宗的寺院。北湯天村金鑾寶剎大殿中所發現的南詔大理寫經中，有一寫於南詔安國聖治六年（894）的《護國司南抄》殘卷，此殘卷卷一後的題記云：「內供奉僧崇聖寺主密宗教主賜紫沙門玄鑒集」（注115）。題記中玄鑒自稱爲「內供奉僧」，可見隆舜時崇聖寺已是一座南詔皇家的寺院。另外，又從他的名號「崇聖寺主密宗教主」看來，當時崇聖寺已變成一座密宗的寺院。前文已論，隆舜即摩訶羅嵯，是一位禪宗的祖師，可是爲什麼他的皇家寺院卻是一座密宗的道場呢？南詔的禪宗與密教間是否有著某種微妙的關係？

據傳，李賢者的弟子禪陀子（依本文的推論，筆者認爲其即是純陁，又稱施頭陀 ）雖是一位禪僧，但他奉師命赴天竺畫祇園精舍圖時，能朝去而暮回，禪陀子必具法術無疑。李元陽《雲南通志》卷十三亦載：

> 唐南詔重建崇聖寺之初，李賢者為寺廚侍者，一日殿成，詔訊于眾曰：殿中三像以何為中尊？眾未及時，賢者厲聲曰：中尊是我。詔怒其不遜，流之南甸，至彼坐化。甸人荼毘瘞之，塚上時有光聖。商人裹其骨而貨之，富人購以造像，光聖如故。詔聞其異，載像歸崇聖，果賢者之骨云。（注116）

故事中，禪僧李賢者能預知自己將成爲崇聖寺大殿中的中尊，也應具有神通。拼湊這些零星的資料，發現南詔的禪僧似不排斥異術。由於李賢者所傳的禪法源於四川，特別是張惟忠系的禪法，因此不禁令人懷疑，這種禪密雜揉的宗教特色是否是受到四川禪宗的影響。

日本學者阿部肇一在〈唐代蜀地の禪宗〉一文中指出，四川的禪宗思想道家色彩甚濃，而且禪宗中不乏神異之人（**注 117**）。創立淨眾寺的無相（680–756年）即是一位代表性的人物，他的傳記在《宋高僧傳》中被列於〈感通篇〉內，該傳言：

> ……時成都令楊翌，疑其（指無相）妖惑，乃帖追至，命徒二十餘人曳之。徒近相身，一皆戰慄，心神俱失。頃之，大風卒起，沙石飛颺，直入廳事，飄簾卷幕。楊翌叩頭拜伏，踹而不敢語，懺畢風止，奉送舊所。由是遂勸檀越造淨眾、大慈、菩提、寧國等寺。……忽有一力士稱捨力伐柴，供僧廚用。相之弟本國新為王矣，懼其卻迴，其位危殆，將刺客來屠之，相已冥知矣。忽日供柴賢者暫來，謂之曰：今夜有客，曰：灼然。又曰：莫傷佛子。至夜薪者持刀挾席，坐禪座之側，逡巡覺壁上有似物下，遂躍起以刀一揮，巨胡身首分於地矣。……嘗指其浮圖前柏曰：此樹與塔齊，寺當毀矣。至會昌廢毀，樹正與塔等。又言：寺前二小池，左羹右飯。齋施時少，則令淘浚之，果來供設。其神異多此類也。（**注 118**）

無相以禪法著稱，是名滿西南的禪門巨匠，在成都淨眾寺化導眾生二十餘年，創立淨眾派的禪法。同時，他又以神通力揚名於四川與吐蕃（**注 119**）。《宋高僧傳》中所載無相的感應神通與南詔密教的阿闍梨並無區別。無相大師的嫡傳爲淨眾神會，即張惟忠和尚的師父，因此張惟忠所傳的禪法很可能即具有雜密的成分。前文已述，南詔禪宗與張惟忠的關係密切，自然也雜揉了密法的色彩。在這樣的宗教背景下，崇聖寺這所本傳禪法的寺院，到了九世紀末的隆舜時期已稱作密宗道場，實無足爲奇。

注解

注 1 〔元〕郭松年《大理行記》，收錄於《百部叢書集成》（板橋：藝文印書館，民國55年），第三十冊，《奇晉齋叢書》，第七冊，頁5。

注 2 向達，《唐代長安與西域文明》（臺北：明文書局，民國71年），頁155。

注 3 Helen B. Chapin, "A Long Roll of Buddhist Images," *Journal of the Indian Society of Oriental Art*, July 1936, pp. 1–4; Dec. 1936, pp. 1–10; July 1938, pp. 26–67.

注 4 徐嘉瑞，〈南詔後期宗教考〉，《東方雜誌》，42:9（民國35年5月），頁42–53；亦參見徐嘉瑞，《大理古代文化史稿》（臺北：明文書局，民國71年），頁292–318。

注 5 Helen B. Chapin, "Yunnanese Images of Avalokiteśvara," *Harvard Journal of Asiatic Studies*, Vol. 8 (Aug. 1944), pp. 131–186.

注 6 藤澤義美，〈南詔國の佛教に就いて〉，《東洋史學論集》，第一號（1953），頁131–145。

注 7 方國瑜，〈雲南佛教之阿吒力派二、三事〉，《滇史論叢》（上海：上海人民出版社，1982），第一輯，頁217–233。

注 8 黃惠焜，〈佛教中唐入滇考〉，《雲南社會科學》，1982:6，頁71–78，61。

注 9 汪寧生，〈大理白族歷史與佛教文化〉，收錄於《雲南大理佛教文化論文集》（大樹：佛光出版社，民國80年），頁1–47。

注 10 王海濤，〈南詔佛教文化的源與流〉，收錄於楊仲彔，張福三，張楠編，《南詔文化論》（昆明：雲南人民出版社，1991），頁324–339。

注 11 吳棠，〈雲南佛教源流及影響〉，收錄於南詔史研究學會編，《南詔史論叢》（大理：雲南大理白族自治州南詔史研究學會，1984?），第一號，上冊，頁130–143。

注 12 楊益清，〈南詔佛教源流淺識〉，收錄於南詔史研究學會編印，《南詔史論叢》(大理: 雲南大理白族自治州南詔史研究學會), 第一號, 上冊, 頁 144–148; 楊益清, 〈南詔時期佛教源流的認識與探討〉, 收錄於《雲南大理佛教論文集》, 頁130–148。

注 13 藍吉富, 〈阿吒力教與密教——依現存之大理古代文物所作的考察〉, 收錄於《雲南大理佛教論文集》, 頁 149–170。

注 14 蔣義斌,〈南詔的政教關係〉, 收錄於《雲南大理佛教論文集》, 頁 79–117。

注 15 〔清〕圓鼎, 《滇釋記》(《雲南叢書》子部之二十九), 卷一, 頁 1。

注 16 參見〔明〕楊愼, 《增訂南詔野史》, 上卷, 《中國方志叢書》(臺北: 成文出版社, 民國 57 年), 第一五〇冊, 頁 18, 21; 〔清〕胡蔚, 《南詔野史》, 收錄於木芹會證, 《南詔野史會證》(昆明: 雲南人民出版社, 1990), 頁 19, 23。

注 17 徐嘉瑞, 〈南詔後期宗教考〉, 同注4, 頁 43; 亦見於徐嘉瑞, 《大理古代文化史稿》, 同注 4, 頁 294。

注 18 這種説法最早的資料見於〈南詔圖傳〉與〈南詔文字卷〉, 此二卷資料發表於李霖燦, 《南詔大理國新資料的綜合研究》(臺北: 國立故宮博物院, 民國 81 年), 頁 48–57, 128–150; 〔元〕張道宗, 《紀古滇説集》, 頁 4; 清抄本, 《僰古通紀淺述》, 文見尤中校注, 《僰古通紀淺述校注》(昆明: 雲南人民出版社, 1989), 頁 21。

注 19 〔明〕〈鄧川大阿拶哩段公墓碑銘〉、正統三年〈段公墓誌〉、景泰元年〈聖元西山記碑〉等都有這樣的記載。引文見楊益清, 〈南詔時期佛教源流的認識與探討〉, 同注 12, 頁 140–141。

注 20 〔明〕謝肇淛, 《滇略》(文淵閣四庫全書本), 卷二, 頁 18; 〔明〕楊愼, 《增訂南詔野史》, 上卷, 頁 51。

注 21 汪寧生, 同注 9, 頁 8–9。

注 22 〔元〕李京, 《雲南志略》, 收錄於〔明〕陶宗儀纂, 《説郛》(臺北: 新興書局, 民國 61 年), 卷三十六, 頁 21; 亦參見〔元〕張道宗，《紀古滇説集》，頁10。

注23 楊益清，〈南詔佛教源流淺識〉，同注12，頁145。

注24 該篇盟文見於〔唐〕樊綽著，向達校注，《蠻書校注》（臺北：鼎文書局，民國61年），卷十，頁260–265。

注25 向達，同注2，頁186；楊益清，〈南詔佛教源流淺識〉，同注12，頁150；黃惠焜，同注8；吳棠，同注11，頁132；李孝友，〈南詔大理寫經述略〉，收錄於《雲南大理佛教論文集》，頁280–281。

注26 〔唐〕道宣，《道宣律師感通錄》，卷下，《大正新修大藏經》（臺北：新文豐出版社，民國72年），第五十二冊，頁436上－436中。

注27 〔唐〕道世，《法苑珠林》，卷十四，《大正新修大藏經》，第五十三冊，頁394上－394中。

注28 〔宋〕李昉等編，《太平廣記》（臺南：平平出版社，民國63年），卷九十三，頁614–615。

注29 方國瑜，〈大理崇聖寺塔考説〉，《思想戰線》，1978:6，頁54；雲南省文物工作隊，〈大理崇聖寺三塔主塔的實測和清理〉，《考古學報》，1981: 2，頁261–262；雲南省編輯組編，《雲南地方志佛教資料瑣編》（昆明：雲南民族出版社，1986），頁18。

注30 〈中峰道行碑〉的碑文見於陳垣，《明季滇黔佛教考》，《現代佛學大系》（新店：彌勒出版社，民國72年），第二十八冊，頁8。

注31 參見夏光南，《元代雲南史地叢考》（臺北：臺灣中華書局，民國57年），頁134–135；吳棠，同注11，頁136；汪寧生，同注9，頁21。

注32 為了討論方便，李霖燦將〈梵像卷〉全卷分為一三六個單位（或稱頁），本文中所用之頁碼編號即依李氏所訂。〈梵像卷〉的圖版參見李霖燦，同注18，頁78–127。

注33 圖見李霖燦，同注18，頁137。

注34 圖見李霖燦，同注18，頁112。

注35 尤中校注，《僰古通紀淺述校注》，頁81；李霖燦，同注18，頁

40，59–61。

注 36　神會門人慧空所撰的〈荷澤大師神會塔銘〉言：「粵自佛法東流，流乎達摩，達摩傳可，可傳璨，璨傳道信，信傳弘忍，忍傳惠（慧）能，能傳神會，□承七叶，永播千秋。」（溫玉成，〈記新出土的荷澤大師神會塔銘〉，《世界宗教研究》，1984:2，頁79。）此說亦見於荷澤傳人宗密的《圓覺經大疏鈔》，卷三之下，《卍續藏經》（臺北：新文豐出版社，民國72年），第十四冊，頁553下；宗密答裴相國（裴休）問，《中華傳心地禪門師資承襲圖》，《卍續藏經》，第一一〇冊，頁866下，867下。

注 37　參見〔唐〕宗密，《圓覺經大疏鈔》，卷三之下，《卍續藏經》，第十四冊，頁554。

注 38　〔明〕李元陽，《雲南通志》（昆明：龍氏靈源別墅，民國23年），卷十三，頁20。

注 39　〔清〕圓鼎，《滇釋記》，卷一，頁10。

注 40　柳田聖山，《初期禪史書の研究——中國初期禪宗史料の成立に關する一考察》（京都：禪文化研究所，1967），頁336–346；柳田聖山，〈神會の肖像〉，《禪文化研究所紀要》，第十五號（1988年12月），頁237–243。

注 41　松本守隆，〈大理國張勝溫畫梵像新論〉，《佛教藝術》，第一一八號（1978年5月），頁79–81。

注 42　印順，《中國禪宗史》（臺北：正聞出版社，民國76年），頁421–424。

注 43　冉雲華，〈宗密傳法世系的再檢討〉，收錄於冉雲華，《中國佛教文化研究論集》（臺北：東初出版社，民國79年），頁101–104。

注 44　〔唐〕宗密，《圓覺經略疏鈔》，卷四，《卍續藏經》，第十五冊，頁262。

注 45　《全唐文》（臺北：華文書局，民國54年），卷七四三，頁3。

注 46　《全唐文》，卷六七八，頁21。

注 47 〔宋〕贊寧，《宋高僧傳》，卷十一，《大正新修大藏經》，第五十冊，頁 772 中。

注 48 冉雲華，同注 43，頁 103。

注 49 〔宋〕契嵩，《傳法正宗記》，卷七，《大正新修大藏經》，第五十一冊，頁 750 上，751 上。

注 50 〔宋〕道原，《景德傳燈錄》，卷十三，《大正新修大藏經》，第五十一冊，頁 301 中。

注 51 〔宋〕贊寧，《宋高僧傳》，卷十一，《大正新修大藏經》，第五十冊，頁 772 中。

注 52 尤中校注，《僰古通紀淺述校注》，頁 42。

注 53 尤中校注，《僰古通紀淺述校注》，頁 65。

注 54 尤中校注，《僰古通紀淺述校注》，頁 58。

注 55 〔明〕李元陽，《雲南通志》，卷十三，頁 20。

注 56 〔明〕楊愼，《增訂南詔野史》，上卷，頁 21–22。

注 57 〔清〕圓鼎，《滇釋記》，卷一，頁 7。

注 58 〔清〕圓鼎，《滇釋記》，卷一，頁 8–9。

注 59 陳垣，同注 30，頁 2。

注 60 〔宋〕歐陽修，宋祁，《新唐書》（文淵閣四庫全書本），卷二二二上，頁 13。

注 61 〔宋〕贊寧，《宋高僧傳》，卷十九，《大正新修大藏經》，第五十冊，頁 830 下。

注 62 〔宋〕贊寧，《宋高僧傳》，卷九，《大正新修大藏經》，第五十冊，頁 764 中。

注 63 〔宋〕歐陽修，宋祁，《新唐書》，卷五十九，頁 16。

注 64 〔宋〕贊寧，《宋高僧傳》，卷六，《大正新修大藏經》，第五十冊，頁 743 中。

注 65 〔清〕圓鼎，《滇釋記》，卷一，頁 9。

注 66 方國瑜，《雲南史料目錄概說》（北京：中華書局，1984），第三冊，頁980。

注 67 楊曉東，〈張勝溫「梵像卷」述考〉，《美術研究》，1990: 2，頁66。

注 68 〔明〕李元陽，《雲南通志》，卷十三，頁20。

注 69 〔清〕圓鼎，《滇釋記》，卷一，頁8。

注 70 〔明〕李元陽，《雲南通志》，卷十三，頁20。

注 71 李霖燦，同注18，頁146–147。

注 72 〔明〕李元陽，《雲南通志》，卷十三，頁20。

注 73 Albert Lutz and others, *Der Goldschatz der Drei Pagoden: Buddhistische Kunst des Nanzhao- und Dali-Königreichs in Yunnan, China* (Zurich: Museum Zurich, 1991), Abb. 34.

注 74 參見〔清〕王昶，《金石萃編》（北京：中國書店，1991），卷一六〇，頁5。

注 75 參見張旭，〈大理白族的阿吒力教〉，收錄於《雲南大理佛教論文集》，頁121–126。

注 76 〔明〕楊慎，《增訂南詔野史》，上卷，頁35。

注 77 〔唐〕樊綽，《蠻書》，卷十，頁238。

注 78 張錫祿，《南詔與白族文化》（北京：華夏出版社，1992），頁158。

注 79 〔明〕李元陽，《雲南通志》，卷十三，頁37。

注 80 〔清〕圓鼎，《滇釋記》，卷一，頁6–7。

注 81 〔明〕李元陽，《雲南通志》，卷十三，頁28。

注 82 尤中校注，《僰古通紀淺述校注》，頁62。

注 83 李孝友，〈雲南佛教典籍求藏概況〉，收錄於《雲南地方志佛教資料瑣編》，頁309。

注 84 李孝友，同注25，頁294。

注 85 〔元〕郭松年，《大理行記》，頁5。

注 86 李霖璨，同注18，頁50, 146。

注 87　〔明〕李元陽，《雲南通志》，卷十三，頁20。

注 88　〔明〕楊慎，《增訂南詔野史》，上卷，頁59–60。

注 89　〔明〕楊慎，《增訂南詔野史》，上卷，頁21。

注 90　〔明〕李元陽，《雲南通志》，卷十三，頁20。

注 91　〔明〕李元陽，《雲南通志》，卷十三，頁20。

注 92　〔明〕楊慎，《增訂南詔野史》，上卷，頁36–37。

注 93　〔明〕李元陽，《雲南通志》，卷十三，頁20。

注 94　尤中校注，《僰古通紀淺述校注》，頁79。

注 95　引文見李嘉瑞，〈南詔以來雲南的天竺僧人〉，收錄於《南詔文化論》，頁 361。

注 96　見於〔宋〕李心傳，《建炎以來朝野雜記》（適園叢書本，揚州：廣陵古籍刻印社重印，1981），卷十八，頁22。

注 97　見於祥雲水目寺《淵公碑》，引文見張錫祿，〈古代白族大姓佛教之阿吒力　〉，收錄於《雲南大理佛教論文集》，頁187。

注 98　參見方齡貴，〈大理五華樓新出宋元碑刻中有關雲南地方史的史料〉，《雲南社會科學》，1984:5，頁95, 115。

注 99　圖見李霖燦，同注18，頁128–139。

注 100　經學者的研究〈南詔圖傳〉可能是後世的摹本，不過摹者十分忠實原作，故仍可視作研究南詔佛教重要的參考資料。有關〈南詔圖傳〉的研究可參照 Helen B. Chapin，同注5；李霖燦，同注18，頁55；汪寧生，〈「南詔中興二年畫卷」考釋〉，「中國歷史博物館館刊」，總2期（1980），頁136–148。

注 101　文見李霖燦，同注18，頁50, 145–146。

注 102　〔明〕李元陽，《雲南通志》，卷十七，頁5。

注 103　文見李霖燦，同注18，頁51, 147–148。

注 104　文見李霖燦，同注18，頁51, 148–150。

注 105　尤中校注，《僰古通紀淺述校注》，頁82。

注 106　圖見李霖燦，同注18，頁97, 106, 110; Albert Lutz and others，同

注73, Abbs. 48, 49, Kat. Nrs. 56, 57, 59。

注107 《白國因由》（康熙四十五年寂裕刊本），大理：大理白族自治州圖書館，1984。

注108 李霖燦，同注18，頁43。

注109 尤中校注，《僰古通紀淺述校注》，頁44。

注110 參見〔明〕楊愼，《增訂南詔野史》，上卷，頁46, 4, 48, 50–51, 53–54等；尤中校注，《僰古通紀淺述校注》，頁47, 58, 68, 79, 83等。

注111 參見〔明〕楊愼，《增訂南詔野史》，上卷，頁51, 66；尤中校注，《僰古通紀淺述校注》，頁79, 81, 88等。

注112 〔明〕楊愼，《增訂南詔野史》，上卷，頁51。

注113 蔣義斌，同注14，頁95–104。

注114 《白國因由》，頁30。

注115 李孝友，同注25，頁283。

注116 〔明〕李元陽，《雲南通志》，卷十三，頁20。

注117 阿部肇一，〈唐代蜀地の禪宗〉，《駒澤大學文學部研究紀要》，第四十六號（1988年3月），頁17–24。

注118 〔宋〕贊寧，《宋高僧傳》，卷十九，《大正新修大藏經》，第五十冊，頁832下。

注119 冉雲華，〈東海大師無相傳研究〉，收錄於冉雲華，《中國佛教文化研究論集》，頁49–53。

北齊小南海石窟與僧稠

顏娟英

中研院史語所副研究員

地理環境

小南海石窟位於安陽縣西南約三十公里善應村龜蓋山南麓的崖壁，面臨洹水，鄰近小南海水庫。石窟所在位置曾經被附近工廠採石製做水泥原料，破壞嚴重，目前所見三個小石窟並不相連，尤其中窟的四周已被採空，孤立於道路旁如巨大的岩石（圖1），原來北朝時期此地石窟群的面貌如何已很難想像（注1）。

按酈道元《水經注》的說法，洹水出自山西上黨（今長治一帶），「水出洹山，山在（山西）長子縣也。東過（河南）隆慮（林慮，今林縣）北，縣北有隆慮山（林慮山）。……其水東流至谷口，潛入地下，東北一十里，復出，名柳渚，渚周四五里……。」（注2）明嘉靖元年（1552）《彰德府志》安陽條稱：「龍山，在縣西四十里，周四十里，高五里。……山東南有村，曰善應，洹水伏流出焉。」（注3）清嘉慶廿四年（1891）修的《安陽縣志》，續稱「龍山迤東而南，爲善應山。」又引《陳縣志》：「善應山在龍山東南十五里，洹水伏流出焉。山下有村，爲東善應、西善應。」（注4）更清楚的說明見乾隆十七年（1812）《林縣志》：洹水到「林慮西北平地湧出，（當地黃華谷流出的黃水）注之，俗名大河頭。東南流至趙村又洑而瀑於安陽之善應山。」**（注5）**目前看來，洹水由林縣中北部出現兩支，上下夾著舊城中區即縣城南北，向東流入安陽，目前洹水在善應豐沛的水量已修築成水庫供灌溉水利，兼具觀光之秀，當地稱爲小南海水庫，這也是今日石窟得名之由來。

圖1 小南海石窟中窟

從上述洹水的水道可知善應一地位於鄴都（河北臨漳）、安陽（河南）與林縣之間，而且與林縣之林慮山系關係密切。從地勢上分析，善應山即龍山的分支，而龍山可以說是林慮山系南端的支脈。流經林縣與安陽北境的漳水是上黨到鄴都的主要河道，在山西境內有兩源，濁漳水源自上黨長子縣，至磻陽城北與自山西平定來的清漳水會合，穿過太行山便到達林縣。誠如《林縣志》所稱：「林縣西鎮太行，東蟠列嶂，北阻合漳山谿之固。南扼關嶺盤棧之雄。險比羊腸，行多鳥道。中州險僻之區，鄴郡西南之屏籓也。」（**注6**）太行山在林縣之西，界定山西與河北、河南的分割線。縣境內太行山分支層巒疊嶂，隨地而異名，總稱林慮山系。此地古代爲森林區，山勢險要，自從三國魏、後趙石虎在鄴建都後就是兵家必爭之地。同時，在東魏、北齊之間也是佛教聖地，許多禪修高僧在此活動。目前遺跡猶存者，如縣城西南的峡谷山寺千佛洞。此外，林慮山的南端接寶山等八座小山峰，在善應西北，距離僅5公里左右，在此山峰圍繞的峽谷盆地有靈泉寺，也曾經是東魏至唐代佛教興盛之地。總之，小南海石窟目前看來雖然殘破不堪，但在北齊時代卻曾經是佛教文化的重心地區，篇幅所限，無法詳細討論。

開鑿經過

小南海三窟之中，明確與僧稠有極密切關係的爲中窟（圖1）。中窟窟門立面最特別之處在於門額上方及門左側大塊經過整修的岩石，上面鐫刻大量文字包括經文、偈贊以及發願文等，其序文稱:

> 大齊天保元年，靈山寺僧方法師、故雲楊公子林等，率諸邑人刊此岩窟，仿像眞容。至六年中，國師大德稠禪師重瑩（營）修成，相好斯備。方欲刊記金言，光流末季，但運感將移，暨乾明元年歲次庚辰，於雲門帝寺奄從遷化。眾等仰惟先師，依准觀法，遂鏤石班經，傳之不朽。（圖2）

立面左側還刻《華嚴經偈贊》和《大般涅槃經·聖行品》，均爲隸書。有關經文及偈贊的詳細內容待下文討論，但從上述序文可知此石窟是北齊天保元年(550）由靈山寺僧方法師、故雲楊公子林等創鑿，至天保六年（555）由「國師大德」僧稠（480–560）重營修成（**注7**）。僧稠原也有意刊刻「金言」，即佛經，以便讓佛法流傳後世，惜未及實現便去世。在他死後（560），弟子們爲紀念這位「先師」，再於此窟門四周，依其所傳授修行禪修觀法鏤石班經，以求傳之不朽。

圖2 小南海中窟門口刻經題字

過去的報告中都未能確認鏤石班經的弟子是誰，此因門上的另一段題記長期以來未受到重視。此題記分左右兩段，對稱地出現在門口兩側金剛力士腳下的題記上，左側較簡短爲三行各兩字，「念佛　念法　念僧」。右側七行題字，第一行的前五個字從門楣的右側開始，以下皆在力士腳下：

石窟都維那比丘僧賢供養／寶□云門寺僧纖書／□波將軍彭惠通刊／□（如）來證涅槃永斷於生死／若能至心聽當得无量樂／一切畏刀杖无不愛壽命／恕己為喻勿煞怒行杖（注8）

右側的讚佛偈語先讚美如來常住涅槃，永離生死，願此無盡的禪樂均沾世人，並勸人不要輕易動刀杖，以免傷害無辜。贊助刊刻的彭惠通官銜□波將軍當係指伏波將軍，職等爲第五品上（**注9**）。此題記的書法雖不如刻經的工整，但兩者皆爲多波磔的隸書，可以推知爲同時刻字，亦即小南海中窟最後的題記是由僧賢指導供養，僧纖書寫，伏波將軍彭惠通出資刊刻。可惜目前在高僧史傳資料中，這幾位僧人都無跡可查，至於僧稠的事蹟留待下文介紹。

石窟造像內容

窟坐北朝南，窟內進深1.34、面闊1.19、高1.78米，相較之下，窟門顯得矮而窄，高僅1.02、寬0.65米，下有門檻，進門時必須低頭而入（**注10**）。窟前立面鑿出一大塊長方平面，涵蓋窟門並向西（左）邊延伸，門口上方及西半邊刻有經文及題記。立面上方鑿有利於排水的屋簷，門口兩側出現一排四個方洞，推測原來窟前設有木構建築，現已毀失（圖1）。最東側的一洞鑿在未雕飾的岩壁上，門楣東龍首之上的方洞擠在刻經與雕飾之間，西側的兩個方洞則破壞了刻經，可見得木構建築是後加的。這兩個方洞的上方還有一小龕，雕有禪定坐佛。拱形的門楣浮雕回首相顧的大鳥兩隻，楣間中央飾有仰覆蓮花紋，上方爲一摩尼寶珠，左右兩條纏肢龍伸腿拱護寶珠，龍首下垂，口啣帷幔。幔下各立一護法金剛力士（圖3）。

窟平面呈方形，覆斗狀窟頂，中央平頂藻井處飾大朵蓮花，四周又添滿兩圈各種多變化的蓮花紋，向外放射的四面斜坡則飾以重重帷幔（圖4）。窟內三面壁下造ㄇ形壇，壁面除了浮雕尊像外還以線雕布滿了各種圖樣，幾無空白。

圖3 小南海中窟窟門

圖4 小南海中窟窟頂裝飾

北（後）壁高浮雕一佛二弟子像（圖5）。中央坐佛通高1.12米，結跏趺坐，頭及雙手皆已殘毀，右手舉至胸前，原來可能是無畏印，左手可能下垂至膝前。佛頭光內圈爲蓮花瓣，外圈爲一連串相續的忍冬花草紋，尖瓣形的身光由壁面延伸至窟頂的斜面，其頂端出現一座方形舍利塔，兩側各有三位飛翔的供養天。兩位弟子雙手置胸前皆相當破損，不過東側的好像捧著東西，西側的則合掌供養。佛座方形分上中下三段，中間一層較凹陷彷如簡單的須彌座，其中央出現一位張臂撐座的力士。佛座下雕有一對獅子拱衛著中央由一侏儒似的人物所捧起的寶珠形舍利容器。

圖5 小南海中窟北壁

坐佛兩側的壁間皆有浮雕，東側緊接窟頂下的角落，以減地法鑿出禪定的坐佛，其旁站著一位合掌菩薩，佛座下似有一隻獅子（圖

6）。其下夾在佛身光與弟子頭光之間有兩行牓題：「天上天下無如佛，十方世界亦無比／世界所有我盡見，一切無有如佛者」。其下接著刻一比丘面向佛右手持香爐，左手持花供養，面前刻有「比丘僧稠供養」六字(圖7)。

坐佛西側的浮雕較爲複雜，由上至下共有三段牓題，敘述釋迦牟尼佛前世在雪山爲求法而捨身的因緣，典出《大般涅槃經》《聖行品》（**注11**）。當時佛作婆羅門於雪山禪坐修菩薩行，忽聞由帝釋變成的羅剎宣誦過去佛所說偈語的前半：「諸行無常，是生滅法。」心生大歡喜，遂向羅剎懇請續說下半偈，後者卻要求飲食其血肉爲代價。婆羅門爲利益眾生答應捨身，於是再得八字：「生滅滅已，寂滅爲樂。」他深思此涅槃大意後，四處書寫以流傳世間，隨即爲實踐捨身的諾言，脫衣後爬上樹梢向下跳。此時羅剎又變回帝釋，空中接取，安置平地。於是帝釋及諸天都來頂禮謝罪，並讚嘆他修行堅定必定成佛。

敦煌西魏285窟南壁中層壁畫也繪有此段故事，但其牓題目前皆空白（**注12**）。小南海的三段牓題則由下而上，配合故事的發展。下段兩行字跡最殘破:「……化羅剎……／□□无常，□□滅法」，其中第二行就是羅剎所說前半偈，「諸法無常，是生滅法」八字。題字下方西側，婆羅門坐在草廬內修行，在他的前方站立的可能代表羅剎。中段牓題是後半偈的八字：「生滅滅已，寂滅爲樂。」牓題兩側描寫婆羅門跪著向西側頭髮茂密盤腿而坐的羅剎請法。上段牓題：「羅剎變爲帝釋／謝菩薩時。」其東側即最具戲劇性的場面，身著長裙披帛的帝釋以雙手捧接僅著短褲的婆羅門，兩人都由天而降，如飛翔狀(圖8)。題記下方站立著的婆羅門，實爲菩薩正接受諸天的跪拜頂禮。

圖6　北壁東側浮雕坐佛

圖7　僧稠供養像

圖 8 浮雕雪山求法圖局部

圖 9 西壁佛三尊像

主尊佛的身光上方出現由飛天拱護的舍利塔，而且佛座下方兩獅子之間也有一舍利供養器，在圖像上也與不生不滅的涅槃觀能互相呼應。

西壁高浮雕造像三尊（圖9），本尊立佛高0.78米，頭部已殘缺，右手舉至胸前，左手置腰際，似作無畏印與施與印。佛兩側各立一脅侍菩薩，頭手均殘，但北側似乎雙手合掌於胸前，南側的僅右手舉至胸腹之間，左手下垂。佛與菩薩之間各浮雕一供養人，造型爲褒衣博帶、頭戴高冠、足登雲頭鞋的漢裝男像，皆面朝南側，手持蓮花供養。西壁的南側，與東壁仙人相對的位置，也出現一位僅著裙子裸上身的仙人，左手捧舉一圓形物，右手持長柄盛開的蓮花。

西壁上部最引人注意的浮雕是西方極樂淨土世界（注13），首先介紹其牓題，從中央佛頭光上方的方塊開始北半邊爲：「上品往生」、「上品中生」、「上品下生」、「五百寶□」、「七寶□□□」（圖10）。相對地，從中央開始南半邊爲：「中品上生」、「中品中生中品下生」、「八功德水」、「下品中生」（圖11）。

在《觀無量壽佛經》中，佛告訴阿難及韋提希，觀想西方極樂世界的十六個步驟，即十六觀。第一至三觀的對象爲日、水、地，在此省略不談。其中第四、五分別爲觀寶樹與觀八功德水想。「觀寶樹者，一一觀之，作七重行樹想，一一樹高八千由旬，其諸寶樹七寶花葉無不具足。……花上自然有七寶果。」（注14）《佛說無量壽經》也稱其國土內遍布諸種七寶樹（注15）。西壁北側角落出現的三叢樹，應該就是此七重寶樹之意。樹下有池水、蓮花與鳥。觀八功德水想是「極樂國土有八池水，……一一水中有六十億七寶蓮花，一一蓮花團圓正等十二由旬。其摩尼水流注……其聲微妙，演說苦空無常無我，諸波羅蜜，復有讚嘆諸佛相好者，從如意珠王生，……其光化爲

圖 10　西壁上方北側浮雕西方淨土圖

圖 11　西壁上方南側浮雕西方淨土圖

百寶色鳥，和鳴哀雅，常讚念佛念法念僧，是為八功德水想。」在極樂國土中，到處有七寶鋪成池子，既可養蓮花又可讓往生者沐浴灌頂，洗盡心垢。在西壁南側脅侍菩薩頭光的頂上，有一菩薩半身湧現在八功德池水內，便是此意。

《佛說無量壽經》稱池內的八功德水「清淨香潔，味如甘露。」水之多少冷暖隨意變化，安詳中「或聞佛聲，或聞法聲，或聞僧聲，或寂靜聲、空無我聲……。」池水在波浪中傳出音聲，有如佛說法聲，甚至直接令人微妙地體驗清淨寂滅的真意。皈依佛法僧三寶並時時護持、讚嘆，是大乘佛教的基本信念，《觀經》也說「常讚念佛念法念僧」，意思相同。不過，這並不限於淨土系，而且普遍出現於大乘經典。此窟外門口金剛力士腳下所刻「念佛念法念僧」六字亦同此意。

接著，第六觀稱總想觀，也就是初見極樂世界，認識寶樹、寶地與寶池等整體環境。在此國土有五百億寶樓，樓上有伎樂天人，又有種種樂器，也發出「念佛念法念僧」的讚嘆聲。西壁浮雕七寶樹的上方就出現兩個樓閣，下題「五百寶□」。總之，在西壁上方左右兩側的三個牓題，「五百寶□」、「七寶□□□」、「八功德水」應該是觀想西方極樂世界的第四、五、六觀。

第七想為花座想，即佛所坐之蓮花寶座，第八至十一觀為先觀想無量壽佛與二菩薩的三尊組合再逐一觀單尊像。第十二與十三觀分別為普想觀與雜想觀，前者為觀想自己往生於極樂世界中，坐在蓮花上，聽見佛及水、鳥、樹等同時說法。後者為在此蓮池中近觀金色佛身或大如虛空，或小如一丈六八尺，變化自在。最後，第十四至十六觀談往生西方的人按功德高低分為上中下三品，每一品又分上中下三級合為九品。西壁牓題包括了其中的七品。上品往生出現在佛頭光尖

圖 12　東壁佛三尊像

圖 13　東壁南側菩薩與婆藪仙人

端的上方，一旁爲上品上生人合掌跪坐於方形金剛臺座往生（注16）。其右牓題「上品中生」與「上品下生」的下面都有一人跪坐在蓮花上，前者的蓮花盛開，花瓣下垂如覆瓣蓮花座，後者花雖已開，花瓣猶然挺立。依據《觀經》，上品上生者，因平時精進修行，具有圓滿功德，故往生立刻見佛與菩薩，至於其餘人往生時皆按其品次，暫時在花苞中或一夜，或一日一夜，乃至於滿十二大劫，蓮花開展，才得見淨土。西壁描繪往生的花座有各種表現，如南側最角落，下品中生題字左右的兩個蛋形花苞內都有一幼小的人形，而中品牓題的兩側往生人所坐之花都已綻放。總之，西壁上方浮雕表現《觀經》提到的極樂世界與九品往生。

東壁亦爲高浮雕立像三尊（圖12）。中爲一立佛，雖然左右手殘損，但右手似舉起作無畏印，左手下垂，通高0.75米，佛左右各立一脅侍菩薩。在佛與菩薩之間以平面減地法各浮雕一位僧人，手持香爐，僧人的身旁或兩側均出現長柄大朵蓮花。在東壁外側，即脅侍菩薩與南北壁交接處，南側浮雕一長髮仙人裸露胸腹，轉身回顧菩薩，右手持鳥首杖，單腳倚杖而立，左手舉至下顎前（圖13）。從造型上看來頗似自北魏以來出現於中國之婆藪仙（注17）。他的頭頂有一朵盛開的大蓮花。相對地，北側的浮雕沒有人物，只是從底部出現長柄的大蓮花兩旁襯以荷葉。

東壁北側大蓮花的上端有一長方形的牓題：「彌勒爲天/眾說法時。」說明壁面上方布滿兩角落的浮雕內容。北側上方彌勒菩薩結跏趺坐，雙手上舉作說法狀。他的左右共有七位聽法的菩薩合掌而坐（圖14）。相對地，南側爲一位坐佛，舉右手作無畏印。在佛的座前有三個法輪，正好鑲嵌在下方菩薩頭光的尖端上，外側還有一對伏臥的鹿，正表現出釋迦佛在鹿野苑說法的一景。佛的兩側眷屬，下排

圖 14　東壁上方北側彌勒說法圖

圖 15　東壁上方南側鹿野苑說法圖

爲一對單腳跪坐的菩薩。上排南側爲四位結跏趺坐，大衣披覆雙肩的比丘，北側似有兩位，每一位皆手持蓮花，代表釋迦佛初傳佛法時的五位弟子（圖15）。

按牓題知，東壁主要描寫彌勒菩薩上生兜率天，爲五百萬億天子說法，如《觀彌勒菩薩上生兜率天經》所說（**注18**）。釋迦牟尼佛於舍衛國祇樹給孤獨園爲諸眾多菩薩、比丘、比丘尼等說彌勒菩薩當受記爲佛，並從今十二年後即入滅，往生兜率陀天上。飾以眾寶莊嚴的彌勒菩薩與諸天子各坐花座，晝夜六時常說不退轉地法輪之行。諸天子因此得度，並於將來隨彌勒下生閻浮提，正式於佛前受菩提記。此經一方面可視爲佛「爲未來世開生天路，示菩提相，莫斷佛種。」（**注19**），亦即明示彌勒爲未來佛。另方面也是勸眾生發菩提心，願往生兜率天，歸依彌勒菩薩以便終得無上正覺。所以往生思想是東壁與西壁圖像的重要基礎。在彌勒作爲未來佛的角色上，與過去佛釋迦的關係非常密切。彌勒先由釋迦受佛記，釋迦又明言：「佛滅度後，我諸弟子」精勤修行供養者，「應當繫念，念佛形象，稱彌勒名」，命終後即得往生兜率陀天，可以說是將他的弟子也付託予彌勒。在《彌勒下生經》中更進一步說明「彌勒所化弟子，盡是釋迦文弟子，由我(釋迦)遺化得盡有漏」，彌勒三次於龍華樹下說法所化無數億人皆是往昔釋迦弟子（**注20**）。所以在東壁的南側出現釋迦於鹿野苑初傳法的情景以銜接此佛種傳承之意。

南壁也就是門口的兩側與上方也布滿了浮雕。下方兩側各自牆腳升起一朵大蓮花，上坐一人身著寬袖長袍，東側的右手執卷子，西側的合掌，皆結跏趺坐。在門口的上方橫幅描寫人數眾多的文殊維摩問答說法圖（圖16），可惜臉部幾乎全已遭破壞。中央偏西，維摩居士側坐在榻上屏風爲障，右手持扇，左手臂平擱膝頭，手掌下垂。坐在他對面的文殊菩薩左手持如意，右手舉至胸前，造型頗似東壁的彌勒菩薩，姿態則類似天龍山第三窟的文殊菩薩（注 21）。在文殊與維摩之間，有一天女面向文殊展開雙臂，上身前傾，右手似持花。緊貼著文殊的背後，拱手站立的比丘應該就是被天女嘲弄的舍利弗。接著還有三排跪坐的比丘大多背對著觀眾，下排多持經卷，上排五位手持蓮花。維摩屏風的背後也有兩排人物，上排五位立像側面朝向維摩，從豐厚多變化的頭髻看來應該是婦女像，雙手持蓮花。下排五位跪像，最外側一位的頭髻也是婦女打扮，其餘四位不甚清楚。還有一位頭梳雙髻的婦女介於上下排之間，拱手緊靠屏風的邊緣而立。在她的旁邊，屏風前維摩的膝下還站著一位面背觀眾，似乎是男像。

這段圖像的典故來自《維摩詰所說經》〈觀眾生品〉（注 22）。維摩向文殊及其隨從弟子說明菩薩不但觀法如幻、觀眾生亦如幻，一秉慈悲喜捨之心度化眾生，無所執著（無住）。此時天女現身，「即以天華（花）散諸菩薩大弟子上，華至諸菩薩即皆墮落，至大弟子便著不墮。一切弟子（以其）神力去華不能去。」天女問舍利弗，何必去掉花。「答曰：此華不如（佛）法是以去之。」這時天女指出，像他這樣尚未修習菩薩道的比丘，未捨分別心，所以生出總總煩惱，相對地，已斷一切分別想的菩薩，花不著身。亦即菩薩斷分別心後明白一切包括佛、法、我及眾生皆悉如幻如虛空，成就般若空觀的大智慧。

圖 16 南壁門口浮雕維摩詰與文殊線描圖陳明珠女士繪

從西秦炳靈寺 169 窟開始（注 23），至北魏雲岡石窟、龍門石窟以及鞏縣石窟都曾出現豐富的維摩文殊造像。以浮雕而言，自龍門古陽洞起頻繁地出現，位置通常在龕楣的上方，兩位主角在左右端，中間排列聽法的眷屬。賓陽中洞的卻出現在前壁門口的兩側的最上列，其下方另有兩列爲佛本生故事。故而，像此窟將文殊維摩的布局填滿窟門口上方，並且將兩位主角並置於中央以天女隔開，增加故事的戲劇性，也算是創舉。

綜觀全體造像內容豐富，由四壁上方淺浮雕的牓題可知，北壁西側以雪山求法的故事說明涅槃妙意，也就是大乘佛法的精華。東側的讚佛語「一切無有如佛者」等一段文字，也刻在河南林縣峡谷的石窟千佛洞旁，並且紀年武定五年（574）（注 24），不論在地理位置或年代上皆與小南海石窟相近。西壁爲觀西方極樂淨土的描寫，東壁爲釋迦在鹿野苑初說法與彌勒菩薩在兜率天說法。東京國立博物館所收藏天保十年（559）白大理石臺座浮雕，四面刻釋迦佛傳四大事蹟，即佛誕、證道成佛、鹿野苑說法與涅槃（注 25）。此臺座上面的造像現已不存，但據其銘文，此爲「龍樹思維像」，亦即彌勒菩薩像。此造像碑的造像組合，即釋迦鹿野苑說法與彌勒菩薩搭配，和中窟東壁的作法可謂不謀而合。

北壁主尊佛側的僧稠供養像，頗爲珍貴難得。管見所知，前例僅有西秦時期，紀年建弘元年（420）炳靈寺169窟，北壁6號龕側出現供養僧畫像，並題名曇摩毗、道融等（注26）。西壁以九品往生爲主的極樂世界浮雕造像，也出現在小南海東窟的西壁，但是論完整性仍以前者爲優。據目前資料看來，小南海的九品往生圖似乎是中國境內最早的表現。

最後，南壁以文殊維摩圖表現菩薩道的般若空觀。如前述，此自五世紀以來已流行於中國，與小南海石窟相去不遠的東魏末北齊初年天龍山第二、三窟，也簡單地浮雕這兩位的造像（注27）。至於碑像上的維摩造像則更多，其中最值得注意的是紀元武定元年(543)。收藏在美國大都會博物館的五百人義邑巨型碑像，此碑的螭首及上段坐佛的頭部已殘毀，第二段的文殊維摩對談圖則非常細緻有趣，維摩側坐之榻背後有屏風，榻上雙層方頂如塔，帳幔四垂；文殊的上方也有一圓形的華蓋，裝飾華麗。四周各有一群侍從，與此窟的造型頗爲相似（注28）。

值得注意的是在此碑上段佛座下，最外側有兩位護法金剛力士其內側出現一對長髮仙人，造型與中窟東西壁南側的仙人相似。碑像上這對仙人右側的一手舉鳥，左側的一手舉圓形的頭顱，因此可以確定爲婆藪仙與鹿頭梵志。這類的造像如前述，出現於北魏敦煌與雲岡石窟，再度流行於540–550年代，不僅見於敦煌莫高窟285窟，也見於獨立的造像碑（注29）。另外，此碑的造像還有一點與小南海中窟相似，即碑的底座出現兩位神王，而中窟東西壁底部也各有三位神王，由於過於殘破，目前僅可以辨認出東壁南側爲樹王，西壁北側是風王。與前述大都會博物館藏五百人義邑碑像同時完成於武定元年(543)，現收藏於波士頓Gardner博物館的七十人義邑所造釋迦五尊像碑，也刻有十神王像，相關的圖像學意義已由林保堯教授做了完整的考證（**注30**）。

小南海中窟的造像內容豐富，頗見獨創之處，不過由以上全面的檢討，可以看出與東魏後期的大型義邑造像碑的密切關連，使得石窟造像的義理乃至於社會文化意涵更爲豐富。前文描述窟外刻經的題記有一段：「天保元年，靈山寺僧方法師、故雲楊公子林等，率諸邑人刊此岩窟」，就表示此窟最初於550年，由僧方法師、林公子領導義邑諸人開鑿。窟內除了僧稠供養像之外，東壁立佛左右還浮雕兩位高僧代表邑師手持香爐，協助主持請佛行香法會；相對地，西壁兩位手持蓮花的供養人則是施主代表。順便一提，小南海東窟的外壁整齊地刻有四十位胡裝的供養人，與大型義邑造像碑碑陰習見的作法如出一轍（**注31**）。

但是此窟造像的完成以及此地僧團的精神領導，還是題記接著說明的僧稠：「至六年中(555)，國師大德稠禪師重瑩（營）修成，相好斯備。」如下文所示，天保二年之後，僧稠到龍山之南，即善應附近，住持雲門寺。當時，中窟雖已開鑿極可能未完成。再者，從僧稠自己的供養刻像在中窟北壁位置與全窟的圖像配合得恰到好處，可知全窟造像整體內容能吻合僧稠的禪觀，才將自己的小型圖像刻在主尊佛的一側。故而要深入瞭解小南海中窟的造像精神勢必得認識僧稠。

僧稠

冉雲華教授曾對僧稠禪法的特質作了相當深入的解說（注32）。本文儘量避免重複，但側重與小南海石窟相關部分加以討論。

僧稠是河北定州人，少時精通儒學，徵爲太學博士（注33）。廿八歲出家。當時禪學的大師是來自印度的佛陀跋陀，原在山西大同雲岡石窟與弟子禪修，並受北魏帝室的供養，後隨孝文帝南遷至洛陽，定居嵩山少林寺。僧稠即隨其弟子釋道房，學禪修止觀。起初無大進展，遂誦涅槃經。忽有高人指點，依《涅槃經．聖行品》四念處法日夜禪修漸入佳境，長達五年，至全無妄念的境界。再到趙州障供山從道明禪師習十六特勝法。這時愈加廢寢忘食，不顧生死，單敷石上靜坐，深入禪定。因爲常修死想，遇到野獸、盜匪或鬼怪來襲，皆安然面不改色地加以降服。最後開悟世間全無樂者，身心澄淨。於是遠赴少林寺，拜訪他的師祖佛陀跋陀，果然深獲其讚許，謂：「自蔥嶺以東。禪學之最。汝其人矣。」即住嵩岳寺，並傳出許多降服神鬼保護其禪坐道場的感通故事。北魏末年戰亂之際，輾轉河北河南一帶山區，禪修不斷。他拒絕魏孝武帝（532–534在位）的徵召，卻受地方官民信徒迎請，廣傳戒法，形成亂世中的一股清流，望重天下。

北齊文宣帝（高洋529–559，在位550–559）即位第二年（551）下詔，迎請至鄴都。當時稠已年過七十，在內廷爲文宣帝說「三界本空，國土亦爾。」一切的榮華世相都是短暫不可靠的，同時又舉四念處法的思維法破解世間的幻象。文宣帝聽得汗流毛豎，立即請授禪道，不久果然有所領悟。又拜他爲師，請傳授菩薩戒法，而且下令全國斷酒肉捨獵鷹。最後爲了留住僧稠在京師附近，方便請益，

「遂於鄴城西南八十里，龍山之陽（南），爲構精舍，名雲門寺。請以居之，兼爲石窟大寺主。兩任綱位，練眾將千，供事繁委，充諸山谷。」也就是說在龍山之南建雲門寺，方便他禪修說法，同時也兼爲石窟大寺主。

在本文起首已經提到，地方志記載龍山之南即善應村所在。故而雲門寺的遺址就在小南海石窟的附近。〈僧稠傳〉稱，文宣帝命將作大匠紀伯邕建寺時，預定「造寺面方十里，令息心之士，問道經行。」亦即寺院面積遼闊，四面邊界各十里，以便禪修之士也能有講經與經行（繞行誦經或咒語）的充分空間，然而稠懇請減半以免侵擾村民。道宣曾參考《雲門象圖》，此書記載雲門寺的歷史與傳奇故事，可惜書已不存。文宣帝又發心，將國家財庫三等分爲國家支出、自用與供養三寶。一時歸在僧稠門下的僧徒將近千人，文宣帝自己也「常率其羽衛，故幸參覲。」僧稠所兼任寺主之石窟大寺，既稱爲大寺就是官方供養之大規模石窟，故可能指靠近鄴都之南北響堂山石窟寺。道宣所記雲門寺並未提及大規模的石窟，只提到稠「所住禪窟，前有深淵。」此爲僧稠個人所住禪修之窟，指像小南海中窟規模的禪窟，而且前有深淵，也與洹水的善應水庫形勢相當。至於南北響堂山石窟附近並無大水。

冉雲華教授針對敦煌文獻中與僧稠禪法相關的資料，指出部分日本學者將僧稠禪法歸入由達摩弟子衍生出來的北宗禪是不正確的；僧稠是北朝禪法的主將之一，當時地位甚至比菩提達摩一系還要顯赫。其次，僧稠的禪法主要是四念處法、五停心觀等（**注 34**）。根據僧稠的三傳弟子道宣（596–667）的說法：「高齊河北獨勝僧稠。」北齊文宣帝迎請僧稠並向他拜師學習禪坐修心，已如前述。道宣接著說明僧稠的禪法與達摩不同之處（**注 35**）：

屬有菩提達摩者，神化居宗，闡導江洛。大乘壁觀，功業最高。在世學流，歸仰如市。然而誦語難窮，厲精蓋少。……稠懷念處，清範可崇，摩法虛宗，玄旨幽賾。可崇則情事易顯，幽賾則理性難通。

亦即達摩的面壁禪法以大乘佛法爲歸依，世人仰慕者眾多，但是真正能實踐者少，這是因爲達摩儘管說法空，世人不易理解。僧稠從四念處著想，反省自己的肉體無常空有，輔以戒法清規，故而世人可以依循其典範，容易入門。

若依小南海石窟門外所刻文字，僧稠教導的觀想除了由早期涅槃觀發展出來的四念處法外，更重要的是開啓後代華嚴思想的周遍含融觀。

刻經內容

如前文，中窟門口刻字係僧稠的弟子爲紀念先師，依照其觀法，鏤石刊經。此刻經內容第一段稱「華嚴經偈讚」，內容依次可分爲四小節，前三節摘自《華嚴經》卷七與卷八，今先錄刻文如下：

1.定光如來明普照
諸吉祥中最無上
彼佛曾來入此處
是故此地最吉祥

2.十方國土勝妙華
無價寶珠殊異香
皆悉自然從手出
供養道樹諸最勝

3.一切十方諸伎樂無量和雅

妙音聲及以種種眾妙偈讚歎

諸佛實功德

第一節四行，讚揚定光如來的文字，出自卷七，〈佛昇須彌頂品〉，起首讚頌過去十佛中，第十位佛的偈頌（注36）。第二節四行與第三節三行分別出自卷六，〈賢首菩薩品〉十種三昧門中的第四，手出廣供三昧門（注37）。現將《華嚴經》卷六此品相關部分原文抄錄，並將小南海的摘錄以＊符號標誌如下：

若欲供養一切佛，出生無量三昧門

能以一手覆三千，供養一切諸如來

十方國土勝妙華，無價寶珠殊異香 *2–1.2

皆悉自然從手出，供養道樹諸最勝 *2–3.4

無價寶衣雜妙音，寶幢幡蓋而莊嚴

金華寶帳妙枝飾，十方一切上供具

悉從手中自然出，供養道樹諸最勝

一切十方諸伎樂，無量和雅妙音聲 *3–1.2

及以種種眾妙偈，讚歎諸佛實功德 *3–3.4

第四節爲盧舍那佛的偈頌：

4.盧舍那佛惠無尋，諸吉祥中最無上

彼佛曾來入此室，是故此地最吉祥

這一段偈頌並非抄錄經文，很可能是按僧稠的教法，由他本人或弟子自擬的。盧舍那佛的法身涵蓋十方一切佛，所以模擬第一節稱揚定光如來佛的語法，讚揚盧舍那佛的最高智慧無可比，並且以「彼佛曾來入此室，是故此地最吉祥。」將此石窟與盧舍那佛繫上因緣，成爲盧舍那佛智慧海中的一部分。

《華嚴經》說盧舍那佛的清淨法身周遍十方，了達（等觀）三世。佛以其願力自在地普現於十方國土與一切世界海中，為一切有情者說一切諸佛法。所以菩薩在修行中必發願供養十方佛，而以盧舍那為一切佛母。這是小南海中窟所節錄《華嚴經》偈語的基本精神。〈賢首菩薩品〉由賢首說明菩薩初發心的淨信，起首即稱：「菩薩初發意，直心大功德，於佛及法僧，深起清淨信。」此信佛、法、僧三寶的意思再次與前述窟門口力士腳下的「念佛，念法，念僧」，乃至於窟內西壁《觀經》描寫的法音都一貫相通。也就是起清淨信後，菩薩便發菩提心，持淨戒，順從正教，以法平等供養十方一切諸佛。

〈賢首菩薩品〉的另一重點是介紹菩薩如何在禪定的狀態悠遊盧舍那佛的蓮華藏海，也就是入三昧門。唐代的法藏（643–712）將此品內種種三昧門歸納為十種，刻經引文第二、三段即出自第四，「手出廣供三昧門」（**注 38**）。菩薩在禪定中，回歸清淨妙心，三世十方一切佛土同時俱現，在此心海中，一念遊十方。入此境界，起念欲供養一切佛時，自然能以一手覆三千世界，在十方國土同時出現花、寶珠、道樹、音樂、偈語等等眾妙，供養眾多諸佛。這當然是靠盧舍那佛的本願與菩薩自發的能力，才能成就如此功德。經過十種三昧門的修行後，賢首菩薩得到一切如來的讚許。

緊接著〈賢首菩薩品〉之後，盧舍那佛昇上須彌山頂，在帝釋天的寶殿中準備再次說法。帝釋欣喜感嘆之餘，回想過去十佛曾在此說法種下諸多善根，於是以偈頌回向此十佛。引文第一段就是此佛偈的最後小節，定光佛的部分。中窟先引用此小節，並在結尾仿照前面的過去佛偈頌寫了一段盧舍那佛的偈頌，一方面將十方三世所有佛都邀請入此室，一方面也點明此窟的主尊為盧舍那佛，此窟可比擬為須彌山頂的帝釋宮，或夜摩天宮、兜率天宮，是盧舍那佛說法之地。因為佛以自在力能遊行十方法界，周遍含融，「一身為無量，無量身為一。」（注 39）同時，佛身如虛空，寂然無生滅，故「非過去亦復非未來」，三世諸佛境界，皆悉平等寂靜，不過是爲了教化眾生，在無數劫中示現出生、成佛、入涅槃等事（注 40）。故而，每次盧舍那佛在不同的道場說法之前總要憶念、頌揚或延請過去佛到道場來。

石窟門口的刻文在《華嚴經》偈頌之後爲《大般涅槃經》卷十二，〈聖行品〉第七之二，不淨觀的部分（注 41）。菩薩觀自身，一切不淨，接著便去皮肉，唯觀白骨，將一身的骨頭拆散分離，即除斷三欲：形貌欲、姿態欲、細觸欲。再由此了知此身不淨，由四大（地、水、火、風）因緣和合而成。無所謂我的存在，一切皆空，而我受此不淨身，惹來一生煩惱、病苦，其實在這一切世相、一切法中皆無我。以上就是四念處法的步驟，即從身、受、心、法四處觀想，覺悟自身不淨，所受爲苦，心實無常，諸法無我。只有深入瞭解無常方能了斷苦惱，住堪忍修行地。

這一段雖然說的是實際觀想的步驟，實際上與同一品結束前提到的雪山童子求偈語還是相通的。刻在中窟正壁的偈語：「諸行無常，是生滅法。生滅滅已，寂滅爲樂。」就是由徹悟世相無常、無我，而後渡脫生死大河，才能進入涅槃的狀態。

最後，門口刻經結束時再出現一段偈文，「我今得見佛。……猶如妙德等。」此段起首稱，因觀想（見）佛的法相而達到三業（身、口、意）清淨，並願以此功德迴向無上道。接著又依供佛、懺悔等功德，再發五大願：1.三寶常在，2.破四魔，3.滅罪，4.眾生發心念十方佛，5.眾生見佛性，合前者共六大願。由此得知，此段文字既讚佛且發願，先以觀想佛爲起首，結尾願眾生見佛性，事實上也等於願眾生皆能見佛。因爲若能瞭解諸佛如諸法本來空，無生無滅，則無處不見佛，如經上說：「不了真實性，是故不見佛。分別一切法，皆悉無真實；如是解諸法，則見盧舍那。」（注42）真實性指清淨的本性，了悟本性即能見佛性；繼而瞭解一切法非實有，而是如幻如夢，自然能觀見本尊盧舍那。這段偈讚呼應了前面刻文由《華嚴經》偈頌爲引導，讚嘆過去諸佛，並供養十方佛，再延請盧舍那佛入此室的修持方式相同。此外，其內容如「無上道」、「四種魔」、「十方一切佛」等，與《華嚴經》〈賢首品〉內容的相關性也已被指出（注43）。

小結

總而言之，中窟門口刻經所呈現的僧稠禪法，一方面以早期涅槃空觀的四念處法爲基礎，另方面，在刻文的前後都以《華嚴經》的思想爲依歸，而且強調觀佛、見佛的殊勝功德、普供十方一切諸佛，過去現在未來佛。如經中所說，以盧舍那佛涵攝十方三世所有一切佛土，延請盧舍那佛現身佛窟中說法。最後，菩薩爲度眾生而發願，願三寶常在，這是相對於當時的亂世末法危機意識而發願，願眾生的四魔、罪業盡除，共同發心念十方佛，回歸清淨佛性，同時見佛。

窟內，北壁主尊佛的東側，持香請佛的是僧稠，刻在他的頭頂是一句流行於當地的讚佛語，下半句「世界所有我盡見，一切無有如佛者。」強調觀佛現身放光之妙不可比擬。「天上天下無如佛，十方世界亦無比。」歸結十方世界於一，皆收攝於盧舍那佛的世界海中。

全窟規模雖小而三壁三佛，配合四壁豐富的浮雕內容，可說爲了方便禪坐觀想而設計。東壁與西壁浮雕的彌勒佛兜率天宮與西方淨土可以說是十方三世的代表，因爲此二淨土大致與佛教世界海東西方位吻合，按石窟中三佛代表三世的傳統，這二佛也可以代表未來佛與現在佛（注44）。而北壁是涵蓋釋迦牟尼等過去佛的蓮華藏世界海教主盧舍那佛。東西壁佛皆爲立佛，更突顯出主尊坐佛的重要性。在末法思想流行的北朝末年，彌勒信仰與阿彌陀信仰普遍流行於民間。阿彌陀佛雖然不在《華嚴經》所列十方佛之內，但是此佛代表的淨土思想卻早已蓬勃於當時，而且也爲華嚴法界所吸收，與十方佛充滿法界（注45）。彌勒佛代表佛法未來的傳承，然而在華嚴思想中，盧舍那佛既爲法身佛，爲引渡眾生的方便，自由顯現不同的變化身，「或見（現）釋迦文，初成等正覺。……或見（現）兜率宮，諸天眾圍繞，爲彼說正法，悉令大歡喜。」（注46）

北壁西側雪山求法的故事無非強調不惜身命爲眾生利益求法的大乘菩薩精神。南壁門口上方的《維摩詰經》也宣稱大乘菩薩道爲不二法門。涅槃與般若思想的併陳，可以說是貫穿《涅槃經》與《華嚴經》的菩薩修行之道。

像小南海石窟這樣清楚地記錄了開窟的經過，並刻錄經文來表明禪修基本精神，實在是北朝石窟難得的例子。從《涅槃經》的「四念處法」到《華嚴經》的法界觀想，中國大乘禪修法可謂邁入了成熟期的先聲。在主要造像上，由《華嚴經》的十方三世一切佛觀想，產生淨土造像與三壁三佛的新組合，亦爲唐代敦煌莫高窟等石窟造像的先驅。

附錄

小南海中窟門口刻文

大齊天保元年靈
山寺僧方法師故
雲陽公子林等率
諸邑人刊此巖窟
髣像眞容至六季

中國師大德稠禪

師重瑩修成相好

斯備方欲刊記金

言光流末季但運

感將移暨乾明元

年歲次庚辰於雲

門帝寺奄從遷化

眾等仰惟先師依

准觀法遂鏤石班

經傳之不朽

華嚴經偈讚

定光如來明普照

諸吉祥中最無上

彼佛曾來入此處

是故此地最吉祥

十方國土勝妙華

無價寶珠殊異香

皆悉自然從手出

供養道樹諸最勝

一切十方諸伎樂無量和雅

妙音聲及以種種眾妙偈讚歎

諸佛實功德

盧舍那佛惠無尋諸吉祥中最無上

彼佛曾來入此室是故此地最吉祥

大般涅槃經聖行品＊

復次善男子。菩薩摩訶薩聖行者。觀察是身從頭至足。其中唯有髮毛爪齒不淨垢穢。皮肉筋骨。脾腎心/肺。肝膽腸胃。生熟二藏。大小便利。涕唾目淚。肪膏腦膜。骨髓膿血。腦胲諸脈。菩薩如是專念觀時。誰有是/我。我為屬誰。住在何處。誰屬於我。復作是念。骨是我耶。離骨是兮（耶）。菩薩爾時除去皮肉唯觀白骨。復作是/念。骨色相異。所謂青黃赤白及以鴿色。如是骨相亦復非我。何以故。我者亦非青黃赤白及以鴿色。菩薩繫心作是觀時。即得斷除一切色欲。復作是念。如是骨者從因緣生。依因足骨以拄踝骨。依因踝骨以拄膊骨。依因膊骨以拄膝骨。依因膝骨以拄髀骨。依因髀骨以拄髖骨。依因髖骨以拄腰骨。依因腰骨以拄脊骨。依因脊骨以拄肋骨。復因脊骨上拄項骨。依因項骨以拄頷骨。依因頷骨以拄牙齒。上有髑髏。復因項骨以拄膊骨。依因膊骨以拄臂骨。依因臂骨以拄腕骨。依因腕骨以拄掌骨。依因掌骨以拄指骨。/菩薩摩訶薩如是觀時身所有骨一切分離。得是觀已即斷三欲。一形貌欲。二姿態欲。三細觸欲。菩薩摩/訶薩觀青骨時。見此大地。東西南北。四維上下。悉皆青相如青色。觀黃白鴿色亦復如是。菩薩摩訶薩/作是觀時。眉間即出青黃赤白鴿等色光是。菩薩於是一一諸光明中見有佛像。見已即問。如此身者不淨/因緣和合共成。云何而得坐起行住。屈伸俯仰。視瞬喘息。悲泣喜笑。此中無主。誰使之然。作是問已。光/中諸佛忽然不現。復作是念。或識是我。故使諸佛不為我說。復觀此識次第生滅。猶如流水。亦復非我。復作/是念。若識非我。出息入息或能是我。復作是念。是出入息直是風耳（性）。而是風性。乃是四大。四大之中何者/是我。地性非我。水火風性亦復非我。復作是念。此身一切悉无（無）有我。唯有心風。因緣和合。示現種種所作/事業。譬如咒力。幻術所作。亦如箜篌。隨意出聲。是故此身如是不淨。假眾因緣。和合共成。當（而）於何處生此/貪欲。若被罵辱。復於何處而生瞋恚。而我此身。三十六物。不淨臭穢。何處當有受罵辱者。若聞其罵即便/思惟。以何音聲而見罵耶。一一音聲不能見罵。若一不能。多亦不能。以是義故不應生瞋。若他來打亦應思/惟。如是打者從何而生。復作是念。因手刀杖及以我身故得名打。我今何緣橫瞋於他。乃是我身自招此/咎。以我受是五陰身故。譬如因的則有箭中。我身亦爾。有身有打。我若不忍。心則散亂。心若散亂則失正/念。若失正念則不能觀善不善義。若不能觀善不善義。則行惡法。惡法因緣則墮地獄畜生餓鬼。菩薩爾/時作是觀已。得四念處。得四念處已。則得住於堪忍地中。菩薩摩訶薩住是地已。則能堪忍貪欲恚癡。亦/能堪忍寒熱飢渴。蚊虻蚤虱。暴風惡觸。種種疾疫。惡口罵詈。撾打楚撻。身心苦惱一切能忍。是故名為住/堪忍地。

偈讚我今得見佛。所得三業善。願以此功德。迴向無上道。我今所供養。佛法及眾僧。願以此/功德。三寶常在世。我今所當得。種種諸功德。願以此破壞。眾生四種魔。我遇惡知識。造作三世罪。今於佛前/悔。願後更莫造。願諸生等。悉發菩提心。繼心常思念。十方一切佛。復願諸眾生。永破諸煩□（惱）。了了見佛性。猶如妙德等。

石窟都維那比丘僧賢供養/寶□云門寺僧纖書/□波將軍彭惠通刊/□（如）來證涅槃永斷於生死/若能至心聽當得无量樂/一切畏刀杖无不愛壽命/恕己為喻勿煞怒行杖

念佛念法念僧

*《大般涅槃經・聖行品》刻文部分因無拓片，係以《大藏經》爲本，對照《安陽

縣志金石錄》與筆者收集照片所得。凡缺字部分以方格代表，別字部分則將正體字並列在弧號內。

注解

注 1 筆者1990年底至1991年春曾參加京都大學人文科學研究所曾布川寬主持之六朝美術史研究班，由曾布川氏主講之〈河南安陽寶山石刻〉報告；又參加臺北佛教圖像整合研究室，由賴鵬舉報告，〈小南海中窟〉，1991.9.3〈北齊僧稠的禪法 —— 以河南安陽小南海中窟的造像及刻經為主〉，1992.1.3；受益良多，無法一一列舉，謹表最深的謝意。又小南海的調查工作第一次係與曾根三枝子（1991夏），第二次係與黃幸惠同行（1993夏），蒙受關照，十分感謝。

據王思禮、賴非引當地文物管理部門的說法，「原來此山有小石窟多處，多被開山採石破壞，甚為可惜！」〈中國北朝佛教磨崖刻經〉，《北朝磨崖刻經研究》，頁3 濟南：齊魯書社，1991。

注 2 《水經注疏》9，894–895，江蘇古籍，1989。

注 3 《彰德府志》1.11-12，崔銑撰，嘉靖元年（1522）刻本，天一閣藏明代方志選刊14，臺北：新文豐。

注 4 《安陽縣志》中國方志叢書・華北地方，第一〇八號，據貴泰、武穆淳等纂，1819刊本，1933年鉛字重印本影印，臺北：成文，1967。

注 5 楊潮觀纂，《林縣志》4.1下－2上，乾隆壬申（十七年）刻本，辛未（十六年）序。

注 6 《林縣志》，前引書，1.2。

注 7 〈北朝佛教史的重要補正 —— 析安陽三處石窟的造像題材〉，丁明夷，《文物》，1988.4 頁15–20。最初的調查報告稱此石窟為靈山寺的方法師，在北齊天保年為稠禪師開鑿，恐怕是因循《安陽金石錄》所稱《方法師鏤石班經記》標題（（《安陽縣志金石錄》2.6，《石刻史料新編》3.28.474，臺北：新文豐，1986）以及解讀上的錯誤，見〈河南安陽靈泉寺石窟及小南海石窟〉，前引文，頁1–14。

注 8 此題記係根據賴鵬舉現場抄錄筆記，黃幸惠及筆者所拍照片，並參照《安陽縣志金石錄》，前引書，頁2，12，校對所得。

注 9 《魏書》113, 頁2994 , 2998。

注 10 本文有關石窟之尺寸係根據〈河南安陽靈泉寺石窟及小南海石窟〉, 河南省古代建築保護研究所（楊寶順）, 《文物》, 1988.4 頁1–14。

注 11 《大般涅槃經》14, 聖行品第七之四, 曇無讖譯 (421), 《大正新修大藏經》（東京: 一切經刊刻會, 1924–1935 以下簡稱大正藏 12, 449 中 – 451 上。

注 12 285 窟記年大統五年（539）, 《中國石窟・敦煌莫高窟》一, 北京: 文物, 1982, 圖版 137 及解說頁 217。

注 13 《中國美術全集》雕塑編 13, 北京: 文物, 1989 圖 197, 198。

注 14 《觀無量壽佛經》畺良耶舍譯 (423-453), 大正藏, 12, no. 365, 頁 342, 以下簡稱《觀經》, 引文出自同一經典, 且頁碼相連者不再附注。

注 15 《佛說無量壽經》, 康僧鎧譯 (252), 大正藏 12 no.360, 頁 370 下 – 371 上。以下引文出自同一經典, 且頁碼相連者不再附注。

注 16 上品上生乘金剛臺往生, 上品中生乘紫金臺往生。上品下生乘金蓮花往生。

注 17 手持一鳥, 裸上身之婆藪仙圖形見於敦煌 254 窟中心住東龕南側, 與鹿頭梵志成一對外道仙人的造型。西魏 285 窟西壁南龕南側也有一持鳥婆藪仙。圖見《中國美術全集》繪畫篇 14, 北魏圖 12 與西魏圖 89。賀世哲, 〈敦煌莫高窟第 285 窟西壁內容考釋〉, 《敦煌石窟研究國際討論會文集・石窟考古篇》, 瀋陽: 遼寧美術, 1990, 頁 373–375。

注 18 《佛說觀彌勒菩薩上生兜率天經》, 沮渠京聲（安陽侯）譯（約 430 年代）, 大正藏 14, 452, 頁 418 中 –420 下。

注 19 同上, 大正藏 14, 452, 頁 420 下。

注 20 《佛說彌勒下生經》, 竺法護 (233–310) 譯, 大正藏 14, 453, 頁 423 下。《佛說彌勒下生成佛經》, 鳩摩羅什譯 (420), 大正藏 14, 454, 頁 425 上。

注 21 Osvald Siren, *The Chinese Sculpture from the Fifth to the Fourteenth Century*, vol. III, Pl. 218, London: E. Benn, 1925; 常盤大定、關野貞，《中國文化史蹟》冊 8 Pl. 11京都：法藏館，改定版，1975–1976。現藏University Museums of Art, Harvard University。

注 22 鳩摩羅什譯 (406)，大正藏 14，頁 547下 - 548下。

注 23 《中國石窟・炳靈寺石窟》，圖 37 東京：平凡社，1986。

注 24 杜召棠，《林縣志・金石》14.1–2，林縣：華昌，1932。張增午，〈林縣峩谷千佛洞造像調查記〉，《中原文物》，1983.4，頁 19–21，張氏以為此窟於 574 年開鑿完成，筆者則認為窟內造像屬於唐代風格，初步簡單的討論見拙作，〈談河南林縣峩谷寺千佛洞〉，《人生雜誌》123，1993.11，頁 38–45。

注 25 松原三郎，《增訂中國佛教雕刻史研究》，東京：吉川弘文館，1966 Pls. 142–143。

注 26 《中國石窟・炳靈寺石窟》，前引書，圖 25。

注 27 有關天龍山石窟第二、三窟，亦即最早開鑿的雙窟，斷代頗有些爭議，基本上分為東魏（534–550）與北齊（550–577）兩說。前者的代表學者為水野清一（1950）、Vanderstappen（1965））、李裕群（1992）；後者為 Siren（1925）、關野貞（1921），筆者最近的研究，則推定為東魏末北齊初，所有相關書目參考拙稿，〈天龍山石窟的再省思〉，《中國歷史學與考古學整合研討會論文集》，1994，待刊稿。

注 28 長廣敏雄，《中國美術・第三卷雕塑》，東京：講談社，1972，圖版 27。

注 29 如西魏大型「坐佛五尊碑像」，藏於美國 Nelson Gallery of Art 同上注前引書，圖版 30；「石造七尊菩薩立像」，松原三郎，前引書，圖版 124（b），此碑無款但作者定為東魏末北齊初。

注 30 《法華造像研究 —— 嘉登博物館藏東魏武定元年石造釋迦像考》，臺北：藝術家，1993 頁 102–113。

注 31 圖見《中國美術全集》雕塑編13前引書，圖186。有關服裝的討論參考劉東光〈有關安陽兩處石窟的幾個問題及補充〉，《文物》，1991.8，頁74–78。至於造像碑方面的資料，最有名的例子見Boston Museum of Fine Art收藏，紀年554「西國造像」碑，圖見Edward Chavannes, *Six Monuments De la Sculture Chinoise, Ars Asiatica II, Pls. XXXIII–XLV*, Paris: G.van Oest, 1914.

注 32 〈敦煌文獻與僧稠的禪法〉、〈《稠禪師意》的研究〉，《中國禪學研究論集》頁54–108，臺北：東初，1990。

注 33 《續高僧傳》16，大正藏50，頁553–555中。

注 34 冉雲華，前引文，頁75–77。

注 35 《續高僧傳》16，大正藏50，頁596中、下。

注 36 佛馱跋陀羅譯(418-420)，大正藏9，頁441下。

注 37 大正藏9，頁434下。

注 38 前面三門為1.圓明海印三昧門，2.華嚴妙行三昧門，3.因陀羅網三昧門。見《探玄記》，大正藏35，頁188下–189中。

注 39 《華嚴經》10〈佛昇夜摩天宮自在品〉，大正藏9，頁462–464下。

注 40 《華嚴經》10〈兜率天宮菩薩雲集讚佛品〉，大正藏9，頁486。

注 41 大正藏12，頁449中-451上。

注 42 《華嚴經》7〈菩薩雲集妙勝殿上説偈〉，大正藏9，頁442下。

注 43 據賴鵬舉於圖像研究室的報告〈北齊僧稠的禪法——以河南安陽小南海中窟的造像及刻經為主〉（81.1.3）中，曾詳細列舉：

㈠發願文：願以此功德迴向「無上道」。

賢首品：信為道元功德母，增長一切諸善法。

除滅一切諸疑惑，示現開發「無上道」。大正藏9，頁433上。

㈡發願文：我今所供養、佛、法及眾僧。

賢首品：深心淨信不可壞，恭敬供養一切「佛」。

尊重「正法」及「聖僧」信敬三寶故發心。大正藏9，頁433上。

㈢發願文：願以此破壞，眾生四種魔。

賢首品：若能勤修三種業、恭敬供養佛法僧。

彼能超出「四魔境」，速成無上佛菩提。大正藏9，頁437上。

㈣發願文：我遇惡知識，造作三世業，今於佛前悔，願後更莫造。

賢首品：若根明利悉清淨，則離一切「惡知識」。大正藏9，頁433中。

㈤發願文：願諸眾生等，悉發菩提心，繼心常思念，十方一切佛。

賴注：「繼心思念」者，念念不斷，「定」之謂也。

賢首品：若為一切佛所護，則生無上菩提心。大正藏9，頁433中。

若念佛定不可壞，則常睹見十方佛。大正藏9，頁433下。

注44 佛說西方「佛土有世界名曰極樂，其土有佛號阿彌陀，今現在說法。」《佛說阿彌陀經》，前引書，頁346下。又據《華嚴經》29〈奉命品〉，「此娑婆世界釋迦牟尼佛刹一劫，於安樂世界阿彌陀佛刹為一日一夜。」大正藏9，頁589下。故對娑婆世界而言，阿彌陀佛是現在恒久說法，道綽(562-645)亦提及此點，見《安樂集》，大正藏，47，頁9下。

注45 〈入法品界〉善才童子五十三參最後，普賢菩薩以偈頌為善才說法界周遍含融，「或見盧舍那，無量無數劫，嚴淨此世界，得成最正覺。……或見阿彌陀，觀世音菩薩，灌頂受記者，充滿諸法界。」《大方廣佛華嚴經》60，前引書，頁786中。

注46 同上注引書，同頁下。

佛教哲學可以是一種批判哲學嗎？

——現代東亞「批判佛教」思潮的思想史省察

林鎮國

政治大學哲學系副教授

一、緒言

佛教能成爲一種批判哲學？更明確地說，佛教哲學在現代情境中是否能夠作爲批判性實踐的思想資源？抑如許多佛教思想史學者所指出，佛教思想在歷史上僅扮演一種保守性意識形態的角色，在政治與社會實踐上，完全缺乏批判的能力？這是本文所要嘗試考察的問題。

這個問題的現實迫切性可從二十世紀東亞佛教文化圈的發展看出，特別是在日本、韓國、臺灣等地區，佛教面對急速的政治經濟變遷時無可避免地需要採取某些對應的立場，也因此導致來自佛教內部與外部的反省聲音。這些反省指出，現代佛教已不可能宣稱他們的教理與活動只限定於純粹的宗教層面而可以與政治社會的實踐分開（注1）。在這些新發出的反省當中，由兩位日本中青輩佛教學者袴谷憲昭與松本史朗在八十年代中期所引發的「批判佛教」爭論最受注目，連1993 年「美國宗教學會」年會也都安排了專組討論，迴響甚爲熱烈（注2）。本文的考察即擬從袴谷與松本兩氏的「批判佛教」談起，並進一步檢討同樣的問題如何出現在現代中國佛教思想的論述脈絡中，特別是「內學院」的呂澂批判《起信》、禪宗與華嚴，與持馬列主義立場的大陸佛教學者批判傳統佛教意識形態，形成現代中國特有的「批判佛教」與「佛教批判」，最後則嘗試提出個人認為「佛教的確可以開發成為一種批判哲學」的初步看法。

二、袴谷憲昭與松本史朗的「批判佛教」

首先，八十年代日本「批判佛教」的爭議肇始於駒澤大學的松本史朗與袴谷憲昭，他們提出「本覺思想」不是（真正的）佛教，「如來藏思想」不是（真正的）佛教等充滿爭議性的主張，甚至於將這些屬於漢語系佛教特徵的佛教思想稱之為「僞佛教」，在社會實踐上維護現狀，保守反動，無法正視社會不義，更遑論社會改革，與他們所認為的「真佛教」背道而馳。可以想見的，他們的批評甫提出，立即引來日本佛教學界的強烈反應，許多著名學者如高崎直道、平川彰，甚至於德國學者 Lambert Schmithausen，都發表無法贊同的意見（**注3**）。

對熟悉佛教思想史的學者來說，此爭議在佛教史內部早已存在，並延續至今，可以說一點也不新鮮。以早期出現「如來藏思想」的《楞伽經》與《勝鬘夫人經》為例，它們當時就已經清楚地意識到該概念被混同為「梵我」的危險，聲稱兩者（如來藏與梵我）不同，也不違背佛陀的「無我」理論（**注4**）。但是問題並不因此聲稱而解決，在印度思想史上以「如來藏」或「佛性」為基調的思想仍然繼續受到大小乘學派（如中觀學派）的質疑。在漢傳佛教則情況不同，如來藏、佛性思想在傳入之後很快地成為主流，形成中國佛教的特色，而源於《起信論》的本覺思想甚至於成為日本佛教的基本性格，結合其固有的土著思想，倡說「山川草木，悉皆成佛」（**注5**）。雖然針對此種「眾生悉有佛性」的思想在歷史上有過批評的聲音，如唯識宗堅持「五姓各別」，然畢竟影響有限。這要等到二十世紀唯識學再度復興之後，此爭論才又在中國與日本受到重新的審視。支那內學院歐陽竟無 (1871–1943) 與王恩洋 (1897–1964)、呂澂 (1896–1989) 從二十年代起對《起信論》、《楞嚴》與禪宗的批評，最爲人所熟知，而精研梵藏中觀學與唯識學的袴谷與松本兩氏的「批判佛教」，也顯然是傳統爭論的延伸。

問題是，如果只是老問題的重複而已，現代的「批判佛教」爭論豈是值得吾人積極地回應？須知「批判佛教」之所以能夠成爲新的論述焦點，引發廣泛的迴響，乃在於它是從新的歷史脈絡來重新詮釋傳統論題，並觸及到了理論與實踐的核心問題：現代日本佛教，從戰後世代的松本與袴谷看來，和整個當今日本思想界一樣，已經淪爲喪失社會批判力的傳統主義與調和主義，表面上雖然強調一切平等與無分別，然而由於一元論形上學（如來藏思想、本覺思想）的支配，在實踐上卻無法真正尊重殊異的個體與人權（**注 6**）。他們這種明顯地來自自由派立場的批判，比起脫離社會現實的純粹學究式研究，自然更容易引起各方面的討論了。

從理論與實踐關係的角度來反省，袴谷憲昭也認爲有必要從當前所流行的「現代」與「後現代」的爭論脈絡重新審視佛教思想的定位。就其立場而言，袴谷對於當前許多學者搶搭「後現代」與「脫構築主義」列車，將佛教思想詮釋爲「反現代主義」與「反笛卡兒主義」，如京都學派哲學，深表無法苟同。特別是八十年代中期日本思想界也跟著西方流行反笛卡兒理性主義的維柯 (Vico) 思潮，倡導「場所」(topos) 理論，更令他感到不安（**注 7**）。

在這裡，姑且不論袴谷對「後現代」與「現代」之爭的了解是否妥切，他顯然認爲「後現代」諸流派的「反現代」傾向在實踐上具有神秘化和美學化的危險，勢必會阻礙如哈伯瑪斯所言的「現代性的計畫」。他還進一步類比地發現，這種「現代」與「後現代」的對峙其實是以「批判哲學」(critical philosophy) 與「場所哲學」(topical philosophy) 的對峙形態普遍存在於東方與西方的歷史上；明顯的例子，在西方前者以笛卡兒(1596–1650) 爲代表，而後者則以維柯 (1668–1744) 爲代表，而在東方前者以他所謂的「批判佛教」爲代表，而後者則以本覺思想、禪宗、以及京都學派的「場所哲學」爲代表；整體而言，前者代表富批判性的「外來思想」，而後者則是保守的「土著思想」的化身。

代表「土著思想」的場所哲學，其特色可從維柯對笛卡兒哲學的反動看出。笛氏強調以「證明」(demonstratio) 的方法獲致「真理」，而維柯則側重修辭學，強調以「發現的藝術」(ars inveniendi) 推賞「蓋然真理」(verisimilis)（**注8**）。笛氏視數學與自然科學爲知識的典範，而維柯則認爲繪畫、詩學、辯論術、法學等人文學科更能激勵人的想像力與創造力。維柯對笛卡兒的批評主要在於笛氏視自明的「我思」爲第一原理，而認爲吾人只能明確地認識到吾人本身所造者(verum factum)。因此，如何推溯到發現第一原理（演繹的前提）之前豐富而不可化約的歷史文化脈絡，才是首要之務（**注9**）。對比於笛氏所強調的論證與演繹，維柯則更重視「發現」(inventio) 的必要性。換言之，維柯認爲「發現」先於「論證」，「場所論」(topica) 先於「批判論」(critica)。

在這裡有必要先說明袴谷憲昭如何將維柯哲學規定爲「場所哲學」。在現代日本哲學，由西田幾多郎所提出的「場所」概念可說是滲透廣泛，蔚成潮流。西田的「場所」理論甚爲複雜，略言之，它是指本體論地先於「能」「所」對偶性(能知/所知, 能見/所見),全然不能對象化的主體性的「自覺」, 亦即是實在, 稱之爲「絕對無」。此「場所」既非主觀, 也非客觀, 而是實在本身的絕對呈現(注 10)。此「絕對無」的場所概念影響京都學派對佛教的理解甚大; 袴谷稱之爲「場所佛教」實源於此(注 11)。然而, 西田的理論與維柯哲學並沒有直接的關係。維柯哲學被稱爲「場所哲學」乃在於其主張在真理判斷之前應該先從事「論題」(topics) 的發現與學習(注 12)。於此, 維柯強調「論題」的優先性被袴谷引申爲「場所」(topos) 的優先性, 以對比於笛卡兒哲學中論證與判斷(批判)的優先性(注 13)。袴谷進一步引述三木清 (1897–1945) 的觀點, 指前者(場所哲學)是「修辭學的思考」, 而後者(批判哲學)是「論理的思考」, 而「修辭學思考」的主要特色是不限於論理問題, 更是主體的、倫理性的思考(注 14)。

以上袴谷對「批判哲學」與「場所哲學」的區分與抑揚可以幫助吾人了解他的原初意圖: 導正他所謂「場所佛教」的歧出, 提倡佛陀本義的「批判佛教」。於此, 先略述袴谷對後兩者(場所佛教與批判佛教)區分的基本觀點。

首先, 對袴谷來說, 「場所佛教」與「本覺思想」是同義的, 在《本覺思想批判》〈序論〉, 他綜結「本覺思想」與真正佛教立場相違的三項特徵:

㈠本覺思想的前提是, 一切存在皆被涵攝於「單一的本覺」; 此前提無法藉由語言予以論證, 因此也就與信、知性無關。由於在言詮之外, 此「單一的本覺」, 具有「權威主義」的作用。袴谷認爲這種思想是各傳統固有的土著思想之表現, 如印度《奧義書》中的「梵我」思想與中國老莊的「道」或「自然」思想。不論「梵我」,

「自然」或「本覺」，均不外是指土著思想中輔育萬物的「場所」(topos)。相反的，真正的佛教則否定空間的、不變的、單一的「場所」，主張唯有時間的「緣起」才是真實。基於緣起論，佛教強調「因果」法則，不同於老莊之不談因果，存任自然。

㈡由於本覺思想立基於土著思想，其自我肯定的性格也就不免趨向於誇耀自家傳統的權威主義；因自我肯定，理論與實踐上也就不可能「利他」。而主張「緣起」，否定「場所」的佛教，持「無我」說，批判權威主義，自然是以「利他」爲導向。

㈢本覺思想受到老莊的影響，崇尙無爲自然，得意忘言，如《起信論》所言：「所言覺義者，謂心體離念。」由於強調無念，輕視語言活動，袴谷稱之爲「體驗主義」，全然不同於佛教重視語言，「信仰」(śraddhā) 與「知性」(prajñā) 的「知性主義」。**（注 15）**

簡略言之，袴谷認爲「批判佛教」的立場有三：㈠主張「時間」義（而非邏輯義）的緣起論，㈡利他的社會實踐，㈢強調語言與知性，而「場所佛教」則反是，㈠肯定超越時間的「本覺」或「場所」(ālaya)，㈡自我肯定的權威主義，㈢強調言語道斷的神秘體驗**（注 16）**。

袴谷以上的結論中最重要的是批判「場所佛教」將「空性」、「真如」、「本覺」、「如來藏」視爲一切存在之「場的實體」，他認爲這種一元論形上學絕非佛教本義。和袴谷持同樣觀點的松本史朗則稱這種「非佛教」的形上學爲“dhātu-vāda”（基體說）。

松本早於 1983 年提出“dhātu-vāda”此說，並爲袴谷提出「批判佛教」時所援用。大體上，松本對佛教的理解與袴谷十分契合，認爲佛教的主要教義是緣起論與無我說；緣起論並非是後來如華嚴宗所謂之「重重無盡」的法界緣起、相依相待的同時的空間的緣起，而是佛陀於菩提樹下證悟時順逆所觀的十二支緣起。此十二支緣起應從時間的觀點來了解，而此時間既非「日常的現實」的時間，也非「純粹持續」的時間，而是「瀕臨危機之人類的宗教的時間」(注17)。簡言之，緣起即是指「法」(dharma) 與「法」之間的時間的因果關係，否定有任何法界(dhātu) 作爲諸法之存有論根據(ontological ground)(注18)。

對反於佛陀的緣起論，如來藏思想（本覺思想、佛性思想）則安立唯一的實在(dhātu) 作爲複數的dharma(法)的基體(locus、topos)。松本特地爲此造了新詞"dhātu-vāda"來指稱這種思想，有時也稱之爲「發生的一元論」或「根源實在論」(注19)。關於"dhātu-vāda"的結構，松本曾略述其特徵：⑴「界」(dhātu) 是諸「法」(dharma) 的基體；⑵「界」生諸「法」，或「界」是諸「法」的原因；⑶「界」是單一，「法」是多數；⑷「界」是實在，諸「法」是非實在；⑸「界」是諸「法」的本質(ātman)；⑹諸「法」雖非實在，然由於爲「界」所生，具有某種程度的實在性(注20)。

松本認爲，對dhātu-vāda 來說，諸法差別——不論是三乘差別或種姓差別——並不成問題，也是dhātu-vāda 構造上不可缺少的因素，因爲事象的差別（如社會階級的差別）正可在「界」的單一性（平等性）中獲得解消。若套在如來藏思想模式裡，現實上五姓各別的存在還可因「一切眾生悉有佛性」的形上肯斷而獲得理論（意識形態）上的支持，這正是dhātu-vāda 爲何在社會實踐上反動保守的主要原因(注21)。

袴谷與松本的「批判佛教」真正的意圖即在於揭露「場所佛教」（或"dhātu-vāda"）一元論形上學的意識形態義涵。基於他們所認爲的「真正」佛教立場，他們對右翼的「日本主義」——不論是梅原猛的「間接日本主義」或是川端康成、本居宣長、三島由紀夫的「純粹日本主義」—— 展開激烈的批評，指出作爲日本主義核心的「和」的思想與軍國主義、天皇制度之間具有密切的關係（注22）。他們的社會批判最後都將造成這些保守思想的原因歸之於場所佛教的形上學。這種論證是否可以成立，即是本文所擬檢討的問題。

三、內學院與呂澂的「批判佛教」

當日本「批判佛教」論爭引起了國際學界的回應時，更早以前出現在中國佛教學界的類似討論則未曾被注意到，因而「批判佛教」並非孤立偶發，而是屬於整個現代東亞佛教文化現象之一環的重要特徵就被忽略了。本文即認爲有必要指出這現代東亞佛教思想史的共同特徵，並藉著當前日本的「批判佛教」論爭來重新檢視現代中國佛教學界 —— 特別「內學院」與馬克思主義者 —— 對傳統佛教的一些批判性反省，進而引發吾人思考佛教思想與現代處境之關連的問題。

首先，我們要了解在本世紀初由歐陽竟無「支那內學院」所推動的唯識學復興運動，其思想史意義不僅是在一般所謂之回歸奘傳唯識學而已，更有與當時社會上革命求變的風潮相應合之處。若忽略這一點因素，僅從佛學宗派的內部爭議來詮釋內學院的唯識學運動，則無法給予較爲客觀的思想史評價與定位。

當時的中國社會一致認爲「西學」是獲致變革圖強的途徑，其中尤以西方知識之辨析精審與富邏輯性最爲中土所缺；相較之下，中土之學唯有法相唯識學與因明最足以作爲接引西學的知識橋樑，並在此方向下淘汰舊說，重新抉發佛學在社會實踐上較爲積極性的成素，以作爲回應現代處境的憑藉。歐陽竟無與呂澂的「批判佛教」，即應在這背景上來了解。

先從結論來說，內學院的呂澂承接歐陽竟無之緒，力復唯識學與佛家本義之外，並抨擊《起信》《楞嚴》及台、賢、禪、淨等中土「相似佛學」（注 23），並與脫離內學院，由佛歸儒的熊十力 (1885–1968) 書信往返，駁斥熊氏「完全從性覺（與性寂相反）立說，與中土一切僞經，僞論同一鼻孔出氣」，指出「性寂」（自性本寂）與「性覺」（自性本覺）之分，有「革新」與「返本」之根本差異，認爲主張「返本還源」的本覺思想，不論是華嚴、禪宗、或是熊氏《新唯識論》，皆不解唯識學的「革新」義（注 24）。此革新義的強調與呂澂的社會批判意識有關，值得吾人注意。

呂澂與熊十力的書信辯論發生於 1943 年歐陽竟無逝世之時，距熊氏發表《新唯識論 》(1932) 已有十年餘。熊氏甫發表《新唯識論》即引發內學院與佛教界的強烈抨擊，呂澂當時因專注於梵藏文獻之譯解考訂，未見其反應。此番因熊氏先批評歐陽竟無「從聞熏入手」，「雖發大心，而不如反在自心惻隱一機擴充去，無資外鑠」，才引起呂澂的嚴厲批評（注 25）。熊氏的思想在當時援儒入佛，而至於歸宗儒家大易之學，已經完全定型成熟。《新唯識論》〈明宗〉開端即言：「今造此論，爲欲悟諸究玄學者，令知實體非是離自心外在境界，及非知識所行境界，唯是反求實證相應故。」（注 26）即由此本體論立場出發，熊氏責歐陽唯識學只從聞熏入手，「未去發現自家寶藏」。呂澂則回函指斥熊說只是中土「性覺」僞說之遺緒而已，根本不了解佛教的本義爲何。他接著說明「性寂」與「性覺」的根本區分：

> 一在根據自性涅槃（即性寂），一在根據自性菩提（性覺）。由前立論，乃重視所緣境界依；由後立論，乃重視因緣種子依。能所異位，功行全殊。一則革新，一則返本，故謂之相反

> 也。説相反而獨以性覺為偽者，由西方教義證之，心性本淨一義，為佛學本源，性寂及心性本淨之正解（虛妄分別之內證離言性，原非二取，故云寂也）。性覺亦從心性本淨來，而望文生義，聖教無徵，訛傳而已。……中土偽書由《起信》而《占察》，而《金剛三昧》，而《圓覺》，而《楞嚴》，一脈相承，無不從此訛傳而出。流毒所至，混同能所，致趨淨而無門；不辨轉依，遂終安於墮落。（1943年4月12日函）

此段可謂呂氏「批判佛教」之總綱領，終其一生所論皆不外闡發此義。

這裡有幾點必須進一步說明，其一，呂澂批判「性覺」主要是指承繼魏譯《楞伽》訛誤之《起信論》的本覺思想，違離印度佛教心性不與煩惱同類之「心性明淨」本義，倡言真如「即是真心，常恆不變，淨法滿足」（**注 27**）。此「真心」爲一切眾生所具足，故實踐上只要返本還源即可，十分簡易。「性寂」與「性覺」的差別在於，「性寂」只就「可能的」「當然的」方面說心性明淨，而「性覺」則強調心性本覺是「現實的」「已然的」（**注 28**）。此兩說實踐義涵的差異，是分辨正僞最關鍵處。

第二，呂澂指出「本覺」思想之所以會流行於中國，主要是「經過了有意的變通遷就，採取調和的說法，肯定現實的一切（包括社會制度在內）之合理，既無所抵觸於統治階級的利益，自然就通行無阻。」（**注 29**）呂澂在這裡明白地指出「本覺」思想在社會實踐上「肯定現實之合理」的保守性格。呂氏這種社會批判意識雖然在「熊呂辯論」時尚未如此明白地宣示，事實上並非無跡可尋。呂澂當時已經強調性寂說的「革新」義：「鵠懸法界，窮際追求，而一轉捩間，無住生涯，無窮開展，庶幾位育，匪托空言」，充分表現出積極的宗教性淑世精神；而「返本」之說，則「才具足於己之心，便畢生委身情性，縱有安排，無非節文損益而已；等而下之，至於禪悅飄零，暗滋鄙吝，則其道亦既窮矣」，十足流露出消極地自求解脫的性格（**注30**）。這顯然才是呂澂批判「本覺」思想的主要原因。

第三，呂澂在1943年的〈禪學述原〉一文以「本覺絕不能成立」的強烈宣示，指出禪宗三系（楞伽禪、起信禪、般若禪）全是本覺思想，「吾儕學佛，不可不先辟異端，以其訛傳有損人天眼目之危險也。如從本覺著力，猶之磨磚作鏡，期明何世？衆生心妄，未曾本覺，榨沙取油，寧可得乎？即還其本面亦不過一虛妄分別而已。」（**注31**）在這裡呂澂把他反對「本覺」思想的理由再度十分清楚地說明。不過，這仍是從消極面說的；從積極面說，呂澂認為佛家的實踐是以「轉依」為依歸。他指出，「轉依」概念是到了大乘時期瑜伽行派用來替代小乘佛教的「解脫」概念，強調從根本上（所依）著眼，來消滅掉由錯誤認識所構成的一切對象，而建立起由正確認識構成的一切（**注32**）。在〈觀行與轉依〉(1954) 一文，呂氏更進一步說明「轉依」的兩面向：主觀方面，「轉依」是由認識的質變 — 由錯誤的認識轉變為正確的認識，間接改變行為，而造成身心的全盤改變；客觀方面，由於認識的質變而造成事象的變革；事象的變革「不是簡單地從名想認識的轉移便直接有了改變，卻是由認識的不斷矯正，事象實相的顯現益加瞭然，這再引起行，革新事象，使它更和實相隨順地發展。」（**注33**）這也是呂澂所特別強調「認識的社會性」（**注34**）。從理論來說，佛教的社會批判與革新一定要建立在這「認識的社會性」之上。

呂澂從四十年代的「熊呂論辯」到五、六十年代，始終一貫地強調佛教的「變革」或「革新」性格，批判「本覺思想」安於現狀的保守傾向，主要在於他深刻地掌握兩者的差異：前者以認識論爲佛教理論與實踐的根本，而後者則倡說宇宙本體論。於「熊呂辯論」之中，熊氏（下及新儒家）喜談宇宙論與本體論，謂「真如爲萬法實體（本體）」或「瑜伽宗之賴耶」是「宇宙論的說法」（1943 年 4 月 17 日函），而呂澂則批評曰：「自佛學見地言，本體等論，不謂之俗見，難道還稱真見？」（4 月 22 日函）這一點雖似乎不見呂澂進一步闡釋，卻是了解其「批判佛教」最重要的一環。不過，我們可以了解呂澂在這裡所批判的宇宙本體論，在中國佛教史上即是指華嚴的「真如緣起說」（真如受熏，緣起萬法），天台湛然的「無情有性」，禪宗的「見性成佛」，以及《楞嚴》、《圓覺》等經，由「如來藏」生出山河大地等說。由於這些「宇宙本體論」完全忽視知識論的問題，才「不期然成爲一種神秘主義」（注 35）。

四、馬克思主義者的「佛教批判」

內學院與呂澂對「性覺」說的嚴厲批評，固然是屬於佛教內部的爭議，但是不能忽略他們的批判反映出整個時代對變革的要求。這種趨勢，除了內學院之外，在現代中國佛教圈中屬於太虛系統的印順也有類似的反省（注 36）。而從佛教外部，特別是從馬列主義觀點，來批判地詮釋佛教思想，更是了解二十世紀東亞思想所不可或缺的一環。從內部觀點出發的「批判佛教」與從外部觀點出發的「佛教批判」，表面上似乎互不相涉，實際上吾人仍可發現其理路上的共通處。

大體而言，中國馬克思主義者對佛教遺產的整理與詮釋完全根據歷史唯物論的原則，認爲宗教與哲學是反映經濟與政治結構的上層產物，而在歷史上，不論中國或印度，佛教的宗教與哲學都是爲封建地主階級服務。這是馬克思主義者的佛教批判綱領，主導1949年後出現的中國哲學史和佛教史的編寫觀點，可說是無一例外。這裡僅舉出最具有代表性的例子作爲說明。在《中國佛教史》第一卷的總序裡，任繼愈寫道:

> 中國佛教史的發展，主要是在中國封建社會的前期漢唐和封建社會的後期宋元明清歷史時期進行的。因此，中國佛教歷史與中國封建社會的經濟發展、政治鬥爭的關係至為密切。……清末民初，中國封建社會解體，中國淪為半殖民地半封建的社會。反映中國封建社會的意識形態也引起了相應的變化。這一時期佛教在社會上仍有相當影響，某些佛教宗派又有所抬頭，但這時西方現代思潮湧進中國，佛教服務的對象及其社會作用也與古代佛教不同，它是歐亞現代思潮匯合時期的佛教。(注37)

透過「辨證唯物主義」和「歷史唯物主義」的觀點，馬克思主義者所看到的佛教全是如何爲統治者提供征服人心的意識形態，用來「麻痺人民的反抗意志」。佛教這種世界觀當然是與馬克思主義的世界觀是相對立的。任氏又說:「它(佛教)所指出的解脫道路是假的，它所反映的當時的社會苦難都是真的，這就要求我們對它認真對待，不能掉以輕心。……因此，我們只講清楚道理，對佛教作爲宗教，我們批判的鋒芒所向是佛教的宗教世界觀，而不是當前信奉佛教的群眾;揭露的佛教麻痺人民的宗教本質，而不是針對虔誠的善男信女。」(注38)這段話可以代表所有馬克思主義者的佛教研究觀點。

馬克思主義的佛教批判是其整體意識形態批判之一環。對他們來說，佛教在中國歷史上充當統治階級的辯護者，主要在於提出一套唯心主義本體論，「力圖通過思辨的形式來論證一個潛伏於客觀世界背後而作弄客觀世界的所謂『本體』，從而把存在的真實性虛幻化，甚至把他規定爲自我意識的外化或思維的倒影。」（注 39）此「本體」在中國佛學中被稱爲「真諦」、「心」、「識」、「法性」等。如何證悟本體，並與本體冥合，便成爲中國佛教的宗教實踐目的。此實踐即是主體對自己的本源（本體）的復歸，因爲在佛教唯心主義的本體論中，主體與本體被視爲原是一體的（注 40）。

馬克思主義者指出，由於傳統中國佛教「返本還源」實踐所回歸的不外是虛構的「本體」，因此其所宣稱的證悟解脫只不過是逃避現實的虛幻，也就不言而喻了。這種觀點與呂澂批判本覺思想有異曲同工之處。不同的是，呂澂的批判旨在於肯定佛教原有的革新義，而馬克思主義者則持全盤否定的態度。

問題是，佛教哲學與馬克思主義哲學全無相容之處嗎？現代中國馬克思主義者似乎未考慮到這一點。當我們比較馬克思主義者與批判佛教者批判傳統佛教（華嚴、禪宗、天台）時，發現他們的共同點在於強調理論與實踐的關係，以爲重新評價佛教思想的主要準據；差別的是，前者認爲真正的解放救贖只能訴之唯物論無產階級革命，而後者則認爲未被腐化的佛教思想（根本佛教或中觀唯識學派）仍可作爲宗教實踐或社會實踐的根據。對馬克思主義者而言，作爲批判哲學的佛教哲學是不可能的。但是，果真是不可能嗎？

五、結論：佛教哲學可以是一種批判哲學嗎？

綜上所述，「批判佛教」與「佛教批判」都以歷史文獻學的研究爲基礎來批評傳統佛教，並確立自己的思想立場。袴谷與松本的「批判佛教」基本上是針對現代日本思想與文化情境而發，認爲「本覺思想」的保守性依然體現在時下的日本心靈之中，形成一種欺瞞性的、調和主義的、權威主義的文化；他們以其精審的文獻學學養，追本溯源，指出發軔於《起信論》的本覺思想與更早以前的如來藏思想，甚至於所有的「土著思想」，都是造成佛教批判精神失落的原因。特別是袴谷憲昭，他不但主張佛教哲學應該成爲一種批判哲學，甚至明白地宣稱「佛教就是批判」，「惟有批判才是佛教」（注41）。

內學院與呂澂的立場與思路十分接近袴谷與松本的「批判佛教」（可惜後者並未認識到這點），他們的批判都指向共同對象──本覺思想。呂澂強調他與傳統佛教的分歧在於一是「革新」一是「返本」。欲求革新，必從知識論著手；相反的，主張「返本」者則訴諸本體論。在這一點，對照於袴谷之重揭笛卡兒主義，貶抑維柯的場所哲學，可以看到他和呂澂在哲學立場上的一致性：都強調知識與邏輯的優先性，反對直覺主義與神秘主義。

從哲學而言，我們可以看到真正的爭論焦點在於知識論與本體論孰爲優先的問題。對「批判佛教」而言，政治與社會層面的批判必須先立足於知識的批判；如果以未經批判的知識作爲行動的依據，便可能導致倫理層面上判斷的偏失。就佛教而言，若過度強調超乎語言與論證的直觀經驗，如禪宗的「不立文字，以心傳心」，馬上便會發生如何印可證悟的問題。以禪宗史爲例，六祖慧能的證悟除了經由五祖弘忍印可之外，只有慧能本人「直了心性」的自由心證而已，並無其他可資公開檢證的文獻與準據，這也是一向標榜呵佛罵祖、打倒權威的禪宗卻必須致力於建立傳燈譜系之權威的原因。就此而言，批判佛教質疑傳統佛教因輕視知識與語言而造成權威主義，實非無的放矢。

此外，批判佛教者所否定的本覺思想（場所佛教，dhātu-vāda）果真獨斷地預設實體義的「如來藏」或「真如受熏，緣起萬法」的宇宙本體論？關鍵便在於如何詮釋「如來藏」或「真如」。內學院主張真如」惟是正智所緣，只具存有義而無活動義。袴谷憲昭亦認爲「真如」只可以視爲「諸概念底概念」而已，並無「作爲生起一切法之基體」的用法（注42）。他們都主張，將「真如」解釋爲緣起萬法的實體或第一原理，如《起信論》，是違背了佛教的本義。

站在「批判佛教」之對立面的牟宗三則認爲《起信論》「一心開二門」的「心真如」「畢竟是一個實體性的心」，但是此「心真如是一切法門之體，此『體』是剋就空如性說，亦如以空爲體……此體字是虛意的體，非有一實物的體。」（注43）鎌田茂雄亦同樣地力主華嚴法界緣起並非實體義形上學（注44）。於此可見，將《起信論》或華嚴宗的「真如」解釋爲實體義是有爭議的。

本文在這裡僅指出此爭議尚未定論，仍有待進一步的討論。真正的問題是，難道主張本體論優先於知識論的本覺思想就因其形上學立場而開不出社會批判或革新的可能嗎？熊十力當年答覆呂澂對「返本」說的質難時，即曾反駁道：「有本才能創新，創新亦是返本。」（4月 18日函）這是說，本體論的開顯 (ontological disclosure) 比知識論的分析更爲根本；若說批判，這才是根本的批判 (radical critique)。此本體論的開顯，亦即是場所的開顯（注45）。

此本體論的爭辯顯然可預期將持續下去。但這並不妨害佛教應該，也能夠，作爲一種批判哲學：同時涵括本體論層面、知識論層面與社會實踐層面的批判哲學。在當代處境，東亞的批判佛教思潮特別突顯後兩層面的批判，的確是彌補了傳統東亞佛教傳統一向所欠缺之處，也因此特別值得吾人予以正視，但是本體論層面的開顯是否會障蔽知識論與社會實踐的批判，則有待進一步的考察。這首先即牽涉到如何規定中國佛教形上學的性格的問題，留待後文再討論。

注解

注 1 八十年代臺灣小説家宋澤萊在《被背叛的佛陀》(自立報社出版,1989)一書中從原始佛教與本土意識的立場,對中國大乘佛教展開嚴厲的批判,是值得注意的文化現象。宋氏並非嚴格意義下的佛教學者,卻更能敏鋭而直接地反映出傳統中國大乘佛教在現代情境中的困窘。

注 2 該學會有兩場佛學論文,分別討論「批判佛教」與「本覺思想」,為北美佛教學界對日本「批判佛教」爭論的首度回應,回響十分熱烈。其中部分與會的論文,承臺灣大學釋恆清教授提供,於此謹申謝意。

注 3 「批判佛教」文獻已結集出版者有:⑴松本史朗,《縁起と空 —— 如來藏思想批判》(東京:大藏,1989),⑵松本史朗,《禪思想の批判的研究》(大藏,1994),⑶袴谷憲昭,《本覺思想批判》(大藏,1989),⑷袴谷憲昭,《批判佛教》(大藏,1990),⑸袴谷憲昭,《道元と佛教》(大藏,1992)。對於「批判佛教」發展始末的介紹,包括日本佛教學界與文化界(如女性主義)的反應,可讀 Paul L. Swanson, "Zen Is Not Buddhism – Recent Japanese Critiques of Buddha-Nature," *Numen,* Vo1. 40 (1993), pp. 115–149。此文為至今為止最完整的報導。

注 4 宋譯《楞伽經》卷二:「佛告大慧,我説如來藏不同外道所説之我……如來、應供、正覺為斷愚夫畏無我句,故説離妄想無所有境界如來藏門。」(大正・十六・489・中)

注 5 日本的本覺思想有其特殊的發展性格,與中國佛教的本覺思想不盡相同。略言之,日本本覺思想是天台性具學説與華嚴性起學説的極端綜合,形成絕對性的一元論。參見田村芳朗著,釋慧嶽譯,《天台思想》,臺北:華宇出版社,1988,頁35–45。

注 6 袴谷與松本兩氏皆同情日本「部落解放」運動,批判軍國主義與日本主義,即是例證。

注 7 見袴谷憲昭,〈批判佛教序説 —— 「批判の哲學」對「場所の哲學」〉,《批判佛教》, 頁6。

注 8 袴谷憲昭,《本覺思想批判》, 頁292。

注 9 參考Paul Edwards, ed., *The Encyclopedia of Philosophy* (New York: Macmillan, 1967), Vol. 8, "Giambattista Vico," pp. 247–251。

注 10 參見Masao Abe , "Nishida's Philosophy of 'Place'" , *International Philosophical Quarterly,* XXXVIII, 4 (1988), pp. 355, 371。關於「場所」概念, 以提出「場所論」聞名的中村雄二郎另有解說: 不同於笛卡兒以自我意識為主體, 場所論指出主體實是以共同體、無意識和固有環境為其存在的基盤, 此基盤即是場所。中村氏以希臘悲劇中的主角與伴唱隊為例, 說明現代的主體猶如主角, 而場所即伴唱隊。見中村雄二郎著, 卞崇道、劉文柱譯,《西田幾多郎》, 北京: 三聯書店 (1993), 頁50–52。

注 11 參考拙文,〈「空」的思想與虛無主義的超越——西谷啓治哲學初探〉,《國立政治大學哲學學報》創刊號, 1994 年, 頁137。

注 12 袴谷憲昭,《批判佛教》, 頁5。維柯所指的「論題」是修辭學的一部分, 用來教人如何構作論證, 支持結論。維柯認為「論題」的學習可提供創造性心靈所需的一些基本範疇與常識。參見*Vico: Selected Writings,* ed. and trans. by Leon Pompa, Cambridge: Cambridge University Press (1982), pp. 37–39, 特別是譯注7。

注 13 從創思 (ingenuity), 隱喻 (metaphor) 與常識 (sensus communis) 三方面討論維柯的「場所」(topos) 概念, 可參考Donald Phillip Verene, *Vico's Science of Imagination,* Ithaca: Cornell University Press (1981), pp. 167–177。

注 14 袴谷憲昭,〈場所 (topos) としての眞如〉,《本覺思想批判》, 頁274。

注 15 袴谷憲昭,《本覺思想批判》, 頁9–10; 亦可參見Paul Swanson, pp. 126–127。關於本覺思想受到老莊玄學的影響, 現代中國學者已多有關發，呂澂亦於《中國佛學源流略講》「序論」中指出。

注16 袴谷憲昭，同上揭，頁12, 16。

注17 松本史朗，《緣起と空》，頁17, 27。

注18 同上揭，頁67。

注19 同上揭，頁6。

注20 同上揭，頁5。松本以圖式說明「基體說」與「緣起說」的根本不同，見頁67。

注21 同注19。

注22 松本史朗，〈佛教と神祇——反日本主義的考察〉，特別是注11，見《緣起と空》，頁114–116；袴谷憲昭，〈「和」の反佛教性と佛教の反戰性〉，《批判佛教》。

注23 「相似佛學」一詞，見呂澂，〈禪學述原〉(1943)，刊於《中國哲學》（北京）第十三輯，1985年，頁174。有關歐陽竟無對天台、賢首、禪宗的批評，見其《唯識抉擇談》；參考藍吉富，〈現代中國佛教的反傳統傾向〉，見氏著《二十世紀的中日佛教》（臺北：新文豐，1991），頁3～5。筆者在本文初稿完成後始讀到此文，頗有先得我心之感。

注24 呂澂與熊十力在1943年的論學函稿原刊於《中國哲學》第十一輯，題為〈辨佛學根本問題〉；該資料在臺灣有多處轉載，徵引的來源是林安梧編《現代儒佛之爭》（臺北：明文，1990）中所轉錄者。

注25 熊十力，〈與梁漱溟論宜黃大師〉，見上注。

注26 熊十力，《新唯識論》（文言本），臺北：文景出版社影印版，1973年，頁1。

注27 《大乘起信論》，眞諦譯，大正藏32.576.中。

注28 呂澂，〈試論中國佛學有關心性的基本思想〉(1962)，《呂澂佛學論著選集》卷三，齊魯書社(1991)，頁1417, 1418。

注29 同上揭，頁1417。

注30 同注24，呂澂4月13日函。

注 31 見注23，呂澂，〈禪學述原〉，頁178。

注 32 同注28，頁1423，注4。

注 33 呂澂，〈觀行與轉依〉，《呂澂佛學論著選集》卷三，頁1364。

注 34 呂澂，〈緣起與實相〉（下），《呂澂佛學論著選集》卷三，頁1364。

注 35 同注28，頁1422。

注 36 參見注23，藍吉富，〈現代中國佛教的反傳統傾向〉。

注 37 任繼愈主編，《中國佛教史》第一卷（北京：中國社會科學出版社，1981），頁9–12。

注 38 同上揭，頁16, 17。

注 39 侯外廬主編，《中國思想史》第四卷上冊，北京：人民出版社 (1959)，頁156。

注 40 同上揭，頁160。

注 41 袴谷憲昭，《批判佛教》，頁3。

注 42 同上揭，頁254。

注 43 牟宗三，《佛性與般若》上冊（臺北：學生書局，1977），頁459, 457。另可參考其〈佛家體用義之衡定〉，《心體與性體》第一冊附錄（臺北：正中書局，1968）。事實上，京都學派哲學亦非從實體形上學的立場來了解「絕對無」或「空性」；袴谷憲昭批判京都學派的場所哲學是否為一場稻草人的戰爭，值得進一步考察。

注 44 鎌田茂雄在說明華嚴「理事無礙」時說：「向來都把理當作本體，事當作現象，說理事無礙是本體與現象相即，但這不能說是對華嚴思想的正確理解。佛教的特色在於不立本體。即使說『理體』、『理性』，但那絕非同於歐洲哲學所說的本體。」見玉城康四郎主編，許洋主譯，《佛教思想㈡：在中國的開展》（臺北：幼獅文化，1985），頁182。田村芳朗論及華嚴哲學時亦有類似的看法，認為在「空」義原則下華嚴的唯心論並非指以心為唯一實在的存有論，而應就實踐論來了解。見上揭《天台思想》，頁 145。

注 45 此類同於保羅・呂克 (Paul Ricoeur) 對哈伯瑪斯批判理論與嘉達美詮釋學論辯的仲裁。參考拙文，〈詮釋與批判 —— 嘉達美與哈伯瑪斯論辯的文化反思〉，發表於「傳統中國文化與未來文化發展學術研討會」，臺北：1993 年 5 月。

滄海叢刊書目(一)

國學類

中國學術思想史論叢(一)～(八)	錢 穆	著
現代中國學術論衡	錢 穆	著
兩漢經學今古文平義	錢 穆	著
宋代理學三書隨劄	錢 穆	著
論語體認	姚式川	著
西漢經學源流	王葆玹	著
文字聲韻論叢	陳新雄	著
楚辭綜論	徐志嘯	著

哲學類

國父道德言論類輯	陳立夫	著
文化哲學講錄(一)～(五)	鄔昆如	著
哲學與思想	王曉波	著
內心悅樂之源泉	吳經熊	著
知識、理性與生命	孫寶琛	著
語言哲學	劉福增	著
哲學演講錄	吳 怡	著
後設倫理學之基本問題	黃慧英	著
日本近代哲學思想史	江日新	譯
比較哲學與文化(一)(二)	吳 森	著
從西方哲學到禪佛教——哲學與宗教一集	傅偉勳	著
批判的繼承與創造的發展——哲學與宗教二集	傅偉勳	著
「文化中國」與中國文化——哲學與宗教三集	傅偉勳	著
從創造的詮釋學到大乘佛學——哲學與宗教四集	傅偉勳	著
中國哲學與懷德海	東海大學哲學研究所主	編
人生十論	錢 穆	著
湖上閒思錄	錢 穆	著
晚學盲言(上)(下)	錢 穆	著
愛的哲學	蘇昌美	著
是與非	張身華	譯

邁向未來的哲學思考	項退結 著
逍遙的莊子	吳 怡 著
莊子新注(內篇)	陳冠學 著
莊子的生命哲學	葉海煙 著
墨子的哲學方法	鍾友聯 著
韓非子析論	謝雲飛 著
韓非子的哲學	王邦雄 著
法家哲學	姚蒸民 著
中國法家哲學	王讚源 著
二程學管見	張永儁 著
王陽明——中國十六世紀的唯心主義哲學家	張君勱著、江日新譯
王船山人性史哲學之研究	林安梧 著
西洋百位哲學家	鄔昆如 著
西洋哲學十二講	鄔昆如 著
希臘哲學趣談	鄔昆如 著
中世哲學趣談	鄔昆如 著
近代哲學趣談	鄔昆如 著
現代哲學趣談	鄔昆如 著
現代哲學述評(一)	傅佩榮編譯
中國十九世紀思想史(上)(下)	韋政通 著
存有・意識與實踐——熊十力體用哲學之詮釋與重建	林安梧 著
先秦諸子論叢	唐端正 著
先秦諸子論叢(續編)	唐端正 著
周易與儒道墨	張立文 著
孔學漫談	余家菊 著
中國近代新學的展開	張立文 著
哲學與思想——胡秋原選集第二卷	胡秋原 著
從哲學的觀點看	關子尹 著
中國死亡智慧	鄭曉江 著

宗教類

天人之際	李杏邨 著
佛學研究	周中一 著
佛學思想新論	楊惠南 著

現代佛學原理	鄭金德 著
絕對與圓融——佛教思想論集	霍韜晦 著
佛學研究指南	關世謙 譯
當代學人談佛教	楊惠南編著
從傳統到現代——佛教倫理與現代社會	傅偉勳主編
簡明佛學概論	于凌波 著
修多羅頌歌	陳慧劍譯註
禪話	周中一 著
佛家哲理通析	陳沛然 著
唯識三論今詮	于凌波 著

自然科學類

異時空裡的知識追逐 ——科學史與科學哲學論文集	傅大為 著

應用科學類

壽而康講座	胡佩鏘 著

社會科學類

中國古代游藝史 ——樂舞百戲與社會生活之研究	李建民 著
憲法論叢	鄭彥棻 著
憲法論集	林紀東 著
國家論	薩孟武 譯
中國歷代政治得失	錢穆 著
先秦政治思想史	梁啓超原著、賈馥茗標點
當代中國與民主	周陽山 著
釣魚政治學	鄭赤琰 著
政治與文化	吳俊才 著
世界局勢與中國文化	錢穆 著
海峽兩岸社會之比較	蔡文輝 著
印度文化十八篇	糜文開 著
美國的公民教育	陳光輝 譯
美國社會與美國華僑	蔡文輝 著
文化與教育	錢穆 著
開放社會的教育	葉學志 著

大眾傳播的挑戰	石永貴　著
傳播研究補白	彭家發　著
「時代」的經驗	汪　琪、彭家發　著
書法心理學	高尚仁　著
清代科舉	劉兆璸　著
排外與中國政治	廖光生　著
中國文化路向問題的新檢討	勞思光　著
立足臺灣，關懷大陸	韋政通　著
開放的多元化社會	楊國樞　著
臺灣人口與社會發展	李文朗　著
財經文存	王作榮　著
財經時論	楊道淮　著

史地類

古史地理論叢	錢　穆　著
歷史與文化論叢	錢　穆　著
中國史學發微	錢　穆　著
中國歷史研究法	錢　穆　著
中國歷史精神	錢　穆　著
憂患與史學	杜維運　著
與西方史家論中國史學	杜維運　著
清代史學與史家	杜維運　著
中西古代史學比較	杜維運　著
歷史與人物	吳相湘　著
共產國際與中國革命	郭恒鈺　著
抗日戰史論集	劉鳳翰　著
盧溝橋事變	李雲漢　著
歷史講演集	張玉法　著
老臺灣	陳冠學　著
臺灣史與臺灣人	王曉波　著
變調的馬賽曲	蔡百銓　譯
黃　帝	錢　穆　著
孔子傳	錢　穆　著
宋儒風範	董金裕　著
增訂弘一大師年譜	林子青　著
精忠岳飛傳	李　安　著

唐玄奘三藏傳史彙編	釋光中 編
一顆永不殞落的巨星	釋光中 著
新亞遺鐸	錢穆 著
困勉強狷八十年	陶百川 著
我的創造・倡建與服務	陳立夫 著
我生之旅	方治 著

語文類

文學與音律	謝雲飛 著
中國文字學	潘重規 著
中國聲韻學	潘重規、陳紹棠 著
詩經研讀指導	裴普賢 著
莊子及其文學	黃錦鋐 著
離騷九歌九章淺釋	繆天華 著
陶淵明評論	李辰冬 著
鍾嶸詩歌美學	羅立乾 著
杜甫作品繫年	李辰冬 著
唐宋詩詞選——詩選之部	巴壺天 編
唐宋詩詞選——詞選之部	巴壺天 編
清眞詞研究	王支洪 著
苕華詞與人間詞話述評	王宗樂 著
元曲六大家	應裕康、王忠林 著
四說論叢	羅盤 著
紅樓夢的文學價值	羅德湛 著
紅樓夢與中華文化	周汝昌 著
紅樓夢研究	王關仕 著
中國文學論叢	錢穆 著
牛李黨爭與唐代文學	傅錫壬 著
迦陵談詩二集	葉嘉瑩 著
西洋兒童文學史	葉詠琍 著
一九八四	George Orwell原著、劉紹銘 譯
文學原理	趙滋蕃 著
文學新論	李辰冬 著
分析文學	陳啓佑 著
解讀現代・後現代——文化空間與生活空間的思索	葉維廉 著

中西文學關係研究	王潤華 著
魯迅小說新論	王潤華 著
比較文學的墾拓在臺灣	古添洪、陳慧樺主編
從比較神話到文學	古添洪、陳慧樺主編
神話即文學	陳炳良等譯
現代文學評論	亞菁 著
現代散文新風貌	楊昌年 著
現代散文欣賞	鄭明娳 著
實用文纂	姜超嶽 著
增訂江皋集	吳俊升 著
孟武自選文集	薩孟武 著
藍天白雲集	梁容若 著
野草詞	韋瀚章 著
野草詞總集	韋瀚章 著
李韶歌詞集	李韶 著
石頭的研究	戴天 著
留不住的航渡	葉維廉 著
三十年詩	葉維廉 著
寫作是藝術	張秀亞 著
讀書與生活	琦君 著
文開隨筆	糜文開 著
印度文學歷代名著選(上)(下)	糜文開編譯
城市筆記	也斯 著
歐羅巴的蘆笛	葉維廉 著
移向成熟的年齡——1987～1992詩	葉維廉 著
一個中國的海	葉維廉 著
尋索：藝術與人生	葉維廉 著
山外有山	李英豪 著
知識之劍	陳鼎環 著
還鄉夢的幻滅	賴景瑚 著
葫蘆・再見	鄭明娳 著
大地之歌	大地詩社 編
往日旋律	幼柏 著
鼓瑟集	幼柏 著
耕心散文集	耕心 著
女兵自傳	謝冰瑩 著

抗戰日記　謝冰瑩 著
給青年朋友的信(上)(下)　謝冰瑩 著
冰瑩書柬　謝冰瑩 著
我在日本　謝冰瑩 著
大漢心聲　張起鈞 著
人生小語(一)～(六)　何秀煌 著
記憶裏有一個小窗　何秀煌 著
回首叫雲飛起　羊令野 著
康莊有待　向陽 著
湍流偶拾　繆天華 著
文學之旅　蕭傳文 著
文學邊緣　周玉山 著
文學徘徊　周玉山 著
種子落地　葉海煙 著
向未來交卷　葉海煙 著
不拿耳朵當眼睛　王讚源 著
古厝懷思　張文貫 著
材與不材之間　王邦雄 著
忘機隨筆——卷一・卷二　王覺源 著
詩情畫意——明代題畫詩的詩畫對應內涵　鄭文惠 著
文學與政治之間——魯迅・新月・文學史　王宏志 著
洛夫與中國現代詩　費勇 著

美術類

音樂人生　黃友棣 著
樂圃長春　黃友棣 著
樂苑春回　黃友棣 著
樂風泱泱　黃友棣 著
樂境花開　黃友棣 著
音樂伴我遊　趙琴 著
談音論樂　林聲翕 著
戲劇編寫法　方寸 著
戲劇藝術之發展及其原理　趙如琳譯著
與當代藝術家的對話　葉維廉 著
藝術的興味　吳道文 著
根源之美　莊申 著

扇子與中國文化　　莊申　著
水彩技巧與創作　　劉其偉　著
繪畫隨筆　　陳景容　著
素描的技法　　陳景容　著
建築鋼屋架結構設計　　王萬雄　著
建築基本畫　　陳榮美、楊麗黛　著
中國的建築藝術　　張紹載　著
室內環境設計　　李琬琬　著
雕塑技法　　何恆雄　著
生命的倒影　　侯淑姿　著
文物之美——與專業攝影技術　　林傑人　著

滄海美術叢書

儺(ㄋㄨㄛˊ)史——中國儺文化概論　　林河　著
挫萬物於筆端——藝術史與藝術批評文集　　郭繼生　著
貓・蝶・圖——黃智溶談藝錄　　黃智溶　著